中共重庆市委党史研究室 编

中共中央南方局与新中国的成立学术研讨会论文集

西南大学出版社
SWUP 国家一级出版社 全国百佳图书出版单位

图书在版编目(CIP)数据

中共中央南方局与新中国的成立学术研讨会论文集 / 中共重庆市委党史研究室编. -- 重庆：西南大学出版社，2024.3

ISBN 978-7-5697-0206-4

Ⅰ.①中… Ⅱ.①中… Ⅲ.①中国共产党—地方组织—党史—重庆—文集 Ⅳ.①D235.719-53

中国国家版本馆CIP数据核字(2024)第043969号

中共中央南方局与新中国的成立学术研讨会论文集

ZHONGGONGZHONGYANG NANFANGJU YU XINZHONGGUO DE CHENGLI XUESHU YANTAOHUI LUNWENJI

中共重庆市委党史研究室　编

策划编辑：李浩强
责任编辑：何思琴
责任校对：李晓瑞
装帧设计：观止堂_未 氓
照　　排：杜霖森
出版发行：西南大学出版社(原西南师范大学出版社)
地　址：重庆市北碚区天生路2号
邮　编：400715
电　话：023-68868624
经　　销：新华书店
印　　刷：重庆升光电力印务有限公司
成品尺寸：185 mm × 260 mm
印　　张：32
字　　数：681千字
版　　次：2024年3月 第1版
印　　次：2024年3月 第1次印刷
书　　号：ISBN 978-7-5697-0206-4

定　　价：96.00元

中共中央南方局成立80周年纪念座谈会暨学术研讨会筹备组

组　长

曾维伦

副组长

徐塞声　朱　军　唐青阳

成　员

徐光煦　周廷勇　刘志平

刘和平　李　钰　谭　峥

中共中央南方局与新中国的成立学术研讨会论文集编委会

主　编

姚红　徐塞声

副主编

徐光煦　周廷勇　张　琪　刘志平　黎　余

编　委

李春蓉　刘　华　简　奕　田　姝　文　俊

前　言

2019年是中共中央南方局(简称“南方局”)成立80周年,也是新中国成立70周年。新中国的成立,是中国人民经过近代以来100多年的浴血奋战取得的中国革命的伟大胜利。在28年艰苦卓绝的新民主主义革命斗争中,中国共产党人为了民族独立和人民解放,筚路蓝缕,砥砺前行,用生命和热血浇筑成一个崭新的中国。抗日战争时期和解放战争初期,中共中央南方局在党中央领导下,在极其险恶的工作环境和极为复杂的政治斗争中,高举党的抗日民族统一战线伟大旗帜,维护国共合作抗战大局,在统一战线、群众工作、文化工作、隐蔽战线、外事工作、军事工作、党的建设等方面进行了艰苦卓绝的斗争,积累了丰富的历史经验,为实现民族独立和人民解放做出了重大历史贡献,为新中国的成立创造了有利条件,为中国共产党领导的多党合作和政治协商制度做出了开创性探索。周恩来等老一辈无产阶级革命家在领导国统区党组织和人民开展革命斗争实践中孕育和形成的红岩精神,已成为中国共产党人和中华民族建立新中国,在新中国社会主义建设和改革开放伟大事业中敢于斗争、敢于胜利的力量源泉。

为纪念以周恩来为代表的南方局老一辈无产阶级革命家和革命先辈的历史功绩,传承和弘扬伟大的红岩精神,庆祝新中国成立70周年,深入贯彻落实习近平总书记关于党史、国史重要论述和视察重庆时的重要讲话精神,进一步深化南方局历史研究,发挥党史工作“以史鉴今、资政育人”的作用,经中共中央党史和文献研究院批准、中共重庆市委领导同志同意，决定于2019年9月在全国各族人民隆重庆祝新中国成立70周年之际，在重庆召开中共中央南方局成立80周年纪念座谈会暨中共中央南方局与新中国的成立学术研讨会。

纪念活动由中共中央党史和文献研究院第七研究部、中共重庆市委宣传部主办，中共重庆市委党史研究室、重庆红岩联线文化发展管理中心、重庆市中国特色社会主义研究中心承办。根据纪念活动筹备组的安排，在举办中共中央南方局成立80周年纪念座谈会的同时，组织专家学者以“中共中央南方局与新中国的成立”为主题撰写论文召开学术研讨会。截至2018年12月，收到来自北京、上海、重庆、广东、江苏、浙江、山东、福建、河北、湖南、四川、云南、贵州、广西、江西、辽宁等省、区、市党史和文献研究部门、相关研究机构以及中央党校、南京大学、南开大学、山东大学、国防科技大学、厦门大学、重庆大学、西南大学、西南政法大学等高校专家学者的论文，共计85篇。根据收到的论文，纪念活动筹备组组织原中共中央南方局所辖省区党史工作部门和重庆市有关党史专家对征文进行了反复认真的评审，相关作者根据专家的修改意见进行修改，最终确定53篇论文入选论文集，并根据内容将论文分为“南方局对新中国的成立贡献研究”“南方局相关工作研究”“南方局与所辖省区工作研究”“南方局人物研究”“红岩精神研究”“南方局历史与时代价值研究”“南方局历史研究综述”7个部分，共约70万字编辑成册。

耙梳历史，可获新知。本次筹备的研讨会以“中共中央南方局与新中国的成立”为主题，兼及南方局历史、红岩精神等方面的研究。从征集到的论文看，主要有3个方面的突破：第一，新视角。本次研讨主题新颖，视角独特，聚焦“中共中央南方局与新中国的成立”。部分论文探讨了以往未做系统深入研究的南方局与新中国中国共产党领导的多党合作和政治协商制度形成、开辟中国共产党与新中国外交工作、新中国科技文化人才的培养和积累、军事统战和策反工作对解放战争的贡献、隐蔽战线斗争对新中国成立的贡献，以及南方局在城市环境中开展党的建设的历史经验等，突破了多年来学术界一直秉持对南方局党的建设、统一战线、文化工作、群众工作、军事工作以及南方局与《新华日报》、南方局与新四军等历史本身的研究范式。第二，新认识。部分论文从南方局的实践及历史文献的角度对毛泽东与南方局和红岩精神的关系进行了深入研究，取得了新的认识，深入分析论证了毛泽东对南方局的领导既有路线策略的全局把握，也有高度的理论概括指导，红岩精神是在党中央和毛泽东的直接领导下培育和形成的，毛泽东思想为红岩精神的形成提供了科学的理论指导。这些新观点突破了以往仅从南方局特别是周恩来、董必武等领导人对红岩精神的培育所做出的贡献的认识局限。第三，新收获。通过深化对南方局与新中国成立贡献历史研究，部分论文认为，从新中国成立后的社会主义革命、建设和改革开放发展过程中，可以发现其中蕴含的中国共产党领导的多党合作和政治协商制度、中国独立自主的外交政策及世界影响、党的建设新的伟大工程、中华民族伟大复兴中国梦宏伟目标等具有中国特色社会主义性质的政治内容，与南方局历史是一脉相承的，南方局历史证明中国特色社会主义道路是历史的选择。

回望历史，“走得再远、走到再光辉的未来，也不能忘记走过的过去，不能忘记为什么出发”。在决胜全面建成小康社会、夺取新时代中国特色社会主义伟大胜利、实现中华民族“两个一百年”奋斗目标的实践中，我们更加需要深入研究和学习党的历史，以党的光荣历史为教科书，以党的优良传统和作风为“营养剂”，不忘初心，牢记使命，从中国共产党的革命、建设和改革开放历程中找到“四个自信”“两个维护”的历史渊源和生动答案，坚定不移地走中国特色社会主义道路。

编者

2019 年 5 月

目　录

第一部分　南方局对新中国的成立贡献研究

第二部分　南方局相关工作研究

第三部分　南方局与所辖省区工作研究

第四部分　南方局人物研究

第五部分 红岩精神研究

第六部分 南方局历史与时代价值研究

第七部分 南方局历史研究综述

第一部分

南方局对新中国的成立贡献研究

中共中央南方局对新中国成立的贡献

李忠杰

很高兴参加由重庆市委宣传部与中央党史和文献研究院第七研究部共同举办的中共中央南方局与新中国的成立学术研讨会。前面的同志已经发表了很好的意见，下面，我围绕"南方局对新中国成立的贡献"，做一个交流发言，供大家参考。

今年是新中国成立70周年，同时，又是中共中央南方局成立80周年。把这两件大事联系起来进行研究，很有意义。一个是庆祝，一个是纪念。一个是全局性的大事，一个是事关大局的事件。两者时间相隔10年，但它们有着内在的联系。深入挖掘这种联系，既可以深化对南方局的研究和认识，更可以深化对新中国的研究和认识。

我在任上的时候，曾经负责南方局的研究工作。在座的可能也有不少同志参与了这项工作。回顾这项工作，我感到，改革开放以来对南方局历史的研究过程，是一个不断发展不断深化的过程。

改革开放之前，对南方局还没有开展什么研究。十一届三中全会以后，成立了以宋平、孔原、童小鹏、荣高棠等部分南方局老同志为核心的南方局党史资料征集小组，有关地区党史部门业务人员参加。1985年，正式开始南方局党史资料编研工作。1990年6月，编纂出版了六卷本的《南方局党史资料丛书》，由胡耀邦同志题写书名，并在人民大会堂举行了首发座谈会。这套资料丛书的出版，为南方局历史研究奠定了良好的基础。这一段，主要是搜集资料的阶段，也是非常重要的打基础的阶段。

2002年10月，中央办公厅秘书局遵照中央领导指示，提出《关于加强中共南方局历史研究问题的意见》(中秘局〔2002〕97号)，部署开展新一轮南方局历史资料的征编和研究工作。此后，南方局历史的研究便进入了全面、系统、深入展开并取得显著成果的阶段。

2004年3月，我在长沙召集南方各省、区、市党史研究室负责人参加的协调会，就贯彻中办秘书局批复精神，开展南方局历史研究工作提出初步意见。4月，我与重庆市委有关领导在京向宋平同志做了汇报，得到肯定和支持。8月，我们正式成立了"中共中央南方局历史资料研究编写工作小组"，由宋平、荣高棠、童小鹏等当顾问，由中央党史研究室、中央文献研究室、中央档案馆有关同志，湖南、湖北、广东、广西、四川、云南、安徽、江西、贵州、重庆等省、区、市党史部门负责人组成，由我和时任重庆市委副书记邢元敏当组长，重庆市委党史研究室内设工作小组办公室负责协调日常事务。

此后，我们加大对南方局历史研究工作的领导力度，从整体上统筹协调和组织部署研究工作。我们提出了加强南方局历史研究的一整套计划和方案。主要包括修改完善《中共中央南方局史稿》，协作开展《中共中央南方局历史研究丛书》（以下简称《丛书》）专题类书稿的编写工作，以及选编《中共中央南方局历史文献选编》等任务，形成了“一主九专”的结构。连续多年，我们坚持每年召开一次工作小组会议，由各成员单位轮流承办。每次会议，都要交流研究情况，检查工作进度，商讨解决有关问题，部署下一年度的任务，形成了“务实、认真、和谐、高效”的风格，做到了“年年有部署、年年有检查、年年有推进”。在 2005 年的昆明会议上，我提出了关于编写工作的 9 条意见、要求处理好的 10 个关系，强调体例结构要坚持“横向展开，纵横结合，脉络清楚，反映全貌”的总要求，《丛书》各个专题之间要坚持“大系统，多侧面；大统一，小灵活；大分工，小交叉”的分工原则。在 2007 年的武汉会议上，又根据编写工作的进展情况提出了 12 条要求。在 2008 年底的重庆会议上，针对审稿中提出的问题，进一步明确了 9 条处理意见。历次工作会议对这些原则和要求都达成了完全的共识。与此同时，还主要由重庆方面组织摄制了《千秋红岩》文献电视片，编辑出版了《红岩春秋》杂志。

经过不懈努力，到 2009 年，我们正式出版了《中共中央南方局历史研究丛书》。这套《丛书》，以《中共中央南方局史》为主干，以《中共中央南方局的统一战线工作》《中共中央南方局的党建工作》《中共中央南方局的文化工作》《中共中央南方局的军事工作》《中共中央南方局的群众工作》《红岩精神研究》等 6 部专题类书稿为支干，连同此前已经出版的《中共中央南方局大事记》《回忆南方局》《千秋红岩——中共中央南方局历史图集》等书，共同构成了南方局历史研究的基本成果。在此之后，又进一步完成和出版了《中共中央南方局与新四军》《中共中央南方局与〈新华日报〉》等书，还部署开始了《中共中央南方局人物辞典》的编写工作。这些成果，是对南方局历史及其功绩、经验最全面最系统的一次总结和展示。这些成果，都是与南方局有关的南方 10 多个省、区、市党史部门共同努力的结果，重庆市委党史研究室做出了突出贡献。

在南方局历史研究中，我们先后召开了几次重要的纪念和研讨会。2004 年 6 月，我们在重庆召开了“纪念中共中央南方局成立 65 周年暨红岩精神研讨会”。2009 年 6 月 27 日，经中央批准，中共中央党史研究室和中共重庆市委在人民大会堂举行了“中共中央南方局成立 70 周年纪念座谈会暨学术研讨会”，同时举行了《中共中央南方局历史研究丛书》第一期 7 本著作的首发式，中央政治局原常委宋平同志出席了会议。2010 年，我们又在重庆专门召开了“弘扬革命精神理论研讨会”，进一步加强对红岩精神的研究。

我从领导岗位上退下来后，南方局的研究工作怎么做的？有没有继续坚持下去？那种工作协调会还开不开？中央党史研究室怎样组织协调的？除重庆之外的党史研究室有没有继续研究？我就不知道了。

但从今天的会议以及大家提交的论文，我看到，重庆市委党史研究室和其他省、区、市的一些同志，还是在坚持进行对南方局的研究。特别是为召开这次研讨会，重庆市委宣传部和其他有关部门，包括党史研究室做了很多工作，做了很大的努力。会议主题围绕着“中共中央南方局与新中国的成立”而展开，虽然是纪念，但也表明了研究的深化，即进一步把南方局的工作与中国革命的大局联系起来，与新中国的成立联系起来，与新中国的建设和发展联系起来，这无疑是一个重要的进步。所以，这次会议应该是南方局历史研究的又一个标志，反映了南方局历史研究在新时代的进一步深化。

我希望，今后南方局的研究还可以继续深化。南方局的历史是一座富矿，里面有很多宝藏值得我们去挖掘。只要我们继续努力，南方局历史研究一定能取得更多的成果。

那么，南方局为新中国的成立做出了哪些贡献呢?

新中国成立时，南方局已经撤销，怎么还会有贡献呢?其实不然。新中国不是哪一天突然成立的。它有一个准备条件的过程，也有一个具体筹划的过程。这个过程，就与南方局密切相关。南方局为新中国的成立实际上准备了很多条件，也开始了筹划的过程。我把南方局的这种贡献，概括为以下 6 个方面。

一、南方局提出了建立民主联合政府的建议和要求，为未来新政权的建设勾画了最初的蓝图

抗战后期，国民党一方面许诺在战争结束后实行宪政，一方面坚持独裁统治。中国共产党人痛切地感到：“一切枝枝节节，敷敷衍衍的办法，都不足以挽救今日的危局。”①因此，驻重庆的中共中央南方局领导人董必武指出：“国民党不愿放弃它的一党专政，我们既然反对一党专政，自然便要建立多党联合的政府，这是逻辑发展的必然结论。”②

1944 年 8 月 17 日，毛泽东要求中共代表董必武与张澜、左舜生等民主党派代表人士商谈组织各党派联合政府的可能性问题。9 月 1 日，中共中央召开六届七中全会主席团会议，讨论了关于提议召开各党派会议成立联合政府问题。9 月 15 日，林伯渠、张治中在参政会上分别报告国共谈判经过。根据中共中央指示，林伯渠在报告中公开提出了“组织各抗日党派联合政府”的主张。9 月 17 日，《新华日报》全文刊登了林伯渠的报告。10 月 10 日，周恩来在延安发表《如何解决》的演讲，进一步阐明实施联合政府主张的具体步骤和方法。

---

① 董必武文集编辑组：《董必武统一战线文集》，法律出版社 1990 年版，第 222 页。

② 董必武文集编辑组：《董必武统一战线文集》，法律出版社 1990 年版，第 222 页。

10 月 18 日，林伯渠又致函张治中、王世杰，要求国民党按照共产党所提方案，立即结束一党专政，成立联合政府。之后，国共两党围绕是否和如何建立联合政府展开了新的谈判。林伯渠、董必武还与美国总统私人代表赫尔利在重庆举行了三次会谈，使他同意了成立联合政府的主张。

在这期间，在延安召开的六届七中全会多次对联合政府问题进行了讨论。由毛泽东起草的七大政治报告，将题目和主题定为《论联合政府》，强调指出，为了建立新中国，当前最重要、最迫切的任务，就是立即废止国民党一党专政，建立民主联合政府。党代会的主题和报告围绕着联合政府而展开，充分表明了我们党对这一问题的高度重视。

围绕着反对一党专政、建立联合政府问题，毛泽东与中共中央、南方局及其领导人在《新华日报》和《群众》周刊等，都发表了很多言论和文章，阐发了我们党对于未来新政权的一系列构想和要求，特别强调了如何建设民主政治、维护人民自由、反对独裁专制等重要思想，有力地揭露了国民党专制统治的本质，也为未来中国共产党自己建立的新政权奠定了重要的思想理论基础。

抗战胜利后，毛泽东前往重庆与国民党进行谈判，南方局全力保障国共谈判的顺利进行。毛泽东在重庆住了 45 天，其中 41 个晚上和一部分白天，都是在八路军重庆办事处即南方局驻地红岩嘴 13 号，亦即红岩村度过的。周恩来、王若飞两位南方局的主要负责人，密切伴随毛泽东参加谈判，成为毛泽东在重庆谈判中的得力助手。南方局配合做了对内对外的大量工作，处理了很多复杂问题。通过谈判，达成了《双十协定》，同时进一步揭露了国民党一党专政的独裁本质，为推动中国争取人民民主的光明前途创造了思想、政治和舆论条件。

成立联合政府的主张，完全突破了国民党所谓训政约法的框架，开辟了实现民主的新途径。虽然这一要求被国民党拒绝，但联合政府的构想是在抗战后期中国共产党第一次提出在国家层面建设一个新政权的意见，是为打破国民党一党专政所做的重大努力，也是随后中国共产党着力与民主党派进行协商筹建新中国的基本方向。

二、南方局帮助和促成了多个民主党派的建立，为通过多党合作建立新中国奠定了重要的统一战线基础

新中国是由多党合作的中国人民政治协商会议代行全国人民代表大会的职权，由中国共产党与各民主党派共同协商和筹备建立的。这些党派，多数都是抗日战争后期在重庆成立或奠定基础的。南方局积极加强与这些党派的交流、协商、合作，推动了多党合作的民主统一战线的形成和发展。

南方局工作的一个主要内容，就是推进和发展统一战线。南方局设有统战工作委员会，由周恩来负责。南方局坚持“勤交友”的方针，以各种方式同民主党派、无党派人士、国民党民主派、地方实力派、著名知识分子等广泛接触，向他们介绍共产党的主张，并逐步取得他们的信任，展开不同形式的合作，巩固扩大了抗日民族统一战线，推动了国民党统治区抗日民主运动的发展。随后，进一步共商国是，反对国民党的独裁统治，推动建立民主自由的新政权。

1941 年 5 月，在周恩来、董必武的帮助、推动和直接领导下，经王昆仑、王炳南、许宝驹、屈武等筹划酝酿，在重庆秘密成立了中国民族大众同盟，一年后改称中国民主革命同盟，习惯简称“小民革”，以便同后来的中国国民党革命委员会即民革相区别。作为主要负责人的王炳南是共产党员，也是中国共产党与小民革密切联系的正式代表。小民革是不公开的秘密政治团体，有比较严密的组织，其活动都是在南方局直接指导下进行的。成员都是各民主党派成员、国民党知名的左派人物。很多人与国民党上层要员或为亲戚，或为幕僚，有非同寻常的密切关系。到 1949 年解散时，小民革已发展到近 200 人。新中国成立时，小民革中的 30 多位成员，分别在民主党派、人民团体等单位中当选为代表，出席了中国人民政治协商会议第一次全体会议。

1941 年 3 月 19 日，在周恩来和南方局的支持下，张澜、黄炎培、张君劢等人将 1939 年成立的统一建国同志会秘密改建为中国民主政团同盟，成为中国民主运动的一支生力军。11 月 16 日，张澜在重庆公开宣布中国民主政团同盟成立。参加这个同盟的先后有中华民族解放行动委员会、中国青年党、国家社会党、中华职业教育社、乡村建设派、全国各界联合会等。民主政团同盟到香港建立组织并公开活动，周恩来指示中共驻香港组织给予了多方面支持。1944 年 9 月，中国民主政团同盟在重庆召开全国代表会议，决定改名为中国民主同盟。1948 至 1949 年，中国民主同盟成为与中国共产党一起筹建新中国的主要合作者。

1939 年之后，在周恩来、潘梓年的支持下，重庆的自然科学界人士，组成了一个不公开的组织“自然科学座谈会”。1944 年称为“民主科学座谈会”。1945 年抗战胜利后，为纪念 9 月 3 日这个胜利的日子，改名为“九三座谈会”。毛泽东在重庆谈判期间，建议把座谈会建成一个永久性的政治组织，因此，九三座谈会乃改名为“九三学社”，1946 年 5 月 4 日在重庆正式召开了成立大会。

1945 年 12 月 16 日，以迁川工厂联合会和中华职业教育社为基础，发起建立了民主建国会。虽然民主建国会在国共之间执行“不右倾、不左倾”的中间路线，但南方局对民主建国会从酝酿到成立都给予了全力支持。1946 年 1 月 8 日，董必武、王若飞、陆定一应邀参加民主建国会的茶会，表达对民主建国会“与闻国是”的支持。

周恩来、南方局始终与宋庆龄、何香凝、李济深等国民党左派人士保持密切联系，提供各种支持和帮助。宋庆龄等也对中国共产党给予了大力支持。1943年，在南方局的支持下，一批国民党左派人士建立了三民主义同志联合会，简称“民联”。1945年10月28日举行代表大会，宣告正式成立。与此同时，另外一批国民党民主人士于1946年4月4日，在广州成立了中国国民党民主促进会。民联和民促的工作重点在国民党内，后来都成为中国国民党革命委员会的重要组成部分。

这些民主党派的成立及其与中国共产党的友好合作关系，为新中国的成立奠定了重要基础。这些民主党派在1948至1949年间，都参与了创建新中国的工作。中国共产党领导的多党合作和政治协商制度也由此正式形成。南方局对此功不可没。

三、南方局推动创造了政治协商会议的形式，为从旧政协走向新政协、以政协形式筹建新中国提供了有效途径

在重庆谈判中，周恩来代表中国共产党提出召集党派会议讨论建国问题的协定草案。国民党代表王世杰不同意“党派会议”的名称，于是美国驻华大使赫尔利提出用“政治会议”代替，这一名称获得各方接受。在随后的会谈中，国民党代表张治中进一步提出在“政治会议”中加入“协商”二字，中共默认并接受了这个建议。

经过反复商议，国共两党签订了《双十协定》。政治协商会议的名称及其任务正式确定下来，并写进了《政府与中共代表会谈纪要》(即《双十协定》)，决定“由国民政府召开政治协商会议，邀集各党派代表及社会贤达协商国是”。

经过一番周折，1946年1月10日，政治协商会议在重庆召开。出席会议的有国民党代表8人，共产党代表7人，民主同盟代表9人，青年党代表5人，无党派人士9人，共38人。

会议从1月10日开至1月31日，经过中国共产党的争取和各派政治力量的协商，通过了政府组织案、国民大会案、和平建国纲领、军事问题案、宪法草案5项协议。这是中国人民在政治上的胜利。

按照政协决议，应当在全面停战的和平条件下，由改组后的民主联合政府召开国民大会。但是，国民党政权不愿接受任何对它一党专政不利的民主改革，不仅挑起内战，而且违反政治协商会议的决议，于1946年11月15日在南京单方面召开了“国民大会”，中国共产党拒绝出席，政协遂宣告解体。

随后，在人民解放战争从战略防御转为战略进攻的新形势下，成立一个新的国家政权的任务提上了日程。1948年4月下旬，中央书记处城南庄会议研究成立临时中央政府问题。4月27日，毛泽东表示，这个准备邀请各方代表在解放区召开的会议，“名称拟

称为‘政治协商会议’”。4 月 30 日，中共中央发布“五一口号”，号召举行没有反动分子参加的新的政治协商会议，筹备建立民主联合政府。

各民主党派、各阶层代表人士热烈响应，并陆续摆脱国民党当局的阻挠，通过各种渠道进入解放区，参与筹备政协会议的工作。不少民主党派建议，将中共提议召开的“政治协商会议”改称为“新政协”。毛泽东很快采纳了民主党派的意见。自 6 月以后，在他起草的文电中多次使用了“新政治协商会议”的名称。

此后，在会议筹备的一年多时间中，“政治协商会议”改称为“新政治协商会议”，简称“新政协”。周恩来对此说明：“我们的政协会议，加上一个‘新’字，以区别于旧的政治协商会议。”

中共中央进驻北平、人民解放军占领南京后，召集新政治协商会议和成立民主联合政府的一切条件都已成熟。经过精心筹备，1949 年 6 月 15 日晚，新政协筹备会第一次全体会议在北平中南海勤政殿开幕。23 个单位的民主党派、无党派民主人士及人民团体，共 134 人出席了会议。会议开了 3 个月。这次会议还不是新政协会议，而是新政协的筹备会。

1949 年 9 月 17 日，新政协筹备会召开第二次全体会议。周恩来代表常务委员会做关于三个月来筹备工作的报告。会议根据周恩来提议，一致通过将新政治协商会议改称为“中国人民政治协商会议”。

1949 年 9 月 21 日至 30 日，中国人民政治协商会议第一届全体会议在中南海怀仁堂举行。毛泽东在开幕词中说：“我们的会议之所以称为政治协商会议，是因为三年以前我们曾和蒋介石国民党一道开过一次政治协商会议。那次会议的结果是被蒋介石国民党及其帮凶破坏了，但是已在人民中留下了不可磨灭的印象。”

中国人民政治协商会议代行全国人民代表大会的职权，完成了成立中华人民共和国的一系列手续，宣告了一个新型政权的诞生，开辟了中国历史发展的新纪元。

四、南方局领导和加强国民党统治区党的建设，为新中国成立后在执政条件下实施党的领导、加强党的建设提供了宝贵经验

抗战期间，毛泽东提出党的建设的伟大工程。南方局领导的南方国民党统治区党的建设和党的工作，是非常重要而特殊的组成部分。以周恩来为书记的南方局，从国民党统治区的特殊环境和党组织担负的特殊任务出发，坚决贯彻党中央的路线方针政策，把“在思想上、政治上，组织上巩固党”始终作为“极端严重的任务”和“完成党的政治任务的决定因素”。在恶劣艰险的政治环境中，创造性贯彻“荫蔽精干，长期埋伏，积蓄

力量，以待时机”的十六字方针，思想上重视党员理想、信念和气节教育；组织上坚持“质重于量，巩固重于发展”原则；工作上执行“三勤”（勤学、勤业、勤交友）、“三化”（职业化、社会化、合法化），始终保持党的组织与群众的血肉联系，在群众中扎根，使国民党统治区各级党组织不断巩固发展，经受住了各种考验，成为摧不垮的战斗堡垒，带领人民坚持抗战和争取和平民主的中坚力量。

南方局在党的建设中积累了丰富的经验。国民党统治区的党组织，面临着与解放区完全不同的政治环境和工作环境。南方局坚持从实际出发，密切结合党的政治任务开展党的建设，有针对性地实施各项措施。把思想建设放在首位，组织政治学习，开展形势教育，把政治上的坚定、组织上的忠诚作为基本要求，培养党员和工作人员的奋斗精神、牺牲精神。在实际斗争中识别、培养和锻炼干部。加强党内制度建设，先后做出了关于秘密工作的决定、关于组织工作的决定等，形成了一套在秘密状态下开展工作的方式方法和原则。

南方局党组织面临的困难很多，诱惑很多，挑战很多，特别需要经受住灯红酒绿的考验。周恩来等南方局领导人，率先垂范，坚持操守，走出了一条在国民党统治区加强党的建设的路子。从高层领导到工作人员，都坚持自律、清贫、乐观、团结、友爱的工作和生活作风，“出淤泥而不染”，培育形成了富贵不能淫、威武不能屈的高尚品格。1942 年，廖承志被捕后，面对审讯，坚贞不屈。他在设法带给周恩来的信中说：“希望你相信，小廖到死也没有辱没光荣的传统！”1944 年，蒋介石亲自劝降廖承志，称“只要你不再给共产党做事，我一定重用你”。还说：“你是廖仲恺、何香凝的后代，要对得起他们。”廖承志明确回答：“我只有现在这样才对得起他们。”

南方局培育形成了红岩精神。很多人都以为红岩精神就是小说《红岩》中一批英烈所表现出的革命精神，但我们在开展南方局历史研究中，宋平同志明确交代，红岩精神不是小说《红岩》的精神，而是中共中央南方局的精神。所以，我们确认，所谓红岩精神，是指在抗日战争和解放战争时期，中共中央南方局在重庆的特殊环境下，领导南方地区党的工作和统一战线等工作所形成和表现出的一种特殊的革命精神。这种精神，既表现在南方局的工作上，也体现在以周恩来为代表的南方局老一辈无产阶级革命家、共产党人和革命志士身上。小说《红岩》表现的革命英烈的精神，也是值得肯定的，但它只是南方局所代表的红岩精神的一部分内容通过艺术形式做出的反映，它远远不是红岩精神的主体。

红岩精神充分体现了老一辈无产阶级革命家、共产党人和革命志士的崇高思想境界、坚定理想理念、巨大人格力量和浩然革命正气。红岩精神在民主革命时期党的一系列精神中，是独树一帜的一种精神。它同井冈山精神、长征精神、延安精神一样，都是中国共产党人和中华民族的宝贵精神财富。

在党的七届二中全会上，毛泽东提出“两个务必”，要求警惕糖衣炮弹的侵袭。对于南方局来说，这个要求不是对未来的预警，而是已经实际经历的考验。因此，南方局党的建设的经验，对于新中国成立后的党的建设起了重要的启迪和引领作用。

五、南方局积极开展国际交往，形成了特定条件下的“准外交”，不仅赢得了国际同情，而且奠定了新中国的外交基础

南方局把开展国际交往，扩大国际统一战线作为外事工作的特殊使命，以“宣传出去，争取过来”的外事工作方针为指导，充分利用公开合法的各种渠道，与各国外交使团和国际友人广泛接触，宣传中共的抗战主张和抗日根据地的实绩，揭露国民党顽固派消极抗日、积极反共的真相，从而赢得国际社会和国际舆论的广泛同情与支持，打破了国民党的外交垄断。南方局的外事工作成为一种“准外交”，为中国共产党拓展了国际政治舞台的活动空间，为新中国的外交事业奠定了重要基础。

南方局的重大外事活动都由周恩来等领导人出面。周恩来对外事工作提出“中肯求实、有理有节、求同存异、不亢不卑、平等待人、礼贤下士”的要求。周恩来与各国外交使节建立起了广泛的友好关系，利用一切机会开展对外交往。皖南事变发生后，周恩来向英国驻华大使卡尔详细介绍了事变的真相，以真诚和事实打动了卡尔，促使英国政府对蒋介石施加了压力。周恩来通过卡尔的关系，获得了很多支持。南方局促成和安排了美国记者前往延安的破冰之旅，扩大了中国共产党的国际影响。周恩来向美国政府转达希望“派美国代表访问共产党地区”的建议，促成了罗斯福派出美军观察组 17 人前往延安，不仅使美军代表直接了解了中国共产党及其领导下的人民军队，而且开始了中国共产党与美国政府的正式接触和合作的历史。

1938 年武汉失守前成立的国际宣传组，是抗战开始后中共最早的外事机构。1939 年 4 月，南方局在重庆正式设立对外宣传小组，1940 年冬改称外事组。外事组工作受周恩来直接领导。周恩来回延安时，由董必武或王若飞领导。外事组组长王炳南，副组长陈家康，1942 年增补龚澎为副组长。先后在外事组工作的干部有章文晋等许多人。他们很多人后来都成为新中国外交战线上的重要干部和骨干。周恩来在南方局外事工作中形成的风格，也成为新中国外交工作的重要经验和优良传统。

1945 年董必武出席联合国会议，成为我们党独立外交的重要开端，也为当代中国的大国地位奠定了重要基础。

1943 年 10 月，苏、美、英、中四国共同签署《关于普遍安全的宣言》，首次倡议建立一个普遍性的国际组织以维持国际和平与安全。1945 年 2 月雅尔塔会议决定，由美、

英、苏、中四国共同发起在旧金山召开会议，制定《联合国宪章》。

为此，中国着手组建代表团。蒋介石曾想由国民党政府一手包办。2月18日，周恩来致电正在调停国共关系的赫尔利，提出参加旧金山会议的正当要求，指出仅仅由国民党指派的代表团不能代表中国。同时，中共也向国民党进行了严正交涉。

赫尔利将此事报告罗斯福。3月15日，罗斯福给蒋介石打电报，表示中国代表团应该有中共代表参加。蒋介石不得不表示同意，遂要求中共提出名单供他们选择。中共提出周恩来、董必武、博古（秦邦宪）三位人选。顾维钧建议董必武作为代表。

1945年4月25日至6月26日，联合国制宪会议在旧金山召开，中共代表董必武（秘书陈家康、记者章汉夫）作为中国代表团成员参加了会议并发挥了重要作用。这也是中共代表第一次作为正式成员出席重大国际会议。董必武还在美国参加或开展了一系列活动，广交外国朋友，介绍中国共产党的情况，扩大了中国共产党的影响。

1945年6月26日上午，《联合国宪章》签字仪式在美国旧金山举行。中国代表团用中国传统文化的代表毛笔在宪章上签字。董必武也在宪章上庄严地签下了自己的名字。

中国参与创建联合国并成为联合国安理会常任理事国，这是中国外交史和世界外交史上的重大事件，对于当今中国的世界大国地位具有极其重要的意义。中国共产党参与了这一重大的历史事件，南方局直接参与了这项工作。南方局所做的贡献对新中国的外交事业和国际地位产生了深远的影响。

六、南方局培养和锻炼了一大批治国理政的骨干和人才，他们所具有的品格和风格成为新中国成长过程中非常宝贵的财富

根据中共中央书记处的决定，从1939年开始，南方局设立常务委员会，由周恩来、博古、凯丰、吴克坚、叶剑英、董必武组成，周恩来为书记。6月，周恩来回延安报告工作，嗣因手臂受伤，去苏联治疗，至次年5月返回重庆。其间，南方局书记由博古代理。

1940年11月，中共中央调博古、凯丰离渝回延安。1942年2月，叶剑英奉调回延安。1943年6月，周恩来回延安参加七大筹备工作和整风学习，南方局的工作由董必武主持。

1944年初，中央决定，派中共中央秘书长王若飞作为林伯渠的助手，参加与国民党的谈判。5月17日，林伯渠、王若飞由西安飞抵重庆。11月7日，中央通知董必武、林伯渠回延安，同时指示成立“工作委员会”，由王若飞主持工作。讨论有关工作时，许涤新、张友渔、章汉夫可列席。

除常委外，南方局的委员还先后有：张文彬、徐特立、吴玉章、廖承志、邓颖超、刘晓、高文华等，下设机构的负责人先后有：组织部博古、孔原、刘少文；宣传部凯丰、董必武；妇女运动委员会邓颖超；青年工作委员会蒋南翔；统战工作委员会董必武、叶剑英；文化工作委员会凯丰、周恩来；国际问题研究室章汉夫；华侨工作组叶剑英；南洋工作组博古；敌后工作委员会周恩来；社会部博古、吴克坚；新华日报社社长潘梓年，总经理熊瑾玎，总编辑吴克坚、华岗、章汉夫、夏衍；群众周刊社社长潘梓年，主编许涤新、乔冠华、戈宝权。

1944 年 1 月后的南方局工作委员会书记王若飞，委员刘少文、徐冰、钱之光、熊瑾玎、潘梓年、童小鹏。

南方局机关还有很多出色的工作人员。

南方局领导下的南方地区共有 10 万党员。 南方局辖下有湖南、广东、江西省委和云南、贵州、川西、川东、闽西南潮梅省(区)工委。

南方局下辖的党组织也曾遭到过严重破坏，干部和党员中也曾出现过叛徒和变节者。 但是总体上，广大党员干部都经受住了考验。

南方局的工作环境和任务与根据地有很大不同。 他们主要不是用枪杆子进行斗争，而是用和平的方式开展工作；他们的任务不是消灭国民党，而是要与国民党既合作又斗争；他们要做人的工作，还要与很多人交朋友，以理服人，以情感人；他们既要靠勇气，更要靠知识、本领、智慧和人格；他们既要严格服从命令、遵守纪律，又要发挥个人的聪明才智，独立思考和决策，灵活机动地应对很多复杂的局面；他们的工作既有政治、经济、文化，又有军事、外事、统战、教育，既要面向国内，又要面向国外；他们主要不是发动大规模的群众运动，而是依靠扎扎实实的具体工作，一步一个脚印地前进；他们不能有任何的空想和浮夸，而必须始终实事求是，从实际出发，按照实际情况采取措施、做出决策；他们大都具有较高的文化水平和广阔的视野，更了解和熟悉人类文明包括城市文明，具有良好的文明素质。

正由于有这样很多特点，所以，他们培养形成了良好的思维方式和工作风格。 这种方式和风格更适合治国理政的特点和需要，在建设和治理新中国的过程中更具有长处和优势。 所以，他们都是新中国治国理政急需的高层次的骨干和人才，有的还担负了重要领导职务。 虽然由于种种复杂的原因，他们后来未必都人尽其才，但在不同的岗位上都兢兢业业，做出了不同的贡献。 在历次政治运动中，大都经受住了严峻的考验。 在各种风浪袭来之时，特别是“左”的错误泛滥之时，他们大都能保持清醒的头脑，很少为这种错误推波助澜。 能坚持到改革开放后的，又以新的方式发挥了重要的作用。

胡乔木同志曾经指出：“没有南方局的大量工作，就没有抗战时期那么一种局面，团结了大后方那么多的人，把抗战坚持了下去，还保存了我们党的一大批精干力量；没有南方局的大量工作，就没有后来解放战争时期那样大规模的群众运动，形成那样强大的第二条战线。”“没有南方局在大后方进行的广泛的统一战线工作，就很难把当时在国民党区域的各民主党派和各方面人士团结在我们共产党的周围，后来我们建立新中国的情况就会不一样，就没有今天这样的格局。”“南方局的统战工作从一个方面的意义上讲，为新中国的建立奠定了重要的政治基础。”①

宋平同志也曾经总结道：在党中央的领导和周恩来同志的亲自主持下，做了非常有成就、非常出色的工作，经验是非常丰富的。不论是党的建设，从秘密工作到公开工作；统一战线，从基层到上层；文化战线工作，都做了很多工作。这些经验，在党的历史上确实非常宝贵。把这些经验按照历史本来面目加以整理，加以提炼，就会丰富我们党的历史宝库。

（作者简介：李忠杰，原中央党史研究室副主任、中央马克思主义理论研究和建设工程咨询委员会成员、中共党史学会副会长）

① 胡乔木：《党史是党和人民群众共同奋斗的历史》，载《南方局党史研究论文集》，重庆出版社 1993 年版，第 1 页。

南方局与新中国的成立贡献探析

曹子洋

摘　要：本文从统一战线、文化经济、外事、军事、党的建设5个方面概括总结了中共中央南方局对新中国成立的重要贡献。在统一战线方面维护了国共合作的抗日民族统一战线，争取到中间势力的支持，从而奠定了新中国多党合作政治协商制度的政治基础；在文化和科技方面培养造就了为民族独立解放呐喊战斗的浩荡大军，为新中国成立后的文化和经济建设奠定了民意基础，储备了急需的建设人才；在外事工作方面培育了实践新中国外交理念的骨干力量；在军事战线方面发挥了不可替代的重要作用，为新中国储备了大批优秀的军事人才；在党的建设方面为新中国党的建设提供了丰富经验和宝贵精神财富。

关键词：南方局；统一战线；文化经济；外事；军事；党的建设

2019年是中共中央南方局（以下简称“南方局”）成立80周年。南方局自1939年1月由中央书记处批准成立，至1947年3月以周恩来为主要领导的中共代表团及所有中共常驻国统区的公开机构全部撤回延安止，在国统区极其艰险复杂的环境里进行了8年多坚韧不拔的斗争。如果算上其前身——1937年12月成立于汉口的中共中央长江局的历史，南方局一共在国统区进行了9年多艰苦卓绝的斗争，为夺取新民主主义革命胜利，建立新中国立下了不朽的历史功绩。与当时设立的其他中央局相比，南方局具有独特的历史地位，其名称看似具有地区性，实际却是抗战时期和解放战争初期中共中央派驻国统区政治中心的代表机构。可以说，南方局不仅是中共中央设在国民党统治中心的重要阵地，还是领导国统区人民开展民族民主革命斗争的指挥部。对此，宋平曾指出：南方局历史“在我们党的整个历史中间是非常重要、非常光辉的一页。……没有这一段历史，中国革命不可能取得这样的胜利，中国共产党也不可能取得这样大的发展，成为今天领导全国人民进行社会主义建设的大党”[①]。只有正确认识南方局的这一历史地位，才能

① 宋平：《在〈南方局党史资料〉丛书出版座谈会上的讲话》（1990年6月25日），载《南方局党史研究论文集》之《南方局的历史丰富了党的历史宝库——记宋平同志的讲话》，重庆出版社1993年版，第1页。

对其与新中国的成立、发展之间的联系有深刻的理解。笔者在此仅对南方局对新中国成立的历史贡献做一粗略的勾勒，以期唤起大家对南方局奋斗历程和历史经验的深入挖掘和整理，珍视和利用好这份宝贵的历史遗产。

一、南方局在统一战线方面维护了国共合作的抗日民族统一战线，争取到中间势力的支持，从而奠定新中国多党合作政治协商制度的政治基础

全民族抗战时期，有两个基本问题是中国一切政党、政治派别必须共同面对且回答的，即抗日和民主。“在那个血雨腥风的年代，抗击侵略、救亡图存成为中国各党派、各民族、各阶级、各阶层、各团体以及海外华侨华人的共同意志。”①正是这种共同意志，使国共合作成为这一时期国共关系的中心，而维系国共合作以团结抗战，符合两党的共同利益，也是赢得抗战胜利最重要的国内政治基础。但除了抗日之外，国共两党在民主问题上没有多少共同点。国民党是执政党，控制着国家军队和经济命脉，占有绝对优势，虽然同意合作抗日，但仍坚持独裁，始终坚持反共立场，企图在抗战中限制以至消除中共力量。而中国共产党的合法地位尽管在实际上被承认，但并没有得到法律上的认可，在坚持抗战的前提下，国共合作始终伴随着许多复杂问题和尖锐矛盾。不解决这些问题，国共合作就难以持续，抗日民族统一战线甚至面临着被瓦解的可能。

关于抗日民族统一战线的极端重要性以及中共与抗日民族统一战线的关系问题，毛泽东在1938年中共扩大的六届六中全会上做《论新阶段》政治报告时精辟指出：“长期的战争必须有长期的统一战线才能支持，战争的长期性与统一战线的长期性，是不能分离的。”②“支持长期战争与取得最后胜利之唯一正确的道路，在于统一团结全民族，力求进步与依靠民众，借以克服困难，争取胜利，而不是其他。”③武汉沦陷后，国统区的中心转移到重庆，中共六届六中全会决定撤销长江局，在重庆设立南方局，其使命就是高举抗日民族统一战线旗帜，为抗日和民主凝聚力量，最重要的政治任务就是巩固和扩大抗日民族统一战线，维护国共合作，争取中间势力，为赢得胜利而凝聚人心、智慧和力量。

随着抗战进入战略相持阶段，日本对国民党正面战场的方针改为政治诱降为主、军

① 《在纪念中国人民抗日战争暨世界反法西斯战争胜利六十九周年座谈会上的讲话》(2014年9月3日)，载《习近平论中国共产党历史》(内部资料)，中央党史研究室2017年1月编印，第125页。

② 《论新阶段——抗日民族战争与抗日民族统一战线的新阶段》(1938年10月12—14日)，载《建党以来重要文献选编(1921—1949)》(第15册)，中央文献出版社2011年版，第602页。

③ 《论新阶段——抗日民族战争与抗日民族统一战线的新阶段》(1938年10月12—14日)，载《建党以来重要文献选编(1921—1949)》(第15册)，中央文献出版社2011年版，第579—580页。

事打击为辅，而英美等国加紧制造远东慕尼黑阴谋，在此情况下，国民党亦推行“消极抗日，积极反共”政策。1939 年 7 月 7 日，中共中央发表全面抗战两周年纪念对时局的宣言，提出“坚持抗战到底——反对中途妥协！巩固国内团结——反对内部分裂！力求全国进步——反对向后倒退！”[①]三大口号，南方局依据这一指导方针，始终坚持对国民党顽固派开展有理、有利、有节的斗争，想方设法稳住蒋介石集团，使其能够留在抗日阵营之内，即使面对皖南事变的严重局势，仍坚定执行中共中央关于“政治上取全面攻势，军事上取守势”[②]的基本方针，以自己的艰苦努力维系国共合作抗战的大局直至抗日战争胜利结束。

在新民主主义革命时期，中间势力是影响国共双方力量对比的关键。“在中国，这种中间势力有很大的力量，往往可以成为我们同顽固派斗争时决定胜负的因素，因此，必须对他们采取十分慎重的态度。”[③]争取中间势力是发展抗日民族统一战线乃至人民民主战线的一项重要任务，而南方局为完成这一重要战略任务做出了重大贡献。

全民族抗战爆发初期，中共倾力于对国民党当局的统一战线工作。南方局成立后，面对蒋介石的积极反共和对日妥协倾向，南方局开始调整过去着重联蒋、忽视联络中间势力的偏差。周恩来在 1939 年 8 月中央政治局会议上明确提出“对各党派关系——基本上应扶持进步力量，争取中间分子”“对其他党派应影响他，善意的批评他，以促其进步或分化”“对中间分子或团体，应密切其关系以争取之”[④]的策略方针。1940 年 3 月 11 日，毛泽东在延安中国共产党的高级干部会议上明确指出：“争取中间势力是我们在抗日统一战线时期的极严重的任务。”[⑤]据此，周恩来在 1940 年 8 月中央政治局会议上提出：“我们的方针是：一、扶持进步团体；二、照顾小党派的利益；三、进行民主运动，要求各党派的合法地位；四、要求政治改革。”[⑥]这就使中国共产党统战工作对象的重点发生了关键性的变化，逐步由国民党当局转向广大中间势力，由此开辟了适应当时中国国情的民主建政新路。

国统区的中间势力主要包括民族资产阶级、地方实力派、各抗日党派与政治团体。南方局对民族资产阶级的统一战线工作主要通过 3 个途径实现：一是同民族资产阶级的代表人物进行接触并争取之；二是积极帮助建立工商界团体以建立密切联系；三是通过

① 《中共中央为抗战两周年纪念对时局宣言》（1939 年 7 月 7 日），载《建党以来重要文献选编（1921—1949）》（第 16 册），中央文献出版社 2011 年版，第 440 页。

② 中共中央文献研究室：《毛泽东年谱（1983—1949）》（修订本，中卷），中央文献出版社 2013 年版，第 262 页。

③ 《目前抗日统一战线中的策略问题》（1940 年 3 月 11 日），载《毛泽东选集》（第 2 卷），人民出版社 1991 年版，第 748 页。

④ 《周恩来在中央政治局会议上的报告提纲（摘录）》（1939 年 8 月 4 日），载《南方局党史资料·统一战线工作》，重庆出版社 1990 年版，第 37 页。

⑤ 《目前抗日统一战线中的策略问题》（1940 年 3 月 11 日），载《毛泽东选集》（第 2 卷），人民出版社 1991 年版，第 747 页。

⑥ 金冲及主编：《周恩来传》，中央文献出版社 1998 年版，第 581—582 页。

进步报刊和领导人讲演进行宣传教育。对民族资产阶级统战工作的成绩，周恩来曾评价："在一九四一年只有文化教育界靠拢我们，一九四五年民族资产阶级也靠拢我们了。"[①]南方局对地方实力派的争取工作也卓有成效，经过长期的艰苦努力，使西南地区地方实力派的代表人物在新民主主义革命斗争的历史发展进程中逐步走向人民阵营，有的成为中共的盟友和民主党派的领袖，而绝大多数拥有军事实力的人物在人民解放战争胜利推进的历程中，顺应历史潮流和民心，纷纷率部起义，从而大大缩短了人民解放军夺取全国革命胜利的进程。

南方局对国统区各抗日党派和抗日团体的统战工作，主要是针对青年党、国社党、第三党、职教社、乡建派和救国会三党三派。他们是中间阶级和阶层的政治代表，其政治主张纷繁复杂，但均主张抗日救国，并反对国民党蒋介石集团的独裁统治。南方局以周恩来、董必武、叶剑英为代表，勤交党外朋友，平等商讨国是，充分考虑民主党派的利益和要求，把宣传方针政策寓于同民主党派的友情中，借助国民参政会的合法组织形式与三党三派及无党派参政员在坚持抗日、讨伐投降叛国的汪精卫和争取抗日民主自由等方面建立了密切合作关系。南方局非常重视对民主党派民主人士的政治引导，支持他们建立自己的党派，并努力促进同各民主党派之间的联合，以孤立国民党顽固派。抗战胜利后，南方局积极支持新建立的九三学社、中国民主建国会、中国民主促进会和中国国民党革命委员会等民主党派，并与他们一道为反对国民党独裁、内战与卖国政策，争取实现国内和平而共同斗争。

正由于南方局平等地对待各抗日党派、团体和民主人士，尊重他们的民主权利和利益，中共赢得了各中间党派、民族工商界和各界群众的一致支持，成功地将国统区的民主宪政运动引向高潮，并经重庆谈判、政协会议等一系列斗争，最终从法理上倾覆了国民党一党专政的合法性，确立了适合当时中国实际情况的民主建政的程序模式，即由各民主党派和无党派民主人士召开政协会议，制定共同施政纲领、成立联合政府，然后由联合政府组织全民普选、召开国民大会、制定宪法、产生民选政府。人民解放战争时期，中共于1948年发布"五一口号"，号召各民主党派召开新政协，按照上述程序模式成立联合政府，及至1949年9月新政协会议召开，协商成立中华人民共和国中央人民政府。然后在这一联合政府的领导下，1954年召开全民普选的第一届全国人民代表大会第一次会议，通过《中华人民共和国宪法》，产生人大常委会和国务院，圆满完成民主建政程序。中国共产党领导的多党合作和政治协商制度最终被确立为新中国民主政治的基本制度之一，其正是源于南方局长期艰苦的探索和创新。

---

① 《抗日战争期间战斗在重庆》，载《纪念周恩来总理文物选编》，文物出版社1977年版，第58页。

二、南方局在文化和科技方面培养造就了为民族独立解放而呐喊战斗的浩荡大军，为新中国成立后的文化和经济建设奠定了民意基础，储备了急需的建设人才

全民族抗战初期，中国的文化和经济建设遭受了极大的损失。南方局为保存民族文化精英、培养科技人才付出了艰辛努力，助推以重庆为中心的大后方文化和经济发展黄金时期的出现。

抗战时期，文化工作是配合抗日军事斗争的一条重要战线，中国共产党将国民党区域的文化运动视为重要战略。1940 年 9 月 10 日，中共中央在《关于发展文化运动的指示》中指出："在国民党统治区域很可能广泛发展与极应该广泛发展的一项极端重要的工作，是抗日文化运动。这项工作的意义在目前有头等重要性，因为它不但是当前抗战的武器，而且是在思想上干部上准备未来变化与推动未来变化的武器。因此在国民党统治区域的党（敌占大城市亦然）应对发展文化运动问题特别提起注意，应把对文化运动的推动、发展及其策略与方式等问题经常放在自己的日程上。"①

南方局在周恩来的直接领导下，模范执行中共中央指示精神，取得了辉煌成就，开创了国统区进步文化运动的崭新局面。

首先，以在国统区公开发行的中共中央机关报《新华日报》和机关刊物《群众》周刊，以及统一战线性质的《救亡日报》等为阵地，发挥政治家办党报党刊的特色，广泛深入地宣传中共的团结抗战进步主张、文化发展方针，宣传爱国主义和马列主义，用八路军、新四军和全国一切抗战部队英勇作战的战绩鼓舞全国军民士气。同时冲破国民党当局对言论的封锁，不断揭露国民党统治集团对敌妥协投降、对内制造分裂、积极反共及发国难财的罪恶行径，引导国统区人民投入到坚持抗战、维护团结和争取民主的斗争中来。《新华日报》等进步党报党刊形成的以新闻报道突出抗战的主题，以副刊传播民主思想文化的模式，不仅在当时宣传教育了群众，而且为新中国成立后较长期的新闻工作提供了范式，引导形成了后来新中国文化建设的民主与科学的基调。

其次，积极利用话剧、电影等文艺形式对国统区群众进行政治启蒙，提高其对中共政治理念的认同。南方局通过下设的文化工作委员会，以及国民政府军事委员会政治部第三厅（第三厅解散后成立文化工作委员会）等机构积极开展工作，努力冲破国统区政治上令人窒息的白色恐怖，用最容易引起群众共鸣的话剧、电影、诗歌、漫画等艺术形式

① 《中共中央关于发展文化运动的指示》(1940 年 9 月 10 日)，载《建党以来重要文献选编(1921—1949)》(第 17 册)，中央文献出版社 2011 年版，第 526 页。

打开局面。例如，从1941年到1945年，利用重庆每年10月至次年5月的雾季时期作为戏剧公演季节，上演戏剧作品近百出，其中阳翰笙的《天国春秋》、郭沫若的《棠棣之花》和《屈原》等具有强烈爱国主义思想的大型历史剧，引起强烈社会反响，创造了中国近代戏剧运动史上前所未有的繁荣局面。特别是南方局将大量苏联现代文学作品和流行于解放区的秧歌舞、新型歌剧、木刻艺术引入国统区，使国统区的文化增添了新的活力。南方局通过组织创作和演出大批经典作品，凝聚和影响了众多文化团体和文化名人，在大后方开展了规模空前、影响深远的进步文化运动，鼓舞了全国人民抗战到底的信心，使抗战、团结、民主成为大后方文化的主流。

再次，推动以马克思主义为指导的学术研究和构建其研究队伍。南方局在国民党当局连续发动反共高潮、对进步文化活动予以严酷限制的形势下，利用国民政府军事委员会政治部第三厅退出人员成立文化工作委员会之机，组建了强有力的工作机构。它的委员、工作人员中，包括了比三厅更广泛的各界代表人物，如著名作家沈雁冰、舒舍予，教育家陶行知，历史学家邓初民、翦伯赞，自然科学家卢于道，文学家胡风等[①]。1940年10月1日成立的文化工作委员会开展以马克思主义为指导的学术研究，特别在历史研究方面取得了丰硕成果。郭沫若的《青铜时代》、吕振羽的《简明中国通史》上册、翦伯赞的《中国史纲》、侯外庐的《中国近代思想学说史》等著作和《甲申三百年祭》等大量史论文章都是在这一时期开始酝酿或最终完成的。另外，在南方局的推动下，进步文化工作者还成立了读书会、新史学会，引导马克思主义研究方向。在南方局具体领导下的文化工作委员会工作，贯穿着追求进步的科学精神，不但宣传教育了群众，而且使马克思主义新史学最终形成，长期影响了新中国史学及其他学术研究的基本方向。南方局在进行反帝反封建文化思想斗争的同时，极大地发展了新民主主义文化，建立了一支朝着民族的、科学的和大众的方向发展的革命文化大军。

最后，为国家民族保存、团结和培养了大批文化和科技精英。1941年12月香港沦陷后，南方局为将在香港的文化界人士及一些国民党左派知名人士如何香凝、柳亚子等营救出来，组织了大规模而又安排周密的营救行动。整个抢救工作从1942年1月初开始直到6月初结束，历时近半年。这期间，几百名文化界知名人士、国民党左派及国际友人，分批从香港安全转移到内地[②]。这次营救任务的完成，受到了中共中央的表彰，也赢得了国内外各界人士的称赞。夏衍在为《秘密大营救》一书题词时写道："大营救表明了党中央、南方局对知识分子的关怀，大营救以生动的事实，说明了共产党人和游击区军民在万分困难的环境中舍生忘死地执行统战政策的史事。这是真正的肝胆相照，生

---

① 《南方局党史资料·文化工作》之《综述》，重庆出版社1990年版，第9页。

② 连贯：《1942年在香港抢救文化人士及知名人士的情况》，载《南方局党史资料·文化工作》，重庆出版社1990年版，第253页。

死与共。”[①]此外，南方局通过少数党员秘密联系科技界爱国人士，于 1939 年春成立了自然科学座谈会，每两周开会一次，主要学习《新华日报》的社论、专论，或从《新华日报》得到的党中央的精神、领导同志的讲话中，学习唯物辩证法，以提高政治觉悟和对国内外形势的认识。 1940 年 5 月又组织成立了中国青年科学技术人员协会，南方局注重对青年科技人员进行爱国主义教育，在抗日爱国的基础上，广泛团结青年科技人员；组织他们钻研技术，培养科技人才。 该协会也经常组织小型时事座谈会或报告会，讨论国际国内形势，组织技术交流，座谈生产技术问题；搜集工矿企业的经济技术资料，为中共提供了不少重要研究资料。 在南方局的支持下，青年科技协会自筹资金办企业，不仅解决了当时青年科技人员的就业问题，为中共保存和培养了一批科技力量，还为贯彻中共“荫蔽精干”政策提供了掩护职业的有利条件。

南方局从 1943 年起就通过各种途径，组织大批进步青年到国外去深造，像钱学森、李四光以及邓稼先等著名科学家就直接由南方局送出去留学，或与南方局保持着密切联系。 1945 年 7 月 1 日，南方局以自然科学座谈会为基础，在重庆成立了中国科学工作者协会（即中国科协）。 中国科协的成立，对于当时相当散漫而又沉寂的科学界来说，可谓异军突起，使人耳目一新，其影响迅速及于国内外。 正是在南方局的团结、爱护、指导和组织中形成的大后方基本文化和科技队伍，在后来的新中国经济文化建设、科技进步中发挥了重大作用。 1944 年初，南方局还派出专门人员到美国去建立工作领导小组，做留学人员的组织联络工作，逐步建立地区性和覆盖全美的留美人员的群众组织。 1945 年南方局领导人董必武代表中国赴美出席联合国成立大会后，曾主持中共在美的组织整顿工作，成立了一个领导小组。 至 1949 年 6 月成立了覆盖全美国的“留美科协”，至 1950 年 9 月留美科协解散时，已拥有会员 800 多人。[②] 据不完全统计，从 1949 年 8 月至 1950 年 12 月间，由美归国的人数约有 600 人，留美科协会员大部分陆续回国。[③] 他们以及随后归国的科技人员，大都成为新中国各项科技事业的开拓者。 英国学者迪克·威尔逊在其所著《周恩来》中写道：“在重庆的那些年中，周创立了一个后来成为中华人民共和国外交部及 1949 年以后作为北京传播工具的编辑机构的核心，他很好地利用了由于国民党专制独裁而造成的非共产党人士日益增长的对蒋离心离德的机会，同许多知识分子和专业人员建立了联系。 这些人后来都投向了 1949 年成立的人民共和国，填补了共产党在管理界、教育界和商业界的许多空白。”[④]这段话生动地说明南方局在文化和科技方面的卓著功绩以及对新中国文化和经济建设的巨大作用。

---

① 《夏衍题词（代序）》（1985 年 11 月 8 日），载黄秋耘等：《秘密大营救》，解放军出版社 1986 年版。

② 傅琳：《留美科协成立始末》，《北京党史研究》1998 年第 2 期，第 41—42 页。

③ 傅琳：《留美科协成立始末》，《北京党史研究》1998 年第 2 期，第 44 页。

④ 迪克·威尔逊：《周恩来》，封长虹译，中央文献出版社 2003 年版，第 155 页。

三、南方局在外事工作方面培育了实践新中国外交理念的骨干力量

南方局设立于国民政府所在地重庆，理所当然地成为中共与国际人士和国际社会进行联系的主要机构和渠道。南方局外事工作，是在国民党当局严加限制、封锁的情况下艰难地开展起来的，无论是在民间还是官方层面，南方局的对外宣传和联络工作成绩卓著。

南方局成立后不久，即于1939年4月成立了对外宣传小组（1940年12月改称外事组），作为开展国际统一战线工作的机构。南方局外事组的主要任务是宣传、交友、了解国际形势，重点是弄清美英的对华政策、各国在华人士的政治态度和动向，并设法影响各国对华政策，扩大国际统一战线，以促进抗战胜利。第二次世界大战欧洲战场战事爆发后至太平洋战争爆发前，美英与日本的矛盾加剧，他们对国民党消极抗战不满，愿与中共有所交往。在这样的国际形势下，南方局的外事组积极与各国驻华使馆官员、外国记者建立直接联系。1940年11月6日，毛泽东在关于不反对蒋介石加入英美集团及制止投降分裂给周恩来的电报中指出："目前不但共产党、中国人民、苏联这三大势力应该团结，而且应与英美作外交联络，以期制止投降，打击亲日亲德派活动。""'剿共'则亡党亡国，投降则日寇必使中国四分五裂，必使蒋崩溃，请你利用时机向国民党各方奔走呼号，痛切陈词，以图挽救。"①皖南事变前，南方局外事组曾多次向苏联、美国、英国使馆提供国民党新闻封锁使他们得不到的中国抗战情况资料。南方局还将1940年国共双方往来文电和国民党的反共文件编印成册，托人带到香港和国外散发，以揭露国民党的内战政策。

皖南事变爆发后，南方局的外事活动进入了高度活跃期：一方面，频繁同苏、美、英等国使馆外交官员紧密联系，提供国民党反共分裂活动的翔实资料，敦促各国向蒋介石集团施加压力，以防止事态进一步恶化；另一方面，向各国驻华新闻记者揭露事实真相、系统提供国共关系背景资料，供他们在国外做客观公正的报道，以使国际社会关注中国形势的人士对中国的内部问题有进一步的了解，并唤起国际舆论对蒋介石集团在大敌当前的情况下，大搞自相残杀罪恶行径的谴责。这些活动，成为击退国民党蒋介石集团第二次反共高潮的重要因素之一。

---

① 《毛泽东关于不反对蒋介石加入英美集团及制止投降分裂给周恩来的电报》(1940年11月6日)，载《建党以来重要文献选编(1921—1949)》(第17册)，中央文献出版社2011年版，第643页。

太平洋战争爆发后，中共中央于 1941 年 12 月 9 日在关于开展太平洋反日民族统一战线及华侨工作的指示中指出："中国人民与中国共产党对英美的统一战线是有重大意义的，中英美苏合作集中力量消灭日本帝国主义，是中国人民解放的必要前提。""我们利用此机会向英美人士特别其当政人物表明我们愿意与英美政府真诚合作抗日。同时向他们暴露中国统治者之黑暗，以争取英美政府人士对中共八路军、新四军之同情，以争取他们对中国政府施行某些压力，以改进中国对日反攻之准备。"①根据中共中央的指示，南方局进一步加强了国际反法西斯统战工作：一是周恩来多次与美国驻华使馆、美国战时新闻处人员如范宣德、戴维斯、谢伟思、文森特、费正清等交谈，促使他们高度重视中共实力、地位、作用和国共关系问题，在外援问题上向蒋介石施压，要求国共团结抗战；二是南方局派出一批中共党员和进步文化人士主动参加美国战时新闻处的工作，使之成为中共与美方联系的又一渠道；三是抽调一批干部将《解放日报》《新华日报》重要社论和中共中央领导人的重要讲话和反映解放区情况的材料翻译编印成英文小册子，向外国记者、驻华使馆官员和国际友人散发，使英美各国人士对中共的抗日民族统一战线政策和抗日武装实力有了更具体的了解，以牵制国民党的反共活动。南方局开展的这一系列工作，开创了真正意义上的中共外交活动，使中共的国际地位迅速提高。

经南方局长期联络沟通和安排、组织，在世界反法西斯战争取得重大胜利的形势下，1944 年 6 月 9 日，由驻重庆外国记者发起组织的"中外记者西北参观团"到达延安，受到毛泽东等中共领导人的欢迎和会见。中外记者根据访问边区各地和其他抗日根据地写成的调查报告，比较客观地反映了中共和解放区的情况，使国民党对中共与边区的诬蔑和不实之词不攻自破，从而争取了国际舆论对中共及其抗日民主事业的全面准确认识与理解，乃至同情、支持和后来对新中国的认同。1944 年 7 月 22 日和 8 月 7 日，美军观察组在包瑞德上校率领下又分两批到达延安。美军观察组根据他们获得的情报，深信与中共合作符合美国利益。美军观察组在延安设立，使中共中央与美国官方和美军总部之间建立了直接联系，也为南方局与中共中央之间利用美军飞机进行运输、传递消息提供了许多方便，周恩来当年即指出：记者团和美军观察组访问延安这两件事不是普通的外事活动，而是"我们在国际间统一战线的开展，是我们外交工作的开始"②。此外，南方局还促成了赫尔利访问延安，于 1944 年 11 月 10 日与中共签订《延安协定草案——中国国民政府、中国国民党与中国共产党协定》③；毛泽东给罗斯福的信，宣传了中共关于改

---

① 《中共中央关于开展太平洋反日民族统一战线及华侨工作的指示》(1941 年 12 月 9 日)，载《建党以来重要文献选编(1921—1949)》(第 18 册)，中央文献出版社 2011 年版，第 737 页。

② 王明湘、刘立群、王泓：《中共中央南方局和八路军驻重庆办事处》，重庆出版社 1995 年版，第 190 页。

③ 《延安协定草案——中国国民政府、中国国民党与中国共产党协定》(1944 年 11 月 10 日)，载《建党以来重要文献选编(1921—1949)》(第 21 册)，中央文献出版社 2011 年版，第 607 页。

组国民政府，成立联合政府的主张①；争取并实现了中国共产党作为中国代表团成员参加联合国成立大会。中国共产党利用大后方政治舞台进入战时重庆外交圈，取得了一系列瞩目成就，使中共在世界反法西斯战争中发挥出独特的作用。

南方局在外事工作中，成功运用以毛泽东为首的中共中央提出的既联合又斗争、以斗争求团结，争取多数、孤立少数，有理、有利、有节等统战方针政策和原则，并对主权和领土完整与不可侵犯、不干涉内政、平等互利等基本外交原则有了切身体会，使民间外交与官方外交并行不悖。这些都成为后来新中国外交工作的理念、方针和方法，指导新中国多层次、全方位和重点突破外交战略的形成，使新中国的外交风格在世界上独树一帜。同时，南方局有关工作人员在外事活动中得到锻炼和提高，为解放战争时期的对外宣传联络工作乃至新中国成立后形成以周恩来总理兼外交部部长，王炳南、龚澎、乔冠华、熊向晖等南方局系统人员为重要骨干力量的外交队伍，打下了最初的基础。

四、南方局在军事战线方面发挥了不可替代的重要作用，为新中国成立储备了大批优秀的军事人才

南方局在军事战线方面的工作，主要包括协同配合中央代表对国民党进行有关军事问题的谈判和对国民党当局的军事联络，领导华南敌后游击战争，对地方实力派的统战工作以及领导所属八路军办事处等方面的工作。

南方局的军事工作是在中共中央的指示下具体开展的。如果孤立地看南方局的军事工作，似乎它的意义并不突出。但若是把它放到抗战时期中共整个军事工作中来看，那么可以说它起着举足轻重、无可替代的作用。没有它，中共中央的很多工作都无法顺利完成，即使最终完成了也会磕磕绊绊。南方局在敌占区艰险的军事环境和国民党统治区复杂的社会背景下，创造性地贯彻执行中共中央的路线、方针、政策，为开创中国南方地区军事工作的新局面做出了巨大贡献，得到党中央的多次肯定。毛泽东在 1939 年 8 月 24 日的中共中央政治局扩大会议上就称赞南方局的工作："南方工作，是广大的地方工作与统战工作，工作做得好，各省工作有成绩，这是在周恩来领导下取得的成绩。"②他在 1944 年 12 月 20 日听取董必武关于南方局工作的报告后讲话表示："南方局工作、董老的报告都很好，都同意。大后方工作有成绩，南方局、《新华日报》、办事处做了很好的工

---

① 《毛泽东给罗斯福的信》(1944 年 11 月 10 日)，载《建党以来重要文献选编(1921—1949)》(第 21 册)，中央文献出版社 2011 年版，第 611 页。

② 中共中央文献研究室：《毛泽东年谱(1983—1949)》(修订本，中卷)，中央文献出版社 2013 年版，第 136 页。

作。”[①]1945 年 2 月 15 日，毛泽东在中共中央党校做报告时再次称赞大后方党员绝大多数是可靠的，“应该讲南方工作的同志有成绩，总的说来在抗战期间有成绩。 在战略方面来说，只有根据地也不行，要有三个方面——解放区、沦陷区、大后方，三位一体，缺一不可”[②]。 这些虽然是中央对南方局工作的总体评价，但实际也包括对南方局在军事战线方面成绩的肯定。

例如军事谈判和联络工作，为了巩固和发展抗日民族统一战线，减少或避免磨擦，缓和由于国民党顽固派多次发动反共高潮所造成的紧张局势，共商团结抗战大计，南方局领导人奉命以中共代表身份与国民党代表在重庆举行了多次正式谈判。 南方局所属部门和单位通过各种渠道，收集了许多军事情报提供给中共代表，同时还进行广泛的军事宣传，扩大八路军、新四军和华南抗日游击队的影响。 尽管国共军事谈判由于国民党缺乏诚意而未能达成任何协议，但它对于缓和国共两党关系，维持国共合作抗战的局面，保护八路军、新四军和各抗日根据地的利益，团结广大的中间力量，争取抗战最后胜利，均起到了十分重要的作用。 而联络可以加强沟通，特别是双方相互之间战况或敌伪情况交流，更能加强了解，减少相互之间的猜忌，从而减少或避免军事磨擦，促使国共双方协同作战，共同抗击日本侵略者。 南方局充分利用处在国民党统治中心的区位优势，打入国民党军政高层及各级统治机构，通过对各层级军官和有关军事机要人员的统战工作，获取各种军事情报或者从国民党内部和敌伪的广播、报纸杂志、图书资料等方面收集有关情报，然后报送给延安的中央军委和八路军总部，作为其对日、伪、顽军斗争决策之依据。 同时，这些情报对中共中央各项军事部署、战略制定、斗争计划起到了重要的参考作用，从而使其及时调整各方面的战略部署。

此外，抗战时期，南方局领导人经常就有关八路军、新四军的编制，开辟新的作战区域，领取军饷、军需、装备，以及保护人民武装的利益问题同国民党当局进行交涉，竭力争取和维护八路军、新四军的合法权益。 此外，南方局军事组及其领导下的各地办事处还从国统区、上海、港澳以及国外购买人民军队急需的各种物资，或者将各地捐献的物资运送到解放区和各个抗日根据地，使敌后抗战即便在艰苦的条件下也能坚持下去。 面对国民党顽固派掀起的一次又一次的反共高潮，国共合作濒临破裂，抗战事业面临极度危险时，南方局在中共中央的指示下，一次又一次打开艰难复杂的谈判局面，配合抗日根据地的反顽自卫斗争，最终粉碎了国民党顽固派发动的三次反共高潮，几度力挽濒临破裂的国共关系，维护国共合作和团结抗战局面直至抗战胜利。

南方局军事工作的开展，在南方各省区造就了具有战斗力的人民武装队伍，创建了

---

① 《董必武年谱》，中央文献出版社 2007 年版，第 220 页。

② 《时局问题及其他》(1945 年 2 月 15 日)，载《毛泽东文集》(第 3 卷)，人民出版社 1996 年版，第 267 页。

可以依靠的根据地和游击区，为后来解放战争的胜利打下了坚实基础。鉴于南方局直接指导下的华南抗日游击队的贡献，中共中央军委于 1944 年 7 月 15 日在关于华南根据地工作给曾生、冯白驹等的指示中指出："自广州沦陷，迄今六年，你们全体指战员在华南沦陷区组织和发展了敌后抗战的人民军队和民主政权，至今天已成为广东人民解放的旗帜，使我党在华南政治影响和作用日益提高，并成为敌后三大战场之一。"①南方局在领导华南、西南抗日武装斗争的同时，还逐步加强了国民党统治区的农村工作，为中共在后来解放战争时期开展武装斗争打下了基础，这些人民武装后来也都发展成为强有力的正规部队。毛泽东曾赞扬南方局军事工作的贡献时指出："在南方几个大区域内（闽粤赣边区，湘粤赣边区，粤桂边区，桂滇边区，云南南部，皖浙赣边区和浙江东部南部）建立了游击战争根据地，使这些地区的游击部队发展到了三万余人。"②

正是由于南方局军事统战工作成绩突出，产生了深远的后发效应。据统计："解放战争中各地起义投诚，接受我军改编的部队，共一百七十七万多人，占我军歼灭敌军总数的 22%。这些起义投诚、接受改编的部队领导人，多数都是南方局过去的老朋友。"③南方局领导下的南方各省党组织在抗日战争时期的重要军事统战对象如李济深、龙云、卢汉、刘文辉、潘文华、邓锡侯等，在南方局的争取和帮助下，在与南方局领导人长期的接触和交往中，对中国共产党的了解和认识不断加深，并逐渐成为互相依赖、彼此信任的老朋友。他们通过共产党人的劝导和帮助，逐渐认清了中国的前途，认清了只有跟着中国共产党才有出路，最终毅然决然地与蒋介石反动集团决裂，站到人民阵营一边，接受中国共产党的领导。他们不仅同中共风雨同舟、荣辱与共，一道参加了民主革命，而且在新中国成立以后，还与中国共产党人一起参加了社会主义革命和建设，为国家、民族做出了有益的贡献。

南方局的军事工作不仅保障了抗战时期中共军事战斗人员、指战人员和军事理论研究人员的充分补给，而且为新中国的军队和国防建设、实现国防现代化储备了大量优秀的军事骨干力量。南方局军事组以及南方局领导下的各地办事处的重要工作之一，就是为解放区招聘专业人才，介绍进步青年投奔革命。据统计，经重庆办事处介绍的就有数千人，经香港、广州办事处介绍的也有千人之多，经驻湘办事处介绍的也有 600 多人。此外，南方局还利用各种形式，培训了大批革命军事骨干和人才。华南抗战期间，中共广东党组织通过军事统战关系，派党员和进步青年参加政府当局暨军队举办的各种军事训练班，培养军事骨干。中共广东党组织还利用地方实力派为扩充自身实力、倡办自卫

---

① 《中共中央军委关于华南根据地工作给曾生、冯白驹等的指示》(1944 年 7 月 15 日)，载《建党以来重要文献选编(1921—1949)》(第 21 册)，中央文献出版社 2011 年版，第 403 页。

② 《中共中央关于九月会议的通知》(1948 年 10 月 10 日)，载《毛泽东选集》(第 4 卷)，人民出版社 1953 年版，第 1238 页。

③ 《南方局军事组工作概况》，载《南方局党史资料·军事工作》，重庆出版社 1990 年版，第 258 页。

团之机，动员党员和进步青年主动参加到各地建立的自卫团中去，以此作为锻炼军事骨干的一种形式。不管是介绍去延安和解放区的革命力量，还是南方局利用其他形式训练并经受实战锻炼的军事骨干，以及经过千锤百炼保存下来的革命骨干，在新中国成立后都成为国防及军队建设的生力军和中坚力量，为新中国的国防和军队建设做出了重大贡献。

五、南方局在党建方面为新中国党的建设提供了丰富经验和宝贵精神财富

党建工作是根本，是一切工作的基础。无论是统战工作，还是文化工作，抑或是外事工作、军事工作，没有一定的党员干部基础，就难以顺利开展。同时其他各项工作中也或多或少地在不同程度上包含着党建工作，它们是一个统一的整体，互相联系、互相渗透、互相促进。可以说，党建工作的出发点和落脚点是为了更好地做好其他工作，因此，党建工作的好坏直接影响着其他工作进展得顺利与否。

南方局在特殊而严酷的政治斗争环境里，始终坚持把加强党的建设作为南方局工作中的关键所在，始终坚持把党的思想建设摆在突出位置，使国统区各级党组织不断巩固发展，经受住了各种考验，成为摧不垮的战斗堡垒。南方局培育形成的红岩精神，是中国共产党和中国人民的宝贵精神财富。需要指出的是，抗战时期南方局党的建设是在以周恩来为首的老一辈无产阶级革命家在毛泽东建党思想的指导下，模范践行党的纲领、路线、宗旨、作风，为全党树立了光辉的榜样。

1939 年 10 月 4 日，毛泽东在《〈共产党人〉发刊词》中深刻指出："十八年来，党的建设过程，党的布尔什维克化的过程，是这样同党的政治路线密切地联系着，是这样同党对于统一战线问题、武装斗争问题之正确处理或不正确处理密切地联系着的。"①密切联系党的政治路线、加强党的组织建设，是南方局党的建设的主要经验之一。抗战时期中国共产党的政治路线是："放手发动群众，壮大人民力量，团结全国一切可能团结的力量，在我们党领导之下，为着打败日本侵略者，建设一个光明的新中国，建设一个独立的、自由的、民主的、统一的、富强的新中国而奋斗。"②按照这条政治路线的要求，南方局把建立抗日民族统一战线、团结国民党统治区一切爱国力量抵抗日本帝国主义的侵

---

① 《〈共产党人〉发刊词》(1939 年 10 月 4 日)，载《建党以来重要文献选编(1921—1949)》(第 16 册)，中央文献出版社 2011 年版，第 677 页。

② 《两个中国之命运》(1945 年 4 月 23 日)，载《建党以来重要文献选编(1921—1949)》(第 22 册)，中央文献出版社 2011 年版，第 128 页。

略，作为党的建设的首要政治任务，正确处理党同资产阶级的关系，既反对国内一切亲日媚日的投降派，反对破坏抗日、阻碍和不准人民群众抗日的国民党顽固派的反共行为，又坚持进行有理、有利、有节的斗争。在国民党发动几次反共高潮的严峻形势下，南方局坚决执行毛泽东提出的“荫蔽精干，长期埋伏，积蓄力量，以待时机”[①]的方针，要求地下党员实行“三勤”（勤学、勤业、勤交友）、“三化”（职业化、社会化、合法化），使广大党员更加深入地扎根于群众和社会中，从而达到巩固国统区党的组织、提高党员素质、积蓄革命力量的目的。南方局这种切合实际的创造性工作和斗争方式，一方面在极其困难的条件下基本保全了党的领导机关和主要骨干，另一方面又不给国民党以反共口实，维系了以国共合作为主体的抗日民族统一战线大局。1944年抗战形势发生变化后，南方局从革命斗争的实际出发，围绕党的政治路线适时地调整策略、方针，在实行统一战线及武装斗争策略的过程中，牢牢抓住党的建设这一中心环节，很好地处理了党的建设与统一战线、武装斗争的关系，从而确保了南方局历史使命的光荣完成，并使南方国统区的党组织经受住各种事变的考验，在革命斗争的实践中不断成熟壮大。

党员的质量是政党战斗力的决定因素。南方局非常重视党员质量问题，把党员队伍建设作为党的建设的基础工作。全民族抗战爆发后，南方各省党组织普遍且大量地发展党员，建立了大批基层组织，而在国民党日趋严重的反共形势下，实现中共的任务，整顿和巩固党的组织，就成为一项十分紧迫和重要的任务。中共中央政治局在1939年8月25日通过的《中央政治局关于巩固党的决定》中提出：“估计到党的组织的现状与目前环境，党的发展一般的应当停止，而以整理、紧缩、严密和巩固党的组织工作为今后一定时期的中心任务。……纠正追求数目字与采用突击方式的错误，只求精不求多。”[②]南方局坚决贯彻落实党中央的这一决定，如1939年10月，中共湖南省委党组织经过整顿，党员人数由原来的5000余人减为2300人；川东特委所属党组织经过整顿，党员人数由原来的3500人减为2900多人。[③]为了巩固党的组织，中共中央从1939年10月至1940年9月，多次发出关于审查干部和肃清内奸的指示。南方局认真细致地执行党中央的指示，清除了极少数动摇腐化分子和潜伏在党内危害极大的叛徒内奸。

针对国统区发展党组织和党员问题，周恩来在1942年1月《加强西南党组织的建设》发言中提出：“个别发展是许可的，但不许大批地发展，不许不慎重、急于发展、定期发展。”“吸收党员的基本条件，在大后方要：①有政治觉悟和阶级认识。②有群众联

---

① 《放手发展抗日力量，抵抗反共顽固派的进攻》（1940年5月4日），载《建党以来重要文献选编（1921—1949）》（第17册），中央文献出版社2011年版，第305页。

② 《中央政治局关于巩固党的决定》（1939年8月25日），载《建党以来重要文献选编（1921—1949）》（第16册），中央文献出版社2011年版，第580页。

③ 《南方局党史资料·党的建设》，重庆出版社1990年版，第7页。

系和活动能力。③有坚强意志和学习精神。④有加入必要的。”“对新党员的训练：①注意个人谈话。②解释党章。③党内奋斗生活的介绍。④对候补期应该重视。如候补期满还不能入党的，不必勉强加入或延长候补期，即停止党籍。”[①]在这次发言中，周恩来代表南方局还从彻底地审查干部，支部工作，组织的改变，宣传工作、学习工作、调查研究工作，公开工作与秘密工作的联系，加入国民党、三青团问题，继续巩固领导机关，反奸细的斗争等方面提出了全面加强党的建设的具体举措。这种重视党员质量的党建思路，保证了党的纯洁性和凝聚力，使党员既是群众中的一员，更是引领群众的先锋与表率，从而使国统区党组织在最困难的时候也能站稳脚跟，成为坚强的战斗堡垒。南方局及其领导的各省党组织和绝大多数党员为抗日战争的胜利、解放战争时期国统区形成强大的“第二条战线”，为新中国的成立，提供了组织上、干部队伍建设上的坚强保障。

南方局在领导党的建设过程中，强调原则的坚定性与策略的灵活性相结合，大大增强了党建工作的主动性和创造性。南方局在工作中，既要求党员干部要有坚持原则的精神，把“一切工作要提到原则的高度，要与政治任务联系起来”[②]，又强调必须考虑国统区的特殊环境和南方局肩负的任务，必须采取灵活多变的组织形式和斗争方式，“一切组织工作都必须从具体情况的认识出发，从实际的东西出发”[③]，从而形成了南方局独特的党的建设的策略和方式。如注意上层活动和下层活动相结合，公开活动和秘密活动相结合，公开宣传和秘密宣传相结合，党外联系和党内联系相结合，所有党员实行以“三勤”“三化”为特点的群众路线方式，等等。

南方局在进行党的建设艰苦奋斗的历程中，还培育了具有深远历史影响和重大现实意义的红岩精神。红岩精神主要体现在为中国的民族民主革命和共产主义事业勇于献身；为争取国家民族的光明前途不畏艰险顽强战斗；团结一切可以团结的人，密切联系人民群众，一切为了人民群众的根本利益；始终保持共产党人和革命者的本色；等等。红岩精神，不仅是南方局在国统区工作顺利开展的思想指南，是各级党组织坚不可摧的精神保证，也是中共最终击退国民党的反共高潮并最终实现抗日战争胜利的坚强武器。红岩精神与中共中央所在地延安产生的延安精神，是交相辉映的时代产物，反映了中国共产党作为伟大的马克思主义政党的精神风貌。红岩精神与井冈山精神、长征精神、延安精神一脉相承，共同构成中国共产党民主革命时期的光荣革命传统，并成为新中国成立后中国人民为实现中华民族伟大复兴而不懈奋斗的宝贵精神财富。

对于南方局所取得的成就对新中国成立的贡献，胡乔木曾有过精辟阐述：“没有南方

---

① 《加强西南党组织的建设》(1942年1月)，载《南方局党史资料·党的建设》，重庆出版社1990年版，第40页。

② 《怎样做一个好的领导者》(1943年4月22日)，载《周恩来选集》(上卷)，人民出版社1980年版，第130页。

③ 张闻天：《关于抗日民族统一战线的与党的组织问题——在中共扩大的六届六中全会上的报告提纲》(1938年10月15日)，载《建党以来重要文献选编(1921—1949)》(第15册)，中央文献出版社2011年版，第665页。

局的大量工作，就没有抗战时期那么一种局面，团结了大后方那么多的人，把抗战坚持了下去，还保存了我们党的一大批精干力量；没有南方局的大量工作，就没有后来解放战争时期那样大规模的群众运动，形成那样强大的第二条战线。……没有南方局在大后方进行的广泛的统一战线工作，就很难把当时在国民党区域的各民主党派和各方面人士团结在我们共产党的周围，后来我们建立新中国的情况就会不一样，就没有今天这样的格局。”①一言以蔽之，南方局的历史功绩在于为新中国的成立凝聚了民心和队伍，并在一定程度上奠定了新中国政权建设的基础和格局。

（作者单位：中央党史和文献研究院）

① 《党史是党和人民群众共同奋斗的历史——胡乔木同志在重庆的谈话》(1988 年 12 月)，载《南方局党史研究论文集》，重庆出版社 1993 年版，第 1 页。

论抗战时期南方局的历史贡献

李　蓉　叶成林

摘　要： 1939 年 1 月，中共中央南方局成立，在抗日战争时期和解放战争初期，南方局代表党中央在国民党统治中心贯彻执行党的抗日民族统一战线政策，以全方位的卓越工作为民族独立和人民解放做出了彪炳史册的卓越功勋。本文拟从政治、军事、文化、经济、对外关系、党的建设等几个方面对南方局在抗日战争和解放战争时期做出的贡献进行系统梳理。

关键词： 抗战；中共中央南方局；历史贡献

在中共中央南方局（以下简称“南方局”）成立 80 周年之际，回顾南方局的历史贡献，分析南方局历史的主要特点，对于缅怀老一辈革命家的历史贡献、宣传南方局的历史功绩、更好地弘扬革命传统和优良作风、深化中国抗日战争史研究，进一步弘扬抗战精神和红岩精神，都有重大意义。本文拟从政治、军事、文化、经济、对外关系、党建等方面对南方局的历史贡献做一扼要叙述。

一、在政治上，南方局在坚持党的全面抗战路线及坚持抗战、反对投降，坚持团结、反对分裂，坚持进步、反对倒退基本方针方面，做出了突出而特殊的贡献

中国共产党是抗战时期全民族抗战的中流砥柱，其重要贡献在于提出了区别于国民党的全面抗战路线，把组织和发动全民族抗战作为争取抗战胜利的根本保证，并在之后提出了坚持抗战、反对投降，坚持团结、反对分裂，坚持进步、反对倒退的基本方针。正是这样的路线和方针，为中国抗战指出了正确方向，为克服中国持久抗战中所遇到的重重困难，特别是对意识到投降和分裂带来的危险、倒退的问题奠定了思想基础。南方局作为中共中央的派出机构，主要领导国民党统治区的党组织和人民群众认真贯彻落实党的路线、方针、政策，在大后方始终坚持和贯彻党的全面抗战路线和坚持抗战、坚持团结、坚持进步的正确方针，充分发挥和体现了共产党在大后方的中流砥柱作用，从而成

为党在大后方的一个坚强的指挥中心。南方局在时刻保持同延安的密切联系、一切按照中央部署的大政方针行动的前提下，也从大后方的实际情况出发，创造性地开展了各项工作。南方局成为党在大后方团结、争取广大爱国民主人士的前线指挥部，成为中国共产党在大后方广大地区的一面鲜艳的旗帜，给广大党员和进步群众、爱国民主人士以巨大的精神鼓励和实际指导，同时还为中共中央的有关方针政策的制定提供了宝贵建议。这是南方局在抗战时期同其他地区的党组织所不同的地方，也是南方局做出突出而特殊贡献之处。

要想在国民党统治的大后方贯彻落实党的全面抗战路线，就要让各级党组织及时了解和掌握党中央的重要决策。1938 年 10 月，中共中央在延安召开了扩大的六届六中全会，重申全党应把主要工作放在战区和敌后，独立自主地放手组织人民抗日武装斗争的方针。由于八路军已经在华北敌后广大地区开展了游击战争，并初步建立起抗日民主政权，而新四军在华中的游击战争尚未充分发展，因此，为了对付日军的进攻，争取主动，全会确定了巩固华北、发展华中的战略方针。为此，周恩来亲自到新四军军部和江南各地视察，传达全会精神，落实中央巩固华北、发展华中的战略方针，收到了积极的效果。

南方局在大后方尽量动员和团结大后方的人民群众特别是爱国民主人士，扩大和巩固抗日民族统一战线，特别是发展统一战线中的进步力量，争取中间力量，孤立顽固力量，坚持抗战到底，同一切妥协、投降的倾向做斗争。为此，南方局做了大量工作，这从南方局最初设立的组织机构可管中窥豹。1939 年 1 月南方局成立之初，除了 6 位常委、13 名委员外，下设了组织部、宣传部、妇女运动委员会、青年工作委员会、国际问题研究室、华侨工作组、南洋工作组、敌后工作委员会、新华日报社。从这 9 个部门的设立，可以看出南方局的工作面之广：不仅有通常可见的组织部、宣传部，还有社会面极广的妇女、青年部门；不仅有国内部门，还有国际、华侨、南洋工作部门；不仅局限于大后方，还有敌后工作部门；不光有宣传部，还有专门负责报纸杂志的新华日报社。从这 9 个工作部门的设置就可以看出南方局工作涉及的面很广、头绪也多。1940 年 10 月，南方局根据工作需要，又新增设了统战工作委员会、文化工作委员会、社会部。可以说，上述这些工作部门都有一个共同的目标和任务，那就是贯彻执行、落实中共中央的全面抗战路线和方针政策。

全国抗战时期，中华民族同仇敌忾、团结御侮。1937 年 8 月，中国共产党和中国国民党进行了第二次合作。在这次合作中，中国共产党获得了一定的合法地位，在国民党区内派驻了中共中央代表团，专门负责与国民党的联系和谈判。后来的事实证明南方局领导人担负起了这一重任。即使在遇到皖南事变这样严重威胁团结抗战局面的突发事件时，南方局也坚持有理有利有节的斗争，既揭露了国民党顽固派企图消灭新四军的倒行逆施的罪行，又努力争取、团结中间力量，尽力维护统一战线的团结，最后收到很好的效果。

南方局按照中共中央提出的坚持抗战、团结、进步的方针，团结争取中间势力，壮大了抗日队伍。在重庆成立的中国民主同盟、民主建国会等民主党派，都和南方局的鼓励、支持、帮助密切相关，彼此之间初步形成了风雨同舟、肝胆相照的亲密关系。这就为新中国成立后中国共产党领导的多党合作和政治协商制度打下了重要基础。这是南方局对中国共产党全国执政后形成有中国特色政治制度所做出的重大贡献。

全国抗战后期，中国共产党于1944年9月在重庆召开的国民参政会上提出了建立民主联合政府的主张。这是中国共产党全面抗战路线的具体体现。共产党认为："必须使全国人民明白，用人民的力量，促成由国民党、共产党、其他抗日党派及无党派人士，在民主基础上召集国是会议，组织联合政府，才能统一中国一切抗日力量，反对日本侵略者的进攻，并配合同盟国，驱逐日本侵略者出中国。"[①]为此，中共向国民党当局提出了书面意见，又派周恩来专门到重庆谈判，但没有结果。在此情况下，共产党方面希望"全国人民一致起来，大声疾呼，要求国民党当局改变现行政策，以便迅速建立民主的联合政府。这是全国人民的总任务，中国人民不论在大后方，在沦陷区，在解放区，都要为此目标而奋斗"[②]。换句话说，抗战时期不管大后方还是沦陷区、解放区，争取中国抗日战争的胜利与中国人民的解放这个目标都是共同的。

以毛泽东为代表的中共中央不仅重视解放区、沦陷区工作，对大后方的工作也极为重视。他指出："在大后方，我们必须援助被反动当局压迫的民主爱国运动，必须动员一切力量抵抗敌人的进攻，必须警惕投降主义者背叛民族投降敌人的阴谋活动。""同时，解放区则以自己的英勇作战行动及发动新地区的游击战争，有力地援助大后方。大后方的一切人民，一切爱国党派，都有责任为建立民主的联合政府而努力。大后方已经有许多党派，许多工业家、教授们、学生们，甚至许多国民党人，赞成联合政府的主张，认为这是目前抗日救国的唯一正确道路，但是现在的力量还不够，应该号召广大的人民起来为此而奋斗。"[③]南方局担负着上述的艰巨任务，通过多方努力，包括动员各界参加的反特务、反独裁的胡世合运动，在大后方掀起了建立民主联合政府的热潮，有力地配合和推动了党的政治主张在全国的宣传和影响。

---

① 中共中央文献研究室、中央档案馆：《建党以来重要文献选编（1921—1949）》（第21册），中央文献出版社2011年版，第658页。

② 中共中央文献研究室、中央档案馆：《建党以来重要文献选编（1921—1949）》（第21册），中央文献出版社2011年版，第658页。

③ 中共中央文献研究室、中央档案馆：《建党以来重要文献选编（1921—1949）》（第21册），中央文献出版社2011年版，第658页。

二、在军事上，南方局积极宣传抗日战争是持久战、游击战争具有战略地位的思想，宣传正面战场和敌后战场对日作战的成绩

全国抗战期间，国共两党合作，八路军、新四军设立了不少的办事处、联络处，承担他们对外联络及运送军需物资、人员等的各项任务。南方局负责领导国民党区域内的八路军、新四军的办事处、联络处。在1940年前，南方局领导的各办事处、联络处为敌后作战的八路军、新四军领取军饷和军用物资提供各种方便和条件。如1939年4月，南方局、八路军驻渝办事处派人会同贵阳交通站到贵州黄坪（平）县国民政府军火库领取10吨弹药，经重庆转运回延安。[①] 这对中国共产党领导的抗日武装力量坚持敌后战场及有力打击日本侵略者发挥了重要作用。

南方局还通过各种途径，大力宣传中国共产党持久抗战的战略思想，宣传坚持敌后独立自主的抗日游击战争的思想。国共合作期间在湖南衡山举办的西南游击干部训练班（又称南岳训练班）上，南方局的叶剑英、边章伍、李涛等人参加了教学和管理工作。他们在训练班上介绍游击战思想和游击战术，对学员产生了很大的影响。周恩来也到训练班视察，并向学员演讲，提出当时抗战的政略与战略重心：一是动员全国人民，展开全面抗战。二是重视敌后，斗争的重心在敌后，不让敌人利用我之人力物力财力来打我们。敌后工作，政治重于军事，精神重于物质，游击战重于正规战，宣传重于作战，民众重于士兵，节约重于生产。[②]

南方局还通过在大后方公开发行的《新华日报》，对正面战场的爱国官兵和中国共产党领导的抗日军民在敌后作战中取得的战绩尽可能地给予充分的报道和宣传。同时还向国民党军事部门报告战绩、交换情报，同国际上反法西斯盟国建立联系，交换军事情报，等等。

对于在抗日战场上牺牲的国民党爱国将领，中国共产党人表示沉痛哀悼，南方局领导人也发表文章赞扬他们的爱国精神和民族气节。1940年5月16日，第五战区右翼兵团总指挥第三十三集团军总司令张自忠将军在枣阳南瓜店作战中不幸阵亡。为了悼念张自忠等爱国将领，延安于1940年8月15日召开追悼大会，号召全党全军学习他们抗日救国的牺牲精神，毛泽东题写“尽忠报国”挽词。张自忠将军逝世三周年时，周恩来在《新华日报》发表《追念张荩忱（自忠）上将》一文，赞扬他的爱国主义精神和大义凛然

① 中共重庆市委党史研究室:《中共中央南方局大事记》,重庆出版社2004年版,第37页。

② 中共中央文献研究室:《周恩来年谱(1898—1949)》,中央文献出版社2007年版,第447—448页。

的民族气节："他的英勇坚毅，足为全国军人楷模。而感人最深的，乃是他的殉国一役。"他的"忠义之志，壮烈之气，直可以为我国抗战军人之魂！"[①]1944 年 5 月 21 日，担任国民革命军第三十六集团军总司令的李家钰在前线壮烈牺牲，《新华日报》于 6 月 10 日发表了李家钰"壮烈殉国"的消息，并表示了真诚的哀悼之情。

此外，南方局领导人还承担了代表共产党方面同国民党当局谈判、了解和协调抗战期间各部队关系等任务。1939 年底，国民党顽固派发动晋西事变。南方局领导人叶剑英为此事面见程潜。程潜向叶剑英表示："关于山西问题，阎对新军认为是纪纲问题，不能不讨伐。但中央对新军不能照阎的办法解决（即'进剿'），只能把新军调开山西使之立功，将功赎罪。由中央给经费，不归八路军，因八路军亦无经费。"[②]叶剑英了解到国民党当局意见后，及时向延安做了报告。这为中共中央正确处理晋西事变、维护和巩固抗日民族统一战线，提供了重要依据。

南方局在争取国内外友好人士和团体对八路军、新四军和敌后作战的军事援助方面，也做了大量工作并卓有成效，如派人到越南海防、河内接受新加坡爱国华侨捐赠的车辆、药品、医疗器材衣物等物资，并历经艰辛送到延安。

三、在文化上，南方局着力宣传中华民族不屈不挠的民族精神和民族气节，倡导抗战文化，有力地鼓舞了全国人民的抗战意志和必胜信心

南方局通过报纸杂志等重要手段，特别是以《新华日报》《群众》杂志为重要阵地，团结大后方的进步文化人士，开展各种爱国进步文化活动，反对国民党顽固派的文化专制，对于大后方抗战文化事业的发展做出了重要贡献。汪精卫叛逃投降后，南方局领导《新华日报》发表文章，痛斥汪精卫一伙的投降行为，后又号召各界民众行动起来，反对妥协投降，扩大了反汪运动。在《新华日报》的影响和中共党组织的推动下，重庆、昆明、长沙、武汉等许多城市开展声势浩大的讨汪运动。这对坚持抗战、反对投降，坚定全国人民抗战信心和勇气，发挥了积极作用。

时任重庆大学商学院院长的马寅初，是著名的经济学家，也是著名的民主人士。他因坚决反对国民党的经济政策而于 1940 年底被捕。1941 年 3 月 20 日，重庆大学学生为他 60 岁祝寿，得到了南方局、《新华日报》和重庆文化界的支持。在《新民报》《大公报》登出祝寿启事被国民党新闻检查机关禁止后，《新华日报》在第一版上登出"重大学

---

① 周恩来：《追念张荩忱上将》，《新华日报》1943 年 5 月 16 日。

② 中共中央文献研究室、中央档案馆：《建党以来重要文献选编（1921—1949）》（第 17 册），中央文献出版社 2011 年版，第 137 页。

生定期庆祝马寅初六秩大寿”的消息。祝寿会举行时，周恩来等人送去贺联，沈钧儒、张西曼、潘梓年等人出席。这次没有寿星在场的祝寿会开得十分热烈、隆重，实际上成为抗议和控诉国民党顽固派专制独裁的集会。

1941 年 12 月太平洋战争爆发后，国民政府对日宣战。重庆文化界立即组织讨论如何加强抗战总动员问题。1942 年 2 月 7 日，《新华日报》发表《论文化界动员》的社论，认为“他们对于宣传国策，打击不正确的观点与情绪，鼓励同胞为祖国命运而搏斗，坚定国人对抗战胜利的信心”，都尽了很大努力，但是文化界动员宣传工作做得还不算充分，还要“在艰难困苦中转战苦斗”。

南方局还通过多种途径，宣传中国共产党提倡的新民主主义文化，主张挣脱帝国主义、封建主义文化思想的奴役，实行人民大众的反帝反封建文化，即“民族的科学的大众的文化”。

四、在经济上，南方局积极鼓励和支持大后方的民族企业家发展生产，特别是国防工业，更好地支援前线，改善和保障人民生活

南方局在大后方主要是在政治、文化方面发挥作用。但在经济建设、生产方面，南方局也做了不少工作。一方面是支持和鼓励民族工商业者大力发展生产，多支援前线，尽量改善和提高人民生活。另一方面也鼓励大后方的工人们努力为抗战生产。南方局清醒地认识到：大后方的工人在国民党统治之下，没有民主自由，受到各种压迫限制，而且遭遇到由于国民党军事无能、节节败退所造成的逃亡流浪的悲惨生活，但他们并不气馁，依然继续奋斗，仍在忍受着一切痛苦而为抗战生产。1938 年 11 月 5 日，在中共扩大的六届六中全会上，林育英（张浩）就在发言中指出抗战中职工运动的任务：“在我大后方，应用一切方法帮助国防工业的发展，使之能适合抗战的需要，并达到政府抗战必胜、建国必成的目的。”[①]南方局成立后，努力同民族工商业界人士建立友好关系，支持发展民族资本，为抗战服务。此外，南方局还千方百计筹集资金，为八路军西安办事处等拨付经费。

南方局还积极宣传新民主主义经济主张，即建立一个新民主主义的共和国，使一切“大银行、大工业、大商业归这个共和国的国家所有”；同时“并不没收其他资本主义的私有财产，并不禁止‘不能操纵国民生计’的资本主义生产的发展”；还“将采取某种必

---

① 中共中央文献研究室、中央档案馆:《建党以来重要文献选编(1921—1949)》(第 15 册)，中央文献出版社 2011 年版，第 716 页。

要的方法，没收地主的土地，分配给无地和少地的农民”。[①] 抗战后期的1944年，“大后方的经济是日趋破坏的、衰落的，广大人民因此陷于破产、饥饿、死亡的惨状。农民没有要求减租减息的自由，工人没有获得工资的自由，中小工业资本家没有发展自己经济的自由，各种小本生产者没有发展自己生产的自由。一切被垄断干净，垄断得使广大的人民活不下去”[②]。因此，中国共产党提出的新民主主义经济纲领，受到很多民族工商业者的欢迎和期待。

南方局还按照中共中央要求，收集大后方的有关经济情报。1944年7月22日，中共中央发出收集研究全国经济情报的通知。其中指出，“组织农工业生产，发展对内对外贸易，已成为各抗日根据地最重要工作之一，但目前各根据地都感到缺乏敌占大城市和大后方的金融贸易情报”。“重庆办事处负责重庆方面，各地能收集其分工以外地区的情报则更好，情报不怕重复，愈多愈好。”[③]该通知还具体指出：各地负责收集情报，最重要的责任是在收集带战略性的经济情报，如“大后方及敌伪的货币政策，及其内部的金融秘密消息”“大后方及敌后对于我有关的某项物资政策（如食盐，棉布的产运销等等）”。[④]可以说，重庆是当时驻陕西延安的中共中央获取经济情报的一个重要而且主要的来源。

五、在对外关系上，南方局积极开展国际统一战线工作，争取国际舆论等方面的同情和支援，扩大了中国共产党的国际影响，并为中国共产党营造了有利的国际环境

南方局从成立起，就充分利用重庆这一战时陪都的条件，同同盟国的外国使节、国外的友好人士等建立和取得联系。这对中国共产党打通和国际方面的联系，宣传和实现中国共产党关于建立世界反法西斯统一战线的主张，具有不可或缺的作用。因为国民党顽固派的封锁，许多到中国的外国记者想更多地了解中国共产党，多次申请到共产党活动地区采访，都被国民党当局拒绝。而在重庆，各国使节通过各种渠道，特别是南方局开展的各种活动，联系和接触就要容易得多。为此，南方局设有华侨和海外的专门工作部门，还有专门的国际问题研究机构，在报纸上发表了大量的研究成果。这些工作，对

---

① 中共中央党史研究室：《中国共产党的九十年》，中共党史出版社、党建读物出版社2016年版，第246—247页。

② 中共中央文献研究室、中央档案馆：《建党以来重要文献选编（1921—1949）》（第21册），中央文献出版社2011年版，第157页。

③ 中共中央文献研究室、中央档案馆：《建党以来重要文献选编（1921—1949）》（第21册），中央文献出版社2011年版，第426页。

④ 中共中央文献研究室、中央档案馆：《建党以来重要文献选编（1921—1949）》（第21册），中央文献出版社2011年版，第426页。

全国人民以及海外华侨更多地了解中国的抗战国际形势、增强反法西斯战争的信心、努力争取抗战最后胜利很有帮助。

同时，南方局实际上还是一个连接国内外各方面的接待站、中转处，甚至是情报的收集站，发挥着联通中共和国际社会、延安和外部世界关系的枢纽作用。1939 年 10 月 15 日，项英致洛甫（张闻天）转中央电，内容是关于出席党的七大的代表去延安路线问题，即是经桂林、重庆到西安，还是由华中局经河南到西安后再到延安。印度尼西亚共产党领导人王大才作为旁听代表参加中共七大，后到重庆住在南方局驻地，而后才回到印度尼西亚。1940 年 9 月 6 日，毛泽东致电周恩来、叶剑英、李克农等，说到有关地主资产阶级和国民党军官的调查材料，要请李克农和饶漱石限期“托人带交恩来带来延安，给七大用”[①]。虽然七大后来延期举行，但南方局同国内各方面的联系一直畅通。

六、在党的建设上，南方局在国民党区特别是国民党顽固派坚持反共立场的困难条件下，克服各种困难，在党的政治建设、思想建设、组织建设、作风建设等方面从严要求，取得很大成绩

南方局始终保持坚定正确的政治方向，认真贯彻落实党中央的战略部署，一切行动听指挥，保证了党的路线方针政策的贯彻执行。同时，在党的思想建设方面，按照中央的要求，加大对干部的教育，取得了很好的成绩。1940 年 10 月 25 日，中共中央宣传部发出关于大后方党的干部教育的指示，指出：“大后方党组织之着重提出干部教育，是在六中全会以后，特别是在一九三九年延安大规模进行在职干部教育以后。然而直到现在没有普遍的进行，除开个别地区外，还少经常的、系统的进行。”为什么会有这种情况呢？中宣部分析：“其所以如此，大致有四个原因：一、秘密党的环境，不容易进行；二、部分干部对于学习在提高党的质量上的重要性的认识不够，另一方面一部分干部文化水平有困难；三、若干地方书籍和材料缺乏；四、许多地方党组织的领导机关，还没有能充分注意研究和解决这些原因所提出来的许多实际问题。”[②]针对这些问题，特别是“克服秘密环境所给予干部教育的困难，并用何种方式与方法去进行教育，才与秘密的环境适合”的问题，南方局领导以身作则，自觉加强学习和党性修养，并采取有力措施，使大后方党的干部教育积极推进并取得成效，保证了南方局各项工作的有序进行。

南方局在党的作风建设方面也取得很大成就。南方局领导人密切联系群众，清正廉

---

① 中共中央文献研究室、中央档案馆：《建党以来重要文献选编（1921—1949）》（第 17 册），中央文献出版社 2011 年版，第 516 页。

② 中共中央文献研究室、中央档案馆：《建党以来重要文献选编（1921—1949）》（第 17 册），中央文献出版社 2011 年版，第 608 页。

洁，为大家树立了学习榜样。南方局还领导大后方的党组织和党员，积累和丰富了在秘密条件下开展党的工作的经验。特别是在皖南事变发生后，党组织由过去的公开半公开，从而按照“荫蔽精干、积蓄力量、以待时机的方针”①，逐渐转为秘密状态。但党的工作不受大的影响，仍然有序推进。

南方局还按照中央要求，组织各地选拔优秀党员、优秀干部为党的全国代表大会代表。随后，各省将出席党的七大代表名单报给南方局，南方局再报告中央。1941 年 1 月 29 日，周恩来致电中央书记处，说明南方代表除新四军东南局外尚有叶剑英、邓颖超、吴克坚、潘梓年、孔原、钱瑛、边章五、李涛、李克农、夏之栩、廖似光、钱之光、廖承志、刘少文、潘汉年、刘晓及周恩来 17 人，哪些同志留在重庆？哪些同志回延安？请中央决定。② 1945 年中共七大在延安召开时，大后方代表团共有正式代表 58 人，候补代表 26 人。叶剑英担任主任，陈铁铮任副主任。代表团又分为 5 个组即两广组、两湖组、闽粤边组、江西组、四川组。③ 在大会讨论选举条例草案时，来自两广、两湖、闽粤赣边、江西、四川的同志十分踊跃。④ 闽粤赣组的方方还向大会提供了书面意见大纲。⑤ 他们充分发挥了代表的作用，为中共七大的顺利召开和制定七大路线，为七大通过党章确立毛泽东思想为党的指导思想，贡献了智慧，做出了贡献。

南方局作为中共中央的派出机构，是党在抗战时期全盘工作中不可缺少的、极其重要的部分，其工作成就是巨大的、深远的。毛泽东曾经指出：“敌以少兵临大国，加以我之坚强抵抗，就迫使敌人发生了兵力不足与兵力分散的困难，这样就不但给了我一个总的抗日根据地，即大后方，例如云、贵、川等地，使敌无法占领；而且在敌后也给了我以广大游击活动地盘，例如华北、华中、华南等地，使敌无法全占。”⑥这是对南方局工作的重点——在大后方的指挥中心地位的准确定位。

1944 年 11 月 4 日，中共中央秘书长任弼时在八路军南下第一支队出发前的干部会上讲道：“我们对大后方的党应该如何估计呢？过去在抢救运动的时候，觉得大后方的党大部分不可靠，被特务的红旗政策把我们党搞得一塌糊涂了。这种错觉，现在个别同志或

---

① 《毛泽东选集》(第 2 卷)，人民出版社 1991 年版，第 636 页。

② 中共中央党史研究室、中央档案馆：《中国共产党第七次全国代表大会档案文献选编》，中共党史出版社 2015 年版，第 55—56 页。

③ 中共中央党史研究室、中央档案馆：《中国共产党第七次全国代表大会档案文献选编》，中共党史出版社 2015 年版，第 153—154 页。

④ 中共中央党史研究室、中央档案馆：《中国共产党第七次全国代表大会档案文献选编》，中共党史出版社 2015 年版，第 591—595 页。

⑤ 中共中央党史研究室、中央档案馆：《中国共产党第七次全国代表大会档案文献选编》，中共党史出版社 2015 年版，第 569—572 页。

⑥ 《毛泽东军事文集》(第 2 卷)，军事科学出版社、中央文献出版社 1993 年版，第 397 页。

某些同志思想上还有。中央讨论这个问题时认为，大后方的党绝大多数人是可靠的。”[①] 南方局干部不仅要直接面对国民党统治区的复杂情况，有时还须同其直接打交道，还要面对敌后根据地同志的不理解，任弼时所说的抢救运动中审查来自国民党区干部时的一些不公正对待的做法就是如此。

任弼时进一步分析大后方党组织的绝大多数党员都还是好的。“过去我们在大后方的党组织，农民党员占大多数。国民党对农民一向不注意，不重视，国民党注意的是知识分子；就是知识分子党员，国民党也没有办法把他们大多数搞去自首叛变，反对我们。我们说小部分党员可能发生问题，但这小部分中间真正坚决反对我们的，我们估计也是少数。那种自首叛变的人中，坚决反革命的，我想也是极少数。困难的是这小部分人中哪个是好的，哪个是坏的，哪个可靠，哪个不可靠，这是很难区别的，因为他们脸上并没有记号。这应当怎么办呢？我们只有一个办法，就是在斗争里面去考验他们。……一般地说，在斗争中考验党员的可靠与否是最好的办法。”[②]南方局的干部都经受住了斗争的考验。1944 年 12 月 1 日，毛泽东致电新四军领导人陈毅时说道：“白区劳绩必须承认，你说得非常之对。还有‘南北’问题，南方党问题，久想讲，那天临时忘了，恐怕还有别的。七大讲一次，似有必要。一切不公不平之事，必须使之归于公平，以利团结对敌。有所见时，请随时告我。”[③]可见毛泽东对南方局、南方党的历史功绩是充分肯定的，对存在的不公平问题也是相当重视并力求解决的。

全国抗战爆发后，中共中央在全国先后设置有西北工作委员会（陕甘宁中央局）——西北局，北方局、长江沿岸委员会——长江局——南方局，东南分局——东南局、中原局（加东南局）——华中局，等等。各中央局在中共中央直接领导下，代表中央指导华北、华中、华南等地方工作。其中，西北局主要在西北地区，北方局主要在华北地区，华中局主要在华中地区，南方局主要在被称为大后方的西南地区，其影响和作用各自不同。但南方局的工作同其他中央局相比，既有共性也有突出的个性。而这种区别于延安精神、太行精神、沂蒙精神的个性，主要是由它特殊的工作环境、处在国民党统治中心、处于大后方的指挥中心所决定。

南方局工作能够取得突出的成绩，和以周恩来为代表的南方局领导人和其领导下的一大批党的优秀干部的艰辛努力分不开。他们能够坚守重庆，担当重任，和他们坚定的理想信念分不开，和他们为着民族独立、人民解放的初心分不开，也和他们不怕牺牲、甘

---

① 中共中央文献研究室、中央档案馆：《建党以来重要文献选编（1921—1949）》（第 21 册），中央文献出版社 2011 年版，第 597 页。

② 中共中央文献研究室、中央档案馆：《建党以来重要文献选编（1921—1949）》（第 21 册），中央文献出版社 2011 年版，第 597、598 页。

③ 《毛泽东文集》（第 3 卷），人民出版社 1996 年版，第 229 页。

于奉献的精神境界分不开。

1939 年 1 月正式成立的南方局，到 2019 年已经过去了整整 80 周年。但是，南方局在中华民族抗战中所做的工作和贡献却早已彪炳史册，永载中国共产党历史。由于南方局工作的隐蔽性和特殊性，也由于当年南方局领导人和干部们的谦虚谨慎，其工作业绩并不太为更多的人所知，其艰苦性也不太为人所了解。自有关南方局的研究开展以来，众多的党史工作者、周恩来研究者们，特别是南方局的老前辈们，勤奋努力、刻苦钻研，出版了不少有关资料和研究成果，实在难能可贵、可喜可贺！本文试图从政治、军事、经济、文化、外交等各个方面考察南方局的功绩，这也是一个初步尝试。抗战时期南方局承担和出色完成所担负的艰巨任务，在特殊条件下发挥的特殊作用及所具有的特殊地位，还有待进一步发掘和深化研究。

南方局的历史是一笔宝贵的精神财富。利用、宣传和传承好这段历史，特别是南方局领导人和南方局领导下的干部群众表现出来的红岩精神，有利于我们今后增强理想信念，强化党的意识及核心意识，共同为创造美好的明天、实现中华民族复兴的伟大梦想而奋斗。

（作者单位：中共中央党史和文献研究院）

南方局对新中国成立的历史贡献研究

徐光煦

摘　要： 南方局历史是中国共产党历史的重要组成部分，南方局对新中国的成立做出了重要的历史贡献。南方局的革命斗争为新中国的成立创造了有利条件；南方局的统战工作为新中国的成立奠定了重要政治基础；南方局主动开展外事工作把中国共产党推向国际政治舞台，高瞻远瞩培育人才为新中国的世界影响发挥了重要作用；南方局党组织建设为新中国的成立提供了组织保障，南方局共产党人培育和践行的红岩精神是中国共产党人用理想与信念塑造的一座不朽丰碑。新中国成立后具有中国特色社会主义性质的政治内容与南方局历史一脉相承。

关键词： 南方局；统一战线；新中国；政治格局

改革开放 40 年，特别是近 10 年来，学术界关于中共中央南方局（以下简称“南方局”）统一战线、党的建设、群众工作、文化工作、外事工作、军事工作以及红岩精神等重要领域的研究，不仅有大批高质量论文进行深入研讨，还有一批专题性研究著作，可以说南方局历史研究既全面又深入，取得了一系列重大成果。 2019 年是中共中央南方局成立 80 周年，也正值新中国成立 70 周年。 关于南方局对新中国成立的贡献，此前学术界没有系统研究，但有基本评价。 南方局老同志胡乔木曾说：“没有南方局的大量工作，就没有后来解放战争时期那样大规模的群众运动，形成那样强大的第二条战线。”“南方局的统战工作从一个方面的意义上讲，为新中国的建立奠定了重要的政治基础。”①宋平同志指出，南方局“八年艰苦卓绝的斗争，为抗日战争和解放战争的胜利，为新中国的创立作出了重大的历史性贡献”②。 南方局历史是中国共产党历史的重要组成部分，南方局历史与新中国的成立有千丝万缕的联系，这些都决定了南方局为新中国的成立做出的贡献是多方面的。 把南方局历史置于新中国成立的历史条件下考察，从中华民族的独立

---

① 中共四川省委党史研究室等：《南方局党史研究论文集》，重庆出版社 1993 年版，第 1 页。

② 宋平：《给中共中央南方局成立 65 周年纪念活动的贺信》，载《红岩 · 丰碑——中共中央南方局成立 65 周年纪念集》，重庆出版社 2006 年版。

和人民的解放、新中国政治制度的形成、新中国成立初期的国际影响，以及党的建设伟大工程等宏观视角展开深入研究，不仅能够呈现中国共产党在抗日战争、解放战争和新中国成立3个阶段为民族复兴所做出的不懈追求的历史脉络，更能从中找到我们党坚持道路自信、理论自信、制度自信、文化自信的历史与答案。

一、南方局的革命斗争为新中国的成立创造了有利条件

（一）南方局的特殊历史使命是中国共产党抗日战争战略部署的重要组成部分

争取中华民族的独立与解放，建立一个崭新的中国，是抗战时期中国共产党肩负的历史使命。全国抗战爆发后，中日民族矛盾成为中国社会的主要矛盾，“在民族生命危急万状的现在，只有我们民族内部的团结，才能战胜日本帝国主义的侵略”，中国共产党率先提出国共合作共同抗战，并把“争取中华民族之独立自由与解放”作为党的奋斗目标，号召“要把这个民族的光辉前途，变为实现的独立自由幸福的新中国”。①

抗战进入相持阶段后，日本军国主义改变侵华方针，加紧对中国共产党领导的抗日根据地进行残酷的扫荡，加强对国民政府进行政治诱降和军事进攻，中国面临的政治环境更加复杂。为了总结抗战以来的经验教训，确定中国共产党在抗战新阶段的基本方针和任务，并把全党的认识统一到正确的思想上来，1938年9月至11月，中国共产党召开了六届六中全会。会上，毛泽东做《论新阶段》政治报告，分析了武汉即将失陷后的形势，指出抗日战争将开始进入一个新的阶段——相持阶段，抗日民族统一战线也将进入一个新的发展阶段。全会重申全党应把主要工作放在战后和敌后，独立自主地放手组织人民抗日武装斗争的方针，确定要不断巩固和扩大抗日民族统一战线，用长期合作来支持长期战争，坚持统一战线中的独立自主原则。全会决定撤销长江局，成立南方局。② 由此，中共中央南方局担负着巩固和发展统一战线、推动全面抗战和促进民主进步的历史使命，成为中国共产党抗日战争战略部署的重要组成部分。

在中共中央的领导下，南方局为巩固和发展抗日民族统一战线开展了一系列卓有成效的工作。在开展与国民党的统战工作方面，南方局高举抗日民族统一战线的旗帜，正确贯彻党中央“坚持抗战，反对投降；坚持团结，反对分裂；坚持进步，反对倒退”的路线，在抗日战争最艰难的时期，在国民党顽固派发动三次反共高潮、国共合作濒临破裂

---

① 《中国共产党为公布国共合作宣言》(1937年7月15日)，载中共中央党校党史教研室选：《中共党史参考资料》(四)，人民出版社1979年版，第3页。

② 中共中央党史研究室：《中国共产党历史》(第一卷，1921—1949)，中共党史出版社2002年版，第662页。

的严重时刻，南方局同国民党顽固派的“妥协、退让和投降阴谋”进行了有理、有利、有节的斗争。经过与国民党顽固派尖锐复杂的斗争，维护了国共合作抗战大局，对夺取抗日战争的最后胜利起到了重大作用。在开展中间势力统战工作方面，为争取中间势力，南方局制定了“扶助进步团体，照顾小党派利益，进行民主运动，要求各党派的合法地位，要求政治改革”等一系列策略方针，与各抗日民主党派人士广交朋友，密切配合，把一切可能团结的力量聚集在党的周围，开拓了统一战线的新格局。在开展文化统战工作方面，南方局团结和依靠国民党统治区各个方面的爱国知识分子，开展进步文化运动，造就了一支强大的革命文化大军，为新中国储备了大量文化、教育、科技方面的人才。在开展国际反法西斯统一战线工作方面，南方局突破国民党外交垄断，艰难地进行国际交往，加强国际反法西斯统一战线，开拓中共外事工作新领域。①

南方局坚定不移地贯彻执行中共中央抗日民族统一战线政策，把国民党统治区的各种抗日进步力量紧密地团结起来，坚持抗战，把抗日民族统一战线推向了空前的广度和深度，形成了一致对外的民族团结力量，这充分体现了中国共产党在抗日战争中的中流砥柱作用。而正是依靠抗日民族统一战线形成的强大力量，才使中国最终赢得了抗日战争的伟大胜利。这一伟大胜利，“洗刷了近代以来中国抗击外来侵略屡战屡败的民族耻辱，重新确立了我国在世界上的大国地位”，“开辟了中华民族伟大复兴的光明前景”。②南方局领导下的国民党统治区抗日民族统一战线的伟大胜利，是中国共产党抗日战争战略部署的重要组成部分，为中华民族伟大复兴历史进程做出了历史性的贡献。

（二）南方局在发动国民党统治区抗战过程中凝聚了民族解放力量

南方局始终坚持积极斗争的方针，大力支持和配合党中央领导的敌后抗日战争，在国民党统治区领导人民群众深入开展军事斗争。针对 1939 年至 1943 年间国民党顽固派相继发动的三次反共高潮，特别是震惊中外的“皖南事变”，南方局与国民党顽固派进行了针锋相对的斗争，并通过八路军驻重庆办事处、《新华日报》以及国民党统治区的地下党组织，秘密印发各种抗议国民党顽固派的文章，揭露国民党顽固派消极抗日、积极反共的罪恶行径，有力地维护了我党领导的抗日武装地位，支持了敌后抗日斗争的顺利发展。同时，在党中央的领导下，南方局加强了新四军的建设，在华南地区建立和发展了琼崖、东江和珠江等抗日游击根据地，壮大了人民武装，为华南游击战争的发展开辟了新的天地。南方局指示广东各地的人民抗日游击队陆续改番号和成立抗日游击纵队，公开以中国共产党领导的人民抗日军队面貌出现，自 1943 年 12 月至 1945 年 6 月间，在广东地区先后建立了东江、琼崖、珠江等 7 个抗日纵队。中共广西省工委根据南方局指

---

① 中共重庆市委党史研究室：《中共中央南方局史》，中共党史出版社 2009 年版，第 2—3 页。

② 《让历史说话 用史实发言，深入开展中国人民抗日战争研究》，《人民日报》2015 年 8 月 1 日。

示，于1944年8月做出了一切为了建立抗日武装和发展游击战争的决定。华南各抗日纵队到抗日战争胜利结束时，共发展到2.8万余人，活动范围达70多个县，根据地和游击区面积达9.7万多平方千米，人口1000余万。在抗日战争中，先后抗击和牵制日、伪军15万余人，对日、伪作战3000多次，歼灭日、伪军1.5万余人①，不仅从战略上配合了全国的抗日战争，而且配合和支持了太平洋战场上的盟军作战，为中国抗日战争和世界反法西斯战争的胜利做出了重要贡献。②

抗战时期南方局的军事工作及其统战活动，不仅为抗日战争时期党的军事工作做出了贡献，而且也为解放战争时期南方各省武装斗争的发展壮大奠定了基础。解放战争时期，虽然东江纵队主力北撤山东，但在广东、广西、湖南、江西、福建等地区，很快在抗战时期武装力量的基础上发展成立了中国人民解放军琼崖纵队、粤赣湘边纵队、闽粤赣边纵队、桂滇黔边纵队、粤桂边纵队、粤中纵队和粤桂湘边纵队等人民武装，在华南、西南等地与国民党军队作战，有力地配合了全国解放战争，为华南、西南的解放建立了不朽的功勋。同时，南方局军事工作的深远影响，不仅表现在对加速国民党蒋介石集团内部的分崩离析，而且还为解放战争时期人民革命统一战线和新中国成立后的爱国统一战线的建立与发展奠定了基础。据统计，解放战争中各地起义投诚接受中国人民解放军改编的国民党部队人数达177万多人，占我军歼灭敌军总数的22%。③这些起义投诚、接受改编的部队领导人，多数都是南方局在抗战时期军事统战的老朋友，如李济深、龙云、卢汉、刘文辉、潘文华、邓锡侯等，都是南方局领导下的南方各省党组织在抗日战争时期的重要军事统战对象。他们通过中国共产党人的劝导和帮助，“不仅同中共风雨同舟，荣辱与共，一道参加了民主革命，而且在新中国成立以后，还同中国共产党人一道参加了社会主义革命和社会主义建设，为国家为民族做出了有益的贡献”④。

从新中国成立的历史条件视角考察，南方局的历史使命在抗战时期就成为中国共产党联合中国国民党共同抗日战略部署的重要组成部分，南方局卓有成效的工作也为中国共产党赢得解放战争的伟大胜利产生了深远影响。因此，南方局“为民族独立和人民解放事业进行了艰苦的斗争，作出了卓越的贡献”⑤。这既是新中国成立的基础，又是南方局为新中国成立做出的历史功绩。

---

① 中共重庆市委党史研究室:《中共中央南方局史》,中共党史出版社2009年版,第260页。

② 中共重庆市委党史研究室:《中共中央南方局史》,中共党史出版社2009年版,第260页。

③ 南方局党史资料征集小组:《南方局军事工作概况》,《南方局党史资料·军事工作》,重庆出版社1990年版,第253—266页。

④ 中共广东省委党史研究室:《中共中央南方局的军事工作》,中共党史出版社2009年版,第353页。

⑤ 张颖:《终身难忘红岩战斗岁月》,载《红岩·丰碑——中共中央南方局成立65周年纪念集》,重庆出版社2006年版,第16页。

二、南方局的统战工作为新中国的成立奠定了重要政治基础

（一）扩大团结对象，促成民主党派的创建，开创了多党合作的政治格局

抗战时期，国共合作是中国共产党抗日民族统一战线的基础，除国共两党之外，其他中间势力成为决定双方力量强弱的关键。南方局在国民党统治区统战工作的重点与重心是国民党，但在团结争取中间势力的过程中发展了民主党派，开创了中国共产党的多党合作、民主协商的政治格局。

抗战进入相持阶段后，中国政治舞台呈现多种力量，其中中间势力的历史背景比较复杂。中国共产党对中间势力做出分析，“在中国，这种中间势力有很大的力量，往往可以成为我们同顽固派斗争时决定胜负的因素”，是中国政治舞台上一支重要力量，并提出了巩固和发展统一战线的一条基本经验，即“发展进步势力，争取中间势力，孤立顽固势力”①，用以指导党在国民党统治区开展统战工作，指出“在一切国民党区域，党的基本方针，同样是发展进步势力（发展党的组织和民众运动），争取中间势力（民族资产阶级、开明绅士、杂牌军队、国民党内的中间派、中央军中的中间派、上层小资产阶级和各小党派，共七种），孤立顽固势力，用以克服投降危险，争取时局好转”②。在中共中央的正确领导下，南方局为抗战民主凝聚力量，其最重要的政治任务就是巩固和扩大抗日民族统一战线，维护国共合作，通过各种途径与中间力量密切合作，支持和帮助他们创建组织，与中间力量风雨同舟，共同进退，建立起肝胆相照、荣辱与共的亲密关系。

南方局在国民党统治区广泛团结并与中间力量开展合作，是通过广交朋友、宣传共产党的政治主张等方式，促成各中间力量建立组织，逐步培育形成几个重要民主党派力量，从而开创了一条联合各党派参与政治协商的道路，如中国民主政团同盟（简称民盟）的成立。1940 年 12 月，国民党政府改组国民参政会，取消部分参政员资格，中间力量受到压制，参政会的进步性日益消失。在此形势下，各中间力量及民主人士为争取生存、坚持抗战，迫切感到必须加强自身团结，选择了密切与共产党的合作，寻求共产党的支持。周恩来在给中共中央的电报中称，“各小党派想在国共外成立一民主联盟，以求自保和发展”，“我们力促其成”③，中共中央表示积极支持创建民主联盟。1941 年 3 月 19 日，在南方局的支持下，中国民主政团同盟在重庆正式成立。民盟建立后，周恩来、董

---

① 《毛泽东选集》(第 2 卷)，人民出版社 1991 年版，第 756—757 页。

② 《毛泽东选集》(第 2 卷)，人民出版社 1991 年版，第 756—757 页。

③ 中共中央文献研究室：《周恩来年谱(1898—1949)》(修订本)，中央文献出版社 1998 年版，第 509 页。

必武等南方局领导人经常与民盟领导人一起共商国是，协助其促进内部团结，制定政纲。民盟的成立及其活动，在中国抗战时期的政治舞台上，出现了一个介于国共两党之间包括所有中间党派的政治联盟，严重冲击了国民党“党外无党”的一党专政独裁统治，它对中国政治局势的发展，特别是国内阶级关系的变动，产生了深远影响，民主政团同盟内部的进步力量不断增长，政治倾向逐步左倾，在各种政治斗争中成为中国共产党的重要同盟军，这是南方局统一战线工作中的一项最突出的成就。①

抗战时期，在南方局的帮助下，在重庆成立了以国民党民主分子为主体的三民主义同志联合会（简称民联），以民族工商界人士为主体的中国民主建国会（简称民建），以科技界进步人士为主体的民主科学座谈会（抗战胜利后在此基础上组建为九三学社）。这些由中间势力组成的民盟、民建、民联、九三学社民主党派与中国共产党合作，成为国民党统治区的主要政治力量，在国民党统治区逐渐形成了多党合作的局面。在中国共产党的倡导下，各民主党派积极参与，促成了抗战胜利后政治协商会议的召开，为促进抗战与争取民主发挥了重要作用。1949 年 9 月 17 日，在新中国成立前夕新的政治协商会议筹备会第二次全体会议上，抗战时期成立的中国民主革命同盟（简称小民革）发布了《中国民主革命同盟结束声明》，声明“人民政治协商会议即将召开，中央人民政府即将成立，本盟过去的历史任务既已终结，原有的组织也就当然不必存在”，“本盟中央委员会根据目前形势和盟员意志，郑重决议，自即日起宣告本盟的结束”。随后，原同盟中的 30 多位成员，分别在其他民主党派、人民团体等单位当选为代表，出席了中国人民政治协商会议第一届全体会议。②“小民革”的建立、变迁及其产生的重要作用，是中国共产党领导的民主革命统一战线的一个缩影，是中国共产党与各民主党派、各界爱国民主人士之间联系的重要桥梁之一，是南方局在统一战线工作中的一项重大创造。③南方局坚定执行中共中央抗日民族统一战线政策，抗战时期把“争取中间势力”发展为多党合作，为民主党派阵营的形成，为新中国成立后中国共产党领导下的多党合作的政治格局创造了条件，从理论到实践都奠定了坚实的基础，做出了重大贡献。

（二）遇事协商在争取民主过程中开创了一条中国特色政治协商的道路

国共之间虽然实现了第二次合作，但一直没有固定的合作组织形式。共产党曾经向国民党建议：一是恢复 1924 年国民党召开第一次全国代表大会时的形式，把国民党改为民族革命同盟，共产党和其他党派以个人身份参加，同时各自组织独立；二是建立共同委员会，在中央和各级实行合作，共同讨论。这两项办法，蒋介石都拒绝了，只剩下第

---

① 中共重庆市委党史研究室：《中共中央南方局史》，中共党史出版社 2009 年版，第 188 页。

② 南方局党史资料征集小组：《南方局党史资料・统一战线工作》，重庆出版社 1990 年版，第 315—316 页。

③ 中共重庆市委党史研究室：《中共中央南方局史》，中共党史出版社 2009 年版，第 175 页。

三种办法："遇事协商"。于是，遇事协商便成为抗战时期国共两党之间的合作形式，[①]规定中共代表团及南方局领导人与国民党之间在军事、政治上的斗争与合作均以协商方式解决。虽然这种形式只是"临时办法"，但利用这种形式，共产党在反对一党专政，扩大民主成果方面取得了进展。同时，中国共产党与民主党派之间，也通过协商形式团结合作。如周恩来、董必武与民主政团同盟经常会面的地方特园，就是中共代表在重庆对外活动、遇事协商的主要场所。特园成为吸引会聚各抗日民主党派和各界爱国民主人士的重要场所，因此被誉为"民主之家"。

抗战胜利后，为建立联合政府，南方局主要领导人代表中国共产党联合各民主党派与国民党进行谈判，在争取民主过程中，通过多次较为正式的座谈协商、会议协商，将抗战时期的"遇事协商"逐步发展成为各种政治力量共同参与的政治协商。重庆谈判后，为了制止内战，国民党统治区内社会各界力量要求实现民主，发动大规模的反内战运动，要求迅速召开政治协商会议，解决国家各项重大问题，国民党被迫签订了《关于停止国内军事冲突的协定》，并于1946年1月10日至31日召开了由各党派和无党派代表人士参加的政治协商会议。各党派协商通过了具有各党派共同政治纲领性质的文件——《和平建国纲领》，第一次确定了"党派平等合法""用政治方法解决政治纠纷"的原则。各党派协商开创了前所未有的国共平等、多党协商、民主议政、公开国是的政治局面。因此，周恩来指出："政协路线就是毛泽东同志《论联合政府》的路线。"[②]政协会议的成功召开，"为中国政治开辟了一条民主建设的康庄大道"[③]。政治协商会议的成功，是中国共产党与民主党派在会议内外密切合作的结果，是南方局和各民主党派为争取和平民主所做出的又一次巨大努力。因此，胡乔木说："没有南方局在大后方进行的广泛的统一战线工作，就很难把当时在国民党区域的各民主党派和各方面人士团结在我们共产党的周围，后来我们建立新中国的情况就会不一样，就没有今天这样的格局。因此，可以说，南方局的统战工作从一个方面的意义上讲，为新中国的建立奠定了重要的政治基础。"[④]

政治协商会议为中国各种政治力量争取民主联合建国提出了一条正确的政治途径，同时也为中国政治开辟了一条独具特色的协商道路，其产生的作用及影响非常深远。1948年4月30日，中共中央发布"五一口号"，号召"各民主党派、各人民团体、各社会贤达迅速召开政治协商会议，讨论并实现召集人民代表大会，成立民主联合政府"，1949年9月21日至30日中国人民政治协商会议召开。中国人民政治协商会议的成功召

① 金冲及主编：《周恩来传》（上），中央文献出版社1998年版，第487页。

② 《周恩来选集》（上卷），人民出版社1980年版，第256页。

③ 《新华日报》1946年2月1日。

④ 中共四川省委党史研究室等：《南方局党史研究论文集》，重庆出版社1993年版，第1页。

开“标志着100多年来中国人民争取民族独立和人民解放运动取得了历史性的伟大胜利，标志着爱国统一战线和全国人民大团结在组织上完全形成，标志着中国共产党领导的多党合作和政治协商制度正式确立”①。其中，“周恩来同志代表我们党同各民主党派和爱国民主人士共商建国大计，筹备召开中国人民政治协商会议，主持起草《共同纲领》，为新中国的筹建作出卓越贡献”②。由此，“人民政协为新中国的建立作出了重大贡献”。“人民政协植根于中国历史文化，产生于近代以后中国人民革命的伟大斗争，发展于中国特色社会主义光辉实践，具有鲜明中国特色，是实现国家富强、民族振兴、人民幸福的重要力量。”③这是新中国成立70年坚持中国特色社会主义道路自信、制度自信的重要历史依据和历史根源。

三、南方局的政治智慧为新中国走向世界舞台产生了深远影响

（一）主动开展外事工作把中国共产党推向国际政治舞台

由于受到国民党的全面封锁，中国共产党在外界的形象一直被歪曲与丑化，直至1936年6月美国记者斯诺在陕北苏区开始对毛泽东、周恩来、朱德等中共领导人和红军战士的采访报道，以及1937年《西行漫记》的出版发行，中国共产党才以一种崭新的姿态展现在国际舞台。全国抗战爆发后，毛泽东根据世界新形势提出，中国共产党必须注意同世界上一切反侵略国家进行联络，争取他们对中国人民抗战的支持。党的六届六中全会进一步提出了“集中一切力量，反对日本法西斯军阀侵略者，加紧对外宣传，力争国外援助，实现对日制裁”④的对外工作要求。这一任务主要由在国民党统治区工作的南方局承担，周恩来根据中央精神提出“宣传出去，争取过来”的外事工作方针，南方局抓住时机把合法身份与外事工作结合开展得非常巧妙，把握得非常到位，充分体现了南方局外事工作的政治智慧。

南方局充分利用合法身份开展外事工作，是中国共产党在国民党统治区开展国共合作的最佳方式之一，南方局抓住和利用了这一有利条件。为了扩大对外宣传，南方局于1939年4月建立了对外宣传小组（1940年12月后称南方局外事组）。南方局的负责人大都是中共代表团的负责人，他们仍以中共代表的公开身份与国民党代表和有关当局以

① 《在庆祝中国人民政治协商会议成立65周年大会上的讲话》，《人民日报》2014年9月22日。
② 《在纪念周恩来同志诞辰120周年座谈会上的讲话》，《人民日报》2018年3月2日。
③ 《在庆祝中国人民政治协商会议成立65周年大会上的讲话》，《人民日报》2014年9月22日。
④ 中央档案馆：《中共中央文件选集》（第11册），中共中央党校出版社1991年版，第752页。

及各界人士谈判和交往。八路军和新四军建立后，南方局人员在国民党统治区八路军和新四军派出机构中具有合法地位与身份，也以公开合法的地位开展抗日民族统一战线工作和掩护中共地下组织的工作。由于国民党对中共及其领导的抗日根据地严密封锁，外界难以及时了解共产党的主张，从 1942 年起，南方局专门安排人员负责编译出版英文小册子，选择《解放日报》《新华日报》上发表的重要文章和毛泽东、周恩来等中共中央领导对局势的讲话，解放区建设情况、外国朋友写的解放区见闻等。到抗战胜利这种小册子大约出了 20 多种，油印本每册约印了 150 份，铅印本印了 1000 到 3000 份，一般由南方局和办事处的工作人员送到外国朋友手中，再转发到海外各地。① 这种方式是中国共产党主动对外宣传自己的一次重大转变，“南方局成为中国共产党逐渐从延安走向世界的平台，更是世界认识中国共产党的重要窗口”②。

南方局在重大外事活动中，塑造了中国共产党的光辉形象，在开展对外宣传联络过程中，把中国共产党在国民党统治区的外事工作策略上升为党的外交工作方针。太平洋战争爆发后，中共军队的抗战业绩和解放区的日益发展壮大已引起英美的高度关注，国民党统治区中外媒体记者多次向国民政府申请到西北考察，周恩来代表中共中央也“表示热烈欢迎”③，力促中外记者代表团前去延安。1944 年 6 月 9 日，由美联社、合众社、《纽约时报》、《时代杂志》、《泰晤士报》等驻华媒体 6 名外国记者，《大公报》《中央日报》《国民公报》等 9 名中国记者组成的中外记者西北参观团到达延安。④ 外国记者参观考察了延安及陕甘宁边区、中共党政机关工作情况和晋西绥军区、八路军战斗及抗日根据地实际情况。外国记者回渝或回国后，整理材料，撰写报道或者著书出版。中外记者团延安之行具有特别重要的历史意义，主要表现在 3 个方面：一是突破国民党长期封锁；二是外国记者的宣传报道和著作的公开发行，让外界客观了解中国共产党的实际情况；三是中国共产党通过主动宣传充分展示了自己的政治主张和光辉形象。由南方局促成的美军观察组访问延安是抗战时期中国共产党的另一重大外事活动。1944 年 7 月 22 日和 8 月 7 日，美军观察组一行 17 人到达延安，随后在延安、山西等抗日根据地进行了实地考察，在 7 到 10 月先后发出 50 余份报告书，对中共及其领导的军队和根据地做了客观的分析。美军观察组的报告认为，“共产党的政府和军队，是中国近代史上第一次受到有积极的广大人民支持的政府和军队。他们得到了这种支持，是因为这个政府和军队真正是属于人民的”，支持共产党人是“使我们自己同中国最团结、最进步、最强大的势

---

① 中共重庆市委党史研究室：《中共中央南方局史》，中共党史出版社 2009 年版，第 304 页。

② 中共广西壮族自治区委员会党史研究室：《中共中央南方局的统一战线工作》，中共党史出版社 2009 年版，第 312 页。

③ 《周恩来年谱（1898—1949）》（修订本），中央文献出版社 1998 年版，第 585 页。

④ 中共重庆市委党史研究室：《中共中央南方局大事记》（修订本），重庆出版社 2004 年版，第 272 页。

力站在一起"①的最好办法。美军观察组赴延安为中共与美国官方直接联系开辟了渠道，意味着中国共产党与美国决策者之间开始有了一个官方的固定交流渠道，打开了中国共产党对外联络的窗口，这对争取国际社会了解中国共产党，扩大中国共产党在国际社会的影响，都具有重大意义。通过两场重大外事活动，南方局及时分析总结外事活动工作经验，就关于中国共产党与美国、苏联等盟国交往中中国共产党处于"半独立外交"地位，应主动开展国际外交研究，统一对外宣传政策，于 1944 年 8 月 16 日向中共中央报告《南方局同志对外交的意见及对中央的建议》。② 8 月 18 日，中共中央制定《关于外交工作的指示》，首先向全党阐明外国记者和美军观察组在延安访问考察是中国共产党"在国际间统一战线的开展，是我们外交工作的开始"。同时，中共中央已认识到，"外交工作正是我们工作中所最不熟悉的。一方面，我们党的同志首先是高级领导同志，应该对于这项工作开始予以注意予以学习"，并提出了中国共产党外交工作"一切争取主动""执行政策""文件材料""外交态度""招待方法""电报中央"六条注意事项。③ 这样，在中共中央的领导下，南方局在中国共产党开展的一系列重要外事活动基础上研究形成的外交意见建议，为中国共产党外交工作积累了大量经验，丰富和发展了中国共产党的外交政策。

南方局外事工作的另一重要成果，是董必武以中共代表的身份出席中国代表团 1945 年 4 月 25 日在美国旧金山召开的联合国制宪会议。董必武在美国期间，在侨胞组织和南方局派往美国开展抗日爱国活动的中共党员的协助下，代表中国共产党走访了华侨居住区，参观了中华会馆、中华学校、东华医学院等，根据中共中央的指示，董必武与在纽约的中共党员组成工作小组，广泛接触美国人士、旅美华人华侨，拜访史沫特莱、赛珍珠、费正清等。董必武作为中共代表参加中国政府代表团出席国际会议，是中国共产党在国际政治舞台上的首次正式公开亮相，表明中共已踏入国际社会，是中共外事工作的一个重要里程碑，④标志着中国共产党走上国际政治舞台。⑤

南方局为新中国的外交事业培育了人才，积累了经验，扩大了新中国的影响。新中国外交工作主要是在南方局外事工作的基础上建立并发展起来的，章汉夫、王炳南、陈家康、龚澎、戈宝权、乔冠华等一大批人走上了新中国外交岗位，或从事对外经济、文化交流和侨务工作，成为新中国外交外事和侨务工作的骨干。⑥ 周恩来更是"新中国外交事业的主要奠基者之一，卓有成效领导了党和国家外事工作"，他"博大精深的外交思

---

① 袁明、[美]哈里·哈丁主编：《中美关系史上沉重的一页》，北京大学出版社 1989 年版，第 24—25 页。

② 南方局党史资料征集小组：《南方局党史资料·统一战线工作》，重庆出版社 1990 年版，第 110 页。

③ 南方局党史资料征集小组：《南方局党史资料·统一战线工作》，重庆出版社 1990 年版，第 118—121 页。

④ 中共重庆市委党史研究室：《中共中央南方局史》，中共党史出版社 2009 年版，第 309 页。

⑤ 中共广西壮族自治区委员会党史研究室：《中共中央南方局的统一战线工作》，中共党史出版社 2009 年版，第 337 页。

⑥ 中共四川省委党史研究室：《中共中央南方局的文化工作》，中共党史出版社 2009 年版，第 369—370 页。

想、丰富多彩的外交实践、独具一格的外交艺术和外交风格，赢得了世界各国人民和国际友好人士普遍尊敬，为党和国家赢得了很高的国际声誉”。①

（二）高瞻远瞩培育人才，为新中国的世界影响发挥了重要作用

为适应革命斗争和建设的需要，中国共产党非常重视教育事业，并通过创办学校科学规范地培养人才。抗战期间，党中央采取了重大的决策，邀请知识分子到延安，同时还创办和扩大各类学校，如抗日军政大学、中央党校、马列学院等。毛泽东在为抗日军政大学制定教育方针时，就把“坚持正确的政治方向”作为第一条。

在国民党统治区开展人才培育工作，因为环境不同，南方局高举党的抗日民族统一战线旗帜，结合国民党统治区人才集聚优势，既为全国抗战培育革命人才，也为抗战胜利后的新中国培育建设人才。1939年冬，根据周恩来、董必武的指示，青年科学技术人员协会（简称青科协）在重庆筹建，广泛团结国民党统治区青年科学技术人员，培养和选拔一批思想进步的科技人员，根据需要输送到解放区或为将来建设新中国准备人才。1940年5月，青科协正式成立，抗日战争后期，南方局派出一批党员和青科协成员到美国留学，目的就是“安排有大学学历、学理工农医的自己人利用各人自己的社会关系分头出国去。……学成回国时要作两种准备：可能两党继续合作，那就参加抗战建国；否则，亦可能进根据地参加建设工作”，要求留学人员“要长期作耐心的准备，在科学技术领域，自己学习，还得多团结点人，为将来的建设作准备”。②从1946年初到1947年，在美留学、工作的中共党员和积极分子，在留美科技人员集中的纽约、波士顿、芝加哥、旧金山、洛杉矶等大中城市建立了大量小型科技组织。在此基础上又在美国中部、东部、西部建立了“美中”“美东”“美西”等地区性中型科技团体，至1950年3月，科技团体会员发展到700多人，建立区会32个，几乎遍布了全美的主要城市和地区。③

从新中国成立前夕至20世纪50年代中期，在美国留学或工作、造诣很深的高级科技人员相继回国，形成了一次次高级科技人员回国潮，其中包括为新中国科技事业创业、献身的两院院士、学科带头人、著名科学家、工程技术专家和医学家，如李四光、华罗庚、邓稼先、钱学森、朱光亚等。大量美、英、法留学人员回国后，在高等院校教书育人，为国家培养了一批又一批各方面急需的专业人才；在国家财力和科研条件极为有限的情况下，自力更生、艰苦奋斗，突破西方国家的封锁，取得了以“两弹一星”为代表的高科技成果；在新中国的工农业生产、医疗卫生等战线上，为改变国家一穷二白面貌，默默奉献，开创了许多新的领域，做出了优异的成绩，为新中国在世界的影响产生了重

① 习近平：《在纪念周恩来同志诞辰120周年座谈会上的讲话》，《人民日报》2018年3月2日。
② 薛葆鼎：《百忙中的一着闲棋》，《见证红岩——回忆南方局》（下），重庆出版社2004年版，第550页。
③ 赵权璧：《高瞻远瞩　放眼未来》，《周恩来精神与风范研究文集》，重庆出版社1999年版，第387页。

要作用。[①]

南方局高瞻远瞩的文化统战和人才培育工作在新中国成立之初很多领域都产生了重大影响。在南方局领导和影响下成长起来的一大批文学艺术家，如郭沫若、茅盾、老舍、巴金、田汉等，在新中国成立以后仍然战斗在文学艺术战线，不少人担任了国家或者省级文联、作协、剧协、音协、美协、电影家协会等团体和各种文艺刊物的负责人，为繁荣发展新中国的文学艺术事业做出了重要贡献。在新中国的新闻、宣传、出版等战线上，也活跃着一大批原南方局文化队伍的精英，如《人民日报》社长范长江、国家出版总署署长、《光明日报》总编辑胡愈之等，在国家级和南方省级的宣传、新闻、广播、出版部门的许多负责人和骨干，传播先进文化和思想，为党、国家和人民做出卓越的贡献。[②]

四、南方局的党建工作为新中国党的建设伟大工程树立了光辉典范

（一）南方局党组织建设为新中国的成立发挥了重要作用

全国抗战爆发后，由于国共两党合作的有利条件，在中共中央正确领导下，国民党统治区我们党的组织获得了较快恢复和发展。抗战进入相持阶段后，国民党顽固派制定了“溶共、防共、限共”的反动方针，在军事上不断向共产党领导的敌后抗日根据地发动进攻，在国民党统治区大肆迫害进步力量，破坏共产党组织。

南方局建立后，为巩固党的组织做了大量工作，取得了显著成绩。皖南事变后，国民党进一步加强反共活动，湖北、福建、湖南地方党组织遭到破坏，大量共产党员被捕牺牲。为进一步巩固党的组织，避免国民党的突然袭击，中共中央针对党在国民党统治区的工作实际，提出了“长期埋伏，积蓄力量，以待时机”的工作方针。根据这一方针，南方局认真总结党的历史经验教训，从国民党统治区复杂的斗争形势和特点出发，创造性地提出了适合于处于地下斗争环境的秘密党组织长期艰苦斗争的具体策略、工作方法和组织形式，即“三勤”（勤学、勤业、勤交友）、“三化”（职业化、社会化和合法化）政策。国民党统治区广大中共党员有效地提高了党组织的战斗力，各级党组织在广大群众中扎下了根，站稳了脚，不断发展壮大，成为领导国民党统治区人民进行革命斗争的摧不垮、打不散的坚强堡垒，达到“时机一到，立即可以起来战斗”[③]的要求。“据点”是南方局及所属党组织在实行“三勤”“三化”过程中，为了深入开展群众工作而创造的

---

① 中共四川省委党史研究室：《中共中央南方局的文化工作》，中共党史出版社 2009 年版，第 369—370 页。

② 中共四川省委党史研究室：《中共中央南方局的文化工作》，中共党史出版社 2009 年版，第 369 页。

③ 《周恩来选集》（上卷），人民出版社 1980 年版，第 111 页。

一种新的活动方式和联系、团结青年积极分子的一种比较灵活的秘密组织形式。这种特殊性是为适应国民党统治区险恶的政治环境而在组织形式和工作方式上进行的一种创新，取得了很大成功。从 1941 年到 1945 年，南方局青年组在重庆联系的“据点”已有 48 个，直接间接联系的“据点”成员 989 人，其中：大学生 464 人，中学生 24 人，文化界 63 人，中学教员 81 人，小学教员 63 人，职员 178 人，公务员 30 人，商人 6 人，工人 10 人，其他 70 人。① 除青年组联系的“据点”外，南方局妇女组、经济组、文化组和新华日报社及各地党组织，通过交友、组织秘密读书会、组织农民协会或小组、帮助劳协发展个人会员等多种形式，也培养和联系了不少积极分子。“据点”的建立和发展，为抗战后期国民党统治区民主运动兴起中建立党的秘密外围组织，以及恢复和发展党的组织，奠定了思想组织基础，②也为解放战争时期发展壮大人民民主统一战线和第二条战线的形成，奠定了组织基础。

1939 年 10 月，毛泽东在为中央机关刊物《共产党人》写的发刊词中第一次把党的建设称为“伟大的工程”，强调建设一个全国范围的、广大群众性的、思想上政治上组织上完全巩固的布尔什维克化的中国共产党的伟大工程。南方局负责领导四川、云南、贵州、湖北、湖南、广东、广西、江苏、江西、福建以及香港、澳门等地方的工作，共辖 10 个省（工）委、特（区）委、特（工）委、市委、中心县委、县委 95 个；县委、区委、特支等 198 个，③所辖党员 5 万多名。④ 1939 年 8 月，毛泽东在中央政治局会议上称赞：南方工作做得好，各省工作有成绩，发展了统战工作，发展成有 8 万人的党组织，这是在周恩来领导下取得的成绩。⑤ 党的七大前后，鉴于时局的变化，根据南方局指示“各级党组织根据斗争形势的需要，开始着手清理组织关系”“建立党的基层组织”“加强地方党组织的力量”。各地中共组织逐步恢复、建立、健全，开展了有组织的活动，到 1945 年 2 月估计为 10 万人。⑥ 因此，毛泽东在延安大学的开学典礼上指出：大后方党员绝大多数是可靠的，“应该讲南方工作的同志有成绩，总的说来在抗战期间有成绩”⑦。这是对南方局工作和地位的总体评价。1945 年 4 月 24 日，毛泽东在党的七大上做《论联合政府》政治报告，提出并开展党的建设伟大工程，为夺取抗日战争和新民主主义革命胜利提供了最坚强有力的保证，南方局在国民党统治区的党组织建设工作为此做出了重大贡献。

从党建理论上讲，“三勤”“三化”与“据点”是南方局在国民党统治区探索的中共党员活

① 中共重庆市委党史研究室:《中共中央南方局史》,中共党史出版社 2009 年版,第 157 页。

② 中共重庆市委党史研究室:《中共中央南方局史》,中共党史出版社 2009 年版,第 160 页。

③ 李蓉:《中国共产党历史上的南方局》,《党的文献》2004 年第 3 期。

④ 南方局党史资料征集小组:《南方局党史资料·党的建设》,重庆出版社 1990 年版,第 2 页。

⑤ 《周恩来年谱(1898—1949)》(修订本),中央文献出版社 1998 年版,第 457 页。

⑥ 1945 年 4 月任弼时在中共七大预备会上的报告,大后方的党员数为 52033 人。

⑦ 《毛泽东文集》(第 3 卷),人民出版社 1996 年版,第 267 页。

动和组织建设的独特方式，为民主革命时期中国共产党组织建设开辟了一条崭新的道路，是中国共产党领导全国人民夺取革命胜利的一条非常重要的历史经验，丰富了马克思列宁主义、毛泽东思想，为中国革命、建设、改革历程中党的建设伟大工程提供了宝贵的历史经验。

（二）红岩精神是中国共产党人用理想与信念塑造的一座不朽丰碑

中国共产党在艰难困苦中能够赢得胜利，重要原因就是始终保持着一种革命精神。从红船精神、井冈山精神、长征精神、延安精神、红岩精神，到西柏坡精神，都是中国共产党在长期革命斗争实践中培育和形成的，是中国共产党赢得革命胜利的重要精神力量。

红岩精神的培育与形成，有别于其他革命精神，南方局领导人的率先垂范与国民党统治区共产党人的斗争实践集体培育了红岩精神。面对国民党的几次反共高潮，南方局领导人首先表现出对共产主义理想信念坚定，勇于面对恶劣政治环境，随时做好了牺牲的准备，以自觉的集体主义精神和坚定的信念开展革命工作。南方局领导人在中共中央的领导下，坚持追求真理，刻苦学习，善于学习，真诚地开展批评和自我批评，在不断加强自我修养中提高素质完善人格，用批判的眼光观察世界和认识世界。在每月人均只有5元钱生活费的艰苦条件下，却能"团结紧张、严肃活泼"地工作和生活，"这里的生活是艰苦的，工作是紧张的，同志间的关系是团结融洽、亲密无间的，处处充满了革命乐观主义的精神"①。南方局老同志曾回忆："红岩嘴是我们昔年战斗的'宝塔山'，也是我们早年受教育的红色母校。正是在红岩嘴，我们受到恩来、必武、颖超等同志的言传身教；学会做人，学会做共产党人；学会斗争，善于斗争。勇往直前，锐进不已。这儿是革命家庭，浓情厚谊的熏陶，丹心、爱心、热心，同心同德，服务人民。我们在这里获得过高洁的爱，获得共产主义真理的教导。"②南方局领导人的坚强领导和率先垂范，战斗在国民党统治区的共产党人积极贯彻中共中央"荫蔽精干"政策，坚定执行南方局提出的"三勤""三化"要求，并在斗争实践中发扬周恩来倡导的"坚韧的奋斗精神"③。南方局领导下的地方党组织在国民党统治区教育学生党员勤奋学习，品学兼优，成为同学中学习的榜样；在工作上要求有职业的党员踏实吃苦，钻研业务，成为各行生产工作的骨干；在工商界要求党员白手起家为党组织筹措经费；在隐秘战线要求党员隐蔽在群众之中，既保护自己，积蓄力量，又团结、教育和争取了进步分子，不断扩大党的群众基础。南方局领导人与广大共产党人培育和践行了红岩精神，懂得用革命理论指导革命实践，深入社会，扎根群众，艰难开拓，勇于创新，影响和动员群众，"善于使上层工作和下层工作相配合，公开工作和秘密工作相配合，公开宣传和秘密宣传相配合，党外的联

---

① 金冲及主编：《周恩来传》，中央文献出版社1998年版，第617页。

② 石化：《风雨同舟红岩情》，《红岩春秋》1996年第2期。

③ 《周恩来选集》（上卷），人民出版社1980年版，第128页。

系和党内的联系相配合"[①]。他们在国民党统治区广大群众中树立了中国共产党人的光辉形象。抗战时期和解放战争时期，还有一批在国民党统治区不幸被捕的共产党人和革命志士，他们以"热血似潮水般奔腾，心志似铁石的坚贞"，以"只要一息尚存，誓为真理而抗争"[②]的勇气而笑对死亡；他们视革命气节为生命，"在富贵荣华的诱惑之下能不动心志；在狂风暴雨袭击之下能坚定信念"，以"身殉真理"。[③]在新中国成立前夕，一大批革命志士以他们宝贵的生命谱写和弘扬了伟大的红岩精神。

抗战以来，无数中国共产党人为中华民族的独立和人民的解放树立了光辉的典范。红岩精神的培育和形成，成为中国革命、建设和改革的一股强大精神力量，与南方局时期周恩来、董必武等一批革命家在党内外、国内外树立的光辉形象密不可分，周恩来是红岩精神的主要培育者，是中国共产党人的一面不朽旗帜。爱国民主人士刘仲容把周恩来看作是中国共产党的化身，"很久以来，我一想到中国共产党，脑子里就出现了周恩来的形象"[④]。著名爱国地质学家李四光，抗战时期在重庆同周恩来仅有过两次交往，即产生深刻印象。他对家人说："我看到了周恩来先生，我在他身上产生一个最大的感觉：中国有了共产党，中国就有了希望。"[⑤]党的杰出的领袖人物和党的形象密不可分，国民党统治区人民如此爱戴周恩来等南方局领导人，说明共产党在人民中的影响之巨大。在他们的思想和行动中焕发着一种只有在马克思列宁主义毛泽东思想指引下的中国共产党人和革命者才具有的伟大的革命精神，一种对亿万人民产生巨大凝聚力的革命精神，这就是至今仍能激励人们为新时代中国特色社会主义伟大事业奋斗的红岩精神。正如习近平总书记指出："周恩来，这是一个光荣的名字、不朽的名字。""是近代以来中华民族的一颗璀璨巨星，是中国共产党人的一面不朽旗帜。周恩来同志的崇高精神、高尚品德、伟大风范，感召和哺育着一代又一代中国共产党人。周恩来同志身上展现出来的中国共产党人的崇高精神，是历史的，也是时代的，将激励我们在新时代坚持和发展中国特色社会主义征程上奋勇前进。"[⑥]

---

① 《周恩来选集》(上卷)，人民出版社1980年版，第111页。

② 何功伟：《狱中歌声》(1941年9月)，载《红岩风范》，重庆出版社1996年版，第120页。

③ 陈然：《论气节》，《彷徨》1947年第5期。

④ 侯外庐：《韧的追求》，生活·读书·新知三联书店1985年版，第155页。

⑤ 徐盈：《周总理和李四光》，《重庆文史资料》(第20辑)，1984年版，第27页。

⑥ 习近平：《在纪念周恩来同志诞辰120周年座谈会上的讲话》，《人民日报》2018年3月2日。

小　结

关于南方局对新中国成立的历史贡献，中国共产党的权威著作做出过基本判断："南方局在抗战时期的出色工作，不仅保存和发展了党在国民党统治区的组织和力量，在党的周围团结了更多的进步力量，而且为全国解放战争时期第二条战线的形成，为新中国成立后共产党领导的多党合作和政治协商制度的形成，创造了有利的条件。"[①]这是对南方局执行党的抗日民族统一战线的历史功绩、对新中国政治格局形成的影响做出的高度浓缩和准确评价，但其丰富内涵和深远影响需要深入研究与阐释。南方局历史是中国共产党历史的重要内容，通过深化对南方局与新中国成立贡献历史研究，从新中国成立后的社会主义革命、建设和改革开放发展过程中，可以发现其中蕴含的中华民族伟大复兴中国梦的宏伟目标、中国共产党领导的多党合作和政治协商制度、中国独立自主的外交政策及世界影响、党的建设新的伟大工程等具有中国特色社会主义性质的政治内容，与南方局历史是一脉相承的。南方局历史证明中国特色社会主义道路是历史的选择。

（作者单位：中共重庆市委党史研究室）

① 中共中央党史研究室：《中国共产党历史》（第一卷，1921—1949），中共党史出版社2002年版，第767—768页。

南方局的外事工作对新中国外交事业的影响

丁英顺

摘　要：在中共中央的领导下，周恩来和南方局外事组开展了系统、全面、到位的外事工作。通过对马克思主义国际统战理论中国化的有益探索，把国内民族统一战线与国际反法西斯统一战线相结合，中国共产党成功走向了世界政治大舞台，为取得抗日战争和解放战争的最后胜利做出了重大贡献。南方局的外事工作是抗战时期和解放战争时期中国共产党革命斗争的重要组成部分，它为新中国外交机构的建立和设置奠定了好的基础，储备和培养了一批专业外交人才，丰富和发展了中共的外交思想，从而对新中国外交事业产生了重要影响。

关键词：南方局；外事工作；新中国

在抗日战争时期和解放战争初期，以周恩来为书记的中共中央南方局（以下简称“南方局”），驻扎重庆，结庐红岩，领导党在南方国民党统治区和部分沦陷区的工作。在中共中央的领导下，南方局在国统区采取了灵活多变的策略开展了全方位、多层次的外事工作，搭建起与国际社会联系、交往的桥梁，提升了中国共产党的国际形象和地位，开拓了中国共产党外事工作新局面，为中国共产党走向世界奠定了好的基础。南方局的外事工作是新中国外交不可缺少的前奏曲，配合延安党中央的对外交往活动构成新中国外交关系形成和发展的最初动力，从而对新中国外交事业产生了重大影响。

一、南方局筹建的外事机构，为新中国外交机构的建立和设置奠定了良好基础

七七事变后，全民族抗战爆发，以第二次国共合作为基础的抗日民族统一战线正式形成，中国共产党与国民党政府由武装敌对转变为合作抗日。随着政治地位和外部环境的变化，中国共产党人开始充分利用第二次国共合作所形成的有利条件，从延安逐步走向全国和海外，大力开展外事工作。

1937 年 12 月，随着上海、南京等城市相继失守，武汉成为临时的全国抗战中心。针对时局的发展，中共中央决定在武汉设立中共中央长江局，并在 1938 年 4 月成立了长江局下属机构国际宣传委员会及其办事机构国际宣传组。委员会由周恩来、王明、博古、凯丰、吴克坚、王炳南组成，工作人员有王安娜、章汉夫、许孟雄、毕朔望等人，这是中国共产党最早的外事机构。[①] 其日常工作主要是翻译出版中共领导人著作，为国际刊物撰稿，以及同外国友人进行联络。[②]

武汉沦陷后，中共中央根据时局的发展，于 1939 年 1 月在重庆秘密建立以周恩来为书记的中共中央南方局，原长江局的 8 名委员除王明、项英、林伯渠外，其余 5 人继续留在南方局并担任常委。南方局承续长江局的各项工作，并在长江局外事机构的基础上于 4 月专门成立对外宣传小组（1940 年冬改称外事组），王炳南、陈家康任组长和副组长，1942 年增补龚澎为副组长，组员有李少石、章文晋、罗清等。南方局外事组的工作由周恩来直接领导(周恩来离开重庆期间，由董必武或王若飞领导)，其主要任务是宣传、交友以及了解国际形势，重点是美英对华政策、各国各界在华人士的政治态度和动向；并通过宣传和交友，影响这些国家的对华政策，扩大国际统一战线，壮大进步势力，争取中间势力，孤立顽固势力，促进抗战胜利。[③]

南方局外事组成立后，贯彻落实“宣传出去，争取过来”的外事工作方针，广泛开展国际统一战线工作，加强与国际社会的交往合作，打破了国民党外事垄断的局面，尤其促成了“中外记者西北参观团”“美军观察组”访问延安，并直接促成了延安党中央相应的外事机构——军委外事组（即延安交际处，由军委秘书长杨尚昆担任主任）的诞生。延安交际处为接待美军观察组而成立，1947 年美军观察组离开，延安交际处工作随之结束。此外，1945 年抗战胜利后，国共两党暂时坐在了谈判桌上，中共中央抽调了延安交际处一部分工作人员，同时协同解放军一些高级将领组成了“北平军事调处执行部”，叶剑英作为中共方面的代表成为实际负责人，主要协调、执行由马歇尔、周恩来、张治中组成的三人小组所做的一些决定。从 1946 年 1 月到 1946 年 8 月马歇尔宣布“调处失败”，北平军事调处执行部存在了短短的八个月时间。

全面内战爆发，南方局结束了自己的历史使命，相关人员先后撤回延安。随着国民党大举进攻陕甘宁边区中共中央所在地，中共中央决定撤离延安。周恩来将原南方局外事组、延安交际处、北平军事调处执行部三部分人召集在一起，根据中央指示，在晋西北临县三交镇正式成立中央外事组，叶剑英任主任，随后进驻西柏坡。中央外事组作为中国共产党在新中国成立前建立的最后一个外事机构，其外交政策逐渐成熟，组织机构也

① 中共广西壮族自治区委员会党史研究室:《中共中央南方局的统一战线工作》,中共党史出版社 2009 年版,第 303 页。

② 中共中央文献研究室:《周恩来年谱(1898—1949)》(修订本),中央文献出版社 1998 年版,第 420 页。

③ 南方局党史资料征集小组:《南方局党史资料 · 统一战线工作》,重庆出版社 1990 年版,第 329 页。

更为规范化，为新中国外交机构的建立和设置奠定了良好基础。

二、通过艰苦的外事工作锻炼，南方局为新中国外交事业储备和培养了一批专业外交人才

周恩来领导南方局在烽火硝烟的抗战岁月和复杂险恶的政治环境背景下开展了卓有成效的外事工作，不仅开创了中国共产党独立自主开展外事工作的先河，还通过艰苦的外事工作锻炼为新中国外交事业储备和培养了一批专业外交人才。

这里，可以从新中国成立初期外交部所属机构工作人员任命名单中窥见一二：

职务	人员
部长	周恩来
副部长	王稼祥、李克农、章汉夫
办公厅主任	王炳南
办公厅副主任	阎宝航、董越千、赖亚力
苏联东欧司司长	伍修权
亚洲司司长	沈端先(即夏衍，因没有到任，暂由乔冠华代理)
西欧非洲司司长	宦乡
西欧非洲司副司长	温朋久
美洲澳洲司司长	柯柏年
国际司司长	董越千
国际司副司长	龚普生
情报司司长	龚澎
条约委员会主任委员	章汉夫
外交政策委员会主任委员	周恩来
外交政策委员会副主任委员	乔冠华
秘书主任	杨刚
顾问及专门委员	何思敬、周鲠生、钱端升、梅汝璈

从这份任命名单中可以直观地看到，新中国的政务院外交部其基本骨干大多是当年以周恩来为书记的南方局及外事组工作人员。 如任政务院总理兼外交部部长兼外交政策委员会主任委员的周恩来曾直接领导南方局的外事工作。 他在抗日战争时期积累了大量与国际重要人物的外交经验，例如先后会见了美国总统特使居里、威尔基，英国驻华大使卡尔，苏联驻华大使潘友新、武官崔可夫等，多次与美国驻华使馆人员范宣德、戴维

斯、谢伟思、文森特、费正清等交谈，促成他们高度重视中共实力、地位和国共关系问题，使中共的国际地位迅速提高。这也正如英国传记记者迪克•威尔逊所说：“在重庆的那些年中，周创立了一个后来成为中华人民共和国外交部及1949年以后作为北京传播工具的编辑机构的核心。”①

原南方局领导下的八路军驻桂林办事处负责人李克农任外交部副部长，原外事组组长王炳南任外交部办公厅主任，副组长龚澎任外交部情报司司长。在南方局时期，龚澎作为新闻发布员，结识了几乎所有驻重庆的外国记者。她的优雅大方和超群才智、敏锐的观察力和幽默感，以及临危不惧、忠诚事业的精神和她灵活的外交应变，赢得了外国记者们的钦佩，被称为“中共外交第一发言人”②。

另外，原《新华日报》总编辑章汉夫任副部长兼任条约委员会主任委员，负责《新华日报》国际新闻和评论工作的乔冠华任外交政策委员会副主任委员，暂代亚洲司司长。在重庆，南方局领导的《新华日报》作为抗战时期对外交往的重要工具，如同一座桥梁让世界了解了中国共产党。其中总编辑章汉夫、编委乔冠华利用自己的工作经历和人脉关系，依托《新华日报》对外宣传中国共产党的方针政策和主张，逐步扩大对外交往活动。根据周恩来的安排和指示，几经辗转的乔冠华于1942年秋来到重庆参加《新华日报》编委会，主持国际述评专栏，负责国际新闻和评论工作，从此他的犀利笔锋风行山城。石西民后来曾撰文提及国际述评的影响，“《新华日报》经过整风改版，内容和形式更加丰富多彩了。国民党当局的重重压迫也难以遮没它发出的光彩。《新华日报》的言论，包括国际述评，都引起各国通讯社的重视”③。据说当时远在延安的毛泽东也是给予了高度赞誉，“乔的文章，一篇能顶两个坦克师”④。

此外，还有原南方局外事组副组长陈家康，1944年调回延安，参加中外记者参观团及美军观察组工作，抗战后期，以秘书身份随董必武出席联合国制宪大会，新中国成立前后参加中国青年团的筹建工作，直到1950年又调入外交部，先后任亚洲司副司长、司长，外交部副部长等职务，随同周恩来出席日内瓦会议和万隆会议等。此外，还有外事组成员陈浩，后任新中国外交部办公厅副主任；章文晋，于1949年1月天津解放时就留在天津外事处工作，后随周恩来参加日内瓦会议等，历任外交部亚洲司司长、外交部副部长等职，成为新中国第一代杰出的外交家。

值得一提的是，南方局在深入开展外事工作过程中还注重储备和培育外交人才。1946年4月中旬，周恩来派外事组罗清从重庆、成都的大学中遴选了100名政治上进

---

① 迪克•威尔逊：《周恩来传》，封长虹译，国际文化出版公司2011年版，第194页。

② 乔松都：《中共第一位新闻发言人》，《红岩春秋》2008年第4期。

③ 石西民：《报人生活杂忆——石西民新闻文集》，重庆出版社1991年版，第62页。

④ 乔松都：《我的父亲母亲——乔冠华与龚澎》，中华书局2008年版，第276页。

步、英语水平较高的学生，搭乘美国军用飞机从重庆飞往晋察冀解放区的张家口，进行短期的军事术语训练，以备在有美方参加下的国共整编军队谈判时担任我方翻译之用。这批学生在新中国成立后也成为我国外事队伍的一支重要力量。

三、南方局发展了中共的外交思想，为新中国的外交积累了丰富的国际交往经验

南方局在开展外事工作过程中，通过全方位的对外宣传和联络工作，尤其是与大量的外国记者和国际友人、外国军政界官方人士的交往，积累了在开展对外交往中正确处理自力更生与争取外援、超越意识形态因素求同存异、民间外交与半官方外交并举、既联合又斗争等外事活动和对外斗争的宝贵经验。这些进一步发展了毛泽东、周恩来等中共领导人的外交思想，为新中国的外交积累了丰富的国际交往和对外斗争的宝贵经验。

（一）正确处理自力更生和争取外援

在抗战时期的中共外事工作中，中共中央提出自力更生的原则，但也十分重视争取外援。毛泽东在《论新阶段》中明确指出："只有主要依靠自力更生，同时不放松外援之争取，才是正确的道路。"①中共中央在致南方局的电文中指出："全党尤其是南方局，应积极做好英美在华人士的工作，不容许对国际统一战线采取任何轻视或消极态度。"②周恩来在长江局时期，就在《怎样进行持久抗战》一文中阐明做好国际宣传工作的重要性。他认为，中国的抗战固然"要建立在自力更生的基础上"，"反对幻想出兵式的外援"，但是"并不反对运用国际环境中存在着和发展着的有利条件"，以便"取得各国人民在物质上技术上的援助"，并且强调指出：国际宣传仅仅用政府的名义是不够的，而是"要以各党派各团体联名的通电、联合的组织"，去"扩大国际宣传"，努力争取"全世界工人阶级及一切爱好和平人民的精神上物质上乃至技术上的援助"。在周恩来的领导下，南方局外事组本着"宣传出去，争取过来"的基本方针，积极开展工作，取得良好效果，使许多外国人几乎一致地得出结论"中国共产党代表中国的未来"。最突出的事例就是周恩来与英国驻华大使卡尔在不断交往中建立了深厚的友谊，中共在香港设立的办事处和反对国民党顽固派分裂活动的斗争，都得到了卡尔的支持。新中国成立初期，根据毛泽东提出的"另起炉灶"和"打扫干净屋子再请客"两点外交指示，中国共产党把独立自主作为发展对外关系的指导原则，并同世界上很多国家建立了友好的外交关系，在自力更生

---

① 毛泽东：《论新阶段》，新华日报馆1939年版，第13页。

② 张铁男：《中国统一战线大事记事本末》，吉林大学出版社1990年版，第265页。

的基础上积极开展外交工作，在坚决不丧失领土主权的范围内进行了卓有成效的外交活动。

（二）求同存异与灵活对待相结合

周恩来认为，南方局外事组在开展外事工作时应不受共产党与英美等外国来华人士意识形态迥异的束缚，而应抓住双方反对法西斯、争取民主的共同性，利用多种途径，采取多种方式开展来华外国人士的友好交往工作。通过这些来华的外国人，使外国政府和人民加深对中国共产党在抗日战争中所实行的各种政策、措施的认识，了解中共及其领导的八路军、新四军所取得的功绩，认清国民党顽固派发动军事磨擦的事实，从而推动两国政府改善与中国共产党的关系。而对于各国政府及驻华使馆人员也要区别灵活对待，具体人物具体分析。如对比较同情中共的美国使馆官员戴维斯、谢伟思等人，南方局交往颇深，并通过他们间接影响美国政府的对华政策。而对中共持不友好态度的外国使馆官员，南方局仅向他们宣传中共的方针政策及国共之间磨擦的真相，尽量使他们在国共关系问题上持中立态度即可。这种不受意识形态迥异的束缚，采取求同存异和灵活对待的广交朋友的统战方法，丰富了中共国际统战理论，为新中国成立后中国代表团在万隆会议上提出“求同存异”的外交路线奠定了基础。在万隆会议上，鉴于有些国家代表对共产党领导的国家制度带有敌意和排斥，周恩来初步提出了“求同存异”的思想，这一外交思想得到了众多国家代表的赞同，从而促成了会议的圆满成功。

（三）民间外交与“半官方外交”相结合

周恩来领导南方局外事工作，制定了“宣传出去，争取过来”的策略方针，采取主动出击，广交朋友的措施，即“这个统一战线，应该是上层的；同时又是下层的；是政府的，又是民众的”①。南方局的外事工作以民间交往开始，随着对外联络对象的不断扩大，对外交往也从民间扩大到美英苏政府官员等，将民间外交与“半官方外交”相结合，从而让世界真正了解中国共产党。

在重庆期间，南方局与大部分驻华记者和国际友人都保持了友好交往，如外国记者斯诺、斯特朗、史沫特莱、爱泼斯坦、福尔曼和白修德等，美国主教鲁茨，美国作家贝尔登、海明威、鲁斯夫妇等国际友人，从而取得了中外记者西北参观团延安之行这一民间外交的成功。此外，周恩来、董必武等南方局领导人还会晤了英美军政界所有在华要人，尤其是与美国官方人士的友好交往，为中共与美国直接建立“半官方交往”奠定了良好的基础。南方局促成美军观察组进驻延安便是将民间外交与半官方外交相结合的重要体现。美军观察组赴延安为中共与美国官方之间开辟了一条直接联系的渠道，使中共成功实现了半独立外交。这显然是南方局积极开展外事活动的重要成果。这些不仅丰富

① 周恩来：《太平洋战争与世界战场》，《新华日报》1941年12月14日。

和发展了毛泽东积极开展民间交往的外交思想，还在新中国成立后成功运用于缓和中日关系的具体实践中。新中国成立后，为开创我国外交的新局面，中共中央把缓和与日本的关系定为当时重要的外交任务之一。周恩来指出："中日两国关系，从根本上说必须建立在两国人民友好的基础上。"[①]1952 年 5 月实现了日本代表团第一次访问新中国，开始了中日民间经贸往来，签订了第一个中日民间贸易协议。这一次访问后来被日本称为"破冰者之旅"，为两国的人员往来打开了渠道，开启了中日友好交往的新篇章。

结　语

自 1939 年 1 月到 1946 年 5 月，南方局外事组在周恩来直接领导下，根据中共中央的方针政策，冲破国民党政府的种种限制、干涉，开展了系统、全面、到位的外事工作。它通过对马克思主义国际统战理论中国化的有益探索，把国内抗日民族统一战线与国际反法西斯统一战线相结合，不仅使中共成功走向世界政治大舞台，还维持了抗日民族统一战线的稳固，为取得抗日战争和解放战争的最后胜利做出了重大贡献。南方局的外事工作是抗战时期和解放战争时期中国共产党革命斗争的重要组成部分，它为中共积累了对外宣传、外事活动和对外斗争的初步经验，储备和培养了一批外事人才，对新中国的外交事业产生了重要影响。

（作者单位：重庆红岩革命历史博物馆）

① 中华人民共和国外交部、中共中央文献研究室：《周恩来外交文选》，中央文献出版社 1990 年版，第 305 页。

南方局对新中国人才培养贡献研究

——以科技界知识分子为例

王晓园

摘　要：抗日战争时期，中共中央南方局对科技界给予了充分关注，成立自然科学座谈会，第一次把科技界知识分子组织起来，在国统区的青年科技人员中，建立了中国青年科技人员协会，这是一个既有高校科技知识分子又有青年科技人员参加的科技界的抗日民族统一战线。20 世纪 40 年代中期有计划地安排和批准了科技界的中共党员和积极分子，前往美国等西方发达国家学习，在留学生中开展工作。新中国成立前夕，南方局通过美、英、法等国中国留学人员的进步团体，团结广大留学生和学者，在动员留学人员回国参加新中国的建设中发挥了重要作用。

关键词：中共中央南方局；科技界知识分子；留学生；人才培养；国统区

1939 年，自然科学座谈会成立。1940 年 5 月，中国青年科学技术人员协会成立（以下简称“青科协”）。1945 年 7 月 1 日，以自然科学座谈会为基础成立了中国科学工作者协会。1945 年抗战胜利后，又以“青科协”原有骨干会员为基础成立了“建社”。这些直接或间接受南方局领导的科技组织，为团结科技界人才提供了组织保障。而在国外以留美科协为主的科技界组织，为建国初期动员留学人员回国起了重要作用。南方局依托不同时期组织的建立，为团结和培养大批优秀的科技人才做出了重要贡献，为新中国的建设积蓄了大批人才。

一、国统区科学技术团体的嬗变

（一）自然科学座谈会

抗战爆发后，内地许多高校、科研院所等为躲避战乱内迁，重庆集聚了大批科技人员，南方局为扩大文化界抗日民族统一战线，有计划地开展争取科技界知识分子的工作。

当时在重庆的著名教授有中央大学的梁希、潘菽、金善宝、干铎等，重庆大学的教授谢立惠等，周恩来嘱咐《新华日报》社长潘梓年（潘菽的大哥）多与大学教授接触，开展工作。1939年春，在周恩来的直接领导和潘梓年的推动下，这些大学教授发起组织了自然科学座谈会。南方局联系和指导座谈会的是潘梓年，实际负责人是梁希和潘菽。参加座谈会的将近20人，为避免国民党迫害，该会成员并未对外公开，始终坚持参加的有梁希、潘菽、金善宝、干铎、涂长望和谢立惠。①

1940年初，周恩来和潘梓年邀请座谈会的教授负责编辑《新华日报》的《自然科学》副刊，副刊内容主要包括普及科学知识；批判“为科学而科学”“科学救国”等当时流行的错误论调；号召自然科学者团结；介绍苏联自然科学发展情况；设“信箱”和“问题解答”专栏。

（二）中国青年科学技术人员协会

1940年5月，由青年科技人员组成的中国青年科学技术人员协会正式成立。它是在南方局徐冰的指导下，以孙友余、张兴富等党员为骨干，以联谊会形式团结部分青年科技人员。协会总部设在重庆，有会员200余人，在贵阳、昆明、桂林、成都等地设有分会。南方局注重对青年科技人员进行爱国主义教育，在抗日爱国的基础上，广泛团结青年科技人员，组织他们钻研技术，培养科技人才。青科协也经常组织小型时事座谈会或报告会，讨论国际国内形势，组织技术交流，座谈生产技术问题，搜集工矿企业的经济技术资料，为党提供了不少重要研究资料（如叶剑英要了解国民党兵工企业的情况，青科协报送了29、24等兵工厂的重要资料）。在南方局的支持下，青科协自筹资金办企业，徐冰亲自出面争取华洋义赈会李再耘在资金上的支持和帮助。青科协先后办起开源建筑公司、新基工程公司、巴山石墨公司等一批企业，不仅解决了当时青年科技人员的就业问题，为党保存和培养了一批科技力量，还为贯彻党的“荫蔽精干”政策，提供了职业掩护的有利条件。②

建立青科协是南方局对科技人员开展工作的一项重要措施。直接领导青科协的主要是徐冰同志，后期是张明（即刘少文）、张友渔、钱瑛等同志。周恩来、董必武曾多次亲自听取汇报、做出指示，叶剑英也曾参加听取汇报。周恩来告诫他们：“不要只乐于搞轰轰烈烈的革命斗争，自己必须也要有相当的科技造诣，才能在广大科技人员中起骨干作用。”③青科协虽然只是断断续续地进行过一些公开活动，未能发展成为一个规模较大的

① 陈清林、夏远生、王文珍：《中共中央南方局的文化工作》，中共党史出版社2009年版，第53—54页。

② 何盛明：《抗战史论集》（内部资料），2005年，第28页。

③ 中共重庆市委党史研究室：《中共中央南方局史》，中共党史出版社2009年版，第240页。

群众团体，但青科协骨干之间一直有着联系，对周围科技人员始终进行着一定的思想工作。一部分骨干完成了南方局交给的秘密任务，绝大多数青科协成员在解放前夕积极参加了迎接解放军接管的活动，以后又积极投入到新中国的建设事业，在各自的岗位上做出了贡献。新中国成立后，1949 年前去美留学的青科协会员除自己尽快回国外，还动员留美同学一起回来。

（三）中国科学工作者协会

1944 年，随着国民党统治区民主运动的新高潮，抗日民族统一战线的日益扩大，潘梓年传达周恩来意见，要自然科学座谈会的同志，积极团结更多的科技工作者，组织公开的进步科技团体。周恩来为取得科技界上层人士的支持，亲自出面做李四光、竺可桢等著名科学家的工作。1944 年底，自然科学座谈会的同志拟定了一个《组织中国科学工作者协会缘起》的文件，向国统区各大城市征求科技工作者的意见，很快就得到我国著名科学家竺可桢、李四光、任鸿隽、严济慈等及其他科技工作者 100 多人的赞成。1945 年 7 月 1 日在重庆成立了中国科学工作者协会（以下简称“中国科协”），理事长竺可桢，监事长李四光，实际负责具体工作的是秘书长涂长望，副秘书长谢立惠（中共党员）。

中国科协的建立，迅速得到全国科技工作者的响应，许多大城市相继建立了分会，甚至影响及国外，在英、美、法等国亦成立了中国科协的分会，一年后，会员发展到七八百人。中国科协还参加了世界科学工作者协会的发起、筹备工作。1946 年 7 月，世界科学工作者协会在伦敦召开成立大会，中国科协派涂长望前往参加，并被选为“世界科协”理事。

（四）中国建社

1945 年抗战胜利后，徐冰、张明同志传达南方局指示，可以在科技界恢复公开的组织活动。因此，以青科协原有骨干会员为基础成立了中国建社（以下简称“建社”）。筹备会议是在重庆都邮街太平洋药房楼上中国原料公司召开的有孙友余、高昌瑞、张兴富、罗沛霖、李文采、丁瓒、张哲民等十余人参加，商定青科协骨干之间仍保持隐蔽联系，建社作为公开团体，在科技界积极发展会员，对象不限于青年。

1945 年 9 月，正在重庆与国民党会谈的毛泽东同志经张明同志安排，在红岩村接见了青科协骨干李文采、罗沛霖、张哲民等，在听取青科协活动情况的汇报后，指示要团结好知识分子，科技人员要与工人密切联系合作。

1946 年 2 月初，建社在重庆青年会召开成立大会，推选罗沛霖、张兴富、高昌瑞、张哲民、丁瓒、金奎等为干事，同时确定各地筹建分会的联系人，通过了建社的章程，在章程中写明建社的宗旨是“联合热心民主建国的科技人员以砥砺学术、提高科技知识，培养操守，创作组绩，相互帮助，合力发展科技事业，推进建国工作”。①

建社成立之初有社员60余人，主要在重庆，沙坪坝是社员较多的地区。建社在昆明首先成立分会，有十几人参加；此外在成都、宜宾、贵阳等地也有分会，后来在内地的社员陆续分散去了南京、上海等地。薛葆鼎在匹兹堡大学研究生院进修化学工程期间，按照周恩来的指示，把分散在美国各地的党内同志和爱国者组织了起来，因此当时在美国的一批留美科技人员，包括党员和进步学生都一起加了进来。1947年12月，以匹兹堡、纽约两个建社小组为基础，在纽约东66街举行了在美建社成立大会，出席大会的有钱保功、陈冠荣、茅于宽、张大奇、陆伟逊、蓝毓钟、杨锦山、李恒德、傅君诏、计苏华、侯祥麟、薛葆鼎等。在费城的涂光炽等因路远未到，但来信赞成。②而建社的成立为日后团结在美留学生，设立在美留学生团体打下了基础。

抗战时期，南方局推动和帮助国统区科技界进步组织的建立，且派有党员在其中工作，但是严格意义上讲，其更多的是政治上的指导，而并非组织上的领导，主要目的是通过这些合法团体，逐步将科技界的进步知识分子团结在中国共产党周围，进而为新中国储备科技人才，而这方面的工作是一个复杂的、漫长的、艰苦的过程。

二、留美科学技术人员及留美科协的建立

（一）南方局选派的特殊留学生

太平洋战争爆发后，国际反法西斯统一战线形成。为加强同盟国之间的联系，英美等国向中国提供若干留学奖学金。1944年12月，在重庆、成都、昆明、贵阳、西安、兰州、建阳七地举办英美奖学金留学生考试。为储备人才，1944年前后，南方局抓住国民政府组织人员赴美留学的机会，派出一批以进步青年为主的知识分子到美国和欧洲留学。先后安排计苏华、徐鸣、赖亚力、蓝毓钟、薛葆鼎、侯祥麟等中共党员通过官方考试，以学生护照或官员护照去美国留学。③

计苏华，江苏苏州人，1935年就读于上海医学院，1938年加入中国共产党，1940年夏随学校来到重庆。1941年，计苏华大学毕业即在设于重庆的上医附属医院担任外科住院医师。1944年初，周恩来约计苏华到曾家岩谈话，明确指示他应设法到外国去深造。周恩来高瞻远瞩地指出："党不仅需要政治家，也需要自己的科学家、专家，而且从现在起就需

① 刘九如、唐静：《行有则 知无涯：罗沛霖传》，上海交通大学出版社2013年版，第103页。

② 谈菁：《新中国成立前夕的"建社"组织》，《商情》2015年第28期。

③ 陈清林、夏远生、王文珍：《中共中央南方局的党建工作》，中共党史出版社2009年版，第315—316页。

要注意培养。”他还指示计苏华“要联络思想进步，倾向共产党的理、工、农、医科大学生，争取机会，出国学习科学，掌握科学。……也许有人出去了一时不肯回来，那也不要紧。水归大海，叶落归根，只要我们工作做得好，他们是会回来的”①。1947年初，计苏华得到去美学习的机会，立即向龚澎报告，并得到周恩来的批准。② 1947年7月到1949年初，计苏华在美国芝加哥大学毕林氏医学院进修。1947年11月，他接待了留美学习的薛葆鼎。计苏华在促进留美科学工作者的团结方面不遗余力，他将留美科学工作者的秘密组织命名为建社。1948年1月，计苏华去纽约参加了建社的成立会，组织了芝加哥的科学工作者小组，还安排年轻的医师杨克勤夫妇提前回国，进入解放区工作。

徐鸣，江苏无锡人，毕业于复旦大学、广西大学，1938年加入中国共产党，1943年从广西到重庆，通过了留学生考试。在“中央党政训练团”结业后，徐鸣办理了去美学习的手续。在此期间，一直由董必武单线联系，每一两个月去一次红岩，去了总要住一两夜，在南方局阅读文件资料。行前，董老指示徐鸣：先找一个学校安顿下来，熟悉美国情况，提高英语水平，等待接上组织关系。在美国可以主动开展工作，团结进步人士，必要时可以自己发展党员。董必武还嘱咐徐鸣要有长期在美国工作的打算。③ 1944年，徐鸣奉中共中央南方局之命赴美工作，进入美共中国局和中共在美领导小组。

薛葆鼎，江苏无锡人，1934年考入南京中央大学化工系，1938年加入中国共产党，1944年赴美学习，1948年回国。新中国成立后曾任国家计委重工业局副局长，中国社科院工业经济研究所副所长、研究员等，长期从事工业经济管理和工业经济研究工作，是中国基本建设经济领域和社会经济系统工程学科的主要倡导者和学科带头人之一。1944年大年夜，薛葆鼎与董必武在曾家岩50号谈论了三个小时。董必武希望他“可以去美国学习科学技术，几年以后回来参加建设祖国”，同时还希望“出国学习的人回国时要做两种准备：可能两党继续合作，那就参加抗战建国；否则，亦可能进根据地参加建设工作”。1945年，薛葆鼎出国前来到红岩村，钱瑛告诉他“去美国后，可利用民主人士关系找华侨中的党组织，在大批留美的科技人员中开展进步活动”。到美国后，薛葆鼎在纽约先用“小民革”的关系找到冯玉祥的研究室主任赖亚力，再用王昆仑托中苏文化协会的进步文化人侯外庐写的介绍信找到华侨中的老党员徐永瑛。到长岛这位老徐家，遇见了成都地下市委的熟人徐鸣，同他们一起参加了中共在美工作的领导小组“星五聚餐会”，同时讲明董老要其以学习为主。钱瑛要其在上千名同批留美的科技人员中进行群众工作。于是，在“星五聚餐会”中薛葆鼎就分工负责留美科技人员中的工作。④

---

① 李蔚：《周恩来和知识分子》，人民出版社1985年版，第11页。

② 吴合：《白衣战士计苏华的曲折人生》，《纵横》1999年第8期。

③ 徐庆来：《徐永煐纪年》，中央文献出版社2011年版，第155页。

④ 薛葆鼎：《百忙中的一着闲棋》，《红岩春秋》1998年第2期。

赖亚力，四川内江人。1934年毕业于北京大学经济系，同年参加革命，曾任冯玉祥将军秘书，后在资源委员会的安排下赴美实习。1945年春，离开重庆到美国。临行前，周恩来嘱咐他，自己要勤学，要了解美国。要同留学生做好朋友，影响他们，将来一同回祖国服务。到纽约后，赖亚力找到在美工作小组的徐永瑛。恰逢董必武参加联合国会议，对在美工作小组的工作提出具体指示：加强《华侨日报》的工作，轮流给报纸写社论。[①] 新中国成立后任外交部礼宾司司长、常驻联合国代表团大使级副代表等。

蓝毓钟，湖北黄陂人。1938年毕业于中央大学电机系，曾任资源委员会中央电工器材厂重庆、桂林、天津、湘潭分厂副工程师、工程师。后“资委会”下属机构的工程技术人员可能轮流赴美国深造，蓝毓钟被召去红岩村，南方局钱瑛亲自同他谈了话。钱瑛说：这个时候党员出去没有坏处，应该动员党员出去，你们不应错过这个机会，反而应利用这机会出去，学习本领，锻炼、提高自己。回国后，要用一些办法提高自己的地位。如果是战，打完了仗，还是要搞建设，需要大批的专业技术人才、管理人员，才能实现祖国的工业化。[②] 1946年，赴美国西屋电气公司实习，1948年回国。在美国西屋电器公司实习时，他又在匹兹堡大学研究生班进修。在这里通过薛葆鼎的介绍，他参加了进步学生侯祥麟、傅君昭、李恒德等举办的政治学习讨论会，团结了一大批留美进步人员，并动员他们回国为新中国建设服务。[③]

侯祥麟，广东汕头人，1935年毕业于燕京大学，1938年秘密加入中国共产党。1944年经组织批准，通过自费留学考试，于1945年来到美国匹兹堡，在卡内基理工学院攻读化学工程学。1948年冬，侯祥麟获得博士学位，要求回国，但组织没有同意，要他继续留在美国，完成新的任务。[④] 1949年初，侯祥麟来到波士顿，这里是中国留学生、学者聚集较多的城市。侯以此为中心开展争取旅美中国学生和学者的工作。

南方局借国民政府官派留学之机，鼓励一部分青年共产党员赴美留学，这些知识分子留学之前都受到了南方局领导人的鼓励和支持，出国后又与南方局保持着密切的联系，他们遵照南方局的指示，努力学习，广交朋友，在留学学者和学生中宣传党的方针政策、发展进步力量等。这些人员对动员留美同学回国起了至关重要的作用。

（二）留美科协成为动员留美人员归国的重要渠道

青科协骨干薛葆鼎、罗沛霖、杨锦山等在留美同学中酝酿组织建社，促成了以侯祥麟同志为首的留美科技人员协会的建立。由于当时在美国的留美科技人员流动性大，分布又广，要在很短的一个时期内组织起一个覆盖全美的、有着共同理想信念的科协团

① 赖亚力：《我与在美国工作领导小组》，载《见证红岩——回忆南方局》(下)，重庆出版社2004年版，第557页。
② 徐光群：《人生的滋味》，中国工人出版社2002年版，第234页。
③ 华彬清、钱树柏：《南京大学共产党人(1922年9月—1949年4月)》，南京大学出版社2002年版，第166页。
④ 孙志慧：《侯祥麟与“青科技”》，《红岩春秋》2007年第6期。

体，是缺乏组织基础的。经当时中共在美国的工作领导小组研究决定，先以小组形式开始发展，转变为区域性的中型组织，最后再扩大成立横跨美国东西两岸的大型科协组织。因此，薛葆鼎通过自身的人际关系建立了建社，团结和聚集了一批留美科技人员。在此基础之上，丁瓒、葛庭燧等在芝加哥创建了芝社，涂光炽、葛春霖在明尼苏达州的中国留美人员也建立了明社，这三社之间经常交流。1948 年底，建社、芝社、明社三社的重要成员在薛葆鼎的住处开会，最后决定，以三社为基础，在美国中西部成立美中科协。之后，美国各地陆续建立了留美科协区会。1949 年 4 月渡江战役之后，国内战争局势基本明朗之时，成立留美中国科学工作者协会（简称“留美科协”）的工作提上了日程。1949 年 6 月 18 日，13 个区会的代表在匹兹堡召开会议，成立了留美中国科学工作者协会（简称“留美科协”），陈省身、华罗庚、杨振宁、朱光亚等人陆续加入了协会。该组织的宗旨是：联络中国科学工作者致力科学建国工作，促进科学技术的合理运用，争取科学工作条件的改善及科学工作者生活的保障。总的目标是为争取团结更多的留学生回国，为发展中国科学技术而努力。①

留美科协成立后，举办了学术讨论会、时事学习会和生活联谊会等活动，还编印了自己的刊物《留美科协通讯》，从 1949 年 7 月到 1950 年 9 月，共编印了 13 期，发行 12 期。主要介绍和宣传国内各方面建设情况、科研教育情况，鼓励和帮助留学生们归国参加祖国建设等。《留美科协通讯》为留美学子提供了一个交流学习的平台，起到了宣传和联络的作用。

留美科协为动员大批留学生归国、投身新中国的建设做了大量有益的工作。如前文所提到的南方局派往美国的特殊留学生计苏华、徐鸣、赖亚力、蓝毓钟、薛葆鼎、侯祥麟等，以留美科协为主要团体，通过多种形式，宣传国内外形势和党的方针政策。1949 年夏，徐鸣回国向中共中央汇报在美的工作情况，正在为筹建新中国日夜操劳的周恩来在百忙中做出指示：在美工作领导小组目前的中心任务是动员在美的中国知识分子，特别是高级技术专家回来建设新中国。② 1950 年，中国科学工作者协会在争取我国留学生回国的工作中，就通过留美科协向海外留学生发出号召：“新中国诞生后各种建设已逐步展开，每方面都迫切需要人才，诸学友学有专长，思想先进，政府方面亟盼能火速回国，参加工作。”这些信件刊登在留美科协所办刊物《留美科协通讯》上，引起了极大反响。③

---

① 全国政协暨北京、上海、天津、福建政协文史资料委员会：《建国初期留学生归国纪事》，中国文史出版社 1999 年版，第 7 页。

② 侯祥麟、罗沛霖、师昌绪等口述：《1950 年代归国留美科学家访谈录》，湖南教育出版社 2013 年版，第 423—424 页。

③ 李涛、周全：《对新中国成立初期吸引海外留学生归国工作的回顾——兼论其对我国文教事业的影响》，《党史文苑》2004 年第 4 期。

三、新中国科技建设中的留美归国人员及其贡献

（一）审时度势动员留美科技人员归国

新中国成立前后出现的留美人员归国热潮，在中国近代留学史上占有重要地位，而这一归国热潮的成因与中共中央南方局的策动密不可分。在南方局领导人里，充当政治舆论角色的人当属周恩来和董必武，二人多次向海外学子发出号召，同时建立进步组织传播宣传国内舆论，鼓励留美学生回国。

早在1945年夏，董必武到旧金山出席联合国成立大会后，曾到纽约组织进步分子的“星五聚餐会”，提出利用进步团体宣传党的方针政策，动员进步人士、专家直接回解放区工作。同时还接见了《美洲华侨日报》的有关人员，勉励他们为建设新民主主义的新中国而努力。在董必武的指示下，徐永煐等成立了“中共在美工作领导小组”，其工作重点转为动员、组织中国旅美学子回国参加建设。[①]

1945年，周恩来在重庆就建议成立进步科学家团体“中国科协”，之后周恩来、董必武领导的南方局以及后来的南京局、上海局和香港分局，对海外知识分子工作的关注主要是通过中国科协向海外知识分子中间延伸，陆续成立留美科协、留英科协、留法科协等。留美科协多次发动留学生回国运动，他们采取召开讨论会、座谈会、学术报告会，出版《留美科协通讯》等方式，组织留学生学习毛泽东著作和其他进步书刊，开展对当前形势的学习讨论，介绍国内情况，广泛团结群众，取得了显著效果。留美科协商讨了留美进步科技人员直接回解放区的方法和途径，即从欧洲、苏联直接进入东北解放区的交通线，1948年陈冠荣、杨克勤等学者通过这条路线回国[②]。1949年夏，周恩来指示：以动员在美知识分子，特别是高级科技专家回来建设新中国作为旅美进步团体的中心任务。这一指示传达后，极大地鼓舞了士气，推动了回国潮的兴起。

（二）留美归国科技人员对中国科学技术的贡献

留美科技人员归国后，大部分人员在科学技术方面取得了较高的成就，推动了中国科技的进步。据不完全统计，从1946年至1949年从美国留学归来的科技人员约有980人[③]；从1949年8月至1950年12月，由美归国的约有600人，留学科协会员“大部陆续

---

① 何立波：《中共海外组织美共中央中国局》，《党史博览》2016年第7期。

② 徐鸣：《怀念薛葆鼎同志》，《红岩春秋》1998年第6期。

③ 马祖圣：《历年出国/回国科技人员资料索引（1840—1949）》，社会科学文献出版社2007年版，第384—480页。

回国”。[①] 1955 年，国务院公布了新中国第一批科学院学部委员，共 4 个学部有学部委员 233 人。其中，物理学数学化学学部的学部委员 48 人，包括数学、力学、天文学、物理学和化学等 5 个学科；生物部地学部的学部委员 84 人，包括动物学、植物学、农学、林学、畜牧学、土壤学、心理学、气象学和地球物理学等 13 个学科；技术科学部的学部委员 40 人，包括土木工程学、矿冶工程学、机械工程学和电机工程学等 7 个学科；哲学社会科学部的学部委员 61 人，包括哲学、历史学、考古学、经济学、文学和语言学等 6 个学科。[②]

表 1—1　1955 年公布的第一批学部委员中赴美归国人员情况统计

姓名	领域	赴美时间	归国时间	主要贡献
王之玺	钢铁	1944 年	1945 年	新中国成立后对东北工业建设规划、鞍钢扩建计划提出指导性意见。创立我国钢铁产品统一标准与制定全国钢铁企业统一标准打下初步基础。为攀枝花钢铁厂的设计与建设奠定科学基础
周志宏	物理学家 电子学家	1943 年	1947 年	回国后将辐射实验室、无线电、雷达的最新发展介绍到国内。开设“无线电学”“电波学”等课程，在清华大学设立无线电学实验室，培养了大批人才
侯祥麟	石油加工 石油化学 工业	1945 年	1950 年	领导并完成国家发展航空、航天、导弹、原子弹等急需的航空煤油、核工业耐氟润滑油等系列产品的研发任务；成功主持研究出炼油工业 5 项重大新技术，结束了中国人使用“洋油”的历史
张光斗	水利工程	1943 年	1945 年	率先在国内开设了水工结构专业课，成立了水工结构模型实验室，开展高速水流和泥沙运动研究。首次在黄河下游破堤取水成功，为下游引黄灌溉开创了道路
张德庆	内燃机工程	1945 年	1946 年	设计制造了第五式综合白煤炉，研制成功可用于代用汽车机床的润滑油，在内燃机节能、代用燃料、石油资源的合理利用等方面提出重要见解

① 傅琳：《留美科协成立始末》，《北京党史研究》1998 年第 2 期。

② 洪文军：《新中国的第一批学部委员》，《纵横》1998 年第 7 期。

续表

姓名	领域	赴美时间	归国时间	主要贡献
叶渚沛	冶金	1944 年	1950 年	提出“应以稀土为主实行综合利用”的方针，建设包头钢铁，为包头冶金工业的发展提出正确的方针，提出“三高一喷”炼铁的新工艺
刘仙洲	机械工程	1946 年	1947 年	我国自编工科大学教科书的创始人，奠定了我国机械工程教育的基础；中国机械工程发明史研究的创始人，积极从事农业机械的推广和中国农业机械工程发明史的研究工作
王湘浩	代数学 人工智能学	1946 年	1949 年	对代数数论和有理单纯代数等方面有深入系统的研究，对代数结构论、代数 K－理论、代数群论等有重要贡献，在以计算机模拟人的思想方法处理数学问题方面取得一定成果
柳大纲	化学	1946 年	1949 年	我国分子光谱研究的先驱之一，在盐湖化学领域中做了大量开拓性工作，是中国盐湖化学的奠基人
段学复	数学	1943 年	1946 年	研究有限群论、代数和组合数学
胡宁	理论物理学	1948 年	1950 年	研究量子场论、粒子理论和广义相对论，是中国理论物理学和粒子物理学领域的学科带头人之一
唐敖庆	量子化学	1946 年	1950 年	中国量子化学的主要开拓者
张钰哲	天文学	1946 年	1949 年	应用天体力学基础理论对人造卫星轨道问题做了开创性研究，是中国现代天文学的开创者之一
傅鹰	化学	1944 年	1950 年	中国物理化学先驱，胶体化学发展的主要奠基人
葛庭燧	金属物理学	1942 年	1949 年	研究金属内耗、疲劳等，是金属内耗研究领域的创始人之一
虞宏正	胶体化学	1945 年	1947 年	将胶体化学运用于农业科学研究，创办西北水土保持研究所，开创“土壤热力学”
钱伟长	物理学	1942 年	1946 年	从事力学研究，中国近代力学、应用数学的奠基人之一
饶毓泰	物理学	1944 年	1947 年	中国物理学的开拓者和先驱者

注：表中所统计人员为 1955 年国务院公布的中国科学院第一批学部委员中有赴美留学或考察经历的人员。

从表中可以看出，部分赴美归国人员归国后所取得的成就是巨大的，而且领域涉及极广，其中在基础科学领域的理论贡献主要集中在物理、化学和数学等方面，其次是电子、机械、气象等方面。表中所统计的留美归国学生只是众多学生中的极小部分，这些留学生或成为国家科技骨干力量，推动了中国科学技术的发展，或投身教育事业，促进了中国教育事业的发展，或在基础科学领域做出了理论贡献。

结　语

南方局在争取科技界知识分子统战工作方面做出了较为显著的成绩，这与南方局领导人的深谋远虑以及宣传策动密不可分。 通过推动和帮助科技小组的建立以团结科技界人才，通过派遣留学生团结在海外的科技人才，这个漫长而艰苦的过程中培养了一批科学技术的领军人物。 新中国成立之初，以留美科协为渠道，向海外留学生宣传党的政策，发出归国建设新中国的号召，这种民间策动与官方号召相结合，推动了建国初期海外留学群体的归国热潮。 事实也证明，这些留美归国成员当中的许多人成了我国科学技术领域一些学科的开拓者和奠基人，为新中国的科技和教育事业、经济建设和国防建设做出了巨大的贡献。

（作者单位：重庆红岩革命历史博物馆）

南方局与新中国多党合作制度的形成及历史价值研究

刘　英

摘　要：新中国实行的中国共产党领导的多党合作和政治协商制度是具有中国特色的民主政治制度。南方局为这项制度的形成及新中国这种政治格局的确立奠定了重要的政治基础，发挥了重要历史作用。在民族危亡的历史背景下，国共两党捐弃前嫌，结成以第二次国共合作为基础的抗日民族统一战线，重庆成为多党合作舞台的中心。南方局在重庆的统战工作实践为多党合作打下良好基础，中共在重庆谈判时期的统战活动使多党合作思想深入人心；南方局积极促成民主党派建立为多党合作奠定了组织基础，政协会议在重庆的实践开创了多党合作的重要形式，因此，南方局对新中国政党制度形成有着深厚的历史渊源和历史价值。

关键词：南方局；多党合作；统一战线；历史价值

新中国实行的中国共产党领导的多党合作和政治协商制度（以下简称中国多党合作制度），是具有中国特色的民主政治制度。这一制度是中国共产党把马克思列宁主义统一战线理论、政党理论和民主政治理论同中国具体实践相结合，通过建立抗日民族统一战线和人民民主统一战线，推动民族抗战和民主运动中初步形成的。中共中央南方局（以下简称“南方局”）为这项制度的形成和新中国这种政治格局的确立奠定了重要的基础，发挥了重要历史作用。为阐明南方局对中国多党合作制形成的历史价值和现实意义，有必要回顾和研究多党合作与政治协商在重庆形成的起因及历史渊源；有必要梳理和研究中国共产党在其中的重要作用，及各民主党派、爱国民主人士在历史的风云变幻中如何从最初的中间态度转变为同情中共、与中共合作，进而反对国民党独裁统治，自觉接受中共的领导并与中共肝胆相照、风雨同舟，共同成立新中国的艰难历程。为此本文力图通过南方局对中国多党合作制形成的历史作用的研究，来揭示南方局与中国多党合作制度的形成的深厚历史渊源和历史价值。

一、民族危机下多党合作的历史背景

在民族危亡的历史背景下，为共御外侮，国共两党捐弃前嫌，结成以第二次国共合作为基础的抗日民族统一战线，受到了全国人民的拥戴。在中国共产党抗日民族统一战线政策的感召和影响下，各民主党派、各团体纷纷同中国共产党合作，共同为坚持抗战而努力，使全国很快出现了团结抗战的高潮。同时各民主人士和民主党派作为一种政治力量，开始在国内政治舞台上实现力量的聚合：首先从国民参政会抱团作战逐渐向组建政治团体方面演进。而南方局在重庆以抗日民族统一战线为旗帜，以相忍为国、民族利益至上的政治理念，充分运用国民参政会等政治舞台，团结各种民主政治力量，合作抗战，体现出中共的政治远见。

首先，随着抗战形势的发展和国民政府的迁都，作为战时首都的重庆也成为中共开展统一战线和多党合作的舞台。国民政府迁渝后，中共代表机关中共中央南方局和八路军办事处在重庆成立。各党派、各政治力量的代表人物均会集于此，尤其是包括国共和其他抗日党派、无党派人士代表的全国最高民意机关国民参政会也迁至重庆，为多党合作提供了一个重要平台。国民参政会是民族危机下开放的政治舞台，尽管这是一个战时的民意性的咨询机构，却为中共与各民主党派互相了解、联系、合作提供了很好的机会。南方局及中共参政员与各党派爱国民主人士充分利用这个合法的政治舞台，紧紧围绕抗战与民主两大主题，紧密合作，相互配合，初步具备了多党合作的基本特征。

其次，重庆成为中国共产党开展统战工作的前沿地。1939 年 1 月，以周恩来为书记的南方局在重庆成立，它是中共中央派驻在国民党统治中心的最高领导机构，是联系国共两党的枢纽，是中国共产党同各民主党派、无党派人士及国内外各方面代表人士直接交往的主要渠道。面对纷繁多变的国内外形势和政治斗争，南方局始终高举抗战民主旗帜，以卓有成效的工作把统一战线推向空前的广度和深度，“为民主党派阵营的形成，为建立新中国后，中国共产党领导的多党合作政治格局的开创，从理论到实践都奠定了坚实的基础”①。

最后，重庆成为全国各党派和各阶层政治力量的聚集地，汇集了第三党、职教社、救国会、乡建派以及国民党民主派和无党派民主人士。特园作为当时各民主党派和民主人士交流政见、讨论国事的重地，成为南方局开展统战工作的重要场所，这里被誉为“民主

---

① 周勇:《红岩精神研究的几个基本问题》,《党的文献》2009 年第 2 期。

之家”。也正是在这种民主协商的氛围下，重庆成为多党合作的实践基地，成为新中国四个民主党派的主要发祥地。

二、南方局统战工作的实践为多党合作打下良好的基础

南方局是在抗战相持阶段、国民党当局妥协投降倾向日益严重时成立的。从成立伊始，以周恩来为书记的南方局就高举抗日民族统一战线旗帜，将统战工作作为首要工作，在维护国共合作抗日的同时，开展了全方位、深层次、多渠道的交友和统战活动。周恩来领导南方局与民主党派、无党派人士、国民党内主张抗战的力量、地方实力派、文化知识界、民族工商界等各方面的人士进行了广泛的接触，团结一切可以团结的力量，争取一切可能争取的同盟者，并在抗日、民主的共同事业中建立了风雨同舟、和衷共济的政治关系，同时以国民参政会等为舞台，促进了国统区宪政运动的发展，为多党合作打下了良好的基础。

（一）以诚相待，广交朋友

南方局创造性地贯彻执行中共中央关于“发展进步势力、争取中间势力、孤立顽固势力”的总方针，海纳百川，广交朋友，把国统区一切坚持抗战团结进步的民主爱国人士紧紧团结在自己的周围。

面对抗战形势，南方局深刻认识到“争取中间势力是我们在抗日统一战线时期的极严重的任务”[①]，而中间党派是其主要力量。当国民党元老于右任行使弹劾权受阻愤而离渝、第三党章伯钧身患重病而危在旦夕、救国会陶行知创办学校四处筹款之时，南方局及时伸出了援助之手，赢得了广大中间党派人士的信赖与支持。

民族资产阶级是中间势力的又一重要力量。除专门在统一战线委员会下成立经济组负责往来结交外，周恩来还亲自做上层人物的统战工作，频繁接触康心之、吴晋航、卢作孚等人。正是在这种不断的接触和交往中，工商界人士逐渐认识和信任中共，并向中共靠拢。

对于地方实力派，南方局先后派出华岗、张友渔等与刘文辉、潘文华、龙云、卢汉等建立了联系。1943年至1944年，面对蒋介石的步步紧逼，刘文辉在南方局的建议和帮助下，坚持反蒋斗争，一次次化险为夷。[②] 南方局正是通过大量艰苦卓绝而又细致入微

---

① 《毛泽东选集》(第2卷)，人民出版社1991年版，第747页。

② 中共重庆市委党史研究室：《中共中央南方局大事记》，重庆出版社2004年版，第297页。

的交友工作，与西南地方实力派在坚持抗战和反对独裁中建立了良好的合作关系，以至解放战争时纷纷起义，走向革命的阵营。

南方局还十分重视团结进步文化人士，如借用文化人的“红白日”，组织名人寿辰和创作纪念会等，并以话剧为突破口开展“雾季公演”，在国统区掀起一场规模空前、影响深远的进步文化运动。除了思想精神上的支持外，南方局对知识分子的生活也是关怀备至。当周恩来听闻中国话剧运动奠基人洪深家里三人服毒自杀后，亲往慰问，并将其送往桂林休养。针对知识分子的困窘生活，《新华日报》响应文协号召向社会呼吁筹募援助贫病作家基金[①]，充分体现了南方局对广大进步文化人士的关心和爱护，密切了与社会各界人士尤其是文艺工作者的联系。

（二）患难与共，真诚合作

国民政府迁渝后，国民参政会也随之移至重庆，这为多党合作提供了一个重要平台。国民参政会总共13次会议中有11次会议是在重庆召开的。南方局以国民参政会为舞台，与各民主党派真诚合作，一起掀起两次声势浩大、影响深远的宪政运动。

1939年9月，国民参政会在重庆召开第一届第四次会议。在协商一致的基础上，中共与民主党派参政员首次以议案形式向大会提交宪政主张，并积极推动宪政运动向前发展。尽管这次宪政运动最终因国民党的破坏戛然而止，却锻炼和教育了各党派和民主人士。南方局统战工作也由私下交友发展到在实际斗争中公开合作的新阶段。

此后，双方的合作关系得到进一步的发展。根据南方局对重庆局势的长期观察和分析，毛泽东在关于中共参政员参加参政会问题的请示上批示：“应与张、左商各党派联合政府。”[②]这是迄今所见中国共产党对于“联合政府”概念的首次提出。[③] 1944年9月召开的国民参政会三届三次会议上，中共“联合政府”（实际上是多党合作的重要形式）一提出，即获得各民主党派的拥护，纷纷发表宣言、谈话或文章，呼吁成立举国一致的民主联合政府，将第二次宪政运动推向新的高潮。对此，蒋介石也不得不承认，自联合政府主张提出后，“社会反共心理渐趋瓦解，政府也渐陷孤立地步”[④]。

对于南方局在重庆的统战工作，胡乔木给予了高度评价：“没有南方局在大后方进行的广泛的统一战线工作，就很难把当时国民党区域各民主党派和各方面人士团结在我们共产党周围，后来我们建立新中国的情况就会不一样，就没有这样的格局。因此，可以说，南方局的统战工作从某个方面的意义上讲，为新中国奠定了重要的政治基础。”[⑤]这

① 《全国文协筹募援助贫病作家基金》，《新华日报》1944年7月15日，第3版。

② 中共中央文献研究室：《毛泽东年谱（1893—1949）》（中卷），中央文献出版社1993年版，第536页。

③ 中共中央统战部、重庆市委统战部：《重庆与中国统一战线》，华文出版社2010年版，第174页。

④ 蒋中正：《苏俄在中国》，台湾“中央文物供应社”1957年版，第52页。

⑤ 《胡乔木传》编写组：《胡乔木谈中共党史》，人民出版社1999年版，第341页。

种政治基础就是指中国共产党领导的多党合作和政治协商制度。由此可见，南方局在重庆高举抗战与民主旗帜，开创了统战工作新局面，为多党合营造了良好的氛围，为新中国多党合作政治格局的形成奠定良好的基础。

三、中共在重庆谈判时期的统战活动使多党合作思想深入人心

抗战胜利后，毛泽东飞赴重庆与国民党进行为期43天的和平谈判。此时南方局的工作重心转移到协助重庆谈判上。为争取各界支持，力促谈判取得成果，毛泽东在谈判之暇，广泛接触社会各界人士，阐明中共的和谈方针政策，诚挚表示中共愿同国民党和一切爱国民主人士共同合作，成立民主联合政府，建立一个和平、民主、富强的新中国，从而进一步扩大统一战线，使多党合作思想深入人心。

（一）不遗余力：主动拜访国民党各派人士

毛泽东认为国民党是一个政治联合体，要做具体分析，他们也有左中右之分，不能看作铁板一块，因而在重庆与国民党各方人士进行了广泛的接触。

宋庆龄是国民党民主派的代表人物，毛泽东主动登门拜访，对她始终不渝地坚持孙中山的三大政策，为抵抗日本侵略、争取民族独立而献身国家的爱国主义精神表示敬意。在冯玉祥举办的欢迎宴会上，毛泽东高度评价了冯玉祥在政治上的进步活动，希望继续为国共合作发挥独特的作用。

毛泽东还多次拜会国民党上层当权人物包括顽固派极右势力，表达了中国共产党维护国共合作，实现和平建国的立场和诚意。除与蒋介石的会谈外，毛泽东还主动拜访了戴季陶、陈立夫、陈果夫等。通过交往，像戴季陶这样坚决反共、思想保守的右派，也对毛泽东表示敬意："对他重庆之行寄予热切的期望。"①

（二）推心置腹：会见各民主党派人士

谈判期间，毛泽东、周恩来等中共人士积极会见各民主党派人士，开诚布公，共同协商，致力于和平建国。其中，最为典型的就是毛泽东与民盟领袖张澜的交往。毛泽东抵渝时，张澜闻讯亲往机场欢迎。除在公开场合外，毛泽东还三顾特园与之促膝交谈，留下一段佳话。②此外，毛泽东还多次与黄炎培、沈钧儒等民盟领导人会谈，使得双方的合作更为默契。

---

① 张治中：《张治中回忆录》，华文出版社2007年版，第452页。

② 中共重庆市委党史研究室等：《重庆谈判纪实》（增订本），重庆出版社1993年版，第691—697页。

为了扩大影响，毛泽东还在桂园会见右倾的青年党的左舜生、何鲁之、常燕生等，就连曾经鼓动取消边区和八路军、新四军的国社党领袖张君劢，毛泽东也登门造访。遗憾的是张当天不在家，未能相见。

（三）解除疑虑：深入交往工商、文艺界等群体

重庆谈判期间，毛泽东还与工商、文化界等人民团体相关人员进行了深入的交流。

在同工商界团体代表交谈时，毛泽东指出，只有在独立、民主和富强的新中国，民族资本的工商业才有发展前途。中国共产党在现阶段不主张没收资本家的产业，而是采取调节劳资间利害关系的政策，对爱国的民族资本家，是作为朋友来对待。毛泽东的谈话及周恩来在西南实业大厦的讲话解除了工商界人士对中共经济政策的疑虑和恐惧，主动向中共靠拢。

此外，毛泽东还会见新闻界人士。在接受《大公报》采访时，毛泽东强调："只有包括各党各派及无党派代表人士的政治会议，始能解决当前国是，民主统一之联合政府始能带给全国人民以幸福。"①针对其负责人王芸生提出的共产党"不要另起炉灶"的论调，毛泽东指出："我们对国民党只是有所批评，留有余地，并无另起炉灶之意。'不要另起炉灶'的话我很赞成，但是蒋介石得要管饭，他不管我们的饭，我不另起炉灶怎么办？"王芸生听后心服口服，为此，他主动向蒋介石做工作，推动尽早召开政治协商会议。正是通过毛泽东等这种广泛的接触，"许多民主人士认识到共产党对重庆谈判的方针体现了一切抗日党派和进步人士的共同要求，代表了全国人民的根本利益"②，从而密切了与中国共产党的合作。

（四）真诚相交：走访驻华使节和国际友人

为争取国际社会的支持，毛泽东在国际交往方面也做了大量的工作。除了会晤苏、美、英、法、加等国驻华大使外，他还在桂园设宴招待各国援华代表团及国际友好人士。同时，毛泽东还多次接受外国记者的采访，阐明中共的和平民主政策，加强彼此之间的了解，争取他们的支持。在回答路透社记者提问时，毛泽东表示为了达成协议，共产党决定让步，包括缩小解放区和人民武装。如果联合政府成立，中共将尽心尽力和蒋介石合作，以建设独立、自由、富强的新中国，彻底实现孙中山先生的三民主义。

毛泽东在重庆谈判期间的统战活动，进一步推动各民主党派认清前途和方向。1945年10月，民盟在重庆召开临时全国代表大会，提出召集各党派和无党派人士代表会议，协商国是，建立民主联合政府，实现和平、团结、统一等主张，可见多党合作思想深入人心。这些活动也积极配合了谈判桌上的政治斗争，迫使蒋介石最终同意了中共提出的和

---

① 中共中央文献研究室：《毛泽东年谱1893—1949》（下卷），中央文献出版社1993年版，第21页。

② 中共中央统战部、重庆市委统战部：《重庆与中国统一战线》，华文出版社2010年版，第223页。

平建国的基本方针，为各民主党派组织的建立和政协会议的召开奠定了基础。

四、南方局积极促成民主党派建立，为多党合作奠定组织基础

抗战时期，中国社会各阶层的政治力量汇集陪都重庆，为抗战和民主奔走疾呼，无奈力量分散，经常受到国民党当局的排斥和压制。对此，南方局给予及时的帮助和指导，推动各政治派别进一步联合，促使民主党派在抗战胜利前后蓬勃兴起。民盟、民建、九三学社、民联（民革前身之一）四大民主党派在重庆成立，为多党合作制度奠定组织基础。

（一）支持民盟与民联的建立

抗战进入相持阶段后，统一建国同志会的成立标志着中间势力开始由分散走向联合，也是南方局帮助和支持民主党派和无党派人士联合起来的初步尝试。皖南事变后，民主党派人士有进一步联合的倡议，周恩来表示“极端赞同”[①]，并建议组成更加坚强有力的政治同盟。

皖南事变后不久，以统一建国同志会为基础的、由三党三派组成的政治联合体——中国民主政团同盟在重庆特园秘密成立。面对蒋介石的公开警告，同盟中央毅然决定派梁漱溟赴香港办报，形成既定事实。临行前，梁漱溟专程向周恩来详细介绍了赴港计划。在周恩来的支持下，梁漱溟与八路军驻香港办事处取得联系并获得帮助，在香港创刊同盟机关报《光明报》。1944 年 9 月，在南方局的大力支持下，中国民主政团同盟改组为以个人名义参加的中国民主同盟，进一步壮大了中间阶层的政治势力，开启了多党合作的新篇章。

在特园还成立了民革前身之一——三民主义同志联合会(简称民联)。早在 1941 年夏，在南方局领导的关切下，由一部分中共党员和国民党民主派参加的中国民主革命同盟（又称“小民革”）秘密成立，国民党民主派的王昆仑、许宝驹被选为主要负责人。1943 年 2 月，谭平山、王昆仑等人组织发起了民主同志座谈会，以座谈会形式交流意见，联系和团结了一批国民党中上层民主人士。南方局派徐冰、王炳南、许涤新等与之经常保持联系，进一步推动其向组织化发展。重庆谈判期间，毛泽东在桂园还专门会见了王昆仑等负责人，对他们表示鼓励和支持。

1945 年 10 月，三民主义同志联合会在特园秘密举行第一次全体大会，正式宣告了国

---

① 中央档案馆:《皖南事变(资料选辑)》,中共中央党校出版社 1982 年版,第 261—265 页。

民党民主派第一个组织的成立。与此同时，在中共的支持下，李济深、蔡廷锴等于次年在广州成立中国国民党民主促进会（民促）。民联与民促成为后来的中国国民党革命委员会（民革）的重要组成部分。

（二）鼓励九三学社的创建

抗战时期的重庆汇集了全国各地科教文化界知识分子。1939年，周恩来、潘梓年鼓励一些科学家成立了自然科学座谈会，并在《新华日报》上开辟《自然科学》副刊，由其成员负责编辑。1944年底，由许德珩、梁希等人发起，主要以科教知识分子组成的民主科学座谈会在重庆成立，强调继承和发扬五四彻底反帝反封建的民主、科学精神，主张团结、民主、抗战到底。自然科学座谈会的成员很多也参加了民主科学座谈会。

重庆谈判期间，许德珩等受到了毛泽东的会见。毛泽东鼓励他们“把座谈会搞成一个永久性的政治组织”。针对许德珩对人数太少的担心，毛泽东又鼓励道：“人数不少，即使少也不要紧，你们都是些科学文教界有影响的代表性人物。”[①]在毛泽东的启发下，许德珩等决定进一步推动该座谈会的组织化。鉴于“抗战最久而受创最深之中国人民，对此伟大的民主胜利之九月三日，应谋发扬光大”[②]，民主科学座谈会召开扩大会议，命名“九三座谈会”，后又改名为“九三学社”，以团结更多的知识分子。1946年5月4日，“九三学社”在重庆青年大厦正式成立，此后在风雨磨难中走上了与中国共产党团结合作的道路。

（三）促成民建的诞生

民族资产阶级在抗战中历尽艰辛并做出了重大贡献，但在国民党的政治经济双重压迫下，处境日渐艰难。

抗战时期，由于南方局统战工作的深入，工商界人士逐渐解除了对中共的疑虑，尤其是黄炎培的延安之行，对中共的政策主张有了更进一步的认识。抗战胜利后，黄炎培、胡厥文、章乃器等经常聚会商讨筹建组织的问题，并就此咨询于周恩来、董必武。1945年毛泽东会见工商界人士后，周恩来顺势做了“当前经济大势”的演讲，进一步阐释了中共的新民主主义经济政策。1945年12月，就在这场演讲后不到2个月的时间里，中国民主建国会在重庆西南实业大厦正式成立。一个以爱国工商界资本家和与工商界有联系的知识分子为主体、为民主建国而奋斗的民主党派出现在中国的政治舞台上。该政党从筹备到正式成立，都得到了南方局的支持，在随后的争民主、求和平的激流浪潮中，逐渐抛弃了中间立场，与中国共产党密切合作。

我国现今的八大民主党派中有四个兴起于重庆，其余除台盟外，都直接或间接地得

---

① 中共重庆市委党史研究室等:《重庆谈判纪实》(增订本),重庆出版社1993年版,第701页。

② 《九三学社开成立大会》,《新华日报》1946年5月6日。

到了南方局的支持和帮助。一个特园，就诞生了两个有着巨大影响的民主党派，这在中国近代民主党派史上绝无仅有。由此可见，南方局积极促成各民主党派在重庆成立，为多党合作奠定了组织基础。1948年，中国共产党发表“五一”宣言，各民主党派领导人发表声明拥护，并先后进入解放区，参与筹备人民政治协商会议工作，最终确立和初步形成了中国共产党领导的多党合作和政治协商制度的雏形。

五、政协会议在重庆的实践开创了多党合作的重要形式

南方局与民主党派精诚合作，促进了政协会议的成功召开。重庆是“政治协商”的得名地和最初实践地。如果说抗战时期的国民参政会为多党合作的形成和形式奠定了基础，那么1946年1月召开的重庆政协会议则开启了中国政党协商政治的范式。重庆政协会议召开前后，中共与各民主党派，尤其是民盟，建立了和衷共济、风雨同舟的合作关系，在同国民党的斗争中，取得了党派合作的重大政治胜利。

（一）重庆谈判拟定“政治协商”名称

重庆谈判后签署的《双十协定》明确规定，“由国民政府召开政治协商会议，邀集各党派代表及社会贤达协商国是”[①]。其中的“政治协商”一词，就是在谈判过程中，由国民党代表张治中[②]提出的，得到了包括中国共产党在内的各民主党派的广泛赞同。政协会议的名称和理念也一直延续到了三年后新中国新政协的召开。在新政协开幕时，周恩来特别说，我们今天的会为什么叫政治协商会议呢，是因为三年前在重庆召开过一次政治协商会议。毛泽东也概括说，新政协是旧政协的恢复。由此表明，重庆政协会议是北京政协会议的雏形，重庆是中国“协商政治”的诞生地。

（二）南方局力促政协会议成功

南方局在政协会议前做了大量准备工作。按照最初商定，国、共、民盟、社会贤达四方各出9名代表参加政协会议，但国民党阴谋瓦解民盟减少民盟名额，以操纵政协会议。为保证民盟的名额不被减少，中共主动提出让出2个代表名额，大大增进了中共与民盟之间的信任。为使政协朝着有利于人民的方向发展，以南方局为主体的中共代表团邀集各党派及会外活动分子准备政协提纲，研究共同纲领及宪法草案。中共与民盟还达成“对重大问题事先交换意见，以便互相配合”的“君子协定”，开创了双方的政治合

---

① 中央档案馆:《中共中央文件选集》(第15册),中共中央党校出版社1991年版,第326页。

② 王新尚:《新旧政治协商会议内在关联的探讨》,《中国政协理论研究》2008年第2期。

作。政协会议期间，双方按照“君子协定”，在改组政府、宪法草案、施政纲领等重大问题上互相协商支持，采取一致的联合行动。中共代表王若飞同民盟代表罗隆基多次商讨对策，协调行动，叮咛对方不要随便退却，轻易让步。重庆政治协商会议，经过激烈争论之后，已获得重大结果。这是中国民主革命一次伟大的胜利。①

（三）共同维护政协成果

重庆政协会议本就是蒋介石应付国内外压力的权宜之计，及至1946年3月，国民党六届二中全会通过多项违反政协决议的议案。对此，周恩来指出：“政协的一切决议不能动摇或修改，这是由五方面的代表起立通过的，应成为中国的民主契约。谁要破坏，谁就是破坏今天中国的民主和平团结统一。”②民盟、九三学社对此予以积极的响应，强调无条件实行停战协定、政协协议是促进中国和平民主的唯一有效途径。在南方局的领导和支持下，各民主党派人民团体纷纷行动起来，和中国共产党一道为维护政协决议成果进行坚决斗争。

政协会议在重庆的召开，使多党合作初具雏形。它是中国共产党和各民主党派争取国民党政府在放弃一党独裁的前提下进行政治协商，建立民主联合政府，实行多党合作制度的初步尝试；创立和实践了协商解决重大问题的民主形式，“为中国政治开辟了一条民主建设的康庄大道，而这种解决的方式，也是替民主政治树立了楷模”③。这不仅为多党合作奠定了思想基础，而且创立了多党合作的范式，从而成为新中国政治协商和多党合作的滥觞。

结　语

中共中央南方局统战工作的实践在新中国政体的创建中发挥了重要作用。从南方局高举抗日民族统一战线旗帜，号召各党派为团结抗战而努力，到皖南事变后支持中间党派走向初步联合；从中共参政员在国民参政会上提出废除国民党一党专政、建立民主联合政府的主张，到与各民主党派人士携手在国统区掀起波澜壮阔的宪政运动；从政协会议期间互相配合支持，到一致拒绝参加“伪国大”，否认伪宪法，都是基于这种风雨同舟、合作斗争的经历。当中国共产党在“五一”口号中提出“各民主党派、各人民团体、各

---

① 中央档案馆：《中共中央文件选集》（第16册），中共中央党校出版社1992年版，第62页。

② 四川大学马列主义教研室：《政治协商会议资料》，四川人民出版社1981年版，第401页。

③ 《中共代表周恩来致辞》，《新华日报》1946年2月1日。

社会贤达迅速召开政治协商会议，讨论并实现召集人民代表大会，成立民主联合政府”[①]的主张时，迅速地得到了全国各民主党派、各人民团体、各界民主人士、国内少数民族和海外华侨的响应[②]，最终确立了中国共产党领导的多党合作和政治协商制度。

历史证明，新中国实行的中国共产党领导的多党合作和政治协商制度是中国共产党和各民主党派及民主人士在共同反对国民党独裁统治，争取民主自由斗争中建立起来的一项全新的政治制度。在20世纪错综复杂的历史坐标上，中国人民政治协商会议第一届全体会议的召开，标志着中国共产党领导的多党合作和政治协商制度的正式确立，而南方局为新中国这项制度的形成奠定了基础，发挥了特殊作用，具有重大的历史价值。

（作者单位：红岩联线文化发展管理中心）

① 中央档案馆：《中共中央文件选集》（第17册），中共中央党校出版社1992年版，第146页。

② 《毛泽东选集》（第4卷），人民出版社1991年版，第1463页。

南方局党的建设的历史经验及其对加强执政党建设的启示

刘志平

摘　要： 历史证明，南方局党的建设是十分成功的。本文通过对南方局党的建设实践的初步梳理，提出南方局党的建设的历史经验具有普遍的、一般的意义，对于新中国成立后，加强执政党建设具有十分现实的借鉴和指导意义。文章提出了南方局党建工作的6条基本经验，即严守党的政治纪律，坚定不移地贯彻执行党的路线方针政策；加强党内教育，在严格的党内政治生活中进行忠诚和信仰的养成教育；把纪律挺在前面，在严酷的革命斗争实践中磨炼队伍；领导干部以身作则，于一言一行中彰显理想和信念的感召力；一个党员就是一面旗帜，每一个党员都应当成为团结群众、引领群众的英勇战士。

关键词： 南方局；党的建设；历史经验和启示

1939年10月，毛泽东在《〈共产党人〉发刊词》中指出：统一战线、武装斗争、党的建设，是中国共产党在中国革命中战胜敌人的三个主要的法宝。统一战线和武装斗争是战胜敌人的两个基本武器，而党的组织则是掌握这两个武器以对敌冲锋陷阵的英勇战士。在中国共产党的历史上，当党的组织这个“英勇战士”信念坚定、坚强有力时，他便能发挥“英勇战士”的英勇作用，党的事业就发展就壮大；当这个“英勇战士”存在这样那样的问题时，党的队伍就涣散，事业就会遭受挫折。党的十八届六中全会再次鲜明地提出：“办好中国的事情，关键在党，关键在党要管党、从严治党。党要管党必须从党内政治生活管起，从严治党必须从党内政治生活严起。”这是我们党总结改革开放以来，特别是十八大以来党的建设的实践经验；是总结全面建成小康社会、实现“两个一百年”奋斗目标、实现中华民族伟大复兴中国梦的伟大实践经验取得的新认识。

“历史的经验值得注意”。“历史是最好的教科书”，是“营养剂”。80年过去了，回顾中共中央南方局（以下简称“南方局”）党的建设的具体实践，在今天依然如此鲜活，如此具有现实性。从我们党28年革命的历史和近70年执政的历史看，党的建设在不同历史阶段有着不同的具体内容，但也有着普遍的、一般的规律。南方局党的建设的历史经验，无疑具有一般的和普遍的意义，它是南方局对新中国的卓越贡献之一。

一、严守党的政治纪律，坚定不移地贯彻执行党的路线方针政策

大革命失败以后，党在城市的力量丧失殆尽，党的工作重心逐步从城市转向农村。但由于日寇的侵略，中华民族到了最危急的时刻。1935 年 10 月 1 日，《八一宣言》首次提出：建立抗日民族统一战线，全国各党派、各军队、各界同胞，不论过去和现在有任何政见和利害的不同，都应停止内战，集中一切国力去为抗日而奋斗。1935 年 12 月，瓦窑堡会议确立了建立抗日民族统一战线的新策略。《八一宣言》和瓦窑堡会议决议，意味着党的工作将发生重大变化，白区工作将逐渐恢复。

从 1935 年到 1936 年，中共上海组织、中共中央北方局、中共湘鄂赣游击根据地党组织，先后派人到四川、湖南、云南、广东、香港等地开展党的工作，恢复和联系党的组织。1937 年，中共中央又陆续派人到南方各省恢复和重建党组织。到 1938 年底，党在南方各省的组织基本恢复和重建。

1937 年 5 月 17 日到 6 月 10 日，中共中央在延安召开白区工作会议，把党在白区的工作提到了全党工作的高度。1938 年 3 月，为适应抗战形势急速发展的需要，中共中央做出《关于大量发展党员的决议》，要求各级党组织“大量地、十百倍地发展党员”，指出这是“党目前迫切与严重的任务”。中共中央长江局领导长江沿岸各省党组织，贯彻执行中央的决议，积极发展新党员。到 1939 年 4 月（此时中共中央南方局已成立），南方局所辖十个省区共有党员 81300 人，其中新党员 5 万多人。

党的队伍获得了极大的发展，但也存在不少问题，主要表现在：一是只注重党员数量，忽视党员质量，新发展的党员和恢复重建的党组织质量不高。例如，发展党员出现“拉夫”现象；新吸收入党的人未经严格审查，混进少数不良分子，甚至有曾经叛变革命，向敌人自首的人。二是各省党组织恢复重建时，正值国共合作初期，两党关系较好。因此，一些党组织缺乏地下斗争经验，领导机关对秘密工作不够重视；大批新党员不仅缺乏秘密工作经验，而且一些人还容易冲动、好出风头。南方各省党的组织基本处于半公开状态。

随着抗战进入相持阶段，日本军事进攻放缓，美英苏也对中国抗战表示同情与支持。在国际生存空间相对宽松之时，国民党顽固派反而加紧反共。特别是中共领导的抗日武装不断壮大，敌后抗日根据地和游击区不断建立，国民党当局深为忧虑。尽管第二次国共合作业已形成，但在国统区除八路军、新四军办事处外，国民党依然不允许中共公开活动。到 1939 年 1 月 21 日至 30 日，国民党召开五届五中全会，确定了“溶共、

防共、限共、反共”的基本方针，两党关系发生逆转。尽管如此，不少党员干部却看不到这种变化，对随时可能发生的事变缺乏足够的思想准备，仍然习惯于两党关系较好时的活动方式和工作方法，不愿意改变原来的工作方式。

情况非常严重。从1939年1月中共中央南方局成立伊始，周恩来即不断地要求南方局及其领导的各省加强党的组织建设，以适应两党关系逆转的新情况。在2月检查新四军工作途经桂林、3月赴闽浙赣边区视察工作、4月视察南方各省路经衡阳时，周恩来就党员质量和干部审查问题、党员教育和培养问题、党的组织形式和群众工作方式问题等，都做出了十分具体的指示，要求组织发展“质重于量，巩固重于发展”。根据周恩来的指示，5月18日，南方局做出《关于秘密工作的决定》；6月29日，南方局又发出《关于组织问题的紧急通知》，要求一切组织和每个党员绝对遵守《决定》和《通知》的各项规定，并责成各级组织进行经常性的监督与考查，凡违反与破坏秘密工作条例的组织与党员，必须受到处罚。

两党关系的逆转和国统区党组织的状态，同样引起中央的高度重视。

1939年8月初，中共中央在延安召开政治局扩大会议，研究时局和国统区党的工作。周恩来在会上做了长篇发言，博古向会议汇报了南方局及其所辖各省党的工作的情况和存在的问题。25日，中共中央作出《关于巩固党的决定》，指出：“在思想上、政治上、组织上巩固党，成为我们今天极端严重的任务，成为完成党的政治任务的决定因素。”决定：“党的发展一般的应当停止，而以整理紧缩严密和巩固党的组织工作为今后一定时期的中心任务。只有在某些个别地方与某些个别部门根据环境与上级指示有必要时才许可进行一些发展工作，但仍须注意发展党的已有经验，进行个别的慎重的经过审查的征收新党员，纠正追求数目字与采用突击方式的错误，只求精不求多。”①

1940年3月14日，成都发生抢米事件，中共川康特委书记、《新华日报》成都营业分销处负责人罗世文，《大声》周刊负责人、中苏文化协会成都分会副会长、共产党人车耀先以及地下党员朱亚凡、洪希圣、郭秉彝、汪导予等10多人被逮捕，并先后惨遭杀害。为此，中共中央于3月31日、4月1日两次电告南方局，要求对国民党顽固分子应严重警惕，并立即采取各种应变措施。

1940年7月30日至8月8日，中共中央政治局再次连续召开会议，在听取周恩来关于南方局工作的报告并初步交换意见后，毛泽东在会上指出：今后要重视国民党统治区党的工作，南方党的工作是带全国性的工作，以巩固为主，其工作路线是普遍化，打入社会，肃清内奸。

1940年12月25日，毛泽东在《论政策》一文中完整地提出了“荫蔽精干，长期埋

① 南方局党史资料征集小组：《南方局党史资料・党的建设》，重庆出版社1990年版，第11、12页。

伏，积蓄力量，等待时机”的十六字方针。根据十六字方针，周恩来将其具体化为勤学、勤业、勤交友，职业化、社会化、合法化（“三勤”“三化”）。

根据中央先后发出的指示，南方局在直属机关及其领导的各省、特委中迅速进行传达贯彻。同时，又专门将各省、特委负责人召到重庆，周恩来、博古及南方局组织部门负责人亲自进行谈话，要求各省区切实贯彻执行中央的决定和十六字方针。南方局还多次举办区、县级党员干部训练班，帮助各级党组织和党员深刻认识和适应不断发展变化的形势。各省、特委、边区党委也先后举办训练班，对党员干部进行教育和培训。1941年1月发生皖南事变后，南方局进一步撤退疏散党员干部；精简组织，缩小领导机构；将公开工作与秘密工作、上层活动与下层活动严格分开；改变组织联系方式和领导方式。

从1939年南方局成立到1944年，前后历时5年之久，为将各省区党组织从公开半公开的状态完全转入地下，中共中央和南方局付出了极其艰苦的努力。

南方局党的建设的历史经验告诉我们，解决党内存在的问题，必须严守党的政治纪律，坚定不移地贯彻执行中央的路线方针政策，并以“踏石有印、抓铁有痕”的意志，持续不断地推动贯彻落实。

二、不断地清除不合格分子，并将此项工作提到经常性的工作高度

在国统区恶劣复杂的社会环境下，组织不纯带来的将是流血牺牲。1939年6月29日，南方局在《关于组织问题的紧急通知》中指出：“凡在党员数量上相当巨大的地方，应以考查、整理、巩固组织及以新的工作方法的精神教育党员为其主要工作，宁可少发展党员。”8月25日，中共中央《关于巩固党的决定》中又指出：“为着巩固党，必须详细审查党员成份，清刷混入党内的异己分子（地主、富农、商人），投机分子，以及敌探奸细。”“必须加强党的保卫工作和反对奸细的斗争，党内的锄奸教育与党的警惕性，必须大大提高，使保卫党的任务与反奸细的斗争，成为全党的工作。”①在1940年7月30日至8月8日中共中央政治局会议上，毛泽东指出：南方党以巩固为主，其工作路线是普遍化，打入社会，要肃清内奸。

根据中央的指示，南方局及其所属各省机关立即着手整顿党的组织，一级审查一级，彻底审查干部，清理混进党内的敌对分子、异己分子、投机分子和有严重问题的分子。对于不合格的党员，党组织或予以放弃，或劝说退党，或作为同情分子对待；对叛

---

① 南方局党史资料征集小组：《南方局党史资料·党的建设》，重庆出版社1990年版，第12、13页。

徒、奸细则坚决开除出党，并采取措施，防止其对党有破坏行为。 同时，在党内进行深入的反内奸教育。

各省党组织整顿取得了很大的成绩，南方局所属各省区共清洗不合格党员 6500 名。例如，闽西南潮梅地区的党员总数，从 1939 年 12 月的 8087 名下降为近 6000 名；川东特委所属党组织党员人数由原来的 3500 人减为 2900 多人；湖南党组织党员人数由原来的 5000 余人减为 2300 人。 在干部审查中，密查了县一级以上的干部 882 人（八路军新四军办事处的干部尚未计入其中）。 通过组织整顿和队伍清理，提高了党员质量，纯洁了党的队伍，巩固了党的组织。

1943 年，南方局开展整风运动。 根据中央的部署，南方局对所领导的各级党组织和党员再次进行了审慎而严肃的审查。

由于身处恶劣的社会政治环境，南方局始终对党的队伍的纯洁性保持着高度的警惕。 据川东特委书记廖志高回忆：被捕出狱的党员，不能立即接关系，需先送南方局审查，搞清情况；凡失掉关系的，不经上级审查批准，或未经查明无问题者，绝不能恢复组织关系；凡政治动摇或言行可疑的，即割断联系，从旁考察；凡叛变者一律开除党籍；凡有同志被捕，与被捕者有联系的同志一律通知加强防备，并不与被捕者来往，其住处亦不要去，以防敌人设计盯梢，设圈套。

南方局党的建设的历史经验告诉我们，要保持党的纯洁性，必须坚决清除不合格分子，并将此项工作提到经常性的工作高度。

三、加强党内教育，在严格的党内政治生活中进行忠诚和信仰的养成教育

在贯彻落实《关于巩固党的决定》的过程中，南方局不断举办县、区级领导干部训练班，各省、特委、边区委也先后举办党员干部训练班，提高党员干部的思想觉悟、政策水平和工作能力，加强革命气节和形势教育，从思想上巩固党员的忠诚和信仰。

皖南事变以后，大批干部撤离重庆，只留下一小部分干部坚守岗位。 周恩来对留下来的同志反复进行党性教育，许涤新回忆说：“他向我们谈李大钊烈士的崇高品质和优良的工作作风；他还为我们谈陈延年、赵世炎、罗亦农、蔡和森、向警予、彭湃、杨开慧及杨匏安等同志的光辉事迹。 1941 年到 1942 年那段时间，日寇飞机经常轰炸重庆，几乎每天都有空袭警报，警报时间也相当长。 周恩来同志连躲避空袭的时间也不放过，经常在防空洞中为我们讲先烈的英勇事迹。”

军事组负责人王梓木在党内资格较老，地位较高。 在整风中因对同志们的批评不服

气而负气出走，后经做工作回到红岩村，董必武对其进行批评教育，但他不太服气。周恩来从延安回到重庆后，对他再次进行批评教育，他说:“周恩来批评得很正确，完全正确，我接受。”周恩来却尖锐地指出:“你为什么对董必武的批评不服气呢?”“我问你，你诚心诚意接受了党的批评教育没有? 对这一点，我很怀疑。我讲的内容和董老讲的一样，而你的反应却是两个样，这不奇怪么?”“同志，要老实，玩不得口是心非啊!”在周恩来严肃的批评教育下，王梓木清醒地认识到了自己的错误，心悦诚服地做了深刻的检查。1945年回到延安，他又自觉地做了自我批评，得到毛泽东的肯定。①

由于长期、严格的党内政治生活，南方局共产党人虽身处灯红酒绿而不变质，遭受严刑拷打而不变节，紧急撤退时思想不波动。江西省委书记谢育才，广西省工委副书记苏曼、罗世文等一批党的高级领导干部，不惜牺牲个人名节乃至生命保卫党的组织。谢育才在此后数十年中多次接受组织审查，但依然对党忠贞不渝。广西省工委书记钱兴在失去与上级组织的联系的情况下，数年如一日领导广西各级党组织扎根群众，开展工作，在极其艰苦的环境下使党的组织得到发展壮大。

南方局党的建设的历史经验告诉我们，忠诚和信仰不是凭空形成的，它是建立在对社会历史、对人生和自我价值的理性认识基础之上。长期严格的党内政治生活，就是共产党人忠诚和信仰养成的课堂，是党的思想建设的重要途径。

四、把纪律挺在前面，在严酷的革命斗争实践中磨炼队伍

严格的组织纪律和工作纪律，是保证长期战斗在国统区的各级党组织和党员的安全、保证党的事业免遭挫折的第一道屏障。在南方局《关于秘密工作的决定》和《关于组织问题的紧急通知》中，对党的各级机关所有文件资料的处理、党员和领导干部的活动及联系必须遵守的事项做了具体的规定。要求“同志被捕后不许轻易承认自己是党员”，“在万不得已须承认自己为党员时，亦只能承认自己一人，绝对不能泄露任何党的秘密和党的组织情况，绝对不能供出其它同志，有一于此，即为叛徒行为，应受最严格处分——开除党籍”。② 一切组织和每个党员必须绝对遵守秘密工作的纪律，并责成各级组织经常监督与考查秘密工作的情况，凡有违反与破坏者，必须受到处罚。在8月25日中共中央《关于巩固党的决定》中指出，“为着巩固党，必须加紧党的秘密工作，使秘密工

① 中共湖南省委党史研究室:《中共中央南方局的党建工作》，中共党史出版社2009年版，第242页。

② 南方局党史资料征集小组:《南方局党史资料·党的建设》，重庆出版社1990年版，第9、10页。

作与公开工作有正确的联系”，“党的秘密工作的纪律与各种规则，必须严格地遵守，任何自由行动与疏忽懈怠都是有害的，应该与之进行坚决的斗争”。①

皖南事变发生后，周恩来立即指定童小鹏、龙潜、袁超俊成立了秘密工作委员会，专门制订了保密工作条例②。例如，办事处人员外出必须两人以上同行，并实行严格的请销假制度；同志间包括夫妻互不打听工作，更不能谈论党的机密；机要电台人员，不得外传往来电文内容，泄密者将给予严厉处分；机要人员不得与家庭、朋友通信，特殊情况须通过党组织办理③；等等。

秘密交通是隐蔽战线的一个重要方面，担负着上传下达、护送干部、转运物资等任务。战斗在秘密交通线上的同志，无论严寒酷暑都必须等车候船，跋山涉水，万里奔波，常常忍饥挨饿，随时还要应付国民党军警宪特的检查，精神负担极重。交通员的生活十分清苦，仅靠微薄的职业收入或组织发给的极少经费维持生计和开展工作。在特殊情况下若失去组织联系，不能随意寻找组织，必须耐心等待，直到重新获得联系。有时一等数年，心理上十分孤独。例如重庆小梁子交通点的唐亚子夫妇，1947 年四川省委机关撤回延安后，其与上级的联系中断，但他们一直坚守岗位，直到重庆解放。④

在长期艰苦的地下工作环境下，南方局的共产党人严守组织纪律和秘密工作纪律，任劳任怨；被捕的同志绝大多数对党忠诚，经受住了非人的折磨，用鲜血和生命捍卫了党的秘密。

南方局党的建设的历史经验告诉我们，纪律不仅是执行路线的保证，更是磨炼队伍的砺石，坚强有力的战斗队伍是在长期革命实践中磨炼出来的。

五、领导干部以身作则，于一言一行中彰显理想和信念的感召力

领导干部的言行具有强大的示范性和带动性。皖南事变发生后，南方局处境十分危险。在 1941 年 1 月 11 日《新华日报》创刊三周年晚会上，周恩来强烈谴责国民党顽固派的罪行，并激励大家：“黑暗是暂时的，光明一定会到来！”“有革命斗争经验的人都懂得怎样在光明和黑暗中奋斗。不但遇着光明不骄傲，主要是遇着黑暗不灰心丧气。只要大家坚持信念，不顾艰难向前奋斗，并且在黑暗中显示英勇卓绝的战斗精神，胜利是

① 南方局党史资料征集小组：《南方局党史资料·党的建设》，重庆出版社 1990 年版，第 13 页。

② 童小鹏：《来自南方局的秘密电波》，《红岩春秋》2009 年第 3 期。

③ 中共重庆市委党史研究室收藏的南方局档案。

④ 南方局党史资料征集小组：《南方局党史资料·党的建设》，重庆出版社 1990 年版，第 221 页。

要到来的，黑暗是必然被击破的。”在 1 月 17 日蒋介石发令取消新四军番号后，周恩来召集南方局和八路军办事处全体同志开会，并在会上指出：时局的发展有两种可能。我们要争取继续合作抗日，但也可能全面破裂，我们要有充分准备。要做最坏的准备……在出现这种情况时，我要出面交涉。我是蒋介石、国民党请来的，一定要尽可能争取让蒋把我们送回延安，争取全师而归。如果国民党把我们都抓起来了，我们就一起坐牢。我们在牢里，要坚持不泄露党的机密，要准备牺牲。要牺牲，我们一块牺牲。在任何情况下要保持共产党员的革命气节。

在南方局整风中，周恩来不止一次地讲到自己在过去革命过程中所犯的错误，说明自己应该承担的责任。在 3 月 18 日周恩来 45 岁生日这一天，他坚持不出席办事处同志为他准备的祝寿宴席，相反，按照整风精神给大家做了一场报告，反省了家庭、学校、社会教育对他的影响，并写了《我的修养要则》；4 月 22 日，他又草拟了《领导与检查报告大纲》，阐述了一个领导者的修养、职责、工作方法和对“领导”的认识。

“子率以正，孰敢不正。”周恩来等南方局领导同志，面对危险，身先士卒，与普通党员干部同生共死；在日常工作和生活中，严于律己，率先垂范，于一言一行中彰显出的理想信念和人格魅力，深深感染和教育着身边的党员干部。

南方局党的建设的历史经验告诉我们，领导干部的表率作用，对于广大党员干部坚定理想信念、笃定奋斗目标具有强大的感召力。

六、一个党员就是一面旗帜，每个党员都应当成为团结群众、引领群众的英勇战士

1942 年“七九”事件后，广西省工委撤退到农村，党员干部失去了原有的公开职业，断绝了生活来源。在极其恶劣的生存条件下，省工委领导和党员干部们，克服重重困难仍然坚持开展工作。广西省工委书记钱兴经常到车站、码头当挑夫，了解情况，指导各地工作；省工委其他同志肩挑货郎担，走村串户，传达省工委的指示；在庙里当庙祝的肖雷，秘密印发党的各种宣传材料；还有的干部昼伏夜出，举办干部训练班，组织秘密农会，发动群众。事变发生后，他们失去上级领导，但他们凭借报刊和可能收集到的材料，结合本地形势确定工作方针和任务，领导各地基层组织坚持斗争。到 1944 年底，广西全省党员由上一年的 500 多人发展到 800 多人，除原有组织外，还恢复和新建了一批基层党组织。

皖南事变后，南方局贯彻执行十六字方针和“三勤”要求。勤学，要求学生党员努力学习，“研究学问，学习主义”，争取优异的成绩，团结同学；勤业，要求有职业的党员

努力做好本职工作，赢得群众的信任和肯定以团结群众；勤交友，要求党员广交朋友，在广泛的交往中团结一切可以团结的力量。通过实行“三勤”，云南党组织在几年间团结了数倍于党员人数的群众在党组织周围。从1942年到1945年4月，南方局青年组所领导的“据点”总数达到48个单位（个别联系的不计算在内），人数达989人。南方局将贯彻“荫蔽精干，长期埋伏，积蓄力量，以待时机”十六字方针，变成党员深入社会，团结群众，积蓄力量的过程，为赢得抗战最后胜利、加速解放战争的进程积蓄了深厚的民众基础和巨大能量。

在民族资本家胡子昂的回忆中，“周恩来同志及时给我们指引了方向，他与工商界接触，开一次会，谈一次话，都使人感动，令人流泪”。猪鬃大王古耕虞说：“周恩来同志对于争取民族工商界人士做了大量工作，中国共产党的影响在工商界中更加广泛，越来越多的民族工商界人士逐步地靠拢中国共产党。”哈佛大学终身教授、著名历史学家、哈佛东亚研究中心创始人费正清回忆：“在周恩来所住的阁楼里，臭虫也许会从顶棚上掉下来，雨水也许会漏到床上，但他们的宗教热忱和思想信念照旧如火如荼，绝不动摇，仿佛他们自信能够唤醒这个国家。我们所有的人都祝愿他们健康无恙，万事顺利，尽管我们对华北情势的了解比以往任何时候都更加模糊。”

南方局党的建设的历史经验告诉我们，党的先进性是具体的，需要每一个共产党员去践行和彰显，以实现“英勇战士”的英勇作用。

“路漫漫其修远兮，吾将上下而求索！”在新中国成立70周年、南方局成立80周年之际，重温南方局党的建设的具体实践，其历史经验仍然值得我们今天学习和借鉴。

（作者单位：中共重庆市委党史研究室）

南方局与上海党组织的关系及其对新中国成立的贡献

陈彩琴

摘　要： 南方局领导南方国统区和部分沦陷区人民进行了八年艰苦卓绝的斗争，为中国民族解放事业和新中国的成立做出了重要贡献。从历史发展过程看，南方局与上海密不可分。向前可追溯到20世纪30年代以上海为中心兴起的左翼文化运动和抗日救亡运动。向后延伸，南方局的工作经过南京局、上海局的传承和发展，并在上海党组织的全力支持配合下，在上海成功开辟了第二条战线，为新中国的成立与建设做出了直接贡献。

关键词： 南方局；上海局；上海党组织；新中国

全民族抗战和解放战争时期，中共中央为了做好南方长江流域国民党统治区党的工作，先后设置了长江局（1937.12—1938.10）、南方局（1939.1—1944.11）、（重庆）工作委员会（1944.11—1945.12）、重庆（南方）局（1945.12—1946.5）、南京局(1946.5—1947.3)、上海分局（1947.1—1947.5）、上海局（1947.5—1949.5）这几个前后相承的秘密派出机构。① 其中，中共中央南方局（以下简称"南方局"）时期最长，领导了南方国统区和部分沦陷区人民进行了八年艰苦卓绝的斗争，为中国的民族解放事业做出重要贡献。抗战胜利后，南方局开展的各项工作，于南京局、上海局时期在上海得到进一步巩固和发展，对新中国的成立和发展做出直接贡献。上海党组织作为其中一个重要组成部分，在中共中央的直接领导及上述中央派出机构的具体指导下，在抗战胜利后成功开辟和发展了第二条战线，巩固和拓宽了爱国民主统一战线，在配合人民解放战争的胜利、迎接城市解放和接管中起到重要作用。

① 荣高棠：《荣高棠同志在南方局党史资料征集工作协作会议上的发言》，载《党史资料丛刊》（第4辑），上海人民出版社1985年版，第121页；以及《中国共产党组织史资料》等书籍。

一、南方局与上海党组织的关系

南方局是在长江局的基础上组建起来的，上海党组织与南方局的关系也承袭了与长江局的关系。1937 年 12 月中共中央决定在武汉成立长江局，统一领导中国南部各省党的工作；同时成立中共中央代表团，负责与国民党的联系与谈判。两个组织合并，对外称中共代表团，对内称长江局。设在上海的中共江苏省委与长江局的关系明确，江苏省委受中共中央直接领导，但具体工作由长江局指导联系。① 1938 年初，江苏省委领导刘晓、刘长胜曾经到武汉向长江局的领导周恩来汇报工作。周恩来指示上海党组织要有判断局势变化的能力，特别是在交通不便的情况下要善于独立工作；对已经建立的游击武装要加强领导，要和新四军、东南局取得联系。② 根据指示，当年夏天刘晓到皖南东南局所在地与东南局取得联系。其后上海党组织为皖南新四军提供了经济、人才、采购、宣传等多方面的援助。

长江局在统战、党建、群众、准备武装力量方面做了大量工作，为南方局的工作奠定了雄厚基础。1938 年 10 月武汉失守后，华中、华南大部分地区被日军占领，中国战局发生了重大变化，国民党军队退守西南、西北地区，国民党指挥中心由武汉迁至重庆。为适应中国战局的变化，中共中央重新布局党在国统区的工作，调整党在各地的组织机构，决定设立中原局、东南局、北方局、南方局四个中央局。南方局代表中共中央领导南方国统区和部分沦陷区党的工作。经过酝酿和调整，1939 年 1 月 13 日，南方局在重庆正式成立，中央电报明确“上海工作仍归南方局管”③。刘晓作为江苏省委领导人，成为南方局的委员之一。

南方局既是中国共产党在国统区领导人民开展抗日民主斗争的战斗司令部和前沿指挥中心，也是国统区与延安联系的枢纽和桥梁。④ 刘晓曾两次到南方局汇报工作。1939 年 5 月，刘晓、刘长胜由上海经昆明、贵阳到重庆（南方）局，周恩来同他们研究讨论了江苏地区的统一战线、工人运动和游击战争等问题。刘晓在重庆停留两三个月后回沪。刘长胜当年 12 月随周恩来到延安向党中央汇报工作。1940 年 3 月，刘晓再次到南方

---

① 中共中央组织部等:《中国共产党组织史资料》(第 3 卷),中共党史出版社 2000 年版,第 216 页。

② 刘晓:《上海地下党恢复和重建前后》,载刘晓纪念文集编辑组:《肃霜天晓——刘晓纪念文集》,中共党史出版社 2008 年版,第 257 页。

③ 南方局党史资料征集小组:《南方局党史资料・党的建设》,重庆出版社 1990 年版,第 4 页。

④ 沙健孙主编:《中国共产党通史》(第 4 卷),湖南教育出版社 1999 年版,第 333 页。

局，并参与南方局的一些领导工作。6月15日，周恩来主持召开南方局常委扩大会议，听取新四军政治部主任袁国平的工作汇报，刘晓参加会议。① 9月10日，刘晓参加南方局召开的会议，周恩来指出在农村、在城市工人和学生中要进行启蒙教育，“这方面由刘晓负责”②。周恩来、董必武还同刘晓详细地讨论上海党的工作问题，指定刘晓拟定整个大后方和上海方面党的交通工作的实施意见。10月，刘晓回到上海后布置了以上海为中心的秘密交通。③

太平洋战争爆发后，上海全部沦陷，抗战处于最艰难时期。1942年7月，中共中央为保存敌占区地下党组织的有生力量，指示将江苏省委机关和领导成员全部转移到新四军淮南根据地，江苏省委下属各系统党组织坚持留沪斗争。1943年1月13日，中央决定撤销江苏省委，在华中局下设立敌区工作部（后改称城市工作部），领导上海及江苏敌后重要城市地下党的工作。抗战胜利后，中央批准成立上海市委，领导上海及江苏城市地下党的工作，上海地下党由中央直接领导，还就近由华中分局具体指导。上海党组织与华中局继续保持密切关系。

同时，上海党组织一直由中央直接领导的隶属关系未变，中央对上海工作一直密切关注并不断给出指示。1939年10月10日，中央给东南局和刘晓指示：希望经常电告我们关于巩固党及其他工作的经验。“上海党的基本方向应该是长期埋头苦干积蓄力量。所以党的组织求精不求多，不应大量发展。”④1940年3月8日，中央书记处致电上海并东南局，特别提道：“最后望你们每两个月向中央做一次简明工作报告，说明工作环境、工作状况及需要我们帮助你们考虑的策略问题，以便中央能多给你们以帮助。”⑤1941年3月20日，中央书记处致电上海、中原局指出“上海党（即江苏省委）仍直属中央管理”⑥。上海党组织主要领导人员变动，刘晓离沪、离川，都须经中央批示。

---

① 中共重庆市委党史研究室:《中共中央南方局史》,中共党史出版社2009年版,第75页。

② 中共湖南省委党史研究室主编:《中国共产党湖南历史大事记(1919.5—2012.11)》,中共党史出版社2013年版,第128页。

③ 南方局党史资料征集小组:《南方局党史资料·党的建设》,重庆出版社1990年版,第104页。

④ 《中央对上海党的指示》(1939年10月7日),载中共上海市委党史资料征集委员会、上海市档案馆:《党的生活》,第204页。

⑤ 《中共中央关于江苏省委今后工作方针的指示》(1940年3月8日),载共青团中央青运史工作指导委员会等:《中国青年运动历史资料》(第14集),中国青年出版社2002年版,第787页。

⑥ 《中央关于东南局问题决定》(1941年3月20日),载《中共中央东南局》编辑组:《中共中央东南局》(下卷),中共党史出版社2006年版,第902页。

二、中共中央南京局、上海局与上海党组织的关系

抗战胜利后，在国内普遍要求和平民主、反对内战的形势下，经过中国共产党和全国人民的共同努力，1946 年春国共两党达成停战协定。5 月，国民政府还都南京。周恩来、董必武率中共代表团由重庆迁至南京，继续进行国共谈判。重庆（南方）局改称南京局，南京局对外称中共代表团南京办事处，管辖范围承袭南方局。

不久，在上海马思南路设中共代表团上海办事处（以周公馆名义出面登记），内设上海工作委员会（简称“上海工委”），重点开展上海的上层统战工作和宣传工作。上海工委书记为华岗，副书记为章汉夫和刘少文。委员中，夏衍负责文化工作，潘梓年担任《群众》社长、许涤新负责工商统战和经济调查研究工作，乔冠华、龚澎和陈家康负责外事活动。为了开展工作，上海工委把原来南方局的经济组扩大为“经济委员会”，把外事组扩大为“外事工作委员会”。周恩来时间几乎是一半在南京一半在上海。[①]

上海工委属中共代表团领导，同刘晓领导的上海党组织严格区分，彼此之间不发生组织关系，但在工作上互相配合。1946 年 8 月 7 日，周恩来、董必武致电中共中央：“沪工委系管公开工作，与地方党绝对分开，归代表团直接领导。”[②]上海党组织十分重视周公馆的安全保卫工作，为周公馆配备可靠门卫、勤杂等人员；通过中共上海警委，在国民党警察内部布置地下党员，对周公馆暗中予以保卫。

国共和谈破裂后，为了全面部署国统区党的工作，1947 年 1 月 16 日，中共中央决定成立上海分局，“上海另设上海分局，将刘晓、钱瑛两处所管秘密组织统一管理，惟下层仍不打通。分局下另成立上海市委，刘晓不参加”。明确“上海分局直属中央领导，南京局对上海分局有意见时，经过中央给以指示。上海分局与华中分局仍保持交通上联系，以利必要时来往”[③]。1947 年 3 月，董必武、吴玉章分别率领中共驻京、驻沪办事处及驻渝联络处人员返回延安，南京局及其下属的上海工委随之结束。

1947 年 4 月 29 日，中央决定将长江流域和西南各省的党组织统归上海分局领导，上海分局管辖的工作范围扩大，地位和作用也更加重要。5 月 6 日，中共中央通知将上海

---

① 许涤新：《在马思南路的日日夜夜》，载中共中央统战部：《解放战争时期第二条战线·爱国民主统一战线卷》（下册），中共党史出版社 1999 年版，第 84—85 页。

② 《周恩来、董必武关于沪工委成员变更致中共中央电》，载中共江苏省委党史工作委员会等：《中共中央南京局》，中共党史出版社 1990 年版，第 114 页。

③ 《中共中央关于调整蒋管区党组织的方案》，载中共上海市委党史资料征集委员会主编：《解放战争时期的中共中央上海局》，学林出版社 1989 年版，第Ⅰ—Ⅱ页。

分局改为上海局，由刘晓、刘长胜、钱瑛、张明（刘少文）4 人组成。上海局领导西南各省、长江流域、京沪地区，以及平津部分党组织，并在必要时指导香港分局。上海的上层统战工作、文化界和大学教师中的党员以及部分情报策反工作由上海局直接领导。[①]此一时期，上海局与上海地方党组织关系极其密切。上海工作是上海局的重点，由上海局直接领导，确定重大方针政策和斗争部署。刘长胜除协助刘晓总管上海局全面工作外，重点领导上海市委的工作，负责党的建设和群众运动。上海市委领导张承宗协助上海局领导秘密电台工作，联系华中分局的交通联络总站，以及负责上海局内部党的组织和干部调动工作。

上海局承袭南方局（重庆局）、南京局的工作经验，在国民党反动派的残酷镇压下，采取灵活的工作方式和斗争策略，直至 1949 年 5 月上海解放，完成历史使命。在它存在的两年时间内，正是中国共产党领导全国人民与国民党进行决战的重要时期。它领导开展全国性的反饥饿、反内战、反迫害爱国民主运动，扩大爱国民主统一战线，输送大批优秀党员、积极分子和科技人才去解放区，形成配合人民解放军战场的第二条战线，促使国统区人民革命运动继续深入发展。1948 年后，当解放战争即将取得决定性胜利的关键时刻，为适应新的斗争环境，上海局在政治、组织、思想等各方面做出重要部署，为里应外合、配合人民解放军解放南京、解放上海、解放长江流域和西南各城市以及解放后顺利接管城市、维护社会秩序、迅速恢复生产做出了历史性的贡献。[②]

三、南方局开展的各项工作在上海继续得到巩固和发展，对新中国成立和建设做出直接贡献

南方局对新中国的成立与建设做出很多贡献，主要表现在南方局的统战工作为新中国提供了基本模式和基本力量。文化工作形成新中国文化建设基本队伍和格调；外宣外联工作形成新中国外交的基本理念和骨干力量。[③]从南方局历史的前后发展过程看，这些贡献与上海关系密不可分。向前可追溯到 20 世纪 30 年代以上海为中心兴起的左翼文化运动和抗日救亡运动，由此开创中国革命文化的新局面和风起云涌的全国抗日救亡高潮。其中涌现的大批各类爱国进步人士在上海、南京、武汉等地相继沦陷后，相当一部分聚集重庆，在南方局领导下继续工作；往后延伸，南方局的各项工作经过南京局、上海局的继承和发展，在上海等地进一步得到拓宽和加深，为迎接南方城市的解放、为新中

① 中共中央组织部等:《中国共产党组织史资料》(第 4 卷),中共党史出版社 2000 年版,第 382—383 页。

② 中共上海市委党史资料征集委员会主编:《解放战争时期的中共中央上海局·前言》,学林出版社 1989 年版,第 2 页。

③ 胡大牛:《南方局与新中国的成立和发展》,《探索》2009 年第 4 期。

国的成立与发展做出直接贡献。

（一）南方局的统战工作在上海继续得到巩固和扩大，为新中国的统战事业打下坚实的基础

抗战胜利后，随着国民政府政治中心东移，上海成为民主党派和民主人士的重要聚集地。特别是1946年初政治协商会议闭幕后，各民主党派和大批知名人士陆续从大后方返回京沪一带，上海又成为各党派活动重地。最早回到上海的民主党派是救国会。1946年2月，救国会的主要领导人沈钧儒、陶行知、沙千里、史良、张志让、胡子婴等先后回到上海。4月，民盟总部迁到南京，但民盟中央的许多负责人住在上海。12月18日，民盟主席张澜来沪后直接领导民盟中央工作。中华解放行动委员会作为民盟的成员之一，1946年春从重庆迁至上海，1947年2月3日在上海召开第四次全国干部会议，改名为中国农工民主党。其他抗战胜利后在重庆成立的民主党派，如建国会、九三学社、三民主义同志联合会等，或将总部迁至上海，或在上海设立分部。抗战胜利后在上海成立的中国民主促进会（1945年12月30日成立），为了扩大和平民主力量，在中共上海党组织推动下，1946年5月5日发起成立上海人民团体联合会，上海各党派、工会、学生、妇女、教育、文艺等各界53个团体会员参加(后发展到91个)，马叙伦、许广平等29人为理事。该会是上海具有广泛群众性的统一战线组织形式，对反对内战、争取和平的各项活动起到重要推动作用。①

设在上海的“周公馆”负责对国民党谈判和开展上层统战工作。周恩来在沪期间，通过举办座谈会、接见各界人士、参加举办的各种活动，与上海进步知名人士进行广泛接触交往，指出光明和希望。②上海局的建立，为建立更加广泛的爱国民主统一战线创造了更加有利的条件。上海局专门成立文化工商统战委员会，重点从事统战工作和文化宣传工作，广泛开展各界上层人士爱国民主统一战线工作。周恩来另外还派与民主人士有广泛联系的罗叔章到上海协助刘晓做上层人士的统战工作。上海党组织的主要负责人刘长胜、张执一、张承宗等都直接抓统战工作，各人分头联系一部分上层统战对象。在各级领导的相互配合下，开创了上层统一战线和基层群众运动相结合、公开工作和秘密工作相结合的新局面。

利用上海经济中心的地位，在工商经济、劳工运动方面的统战工作进一步扩大。上海工委许涤新在重庆时曾做过多年的工商统战工作，回到上海后仍负责工商统战工作，

---

① 刘晓:《回顾1946年“六二三”上海人民和平请愿运动》，载中共上海市委党史资料征集委员会主编:《解放战争时期的中共中央上海局》，学林出版社1989年版，第150—151页。

② 中共上海市委党史研究室:《周恩来在上海》，上海人民出版社1998年版，第161页。

并得到在重庆工作过的胡子婴、罗叔章等人的积极帮助。① 卢绪章领导的广大华行总部从重庆迁回上海后，刘晓受周恩来委托领导该行工作。该行通过广泛交友，同国民党各界建立广泛联系，迅速扩大了实力，并以此掩护党的机构干部和交通运输，并为党组织提供大量的经费支持。1948 年由吴雪之两次交刘晓转给中共港粤工委 15 万美金，并给钱瑛领导的湖北和西南地区党组织 20 万元港币。南方局经济组 1945 年 12 月在重庆成立，为发挥更大作用，把总会搬到上海，一部分会员加入中国民主建国会。中国劳动协会（1935 年 2 月在上海成立）的工作是党的统战工作的一项重要内容，抗战期间搬至重庆，周恩来派中共职工运动委员会书记邓发与该协会理事长朱学范交往。邓发不幸遇难后，由刘宁一接替他的工作，周恩来对刘说："这项工作不是几个人的问题。它关系到中国工运的统一和前途。"②1946 年 5 月该协会总会从重庆迁回上海，上海地方党组织选派人员参加该协会工作，帮助朱学范做好工人福利事业，刘宁一以解放区职工联合会代表的公开身份，与该协会密切合作，促进了此后中华全国总工会的建立和促进工人运动的统一。

大批民主人士与文化工商界人士陆续集中上海后，迅速扩大了上海民主运动的声势和影响。在中国共产党的领导下，各方紧密配合，共同战斗，不断掀起反内战、争和平、反独裁、争民主的爱国民主运动浪潮。1946 年在上海胜利开展的"六二三"大规模反内战运动，1947 年"反饥饿、反内战、反迫害"的"五二〇"运动，都是党的统战工作成功的范例。特别是声势浩大"五二〇"运动，迅速普及到全国 60 多个大中城市，持续 6 个月，形成了配合人民解放军打击国民党政府的第二条战线，大大动摇了国民党政府的统治基础。③ 1947 年后，国民党随着军事上的严重挫败，转而加紧镇压蒋管区的爱国民主运动，众多爱国进步人士处境危险。上海党组织做好了章伯钧、罗隆基、史良、郭沫若、沈雁冰等各界知名人士及党内同志安全疏散到香港的工作。他们此后转赴解放区，参加新的政治协商会议，为新中国成立发挥重要作用。

（二）南方局的文化新闻工作在上海继续得到充实和拓展，为新中国文化科教事业发展提供重要的力量

南方局时期，很多聚集在重庆的文化工作者，曾是上海左翼文化运动的核心人员。"八一三"淞沪会战后，随着上海、南京等华东城市的沦陷，他们大都聚集在武汉以郭沫若为厅长的国民政府政治部第三厅，展开极具声势的抗日宣传活动，掀起了抗日救亡运

---

① 许涤新：《在马斯南路的日日夜夜》，载中共中央统战部：《解放战争时期第二条战线·爱国民主统一战线卷》（下册），中共党史出版社 1999 年版，第 90 页。

② 中共上海市委党史研究室：《中国共产党上海史（1920—1949）》，上海人民出版社 1999 年版，第 1564 页。

③ 刘晓：《1947 年"反饥饿、反内战、反迫害"的五二〇运动》，载刘晓纪念文集编辑组：《肃霜天晓——刘晓纪念文集》，中共党史出版社 2008 年版，第 285 页。

动的新高潮。[1] 武汉沦陷后，第三厅及大批文化人士撤至重庆，成立文化工作委员会，郭沫若担任主任委员，阳翰笙为副主任委员，10 名专任委员中沈雁冰、沈志远、杜国庠、田汉、洪深、郑伯奇、胡风、姚蓬子都是 20 世纪 30 年代活跃在上海的左翼文化人士。 党刊《新华日报》《群众》周刊的社长潘梓年，以及在重庆比较活跃的话剧、电影等领域的骨干人物，也都是曾经活跃在上海的左翼进步文化人士。 在重庆演出并引起轰动的《屈原》(由郭沫若的编剧、应云五主持的中华剧艺社演出)，基本上是20 世纪30 年代上海业余剧人协会的班子。[2] 南方局文委会团结广大进步文化界人士，开展各种文化活动，在大后方文化运动中发挥了巨大的作用。[3] 抗战胜利后，大批文化出版单位和文化科技人士东移，上海又恢复了文化中心的地位。 上海党组织继续发挥上海革命文化堡垒的作用，扩大中国共产党的影响，揭露国民党政权的本质，引导群众开展爱国民主运动。

中共中央对在上海开辟宣传阵地十分重视。 1945 年 9 月 14 日，还在重庆谈判进行期间，毛泽东和周恩来联名致电中共中央转华中局:“上海《新华日报》及南京、武汉、香港等地以群众面目出版的日报，必须尽速出版。”为出版《新华日报》上海版，周恩来先后调派徐迈进、潘梓年、陆定一、章汉夫从重庆到上海进行筹备。 由于国民党政府推诿阻挠，《新华日报》在上海不能出版。 在此情形下，原在重庆出版的《群众》半月刊迁沪后改为周刊，6 月 3 日正式出版。《新华日报》筹备处人员和设备全部转到《群众》杂志社。《文汇报》1945 年 8 月 18 日在上海复刊后，上海党组织设法将陈虞孙、宦乡等调入该报编辑部，担任副总主笔，同时还调入其他一些共产党员和进步人士担任编辑和记者，使该报在爱国民主运动中发挥了积极作用。 从重庆迁至上海的中外出版社负责人刘尊棋在《联合日报》被封后，改名《联合晚报》继续出版，成为当时很有影响力的一份报纸。 周恩来还派夏衍到上海负责恢复《救亡日报》出版工作。

在出版发行方面，为了尽快在国统区出版进步书刊，生活书店于 1945 年 10 月 10 日在上海复业，上海工委派胡绳代表党组织直接对生活书店进行具体领导。 新知书店也很快在四川路上开设门市部。 1946 年 2 月，生活书店还与民主人士合办华夏书店，并先后以拂晓社、燕赵社、中国出版社等名义出版进步读物。 1946 年春，群益出版社迁回上海后改为股份公司，由阳翰笙、冯乃超用化名代表党组织出面投资其中。 1946 年 4 月，大孚出版公司、国讯书店从重庆迁到上海。 众多出版社汇集上海，使 1945 年 8 月到 1946 年 6 月全面内战爆发之前，大量左翼进步刊物陆续出版。

在文化艺术方面，曾在重庆话剧、电影界活跃的文艺工作者，抗战胜利后纷纷回到上海，迅速成为上海文艺领域的主力军。 1945 年 10 月中旬，于伶受周恩来派遣回到上

① 阳翰笙:《风雨五十年》，人民文学出版社 1986 年版，第 246—249 页。

② 夏衍:《懒寻旧梦录》(增订本)，中华书局 2016 年版，第 321 页。

③ 金冲及:《周恩来传(1898—1949)》，中央文献出版社 2009 年版，第 296—297 页。

海，恢复了上海剧艺社。1946 年 3 月 1 日，上海剧艺社留沪人员与重庆回来的中国艺术剧社成员合作，上演由夏衍、于伶、宋之的合编的话剧《戏剧春秋》等剧作。1946 年，阳翰笙等人回到上海，重新成立联华影业公司，1947 年该公司并入昆仑影业公司。昆仑影业出品了《八千里路云和月》《一江春水向东流》《万家灯火》等众多深受观众喜爱的电影。

上海党组织还在教育科技、医务界发展党的力量，加强中上层职员工作，团结和培养一大批专家学者，为解放上海、接管上海创造条件。1947 年上海分局成立科技总支，直接领导中国技术协会党组，团结争取了 3000 余青年科技人员和一大批科技界、工程界、教育界知名专家。刘长胜特意指明，这是一项特别重要的工作，党要团结教育大批科学技术人员，为解放中国、建设中国服务。① 1947 年秋，医务卫生支部成立，1948 年秋改为医务卫生总支，领导遍布各个卫生机构的地下党员，在上海解放时将医院系统完整保存。

（三）南方局的外宣外联、情报交通工作在上海继续得到发展和加深，为新中国的外交、情报交通事业积累丰富的经验

南方局的外事外宣工作在周公馆时期得到充分的发展。南方局 1939 年 4 月设立对外宣传小组，1940 年冬改称外事组，受周恩来直接领导。在抗战期间，外事组根据中共中央的方针政策，冲破了国民党的种种干涉限制，开展了大量的外事工作，扩大了国际统一战线和抗日民族统一战线，有力地配合抗日战争的进程。② 1946 年中共代表团到南京后，原来外事组改为外交事务委员会，下设秘书处，由章文晋负责，乔冠华负责研究处，龚澎负责新闻处，陈家康负责联络处，三个处都驻上海，继续发挥外事外宣作用。③ 周恩来多次在周公馆举行中外记者招待会，会见美联社记者，阐述中国共产党的政策方针，列举大量事实说明内战的责任在于国民党与美国政府对其的援助，争取和教育了第三方人士认清国民党“假和平、真内战”的本质，领导推动第二条战线的斗争。

南方局的安全交通工作起初由组织部领导，1941 年皖南事变后改由周恩来直接领导。④ 南方局以重庆、桂林、香港、上海为基本网点，建立与延安党中央、各省、特委，各解放区、敌后根据地和海外相联相通纵横交错的秘密交通网。这些交通网有力地保证

---

① 张承宗：《解放战争时期的中共中央上海局和中共上海市委》，载中共上海市委党史资料征集委员会主编：《解放战争时期的中共中央上海局》，学林出版社 1989 年版，第 188 页。

② 南方局党中央资料征集小组外事组：《南方局外事工作概况》，载南方局党史资料征集小组：《南方局党史资料·统一战线工作》，重庆出版社 1990 年版，第 340 页。

③ 王炳南：《南京局的外事工作》，载中共江苏省委党史工作委员会等：《中共中央南京局》，中共党史出版社 1990 年版，第 321 页。

④ 袁超俊：《回忆南方局的秘密交通工作》，载南方局党史资料征集小组：《南方局党史资料·党的建设》，重庆出版社 1990 年版，第 281 页。

了南方党组织的安全运行和大批干部人员的来往和撤退，也使南方局得以把因香港占领而处于危险境地的800多名文化、民主人士安全撤退。① 南京局、上海局时期仍然非常重视情报交通工作。上海市委驻华中解放区工作委员会（简称“驻华中上海工委”）交通科统一领导华中交通总站和设在华中、江淮两地的各个交通站，开辟了多条安全交通线路。利用这些交通网络，上海局和上海市委遵照中央有关将暴露的党员和进步人士尽量疏散撤退的指示，安排撤退学生和职工干部2000人至华中根据地集中学习；并根据华中分局要求，向解放区输送了大批科技人才和城市管理干部；还护送一部分民主人士到香港，转赴解放区，参加新的政治协商会议。②

1947年刘晓派万景光赴香港开辟了上海局在香港的联络点。1948年初，曹达在万景光的帮助下，利用各种统战关系，开辟了一条从香港经仁川港到山东或大连的海上交通线。到北平出席新政协的胡愈之、沈兹久等都是通过这条交通线离港赴解放区的。③ 在情报交通安全的保障下，从1948年起上海局在香港先后举办多期学习班，上海、南京、武汉、湖南、川东（重庆）、川康（成都）、云南、贵州各地党组织负责人和干部90余人参加，系统总结过去的工作经验，研究工作任务和斗争策略，在政治上和思想上为迎接各城市解放的斗争做了重要准备。④ 这些人员在城市的解放和接管中，在新中国建设的各条战线中发挥了重要作用。

在情报工作方面，中共代表团迁至南京前就对情报工做出周密的安排。先派刘少文带领一批干部到上海布置情报网络。1946年5月，南京局成立资料组（情报组）。6月，便把情报组的负责人吴克坚转移到上海，由他在上海自立情报系统，同时调徐光霄负责情报组的工作。8月，为把公开工作与秘密工作绝对分开，南京局又把负责情报工作的潘汉年、刘少文两人从上海工委中分出，自成系统，以确保安全、杜绝牵连。在上海的几个情报系统，专职人员虽几十人，而工作关系最多时发展到上千人。⑤ 在整个解放战争时期，这支隐蔽战线的队伍做出了出色贡献。

（四）南方局时期积蓄的革命力量，为上海局进行各项工作部署，最终配合人民解放军解放、接管上海，从而为新中国成立前后的社会稳定和经济建设奠定了良好基础

从全国抗战到解放战争时期，中国共产党按照各个历史时期的工作总方针，确定党

① 中共四川省委党史工委:《南方局的公开交通和秘密交通》,载南方局党史资料征集小组:《南方局党史资料·党的建设》,重庆出版社1990年版,第100、108页。

② 张承宗:《解放战争时期的中共中央上海局和中共上海市委》,载中共上海市委党史资料征集委员会主编:《解放战争时期的中共中央上海局》,学林出版社1989年版,第184页。

③ 《上海局机关和电台机要工作》,载中共上海市委党史资料征集委员会主编:《解放战争时期的中共中央上海局》,学林出版社1989年版,第319—320页。

④ 中共上海市委党史资料征集委员会主编:《解放战争时期的中共中央上海局》,学林出版社1989年版,第9—13页。

⑤ 徐光霄:《南京局的情报工作》,载中共江苏省委党史工作委员会等:《中共中央南京局》,中共党史出版社1990年版,第339页。

在敌占区、国统区的工作是进攻还是退守，如何与解放区的斗争、与武装斗争相配合等工作方针。这些方针指示是及时、具体、灵活和变动的，反映出党在领导这些地区人民进行革命斗争的生动丰富的历史。[①] 全国抗战期间长时间发挥作用的是中央确定的“荫蔽精干，长期埋伏，积蓄力量，以待时机”工作方针。根据这个总方针，周恩来结合实际斗争，总结出“勤学、勤业、勤交朋友”具体措施，号召党员深入工厂、企业、学校，学技术、学知识、学做生意，通过广交朋友，团结广大工人群众，巩固和积蓄党的力量，使党深深扎根于群众中，为中国革命最终胜利提供可靠保障。

江苏省委刘晓、刘长胜积极贯彻这些方针政策。同时，根据实际情况，采取“更加深入荫蔽精干”的方针，以避开敌人的打击，适应沦陷后的残酷环境。1942 年 9 月，江苏省委领导成员刘晓、刘长胜、王尧山、沙文汉等，陆续撤离上海转移到淮南抗日根据地后，成立华中局城工部。华中局城工部虽然处于远离上海的根据地，但是通过秘密交通线，突破重重封锁阻隔，始终与处在敌人直接统治下的上海地下党组织保持密切联系。上海地下党组织认真贯彻“三勤”策略，利用机动灵活的斗争策略，深入开展细致的群众工作，扩大抗日民族统一战线，有效抵制日伪渗透破坏，积蓄并壮大了革命力量。市区党员人数从 130 余人发展到抗战结束后的 2800 余人，下属 33 个产业或地区党委，160 余个基层支部；郊县 7 个县级党委，党员 600 余人。这支积蓄起来的力量，为抗战胜利后党在上海顺利开展各项工作提供了有力的保障。

解放战争时期，上海局继续执行长期隐蔽方针，既注重坚定勇敢，又注意机警灵活。在开展的大规模爱国民主运动中，上海局把广大人民利益和党的政治任务相结合，把公开合法斗争和党的秘密工作相结合，把上层统一战线和基层群众运动相结合，使党组织迅速巩固和壮大。1946 年上海地下党员发展至 5000 人左右，积极分子队伍也迅速壮大。在解放战争后期，上海党组织发展团结一切可以团结的力量，进行反破坏、反迁移、反屠杀，护厂、护校、护业，开展调查研究、情报策反等工作，领导 8000 余名地下党员和党的外围团体、人民保安队、宣传队等十几万积极分子形成了一支阵容强大的力量，为“里应外合”配合解放上海、接管上海，做出了重要贡献。上海胜利解放，并完整回到人民手中，“具有特殊的意义”，“表示中国人民无论在军事上、政治上和经济上都已经打倒了自己的敌人国民党反动派”；“表示中国人民已经确立了民族独立的基础”。[②] 上海完整地解放和接管，社会稳定，运转正常，不仅创造了中国乃至世界革命史上的奇迹，还为新中国人民政权的建立和生产建设创造了良好条件。

从长江局、南方局到南京局、上海局，在中共中央和以周恩来为核心的中央派出机

---

① 金立人：《中国共产党白区工作方针的变动》，载《激流集：历史・人物评说》，中共党史出版社 2014 年版，第 218 页。

② 《祝上海解放》（1949 年 5 月 29 日），载中共中央文献研究室中央档案馆：《建党以来重要文献选编》（第 26 册），中央文献出版社 2011 年版，第 424 页。

构的领导下，国统区爱国民主统一战线稳固发展，文化精神一脉相承，文教科技人才队伍不断壮大，成为新中国成立和发展的基本力量和重要组成部分。 上海作为其中一个重要组成部分，认真贯彻执行党的各种方针政策，荫蔽精干，积蓄力量，不断壮大党的组织基础和人民群众的力量，为最后迎接上海解放、完整接管上海创造了各种条件，为新中国的成立和建设做出了重要贡献。

（作者单位：中共上海市委党史研究室）

南方局群众工作与解放战争时期第二条战线研究①

王　进

摘　要： 南方局在国民党统治区开展的群众工作特点鲜明、卓有成效，既顺势而为，科学灵活；又迎难而上，以真心换真情；更有的放矢，讲策略、谋技巧，不仅赢得了包括工人、农民、青年学生等广大群众的信任和拥护，为抗日战争胜利和解放战争胜利凝聚了力量，又积累了丰富的群众工作经验。解放战争时期，在国民党高压统治的地区逐步形成了以学生运动、中间党派斗争和人民群众运动为斗争方式的第二条战线，配合中国人民解放军战场上的第一条战线，在中国人民与当时国民党反动势力最后的较量中发挥了重要的作用。重新认识这第二条战线的伟大历史作用，对现今我国特色社会主义建设，以及实现中华民族伟大复兴的中国梦具有重要的现实意义。

关键词： 南方局；群众工作；第二条战线

引　言

在中共中央正确领导下，南方局开展了大量具体工作，如统战工作、文化宣传、党的建设以及军事斗争等。这其中也包括开展以工人、农民、青年、妇女为主要对象的群众工作。南方局既坚决地贯彻执行了党中央关于群众工作的方针、政策和指示，又丰富和发展党的群众路线和优良传统，为党领导广大群众赢得抗日战争和解放战争的胜利做出巨大贡献。解放战争时期，在国民党高压统治的地区逐步形成了以学生运动、中间党派斗争和人民群众运动为斗争方式的第二条战线，配合中国人民解放军战场上的第一条战线，在中国人民与当时国民党反动势力最后的较量中发挥了重要的作用。重新认识这第二条战线的伟大历史作用，对现今我国特色社会主义建设，以及实现中华民族伟大复兴的中国梦具有重要的现实意义。

① 该文系重庆市社会科学规划项目“八路军驻重庆办事处研究”（项目编号：2020YBLS176）阶段性成果。

一、南方局群众工作的任务和作用

1929 年，周恩来在为中共中央起草的给顺直省委并汪铭同志的指示信《在白色恐怖下如何健全党的组织工作》中已有如此认识。他在这封指示信中批评了“依赖机关、忽视下层群众工作的错误观念”，指示相关“领导同志走入工厂农村社会中，寻找职业，深入群众，以恢复和建立党的组织”，并建议“要能在群众中注意日常生活的痛苦所在，鼓动起日常斗争的要求和情绪，以发展到行动，并在这一艰难困苦的工作中训练我们的战斗员。假使我们能在每一地方，得到几个能深藏在群众中、能领导群众斗争的同志，则便是仅仅这几个同志，便是仅仅一两个工人支部，也会使这一些组织成为山西工作发展的核心”①。周恩来对群众工作的远见卓识和重视程度可见一斑。

（一）循序渐进地深入群众

抗日战争全面爆发后，国共两党合作建立抗日民族统一战线，关系一度缓和。但抗日战争进入相持阶段后，1939 年 1 月，国民党召开会议调整对内对外政策，开始消极抗战，制定了“防共、限共、溶共、反共”方针，并在其统治区肆意迫害共产党党组织。周恩来根据党中央“荫蔽精干，长期埋伏，积蓄力量，以待时机”的工作方针，结合国民党统治区工作特点，创造性地提出了“三勤”“三化”策略。

周恩来曾在南方局召开的会议上强调：“要研究历史上的经验和教训，彻底抛弃不好的现在不适用的方式。党员要在社会生根，每个党员及领导干部都要有职业，在职业中巩固，多交朋友，认识社会，鉴别各种人，研究学问，学习主义，巧妙地实现党的政策来为党工作，但不要随便发动斗争。”②周恩来的讲话精神后经中共中央批准，被总结为“三勤”“三化”政策。三勤即勤业、勤学、勤交友；三化即社会化、职业化、合法化。1947 年，周恩来在对廖志高等同志谈及这一政策时，说：“我们在当时情况下，力求实现这一指示，还能起某些积极作用；故乃于职业化一项以外，加上学习、交朋友两项；经中央批准定为勤业、勤学、勤交友三项任务，实际上就是‘长期隐（荫）蔽，积蓄力量，以待时机’方针的具体化。”③广大地下党员干部纷纷根据这一政策，结合实际开展群众

---

① 周恩来：《在白色恐怖下如何健全党的组织工作》，载《建党以来重要文献选编》（第 6 册），中央文献出版社 2011 年版，第 93—95 页。

② 中共重庆市党史研究室：《中共中央南方局大事记》，重庆出版社 2006 年版，第 167 页。

③ 团中央青运史研究室、中央档案馆：《中共中央青年运动文件选编（1921 年 7 月—1949 年 9 月）》，中国青年出版社 1988 年版，第 669 页。

工作。

以广交朋友为例，南方局指示各级党组织循序渐进地开展群众工作，既要广交朋友又要有针对性地结识有影响的、关键性的人物，做到普遍性和典型性兼顾。一方面，党组织鼓励地下党员结合自己的岗位多参加社会活动和社会团体，另一方面，南方局指示各地党组织重点结交那有影响的、关键性人物，群众工作做到有的放矢。这些有影响的、关键性人物往往具有极强的带动性。党组织结交一人，就能带动一批群众。“支部须经常审查周围群众，从这当中拔出那些是群众中最有威信最有能力的分子，那些是次要分子等，以便得到好的发展。”[①]党的文件就明确肯定了这种群众工作方法，它不仅有事半功倍的效果，更有助于加深党组织与群众的联系。

（二）在尊重民意基础上争取群众

站在群众立场上看问题想问题和开展工作，以群众为主体，以民意为导向，以改善民生、发展民生为宗旨，这是南方局开展群众工作的另一个典型特点。尊重民意，首先需要了解民意；了解民意需要深入群众、倾听群众。南方局领导各级党组织认真研究群众生活、倾听民生诉求，在尽可能帮助群众改善生活的同时，有条不紊地调动群众积极性。

对于在校学生，南方局要求他们努力学习、力争优秀，广泛参与学习活动和学术研讨，加强与同学的联系。党组织还邀请进步人士到校任教，传播进步思想，用知识武装学生的头脑，鼓励学生提高革命本领，通过刻苦学习在同学中树立威信，打开工作局面。

抗战时期物价飞涨，许多群众生活困难。当时，西南联大财政困难，导致食堂伙食很差。齐亮从中文系毕业后留校工作，曾任西南联大党支部委员、学生自治会主席。他知道学校伙食差，师生的工作、学习会受到较大影响，便挺身而出与其他同志组织伙食团，到外县采购价廉物美的食物，设法改善师生伙食，深受赞扬。对于生活困难的群众，党组织召集收入高的同志拿出一部分，以朋友间的接济、互助的方式帮助一部分群众渡过难关。党组织还领导部分同志开展商业经营活动，利用获得的利润援助困难群众。在战火纷飞的年代，求生是广大贫苦群众最强烈的意愿。南方局领导各级党组织紧紧围绕改善民生的民意诉求，通过实实在在的帮助深入群众，争取群众信任和拥护，进而适时传播先进思想，培育革命骨干，凝聚革命力量，为抗战和解放战争的胜利奠定群众基础。

（三）形式多样宣传鼓舞群众

结交群众，到群众中去，尊重民意，帮助群众，对群众工作来说仅止于此仍然不够，更重要的是通过宣传、引导启发群众的民族思想、爱国意识和正义感，进而实现组织和

---

① 中共“一大”会址纪念馆、上海革命历史博物馆筹备处:《上海革命史资料与研究》(第5辑)，上海古籍出版社2005年版，第597页。

动员群众。“周恩来以政治家的智慧和革命家的胆识，结合国统区实际提出了‘领导群众的方式和态度要使他们不感觉我们是在领导’的新观点。”[①]落实周恩来的思想，转变工作方式，让群众潜移默化地接受党的领导，关键要在宣传上下功夫。

1941 年 5 月 7 日，中央宣传部发出《关于展开对国民党宣传战的指示》，明确指出：“对国民党展开宣传战的总方针，是多方揭破其反动宣传，更加扩大我党的政治影响，更加提高人民的觉悟程度，更加争取广大的同盟军，以便坚持抗战到底，达到抗战与新民主主义的胜利共和国。”[②]抗日战争进入战略反攻阶段，中国共产党为打败日军后成立新中国，提出立即废除国民党一党专政、成立民主联合政府的主张，得到了社会各界和各民主党派的拥护，南方局为响应该主张，引导新闻界对国民党顽固派展开要求废除一党专政、开放民主的舆论攻势。1944 年 5 月 10 日至 6 月 13 日，《华西日报》连发 18 篇社论，发出了“非民主不能动员国力，非民主不能强化团结”的正义呼声。

1941 年 6 月 20 日，中央宣传部下发《关于党的宣传鼓动工作提纲》，指出：“必须善于使用一切宣传鼓动的方式，从通俗的形式到高级的形式，以及由这种形式过渡、转变到另种形式。要善于采用通俗化的形式，群众所能了解的语言，去进行宣传鼓动工作。”[③]在中央的正确领导下，南方局指示各级党组织和喉舌部门开展形式多样的宣传工作，如文字宣传、口头宣传以及文艺作品宣传，后来这些方式取得了良好的宣传效果。

以文字宣传为例，当时南方局领导的重要报刊主要有《新华日报》和《群众》周刊。《新华日报》是我党在国统区公开出版的机关报，一直坚决贯彻执行群众路线，是代表广大人民群众利益的报刊，为党与人民建立血肉联系做出了巨大贡献。当时《新华日报》具有鲜明的特色。首先，文字通俗易懂，方便群众阅读。除特殊内容外，从新闻报道到社论，《新华日报》一律采用白话文。大众化的语言、通俗化的文字，使普通文化水平的读者也能读懂报纸，更大范围内争取了读者。党的方针政策，随着报纸走进了千家万户、走入了群众心中。其次，开设了《友声》《生活线上》《青年生活》《妇女之路》《劳动人民生活》等丰富多彩的栏目，反映群众困苦的生活现状，为群众权益发出呐喊。

南方局群众工作的成效显著。各级党组织和地下党员深入群众，利用一切机会向群众宣传了我党关于抗日民族统一战线的方针政策，宣传了党领导的人民军队在抗日战场取得的战果，号召大家万众一心保卫国家。南方局的群众工作始终把人民群众利益放在第一位，在群众中形成了巨大的向心力和凝聚力，为解放战争时期第二条战线的形成凝聚了力量。国统区的群众，在南方局的领导下，同国民党蒋介石集团展开了不屈不挠的斗争，并和学生运动进行有机的配合，互相支持，推动了第二条战线的发展，使国统区的

① 黎余：《周恩来在国统区怎样做群众工作》，《红岩春秋》2014 年第 1 期。

② 中央档案馆：《中共中央文件选集（1941—1942）》（第 13 册），中共中央党校出版社 1991 年版，第 98 页。

③ 中央档案馆：《中共中央文件选集（1941—1942）》（第 13 册），中共中央党校出版社 1991 年版，第 130 页。

爱国民主运动一浪高过一浪，震撼了蒋家王朝的反动统治，有力配合了第一条战线的人民解放战争。

二、南方局对推动第二条战线形成的作用

抗日战争胜利后，全国广大人民群众迫切希望成立一个符合全中国人民利益的新中国，但是当时国民党反动势力仍然执行打内战、搞独裁的政策，同时在国统区搞虚假民主政治阴谋，打击民主力量，使国统区政治危机加深，再加上国民党官僚腐败，造成国统区经济一片混乱，给当时中国社会和人民造成了十分深重的灾难。在这种情况下，国民党在军事上的失败和中国人民解放战争的胜利，促进了国统区各界人民群众的团结，从而形成了以学生运动为先导、以中间党派斗争为旗帜、以人民群众运动的高涨为斗争基础的，反抗国民党统治的“第二条战线”。恰恰是国统区的这第二条战线，配合中国人民解放军同国民党反动军队在战场上的第一条战线，在中国共产党领导下最终取得了新民主主义革命的胜利。

1946年12月16日，中共中央书记处会议，决定改组中央城市工作部，由周恩来兼任部长，李维汉任副部长。中央城市工作部的任务是:“在中央规定的方针下，研讨与经管蒋管区的一切工作(包括工、农、青、妇)，并训练这一工作的干部。”①在北平发生抗暴后，周恩来在1946年12月31日的电文中指出:“北平学生因美军强奸女学生事，已造成有力的爱国运动。上海、天津闻亦将响应。望在各大城市及海外华侨中发动游行示威，并坚持下去。”②1946年底，驻华美军在北平强奸北京大学女学生，以此为导火线，触发了以北平为中心的抗议美军暴行的群众运动。这一运动在中共中央和中共晋察冀中央局的直接领导下，迅速席卷全国各地，有50万学生举行罢课和示威游行。愤怒的学生高呼“保卫祖国独立自由”“反对中美商约”等口号。抗暴运动的矛头直接指向美蒋，它标志着蒋管区人民斗争重新高涨，是形成第二条战线的起点。抗暴运动的余波未平，于1947年5月以“反饥饿、反内战、反迫害”为口号的学生运动，又遍及国统区60余个大中城市。由于这一运动把反饥饿与反内战联系起来，喊出了全国人民的心声，容易被广大群众接受。运动虽遭镇压，造成“五二〇”血案，但在全国人民的支援下，前后持续一个多月，并同工人罢工、教员罢教以及各阶层人民的斗争汇合在一起，形成全国性的反美

---

① 金冲及主编:《周恩来传》,中央文献出版社2011年版,第737页。

② 金冲及主编:《周恩来传》,中央文献出版社2011年版,第739页。

反蒋浪潮，是国统区人民运动走向高潮的重要标志，也是第二条战线形成的标志。

蒋介石推行独裁、内战、卖国三位一体的反动政策，造成国统区政治、经济的严重危机，引起国统区各阶层人民的不满，是第二条战线形成的主要原因。国民党政府把国家财政预算的百分之八十用去打内战，到 1947 年上半年，通货发行额比战前猛增一万多倍，物价比战前暴涨了六万倍，而职工的工资收入只比战前增加六七千倍。广大学生也遭受着饥饿、贫病、失业的严重威胁，学生中充满着一触即发的愤怒情绪。

人民解放战争的迅速发展，革命力量空前强大，是第二条战线出现的重要条件。国统区以学生为先锋的反美反蒋斗争，随着人民解放军的战略进攻的发展，得到国民党统治区各阶层人民的支持，给国民党的统治带来严重的危机。蒋管区人民群众的迅速觉醒，是第二条战线出现的必要条件。抗日战争胜利初期，蒋管区广大人民对国民党还抱有幻想，随着和平谈判的破裂，这一幻想也随之被打破，开始对国民党的内战政策有所认识，因此，对国民党逐渐失去信心，把希望的目光转向共产党。正如周恩来所说："谈判虽然破裂了，但另一方面则收获甚大，党的民主方针与蒋介石的独裁内战方针已逐步被群众所认识"①。1947 年 5 月 23 日，周恩来在为中共中央起草的《中央关于蒋管区党的斗争方针的指示》中指出："使一切群众斗争都为着开辟蒋管区的第二条战场，把人民的爱国和平民主运动大大地向前推进。"②

国民党推行内战、卖国的反动政策，国统区的政治、经济、军事危机，国民党的日益腐败，是第二条战线形成的客观原因。正是在这些客观原因的基础上，中国共产党正确领导并推动爱国民主运动不断地向前发展，最终形成了和人民解放军的军事路线相配合，推翻国民党的反动统治的第二条战线。

三、南方局对第二条战线做出的贡献

在中国共产党的正确领导下，国统区爱国民主运动高涨。日本投降后，中共中央对国统区的群众运动十分重视，不仅制定了在国统区地下斗争的一整套正确的指导方针和斗争策略，还派了大批有地下工作经验的共产党员深入国统区建立组织机构，直接领导国统区人民进行反美反蒋斗争。当时担任中共中央城市工作部部长的周恩来，在领导国统区南方局的工作中，成功地贯彻了"荫蔽精干，长期埋伏，积蓄力量，以待时机"的十

① 肖振才:《大智大勇——周恩来在 1946》,中央文献出版社 2006 年版,第 470 页。

② 翟作君、邬正洪主编:《中国革命史研究荟萃(1911—1949)》,华东师范大学出版社 1986 年版,第 386 页。

六字方针和“有理、有利、有节”的斗争策略。他还根据形势的变化，于 1947 年 2 月和 5 月为中共中央起草了《关于在蒋管区的工作方针和斗争策略的两个文件》，文件指出：在敌人统治尚严的地方要保护我党及民主进步力量，以继续加紧开展人民运动，进行反美反蒋斗争；应该扩大宣传，避免硬碰，争取中间分子，利用合法形式，并注意对经济斗争的领导和发展，力求在为生存而斗争的基础上，建立反卖国、反内战、反独裁与反特务统治的广大阵线等。文件为党在蒋管区的工作指明了方向，有力地推动了国统区爱国民主运动的蓬勃发展。在国统区的南方局遵照中共中央的指示，领导群众开展各种形式的反美反蒋斗争。从 1945 年 10 月起，国统区的爱国民主运动便轰轰烈烈地开展起来。11 月下旬，昆明掀起了声势浩大的反内战学生运动，这一运动虽然遭到国民党当局的镇压，酿成了震惊全国的“一二·一”惨案，但它却激起了全国人民反美反蒋运动的第一个大浪潮，为开辟第二条战线吹响了第一声号角。

学生运动是第二条战线斗争的先锋和主体，学生运动的高涨促进了整个人民运动的高涨。从 1946 年下半年起，规模巨大的民主运动席卷了国统区 300 余个县，参加人员达 84 万之多。1947 年 2 月 28 日，台湾人民掀起了历时半个多月的反抗国民党暴政的武装起义，这次起义虽遭镇压，但却推动了国统区民主运动的发展。同年 5 月，因粮价持续暴涨在杭州掀起的“抢米”风潮又席卷了国统区 40 余个大小城镇，参加“抢米”的群众达 17 万人以上。1947 年，仅上海、天津、北平等 30 多个大中城市就有 320 万人参加了反抗国民党反动统治的斗争，这些斗争与学生运动互相呼应、互相配合，沉重地打击了国民党的反动统治，逐步形成为与国民党政府进行面对面斗争的一条战线。国统区的学生运动不是孤立的，它是以工农群众的斗争为基础，并且得到社会上各阶层人民的有力支持。

“到了一九四七年的下半年，国统区的爱国民主运动的新高涨，已形成了人民大革命的第二条战线，它直接配合了解放区武装斗争的第一条战线，中国人民在这两条战线上所取得的胜利，加速了蒋家王朝崩溃的步伐。”①解放战争时期，国民党统治区广大爱国学生、民主党派人士、工人、市民及其他各阶层人民群众，在中国共产党领导下，在国统区反对当时国民党反动政权坚持内战、独裁、卖国等行为的爱国第二战线民主运动，有力地配合了人民解放军军事战场的第一条战线，积极斗争，对推翻反动统治、建立符合全中国人民利益的新中国具有非常重要的作用和伟大的历史意义。

故此，我们在客观、理性、全面地重新梳理解放战争时期第二条战线的内涵、形成及其伟大的历史意义的同时，还应该看到其在我国现今进行中国特色社会主义建设、实现中国小康社会的进程中，在以习近平同志为核心的党中央的领导下实现中华民族伟大复兴的中国梦的伟大现实意义。

---

① 宋平:《蒋介石生平》,吉林人民出版社 1987 年版,第 488—489 页。

结　语

一切为了群众、一切依靠群众，从群众中来、到群众中去，这是中国共产党群众路线的主要内容。群众路线是党的根本工作路线，也是党的一个基本的工作方法。历史充分证明：保持党与群众的血肉联系，必须要坚持群众路线；保证党的各项工作取得成功，必须要坚持群众路线。群众路线是党的生命线，全心全意为人民服务是党的根本宗旨，密切联系群众、全心全意为人民服务也是中国共产党与其他任何政党的显著区别。因而，做好群众工作对于中国共产党极其重要。

中国共产党正是在与群众密切联系中诞生、壮大、成熟起来的。习近平总书记在庆祝中国共产党成立95周年大会上强调："坚持不忘初心、继续前进，就要坚信党的根基在人民、党的力量在人民，坚持一切为了人民、一切依靠人民，充分发挥广大人民群众积极性、主动性、创造性，不断把为人民造福事业推向前进。"①这种党群"鱼水关系"在抗日战争时期和解放战争时期的第二条战线中展现得淋漓尽致。

（作者单位：重庆红岩革命历史博物馆）

① 《庆祝中国共产党成立95周年大会在京隆重举行》,《人民日报》2016年7月2日,第1版。

试论南方局的隐蔽斗争策略及对解放战争的历史贡献

王祥宇　高金虎

摘　要： 抗日战争时期，中共中央南方局在国民党统治区复杂凶险的斗争环境中始终高举抗战、民主的旗帜，在隐蔽战线工作中采取了公开与秘密相结合、合作与斗争相结合等一系列切合实际、灵活多变的方式，发展了大量的情报关系，获取了大量的战略情报，为夺取抗日战争的胜利做出了贡献，其隐蔽斗争策略成为我党情报工作史上的宝贵财富。

关键词： 南方局；隐蔽战线；情报；统一战线；策略

1939 年 1 月，中共中央在国民党统治核心的重庆建立的以周恩来为领导核心的秘密代表机关——中共中央南方局，其主要任务是代表中共中央与国民党当局进行对话联络，与国民党及其他民主党派进行统一战线工作，指导党在南方国民党统治区及沦陷区的工作等[①]。由于政治上处于国民党统治的核心区域，因而这一时期的南方局与同时期成立的其他中央局以及历史上有过的南方局[②]相比，其隐蔽工作的开展更为艰难，隐蔽战线工作的策略也更具特色。

一、"公开"结合"隐蔽"，全方位开展情报工作

刘少奇在《论公开工作与秘密工作》一文中指出：公开工作与秘密工作，是党的工作之两种方式，是一件事情的两种表现形态，两者"都同是党的工作，都是为了要达到党的同一目的"[③]。抗战时期，南方局地处国民党中央政权的所在地，虽然当时国共双方实

---

① 中共云南省委党史研究室：《中共中央南方局的军事工作》，中共党史出版社 2009 年版，第 1 页。

② 历史上曾经组建过 3 次南方局，分别为 1927 年、1930 年和 1939 年。参看李蓉：《中国共产党历史上的南方局》，载《党的文献》2004 第 3 期。

③ 《中共中央文件选集》(第 12 册)，中共中央党校出版社 1991 年版，第 603、600 页。

现了第二次合作，建立了抗日民族统一战线，但国民党政府并不承认共产党在国统区的合法地位，并全面禁止共产党在国统区的公开活动。这意味着南方局只能以八路军驻重庆办事处这个公开合法机构和获准公开发行的《新华日报》与《群众》周刊为依托，把公开活动与秘密活动、合法斗争与地下斗争、官方渠道与民间渠道结合起来开展情报工作。利用合法身份进行统战工作，成为当时南方局的主要活动方式之一，为南方局情报工作的顺利开展做出了巨大贡献。

统一战线是我党夺取新民主主义革命胜利的三大法宝之一。南方局在建立之初，就将维护国共合作抗战大局，巩固发展抗日民族统一战线，推动民主，争取抗战胜利作为自己的根本任务①。周恩来等领导同志充分利用中共代表或国民参政会参议员的身份，广泛交友，进行了卓有成效的工作。1938 年夏，董必武、林伯渠、陈绍禹到武汉参加国民参政会，路过成都时同当时西康地区地方实力派首领刘文辉进行了短暂会晤，内容包括如何团结地方力量，坚持抗日战争，反对蒋介石的对日妥协政策。据刘文辉说，这次会晤使他详细了解了中国共产党抗日救国的方针和抗日民族统一战线政策，为他“亲共开辟了一条坦途”②。1939 年 5 月，王若飞、董必武和林伯渠又与刘文辉在重庆潘文华的家中会晤，向刘分析了国内外形势，增强了刘文辉对抗战必胜的信心。1942 年 2 月，周恩来在民族资本家吴晋航的公馆会见了刘文辉，向刘详细解释了我党提出的“坚持抗战，反对投降；坚持团结，反对分裂；坚持进步，反对倒退”的口号，以及促进西南民主力量的团结，使之联合起来抵制和反对国民党政府的一切反动政策和对日妥协投降政策的主张。周恩来表示，中国共产党愿意在政治上给予其支持。1942 年 6 月，经双方商定，中共从延安派王少春到刘文辉的军部所在地雅安，在国民党特务严密监视的险恶环境里，建立了同延安直接联络的秘密电台。王少春每日同延安联系，向党中央报告川康地区的军政动态。党中央通过秘密电台获取了许多关于大后方的信息，同时也进一步做好了刘文辉的统战工作，促使他坚持抗战，反对独裁。

在我党情报史上，阎宝航无疑是一个神秘而耀眼的名字。阎宝航 1937 年入党，此后一直以“民主人士”“党外人士”的身份进行党的统一战线工作。抗战开始后，周恩来嘱咐他要利用与国民党上层人物联系广泛的优越条件，开展统战工作，为党搜集情报，包括国际情报。③ 在重庆，阎宝航以自己曾在南京担任新生活运动促进总会书记及东北救亡总会负责人的身份，与重庆政界、商界、文化界等各方面人士联络，广交朋友，利用参加各种会议、活动、宴会的时机，为党从事隐蔽战线上的情报工作。1941 年 5 月间，阎宝航在一次欢迎德军代表的宴会上，从当时国民政府驻德武官桂永清处得到纳粹德国突

---

① 中共云南省委党史研究室:《中共中央南方局的统一战线工作》,中共党史出版社 2009 年版,第 10 页。

② 刘文辉:《走到人民阵营的历史道路》,载《文史资料选辑》(第 33 辑),文史资料出版社 1963 年版,第 6 页。

③ 王连捷:《英雄无名——阎宝航》,团结出版社 2008 年版,第 213 页。

袭苏联的准确日期，由于事关重大，阎宝航又向国民党高层的于右任和孙科进行了证实。确定了情报的准确性后，阎宝航立即报告周恩来，中共中央通过延安电台将这份极有价值的情报转告了苏联，斯大林对此亲自回电表示感谢。

1941 年 12 月 3 日，时任国民党军政部所属“军用无线电台总台第四十三台”主任的池步洲，破获了日本即将偷袭美国珍珠港的情报，这份情报在上报上级特务机关的过程中，被阎宝航获知，阎立即向党中央做了报告，党中央转告苏联，并由苏联通知美国。然而这份情报并没有引起美国海军的注意。12 月 8 日，日本发动偷袭，美国人才如梦初醒。

1944 年夏，阎宝航得知国民党军委三厅存有关于日本关东军兵力部署的详细材料，便通过他的老朋友宁恩诚，与时任国民党军委第三厅副厅长的钮先铭频繁往来。正巧，此时陈诚让阎宝航了解日本是否会进攻苏联，这就使得阎宝航名正言顺地从钮先铭那里借来了关东军的详细资料，并立即交给了苏联使馆拍照记录，三日后又由阎宝航交还钮先铭。这份情报使得苏联对关东军在东北的陆、空军配置及要塞地点、布防计划、兵种兵器，甚至部队人数、将领姓名都了如指掌。也正是得益于这份情报，苏军才能够在对日开战后只用了几天时间就全面突破了关东军经营十几年的防御体系，彻底摧毁了日本的这支王牌军。

这些情报的获取正是周恩来、阎宝航等人统战艺术的集中体现。国民党中统负责人徐恩曾感叹道：“周恩来搞统战，犹如水银泻地，无孔不入。细数吾党同仁，难有与其相匹敌者也！”①

二、既合作又斗争，分层次建设情报关系

抗日民族统一战线建立后，根据国共两党的协议，同为国民革命军国共两党军队分别担负正面战场和敌后战场的作战任务，这就要求双方必须互通情报，开展情报合作工作，以达到相互配合的目的。虽然在抗日战争相持阶段，特别是国民党五届五中全会确定“反共、防共”的方针后，国民党方面对国共合作抗日已日渐冷淡，两党合作抗日的局面几度濒于破裂，但在中国共产党的努力下，双方仍进行着一定的联络与合作。在这其中，南方局作为中共的代表机构，始终扮演着“中转站”的角色，在两党两军的合作沟通，特别是情报合作方面有着极大的贡献。

---

① 黄竞文、杨耀健、丁亮春：《相交贵在心相知》，《中国统一战线》2014 年第 10 期。

国共两党两军的敌军情报互通工作主要是由南方局军事组担任，中共方面将所有收集到的日伪军情报，如：参战部队的番号、部队主官、作战特点、武器装备、后勤补给等情况，经过查实后，一并电告南方局。南方局收到电报后，组织军事组人员进行研究分析，划分出哪些需要急报，哪些可缓报，属最重要的情报立即转报国民政府军事委员会有关部门和人员，属一般性情报每月一次综合报告。① 同时南方局又将国民政府军事委员会每日的《敌伪广播》和每周的《敌情通》进行分析后，根据其重要程度和涉及的地区分别拟成电稿，通过电台转报延安党中央、八路军总部、新四军军部及共产党领导的各抗日部队。除此之外，南方局还派遣军事组负责人叶剑英带领部分干部和工作人员参加南岳游击训练班的工作。训练班的学员中不仅有军官学员、党政干部、青年学生，还包括第九战区谍报班的学员②。在课程安排方面，游击战争是教育训练的中心，并且教授通讯、化妆术、敌情研究、情报业务等课程。这些也成了中国共产党维护以国共合作为基础的抗日民族统一战线大局的具体表现。

抗日战争进入战略相持阶段后，以蒋介石为首的国民党当局面对日本的政治诱降方针，以及看到共产党及其领导的武装力量不断壮大，其坚持抗战的决心有所动摇，采取了消极抗日、积极反共的政策。1939 年 1 月，国民党五届五中全会通过了《整理党务》决议和《限制异党活动办法》等文件，正式确定了“溶共、防共、限共、反共”的方针，这标志着国民党政策的重点已由对外转向了对内③。此后，国民党顽固派在政治上制造谣言，破坏抗日团体，迫害共产党员；在军事上向共产党领导的八路军、新四军及各抗日根据地发动进攻，制造了确山惨案、平安惨案等，先后掀起了三次反共高潮。面对国民党破坏抗战和破坏团结的一系列活动，中国共产党并没有姑息、退让，而是展开了坚决的斗争。毛泽东指出：“在抗日统一战线时期中，斗争是团结的手段，团结是斗争的目的。以斗争求团结则团结存，以退让求团结则团结亡。”④为及时了解国民党破坏抗战、积极反共的阴谋活动，处在国民党统治核心的南方局不得不采取针锋相对的做法，通过各种关系深入国民党的各类组织和机关内部了解情况，从不同的层次获取情报，以便采取有效对策。

1935 年，不到 20 岁的沈安娜在上海的白色恐怖下，投身革命，成为中国共产党“中央特科”后期的一名小兵⑤。从此，沈安娜与同为“中央特科”一员的丈夫华明之，开始了他们长达 14 年的潜伏生涯。抗日战争全面爆发后，1938 年 5 月在武汉，周恩来、董

---

① 中共云南省委党史研究室：《中共中央南方局的军事工作》，中共党史出版社 2009 年版，第 47 页。

② 戚厚杰：《南岳游击干部训练班》，《民国档案》1991 年第 3 期。

③ 中共云南省委党史研究室：《中共中央南方局的军事工作》，中共党史出版社 2009 年版，第 137 页。

④ 《毛泽东选集》（第 2 卷），人民出版社 1991 年版，第 745 页。

⑤ 沈安娜口述，李忠效、华克放整理：《丹心素裹：中共情报员沈安娜口述实录》，中共党史出版社 2016 年版，第 351 页。

必武指示沈安娜，利用自己的速记技能以及和原来的“上司”——国民党中央党部秘书长朱家骅的关系，打入国民党核心机关——中央党部机要处，任速记员；华明之从旁指导、帮助、掩护，共同为党搜集情报。在朱家骅的帮助下，沈安娜以国民党“特别党员”[①]的身份进入中央党部工作，并很快担负起国民党中央党务委员会、国民政府会员会、国防最高委员会等重要会议的速记任务。1939 年 1 月，沈安娜被确定为即将召开的国民党五届五中全会的速记员。利用这一机会，沈安娜将获取的国民党发动反共高潮的纲领性文件《限制异党活动办法》和《共产党问题处置办法》第一时间上报给中共中央南方局。后来，根据沈安娜提供的材料以及其他来源提供的材料，八路军政治部印发了《磨擦从何而来》的小册子，从而揭露了国民党的反共阴谋，打击了国民党的反共气焰。

在国民党军统电讯总台工作的进步军官张蔚林、冯传庆，由于不满国民党政府的腐败黑暗和消极抗日，积极主动地与南方局联系，希望能够到延安去参加抗日。南方局军事组负责人叶剑英得知这一情况后，为了发挥张、冯两人更大的作用，劝说他们继续留在军统工作，为党获取情报，不久，又发展二人为中共秘密党员。1939 年 10 月，南方局派遣中共地下党员余家英以张蔚林妹妹的身份为掩护，化名张露萍打入国民党军统电讯总台，并领导张、冯两人进行情报搜集工作。在南方局的指导下，张露萍还积极发展了杨光、赵力耕、陈国柱、王希珍等军统人员，建立了军统电台内部的秘密党支部，张露萍任支部书记。秘密支部很快将军统所有电台的密码、呼号、波长等情报传递给了南方局，这就使得军统的秘密电台都暴露在中共的侦听之下。[②] 一次，戴笠给胡宗南发去密电，要胡宗南帮忙将军统秘密派遣的一个“三人小组”送入陕甘宁边区。这一情报被张露萍等获得后立即送到了南方局，南方局又发给延安，军统的特务小组刚刚进入边区，就被守候在那里的边保人员抓获。军统方面十分震惊，他们无论如何也想不到军统内部存在着中共的秘密支部。

除了以“打进去”的方式进入国民党重要部门获取核心秘密和战略情报外，南方局还利用各种机会在国民党军队中广泛交友，特别是国民党的中下级军官。1939 年 2 月至 1940 年 3 月，国共两党在湖南南岳衡山创办了游击干部训练班。周恩来、叶剑英等人通过在训练班做报告和教学的方式，向学员宣传抗日民族统一战线和持久战的战略思想，激发了广大学员的爱国热情。一些学员由于对蒋介石的法西斯独裁不满，主动到重庆找南方局送情报。有的学员来不了就以写信或者派亲信找南方局军事组的成员谈情况，或者把情报伪装成邮件写交某人，转送《新华日报》营业部，再由营业部转交南方局军事组。这些学员为党提供了不少重要情报，有些情报很有价值，如国民党各部队驻防、换

---

① 特别党员是由 3 个国民党中央委员介绍入党，手续简单，批准时间快。党证编号前有个“特”字，这在国民党内部被认为是有后台，有来头的。

② 郝在今：《中国秘密战：中共情报、保卫工作纪实》，金城出版社 2015 年版，第 232 页。

防及有关装备等，甚至还有国民党的军用地图。正如原南方局军事组成员薛子正所说：“我们从国民党那里弄来的军事情报，一部份是我们秘密派进去的同志搞的，另一部份就是靠这些学员和各种老关系搞的。”①

三、布闲棋下冷子，在解放战争中屡建奇功

“不谋万世者，不足谋一时”，周恩来作为我党隐蔽战线工作和情报机构的缔造者，以高瞻远瞩、未雨绸缪的战略眼光，利用第二次国共合作的时机，向国民党当局的重要部门派遣秘密党员，布建情报网络，在长期潜伏的过程中，他们受到国民党上层的信任，有的还被委以重任。随着解放战争战略反攻阶段的到来，大批潜伏在敌人要害部门的秘密党员被“激活”，他们利用自身的优势，积极为党提供大量情报，对加速人民解放战争进程起到了关键作用。

熊向晖，1936 年参加中共在清华大学的外围组织“中华民族解放先锋队”，并由中共在清华大学的负责人蒋南翔介绍，秘密加入中国共产党，受周恩来直接领导。抗日战争爆发后，熊向晖受组织派遣报名参加了湖南青年战地服务团，到胡宗南部“服务”。对熊向晖今后的工作安排，董必武代表周恩来与其有过一次长谈，要求他必须隐藏党员身份，尽快适应环境，做“闲棋冷子”，虽身在国民党内，但同流不合污。后来，深得胡宗南器重的熊向晖担任了其机要秘书一职，这让他有机会接触到国民党上层的核心机密，并利用特殊身份，给党提供重要情报。1943 年蒋介石以共产国际宣布解散为由，密令胡宗南出兵闪击陕甘宁边区，熊向晖得知后，迅速将胡宗南的作战计划报往延安。党中央获得这一情报立即采取措施：由朱德致电胡宗南，揭露其阴谋，抗议其挑衅活动，最终使胡宗南放弃了进攻计划。解放战争时期，1947 年 3 月，熊向晖再次将胡宗南进攻延安的作战计划密报党中央，使得党中央及时撤离延安。周恩来称赞熊向晖：“关键时刻又一次保卫了党中央。”此后，熊向晖多次将胡宗南部的情报上报党中央，甚至蒋介石的作战命令还没有下达到胡宗南部的军长，党中央就已经知道了。同时，熊向晖将胡部使用先进设备探测我党在解放区电台方向的情况传递给党中央，使得周恩来及时调整电台工作，再一次保护了党中央的安全。

与军政机构相比，中共中央南方局在经济领域布下的“闲棋冷子”更是在解放战争中给予了国民党当局致命打击。1927 年，作为留美学生代表的冀朝鼎，前往欧洲

① 重庆现代革命史资料丛书编委会：《回忆南方局》，重庆出版社 1983 年版，第 37 页。

出席世界反帝、反殖民主义大同盟大会，并加入了中国共产党。1929 年，冀朝鼎由组织安排继续在美攻读经济学，同时开展国际统战工作。1941 年太平洋战争爆发后，冀朝鼎返回国内，由周恩来指示其接近国民政府的实力派人物——财政部部长孔祥熙，并借孔的关系打入国民政府经济部门担任要职，同时冀朝鼎“白天通过美国使馆获得了大量情报，晚上就化装直接找周恩来汇报”①。解放战争期间，冀朝鼎在经济领域的贡献，加速了蒋介石政权的瓦解与崩溃。

四、深入群众工作，积极建设“第二条战线”

为了完成最终战胜日本侵略者这一历史任务，中共中央及南方局深刻认识到，坚持抗日民族统一战线的旗帜，不仅要强调国共团结，更在于巩固和扩大群众的团结，发动国民党统治区最广大人民群众坚持抗战。毛泽东也指出，南方局的工作方针是：“一、巩固党；二、深入群众工作；三、向中层阶级发展统一战线。这是今后南方局的严重任务，要这样去适应新的环境与党的总任务。”②在国民党统治区域，南方局及其领导的各地中共组织，改变了以往轰轰烈烈发动群众的工作方式，按照“三勤、三化”要求，深入群众，建立据点，积蓄力量，影响和团结了工人、农民、知识分子等广大进步群众，不仅使抗日民族统一战线具有更加广泛的群众基础，也为解放战争中反对美蒋的“第二条战线”③的形成积蓄了中坚力量。

1939 年秋，中共中央发出了《关于深入群众工作的决定》等系列文件，南方局积极贯彻中央指示，将群众工作与统战工作相结合，工作对象除了工人、农民、青年和妇女外，还包括各抗日中间党派、民族资本家、地方实力派等中间势力。南方局领导人周恩来结合国统区严峻的政治局势，并针对各阶层社会的文化背景各异，所持政治观点和诉求不同的复杂情况，提出了“领导群众的方式和态度要使他们不感觉我们是在领导”④的新观点，指示广大党员不仅要看到中间势力消极的一面，同时要看到其积极抗日的一面，团结一切可以团结之力量，以发展抗日民族统一战线，不断扩大党在群众中的威望和影响。为针对不同阶层群众开展工作，争取中间力量，南方局制定了“扶助进步团

---

① 山旭：《冀朝鼎：经济学家在“潜伏”》，《资治文摘》2009 年第 11 期。

② 金冲及主编：《周恩来传》，中央文献出版社 1998 年版，第 561 页。

③ 解放战争时期国民党统治区广大爱国学生、工人、市民及其他阶层人民，在中国共产党领导下，反对美军暴行，反对蒋介石政权的内战、独裁、卖国政策的爱国民主运动，相对于中国共产党领导的人民武装反对国民党军队的军事斗争战线，故称第二条战线。

④ 《周恩来选集》（上卷），人民出版社 1984 年版，第 131 页。

体，照顾小党派利益”的工作方针，充分利用各种时机与中间党派、无党派人士、民族工商界人士、地方实力派进行接触，与他们坦诚相谈，建立友谊。周恩来、董必武等南方局领导人身体力行地多次登门拜访宋庆龄、李济深、何香凝等国民党元老和民主派人士，与他们共商国是，积极了解他们对时局的看法；深入细致地做张治中、张冲、冯玉祥等国民党上层的工作，积极向他们宣传我党的抗战主张，在长期的工作交往中增进友谊，从未因两党关系的恶化而彼此疏远，使他们转变态度，成为国共合作、团结抗战的推动者；在被称为“民主之家”的特园，周恩来常与张澜、黄炎培、沈钧儒、梁漱溟等民主人士密切交谈，争取他们对我党的理解和支持，建立起共同进退，相互扶持的关系，并积极促成了中国民主革命同盟的创建。

1943 年后，世界反法西斯战争节节胜利，抗日战争也进入了战略反攻阶段。此时，大后方不断掀起反对国民党一党专政的民主运动浪潮，各阶层均发表呼吁民主政治的主张。1944 年 9 月 15 日，林伯渠根据中共中央指示，在三届三次国民参政会上正式提出废除一党专政、建立民主联合政府的主张，这立即引起国内外强烈反响，各民主党派和民主人士纷纷发表文章，表示赞同和拥护：10 月 10 日，中国民主同盟发表《对抗战最后阶段的政治主张》，要求国民党当局立即结束一党专政，承认各党派的合法地位，召集各党派会议，建立联合政府；翌年 2 月 22 日，重庆各行各业青年包括学生、中小学教师、公司和工厂职员等在《新华日报》上联名呼吁成立民主联合政府。重庆妇女界李德全等 300 多人，昆明文化界闻一多、潘光旦、罗隆基等 300 多人，成都文化界 100 多人先后发表联合宣言，一致响应共产党关于召开国事会议、建立联合政府的号召。海外侨胞也发表宣言，举行集会，拥护成立民主联合政府的主张。①

然而国民党顽固派进一步实施独裁统治、特务统治，使国统区再次燃起民主运动的烈火：1944 年 9 月 24 日，共产党代表、各民主党派、民主人士、各界人士代表等 500 余人在重庆集会，要求国民党结束一党专政，实行民主；10 月 7 日，华西大学、金陵大学、金陵女大等 5 所大学 12 个社团在华西坝体育馆联合召开“国是座谈会”，社会各界 2000 多人参会；10 月 10 日，重庆复旦大学举行国庆纪念晚会，上千师生参加，法学院院长张志让、教授周谷城等在会上发表演讲，要求革新政治，实行民主；同日，由 6000 多人参加的“纪念双十节，保卫大西南”群众大会在昆明举行，大会通过了响应中共主张建立联合政府、结束国民党一党专政的宣言。虽然中国共产党关于成立民主联合政府的主张最终被国民党顽固派拒绝，但它的提出为全国人民指明了斗争的方向，使各类民主运动高潮迭起，特别是赢得了民主党派和民主人士的广泛支持，使得国民党蒋介石政府进一步陷入孤立和被动的局面，也为下一阶段反独裁、反内战的民主运动奠定了基础。

---

① 中共云南省委党史研究室：《中共中央南方局的群众工作》，中共党史出版社 2009 年版，第 123 页。

在解放战争中，各民主党派与民主人士积极同中共配合，他们利用自己的社会关系开展对国民党军队的策反瓦解工作和情报搜集工作，有的党派还组织起了自己的武装支援配合人民解放战争，这些举措都促使了“第二条战线”的形成。这虽然是人民革命大势所趋的结果，但同时也表明了各民主党派及各个阶层对中国共产党的支持和认同，这种支持和认同只能在长期交流和了解中慢慢形成，不可能一蹴而就，因此，从这个意义上讲，这也是抗战时期中共中央南方局对中间势力长期争取和团结所取得的显著成果。“第二条战线”的形成，极大地推动了中共争取政治斗争的优势，使广大群众积极参与到反美反蒋的民族民主统一战线中来，最终加速了国民党蒋介石政府土崩瓦解的进程。

五、全面审时度势，灵活调整工作方式

南方局隐蔽战线工作的开展始终坚持中共中央的正确路线和方针政策，但又由于南方局及其所属的各级党组织处在国民党统治区和沦陷区，与解放区的政治环境有很大的不同，这就意味着南方局必须根据实际情况的不同，根据各个时期的形势、任务的要求，采取灵活多样的组织方式和工作方式，使隐蔽战线工作在极其困难的条件下得以顺利进行。

国共合作初期，两党关系比较正常，交流也比较频繁，南方局成立后，从坚持抗战的大局出发，对国民党采取真诚合作的态度。作为国统区与延安联系的枢纽和桥梁，南方局将收集的有关日军、伪军的情报以及中共领导的军队对日作战的战况，向国民政府军事委员会报告，同时将国民政府军事委员会编印的《敌伪广播》和《敌情通报》报送中共中央领导人参考。这一时期，南方局通过各种公开和秘密渠道，用各种方式对民众进行爱国教育宣传，并从中培养大批革命进步分子，积极推动讨汪运动的开展。

1940 年 3 月 14 日，国民党顽固派在成都策划所谓“抢米事件”，嫁祸于共产党，制造借口，查封了《新华日报》成都营业分销处，国民党的反共倾向日益明显地暴露出来。针对这一情况，毛泽东明确指出：“在敌占区与国民党统治区的政策，是一方面尽量地发展统一战线的工作，一方面采取荫蔽精干政策；是在组织方式和斗争方式上采取荫蔽精干、长期埋伏、积蓄力量、以待时机的政策。”①这标志着“荫蔽精干、长期埋伏、积蓄力量、以待时机”十六字方针的正式形成。

隐蔽不是躲避，埋伏不是藏起来，而是从公开转向秘密，深入到群众中去，扎根于群

---

① 《毛泽东选集》(第 2 卷)，人民出版社 1991 年版，第 763 页。

众，使党的根基更牢，其最终目的就是为了保存党的力量，锻炼党员和党的干部，更为重要的是到群众中去宣传群众、组织群众，发展积蓄力量，等时局好转立即起来战斗，只要真正做到了这点，也就从根本上转变了党的工作方式和工作方法。因此党提出的“十六字方针”是积极发展的方针，而不是消极等待的方针。周恩来根据当时国统区的严峻形势，在总结过去白区工作经验的基础上，创造性地提出了以“三勤三化”作为执行中央“十六字方针”的具体要求。“三勤”即勤学、勤业、勤交友。“三化”即社会化、职业化、合法化。“三勤三化”的中心是职业化，因为在国统区工作的共产党员，如果没有正当职业作为掩护，社会化、合法化就无从谈起、更谈不上勤学、勤业，也无法做到长期隐蔽，为党工作。

1940 年 4 月，南方局在讨论组织工作时，又专门研究了党员职业化、社会化问题。周恩来要求在国统区的每一个党员都要有正当的职业，要融入社会生活，在生活中进行斗争。已有社会职业的党员，应利用其有利条件为党工作，只有这样，才能把党的影响在群众中扩大，同时又能及时将群众的要求反映到党内来。职业化的党员，还必须勤学，通过学习来提高自己的政治觉悟和工作能力。此外，还要勤业，只有积极工作，才能取得上级的信任和群众的拥护，才能在社会中立住脚。勤交友是勤学，勤业的落脚点，就是开展统一战线工作，积蓄力量，而这种工作又是以社会化、合法化的方式进行的。所以，“三勤三化”原则是巩固党的组织，提高党员素质，转变党的工作方式、工作方法和积蓄力量的正确方针。

根据“三勤三化”隐蔽下来的广大党员和干部，深入到各个地方，默默无闻地做了大量工作，在自己周围团结了一批进步力量。在此基础上，以中共党员为核心，以进步人士为中心，以职业单位为阵地，建立了很多“据点”，联系和团结了周围群众，为抗战积蓄力量。这种据点，既无名称，又不定型，灵活机动，使国民党特务、宪警摸不清，抓不到。建立“据点”是南方局执行“三勤三化”方针的一大创造，为隐蔽积聚力量起到了重要作用。

结　语

抗战期间的中共中央南方局在国民党统治区复杂严峻的斗争环境中始终高举抗战、民主的旗帜，其隐蔽战线工作采取了公开与秘密相结合、合法与非法相结合等一系列切合实际、灵活多变的方式。特别是在国民党的反共高潮后，及时改变党组织的工作方式和组织形式，迅速由半公开状态转为“地下”，严格执行“荫蔽精干，长期埋伏，积蓄力量，以待时机”的方针。周恩来更是创造性地提出了“三勤”（勤学、勤业、勤交友）和“三化”（职业化、社会化、合法化）的要求，这些经验是我党隐蔽战线工作的宝贵财富。

南方局的隐蔽战线工作不但使各级党组织在国统区站稳了脚跟，壮大了力量，维护了抗日民族统一战线的完整，为抗日战争的最终胜利做出了贡献，同时也为解放战争的胜利以及新中国的成立打下了坚实基础。正如胡乔木所说：“没有南方局的大量工作，就没有抗战时期那么一种局面，团结了大后方那么多的人，把抗战坚持了下去，还保存了我们党的一大批精干力量；没有南方局的大量工作，就没有后来解放战争时期那样大规模的群众运动，形成那样强大的第二条战线……没有南方局在大后方进行的广泛的统一战线工作，就很难把当时在国民党区域的各民主党派和各方面人士团结在我们共产党周围，后来我们成立新中国的情况就会不一样，就没有今天这样的格局。”①

（作者单位：王祥宇，国防科技大学；高金虎，国防科技大学）

① 胡乔木：《党史是党和人民群众共同奋斗的历史——胡乔木同志在重庆的谈话》，载《南方局党史研究论文集》，重庆出版社1993年版，第1—2页

南方局隐蔽战线工作及对四川解放的历史贡献

杨　萍

摘　要：南方局作为中共中央设置在南方国民党统治区统治中心重庆的秘密领导机构，带领四川等地党组织根据“荫蔽精干，长期埋伏，积蓄力量，以待时机”的方针，在国民党顽固派先后发动的三次反共高潮中，结合实际创造了“使党员成为隐蔽的、坚强得力的、与群众有联系的、善于影响和推动群众的干部”的条件，并制定了“三勤”“三化”要求，使党的工作在群众中扎下根，有力地应对了时局的变化，保存了力量，四川地下党在隐蔽战线斗争中加强了自身组织建设，为四川解放积蓄了力量。

关键词：南方局；隐蔽战线；四川党组织

中共中央南方局（以下简称“南方局”）作为中共中央设置在南方国民党统治区统治中心——重庆的秘密领导机关，在国民党统治区带领四川、云南、贵州各地党组织与国民党顽固派进行了坚决的斗争。为保存实力、壮大党组织，以周恩来为书记的南方局根据中共中央“荫蔽精干”方针，制定了“勤学、勤业、勤交友”和“职业化、社会化、合法化”的政策，指示国民党统治区的中共党员深入社会、独立工作、埋头苦干，通过自己的实际行动为新中国的成立，为四川的解放做出了贡献。

一、中共地方党组织在国统区执行隐蔽战线方针的必要性

土地革命时期，王明“左”倾教条主义错误在中央取得统治地位，四川省委按照临时中央的“左”倾冒险主义和关门主义方针，在四川各地迅速发展农民运动和农民武装斗争，同时派员到军阀部队做兵变的准备工作。之后，四川省委按照中央的几次指示精神转变工作方式，推动革命高潮的到来。各级党组织积极发动群众斗争，拥护苏维埃、拥护红军；在城市领导工人、店员示威请愿，包围政府机关，要求增加工资、年关分红、发清欠饷，反对开除解雇；反对军阀武装镇压工人罢工，禁止士兵参加反日的武力镇压。

如梁山、达县虎南地区与南充、南部、三台、宜宾等县都组织了农民开展抗债、雇农要求增加待遇的斗争；组织农民武装，为开展游击战争创造条件。在“左”倾教条主义错误的指导下，四川党组织在政治上执行王明的“进攻路线”，不断组织农民暴动和兵变，但这种只依靠少数人拼命、不顾一切蛮干的“左”倾盲动，不但使绝大多数斗争归于失败，使许多党团员和革命群众牺牲，而且也使原本利用职业和社会关系掩护开展工作的党员和组织暴露。四川党组织因此不断削弱和缩小，直到 1935 年 6 月省委被破坏。

1939 年 1 月，中共中央南方局在重庆成立，这之前刚刚恢复不到两年的川康、川东等四川党组织终于在南方局领导下开始了公开和半公开的活动。但是因为这一时期党的干部大都暴露，干部中流行小日记本子，泄密危险很大。南方局为了改变这一现状，做出了《关于秘密工作的决定》。意想不到的是，这个决定发出不久，被国民党特务机关查获，并根据文件内容四处追查南方局的存在，企图予以破获，作为攻击中国共产党的重要把柄。8 月 18 日至 23 日，中共中央政治局连续召开会议，专门讨论南方党的工作问题。并于 8 月 25 日发出《中央政治局关于巩固党的决定》，指出：“在思想上政治上组织上巩固党，成为我们今后极端严重的任务”，“党的发展一般的应当停止，而以整理紧缩严密和巩固党的组织工作为今后一定时期的中心任务”。[①] 此后，南方局围绕巩固党这一中心任务，领导大后方党组织采取了一系列组织措施，其中包括撤退已暴露干部；提拔和培养新干部；清洗内奸和防止内奸；保证领导机关安全；缩小组织，整理组织，提高党员质量；转变组织形式和斗争方式等。经过这一系列艰苦细致的工作，使党的组织增强了应对突发事变的能力。但是，这种组织形式的转变，很不平衡，也很不彻底。在国民党实行“肃清”政策的恶劣环境下，大后方的党组织仍然处在一个生死存亡的关键时刻。

抗日战争全面爆发以后，国共两党第二次合作，开创了联合抗日的新局面。但是，国民党五届五中全会却把对付共产党问题作为主要议题。国民党中央社会部派“视察员”项学儒到成都进行特务活动，侦查大声周刊社、星芒社等进步刊物和其他进步社会团体的活动情况，写成《成都异党活动团体调查表》密报回社会部，并按密报抓捕共产党员和进步人士，取缔进步社团。

国民党顽固派还将主要矛头对准了中国共产党及其设在重庆的代表机关南方局，企图同时打击四川实力派，实现一箭双雕。1940 年国民党特务机关在成都制造“抢米事件”，诬陷共产党组织“抢米暴动”，并以此为借口，捣毁了《新华日报》成都营业分处，查封了《时事新刊》，逮捕了中共代表罗世文，中苏文化协会成都分会副会长、《大声》周刊负责人车耀先，武德学友会核心成员郭秉彝、汪导予等共产党人和进步人士，公

① 中央档案馆：《中共中央文件选集》(第 12 册)，中央党校出版社 1991 年版，第 156 页。

开枪杀《时事新刊》编辑、共产党员朱亚凡，《新华日报》成都营业分处负责人洪希宗等20多人被活埋。成都“抢米事件”成为国民党顽固派肃清大后方中共组织的突破口。国民党党政军警宪特高级要员召开“治安会议”，制定《川康防止奸党活动对策》等六个文件，要求各地区、各个单位、团体均须制订“防奸党活动有效办法，以普遍侦查奸党活动，实行主动的斗争”，并责令各地建立特种领导机构。[①] 国民党顽固派先后在阆中、南充、广元、万县、自贡、康定、乐山、大竹、西昌、巴县、重庆等地破坏中共组织，捕杀共产党员和进步人士。新的白色恐怖笼罩城市乡村，血雨腥风遍布巴山蜀水。从1938年开始恢复起来的四川中共党组织的活动空间被进一步挤压。至1941年1月，以皖南事变为标志，整个国民党统治区内出现了新的极度严重的白色恐怖。

不论是土地革命时期四川党组织因为王明“左”倾错误所遭受的破坏，还是南方局成立后国民党顽固派掀起的几次反共高潮，都使南方局认识到要使国统区中共党组织免遭破坏，保存党的组织和革命骨干，必须进一步贯彻中央“荫蔽精干，长期埋伏，积蓄力量，以待时机”的方针。为了保存力量，巩固在大后方的党组织，1941年10月24日，周恩来专门在南方局会议上强调：大后方党的任务是建立秘密党，保存力量，不能搞武装斗争。

二、在南方局领导下，四川地方组织坚持隐蔽战线方针，保存了地方党组织的实力

在国民党全面反共的“最黑暗局面”下，保存国统区党的组织和革命骨干，成为摆在南方局面前的严峻任务。四川地方组织坚持“荫蔽精干，长期埋伏，积蓄力量，以待时机”方针，保存了自身力量。

根据中央关于巩固党的决定，中共川康特委在1939年10月，制订了七项中心工作计划，并把“一般停止党的发展，实行紧缩政策，取消巡视制度，建立学校、工厂平行支部，减少不必要的联系，严格实行小区制”列在了首位。同一时期，中共川东特委召开会议着重讨论巩固党的问题，决定彻底改变抗战初期大搞群众运动的工作方法和工作作风，确定川东党转入巩固党的工作。1940年3月31日、4月1日，中共中央两电南方局，指示南方局对国民党顽固分子应引起严重警惕，立即采取各种应变措施。南方局接到指示后立即改组：川康特委采取紧急措施，缩小机构，领导人疏散下乡，完全转入地下活动；川东特委机关转入地下，减少活动，公开做统战工作的党员不参加党的秘密组织。

---

① 中共湖南省委党史研究室：《中共中央南方局的党建工作》，中共党史出版社2009年版，第118页。

在贯彻中央《关于巩固党的决定》的过程中，川康、川东特委都取得了很大成绩。据1941年统计，从1940年到1941年，川康特委所辖党组织人数由3000余人减少到1400余人，川东特委由3000人左右减少到1900人。

面对皖南事变后的险恶环境，中共四川党组织坚决贯彻中央"荫蔽精干，长期埋伏，积蓄力量，以待时机"的方针，把已暴露的干部撤退到偏僻的、特务不注意的地方找职业，代之以新的未暴露的干部；各级领导机关切实把握短小精干的原则；在特务严密监视的部门中，不建立支部，党员独立活动；把党和群众工作的重心，尽可能地放在利用社会习惯、政府法令与合法组织方面，以密切同群众的联系。通过上述措施，中共四川组织将党的力量深藏于群众之中，保存了党的组织和骨干力量。

1941年4月15日至17日，南方局以3天时间开会总结西南党前10个月的工作，认为西南辖区的川康、川东、贵州、云南、湖南、鄂西等党组织，执行中央决定，清洗、巩固组织，审查干部，取得了成绩，干部已职业化，但还未社会化，西南党已准备了建立秘密党的条件，可离开办事处在外单独领导。南方局将会议情况及时向中央做了汇报。4月27日，中共中央政治局会议专题讨论"国民党区域党的组织政策问题"，并根据国民党统治区内党的实际情况和迫切需要解决的问题，综合政治局会议讨论的意见，紧紧把握"保存党的组织"这个中心，起草了《关于大后方党组织工作的指示》（以下简称《指示》），大胆地提出了以保护组织存在为目的的新的组织办法。国民党统治区的各省特委贯彻中央《指示》，转变组织形式，采取了划小组织和缩小机构等步骤。从川康特委划分出川南、川北组织，分别成立了川南特委和川北工委；川东特委划分为上川东和下川东两个特委。特委机关缩小，不设组织、宣传等部委，不设书记，实行特派员制度，干部利用社会关系寻找职业。县委以下基层组织转变组织形式，主要实行"平行支部""单线联系""个人负责""党员转地不转党（组织关系）"，采用隔断联系、停止活动等果断措施，使党的一批重要干部和党的组织得以潜伏并保存下来。据南方局组织部的统计，至1941年底，川东特委3600多名党员，成功潜伏922人；川康特委4000多名党员，成功潜伏1100多人。大后方其他省区也有相当数量的党员干部成功潜伏下来，真正做到了"荫蔽精干"。

1942年1月，孔原在南方局做西南党工作总结报告。他说，西南党包括川东、川西、云南、鄂西、湖南等地党组织，经过几年来特别是一年多的忠实工作，已经使党有着巩固、长期埋伏的基础；经过清洗、反奸细斗争，保留党员3596人，减少的党员中，失去联系的停止活动的很多，减少的比例是一次比一次小，质量是逐次改善的。周恩来最后做总结发言，以建设坚强的战斗的西南党组织为目标，提出7个重要条件，要求各级党的组织善于使上层工作和下层工作相配合，公开工作和秘密工作相配合，公开宣传和秘密宣传相配合，党内的联系和党外的联系相配合；但配合不是暴露，要使5000（包括南方局机关和直接联系的）党员成为隐蔽的、坚强得力的、与群众有联系的并善于推动群众的干部；要在思想上、组织上巩固党，使西南党成为真正的、彻底的地下党，成为群众的党。周恩来强调说："这七点都做到了，我们西南党组织就是一个坚强的战斗的党组织，时机一到，立即可以起来战斗。"①

三、南方局领导的隐蔽战线工作为中国人民的解放事业做出了贡献

抗日战争后期，遵照党中央关于国统区我党实行"荫蔽精干，长期埋伏，积蓄力量，以待时机"的方针，在中共中央南方局的领导和安排下，四川地下党先后向延安和其他抗日根据地转移和输送了大批干部，留在四川地区有党的关系的党员大量减少。随着内迁院校和企事业单位迁回原地，地下党的力量相对减弱。抗日战争结束时，保存下来的县特支以上党组织只有川康特委、重庆市委和宜宾、巴县、万县、乐山 4 个中心县委及西昌中心特支。所有潜伏下来的干部，普遍实行"三勤"（勤学、勤业、勤交友）、"三化"（职业化、社会化、合法化），利用社会习惯或在法律许可的范围内，隐藏在工厂、学校、经济和军事机关中，以学习业务为主，很自然地形成了许多没有固定形式的学习小组，通过交朋友影响和联系进步群众形成了一种既无正式名称，又无固定章程的"据点"，以"滚雪球"的方式，扩大影响面，组成党的秘密外围组织，逐步在一些社团中取得领导权，具有了相当的号召力。南方局青年组联系的重庆"据点"，把重庆各学校的青年学生联结在一起，成立了"新民主主义青年社"（简称"新青社"）。成都"据点"邀请各大学进步分子，成立了"民主青年协会"（简称"民协"）。"民协"由最初的十五六人，发展到 278 人，领导学术团体、群众团体共 42 个，直接团结在"民协"周围的进步群众 600 至 800 人，受"民协"影响参加活动的群众达 2000 人。以"据点"为核心形成的外围组织，在新的民主运动中发挥了重要作用，成都的"市中事件"和重庆的"胡世合事件"都是在中共中央和南方局的领导下，由外围组织直接发动和组织的，并且取得了胜利。这些外围组织一直延续到解放战争时期，汇入了浩浩荡荡的第二条战线。

同时，为适应新形势下新的斗争任务的需要，四川地方组织在党中央和南方局的领导下在继续执行"荫蔽精干"政策的同时，改变组织形式和斗争方式，开始恢复和健全、发展党的组织，迎接革命斗争新高潮的到来。

首先，四川地方党组织清理和恢复或新建了一批地方组织。1945 年 9 月在南充建立

---

① 《周恩来选集》(上卷)，人民出版社 1980 年版，第 111 页。

了中共南充工委，以加强对嘉陵江流域革命斗争的领导。1945 年 10 月，古蔺、叙永、古宋和黔北赤水一带党组织与南方局接上关系。1946 年 1 月，建立中共川南地工委，以加强对川南及黔北地区革命斗争的领导。1946 年 3 月在遂宁建立了中共川北二工委，以加强对涪江流域及通、南、巴地区革命斗争的领导。加上早在 1945 年 8 月成立的西（阳）秀（出）黔（江）彭（水）党组织，这样，当时川康两省由南方局直接领导的下一级组织就由抗日战争后期的 4 个增加到 8 个。同时，各地区组织还先后恢复和新建了一批下属基层组织。

其次，采取多种方法巩固和发展党的力量和进步势力。各地党组织通过清理恢复了从前失掉组织关系的党员的组织关系，吸收了一批通过斗争实践考验的进步分子加入党组织。同时抓好巩固和发展在党领导或影响下的进步社团的工作，以壮大和发展进步力量。例如，川康特委领导下的成都党组织，在各大学中通过各种公开合法团体、学会、级会、自治会和伙食团等，广泛团结教育群众，发展进步力量，扩大党组织和党所领导的民协组织（1944 年 10 月成立，全称为民主青年协会），使党的力量得到较大的发展，进步力量进一步加强，为完成党在这一阶段的战斗任务做了必要的组织准备。

1946 年 6 月，国民党统治集团公然挑起了全面内战。中共四川地方组织为适应中共中央南方局（重庆局）东迁南京后领导四川及西南地区革命斗争的需要，同时为了“作广大合法斗争”，并“从四川开始逐渐把各省的省委都公开起来”，中共中央决定组建公开的中共四川省委。4 月 14 日，中共重庆局向党中央呈报了省委领导成员及分工名单。4 月 19 日，中央复电批准。4 月 22 日，中共四川省委召开第一次会议，中共重庆局书记董必武出席，宣布中共四川省委正式成立，书记为吴玉章，副书记为王维舟。省委直属中共中央重庆局（后为南京局）领导。4 月 30 日，周恩来举行离开重庆前的最后一次记者招待会，公开宣布了中共四川省委的成立，并公布了主要领导人名单。这是新民主主义革命时期四川省唯一一届公开的省委。省委建立后，领导四川、西康两省党组织，在重庆局东迁南京后，还领导云南、贵州两省党组织和《新华日报》的工作，这是中国共产党在西南最重要的领导机关。川康两省党组织总的秘密领导机关未能建立起来，省委部分领导成员在中共代表团驻重庆办事处与各地党组织秘密联系指导工作。直到 1947 年 2 月 27 日，国民党重庆警备司令部致函吴玉章，要求所有本市中共人员及眷属，统限于 3 月 5 日前一律撤离重庆。当晚 3 时，国民党派出军警包围搜查省委机关和《新华日报》馆，实行武力驱逐。2 月 28 日，中共中央电示省委，除可疏散及隐蔽者外，向延安撤退。经过一周斗争，省委遵照中央指示，于 3 月 7 日至 9 日将省委和报馆人员撤离重庆，回到延安，省委结束工作。

四川党组织在南方局领导下，根据“荫蔽精干，长期埋伏，积蓄力量，以待时机”的方针，在国民党顽固派先后发动的三次反共高潮中，用南方局结合实际创造的“使党员成为隐蔽的、坚强得力的、与群众有联系的、善于影响和推动群众的干部”的条件，按照“三勤”“三化”要求严格开展工作，使党的工作在群众中扎下根，为四川解放稳固了组织，在保存力量方面做出了重要贡献。

（作者单位：中共四川省委党史研究室）

南方局对新中国成立的贡献述论

耿　密　张　君

摘　要： 南方局在抗战前后所做的各项工作，为新中国的成立做出了重要的贡献。南方局在统战工作中，广泛团结中间势力，促进了民主党派的发展和壮大，为新中国政协会议的召开奠定了基础。在党建工作中，南方局在复杂的工作环境中，不断加强成员的党性教育，积极团结群众，加强自身应对复杂工作的能力和水平，为新中国成立初期的城市工作提供了可借鉴的经验。在文化和外事工作中，南方局创造性地开展工作，团结了大批文化精英，并积极开展对外宣传和外联工作，锻炼了队伍，为新中国文化和外交工作储备和锻炼了一大批人才。

关键词： 南方局；新中国成立；贡献

中共中央南方局（以下简称“南方局”）是抗日战争时期和解放战争初期党中央派驻在国民党统治中心重庆的代表机关。在艰难的环境下，周恩来、董必武、博古、邓颖超、叶剑英、吴玉章等老一辈无产阶级革命家率领一批同志坚定地、创造性地贯彻执行党中央的路线、方针和决策，团结带领整个南方局及其所辖区域党组织在国民党统治区和部分沦陷区进行了长达 8 年的艰苦卓绝的斗争，为中华民族和中国人民的解放事业以及新中国的成立做出了重大而独特的贡献。

在相当长的时期内，南方局的历史地位和历史功绩尚未引起人们足够的重视，特别是南方局对新中国成立所做的贡献，更是缺乏基本认识。十一届三中全会后，伴随着对党的历史发展的进一步认识，南方局的历史地位及其功绩才逐渐被人们所认识。① 笔者目力所及，学术界目前对南方局与新中国的成立研究很薄弱，仅有一篇论文②论述了南方局与新中国的成立关系，但还存在一些继续深入探析的研究空间。有鉴于此，本文对南

① 南方局党史资料征集小组：《南方局党史资料・大事记》，重庆出版社 1986 年版；南方局党史资料征集小组：《南方局党史资料》（共 6 卷），重庆出版社 1990 年版；周勇、胡大牛：《中共中央南方局的统一战线工作及其历史性贡献》，《中共中央党校学报》2002 年第 1 期；中共重庆市委党史研究室：《中共中央南方局史》，中共党史出版社 2009 年版；徐塞声主编：《中共中央南方局历史文献选编》，重庆出版社 2017 年版。

② 胡大牛：《南方局与新中国的成立和发展》，《探索》2009 年第 4 期。

方局所做工作中与新中国成立的密切关联做一初步梳理，以期引起学术界的关注而推动其研究的深入发展。

一、南方局的统战工作为新中国的成立奠定了重要的政治基础

抗日战争，是中国人民反对日本侵略者、争取民族独立和人民解放的正义战争。1937年，中国共产党和国民党进行了第二次合作，并在此基础上，团结全国各族人民，建立了抗日民族统一战线。抗战进入到相持阶段以后，国民党顽固派坚持“溶共、防共、限共”的反共方针，掀起一次又一次的反共高潮。以蒋介石为首的国民党顽固派还暗中与日本帝国主义勾结，团结抗战局面出现严重危机。在这种情况下，中国共产党开始加大对中间势力的争取力度。1939年1月16日，依据中共中央政治局会议的要求，南方局在重庆秘密成立，由周恩来、博古、凯丰、吴克坚、叶剑英和董必武任常委，周恩来任书记。从工作性质上看，南方局接续了长江局大部分的工作，如承担领导国民党统治区及部分沦陷区的党的工作、代表中共中央同国民党当局及其他党派打交道、担负开展统战工作、进行对外交往等。但是，南方局所管辖区域比长江局更为广阔，除了四川、贵州、云南、湖北、湖南、江苏、上海、广东、福建等省外，还包括香港、澳门等党组织以及海外华侨的联络。[①] 南方局以八路军驻重庆办事处、《新华日报》和《群众》周刊为依托，把公开活动和秘密活动、合法斗争和地下斗争巧妙结合起来开展工作。

南方局坚持在国统区发展进步势力，争取中间势力，孤立顽固势力，实现了党对抗日民族统一战线的领导权，争取了力量，赢得了人心。南方局遵循党的统战工作思路，与中间派人士个别谈话或举行座谈会、茶话会、演讲等，使中间派人士逐渐向共产党靠拢。南方局对国统区民族资产阶级的统战工作，是争取中间势力的一个重要方面。

中国资产阶级是具有两面性的阶级，一方面他们遭受帝国主义、官僚资产阶级和大地主阶级的剥削和压迫，具有反抗帝国主义和封建主义的革命性；另一方面，他们又与大地主、大资产阶级有着千丝万缕的联系，在反帝反封建斗争中具有软弱性。南方局通过三种方式对民族资产阶级进行统战工作：第一，南方局的主要领导人物如周恩来、董必武、邓颖超等与民族资产阶级各方代表人物进行经常性的交往，以期引导他们放眼世界、放眼未来，积极为争取抗战胜利而奋斗。第二，通过工商界团体联系广大商人。第三，通过《新华日报》和《群众》周刊以及周恩来的讲演等，对民族资产阶级进行教育宣传。

---

① 南方局党史资料征集小组:《南方局党史资料・大事记・前言》,重庆出版社1986年版,第3页。

周恩来曾说，国共合作是我党历来的统战方针，我们同地方势力和小党派的合作甚少。武汉时期过于注重国共合作，完全冷落了各小党派及地方势力。鉴于这一教训，重庆时期，我们在维护国共合作的情况下，重视其他方面统战工作的开展，因而取得了重大历史胜利。周恩来还提议部分中共党员与国民党民主派、爱国进步人士于1940年在重庆成立中国民族大众同盟，后来被改为中国民主革命同盟，即“小民盟”，这对中国革命胜利和新中国成立，做出了重大贡献。

在南方局的帮助和推动下，1946年4月在广州成立了民主促进会即“民促”，又于1943年2月在重庆建立了民主同志座谈会，后来改为三民主义同志联合会，即“民联”。这些为后来成立的中国国民党革命委员会提供了主要力量。在周恩来的领导下，文教科技界专家学者于1944年在重庆组织了民主科学座谈会，并于1946年5月4日正式发展成为九三学社。由此可见，当今活跃在中国政治舞台上的民主党派，在南方局的奋斗下，于抗日战争胜利前后，在重庆、广州、香港或有前身，或有了发展，初步形成了民主党派阵营，这就为召开政治协商会议，乃至为召开中国人民政治协商会议、成立新中国提供了基本力量。

统一战线是南方局工作的主线。胡乔木同志对南方局的统战工作做过精辟的论述：“南方局这部分党史是很重要的。没有南方局的大量工作，就没有抗战时期那么一种局面，团结了大后方那么多的人，把抗战坚持下去，还保存了我们党的一大批精干力量；没有南方局的大量工作，就没有后来解放战争时期那样大规模的群众运动，形成那样强大的第二条战线……没有南方局在大后方进行的广泛的统一战线工作，就很难把当时在国民党区域的各民主党派和各方面人士团结在我们共产党周围，后来我们建立新中国的情况就会不一样，就没有今天这样的格局。因此，可以说，南方局的统战工作从一个方面的意义上讲，为新中国的建立奠定了重要的政治基础。”①

正是南方局统一战线工作的积极推动，实现了中间政治势力的分化。他们中的不少人最终选择放弃走中间道路的幻想，与中国共产党站在了一起，共同走上了反抗国民党独裁统治的斗争道路。一些民主党派人士，后来参加了新中国的政协会议，直接参加或见证了新中国的成立，并成为新生的人民民主政权重要的参政党。一些民主党派的领导人，还在新中国的领导机关中担任重要职务。例如：张澜、李济深均担任了新中国中央人民政府副主席。

① 《党史是党和人民群众共同奋斗的历史——胡乔木同志在重庆的讲话》，载中共四川省委党史研究室等：《南方局党史研究论文集》，重庆出版社1993年版，第1页。

二、南方局为新中国成立之初的城市党建和群众工作提供了借鉴经验

（一）复杂环境下坚持党建工作

党建工作是南方局的重要工作之一，为了壮大党的力量，积极完成党的历史使命，充分发挥党的号召力、组织力、影响力、凝聚力等，南方局开展了严肃党内政治生活、净化党内政治生态的实践活动。南方局严肃党内政治生活也具备了相应的社会历史条件：第一，有稳定成熟的领导集体；第二，党在国统区的历史使命是加强南方各省党的地下组织，积极发展党员；[①]第三，党的建设迫切需要把党员发展好；第四，严峻复杂的国统区环境。这些条件为南方局在国统区严肃党内政治生活奠定了良好的基础。以周恩来为领导的南方局，以共产党人高度的自觉性、以马克思主义政党的责任担当、以科学发展的态度、以非凡的勇气和智慧，开展了循序渐进的严肃党内政治生活实践活动。

南方局的党建工作主要从党员做起，从五个方面开展了党的建设工作：

第一，全面加强党员气节教育。所谓“气”指一种精神，如正气、骨气；所谓“节”指人的操守。人无气节则无骨气、无理想、无作为。南方局的气节教育坚持以马克思主义和爱国教育为其核心，注重从日常生活中潜移默化去教育影响，并融贯于生活的始终。皖南事变后，周恩来教育南方局工作人员，只要大家心中拥有信念，不惧怕所有困难与危险，奋勇向前，并在黑暗中彰显英勇卓绝的战斗精神，黑暗必然会被击破，胜利也必然会到来。[②]他鼓励大家学习革命先烈的精神，坚定理想信念，宁死不屈。

第二，主动转变党的工作方式。南方局坚决执行中央指示，依据特定的时间、地点、环境，转变党的组织形式和工作方式。南方局开创了党在国统区组织和领导工作的全新模式，使得党员既能在艰难的环境中站稳脚跟，又能发挥积极的作用；既隐蔽了组织、保存了力量，又调动了党员的积极性，充分显示了南方局超强的领导艺术。

第三，健全党的组织。随着情况的变化，中共七大前后，南方局指示所属各级中共组织开始恢复、建立和健全。“各级党组织根据斗争形势的需要，着手清理组织关系，查找因疏散隐蔽而暂时失去了同党组织联系的党员，建立党的基层组织，开始谨慎地个别

---

① 李维：《四上红岩——回忆四十年代向南方局汇报工作的情况》，载重庆现代革命史资料丛书编委会：《回忆南方局》，重庆出版社 1983 年版，第 98—102 页。

② 《中国共产党中央委员会为抗战两周年纪念对时局宣言》，载南方局党史资料征集小组：《南方局党史资料·大事记》，重庆出版社 1986 年版，第 3—9 页。

地发展党员，并决定将南方局掌握的组织关系转到地方，以加强地方党的力量。”[①]

第四，严明党的纪律。不以规矩，不成方圆。制订严格的组织纪律和工作纪律，对党员进行严格的纪律教育，这是保证南方局自身安全，发挥政治作用的基本前提。周恩来更是以身作则，严格遵守党的纪律，在长期革命实践和领导生涯中严于律己，成为大家学习的楷模。

第五，开展批评和自我批评。“自我批评是马列主义政党的不可缺少的武器，是马列主义方法论中最革命的最有生气的组成部分。”[②]南方局成立了以周恩来、董必武等人组成的学习委员会，为了整顿党风、学风、文风，强调了开展批评和自我批评的重要意义，增强了党员的积极主动性。通过这种方式，及时纠正了许多不良思想倾向，保持了整个党内部的生机与活力。

抗战时期是党面临严峻考验的重大历史时期，南方局严肃党内政治生活的实践活动中，形成的理论和制度成果充实和丰富了党的建设理论。其思想、制度成果，有效转化为党在国统区和沦陷区的思想优势、政治优势、组织优势、作风优势，对抗战和解放战争胜利乃至建设新中国均打下了坚实的思想基础、组织基础、制度基础和群众基础。[③] 南方局对党的建设工作所形成的理论和制度贡献，对于新时期全面从严治党具有重要的现实意义。

（二）加强同群众的紧密联系

群众路线是马克思主义唯物观的重要组成部分，是党的生命线和根本工作路线，是永葆党的生机与活力的传家宝，具有丰富的理论内涵和独特的实践价值。为了保证党的各项工作取得成功以及与人民群众血肉相连，都必须坚持贯彻群众路线。

周恩来曾在南方局召开的会议上强调：“要研究历史上的经验教训……党员要职业化，在职业中巩固，要多交朋友，研究学问，学习主义。”[④]

周恩来的讲话后来被总结为“三勤”“三化”。“三勤”即勤业、勤学、勤交友；“三化”即社会化、职业化、合法化。总之，在抗日战争和解放战争艰难的环境中，为了扩大党的群众基础，维护各党各派各界民主人士一致抗日的局面，周恩来领导南方局在坚持群众路线的策略下，取得了巨大的历史成就，积累了宝贵的经验。主要是：忠诚理想信念，在严峻形势和复杂环境中始终保持共产党人的政治本色；牢记党的宗旨，始终把群众利益放在第一位；坚持领导自律，发挥人格榜样的力量；坚持普遍性与特殊性相结合，地方特色实践与党的工作全局相结合；讲求战略策略，避免硬碰保存力量；克服关门

---

① 南方局党史资料征集小组：《南方局党史资料·党的建设·综述》，重庆出版社 1990 年版，第 25 页。

② 中共中央文献研究室：《毛泽东年谱（1893—1949）》（中卷），中央文献出版社 2002 年版，第 434 页。

③ 袁冬梅、廖冲绪：《中共中央南方局严肃党内政治生活的历史考察与现实启示》，《贵州社会科学》2018 年第 7 期。

④ 中共中央文献研究室：《周恩来年谱（1898—1949）》（修订本），中央文献出版社 1998 年版，第 511 页。

主义，广泛依靠“助手”，深入发动群众；坚持从严治党，重视解决党员特别是领导干部的经济、恋爱与生活作风问题。[①]

南方局所做的工作，赢得了广大人民群众的信任、支持与拥护，为第二条战线的形成和发展奠定了坚实的群众基础；丰富和发展了党的群众路线，为新时期践行群众路线提供宝贵的经验与启示；同时也为党领导人民赢得抗日战争和解放战争的胜利做出了重大而独特的贡献。

中国共产党是紧紧依靠广大人民群众发展壮大起来的，其执政地位的巩固离不开广大人民群众的支持和拥护。 党员和群众同生同灭、生死相依。 南方局为党建工作和群众工作所做的贡献，为新中国成立之初的城市党建和群众工作提供了借鉴经验。

三、南方局为新中国文化、外交工作提供了人才储备

（一）团结文化界精英

南方局成立之时，国民党召开五届五中全会，制定了“溶共、限共、防共、反共”的方针。 在文化上，国民党实行封建法西斯统治，他们不仅封闭进步文化团体、查禁进步书刊，而且还迫害知识分子。 在这种情况下，南方局高举抗日民主的旗帜，继承五四运动以来新文化运动的传统，发展新民主主义文化。 除此之外，南方局还专门设立了“文化工作委员会”（简称“文委”），主要负责领导国统区的文化工作。 自文委成立以来，一直坚持中共中央的思想指导并坚持贯彻执行中共中央的方针政策，紧紧依靠先进的知识分子，广泛团结社会各界爱国人士，开展了轰轰烈烈的抗日救亡运动。

《新华日报》和《群众》周刊是中国共产党在国民党统治区的重要思想舆论阵地，它是南方局直接领导的党媒，起着“宣传群众，组织群众，武装群众”的喉舌作用，对于国统区的青年们产生了巨大的影响。 与此同时，南方局充分利用以郭沫若为首的国民政府军事委员会政治部第三厅和后来的文化工作委员会的合法地位，高举抗日民族统一战线的旗帜，团结广大文化界人士共同抗日，使其成为当时国民党统治区抗日民族统一战线的一个重要战斗堡垒。

皖南事变后，政治形势更加紧张，国民党对进步文化和知识分子的打击愈演愈烈，为了巧妙地避开国民党当局的压制和迫害，南方局采取了新颖的方式，如借用文化人的“红白日”、组织名人寿辰和创办纪念会等。 此外，南方局充分借助戏曲作用，利用“雾

---

① 侯晋雄:《中共中央南方局践行群众路线的历史经验与启示》,《理论与探索》2014 年第 3 期。

季戏剧公演”开展政治斗争，冲破了国民党顽固派的政治“围剿”和文化封锁，打破了重庆沉闷的气氛。

另外，“勤交友”是南方局开展统战工作的重要途径，贯穿于南方局统战工作的始终。南方局注重与知识分子交朋友，如关心知识分子的生活、支持知识分子的爱国行动、引导知识分子争取民主和自由等。南方局还十分重视广大科技工作者，帮助建立了“自然科学座谈会”“民主科学座谈会”（“九三学社”的前身)及“中国科学工作者协会”等组织，这不但推动了抗日救亡运动的发展，而且还为新中国的成立培养了一大批科技界精英。

以周恩来为书记的南方局，针对国统区复杂艰险的特殊环境，坚持实践和发展毛泽东的知识分子思想，创造性贯彻执行党的知识分子统战政策，广辟阵地，宣传和讲解中国共产党的抗日主张和方针政策；努力争取、团结、关心和帮助知识分子，利用登门拜访、聚会谈话、讲演等一切可能的机会和方式开展知识分子统战工作，从而给国统区广大知识分子指明了斗争的方向和道路，增强了斗争的信心、勇气和力量，为中华民族民主革命的胜利和新中国的建设事业保存了大批知识精英。①

迪克·威尔逊曾说，在重庆的那些年中，周恩来创立了一个后来成为中华人民共和国外交部及1949年以后北京传播工具的编辑机构的核心；他同知识分子和专业人员建立了联系，这些人后来都投向了1949年成立的人民共和国，填补了共产党在管理界、教育界和商业界的许多空白。② 这段话深刻地说明了南方局文化统战工作对新中国的建设起着举足轻重的作用。

（二)锻炼外事、外交人才

南方局特别注重在民间和官方两个层面开展对外宣传和联络工作，成为中共与国际人士和国际社会进行联系的主要机构和渠道。但是，一方面由于意识形态的差异以及国民党的限制、封锁，中国共产党长期与外界隔绝，不被外国所了解和信任；另一方面，英国、美国和苏联等国家仍然把外交重心放在国民党身上。因而，南方局的外事工作是在极端困难的条件下展开的。

为了争取其他国家对中国共产党的理解和信任，周恩来确定了南方局外事工作的根本任务是“宣传出去，争取过来”。所谓“宣传出去”即把中国共产党、八路军和新四军的战绩以及敌后战场的抗战贡献宣传出去；所谓“争取过来”即把国际社会上一切爱好和平，一切支持和拥护中国共产党的力量争取过来，建立和发展国际统一战线。为了更好地开展“宣传出去”的政策，南方局运用了多种渠道：首先，充分利用《新华日报》和

---

① 扶小兰:《论抗战时期中共南方局的知识分子统战工作》,《贵州社会科学》2010年第4期。

② 迪克·威尔逊:《周恩来》,封长虹译,中央文献出版社2003年版,第141—142页。

《群众》周刊两大舆论阵地进行宣传；其次，周恩来领导国民政府军事委员会政治部第三厅开展对外宣传活动，运用外语对敌军进行广播宣传；最后，周恩来要求南方局外事人员以友好的方式，主动与各国驻华使节、记者和各国人士交往。

南方局通过这种方式改变了其他国家对中国共产党的印象，改变了他们对中共全面否定和对国民党全面肯定的态度，打开了新中国外交大门。新中国成立后，组建的政务院外交部，其骨干大多是当年以周恩来为书记的南方局外事组工作人员。如周恩来任总理兼外交部部长、外交政策委员会主任委员，王炳南任外交部办公厅主任兼中共中央外事组主任，章汉夫兼任条约委员会主任委员，龚澎任外交部情报司司长，乔冠华任外交政策委员会副主任委员兼新华社华南分社社长等。南方局外事工作取得的成绩不仅为中国人民抗日战争和解放战争的胜利创造了国际条件，而且它在长期的艰苦工作中所积累的经验、培养的人才以及在国际社会中所赢得的信任，为新中国的外交工作奠定了基础。①

我们党走的是农村包围城市的革命道路，新中国成立之初，各项事业都需要专业人才。而南方局的工作，尤其是在战时陪都开展的文化工作和外事工作，为新中国的文化、外交工作积攒和锻炼了人才队伍。

结　语

南方局的历史使命，是在党中央的领导下，团结带领国统区和部分沦陷区的人民一起，同敌后抗战的人民一道，为将日本帝国主义驱逐出中国，建立人民民主的新中国而努力奋斗。为了完成这个使命，南方局把统战工作作为主线，把加强党的建设作为一个重要前提，把开展群众工作作为依托，把建立先进文化作为一项重要任务，把外事工作作为一项重大使命，在极其艰难的环境下，积极开展各项工作，取得了一系列重大成就。而这些工作成就除了在当时产生了各种积极效果，也为后来新中国的成立奠定了基础，给新中国各项事业发展提供了经验积累和人才储备。可以说，南方局的各项工作为新中国的成立做出了卓越贡献。

（作者单位：耿密，西南政法大学；张君，西南政法大学）

① 鱼俊清、吴青：《抗战时期中共中央南方局外事工作历史考察》，《陕西行政学院学报》2012年第1期。

南方局对新中国成立的贡献研究

杨光华

摘　要： 南方局即中共中央南方局，1939 年 1 月在重庆成立，1946 年 5 月随着机构的东迁而结束。在近 8 年的时间里，南方局通过不懈的努力拓展了我党的发展空间，尽心竭力恢复、发展所辖区域中共党组织，在险恶的环境中保存党的组织，赢得了民心，壮大了我们的力量，为新中国的成立做出了应有的贡献。

关键词： 拓展；壮大；民心；贡献

1939 年 1 月 13 日，中共中央根据形势的变化，批准在重庆成立中共中央南方局（以下简称“南方局”）。南方局以周恩来为书记，常委为周恩来、博古、凯丰、吴克坚、叶剑英、董必武，主要管辖四川、云南、贵州、湖北、湖南、广东、广西、江苏、上海、江西、福建和香港、澳门的党组织。南方局是党内机构，公开的身份是八路军办事处。1946 年 5 月，中共代表团和南方局东迁南京后，南方局改称南京局。南方局历时近 8 年。

南方局自成立以来，根据中央要求，积极开展工作，继续恢复、发展党在国统区的组织，保存实力，储备资源；与国民党反动势力破坏抗战行为做坚决斗争，推动抗日统一战线的巩固发展，赢得了人民群众的同情、理解；争取中外各界的支持，为我党的发展、壮大创造良好的环境，对新中国成立做出了应有的贡献。

一、拓展我党发展空间

南方局抓住时机，利用国共合作的有利形势，恢复、发展和保存国统区党的组织，齐心协力抵抗日本侵略者；扩展国内外的友好关系，争取爱好和平的人民理解、支持，为我党营造良好的发展空间，为进一步夺取反法西斯的胜利创造有利条件。

（一）恢复、发展和保存南方党组织

1939 年 1 月，中共中央南方局成立，统一领导国民党统治区（包括区域内的沦陷区）党的工作。此时，民族矛盾已成为中国社会主要矛盾，中华民族面临生死存亡之际，为了更好地一致对外，动员一切力量共同抗击日本侵略者，发挥我党的先锋模范作用，凝聚各方力量，南方局继续恢复发展各省共产党组织。

在抗日战争中，由于中国共产党不断发展壮大，引起国民党内顽固派忌恨，多次挑衅，制造磨擦。1939 年 12 月至 1940 年 3 月，国民党掀起了第一次反共高潮。国民党对共产党的军事进攻失败后，又大肆进行造谣诬蔑共产党。1940 年 3 月，蒋介石在全国军以上参谋长会议上反诬八路军“游而不击”，“袭击友军”，“破坏抗战”，“制造磨擦”。南方局借助各种方式澄清事实真相，使国统区人民了解实际情况。1940 年下半年，国民党顽固派又开始筹划第二次反共高潮，1941 年 1 月 6 日围歼奉命北移的新四军军部及其所属皖南部队 9000 余人，制造了震惊中外的皖南事变，在南方局的努力下，国民党的行径遭到国内外人民的谴责。1943 年 5 月，共产国际宣布解散，国民党借此大做文章，叫嚷共产主义已经破产，要求解散共产党。7 月，国民党调集大军，准备闪击延安，掀起第三次反共高潮。为了不影响抗日大局，一方面要同国民党反动派进行斗争，另一方面要保存实力，党中央及时制定在国统区撤退党员干部和执行“长期埋伏，积蓄力量，以待时机”的方针及“荫蔽精干”等政策。南方局认真贯彻落实党中央的指示，采取了相应的措施，隐蔽进步力量，保存党的骨干。

（1）四川。1935 年 5 月以前，蒋介石与地方军阀相互勾结，共同镇压共产党人和进步人士，中共四川党组织基本被破坏。面对这一情况，中共中央陆续派遣人员到四川，清理、恢复和发展党组织。南方局成立后，中共四川省委已撤销，分别建立的川东、川康特委转隶南方局，全省党员人数已发展到 3258 人①，党员人数稳中有升。在南方局的领导下，四川地方党组织发展力求保证质量，一年时间四川党员人数增加 800 余人，一改过去追求数量、忽视质量的现象。

抗战时期，国共之间的合作是主流，但国民党顽固派破坏合作，多次制造磨擦，挑起事端，妄图削弱中国共产党的力量，面对这种情况，南方局坚决执行中央的政策，隐蔽撤退党员干部，以保存党的力量。1940 年有党员 4000 名，经疏散 1000 多名，暂停联系和洗刷 1000 多名，被捕 100 余名，新发展 200 多名，共有党员 2000 余名。② 1941 年 1 月发生皖南事变，国共之间的关系降至冰点，南方局进一步提出了“三化”（职业化、社会化、合法化）、“三勤”（勤业、勤学、勤交友）原则，将四川我党的损失降到最低，避免

---

① 中共四川省委党史工作委员会：《中共四川地方党史大事年表》，四川人民出版社 1985 年版，第 80 页。

② 中共四川省委党史工作委员会：《中共四川地方党史大事年表》，四川人民出版社 1985 年版，第 93 页。

四川重大破坏事件的发生。到1942年1月，四川有党组织的县有47个，有5个中心县委，7个县委。①

（2）贵州。南方局成立后，通过八路军贵阳交通站开展工作，以八路军贵阳交通站为转运点，负责接送云南、广西及贵州本地部分共产党员、进步人士和革命军人，以及物资、枪弹、医药等筹集运送工作。贵阳交通站积极引导、护送许多贵州青年去延安，为参加八路军、新四军的年轻人保驾护航。

1940年以后，随着形势的恶化，南方局指示贵州共产党组织，要求“荫蔽精干”，改变以往的方式，该转移的转移，已暴露的贵州工委书记邓止戈到南方局汇报工作后，也撤到延安。余下的党员转入地下，领导了内迁到遵义、湄潭的浙江大学的抗日民主运动。

（3）云南。云南党组织恢复发展很快。在南方局的领导下，云南党组织得到迅速发展，“全省党员由1938年8月的50多人，发展到1939年4月的190余人，1940年的247人”②，为推动抗战后方大省云南的抗日救亡运动，争取当地实力派的支持，壮大民主势力起了很大作用。

（4）广西。为了加强领导，1939年7月，南方局将广西工委撤销，分别成立桂林（包括柳州）、玉林（包括梧州）、南宁（包括右江）特别支部，由八路军桂林办事处直接领导，形成独立的互不联系的两个系统：广西地方党组织系统；八路军办事处支部、《新华日报》桂林分馆支部等联系的系统。它们都在八路军驻桂林办事处统一领导下互相配合工作。1940年底，重建广西工委，在国民党反动派的破坏下，广西工委一度受挫，根据中央和南方局的指示，广西工委执行“长期埋伏，积蓄力量，以待时机”的方针，将工作重点转入农村，保存革命的力量。

（5）其他地方。在南方局的领导下，湖北、湖南、广东、广西、江苏、上海、江西、福建和香港、澳门的党组织得到恢复、发展。各地党组织根据不断变化的实际情况和党对国统区的活动“荫蔽精干，长期埋伏，积蓄力量，以待时机，反对急性和暴露”方针以及“党的机关应极端秘密”③的要求，在险恶的环境中保存力；一些地方党员利用各种机会和手段，打入国民党基层的行政、教育、文化、经济、武装部门，借以掩护党的活动；在日占区建立共产党控制的“白皮红心”政权，以便争取群众，进一步开展工作。

（二）扩展对外关系

全国抗战爆发后，面对新的形势，我党抓住时机，加强与世界反法西斯国家和人民

① 中共四川省委党史工作委员会：《中共四川地方党史大事年表》，四川人民出版社1985年版，第93页。

② 费炳等：《三十年代云南地下党的恢复重建及其工作和斗争》，载《党组织恢复重建和抗日救亡运动》，云南民族出版社1990年版，第145—151页。

③ 《毛泽东选集》（第2卷），人民出版社1991年版，第756—757页。

沟通和联系，争取世界爱好和平的人民的支持，南方局成为我党与外面世界联系的主要桥梁和纽带。根据党中央的要求，1939 年 4 月，南方局成立了对外宣传小组，开展对外工作。为进一步强化对外关系，1940 年 12 月，对外宣传小组改为南方局外事组，直接由周恩来领导，重大问题，报请中央决定。外事组成立之初，正式人员较少，1941 年 9 月后，陆续增加蒋金涛、罗洁、李少石、郑德芳、章文晋、陈浩、沈野、邓光、吴明、沈蓉等人。

重庆是抗战时期中国重要的对外通道。国民政府迁到重庆后，苏、美、英、法、波、比、加等三十多个国家使领馆随之而来，四十多个国家也在渝设立各种代表机构，还有各种国际性的反法西斯组织来到重庆落户，并成立十多个中外文化协会。重庆就成为世界反法西斯各种力量在远东的聚居点和关注点。世界各大新闻机构，如塔斯社、合众社、路透社、美联社、法新社、德新社、哈瓦斯社、海通社、国际新闻社、北美联合通讯社、美国全国广播公司等设立常驻机构；世界著名媒体在重庆派驻记者：美国的《时代》《生活》《读者文摘》《纽约时报》《基督教科学箴言报》《纽约先驱论坛报》，英国《每月邮报》《每日快报》《泰晤士报》，澳大利亚的《悉尼晨报》，法国《巴黎晚报》，苏联《莫斯科世界新闻》等。这些新闻机构为南方局外事组工作提供了便利。

南方局利用重庆的有利环境开展活动。南方局负责人及工作人员以公开合法的身份加强同各国驻华使馆、国际友人及海外华侨的联络，大力宣传反投降、反内战。南方局通过披露国民党制订的反共文件和大量确凿的材料，揭露国民党顽固派的破坏抗战的阴谋，争取国际同情和支持。

南方局外事组的主要任务之一是宣传和交友，了解国际形势和各国对华政策，为中共中央提供制定战略决策的依据，扩大对外影响，增加互信，争取外界的支持。在皖南事变发生后，“1 月 14、15 日，周恩来、叶剑英两次会见苏联驻华武官崔可夫，促使崔可夫于 16 日会见蒋介石。谴责国民党顽固派的反共分裂活动，周恩来还向英国驻华大使卡尔揭露了国民党顽固派的阴谋，卡尔将周恩来反映的情况向英国政府报告，英国政府立即告诫蒋介石，内战只会加强日军的进攻，当美国总统罗斯福的代表居里来华时，周恩来向他提供了蒋介石反共的若干材料，指出引起国内战争的严重性。居里据此向蒋介石声明，美国在国共纠纷未解决前，无法大量援华，南方局还印发了《新四军皖南部队被围歼真相》传单，向国内外广泛散发”①，引起国内外强烈反响，在正义的压力下，国民党发动的反共高潮被打退。

---

① 罗宗荣主编：《中共四川地方史十讲(新民主主义革命时期)》，四川人民出版社 1991 年版，第 248 页。

二、进一步赢得民心

南方局通过各种方式在重庆广交朋友。中国共产党真心为民族独立和解放、为了中国人民的根本利益不断奋斗的行为，让人民看到了希望，党的工作逐步得到大家的理解和支持。1940 年 5 月，党中央确定了国统区党的基本方针："发展进步势力(发展党的组织和民众运动)，争取中间势力(民族资产阶级、开明绅士、杂牌军队、国民党内的中间派、中央军中的中间派、上层小资产阶级和各小党派，共七种)，孤立顽固势力，用以克服投降危险，争取时局好转。"南方局根据中央要求开展工作。

（一）争取各党派、团体、实力派的支持

"南方局加强了对中间党派、知识分子、工商界人士、地方实力派等不同阶层的团结工作，使他们逐步接受了坚决抗战、民主建国的主张，认识到为了实现争取抗战胜利和民主建国的政治主张和维护自身的利益，有必要成立自己的党派组织，成为共产党的盟友，共同反对蒋介石集团的独裁统治。"①

（1）地方实力派。四川的刘文辉、潘文华、邓锡侯和云南的龙云、卢汉都是地方实力派，在当地的影响大，如能得到他们的理解和支持，将会有利于工作的开展。南方局非常注重这方面的工作。四川方面，"周恩来、董必武等曾多次同刘文辉、潘文华和邓锡侯会面恳谈，争取他们与共产党密切合作。为加强对刘文辉的工作，1941 年 3 月，南方局派华岗、张友渔到刘处做工作，帮助他学习政治理论。对于潘文华，南方局安排了田一平、黎澍、唐午园、甘树人等地下党员长期在他身边工作，并派钱松甫夫妇到潘部设置秘密电台。1942 年 6 月，党中央从延安派王少春到刘文辉处设立了秘密电台。1944 年刘、潘二人由张澜介绍秘密加入了'民盟'。对于邓锡侯，南方局通过与邓关系密切的旧部师长陈离(中共地下党员)和名中医王文鼎(中共地下党员)，对邓及其部下做过许多工作。所有这一切，都为他们 1949 年底率部起义奠定了思想基础。"②云南方面，南方局"派出李群杰、薛子正和朱家璧到云南做龙云和卢汉的工作。1942 年 9 月，南方局又派张文澄、方文影、杨才组成的调研小组去云南做统战工作。在龙云的帮助下，建立了与中共中央、南方局专门联络的电台。1943 年秋，华岗到云南，直接与龙云接触，进一步密切了中共中央、南方局与龙云的关系，促进了龙云的思想变化。后来，龙云秘密参加

① 贾大泉主编:《四川通史》(卷七)，四川人民出版社 2010 年版，第 164 页。
② 游国立:《中国共产党隐蔽战线研究》，中共党史出版社 2005 年版，第 81 页。

了‘民盟’，积极支持了云南人民反对蒋介石法西斯独裁统治、要求民主自由的斗争。昆明一时民主空气弥漫，一度被誉为‘民主堡垒’。”①

（2）民主党派。支持帮助民主党派的建立和发展，与他们交心，成为真朋友，结成抗日统一战线。在我党帮助下，抗战时期成立的民主党派主要有：1941年3月，中国民主同盟成立；1941年夏，中国民主大同盟成立，1948年改名为中国民主革命同盟；1943年，中国国民党民主同志联合会成立，1944年改名为三民主义同志联合会（简称“民联”）；1944年，李济深同国民党左派元老何香凝、柳亚子及蔡廷锴等人在广西筹建“国民党民主促进会”，1946年6月，正式成立的中国国民党民主促进会（简称“民促”）；1945年12月，中国民主建国会（简称“民建”）成立；1945年12月，中国人民救国会（简称“救国会”）成立；1944年筹备九三学社，1946年5月，九三学社正式成立。

现实情况使民主党派认识到只有共产党才能成为他们真正的朋友。“南方局成立后，十分重视加强对中间党派的团结工作。1939年9月，在一届四次国民参政会议期间，中共参政员与参政会中的中间党派、团体和无党派人士之间进一步加强了联系和配合。会前，董必武与他们多次会商提案；会议期间，经过共同努力，使会议通过了请政府明令定期召集国民大会，制定宪法实施宪政，以及声讨汪精卫叛国投敌等议案。”“在国民参政会中，中共参政员经常同中间党派参政员联合提案，或参加联署，支持中间党派的意见，加强互相之间的团结合作。”②

这些民主党派，在与南方局交往过程中结成同生死、共命运的关系，“中间党派争取政治民主，反对蒋介石集团一党专政的独裁统治的行为引起了国民政府的不满，因此国民政府迁都重庆，抗日战争进入相持阶段后，在进行消极抗战、积极反共的同时，对中间党派和民主人士也进行压制、打击和迫害。”“蒋介石的倒行逆施，促进了中间党派和爱国民主人士的觉醒，丢掉对国民党顽固派的幻想，接受中国共产党团结抗日、民主建国的主张。他们为了团结抗战，促进民主，并争取自身的生存和发展，痛感只有加强自身团结，并与共产党更加密切配合的必要。”③

抗日战争时期，八大民主党派与共产党形成亲密的友党关系，它们在今后新中国的成立中做出应有的贡献，形成具有中国特色的政党制度。

（3）工商界。南方局通过耐心细致的工作赢得重庆工商界信任和友谊，成为我党的朋友，他们支持党的工作，因为他们知道覆巢之下安有完卵的道理。“他们从切身利益出发，赞成中国共产党坚决抗日的主张、反对日本帝国主义的侵略。为了团结民族资本家抗日，南方局除派有专人负责做他们的工作外，周恩来等南方局领导人还多次同四川的

① 游国立：《中国共产党隐蔽战线研究》，中共党史出版社2005年版，第81页。

② 贾大泉主编：《四川通史》（卷七），四川人民出版社2010年版，第160页。

③ 贾大泉主编：《四川通史》（卷七），四川人民出版社2010年版，第160页。

民族资本家康心之、余名钰、吴晋航、卢作孚等谈话。”[①]南方局经常以座谈会的形式，让工商界关心时事、国事，增进双方的了解。1944年冬天，周恩来、王若飞在特园邀集民族资本家开座谈会。来的人有刘鸿生、吴蕴初、胡子昂、胡厥文、李烛尘、章乃器、余名钰、吴羹梅、颜跃秋以及陶桂林、胡西园等40多人。周恩来在会上以爱国、抗战为主题发表讲话，强调民族独立，国家富强，工业家责任重大，使双方的关系进一步加强。新中国成立后工商业改造都得到他们的理解和支持。“解放后，重庆的工商界非常拥护共产党关于公私合营，限制、利用、改造民族资产阶级的政策。很多人都相当自觉。”[②]

（4）知识分子。做好知识分子工作，得到他们的拥护支持，这是南方局工作的一项任务。抗日战争时期，许多知识分子不愿做亡国奴，从全国各地来到重庆、成都以及贵州、云南战时后方，他们认为只有坚持抗战，中国才有希望。他们是未来国家建设不可缺少的力量。因此，南方局十分重视知识分子的工作。在南方局里专门设有“文委”“文化组”，以知识分子为对象开展统战工作；又另外以第三厅名义与文化、教育、卫生、科技各界知识分子联络，认真听取他们抗日、团结、民主救国的意见，尽心竭力解决他们困难，使邹韬奋、陶行知、马寅初、洪深、翦伯赞、邓初民、侯外庐、沈志远成为我党好朋友。我党的工作得到数百名专家学者认可，他们成为拥护共产党抗日主张的一支重要的力量。

南方局文化组以多种交往方式，将大家团结在一起。借助“座谈会、演出、聚餐、祝寿、追悼会等形式，把各界知识分子团结起来。如在分别庆祝郭沫若五十大寿、洪深五十大寿和沈钧儒七十大寿的会上，与到会人士谈抗战、谈团结、谈民主，从而揭露了当局破坏抗战，破坏团结，搞专制独裁的行为，提高了大家的认识。南方局对专家学者的工作和生活更是关怀备至”[③]。

（5）妇女组织。妇女能顶半边天，妇女工作做好了，很多事情就好办。南方局比较重视妇女工作，通过培训，提高她们的各种能力，调动她们的积极性，充分发挥她们的作用。“南方局还同各界爱国妇女组建妇女组织，发动妇女学习文化，努力生产，到前线参加战时救护队，在后方募捐，参加慰问伤兵等抗战活动。1939年纪念‘三八’妇女节大会上，邓颖超在重庆4000多人的大会上发表讲话，‘指出只有把妇女的伟大力量组织到民族的抗战中，才能获得抗战胜利、民族的解放’。特别是在中共党员和爱国民主人士的共同努力下，建立了‘战区内迁妇女辅导院’，招收有一定文化程度的妇女，帮助她们寻亲找友，辅导她们学习，提高文化水平以便就业。”[④]

---

① 贾大泉主编：《四川通史》（卷七），四川人民出版社2010年版，第164页。

② 宋家玲等：《伟人周恩来——一个中国人的故事》，中共中央党校出版社1996年版，第126页。

③ 贾大泉主编：《四川通史》（卷七），四川人民出版社2010年版，第162页。

④ 贾大泉主编：《四川通史》（卷七），四川人民出版社2010年版，第156页。

（6）文化界。文化的影响是无形的，而又无处不在，文化塑造人生，文化反作用于社会，文化具有重要的作用。南方局以文化界为抓手，发挥文化的作用，通过长期与文化界建立的关系，推动抗战文化的发展。“在文化界，更是利用周恩来担任国民政府军事委员、政治部副部长和郭沫若担任第三厅厅长之有利条件，组织爱国文艺人士，以笔作武器宣传抗日，唤醒四川民众觉悟，投身抗日运动。电影、话剧、文艺、音乐、木刻、漫画、作品都以抗战为题材，在重庆、成都等形成了‘抗战文艺’高潮，有力地推动了四川的抗日战争，巩固大后方抗日复兴基地。”①

（二）争取群众同情、理解、支持

争取群众。南方局在国共合作关系良好的时期，宣传党的方针政策，建立广泛的抗日统一战线，争取群众的支持。在国共关系紧张时期，与国民党顽固派斗智斗勇，揭露他们的阴谋，尽力维护抗战大局。皖南事变发生后，“为打退这次反共高潮，周恩来、叶剑英一连数天同国民党当局紧急交涉，抗议蒋介石集团消灭人民抗日武装的罪行，提出惩办凶手、恢复新四军编制、释放被捕干部等 12 条善后处理办法。与此同时，通过《新华日报》等舆论阵地和各种渠道，广泛向国内外各界人士揭露‘皖南事变’真相，宣传中共的立场和主张，在国内引起巨大反响。1 月 20 日，宋庆龄、柳亚子、何香凝、彭泽民致电蒋介石及国民党中央，谴责蒋介石反共分裂，破坏团结抗日的政策；国内各界人士纷纷抨击国民党当局的反共行为。美国华人领袖司徒美堂、南洋华侨陈嘉庚也通电呼吁国共团结抗战”②。在人民群众的支持下，南方局多次粉碎了国民党顽固派妄图消灭我党的阴谋，打退国民党发动的反共高潮。

（三）削弱反动势力

（1）打击汪伪集团。以汪精卫为首的投降派，置民族、国家利益于不顾，出卖国家主权。南方局组织各种力量进行反汪的游行、示威活动，利用各种新闻媒体声讨汪伪卖国行为，压缩投降派的政治生存空间。“1938 年底，以汪精卫为代表的国民党亲日派逃往越南河内，发表投降日本的‘艳电’。”③“南方局通过文协，组织文艺家开展口诛笔伐，表示了文艺家对妥协投降行为的强烈愤慨。”④“1940 年 3 月，汪精卫在南京成立伪国民政府，并于 11 月底就任伪国民政府主席。12 月 9 日，文协在《新华日报》上发表‘讨汪通电’，怒斥汪精卫的卖国行径，号召文化人口诛笔伐，讨汪除奸，以谢国人。”⑤

---

① 贾大泉主编：《四川通史》（卷七），四川人民出版社 2010 年版，第 157 页。

② 贾大泉主编：《四川通史》（卷七），四川人民出版社 2010 年版，第 152 页。

③ 中共四川省委党史研究室：《中共中央南方局的文化工作》，中共党史出版社 2009 年版，第 42 页。

④ 中共四川省委党史研究室：《中共中央南方局的文化工作》，中共党史出版社 2009 年版，第 42 页。

⑤ 中共四川省委党史研究室：《中共中央南方局的文化工作》，中共党史出版社 2009 年版，第 42—43 页。

（2）孤立国民党顽固派。国民党内的顽固派，历来将共产党视为眼中钉、肉中刺，多次发动反共高潮。南方局一方面在国民党内部与主战派沟通，加强互信，共同抗敌。另一方面南方局最大限度地团结了国统区一切可以团结的力量，尤其在争取团结中间势力方面取得显著成效；同时加强了同有关国家驻华使团和国际友好人士的联络，发动强大政治攻势，国民党顽固派日益孤立。

三、壮大革命力量

（一）培训干部

南方局为我党储备人力资源，培训党的骨干。“南方局还办过两期训练班，培训县区级领导干部，学员每期三十人左右。学员主要来自川东、川西，以川东为多。讲课主要是董老、秦邦宪、凯丰、邓颖超和黄文杰，周恩来也来做过形势报告。黄文杰是训练班的负责人，他死后负责人是我。”①“在训练班上，董必武讲党的建设，罗世文讲马列主义，凯丰讲抗日民族统一战线，邓颖超讲妇女工作。”②

（二）掌握宣传工具，宣传抗战，汇聚革命力量

（1）南方局非常重视宣传，将许多报刊掌握在手中。“其中受南方局直接领导的媒体有重庆的《新华日报》、《群众》周刊，桂林、上海的《救亡日报》。受南方局影响的进步媒体有重庆的《新蜀报》、《大公报》、《民主周刊》、《东方杂志》、《中苏文化》、《新民报》晚刊、《民主星期刊》，成都的《华西晚报》、《华西日报》、《民众时报》、《自由画报》、《大学日刊》、《青年园地》、《工商导报》、《大义周刊》、《科学世纪》、《益报》、《光明晚报》、《胜利报》。”③

（2）派遣人员入驻进步报刊，把握宣传的正确方向，做人民的代言人。香港未沦陷前，“在香港出版的进步报刊除宋庆龄主办的《保卫中国大同盟》英文半月刊外，还有范长江为社长、胡仲特为总编辑的《华商报》”④，“他们创办报刊、书店，宣传抗日。救国会在全国办了多种抗日报刊”⑤。这些抗日书刊，对推动抗日运动，汇聚革命力量起了很大作用。

---

① 张学龙:《凯丰传》,百花洲文艺出版社 2010 年版,第 175 页。

② 张学龙:《凯丰传》,百花洲文艺出版社 2010 年版,第 175 页。

③ 中共重庆市委党史研究室:《红岩·丰碑——中共中央南方局成立 65 周年纪念集》,重庆出版社 2006 年版,第 487 页。

④ 中共重庆市委党史研究室:《红岩·丰碑——中共中央南方局成立 65 周年纪念集》,重庆出版社 2006 年版,第 488 页。

⑤ 贾大泉主编:《四川通史》(卷七),四川人民出版社 2010 年版,第 159 页。

（三）创造良好的外部环境，帮助党的武装发展

为八路军、新四军发展、壮大，南方局与国民党当局进行斗争。南方局人员公开身份是中共代表和八路军办事处人员，“经常代表中共中央同国民党当局就两党合作抗日中的重大问题进行谈判、交涉、磋商与接触，这其中就包括解决八路军、新四军的军政大事和给养等问题”①。国民党当局害怕我党领导的抗日武装力量的壮大，不断制造反共的军事磨擦，甚至进行军事进攻和围歼，以图消灭我党领导的抗日部队。面对这种情况，南方局采取有力措施，在中共中央领导下，向国内外揭露国民党顽固派丑恶行为，密切配合敌后抗日军民的斗争，对国民党当局予以猛烈反击，从政治上孤立国民党反动派，使国民党反动派不得不在表面上收敛他们的罪恶勾当。南方局为新四军、八路军的发展壮大进行了不懈斗争，为我军营造了良好的发展环境。“在军事工作方面：南方局领导成员在同国民党谈判过程中，围绕八路军、新四军编制和作战区域及军事磨擦等问题进行了长期谈判和坚决斗争；南方局直接领导八路军驻重庆办事处、驻桂林办事处、八路军贵阳交通站、衡阳交通站、八路军驻湘通讯处、驻韶关办事处、驻香港办事处。为八路军、新四军筹集和运送了大批军用物资；输送了大批干部；在南方局直接领导下，派出代表团与国民党合作，开办了南岳游击干部训练班；直接领导了华南敌后游击战争，在有可能沦陷的地方，作了开展敌后游击战争的准备，为解放战争时期农村武装斗争打下了一定的基础。”②

（四）输送进步青年

南方局作为国统区和延安及敌后根据地的枢纽，多次组织护送进步青年到我党控制的区域参加革命。“‘七七’事变后，国共两党第二次合作。起初两党关系较好，国民党还没有限制青年去延安”“一九三九年国民党炮制了《限制异党活动办法》后，为了和我们争夺青年，他们就在我们陕甘宁边区周围设立关卡，封锁青年去延安。胡宗南在三原设立了所谓‘青年招待所’，以盘查为名，把许多投奔延安的青年弄到了集中营去。从此以后，去延安的人就少了。但我们并未停止向延安输送干部”。③

总之，南方局为我党在国统区的发展、壮大创造了有利条件，努力为我党营造良好的外部环境，储备革命力量，扩大了抗日统一战线，为新中国的成立做出了重要贡献。

（作者单位：中共贵州省贵定县委党史研究室）

---

① 郑洪泉、王明湘：《中共中央南方局与新四军》，重庆出版社 2005 年版，第 1 页。

② 罗宗荣主编：《中共四川地方史十讲》（新民主主义革命时期），四川人民出版社 1991 年版，第 241 页。

③ 重庆现代革命史资料丛书编委会：《回忆南方局》（一），重庆出版社 1983 年版，第 2—3 页。

南方局对云南党组织的领导及对云南解放的影响

申　东

摘　要：以周恩来为书记的南方局，创造性地贯彻执行了中共中央的路线、方针和政策，领导中共云南地方组织坚持了长期艰苦卓绝的斗争，最大限度地保存了革命力量，最大限度地争取了中间势力，使党的建设、党领导下的外围组织得到了快速发展。南方局开拓了统一战线新格局，使昆明成为国民党统治区的"民主堡垒"，为开展爱国民主运动和争取卢汉率部起义及昆明和平解放打下了坚实的基础，积累了非常重要的历史经验。

关键词：南方局；中共云南地方组织；领导

在中华民族生死存亡的历史关头，在十分恶劣的政治环境下，以周恩来为书记的中共中央南方局（以下简称"南方局"），创造性地贯彻执行了中共中央的路线、方针和政策，高举抗日、民主两大旗帜，坚持抗战、团结、进步，维护和扩大抗日民族统一战线。南方局领导的云南中共党组织，坚持了长期艰苦卓绝的斗争，最大限度地保存了实力，最大限度地争取了中间势力，使党组织及其领导的外围组织得到了快速发展，促使云南地方实力派在新民主主义革命实践中，逐步走向人民阵营。南方局开拓了统一战线新格局，使昆明成了国民党统治区的"民主堡垒"，为开展爱国民主运动和争取卢汉率部起义及昆明和平解放打下了坚实的基础。

一、中共云南地方组织的组织领导及组织发展

（一）1939 年 1 月—1941 年 4 月

1939 年 1 月，南方局在重庆成立后，1 月 29 日即派马子卿到云南巡视，向中共云南省特委传达中共六届六中全会精神，同时传达南方局关于批准成立中共云南省工作委员会的决定以及中央关于撤销"民先"组织的决定。在中共六届六中全会精神的指引和南方局的直接领导下，云南党的工作得到了广泛深入的发展，党的组织进一步得到了壮大

和巩固。2月，由马子卿亲自主持，省工委在南坝一农民家里开办了为期20天的党员训练班，讲授了中共六届六中全会精神、马克思主义基本原理、中国革命史、党的建设、统一战线、群众工作、游击战术等课程。受训党员回到各地后，一些地区也秘密举办了党员培训班。4月6日，马子卿在结束云南巡视之前主持了对中共云南省工委的领导机构进行调整的工作，由费炳担任书记，共设6名常委。6月，为了加强云南地方党组织的领导力量，贯彻中共中央和南方局关于审查党员、巩固组织的指示，南方局决定派马子卿、何礼（何维登）到云南参加中共云南省工委，对省工委进行调整。7月初召开调整后的第一次省工委会议，选举马子卿担任书记，设常委6名，同时省工委对全省工作进行了分工，工作机构设组织部、宣传部、青年工作部、工人工作部、妇女工作部和文化支部等部门。

1938年3月15日，中共中央发出《关于大量发展党员的决议》，要求各级党组织“大量地、十百倍地发展党员”，指出这是“党目前迫切与严重的任务”。[①] 但是，云南党组织自1935年恢复重建后，由于“客观上政治环境尚未好转，与上级组织的联系又时断时续，无法得到及时的指示，主观上也有过于谨慎和关门主义的问题”，因此中央关于大力发展党员的指示没能得到很好的贯彻，党员的数量没有像其他省区一样在这一时期成倍或几倍地增长，[②]至1938年12月，中共云南省特委只有党员75名。但从1939年1月南方局成立，到1941年4月，云南省工委在南方局的领导下，在组织发展中逐渐克服了关门主义倾向，党员数量有大量的增加。除在昆明大中学校、工厂企业和职业青年中建立了党的组织外，在个旧、蒙自、建水等30个县发展了组织或开辟了党的工作；在3个县建立了县委，2个县建立了中心县委。全省党员，1939年4月底统计：昆明有70人，外县120人，共计有190人；1940年统计，全省共有247人，其中工人占1/5，知识分子占3/5，其他成分占1/5，男女比例为4∶1（196∶51）。继1939年恢复重建第一个县级党组织罗平县委后，又先后建立了弥勒县委、昭通中心县委、泸西中心县委。党的基层组织进一步扩大，在个旧、蒙自、阿迷、临安、石屏、弥勒、陆良、西畴、麻栗坡、罗平、泸西、路南、晋宁、巧家、沾益、宣威、昭通、东川、会泽、楚雄、镇南、盐丰、大理、保山、腾冲、永胜、武定、永仁、昆阳、呈贡这30个县建立了党组织或开辟了党的工作。在昆明的《云南日报社》、昆华师范、昆华女中、云大附中、云南大学、西南联大、昆明火柴厂、云南纺织厂、昆明制革厂、大中印刷厂、西郊马街片等学校、企事业单位中建立了党的支部。根据中共中央南方局的指示，从1939年开始，中共云南省工委还领导了西南联大党的组织，至1940年9月，西南联大党总支有党员83人，使西南联大的

① 中共湖北省委党史资料征集编研委员会等:《抗战初期中共中央长江局》,湖北人民出版社1991年版,第180页。

② 中共云南省委党史研究室:《中国共产党云南历史·第一卷(1926—1950)》,云南人民出版社2016年版,第190页。

党组织成了云南革命斗争中的一支非常重要的力量。

（二）1941年5月—1945年8月

抗日战争进入到相持阶段以后，国民党顽固派积极推行消极抗日、积极反共的反动政策，发动了反共高潮，破坏抗日民族统一战线。在急剧变化的形势下，中共中央南方局坚决及时地领导国统区党组织贯彻党中央“荫蔽精干，长期埋伏，积蓄力量，等待时机”的工作方针，疏散隐蔽已经或可能暴露的干部，保存有生力量，巩固党的组织。

1940年8月，中共云南省工委书记马子卿到重庆南方局接受指示后回到昆明，向省工委传达了党中央关于在国民党统治区“荫蔽精干”的工作方针和南方局的指示精神，并按照南方局的部署着手进行审查党员、巩固组织和疏散隐蔽。1941年6月，南方局派郑伯克为中共云南省工委书记到昆明。7月，马子卿、涂国林接到南方局通知先后撤离了昆明。1941年10月和1942年7月，南方局又派侯方岳、刘清到云南参加省工委并担任委员。新一届省工委根据中共中央南方局关于精简组织层次、缩小党的领导机构的指示，由郑伯克、侯方岳、刘清3人组成精干稳定的领导班子。郑伯克在调任云南省工委书记之前，在重庆南方局机关系统学习了党内文件，聆听了周恩来、董必武关于如何打退国民党顽固派第二次反共高潮的报告，直接接受了周恩来、孔原（时任南方局组织部部长）、钱瑛（时任南方局西南工委书记）等关于云南工作的具体指示。侯方岳、刘清在到云南之前，中共中央南方局的领导同志也向他们传达了中共中央和南方局的有关指示。新的省工委建立后，按照中共中央南方局的指示精神，结合云南斗争形势和党组织的实际，决定新的省工委不设部委，不设固定的机关，省工委会议只研究形势、政策、方针等重大问题，不做文字记录，不保留文件和党员名单，具体工作由省工委书记与两个委员研究开展。

皖南事变后，为了加强对云南地方实力派、滇军部队、民主党派和各界人士的统一战线工作，南方局先后派了一批党的干部到云南，在南方局和云南省工委的领导下开展工作。1941年初，南方局派张子斋回到云南，开展对地方实力派、滇军部队、新闻文化界的统战工作。同期，又派朱家璧回云南，利用社会关系进入滇军部队，开展对滇军将领的统战工作和滇军工作。

1941年12月至1942年1月，为贯彻“荫蔽精干”的方针，周恩来在南方局会议提出了建设战斗的西南党组织的7个条件。中共云南省工委按照周恩来关于党在国民党统治区工作的指示精神和7个条件，切实加强了云南党组织的建设。在党的建设方面，省工委着重抓了对党的思想教育，对一些基层党组织开展了整风学习，认真地开展了批评与自我批评。通过认真学习党的理论和方针政策，共产党员们的思想理论水平和群众工作能力得到了提高，转变了工作作风，在日常生活和工作中开展了形式多样的团结和争取群众的工作，加强了和广大群众的密切联系，既很好地隐蔽在群众中，又能代表群众的利益，带领群众开展有利、有节的斗争。 党组织通过党员和革命分子团结了广大群众，积蓄了革命力量。

1943 年，南方局派华岗到云南，直接与龙云建立联系，开展统战工作。 1942 年 7 月至 1943 年 1 月和 1943 年 4 月至 1944 年 11 月，南方局派刘若坚（刘浩）两度回到云南，在云南省工委的领导下，负责地方统战及新闻文化界党的工作。 1943 年 5 月，南方局派周新民来昆明，参加民主同盟云南支部的领导工作。 1944 年，南方局派彭少彭到云南建立《新华日报》昆明营业分处。 同期，南方局还派党员到中华职教社云南办事处，和云南地下党的同志一起，以职教社的职业为掩护，开展对教育界及其他统战对象的统战工作。 此外，太平洋战争爆发后，还有一些从境外转移到云南的党员及在教育界、文艺界和基督教青年会军人服务部工作的个别党员，都由南方局或其他党的组织联系。

从皖南事变到 1945 年间，云南党组织基本停止了发展党员的工作。 原有的党员中还有一些因种种原因同组织失去了联系，党员人数较之前减少了，但由于广大党员按照南方局和云南省工委的要求，广泛地进行形式多样的团结群众的交友工作，建立了与群众的广泛联系，党的影响更加深远细致，革命队伍空前壮大和巩固。 在昆明，除西南联大在 1942 年和 1944 年分别成立了两个支部外，没有建立其他支部或支部以上的组织。

中共云南省工委领导及全体党员认真贯彻执行中共中央南方局的指示精神，适应了新形势下斗争的需要，并取得了显著成绩。 据 1944 年不完全统计，昆明市的党员由云南省工委联系的共计 81 人，分布于西南联大、云南大学等大中学校及中华职教社、《云南日报》社、税务局、田赋处、民政厅和五十三兵工厂等企事业单位和政府部门。 除昆明市外的各地区，由省工委直接联系的党员共计 95 人，其中中学教员 15 人、小学教师 35 人、中学生 26 人、地方机关公务员 17 人、农民 1 人、商人 1 人。 另外，由省外转移到云南，由云南省工委联系的党员 14 人。 全省党员（在滇军中工作及南方局直接联系的党员除外）共计 190 人。 1944 年 9 月以后，云南省工委根据南方局的指示，在城市和农村，个别吸收了一些几年来经过斗争和工作考验的积极分子入党。 到抗日战争结束，党员数量有较大的增加。

（三）解放战争时期

抗日战争结束后，云南党组织仍由中央南方局领导，1947 年 5 月以后由中央上海局领导，1949 年 3 月以后归中央华南分局领导。 据当时不完全统计，在南方局的领导下，1946 云南全省有中共党员 268 人（其中昆明市 115 人，外县 153 人）；到 1948 年 7 月中共党员发展到了 7000 人。

云南省工委还根据中共中央和南方局的指示，以最大的注意力部署农村据点，准备在国民党发动内战时，开展农村武装斗争。 省工委在领导城市民主运动的同时，逐步将大批骨干输送到农村，发动群众反三征（征兵、征粮、征税），为开展武装斗争做准备。

同时派党员、骨干打入国民党基层政权，掌握武装和开展武统工作。在发动大规模反蒋游击战争之前，省工委已掌握了12支秘密武装和统战武装2000余人枪。

至1949年7月，先后恢复和建立了昆明市委、开广区工委、滇南工委、滇东临工委、滇东北地委、滇西工委、滇中地委和沾益、会巧、陆良、昆沾中心县委，以及思普特支、回国华侨党组等地区级的组织机构。

二、党领导下的外围秘密组织的发展

1941年至1943年，云南地下党组织在工作中认真贯彻“荫蔽精干”的方针和“三勤”（勤业、勤学、勤交友）、“三化”（职业化、社会化、群众化）等政策，加强了党与群众的联系，积蓄了力量。南方局具有开创性意义的“三勤”“三化”和创建“据点”等工作，在工人、农民、青年、妇女和其他各界中都培养和积聚了一大批有一定影响的中共外围力量和广大先进群众。南方局的这种干部培养方式起到了广泛的辐射作用，这些党的外围组织成了中共的得力助手，成了中共团结广大工人、农民、青年和妇女界的重要桥梁和纽带，为民族解放和全国解放战争培养和锻炼了后备力量，在党领导的爱国民主运动和各项革命斗争中发挥了重要的作用。

为了适应工作发展的需要，迎接革命高潮的到来，1943年7月，云南省工委以经过长期斗争考验的秘密读书会和进步分子为中坚，在国民党政府机关、企业职员、公教人员中建立了党领导的职业青年的秘密外围组织新民主主义者联盟（简称“新联”），创办刊物《青年新报》，秘密印刷毛泽东、朱德等领导人的著作，宣传党的方针政策。至新中国成立前夕，成员发展达1000余人。1945年1月，在青年学生和社会进步青年中建立了党的秘密外围组织民主青年同盟（简称“民青”）。同年7月，在工人中建立了党的秘密外围组织民主工作同盟（简称“工盟”），还在各条战线、各部门、各单位组织各种形式和名称的公开的群众社团。通过秘密而扎实的工作，在青年学生、职业青年和公务员、青年工人中培养了一批走向根据地、沦陷区和抗战前线的进步知识青年。

“新联”“民青”“工盟”在各级党组织的领导下，在爱国民主运动和党领导的各项工作中，以至解放战争时期的武装斗争中，都发挥了重要作用。到1945年10月底，昆明地区的“民青”成员发展到300人左右，在西南联大、云南大学、中法大学等20多所大中学校建立了支部、分支部和小组，党组织通过“民青”组织“掌握了昆明学生联合会和全市 45 所大中学校中的 29 所学校学生自治会（或班联会）的领导权”①。“民青”成了中国共产党在昆明领导学生运动和民主运动的得力助手，成为抗战后期和解放战争时期云南学生运动的先锋和主力军，在历次城市爱国民主运动中发挥了核心作用。如 1945 年爆发的“一二·一”运动中，“民青”的组织力量和盟员的模范行动，起了核心作用，成了骨干力量，对于保证党对运动的领导，取得运动的巨大胜利，做出了决定性的贡献。1946 年 6 月，西南联大复员后，“民青”从云南向北平、天津等地发展，在北平、天津建立了“民青”的姐妹组织“民主青年联盟”（称“民联”）。在整个解放战争时期的反美反蒋斗争中，“民青”团结带领了广大学生和青年在第二条战线上英勇战斗，对配合和支持解放战争的胜利发展，做出了重大的贡献。在大力开展城市爱国民主运动的同时，党组织还从城市中选派了一些经过培训锻炼的“民青”成员到工厂、农村去，与工农相结合，开展革命工作，建立农村据点，组织和发动农民，在统战、群众工作以及云南游击战争中做出了重要的贡献。到全国解放时，“民青”盟员发展到近万人，是国民党统治区中党领导下人数最多的一个秘密外围组织。为新中国的诞生，建立了不朽的业绩。

三、党对云南统一战线的建立及爱国民主运动的领导

中共云南地方组织按照周恩来提出的建设坚强的、战斗的云南党组织的要求，正确处理了民族矛盾和阶级矛盾的关系，发展进步势力，争取中间势力，领导和推动云南各民族各界向团结、抗战、进步方向前进，为云南爱国民主运动和抗日民族统一战线的建立打下了坚实的基础。1947 年，周恩来在延安专门就南方局领导国统区党组织执行“三勤”策略问题，与廖志高、于江震、杨超谈话，充分肯定了云南党组织“荫蔽精干”工作，指出“一经上级推动，即在民主来潮时起了模范的作用”。

中国共产党对滇军的工作是抗日战争时期党的统一战线工作的重要组成部分。南方局对云南地方实力派倾注了大量的心血。1939 年 1 月，根据南方局的指示，加强了对滇军中的工作，在昆明军校中建立了秘密党支部，由费炳担任书记，发展了杨尚志、罗宗光、林光新等人加入中国共产党。党支部通过在部队中组织读书会、办壁报、开展文艺歌咏活动等促进官兵进行团结抗战。1940 年 9 月，中共中央派朱家璧从延安回到云南，到滇军中开展工作。朱家璧途经重庆到南方局接受指示时，周恩来指示他“利用关系进

---

① 洪德铭:《抗战末期“民青”在昆明的建立及其革命活动》，载《荫蔽精干积蓄力量》，云南人民出版社 1994 年版，第 242 页。

入滇军，分散隐蔽党的组织，把有组织的活动转变为着重开展调查，广交朋友，以进步面貌出现，扩大党的影响”①。12月，朱家璧到云南卢汉的第一集团军做统战工作。同期，周恩来、叶剑英派张子斋回云南到滇军第二路指挥部，利用其原在滇军中任张冲秘书的关系，继续与张冲建立联系。皖南事变后，南方局指示撤销了滇军第二路军指挥部中党的秘密支部，由方正单线联系滇军第六十军、第五十八军中的党员，继续在滇军中隐蔽开展工作。1942年，根据南方局董必武的指示，云南党组织通过各条渠道，积极向龙云集团提出建议，推动其向民主进步方向发展。4月，南方局派张文澄、杨才等到云南做统战和情报工作。党在滇军中这些工作，掩护了一批暴露的党员和学生转移到滇军中工作，影响和推动了张冲等滇军高级将领及一批中下层官兵进一步倾向进步（张冲，于1947年加入中国共产党，新中国成立后曾任云南省副省长，当选为第一至第五届全国人大代表，第一、第五届全国政协委员，任全国政协副主席等职）。滇军被调往东北后，中共中央、中央东北局在原有的工作基础上，进一步加强了对滇军的工作，促成了滇军第九十三军十八师七连、第六十军一八四师和第六十军相继起义，从而加快了人民解放军解放东北的进程。

通过中共中央、南方局及云南党组织多渠道、多方面的团结争取工作，云南地方实力派逐渐加深了对中共的了解和信任，龙云的思想逐渐向民主进步方向转变，并主动寻求与中国共产党建立联系。在抗战后期，中共云南省党组织与民盟云南地方组织在抗日民族统一战线的旗帜下合作，团结了各界人士和各爱国民主力量，推动了云南爱国民主运动的发展。南方局指派中共党员周新民以民盟身份到昆明，帮助民盟发展地方组织。周新民行前，董必武指示他要广交朋友，广泛开展统战工作。同期，又派张文澄、方文影、杨才组成的调研小组到云南，在龙云的帮助下，建立了与中共中央、南方局专门联络的电台。1943年3月，派华岗到云南，直接与龙云接触，并与卢汉等人加强了联系，促进龙云等人的思想变化，推动他们支持人民民主自由，支持反对内战、独裁的斗争。1943年8月，龙云通过民主政团同盟昆明支部负责人罗隆基表示，希望周恩来到昆明面晤。省工委派欧根以报社记者赴重庆采访的名义，到重庆向中共中央南方局做了汇报。10月，南方局指派华岗为中共代表，与龙云取得了联系，随后在龙云主持的滇黔绥靖公署内设立了与在重庆的南方局和在延安的中共中央直接联络的电台，由南方局派来的报务员杨才负责，这部电台一直使用到1945年10月初。龙云还秘密参加了民盟，使昆明的民主斗争得以广泛开展，使这座春城被誉为国民党统治区的“民主堡垒”。

抗日战争时期，随着内地和沿海大片国土沦丧，云南成了抗战的重要后方基地和与

---

① 中共云南省委党史研究室：《新民主主义革命时期中国共产党在云南的统一战线工作》，云南民族出版社1999年版，第27页。

海外联系的陆上唯一通道，成为中国抗战重要战略省份。内地许多大学、工厂、企业纷纷迁到云南，各种政治势力，包括国民党中央势力、民主党派、爱国民主人士、民族资产阶级等都云集云南。在“荫蔽精干”过程中，中共云南地方党组织顺应人民群众的民主要求，以公开与秘密相结合的方式，按照有理有利有节的原则，支持领导人民群众和青年学生，开展了一系列反对国民党法西斯专制统治的斗争。到1944年，中共云南地方组织已经建设成为一支坚强的、与群众有密切联系的、能战斗的组织，并广泛团结了各界各阶层广大人民，已经有力量和能力在云南民主进步势力不断壮大的条件下，领导开展大规模的群众运动和斗争。1944年以后，中共云南省工委在国际国内形势发生变化的情况下，根据南方局的指示精神，适时地领导开展了群众性的爱国民主运动。在这样的前提下，1945年4月23日，中共云南省工委领导“民青”组织，以各大、中、小学校学生自治会的名义发动青年学生，于4月30日至5月6日举行五四纪念周活动。5月4日，1万多爱国学生和民主进步人士在云南大学操场举行纪念大会，会后进行了声势浩大的示威游行。“五四纪念周”活动结束后，经西南联大党支部酝酿，“民青”组织和各大学学生自治会讨论决定，用西南联大、云南大学、中法大学、云南英专学生自治会名义，发表了《国是意见书》和编印《“五四”纪念特刊》，并在邮电工人的支持下，突破新闻封锁和邮检，及时传到国统区各地，对重庆、成都、西安、贵阳、遵义等地的爱国民主运动起到了一定的推动作用。

到抗战胜利前夕，中共云南党组织在南方局的领导下，其领导的云南爱国民主运动，形成了势不可挡的滚滚洪流。日益高涨的爱国民主运动，不仅促成云南各族各界各阶层人民结成广泛牢固的爱国民主统一战线，也充分揭露了国民党反动派独裁、专制、腐败的嘴脸，使广大人民更加把中国的希望寄托在中国共产党的身上，为迎接抗战胜利后新的革命高潮做了充分的准备。

1945年12月，在中共中央、南方局的领导下，团结昆明的爱国学生和各界民主力量，发动了反内战、争民主的“一二·一”爱国民主运动，这个运动在全国人民的声援下席卷全国，形成声势浩大、震动中外的群众运动，揭开了国民党统治区人民配合解放区自卫爱国战争、反对美蒋反动统治的第二条战线的序幕，也促进了云南党组织各项工作的迅速开展。南方局直接指示中共云南省工委领导各界群众与国民党当局进行了斗争，在国内外引起了巨大反响，以此掀起了国统区人民民主运动新高潮。同时，南方局采取了一切可能的措施进行了响应，其机关报《新华日报》及时向全国人民报道了真相，并连续发表了社论，严正谴责国民党反动派的血腥罪行，呼吁全国人民声援昆明学生，开展反内战、争民主的群众运动。武汉、南京、西安、广州、杭州、福州、南昌、长沙、桂林、贵阳、四川乐山、贵州遵义等大中城市，都有群众声援活动。一个以学生运动为主，社会各阶层参加的反内战、争民主的爱国运动，一时席卷整个国民党统治区，同时，也得到了海外爱国侨胞和国际公正舆论的同情和支持。国内外声援昆明学生的斗争，猛烈冲击着国民党的反动统治。此次运动，得到了南方局的密切关怀和及时指示，因此才取得了胜利。同时，通过运动锻炼培养了一代青年，壮大了党的组织和革命群众队伍，向全国输送了大批优秀的青年干部，“使反动派陷于孤立，使我党获得广大的同盟者，扩大了在我党影响下的民族民主统一战线”。南方局领导下的国统区青年工作的影响力和号召力第一次得到全面展示，有力地配合了中共在政治协商会议上的斗争，最终通过了有利于人民的宪法草案第五项决议。胡乔木曾指出：“没有南方局的大量工作，就没有后来解放战争时期那样大规模的群众运动，形成那样强大的第二条战线。”第二条战线的形成，对中共争取政治斗争的优势起到了重大的推动作用，并使中共以广大群众为依靠的政治斗争配合支持了人民解放战争，最终使国民党反动派陷入了政治上的孤立，加速了人民解放战争的胜利进程。

南方局领导云南地方党组织进行的统一战线工作，一方面掩护了处于地下斗争中的中共云南地方组织，为党组织的发展和民主进步力量的壮大提供了有利的社会环境；另一方面，在巩固发展党在云南的抗日民族统一战线，巩固发展云南团结抗战的局面中发挥了重要的作用，也为解放战争时期党的统一战线工作打下了坚实的基础。

中共云南地方组织坚决贯彻执行党中央的方针政策和以周恩来为书记的南方局的一系列指示，按照周恩来指示的蒋管区工作总方针进行革命斗争，做到了积蓄力量，保存了实力，党组织和党领导下的革命力量得到了快速发展，到解放战争后期党员发展到上万人。实践证明，中共中央和南方局对中共云南地方组织的领导是非常正确的，中共云南地方组织在坚决贯彻执行党中央的路线方针政策的同时，实事求是地结合云南边疆多民族实际，对党的建设、统一战线、武装斗争中的许多重大问题进行了艰苦的探索和实践，制订了适合云南实际的政策和策略，得到了云南各民族人民的拥护、信赖和支持，对此积累了非常重要的历史经验，为云南解放做出了重要贡献，成了中国共产党历史宝库中的重要组成部分。

（作者单位：中共云南省委党史研究室）

南方局对四川地方实力派的统战工作及对四川解放的影响

余敬春

摘　要： 争取四川地方实力派是中共中央南方局工作的一项重要任务，南方局创造性地贯彻中国共产党制定的“发展进步势力，争取中间势力，孤立顽固势力”策略总方针，开展了争取四川地方实力派的工作，为巩固抗日民族统一战线、推动抗日民主运动和解放大西南以及新中国建设做出了重要贡献。

关键词： 南方局；四川地方实力派；统战工作

中共中央南方局（以下简称“南方局”）是抗日战争时期和解放战争初期中共中央派驻国民政府所在地重庆的秘密机关，于1939年1月在重庆成立。南方局始终高举抗日、民主两大旗帜，创造性地贯彻了中共中央制定的“发展进步势力，争取中间势力，孤立顽固势力”策略总方针①，十分重视团结和争取地方实力派等中间力量，先后派人同川康、云南、贵州、广东、广西等省的地方实力派取得联系，做了大量卓有成效的争取、团结和教育工作。特别是对以刘文辉、邓锡侯、潘文华为代表的四川地方实力派的积极有效争取，推动他们在坚持抗战、争取民主中不断进步，逐步走向人民阵营，为解放四川、解放大西南和新中国的建设做出了重要贡献。

一、对四川地方实力派的统战工作是中共中央南方局的一项重要任务

所谓地方实力派是指在我国民主革命时期，拥有一支可以掌握的军队，占据一省或数省地盘，名义上隶属于国民政府，却有别于以蒋介石为首的国民党中央系，并与之矛盾重重的地方派别。他们是除了中国共产党、中国国民党以外活跃在中国政坛上的第三

① 中共中央党史研究室：《中国共产党的九十年（新民主主义革命时期）》，中共党史出版社、党建读物出版社2016年版，第218页。

支力量[①]。因此，地方实力派是抗日民族统一战线中一支不可忽视的重要力量。

在抗日战争转入战略相持阶段后，中共中央在总结反磨擦斗争经验的基础上，为了坚持、巩固和扩大抗日民族统一战线，制定了“发展进步势力，争取中间势力，孤立顽固势力”的策略总方针。南方局坚定并创造性地贯彻这一策略方针，积极争取地方实力派，努力扩大抗日民族统一战线的基础。

（一）四川地方实力派兵力强大并占据重要的战略位置

1929 年初，随着北伐战争的胜利结束，中国的地方实力派发生了新的分化和组合，地方实力派的势力大致分布如下：

代表人物	势力范围	军队总人数
张学良	黑龙江、辽宁、吉林	30 万人
阎锡山	山西、绥远、河北大部	20 万人
冯玉祥	陕西、河南、山东、甘肃、宁夏、青海	40 万人
李济深、李宗仁、白崇禧	广东、广西、湖南、湖北	30 万人
刘湘、潘文华、邓锡侯、龙云、王家烈	四川、云南、贵州	40 万人

此时的地方实力派实力是非常强大的，他们的地盘之和占全国总面积的 80 %以上，军队总人数占全国的 64 %以上，而以蒋介石为首的中央势力却不出东南浙江、江苏、安徽、江西、福建 5 省范围，军队有 50 余万人[②]。冯玉祥、李宗仁和白崇禧、张学良、阎锡山都有与蒋介石一决雌雄的形势和实力。中原大战时，虽然蒋介石打败了冯系、桂系、晋系，但是他绝不是完全依靠军事实力取胜的。

九一八事变以后，随着中国政局的演变，中国地方实力派的势力进一步分化重组，1935 年后势力大致分布如下：

代表人物	势力范围	军队总人数
张学良	陕西、河北之一部	26 万人
阎锡山、傅作义、商震	山西、绥远、河北之一部	15 万人
韩复榘、宋哲元、杨虎城	山东、河北之一部、陕西	15 万人
刘湘、潘文华、邓锡侯、龙云、卢汉	四川、云南	40 万人
陈济堂、李宗仁、白崇禧	广东、广西	25 万人
马步芳、马鸿逵、盛世才	青海、宁夏、新疆	10 万人

从九一八事变前后的力量对比看，刘湘、潘文华、邓锡侯等四川地方实力派的兵力远远超过其他地方实力派。特别是抗战时期四川地方实力派在作为抗战大后方中心的四

① 王旸：《地方实力派与全国团结抗战局面的形成》，《北京党史》2005 年第 6 期。

② 参见郭绪印主编：《国民党派系斗争史》，上海人民出版社 1992 年版。

川发挥着重要作用，使国共两党都充分认识到这是一支特别需要积极争取的重要力量，自然也就成了南方局统战工作的重点对象。

（二）四川地方实力派既有抗日要求，又与国民党蒋介石集团矛盾重重

九一八事变前，中国社会处于军阀混战时期。1930年中原大战后，大多数地方实力派纷纷落败于蒋介石集团，国民政府的地位逐步稳固，实现了形式上的统一。但是，两广、西南、西北及华北地区的实际控制权仍然在地方实力派手中。四川地区的军政大权同样不在国民党的中央政府手上，而是在以刘文辉、潘文华、邓锡侯等地方军阀手上，他们是四川地方实力派的代表人物。

刘文辉曾经担任四川省政府主席，拥有地方武装10多万人和70多个县的地盘，后被刘湘与邓锡侯、田颂尧的联军击败，被迫退到西康。潘文华是二十三军军长，抗战开始后率部出川抗日，后回四川就任二十八集团军总司令。1938年，刘湘去世后，潘文华作为其嫡系被推选为武德励进促进会主席，掌管了刘湘在四川的5个师、2个旅、16个保安团的武装力量，可谓实力雄厚。邓锡侯也是四川地方实力派的代表人物，担任过四川省省长和二十八军军长等职①。

1937年全民族抗战爆发后，政府机构、工矿企业、科研机构、教育机构及其人员大量迁入西南地区，尤其是以蒋介石为首的国民党中央政府迁都重庆，很大程度上挤压了四川地方实力派的生存空间和活动空间。在四川防区制彻底瓦解后，面临蒋介石集团势力的大举入川和中日民族矛盾的不断上升，四川地方实力派自保的思想和爱国主义情感相互交织，使他们产生了一致抗日的要求，同时也加剧了同蒋介石集团之间的矛盾。抗战时期，中国共产党极力主张扩大抗日民族统一战线，将更加广泛的阶层和力量纳入统战范围，毛泽东曾撰文明确指出地方实力派是要尽力争取的对象之一。在这种形势下，按照党的统一战线理论，四川地方实力派自然被归入可以在斗争中合作的力量，能够为抗日做出应有贡献的中间力量。从党的“发展进步势力，争取中间势力，孤立顽固势力”的方针上看，四川地方实力派就成了南方局统战工作的重点对象。

---

① 中共广西壮族自治区委员会党史研究室：《中共中央南方局的统一战线工作》，中共党史出版社2009年版，第145、149、150页。

二、南方局对四川地方实力派开展的积极统战工作

抗战期间，蒋介石一方面主张抗日，一方面又限制地方实力派的发展壮大。在受到蒋介石打压的情况下，四川地方实力派和全国其他地区地方实力派处境大体一致，在面临民族危亡的时刻，既有抗日的主张，又有同蒋介石的矛盾，而且在对待中国共产党和蒋介石的问题上，四川地方实力派达成了比较一致的认识：将中国共产党在下层社会民众的影响力和领导力，作为与国民党中央尤其是与蒋介石势力相抗衡的砝码。在这一点上，南方局同地方实力派是可以达成共识的。抗战期间川军将士抱定“抗战到底，即使喋血疆场，也义无反顾”的决心，以窳劣的武器抗击日本精锐之师，屡挫强敌，战功卓著，代价巨大，这既是他们强烈的民族意识和保家卫国的责任使然，同时也与中国共产党领导下的南方局派出多路秘密战线的同志分别持续深入开展对刘文辉、邓锡侯、潘文华等四川地方实力派的统战工作密不可分。

（一）中共中央制定的抗日民族统一战线政策为南方局争取四川地方实力派提供了指导

在中国人民艰苦卓绝的抗日战争中，由于有抗日民族统一战线作为根本保证，中国最终赢得了近代以来抗击外敌入侵的第一次完全胜利。正如习近平总书记指出：“在中国共产党倡导建立的抗日民族统一战线旗帜下，‘四万万人齐蹈厉，同心同德一戎衣’，中国人民以血肉之躯筑起拯救民族危亡、捍卫民族尊严的钢铁长城，用生命和鲜血谱写了中华民族历史上抵御外侮的伟大篇章。”①

中国共产党制定的抗日民族统一战线政策得到全国人民的拥护，为南方局争取四川地方实力派提供了指导，同时也为四川地方实力派寻求中国共产党的支持和帮助创造了机会。

刘文辉退守西康后，蒋介石为了加强统治一直想吞并其势力。1943 年和 1944 年间，时而假借“对藏用兵”企图将他消灭在康藏高原，时而要派嫡系军队进入刘文辉的驻地。面对蒋介石的步步紧逼，刘文辉惶恐不安。为摆脱困境，他曾积极与中国共产党扩大交流和接触，寻求政治上的依靠，达成团结抗战的共识。

邓锡侯在 1937 年 8 月，曾请缨抗战杀敌，但是部队装备低劣、得不到必要的补给，甚至连军用地图都没有。邓锡侯主动抗战反遭冷遇，导致情绪颓丧，信心受挫。周恩来

① 习近平:《在纪念中国人民抗日战争暨世界反法西斯战争胜利七十周年招待会上的讲话》,《光明日报》2015 年 9 月 4 日。

了解此事后，本着建立抗日民族统一战线的宗旨，为邓锡侯介绍抗战的情况，并送去军用地图（山西部分）。从此，邓锡侯对中国共产党有了深刻的认识和好感。

面对全国抗日救亡的浪潮和自身处境，四川地方实力派与中国共产党是有合作基础的。四川地方实力派既要自保，同时本身也有爱国热情和抗战决心，在抗日民族统一战线的感召下，深感中国共产党的主张是正确的，在心理上，自然更倾向于中国共产党。

（二）南方局的积极争取是四川地方实力派走向人民阵营的关键因素

南方局对四川地方实力派的争取，主要是以思想政治工作为中心，开展全方位、多层次的立体统战工作，坚定信心，反对动摇和妥协，与之建立巩固的合作关系，直至促使其走上起义和革命的光明道路，主要表现在以下三个方面：

一是带有诚意的秘密会晤和主动关心。面对刘文辉的处境和邓锡侯所遭受的冷遇，周恩来或亲自出面或派人主动与他们秘密会面，表明立场，表达关心，消除疑虑。如吴玉章同刘文辉密谈，鼓励其坚持团结抗战。周恩来接见刘文辉代表，希望他坚持抗战，同时指定负责人与其保持联系。华岗以中共中央代表的身份到雅安做刘文辉的统战工作。王少春到刘文辉二十四军担任联络员，设置秘密电台与延安党中央直接联系，直至1949年12月。

二是正确分析国内外形势。在深入了解四川地方实力派的心理和处境后，南方局积极主动为其分析国内外形势和抗战趋势，指出蒋介石对日妥协的政策是行不通的，阐释了抗战必胜和妥协必败的道理。王若飞两次会见刘文辉的代表，向他分析形势，指出：蒋介石是外强中干，如果以眼还眼，以牙还牙，蒋就会知难而退。为了促使刘文辉认清形势，增强抗日信心，张友渔连续一个多月每天坚持在刘公馆为其详尽分析抗日战争形势，讲述中国共产党的抗日方针、原则等，并对刘文辉所担心的西南自保、西南各地地方实力派对坚持抗战的意见、日本会不会进攻西康以及党在西南工作的情况等重要问题一一做了分析和解答。对于同张友渔的谈话，新中国成立后，刘文辉在他的回忆录里说：“1945年2月间，张友渔到成都，党派他帮助我进行政治理论学习。他每天清早就到我方正街的住所，给我系统地分析世界和中国革命形势，讲解革命理论和党的方针政策，连续达一个月之久。我等于进了一次政治学校。”①吴玉章途经成都时专门为邓锡侯分析国际国内形势，进一步宣传我党的抗日民族统一战线政策，并希望邓搞好后方支前工作，积极支援抗战，邓深受启发并在后来的征粮支援抗战前线中做出了一定成绩。

三是指明政治前途。南方局同志与刘文辉会晤，使刘文辉详细了解了中国共产党抗日救国的方针和抗日民族统一战线的政策，为他“亲共开辟一条坦途”②。南方局派张

---

① 官伟勋:《张友渔秘密会见刘文辉》,《红岩春秋》2004年第6期。

② 中共重庆市委党史研究室:《中共中央南方局史》,中共党史出版社2009年版,第200页。

友渔做刘文辉工作时，王若飞曾明确指示要使刘文辉无论形势怎么变化都要坚定抗战的必胜信心，团结西南地方力量，实行西南自保；并要他相信，共产党不论在抗战中还是抗战后，都一定会同他相互支援，相互合作。① 抗战胜利后，刘文辉虽然继续同中国共产党保持联系，但顾虑较多。周恩来指出：今后的政权问题完全取决于人民的意志，如果人民不要他，谁也站不住，希望刘文辉把西康的工作做得好一些，以取得人民的支持。②

抗日战争时期，南方局对四川地方实力派有理有据有节的统战工作，让他们逐渐认清形势并走向人民阵营，巩固了抗日民族统一战线，推动了抗日民主运动。此外，南方局还委托民主党派和民主人士与他们密切联系，加强统战工作。1944 年，中国民主政团同盟改为中国民主同盟（简称民盟），张澜担任主席。他领导民盟始终支持中国共产党，坚持抗战，反对投降；坚持团结，反对分裂；坚持进步，反对倒退。对民盟的建立和发展，潘文华一次就赞助了 30 万元的经费，刘文辉也给予了资助。在张澜的影响下，刘文辉、潘文华分别于 1944 年 9 月、1944 年底秘密入盟，并长期为张澜提供政治活动经费。南方局被破坏后，潘文华还通过张澜和中国共产党联络，直至最后通电起义。

南方局和四川党组织在对四川地方实力派统战工作中积累的丰富经验，也成为党的历史上的重要财富。刘文辉曾回忆说："其所以能如此，共产党的领导是一个决定性的因素。正是由于党热情地争取我，团结我，教育我，支持我，使我逐步认识了真理，找到了正确的方向，取得了前进的力量，然后才有可能背叛反动阶级，参加人民阵营，踏上了新的光明的政治前途。从过去长期的政治实践中，我深切地体验到共产党的伟大，共产党的统一战线政策的伟大。"③

三、南方局争取四川地方实力派对四川解放的影响

1946 年 5 月，南方局迁往南京，改称中共中央南京局，仍然由周恩来负总责。南京局下辖中共上海工委、中共四川省委、中共湖南省工委、中共广东区委、中共港粤工委和武汉党组织及平津部分党组织。此时，我党对四川地方实力派的统战工作并未中断，而是由实际上承担了过去南方局的部分工作的中共四川省委接续进行。四川党组织在南方局大量深入细致的不懈努力和密切合作的基础上，进一步加强对四川地方实力派的统战工作并取得重大成效，尤其是对川西起义的成功争取，不仅大大加快了解放四川、解放

---

① 官伟勋:《张友渔秘密会见刘文辉》,《红岩春秋》2004 年第 6 期。

② 中共重庆市委党史研究室:《中共中央南方局史》,中共党史出版社 2009 年版,第 201 页。

③ 刘文辉:《走到人民阵营的历史道路》,生活·读书·新知三联书店 1979 年版,第 137 页。

大西南的进程，而且直接结束了国民党在大陆的最后势力范围的统治，从而推进了全中国的解放进程。

（一）对川西起义的成功争取，大大加速了解放四川、解放大西南、解放全中国的进程

1949年下半年，四川党组织按照党中央关于西南问题“除用战斗方式解决外，尚须兼取政治方式解决”[①]的战略指示，在团结民主党派和民主人士，大力开展统战工作的基础上，加快了策反国民党军队特别是四川地方实力派的步伐。尤其是在蒋介石虽已觉回天乏术但仍寄望于刘文辉、邓锡侯等地方实力派为其实现“川西决战”的美梦的关键时刻，四川党组织进一步加强政策教育、形势分析，及时帮助刘文辉等地方实力派找准方向，打消顾虑，使他们最终决定与蒋介石彻底决裂，走向人民阵营。当12月9日云南卢汉起义的消息传至川西，早已做好起义准备的国民党西康省政府主席兼第二十四军军长刘文辉和国民党西南军政长官公署副长官邓锡侯、潘文华遂联名在川西彭县向毛泽东、朱德发出起义通电，郑重声明：刘、邓、潘三部即日起与国民党反动派断绝关系，竭诚服从中央人民政府和毛主席、朱总司令的领导。西康省和平解放。刘文辉、邓锡侯、潘文华的义举引起其他国民党在川军队的连锁反应，直接影响了四川解放的进程。先后起义的国民党军队总计53万余人，占西南战役中被歼国民党军队总数90万人的60%，四川相当部分地区基本上是和平解放的[②]。四川的解放，极大地改变了西南地区国共力量对比，对解放大西南起到了很好的配合作用，加速了国民党统治集团的最后灭亡。12月27日，成都和平解放，宣告国民党蒋介石政权在大陆的彻底终结，大大推进了全中国解放的进程。

在四川解放过程中，以统战工作为内涵的和平攻势发挥了重要作用。当然，这与中国人民解放军的强大攻势和大军压境的威慑力是分不开的，但是，四川党组织贯彻落实党中央、毛泽东有关统战工作的指示，积极争取地方实力派策动川西起义，也是四川解放的重要原因。以刘文辉、邓锡侯、潘文华为首发起的川西起义是在人民解放军解放西南的紧要关头的一次义举，是继北京、湖南两次起义后，大陆上的最后一次大规模起义，彻底打碎了蒋介石“川西决战”的美梦，是南方局和四川党组织统战工作的成功典范，是我党对四川地方实力派统战工作史上浓墨重彩的一页。1950年4月11日，邓小平在中央人民政府委员会第六次会议上所做《关于西南工作情况的报告》中，对川西起义的历史功绩做了充分评价：“西南作战从战役发起到结束，为时不过五十七天，前进约三千华里，提前两月完成战役计划，消灭蒋、胡残余部队约九十万人，其中包括投降、俘虏四十

---

① 中共中央文献研究室：《毛泽东文集》（第5卷），人民出版社1996年版，第319页。

② 中共四川省委党史研究室：《中国共产党四川历史》（第1卷），2009年版，第491页。

余万，起义四十余万。西南战役之能获得如此胜利，是由于毛主席领导的正确，全国胜利形势的影响以及人民解放军的无坚不摧的力量。同时卢汉、刘文辉、邓锡侯、潘文华诸将军于十二月九日宣布起义，亦起了良好的配合作用。”①

（二）四川解放后以刘邓潘为代表的地方实力派为共和国的建设事业做出了积极贡献

四川进步地方实力派的代表人物刘文辉、邓锡侯、潘文华在中共中央抗日民族统一战线的感召下、在南方局和四川党组织的积极争取下，逐步克服了其阶级利益的狭隘心理，坚定地加入了人民阵营，对中华人民共和国鞠躬尽瘁，贡献自己的力量。新中国成立后，刘文辉先被中华人民共和国中央政府委任为西南军政委员会副主席，后又被任命为四川省政协副主席，担任第一、二、三届全国人大代表，第四届全国人大常委会委员，第一届全国政协委员，第二、三、四届全国政协常委，民革中央常委，民革四川省委第二届委员会主任委员。1955 年刘文辉荣获中央人民政府授予的一级解放勋章。1959 年，刘文辉调任国家林业部部长，先后视察了江西等地的林业发展情况，为推动中国林业发展做出了积极贡献。邓锡侯，先被任命为西南军政委员会委员兼水利部部长，后任西南军政委员会副主席，四川省人民政府副省长，历任第一、二、三届全国人民代表大会代表，中华人民共和国国防委员会委员，以及中国国民党革命委员会中央委员、中国国民党革命委员会四川省委员会副主任委员等职。1955 年荣获一级解放勋章。潘文华在川西起义后，被党中央任命为西南军政委员会常务委员。1950 年国家处于困难时期，潘文华向志愿军捐献寒衣款 2000 万元（当时币值）。潘文华一生爱国爱民，1950 年 11 月 12 日病逝于成都，终年 64 岁。潘文华逝世时，中央人民政府发来唁电，遗体覆盖国旗，葬于成都武侯祠。从这些经历可以看出，走向人民阵营后的四川进步地方实力派，逐步脱离了旧式军阀的习气，成为真正拥护中国共产党、拥护人民政权的进步力量。

结　语

由于抗战时期和解放战争初期南方局对刘文辉、邓锡侯等四川地方实力派的积极争取，以及在解放四川、解放大西南过程中，四川党组织认真贯彻党中央“将军事攻势和政治攻势并举”“以和平方式解决西南问题”的指示精神，广泛凝聚人心，最大限度地团结积极力量、争取中间力量、转化消极力量，不仅加强了同民主党派和民主人士的关系，还

---

① 中共中央文献研究室、中共重庆市委员会：《邓小平西南工作文集》，中央文献出版社、重庆出版社 2006 年版，第 124 页。

成功争取到地方实力派以及其他众多国民党官兵弃暗投明、投诚起义，有力配合了人民解放军的军事行动，大大加速了四川解放、西南解放乃至全中国解放的进程。深入挖掘整理这段史实，总结历史经验，对进一步发挥新时代统一战线作用，夺取新时代中国特色社会主义伟大胜利，实现中华民族伟大复兴亦有十分重要的借鉴意义。

（作者单位：中共重庆市委党史研究室）

第二部分

南方局相关工作研究

《新华日报》的抗战图画宣传

贾向红

摘　要：新闻照片和绘画作品直观性强、形象生动，具有“不识字者”能看懂、传播面广的特点，因而在抗战时期经济文化落后、文盲众多的中国社会能够起到“一图胜千言”的宣传效果。抗战时期，《新华日报》十分重视图画宣传，不仅及时刊发新闻摄影的报道，还刊登了大量的美术作品。这些揭露日寇的侵略暴行、歌颂中国人民伟大的抗战精神、宣传共产党领导的抗日根据地军民生活斗争情况、及时反映国际形势变化的图画，对于宣传抗战、唤醒民众和繁荣抗战文艺，无疑具有重要的意义。

关键词：《新华日报》；周恩来；抗战图画；艺术宣传

《新华日报》于1938年1月11日在武汉创刊，是中国共产党在国民党统治区公开出版的第一份面向全国发行的大型日报。《新华日报》先后由长江局和南方局领导，周恩来长期领导和直接参加了《新华日报》的工作，并亲自撰写了许多重要社论和文章。

在以周恩来为书记的南方局领导下，《新华日报》成为中国共产党在国统区从事政治、思想、文化、外交等方面斗争，开展统一战线工作，组织群众运动，传播中国共产党的纲领路线和政治主张的、有力的舆论工具，为打败日本帝国主义，成立独立自主的新中国，做出了历史性贡献。《新华日报》从内容到版面，不但与国民党的报纸完全不同，而且与当时的非官方报纸相比，也表现出鲜明的特色。它的出版，在社会各界引起了很大反响，长期处于国民党欺骗宣传之下的人民群众，高兴地喊道：“这是一面红旗树立起来了！”把《新华日报》亲切地称为“我们的报纸”。① “连国民党要人也分外感叹，他们说：常言道，天子脚下多顺民。这陪都重庆确乎反常得很，控制舆论的不是《中央日报》，也不是《大公报》，而偏偏是共产党的《新华日报》！”②据说蒋介石在陪都重庆时，每天到办公室读的第一份报纸，不是《中央日报》，而是《新华日报》。③ 由此可以

① 石西民、徐迈进：《怀念社长潘梓年同志》，载石西民、范剑涯：《新华日报的回忆·续集》，四川人民出版社1983年版，第4页。

② 唐正芒：《浩气长存的西部抗战文化》，《学习时报》2005年9月5日。

③ 邓友萍：《蒋介石与〈新华日报〉之间的“围剿”与反“围剿”》，《当代党员》2001年第5期。

看出，在大后方新闻战线上，《新华日报》取得了宣传主动权，营造了有利的舆论环境，充分发挥了进步舆论前哨和人民大众喉舌的作用。

《新华日报》从创刊开始，便非常重视抗战图画宣传，不仅及时地刊发了新闻摄影的报道，还刊登了大量的抗战美术作品。《新华日报》的创刊号就使用了照片，反映的是国统区各阶层人民热情支持《新华日报》出版的合影照片。《新华日报》的图片报道在创刊初期用得不多，到了后来才大量使用，几乎每天都有图片报道，有时多达九张。从 1938 年 10 月到 1945 年 7 月，《新华日报》刊发的各类美术作品 900 余幅，发表美术理论和美术评论文章 190 余篇。①可以说，《新华日报》的抗战图画宣传，践行了该报在发刊词中提出的“愿为一切受残暴的寇贼蹂躏践踏之同胞之痛苦的呼吁描述者”“愿为后方民众支持抗战、参加抗战之鼓励倡导者”的诺言，受到国统区广大人民的衷心拥护和热烈欢迎。

一、宣传共产党领导的抗日军民英勇抗战的情况

根据地军民对日伪进行浴血战斗，这在国民党统治区是被封锁的消息，《新华日报》的抗战图画宣传，歌颂了共产党领导的八路军、新四军在敌后领导人民英勇斗争的壮举，使国民党统治区广大人民了解真实情况，从而起到宣传鼓舞群众的作用。

在抗战美术宣传方面，胡考创作的新闻漫画《游击队不仅牵制敌人，而且袭击敌人》，画中写有“游击战”三字的枪把，从后面出其不意地猛击日寇的头部，以示游击战所发挥的“牵制敌人”和“袭击敌人”的特殊作用；遭到枪托猛击的日寇被打得头昏脑涨，一手摸头作惊恐状，也从反面显示了抗日游击战的巨大威力。这幅画一方面表现了穷凶极恶的敌人，另一方面也表现了游击战的厉害，鼓舞了人民的勇气，挫伤了鬼子的锐气。廖冰兄的《游击战士》刻画了中共领导的游击队在高山、森林、湖泊中打击日寇的战斗场面。建庵的《第八路军成立一周年》则刻画了共产党领导的抗日武装和民众一起掀起巨石埋葬日寇的情景，形象地歌颂了人民军队的伟大功绩。向明创作的新闻漫画《粉碎敌人的“扫荡”！》发表在 1941 年 9 月 14 日《新华日报》第 3 版上。这年 7 月下旬，日寇策划了对华北晋察冀地区抗日根据地的全面扫荡。而共产党在边区早已严阵以待，带领军民做好了迎接敌寇扫荡的准备。因此，当 8 月 15 日反扫荡序幕拉开不久，共产党领导的八路军就在各线获得了初步的胜利。在向明的这幅新闻漫画中，英勇的八路军战士正欲将锋利的刺刀刺进日寇这条老虎的心窝，这正是对誓死保卫华北根据地的共

① 黄宗贤：《大忧患时代的抉择——抗战时期大后方美术研究》，重庆出版社 2000 年版，第 63 页。

产党八路军的报道和歌颂。中国军民的奋力抗战也引起了国外漫画家的关注。其中，美国人爱力斯创作的新闻漫画《外人眼中的华北游击队》经向明仿刻后，发表在1941年10月17日的《新华日报》第2版上。从中可以看到，爱力斯描绘的游击队员手持简陋的武器，正在华北大地上冲锋陷阵。①

在摄影图片宣传方面，1938年5月23日，八路军副总司令彭德怀所著的《第二期抗战和我们的任务》在《新华日报》开始连续登出时，同时就发表了“八路军克复阜平后当地民众重回家乡热烈欢迎的情形”“八路军战士唱着胜利的歌前进”的照片。同年6月17日到7月17日，《新华日报》又连续报道了“黄河南岸我军英姿”“我机枪阵地”“挺进冀察之八路军”“我军之高射炮队”“河南平原上我军炮队”等以及关于战斗中的游击队，我军蛇形挺进、东北英勇作战的义勇军等多张照片，宣传英勇的八路军、新四军和游击队作战及成长、壮大的情况。这些照片，不仅让人们了解共产党领导军民英勇抗战的事迹，还有力地驳斥了一些人对共产党的污蔑和误解。

二、多方面反映共产党领导的根据地人民的生活斗争情况

《新华日报》刊登的有些摄影图片还从多方面反映共产党领导的根据地人民的生活斗争情况。如1938年5月26日，报道陕北公学的学生在斗争中训练与学习的情况，以及他们出征行军和在露天大讲堂中学习的情况，6月23日报道边区士兵帮助农民生产，9月1日，又报道抗大学生毕业上前线的情况，1938年6月10日报道了邓颖超作《关于陕甘宁边区妇女运动概况》的报告，还登载了陕北公学学生进行义务劳动以及西北妇女战地服务团的照片。这些图片配合文章发表，有力地驳斥了敌人的造谣诬蔑，使国统区人民了解根据地人民的生活情况，深刻感受到两种不同政治制度的鲜明对比，看到了光明，增强了抗战胜利的信心。②

《新华日报》还经常在一版报头的重要位置刊登各种独幅木刻和连环木刻作品，除了反映抗日根据地军民英勇顽强的革命斗争外，还刊登了具有浓郁的陕甘宁边区生活气息的解放区作品。《新华日报》1940年4月曾刊登了延安木刻家焦心河的一篇反映鲁迅艺术学院木刻活动的文章，文章说：“延安的街道，城墙和延安人民的心中，都装满了木刻画。”③只要在重庆展出延安的木刻作品，该报就进行报道并发表评论文章。综观

---

① 刘一丁：《中国新闻漫画》，中国青年出版社2004年版，第183—185页。

② 伍素心：《中国摄影史话》，辽宁美术出版社1984年版，第343页。

③ 焦心河：《鲁艺两年来的木刻》，《新华日报》1940年4月26日。

1938年至1945年的《新华日报》，共登载376幅木刻作品。其中先后刊出的延安的木刻作品有：古元的《陕北农村风光》《延安学生的秋收运动》《陕甘宁边区印象之一》《鲁迅艺术学院生产突击队》，焦心河的《艰苦奋斗的东北义勇军》《妇女手中线，战士身上衣——边区妇女为前线将士制寒衣》《西北是天然牧场》，马达的《以轰炸还轰炸》《纪念"三八"》《边区妇女》《起来啊！"一辈子用膝头走路的人"》《黄花岗七十二烈士，永存在我们心中》，沃渣的《边区自卫军》《加强政治工作》《救护受伤将士》《少先队检查路条》，胡一川的《肃清汉奸土匪》《前夜》《魔手下的壮丁》《计划歼灭敌寇》，力群的《加紧生产——延安生产运动主义》，江丰的《慰劳队》；陈叔亮的《开路先锋》等。[①] 这些反映共产党领导的根据地人民的生活斗争情况的木刻作品，在国统区人民中引起了强烈反响。1946年1月31日，《新华日报》发表一篇署名为华灼的《看了延安生活、艺术展览后》的文章中写道："默默地注视着每一张画上愉快而紧张的西北同胞们的面孔，回想到大后方的人民，在摧残压制下过着暗无天日的饥寒屈辱的生活，不禁妒羡他们——西北同胞们——的幸福，难怪有一位观者在批评簿上这样写道：'一个中国，两个世界'。"[②]

三、揭露日寇侵略的暴行

日本侵略者在中国烧杀抢掠，激起了中国人民的仇恨，揭露其罪行，可以激发抗日的斗志和勇气，这也是《新华日报》抗战图画宣传的主要内容之一。《新华日报》经常刊登日寇侵略暴行的照片，如日寇轰炸武汉、华中大学、广东新会车站，枪杀中国人民等。《新华日报》都刊登了实况照片。这些照片不但起证据的作用，有力地打击了敌人，同时也激起全国人民同仇敌忾的抗敌决心。由于日寇的侵略，造成我国人民流离失所、饥寒交迫的惨状，《新华日报》也经常加以报道，如刊登了从沦陷区逃难到武汉的难童的照片。

《新华日报》还刊登了揭露日寇侵略暴行的美术作品，如张乐平的《日寇在南京的杀人比赛》《敌军在华之暴行》，叶浅予的《敌人在华北之奸淫杀戮》等漫画作品，将日寇血腥暴行真实地展现于读者面前。1937年12月，日本侵略者占领南京后，制造了惨绝人寰的"南京大屠杀"惨案，激起了中国人民的极大愤慨。著名漫画家张乐平创作的《日寇在南京的杀人比赛》漫画，描绘了日军将手无寸铁的中国百姓缚于木桩上，用刺刀全

① 谢春：《抗战时期大后方木刻艺术研究》，四川大学博士学位论文，第134页。
② 华灼：《看了延安生活、艺术展览后》，《新华日报》1946年1月31日。

部捅死的残忍场面。这幅作品刊登在《新华日报》上，具有巨大的宣传作用，堪称我国新闻漫画作品的典范。

四、歌颂中国人民伟大的抗战精神

在中国历史上，每当国难当头，民族处于生死存亡的重要时刻，以爱国主义为核心的民族主义精神，便成为激励中华儿女力挽狂澜、战胜强敌的精神火炬，成为反抗侵略、争取独立的巨大动力。把日本侵略者赶走，是全民族的任务。《新华日报》刊登的新闻漫画，除了歌颂共产党领导的英勇抗战外，还及时报道了全国各族人民的抗战，歌颂了中国人民的伟大抗战精神。例如，1941年华君武在《新华日报》上发表的一幅新闻漫画，在署名“华君武作”之后，还有“志荣刻”的记录。这幅新闻漫画没有正式的标题，文字说明部分交代了新闻事实：“昨晚有一队中国兵通过铁路封锁线。”于是，日本守卫铁路的军人一大早便训斥“护路队”里的中国护路人员：“八格！我昨晚都看到了！你还说没有看到吗？”——我们从“昨晚有一队中国兵通过铁路封锁线”的新闻漫画里获取了这样的信息：又有一批抗日的中国军人突破了日寇的封锁包围，投入了正义的战斗。此外，还可以从中获悉，汉奸卖国贼毕竟是少数人，像图中的这位中国护路队队员，虽然被迫服从日军的掌管，但他心系抗日，明知抗日同胞越过日寇的封锁线，却冒死不向“上级”报告。这样的行为与同胞在疆场上的厮杀一样，也是一种抗日，一种力所能及的爱国举动。又如张谔的《抗战胜利的把握》，以一只象征国共团结的巨手，捏死日寇、汉奸的画面，表达了国共合作是抗战胜利的保障的思想。张谔的另一幅漫画作品《群众的呼声》，描绘了宏大的群众示威游行的场面和高举着的“加强国共合作”“坚持抗战到底”“彻底反对汪逆”等标语，表达了中共和人民大众要求坚持团结，反对投降的愿望。

值得一提的是，作为共产党领导的报纸，《新华日报》始终以抗日救亡为大局，努力维护大后方美术界抗日民族统一阵线，对凡是有利于抗日的美术活动、展览和作品及爱国的美术家都给予热情的报道和评价，对全国各地美术抗战救亡运动进行了及时的宣传。

在新闻摄影报道方面，《新华日报》对国统区人民的斗争的图片也进行了刊登。例如，武昌纱厂工人开会筹备纪念“五一”，世界学生代表团到武汉，各界青年冒雨欢迎等，均有图片报道，其中世界学联代表团到武汉时，八路军办事处领导人前去欢迎并召开了大会的情景，《新华日报》用整版篇幅予以报道，用了九张照片，有周恩来同志致开会辞及他和博古等人在一起的照片，还有沈钧儒、邵力子、吴玉章等人的照片，各党派各团体及日、英、美、荷等代表的照片等，反映了全世界人民反法西斯的大团结。对于全国各地的重大抗日活动，也不遗余力地加以报道。陕西各界雪耻兵役宣传周大会在西安召开的情况等都是如此，甚至对当时新疆的建设，迪化市（今乌鲁木齐市）举行“四一二”纪念大会，参加者中有军人、学生，还有装甲车队的情况也用照片报道。6 月 13 日，又报道广州市女壮丁训练，6 月 15 日报道河南的民军，所有这些，都充分证明《新华日报》图片宣传的活跃。[①]

五、及时报道有关国际形势

《新华日报》对于国际上的重大事件也尽量用照片报道。例如日本进步人士鹿地亘夫妇的近影，巴黎民众反日援助中国，英国举行援华大会，西班牙青年保卫祖国的英勇斗争，美国抵制日货，用世界语出版画报等都用照片报道。[②] 这些反映了全世界人民在反对法西斯斗争中互相援助、互相鼓舞的情景的照片，极大地鼓舞了中国人民的抗战信心。

《新华日报》刊登的国际新闻漫画，有些是揭露国际法西斯势力的侵略行为和英、美等国家的绥靖政策的。《撤消对西班牙的封锁》漫画，表达了世界人民对西班牙同情和支持的愿望。当“慕尼黑阴谋”甚嚣尘上之时，《新华日报》又刊登了《德捷人民团结一致为捷的独立而奋斗》《张伯伦先生在干什么?》等漫画作品，号召人民起来反对帝国主义的绥靖政策和法西斯侵略。《赶猪人》描绘了英国首相张伯伦正驱赶象征“中立”的猪到代表苏联的花园去践踏的画面，揭露了英、美等国家绥靖政策的实质是企图牺牲小国利益，将德国法西斯这股祸水东引到苏联的阴谋。《在英法帮助下的波兰》漫画，以伞象征英法口惠而实不至的援助，是根本无法抵御法西斯侵略的。这些漫画作品，不仅使人民及时了解了国际形势的变化，而且有助于认清帝国主义的本质，丢掉幻想，准备战斗。

---

① 伍素心:《中国摄影史话》,辽宁美术出版社 1984 年版,第 344 页。

② 伍素心:《中国摄影史话》,辽宁美术出版社 1984 年版,第 344 页。

结　语

著名作家老舍在抗战期间论述图画宣传的作用时说:“歌曲图画的宣传力量，在今日，实远胜于文字。文字宣传品尽管力求通俗，怎奈大家目不识丁，还是没用:百分之八十的同胞们是不识字的。……歌曲尚须有人教给，图画就更好更省事。有目俱睹，童叟无欺。在精神的食粮中，此为米面，居第一位。”[①]著名漫画大师丰子恺在抗战初期曾说过:“漫画是笔杆抗战的先锋……现在我可以说:‘百篇文章不及一幅漫画’。”[②]新闻界素有“一图胜千言”的说法。“图画为无音之新闻，不识字者亦能读之。”[③]《新华日报》上刊登的无论是美术作品，还是摄影照片，都具有“不识字者”能看懂、传播面广的特点，因而给人留下了深刻的印象，在动员民众、宣传抗战方面发挥了重要的作用。

（作者单位:湖北美术学院）

---

① 老舍:《连环图画》,《抗战画刊》1938年5月5日,第11期。

② 黄远林:《百年漫画》(上卷),现代出版社2004年版,第224页。

③ 戈公振:《中国报学史》,中国新闻出版社1985年版,第201页。

中共中央南方局领导下的新音乐运动

汤斯惟

摘　要：抗战时期，重庆的新音乐运动在中共中央南方局的领导下逐步开展起来，取得了巨大的胜利。本文将从办刊办社、创办育才学校音乐组、组织群众歌咏活动、推介解放区的革命歌曲以及音乐界上层人士统战工作等五个方面对新音乐运动的具体工作进行阐述，并揭示其特点，以此纪念新音乐社成立80周年、育才学校音乐组建组80周年和《黄河大合唱》创作80周年。

关键词：中共中央南方局；新音乐运动；周恩来；李凌

抗战时期，新音乐运动的蓬勃发展离不开中共中央南方局的支持，更离不开周恩来同志的正确领导。按照周恩来同志的指示，战时重庆的新音乐运动工作主要集中在以下几个方面：一、办刊办社；二、创办育才学校音乐组；三、组织群众歌咏活动；四、推介解放区的革命歌曲；五、开展音乐界上层人士的统战工作。其实，这五个方面的工作也是紧密相连、密不可分的，它们共同促进了新音乐运动的开展。

一、办刊办社

抗战时期，新音乐运动在中共中央南方局的领导下逐步开展起来，而新音乐运动不断壮大和深入发展的标志是《新音乐（月刊）》的创办与“新音乐社”的成立。这“一刊一社”的创立离不开中共中央南方局及周恩来同志的鼓励与支持。1940年1月，李凌、赵沨等人创办了大后方影响最大、发行量最多、持续时间最长的《新音乐（月刊）》，该刊整整持续了10年，为我国的新音乐运动、音乐界的统一战线工作以及民族的解放事业做出了不朽的贡献。

《新音乐（月刊）》出刊以后，销售量很快突破了33000份，超过了当时重庆出版的所有期刊。周恩来同志知道这一情况后，立马在曾家岩办事处接见了李凌，并对重庆新音乐工作提出了三点建议：一是希望把《新音乐（月刊）》“作为推动各地抗日歌咏运动的联络工具”；二是“把刊物作为推动歌咏运动的主要手段”；三是要做“音乐界的上层统战工作”。李凌在这次被接见后，明确了工作方向，并遵照周恩来的指示在大后方开展新音乐运动。而本文中所提到的创办育才学校音乐组、组织群众歌咏活动、推介解放区的革命歌曲以及开展音乐界上层人士的统战工作等，也都是按照中共中央南方局及周恩来同志的正确指导来进行的。

在《新音乐（月刊）》创办后不久，新音乐社就在重庆成立，同时“桂林、昆明、上海、广州、柳州、长沙、万县、西安、贵州、仰光、西贡等地建了新音乐分社”，并“公开征求新音乐社社员”。为配合新音乐运动的发展，《新音乐（月刊）》还征求通讯员，“建立据点”，以此将大后方的“新音乐工作朋友联系起来……推动整个新音乐运动”。如在《新音乐（月刊）》1940 年第 1 卷创刊号中就刊登了《给各地音乐工作者》一文：

当武汉、广州相继失陷①后，我们内地工作者差不多都过着最困苦的生活，朋友与朋友之间失去了联络，甚至连下落都无从探听，要开辟工作常常感到人手少，工作经验更无从参考。尤其是唱歌的材料，大家都引为最苦恼不过的事情。

每个人都深切地感到这缺憾如无法补救，工作的前途将更困难了，我们有见及此，拟在本社编委会内建立一“音乐工作者通讯组”的组织，负责：

1. 用通讯经常联络各地音乐工作朋友，共同推进歌运，从书面讨论一切新音运上的问题。

2. 回答各种工作上学习上困难问题。

3. 调查各地实际工作状况，组织各地工作经验。

4. 尽量供给各方朋友所需要的材料。

参加通讯的朋友，请按照下列内容，经常通讯报告，如需要歌曲材料，请附寄邮费。

报告内容：A. 工作地点，B. 工作状况及工作经验，比如：在什么地方工作，工作地域大小，民众音乐水准怎样？大家听唱歌的情绪怎样？成份怎样，有那些人愿意唱歌，他们喜欢唱什么歌，怎样唱，对新歌的印象怎样？他们的希望怎样，你们怎样开展工作，工作中曾遇到什么困难和快慰的事情，困难怎样克服，还有什么无法解决的困难等，最好能详细叙述，可供作调查材料也可作为季刊或月刊通讯稿。

这篇稿件实际上包含了有关新音乐社的很多信息，通过在全国范围内征集音乐工作通讯者，一方面可以了解当地关于新音乐工作的开展情况，通过反馈可以从中挑选出该地的新音乐工作组织者，领导该地的群众进行新音乐运动，同时，还可以把全国新音乐工作者团结起来，通过刊发不同地方的新音乐稿件，让大家了解各地工作开展的近况，

① 误。实为广州、武汉相继失陷。广州于 1938 年 10 月 21 日失陷，武汉于 1938 年 10 月 27 日失陷。

以便李凌、赵沨等人做进一步的安排。实际上,《新音乐(月刊)》就是全国各新音乐分社的活动阵地,新音乐社通过《新音乐(月刊)》来指导各分社的具体工作。在之后发行的《新音乐(月刊)》中,几乎每一期都有来自全国各地新音乐工作者关于该地新音乐运动相关工作的文章,如第2期发表了乔东君的《关于民众音乐工作》、王义方《武汉华北宣传队的民众歌咏工作》以及刘秉寅的《"东总"半年来的歌咏工作通讯》;第3期发表了若安的《战壕里的歌咏》、叶霖《我们到了河北》;第4期发表了郭可诹的《新音乐运动在贵阳》、赵启海的《绥西歌咏漫谈》以及李元获的《流浪者的歌声》,此外联抗、马可、王洛宾、陈原等人都曾向《新音乐(月刊)》投过工作通讯的稿件。而关于新音乐社的活动纲领,也可以从《新音乐(月刊)》的创刊目的得知:

(一)展开音乐艺术上各种问题的讨论,发扬对曲作及音乐运动之批判,以提高音乐艺术水准,归正音乐运动之发展。

(二)正对着中国今天抗敌中大众音乐水准、需要,强调对民间音乐艺术优良遗产之深入研究、利用与发展,配合新的民族精神,接受"五四"以来新音乐及世界进步音乐成果,以创造新的民族化的,大众化的音乐艺术,使它真正能普遍深入大家中,真正能成为抗战建国最有力的武器。

(三)介绍世界进步歌曲和音乐识文,作为建设新音乐的参考。

(四)供给反映抗战、歌颂建国的音乐创造。

(五)联络各地音乐工作者。

(六)组织各地音乐工作经验。

以上六点也可以算作是新音乐社的主要工作,围绕这六点工作目标,新音乐社开展了许多相关的活动。

(一)出版抗战救亡歌曲及书籍

新音乐社除了《新音乐(月刊)》以外,还出版了众多的音乐理论书籍和刊物,特别是在《新音乐(月刊)》被查封以后,李凌为了尽快恢复工作,他以中华交响乐团的名义创办了《音乐导报》,之后又创办了《音乐艺术》等期刊,使全国各新音乐分社能够正常地推进工作。另外,新音乐社还出版了《三年歌选》《音乐创作集》《民主歌声》《新音乐教程》《苏联音乐》《诗经的音乐及其他》等书籍。新音乐社的社员们还积极在《新华日报》《救亡日报》《时代日报》上开辟音乐专栏及发表评论文章,以此扩大抗日救亡的影响力。

(二)创建民歌研究会

1940年,新音乐社"为了利用民歌及发展民歌创作民歌,使民歌更适合抗战的需要,且使它完成为中国的新音乐艺术适用的宝贵素材而研究民歌"特别成立了"民歌研究会",并制定了相关的"民歌研究会组织大纲"。

凡愿意在共同的任务下工作的朋友，经二人介绍的得为本会的会员。

会的组织与工作：

(A)组织：

a.会员大会

b.干事会：研究组、采集组、出版组。

(B)工作：

a.干事会的朋友，多半分散在各战区，或遥远的远方，因此除函商一切会务进行外，还负责各地区组织研究小组工作。

b.研究组负责计划一切研究工作，领导各地研究小组分期送发研究提纲并征集整理结论。

c.采集组负责采集材料，整理材料。各会员须经常将材料寄与总会，由总会整理后油印分发研究。

d.出版组负责出版民歌集及会刊等编辑印刷工作。一切消息由音乐通讯及新音乐月刊"工作通讯"报出，如经费可能时出民间音乐丛刊。

通过《新音乐（月刊）》，新音乐社发表了许多地方民歌，并策划过几次民歌专题，发表了一些音乐家对于民歌研究方面的文章，在一定程度上促进了音乐工作者对民歌的重视及收集、整理、研究工作。如有天风的《陕北民歌的曲式——陕北民歌研究之一》《绥远民歌研究》、冼星海的《民歌与中国新兴音乐》、薛良《民间歌谣的讨论》、夏白的《关于四川的民谣与民乐》等。民歌专题有1942年第4卷第3期的《民歌特页》、第4卷第6期的《绥远民歌特辑》、第5卷第2期《蒙古歌曲特辑》等，这些工作对中国民歌的收集整理研究工作都有积极的推动作用。

（三）创办音乐培训班

1940年，新音乐社成立了"民歌研究会"研究组，但这只限于针对创作研究方面的工作，为了"扩大这些研究组织，广泛的推进新音乐干部教育工作"，新音乐社决定于1942年成立"新音乐研究社通讯研究部"，并提出了"加强学习"等口号，以函授的方式，向全国各地的音乐爱好者提供音乐辅导等帮助。通讯研究部主要开设了以下课程：

A.新音乐理论指导由缪天瑞、李凌、赵沨诸先生负责。

B.作曲指导由马思聪、沈白、舒模、孙慎、联抗诸先生负责。

C.和声学指导由张洪岛先生负责。

D.声乐指导由赵沨、薛良诸先生负责。

E.器乐指导由马思聪先生负责。

F.音乐教育由李抱忱、李凌、联抗诸先生负责。

G.音乐常识及简答由孙慎、刘天浪、刘已明、宗玮、林予、甄伯蔚、刘式昕、念一诸先生负责。

H. 词作者指导由洪遒、仁荪、克锋诸先生负责。

根据以上课程，新音乐社还专门编辑了如《乐理》《五线谱自习及视唱》《音乐史话》《五线谱视唱》《作曲教程》《对位法教程》《创作研究》等讲义印发给学员。这样的培训活动，不但团结了一大批在音乐界具有影响力的音乐家，同时还培养了许多音乐人才，为新中国音乐事业的发展奠定了良好的基础。

《新音乐（月刊）》和新音乐社在中共中央南方局和周恩来同志的正确领导下，通过出版书籍报刊、开办研究班、组织社团活动等把全国的新音乐工作者紧密地团结起来，形成了一个固定的组织，是中共建立抗日民族统一战线的内在需要，为团结一切进步青年做出了很大的贡献。

二、创办育才学校音乐组

1939 年 7 月，在中共中央南方局的支持下，生活教育社出面创办了育才学校。陶行知任校长，校址在今重庆市合川区古圣寺内，学校选拔一批有特殊才能的难童进校学习。该校下设自然、社会、文学、绘画、音乐、戏剧、舞蹈七个组别。音乐组是育才学校最先筹办、招生、入学的组别，也是中国第一所从儿童时期进行专业音乐教育的机构。贺绿汀亲自参与了音乐组的创办并担任主任，拟定了音乐组的教育方针，即“不单要培养他们成为专门人才，而且要成为坚强的为民族为人类服务的干部，在抗战建国的路程中发挥伟大的力量”。虽然育才学校创建于抗战那个艰苦年代，但是学校却聘请一流的音乐家担任教师，李凌、黎国荃、任光、范继森、夏之秋、胡然、巫一舟、冼星海、马思聪等人都曾先后在此任教，培养出了杜鸣心、陈贻鑫、田丰、李其芳、卞祖善、钟慧、江明、林应荣、胡延仲、曹承筠等这样优秀的学生。而对于这所新式学校，周恩来予以了很多的支持和关怀。1940 年 9 月，周恩来、邓颖超夫妇亲自到育才学校慰问师生，并写下了“一代胜一代”“未来是属于孩子们的”题词，以此激励全体师生。此外，周恩来还“时常从并不宽裕的活动经费中抽出款项来接济育才学校”。育才学校自成立后就活跃于重庆的各类抗日救亡音乐运动，还举办了多场音乐会。如 1940 年 12 月 26 日，育才学校在抗建堂举行了首次儿童音乐会，郭沫若、周恩来、邓颖超、叶剑英及苏联友人米海耶夫等人出席，音乐组的学生们表演了齐唱、独唱、二重唱、钢琴独奏、四手联弹等节目，轰动了整个山城。

除了育才学校音乐组以外，抗战时期在重庆还有另外一所学校也是以培养幼年音乐人才为主的专业音乐机构——青木关国立音乐院幼年班，这两个机构有相似的地方，如都是招收难童，所有学生伙食费、住宿费、学杂费全免，在校学习期间，他们接受专业的音乐训练，每个学生在经过一段时间的学习后，会选择一门适合自己的专业作为主科。除上述共同点以外，这两个专业音乐机构还是有其自身的特点。第一，两个机构的主办单位不同，育才学校音乐组是在中共中央南方局的领导下，在周恩来同志的关心、帮助下建立的，它的创办者是我国著名教育家陶行知先生，贺绿汀任音乐组首任主任。而青木关国立音乐院幼年班是由国民政府教育部领导，国立音乐院第四任院长吴伯超创办，赵东元为首任主任。第二，在办学目的上，育才学校是以培养“追求真理的小学生，手脑并用的小工人，反抗侵略的小战士”为目的的一所难童学校，陶行知希望不要因为某些天才儿童有一些缺陷而失去成才的机会，因此“不管他有什么缺憾，只要有特殊才能，我们都应该加以特殊之培养”。而幼年班则是以培养交响乐音乐人才为宗旨，其创办者吴伯超就是想要通过培养儿童交响乐人才，“建立一支中国人自己的交响乐队”。第三，在招收学生方面，育才学校只要是有天赋的难童，无论男女都录取，而幼年班却只招收男童，其原因是吴伯超认为“一旦成名，各方压力与干扰齐来，最后或者受摧残半路夭折，或者违心嫁个阔丈夫，宁愿把你当花瓶养在家，也不许你再去搞专业。结果，为培养一个专业人才而花费的巨大投入，社会得不到应有的回报”。由此可见，育才学校音乐组是一所以培养“抗战救国”音乐人才为目标的机构，它在抗战时期吸引了许多知名音乐教育家前来任教，不仅推动了大后方新音乐运动的开展，同时更为新中国培养了一大批优秀的音乐家。

三、组织歌咏运动

周恩来曾说过：“群众歌咏活动是开展整个群众活动最有利的方式之一。”而李凌在工作中也特别重视群众歌咏运动，正如他在 1949 年中华全国文学艺术工作者首届代表大会上所说：“每一地方，有音乐工作者，群众的歌咏工作就活跃起来，广大的音乐会（如几百到一千人，二千人大合唱）常常举行，新音乐工作者有一句口号：无孔不入，入孔生根，开花结果。”救亡歌声响彻四方，参与歌咏运动的群众更是不分职业、年龄、性别、阶层，他们用歌声喊出心中的愤怒，坚定抗日救国的信念。例如在重庆有一支由重庆银行界同人组成的“银励歌咏队”，在那年代，银行员被认为是“享乐之群”，但战争的到来，让他们成为“一群劳工，一群斗士”，于是他们走上街头，“高声唱出他们歌曲”，“歌咏运动在这儿发生的力量不只是宣传的作用，且是感情滋润品，是鼓励的声音，是安慰生命的良药”。可见，歌咏运动对民众是多么的重要。不过在重庆组织群众歌咏活动并不容易，国民党用各种手段阻止歌咏运动的开展，但斗争需要歌咏，民众更需要歌咏，为此，周恩来指示：“不应坐等时局的转变，要利用这段时间想法把一些干部送到国民党的学校去学习，也可以在那里创造机会开展工作。”于是，像“张文纲、叶素、武俊达、洛军、赵启海、李广才、李同生、谢明、黄凛、张云卿、宋军、苏克、何立昌、谢功成、王震亚、苏夏、郭乃安、陈培勋”等人先后到国民党中央训练团音乐干部训练班或重庆青木关国立音乐院进行学习，这一做法也为南方局培养了大批优秀的音乐干部，促进了新音乐运动的发展。而在重庆以外的其他地区，歌咏运动仍在各新音乐分社的领导下继续开展。如在贵阳，人们对歌咏运动热情高涨，他们还成立了“贵阳乐剧联谊会”，“发起保卫大西南，及兵役宣传的火炬游行，经常街头教唱，设立歌咏干部训练班，给贵阳的歌咏运动奠定了稳固的基础”，此外，“各民众学校成立歌咏队，有150队”，他们“印发活页歌曲，以供内地歌咏之材料”，贵阳的这些歌咏团体在演出中不但演唱二部或四部合唱曲救亡歌曲，而且还经常演唱一些适合大众口味的贵州山歌，以此提高民众的音乐素养，收到了很好的效果；在昆明，新音乐社员们连续两晚举行了“新春大合唱”，由十余个歌咏团组成，每晚到场人数达到上千人，引起了群众的热烈反响；在宜川，马可组建了一个“音协分会”，这个分会不但成立了合唱团，还创办了一本音乐期刊《音乐战线》，以此更好地促进宜川地区歌咏运动的顺利开展；在曲江，由于孙慎、麦新、联抗、黄凛、陈世鸿、黄友棣等人的到来，使得曲江歌咏运动蓬勃发展起来，他们除了组建歌咏团，还开音乐会，出版专刊，发表新作，让歌咏运动的热潮持续不断。

四、推介解放区的革命歌曲

在开展新音乐运动工作的过程中，周恩来同志特别强调，要把边区的新歌介绍给国统区的人民，给歌咏运动注入新的血液。根据这一指示，李凌在《新音乐》月刊上，专门拿出较多的篇幅，及时向国统区的人民介绍解放区的革命歌曲，像冼星海的《黄河大合唱》、向隅的《红缨枪》、马克等人创作的歌剧《白毛女》选曲等等。《黄河大合唱》是“抗战中所产生的最成功的一部新型交响合唱歌曲”，由光未然作词，冼星海作曲，以黄河为背景，歌颂了中华民族光荣的历史，赞扬了中华儿女坚强不屈的高尚品德，整部作品大气恢宏，旋律激昂，具有划时代的重要意义。《黄河大合唱》于1939年4月13日晚，由演剧三队和鲁迅艺术学院在延安陕北公学大礼堂进行了首演，引起了巨大的反响，之后便迅速传遍了全国。李凌也在《新音乐（月刊）》上刊登了《黄河大合唱》的多个选段，而且还把整部作品介绍给重庆人民。

《黄河大合唱》在重庆的首演可以说是准备十分辛苦、演出极为成功。1940 年初，《黄河大合唱》的部分歌曲已传至重庆，是年 9 月，又由生活书店公开出版其全部套曲，这使得《黄河大合唱》进一步在广大歌咏爱好者中传开。

1940 年秋，《黄河大合唱》在重庆国泰大戏院举行首次公演，由明敏指挥，词作者光未然担任朗诵，赵沨演唱《黄河颂》，赵启海、赵定宝演唱《黄河对口曲》，瞿希贤用手风琴伴奏。演出时，礼堂爆满，座无虚席，走道上也挤满了观众，但是秩序井然，特务想从中进行破坏和捣乱，遭到了观众的斥责。演出时，掌声雷动，气氛特别热烈，表达出了广大人民群众强烈要求坚持团结抗战的一致呼声。1940 年 12 月 15 日下午 7 时，在渝的国际反侵略分会，中国边疆建设协会，国民外交协会、文艺界、抗敌协会、中苏文化协会、重庆各报联合委员会、中国青年记者学会、中国政治建设协会等 8 个团体在中国留法、比、瑞同学会又举行《黄河大合唱》第二次联合公演，由严良堃指挥、“业余歌咏团”演唱了《黄河大合唱》，周恩来等出席了晚会并接见了全体演员。公演后，他们还专门举行了一次《黄河大合唱》演出座谈会，光未然、李凌、李嘉、沙梅、赵沨、刘雪庵、贺绿汀、赵启海等人出席。会上，他们对第二次公演的得失做了详细的总结，大家都认为，此次演出非常成功，收获颇丰，同时他们也希望在座的各位音乐家们能创作出更多更优秀的作品。

随后，《黄河大合唱》又多次在重庆上演，如 1940 年 5 月，由罗松柏指挥，国立合川二中师生合唱团演唱了《黄河大合唱》。1941 年初，重庆音乐界在新生活运动总会广场举行千人大合唱歌咏会，由郑志声指挥并演唱了《黄河大合唱》等抗战歌曲。同年 7 月，在抗战四周年纪念音乐会上，由严良堃指挥孩子剧团演唱《黄河大合唱》。1942 年 7 月，重庆璧山社会教育学院等大中学校举行的千人大合唱音乐会上，由胡绥祜、刘雪庵指挥演唱了《黄河大合唱》。《黄河大合唱》表现了中华民族伟大坚强的气魄和精神，反映了中国人民在抗战中的艰难历程。它的多次演出，为重庆的抗日救亡运动注入了新的动力、增添了强大的能量，对宣传团结抗战起到了很好的推动作用。

五、开展统战工作

除了办好一刊一社等，开展音乐界上层人士的统战工作也是新音乐运动的主要工作之一。周恩来同志曾要求李凌除了要坚持开展群众歌咏活动外，“也要分出一些力量去做音乐界的上层统战工作”，因为这些音乐家们“也是爱国的、主张团结一致抗日的”，新音乐工作需要“有一些知名的专家来关心支持”。新音乐工作者要和他们“交朋友，谈抗战，争取他们自己写东西，要发表他们的抗战歌曲，有些工作也可以请他们出面去做，比如像学生工作，由他们出面就比你们更方便”。遵照周恩来同志的指示，李凌开始逐渐开展音乐界上层人士的统战工作。由于李凌的真诚与出色的组织能力，不久他就团结了一大批如马思聪、李抱忱、陈田鹤、张洪岛、缪天瑞、江定仙、林声翕、洪潘等音乐家，并和他们成为很好的朋友，在大家的帮助下，新音乐工作得以顺利开展。虽然年轻的李凌是第一次做统战工作，而且许多音乐家不仅地位颇高，还是他的前辈，但李凌却用他的智慧把统战工作完成得十分出色，可以说统战工作渗透到了新音乐工作的方方面面。李抱忱不仅是国立音乐院的教授兼教务长，也是国民政府教育部音乐教育委员会教育组的主任，更是全国知名的合唱指挥家，他不但在学校有权威，在音乐界也有地位，因此李凌请他出面组织学生合唱活动、开展群众歌咏运动，为《新音乐（月刊）》撰写稿件等，收到了很好的效果。《新音乐（月刊）》被迫停刊后，李凌在林声翕、黎国荃等人的帮助下，进入中华交响乐团工作，并创办了《音乐导报》，这不但让李凌结识了更多的音乐界朋友，统战工作得以进一步推进，同时也促进了新音乐工作的开展。李凌在育才学校音乐组任教期间，还邀请范继森、李翠贞、胡然、夏之秋等到学校为学生授课。其实，李凌在重庆的这几年，一直坚持以开展音乐界上层人士统战工作为主线，并将其落实到具体工作中，而这也是中共中央南方局在大后方开展新音乐运动的主要工作方式之一，这一方式使得南方局汇集了越来越多的音乐家，大大提升了新音乐的影响力，有效地促进了新音乐运动的快速发展。

结　语

抗战时期，在大后方开展新音乐运动虽然困难重重，但新音乐工作者们依然顶着巨大的压力坚持了过来，并在抗日救亡中发挥了很大的作用。而这也离不开中共中央南方局和周恩来的正确领导。总的来说，大后方新音乐运动有如下几个特点。一是高度的组织性和计划性，新音乐运动的一切工作都是在中共中央南方局的领导下进行的，其开展的活动都有严格的组织纪律，并在计划中进行，例如由于当时重庆的特殊情况，不能进行大规模的群众歌咏运动，南方局立即调整工作方式，将新音乐工作者送进国立音乐院学习，并继续在音乐院里开展新音乐工作，如成立了山歌社和中国音乐社，其成员达到了八九十人。二是以开展音乐界上层人士统战工作为主线，无论是创办《新音乐（月刊）》、成立新音乐社、创立育才学校、组织群众歌咏运动、宣传《黄河大合唱》等，都不忘加强对音乐界上层人士的联系，让他们支持并亲自参与到新音乐工作中，共同推动新音乐运动的发展，统战工作取得了显著成效。三是坚持走群众路线，新音乐运动不是个人的运动，更不是某一阶层的运动，它始终坚持走群众路线，用李凌的话就是“和群众一起，也从群众中扩大起来，每一地方，有音乐工作者，群众的歌咏工作就活跃起来，广大的音乐会（如几百到一千人，二千人大合唱）常常举行”。新音乐运动“走向群众，也来自群众……工作和群众结合，也得到群众的人力物力的支持”，“有群众的地方，就有新音乐活动”。当然新音乐运动也有一些不足，例如在创作方面存在“右倾偏向”和“追随形式主义倾向”，对音乐教育的关注不够，对器乐作品的创作不足，对作曲技法的研究不深入等等，但不可否认，新音乐运动是一个时代产物，而且它在激励民众奋勇抗战，普及音乐知识，促进音乐界人士的团结等方面做出了应有的贡献。

（作者单位：西南大学）

对南方局领导下党员创业的研究

袁　明

摘　要：抗日战争和解放战争时期，南方局领导下的地下党员，广泛采用自主创业的方法，得以掩护身份，获取生活来源，并通过创办专门的经济组织，为党筹集大量资金，有力地支撑了党在国统区以及海外的各项革命活动，无私地帮助了党外进步人士。在创业过程中，党组织提供的宽松的创业环境和有效支持，使得党员虽然身处险恶的社会环境之中，却创造出了优异的业绩。共产党员们的实践，为新中国成立后的经济建设打下了牢固的基础，并为改革开放后的经济腾飞提供了有力的镜鉴。

关键词：周恩来；南方局；共产党领导的经济活动；创业

从 1939 年起，国民党发动了一次次反共高潮，并逐步终止了对八路军、新四军的军饷和物资供应。日、伪、国民党顽固派在军事上的打压，经济上的封锁，使共产党及其军队面临的困难日益加重，在国民党统治区尤为突出。

1941 年皖南事变后，国统区的中共党组织在以周恩来为书记的中共中央南方局（包括后来的重庆局、南京局，以下简称“南方局”）的领导下，对国民党的打压迅速做出了反应。他们精简机构，疏散人员，加强纪律，将大多数公开机构转入地下，并对各项工作的指导方针及时进行了调整。在对敌斗争方面，党员们实行“荫蔽精干，长期埋伏，积蓄力量，以待时机”的方针；在经济方面，实行“自力更生，艰苦奋斗，发展经济，保障供给”的方针，变被动为主动。

在加强纪律方面，周恩来在南方局组建了以童小鹏、袁超俊和龙潜为首的保密工作委员会，由周恩来亲自领导，制订出一套应对国民党突然袭击的制度和措施，以及一套在新的政治环境下保证党组织和党员安全的纪律条款。当时规定，每一个从事秘密工作的共产党员，必须实行单线联系，不得发生横向联系；每一个从事秘密工作的共产党员，都必须有公开合法的社会职业做身份掩护，这就引出了在战争时期党员创业的课题。

一、从事秘密工作的共产党员为掩护身份择业

国民党断饷断供后，新的斗争环境下南方局党的活动经费来源主要有以下几个方面：

1.党员创业经营筹资，滚动增值，本文将有专述。

2.党员生活费用自筹，来自公开合法的社会职业。

3.党员个人筹款，如罗沛霖用向岳母借来的四万银圆，先后创办了巴克新建筑公司、川东实业公司、巴山石墨公司、新机电工程这四家为党筹资、为地下党掩护身份的企业。

4.社会资助，如宋庆龄、何香凝组织的保卫中国同盟从海外华侨和国际友人处募集的资金，国民党左派和社会进步人士的捐款。

5.根据地财政收入，东江纵队、琼崖纵队创建的根据地民主政府都有自己的财政收入。

6.缴获敌资(略)。

其中前两项是南方局长期主要的收入来源。

南方局下属党组织和党员个人，考虑到工作任务的秘密性，在选择公开合法的社会职业方面，也是有其考虑的：

（一）革命需要

1.革命业务需要：组织安排，个人服从。如国民党封锁《新华日报》的纸源，党员谢长琼与苏芸一起受组织委派，在广安创办丁家坪中心纸厂，后创办万县中永贸易商行，为《新华日报》提供纸源和资金。

2.备用力量：被精简和疏散的党员，形成了一支备用队伍，这部分党员对择业的要求不高，往往是到偏僻山区任教。如1941年皖南事变后，南方局青年组朱语今被疏散到重庆南温泉一个中学去任教。

3.独立自主性：地下党员从事秘密工作，行动必须不受雇主支配，这是党员选择个人创业的主要驱动因素。

4.流动性：有些党员身负的革命任务，如交通工作(负责党员和党组织之间人员、情报、设备、资金的往来)需要具备相对的流动性。党员杨仲明负责南方局连通孤悬敌后的新四军五师李先念部湖北三斗坪的重要交通线，他选择的职业是跑单帮。

5.隐蔽性：许多党的秘密工作需要较强的隐蔽性。如南方局龚饮冰单线领导的上海

地下电台党员李白(电影《永不消失的电波》中男主人公的原型),他选择掩护身份的方式是开一家福声无线电公司。他的电台是用普通收音机经过简单的改装得来的:用粗铜线绕出额外的线圈,临时勾在真空管管脚和栅帽上。日本人来搜捕时,他就将线圈扯下丢弃,在到处都是无线电零配件的环境隐蔽下,这一废弃铜线团毫不起眼,但他还是被捕了。最后经日本专家鉴定,收发报装置不配套,无法定罪,只好放人。

6.兼职性:很多情况下,从事秘密工作的共产党员实际上是兼双职,一份是获取生活来源,一份是从事革命活动,后一份是无偿的。由于必须分出个人的时间、体力和精力来从事革命工作,党员们往往选择风险大、效益高、以往从业人员不敢触碰的经营模式,来快速积累资金。像我们后面将会提到的杨琳,在20世纪30年代初担任上海至中央苏区秘密交通线交通员,在尝试了传统的经营后,最终选择在汕头开办中法药房,经营当时很少有人经营的西药。从1933年到1935年,作为交通线陆上首站,这家中法药房向中央苏区输送转移了博古、周恩来、张闻天、陈云等200多名中央高级干部。杨琳经商开业的启动资金是陈云交给他的两根金条,撤点时交还给组织的是8根金条,翻了4倍(这还不包括开展交通工作所需的各种费用)。

(二)个人兴趣爱好

主要体现在从事文宣工作的秘密党员们身上。他们按党的宣传口径,向书报社投稿,获取稿费收入。如夏衍。

(三)专业知识

重庆至延安的秘密交通线南段,南方局部署了若干的炼油厂,这是依据党组织掌握的干部专业知识储备情况做出的安排。如指派曾在成都高师、天津南开、北师大深造过的党员李嘉仲(参加过南昌八一起义)担任专为《新华日报》筹资的大华炼油厂北碚分厂的总经理。

(四)技术特长

某些行业不掌握相应的技术是无法从业的,无论是做身份掩护的社会职业,还是完成党内任务。典型的例子是无线电通信。

从上述南方局经费来源和从事秘密工作的党员为获得身份掩护而择业的分析可以看出,在日、伪、顽等敌对分子对共产党政治、军事、经济的高压下,南方局党组织和党员个人为应对日益艰难的外部环境,而选择了创业道路。党员创业,能充分发挥内部潜力,克服外部因素的不利影响,使共产党员在新的挑战中,始终处于优势地位,排除万难,战胜敌人。

二、有组织的党员创业

（一）专人管理

南方局在皖南事变后精简了大量公开机构，却相应增加了秘密工作的领导机构，设置了负责秘密交通和秘密经济工作的主管秘书岗位(党内称总交通和特别会计，二岗合一，以下简称“主管秘书”)，直接向周恩来报告工作。在这一岗位上工作的，1939—1940 年是廖似光(仅交通)，1941—1946 年是袁超俊(中间 1943—1945 是组织部部长刘少文兼)，1947 年是刘恕（兼）。

主管秘书岗位负责的秘密交通线是党组织和党员个人实行单线联系后的主要联络手段。由于交通工作需要保持流动性，交通线各站点和交通员个人多以商贸做身份掩护，秘密资金的调度也多以现金形式通过交通系统流转。所以，主管秘书的职责是实施金库管理并对党内秘密交通和秘密经济工作提供组织支持、业务技术支持和资金支持。

（二）金库管理

实际上，南方局没有有形的、存放钱币的库房。真正的金库，就是一大群默默无闻、战斗在没有枪炮和硝烟的经济战线上，为党筹集资金的共产党员。按照党的纪律，这批党员在政治方面保持“静默”，被称作“三线共产党员”，他们不拿枪，不参与政治活动，深藏地下。一旦公开活动的共产党员(一线，是要准备坐牢牺牲的)和积极活动的秘密党员(二线，隐蔽地下的)遭遇反动势力的毒手，这些三线党员就会被“激活”，挺身而出，继续完成党的伟大事业。南方局用这样的办法，为革命事业储备有生力量。由于党的“既团结、又斗争”的政策成功执行，三线党员多数在发展经济方面起到的作用更大。主管秘书对“金库”的管理主要是提款送款。按照周恩来的指示，根据实际需要，开车到这些地下党员的秘密联络点提取现金，再转送到需要资金的地方去。资金实行单线向上流动，党办企业不开资金向下流动的口子。资金上交不设上下限，随时要，随时提，要多少，提多少，当天提，当天清。

（三）首长动员

国民党断饷断供后，1940 年，周恩来指示中共江苏省委推荐有商业资质的共产党员到重庆创办企业，为党筹集资金。江苏省委安排由进步学生自主创业的商贸企业广大华行中的党员卢绪章(电影《与魔鬼打交道的人》中张公甫的原型)到重庆，周恩来亲自和卢绪章谈话，要他创办广大华行重庆分行，并在整个广大华行实现控股。皖南事变后，周恩来还将川东特委推荐的党员肖林(电视剧《金玉瑶》中沈立的原型)接到重庆红岩山上八路军驻重庆办事处院内，亲自做肖林的工作，要他放弃高薪的文职工作，改行经商，用南方局提供的资金创办重庆大生公司。

（四）组织支持

南方局对参与秘密交通和秘密经济工作的人员进行合理调配，配备备用人员，确保人员出现意外时，系统能正常运转。在重要的交通站点，甚至配备不止一个备用系统，如距离重庆最近的根据地是新四军五师李先念部，遇到突发事件时，南方局的人员可通过三斗坪秘密交通线及时安全撤退到根据地。南方局在三斗坪部署了李荣模棉花分号、肖林大生分号、杨仲明衡昌盐号，国民党军队第六战区长江上游江防总部政治部主任杨凡等多个备用系统。

（五）业务技术支持

主管秘书除了管好党的经费外，还要扶持地下党员从事商业经营和科技开发，为他们提供业务和技术支持。

党员上下线之间的联系，除了秘密接头外，更多靠密写书信。党员经商想要通过日伪封锁线，需要获得对方的身份证件。提供密写、伪造证件等技术支持，是党内机密程度较高的工作。为此，周恩来专门为主管秘书在重庆八路军办事处三楼原特别会计室设置了一间秘密工作室。

有些地下党员没有经商的经历，一切都必须从头开始。主管秘书要对这样的地下党员提供业务支持，就只有到其他“红色老板”那里去请教，回来再口头传授给刚入门的党员，主管秘书自己也博采众长，慢慢积累了相当的经商“诀窍”。

（六）资金支持

南方局通常会对党办企业提供启动资金，提供资金的方式也较灵活，可以是独资，也可以是南方局控股(当然以党内主要负责人个人名义)，也可以合伙入股（在合伙入股时，掌握党资与党员个人股份之和，处于控股状态）。有时，南方局也会以借款方式提供支持，支持对象可以是企业，也可以是党员个人。

下面提供部分南方局投资参考数据：

企业名称	南方局投资额(单位:元)	投资性质
肖林大生公司	数目不详	全资
杨仲明衡昌盐号	100 万	全资
廖安祥惠州“源吉行”	3 万	全资
《新华日报》大华炼油厂北碚分厂	10 万	南方局控股
梁平川东复兴纸厂	8 万	南方局控股
中国工矿建设总公司	1000 万	南方局控股
龚饮冰投建业银行	170 万	合伙入股

续表

企业名称	南方局投资额(单位:元)	投资性质
卢绪章投建业银行	300万	合伙入股
涪陵兴华炼油厂	数目不详	南方局控股
梁山文华纸厂	数目不详	南方局控股
梁山正大纸厂	数目不详	合伙入股
梁山正大纸号	数目不详	合伙入股
大竹正升纸号	数目不详	合伙入股
广安大华炼油厂	数目不详	合伙入股
广安丁家坪中心纸厂	数目不详	全资
万县中永贸易商行	数目不详	全资
广安中兴纸厂	数目不详	租赁
桂林周泽昭个人医务所	数目不详	资助

（七）相对宽松的企业运营政策

南方局对党员创业的企业运营政策很少设限，只要国民党当局不限制，企业可以放手经营。

在企业资金构成上，南方局允许党员个人持股，也不限制国民党上层在企业持股，形成了宽松的融资环境，反而有利于将按股分红的利润上交给党组织，在企业遇到危难时，也较易获得疏通路径。

（八）职业培训

前面谈到党员根据自身专业知识和技术特长进行择业，不得不指出，我们党的干部很多是工农出身，文化知识和科学技术有限，这就需要对他们进行职业培训。职业培训包括岗位培训和在校培训，前面提到的业务技术支持就属于岗位培训，在校培训主要在备用人员中开展。1943年春，南方局资助重庆至延安秘密交通线第二站(邻水站)的备用交通员任士学(任时雄)，考入中国乡村建设育才院，让其得到了有针对性的职业培训。任士学毕业后以重庆中国工业原料公司(由南方局创办的公司)职员身份做掩护，既为组织筹措特别经费，又护送转移南来北往的党员和军事干部。新中国成立后，任士学的知识和专业技术得到充分发挥，先在石油工业部供职，后在东北、四川南充及上海任炼油厂厂长，成为战后和平时期经济建设战线上的骨干。1945年，南方局安排在国民党化学兵部队干部训练班“静默”了多年的党员侯祥麟(毕业于燕京大学)到美国匹兹堡卡内基理工学院攻读硕士、博士学位。侯祥麟新中国成立后回国被“激活”，成为石油化工方面多有建树的早期两院资深院士。南方局战时派出的留学生还有计苏华(博士后)、罗沛霖(博士)、重庆沙磁区委书记蓝毓钟(电机工程学士)、南方局成都市委组织部部长徐鸣、冯玉祥秘书赖亚力、薛葆鼎(新中国成立后任中国社会科学院经济研究所所长)等。

(九)纪律和气节教育

南方局对那些单独执行经济任务、单线联系、无法正常过组织生活的共产党员，坚持进行保密教育、纪律教育、政策教育和气节教育。除了安排主管秘书将党员必学的文件对他们进行口头传达外，还对他们实行定期上山关门学习的制度，每年至少一次，主要学习党的文件。每当主管秘书开车将他们个别接上山，周恩来同志总是亲自同这些同志谈话，开展教育、指示工作。谈话经常会进行到第二天凌晨三四点钟，有时直至清晨。

周恩来同志根据中央“长期埋伏，积蓄力量”的方针，总结国统区的工作经验，创造性地提出“勤学、勤业、勤交友”的“三勤”原则，谆谆教导党员在国统区工作要“同流而不合污。要像莲花荷叶一样，出淤泥而不染”。“出淤泥而不染”这句话，对每个同志都会反复讲，多次讲。

抗日战争和解放战争期间，南方局这些三线工作的党员，都是科技成果倍出，经济成果累累，没有出现过贪污腐化，携款出逃，投敌叛变的情况，这和当时党组织坚持抓党员的政治思想教育，而且由党的高层领导亲自抓、通宵抓是分不开的。正是周恩来同志及南方局其他领导同志，对从事地下经济工作的同志开展的缜密周到的组织教育，保证了这些党员在复杂的斗争环境中，在艰苦的条件下，能很好贯彻执行中央“荫蔽精干，长期埋伏，积蓄力量，以待时机”的方针和恩来同志提出的“三勤”原则，在艰苦卓绝的环境下完成党交给的任务。

战争条件下，受人才、资金、物质资源、交通运输、当局财政和资源管制政策多方面因素影响制约，创业环境本已相当恶劣，党员在这种环境下创业，相对更加艰难。南方局采取的多项措施，为党员创业提供全方位的支持，克服了不利因素，使战争时期党员的创业有条不紊地展开，保证了革命工作的正常进行，也使党员获得有效的生活保障。

三、战争时期党员创业

(一)创业模式

1. 组织动员创业

(1)党员专门为党筹资而创业。党组织要求这些党员在政治上对外“静默”，从事单纯经营，专门为党筹集资金。创业是组织交给的任务，通常不考虑个人意愿，由组织考察，从最值得信任、也最有能力的优秀共产党员中指定。如卢绪章、肖林、孙友余、李嘉仲、杨琳、刘恕、袁超俊、廖安祥等，他们创办了重庆广大华行、重庆大生公司、重庆工业原料公司、大华炼油厂北碚分厂、香港华润公司、惠州源吉行等党办企业。

（2）布点需要。有些掩护身份的职业，是组织根据外部社会的总体条件和革命任务的需要做出的安排。如川北和宝鸡有较好的石墨资源，虽然经营石墨产品利润并不丰厚，但考虑石墨是战后经济发展不可或缺的资源，根据周恩来关于“办企业要着眼于将来”的指示，南方局选定在重庆至延安秘密交通线北段，以开采、加工、销售、运输石墨产品选点，并创建巴山石墨公司，使得连通川陕的南江到宝鸡这条漫长的交通线上，交通员得以畅行。再如，仅川东一地所产桐油占全国桐油总产量的24%，共产党手中又有当时国内创新的植物油炼汽油的独门技术，南方局便在重庆至延安秘密交通线南段布点炼油厂，既获得丰厚的利润，又确保了交通线的畅通，还有数量充足的备份。

（3）完成指定任务。党为了某项任务专门创办的企业。如解放战争初期直属中央书记处的香港华润公司，就是为了实现海外到解放区的人员、物资和资金转移的大交通而专门设立的。这家公司是由南方局撤销后的机关人员疏散到香港后创建，南方局原有的商业班底，如广大华行、大生公司(上海华益公司)，也都合并给华润。

（4）党员个人创业。党员既为掩护个人身份，又为维持个人生计而进行的创业。前面讨论从事秘密工作的共产党员为掩护身份进行择业时，已举了李白的例子，这里不再赘述。

（5）学生就业创业。如广大华行，当初毕业学生只是为了就业而创办的。有了这个基础，党组织需要时，企业就积极响应支持。

（6）继承遗产守业。如党员王维金继承祖业，经营清末开业的阆中“商务印书馆特约经销处”，销售“五四”以来的进步书刊，以及列宁、毛泽东的部分著作，传播革命文化。

（7）收购。如南方局安排党员鲁自诚以1000万元收购中国工矿建设总公司。

2.创业资金

党组织和党员个人的创业资金，只是党的活动经费中的一部分。前面讨论党的活动经费来源和南方局对党办企业的资金支持时已做出分析，这里不再赘述。

3.经营模式

（1）自建自营。大多数党办企业和党员个人创业都是自建自营。

（2）租赁。如南方局派苏国华等人到广安县境，租赁双河乡丁家坪五权纸厂4架纸槽，创建中兴纸厂，生产新闻纸，解决《新华日报》用纸困难问题。

（3）代营，也叫借鸡下蛋。如涪陵炼油厂对外称交通部西南公路总局第二炼油厂，对内称兴华炼油厂，有配套的厂房设备和自己的船队。炼油厂由国民党提供贷款和物资供应，但董事长、厂长等重要职员均由南方局秘密选派，关键岗位全是共产党员，上交党组织的利润以分红和捐款的方式提取。 形成这种局面的要因是南方局手中拥有人才、资金、高技术和有效的管理，企业盈利水平相当高，国民党当局和非党股东乐得坐享分红。

四、不拿枪的战斗

那些身处国民党统治区从事地下秘密经济工作的共产党员，都是不拿枪的，他们所筹集到的资金，有力地支撑了党在国统区以及海外的各项革命活动，并无私地帮助了党外进步人士。 从方方面面凝聚的力量，对敌人造成的打击，却不可小视。 他们就是以这样特殊的方式，与敌人战斗的。

1941 年底，香港沦陷。 周恩来给主管秘书一张 200 人的名单，名单上都是亟待营救的羁港的进步文化人士，营救一人需 500 元，要求共准备 10 万元。 主管秘书从党办企业调集资金，顺利筹集了 10 万元，找到任国民党军事委员会文化工作委员会委员的秘密党员孙师毅，交由他通过航空夹带，将款交给桂林一中烟厂总经理张云乔。 张云乔飞到香港将款交给了八路军驻港办主任廖承志，但张云乔也被困香港。

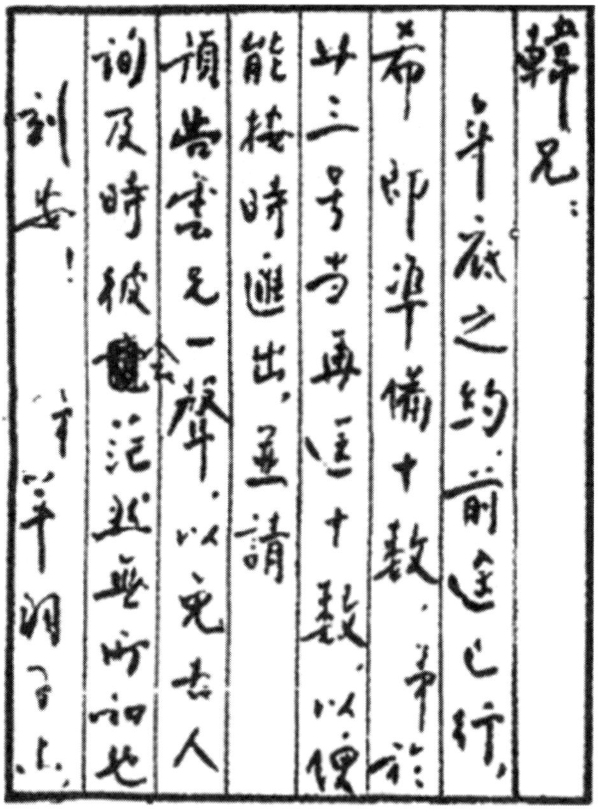
韓兄：
年底之約，前途已行，
希即準備十數，弟於
廿三号當再送十數，以便
能按時匯出，並請
順告雲兄一聲，以免去人
詢及時被會詫然無所知也
刻安！
弟

1942 年 1 月，周恩来安排再汇 10 万元给张云乔，用于桂林的后续营救和疏散工作。这一笔 10 万元的筹集过程中出现资金不足(重庆的秘密经济工作是当年 3 月起步的)，周恩来调来一笔外国友人捐给八路军的美元，交给主管秘书。主管秘书在兑换法币的过程中遇到了意外，被当成小偷困在了警察所，耽误了两天才将款汇出给张云乔。这笔款因为意外被耽误，周恩来于 1 月 20 日、24 日两次带信给孙师毅，第一次答应 23 日汇出，第二次就改为 25 日。周恩来 1942 年 1 月 20 日给孙师毅的亲笔信：

韩兄：年底之约，前途已行，希即准备十数，弟于廿三号当再送十数，以便能按时汇出，并请预告云兄一声。以免去人询及时，彼会茫然无所知也。刻安！弟羊羽子上。

一廿午①

周恩来 1942 年 1 月 24 日给孙师毅的第二封信：

韩兄：前事因一时周转不及，故未如约送上，明晚当带来，谅不致误前途行期也。刻安。弟羊羽子上。

一月廿四日②

3 月，大批文化人被营救到桂林，南委的资金告罄，向中央紧急求援 100 万元。周恩来答复南委电报，说 100 万元有困难，可再准备 20 万元。根据周恩来安排，主管秘书要他单线联系的广大华行卢绪章化名为老孟，紧急带上手边仅有的 8.5 万元急飞桂林，以解决进步文化人士转移的收尾工作。老孟将款送到后，接款的南委组织部部长郭潜在完成接款任务后被捕叛变，拿这笔款与抓他的中统特务讨价还价。

郭只拿到了 3 万元，就出卖了组织，使南委、粤北、江西、广西党的系统遭受严重破坏。郭反过来带了特务到重庆沿街追捕老孟，党组织从情报部门得知特务行径，要老孟躲到昆明、成都，两个月后才返回重庆。虽然中央提供的资金远不足营救工作实际需要，但香港八路军办事处廖承志从第一笔 10 万元中抽出 3 万元，交给党员廖安祥在惠州创办源吉行周转，9 个月盈利 100 万元，使营救活动得到资金保障。

最终，港九地区的爱国民主人士和文化界知名人士，包括何香凝、柳亚子、邹韬奋、梁漱溟、茅盾等共 300 多人，连同其他方面的人士共 800 多人(包括张云乔本人，被日军关押的英军军官、国民党驻港代表等)，被从香港安全营救到大后方，无一伤亡，无一失散，无一再次被日伪逮捕，也是二战营救史上可书可写的一笔。从上例可以看出，从事地下秘密经济工作的党员虽然不拿枪，但随时都有被捕坐牢、流血牺牲的危险。

① “韩兄”是孙师毅代名，“云兄”指张云乔，“羊羽子”是周恩来的字翔宇的转化，“十数”即十万元，“年底之约，前途已行”这里“前途”是暗语，指款项，即约定由孙师毅带交给张云乔的十万元，已由张云乔在年底带往香港。

② “一时周转不及”，指主管秘书袁超俊被当成小偷困在了警察所，后被龙飞虎营救，这里“前途”是暗语，指款项。

五、成功案例

1947 年，按周恩来的安排，原在主管秘书岗位上工作过的袁超俊、刘恕奉命和早先已在香港经商的杨琳一起，共同创建了香港华润公司。 华润公司的名字开始时取自毛泽东和朱德，叫“德润”，朱总司令不批，才改名“华润”。

最早的华润公司，总经理为杨琳，总会计师为刘恕，袁超俊任党支部书记兼副总经理，直属中共中央书记处(南方局已撤销)，受朱德总司令直接领导。 南方局从事地下经济工作的共产党员肖林、卢绪章等，根据中央的安排，也陆续进入到华润公司，形成了新的战斗集体。

有了党中央的支持和先前管理党办企业的经验，华润公司快速发展，仅仅两年时间，公司就有了若干具有相当规模的子公司。 其中华夏船务公司(袁超俊任首任经理)的船队，拥有 10 条远洋轮船(其中 4 条是万吨级)，发一船货就是成千上万吨，由此可以看到公司的经营规模。 这支庞大的船队打通了解放区与香港之间的海上贸易通道。

三大战役开始后，华润公司采购了一船又一船造炮弹用的电解铜，装电台用的电子管，汽柴油、油漆、轮胎、西药等战略物资，支援解放战争。 大军入关后，华润把东北支前的粮食分别运到秦皇岛、烟台，并一路向南延伸。 大军渡江时，华润从海外进口大量救生圈、皮划艇、软木、钢丝绳、胶底军鞋，很多战士身上都有华润提供的装备。

大军渡江前，华润还会同国新公司在香港举办了多达 13 期大城市管理干部培训班，为接管大城市做好人才准备，同时还派出了大量自身的干部参与接管大城市工作。

从 1948 年 9 月份起到 1949 年 3 月，华润分四批将李济深、柳亚子、章伯钧、沈钧儒、谭平山、许广平等 350 多位著名民主人士，700 多位文化名人及爱国华侨从香港通过海上，秘密运送到东北解放区，保证了新中国第一届政协会议的胜利召开。

上海解放后，不法商人囤积居奇，“两白一黑”问题突出，粮棉煤三荒，物价飞涨。华润的轮船突破国民党海军的封锁，把东北大米、小麦运进上海，又从秦皇岛、连云港向上海运输煤炭，还进口了 10 万吨棉花，平抑了物价，狠狠打击了不法商人。 打了一场漂亮的经济保卫战。

六、出淤泥而不染

这些在国统区从事秘密经济工作的共产党员，他们与敌人斗智斗勇，保护党产；他们随身携带大量金钱，穿越火线，就算一路讨饭，也分文不染。他们创办了规模宏大的企业，自己却不拿工资，吃大锅饭，住集体宿舍。在创业过程中，这些共产党员获得了巨额的硬通货回报，但他们不忘初心，坚守信仰，出淤泥而不染，保持着共产党人的道德底线和党性自觉。他们从来不把这些收入视为个人所得，而是把这些巨额资金全数上缴给党组织。上缴额最高的个人——肖林，资产上缴额达到40万两黄金，而个人只向组织要求留下3块银圆。

抗日战争和解放战争时期，南方局领导下的党组织和党员，为抗击日、伪、顽等在政治、军事、经济上的打压，挖掘自身潜力，消除不利影响，在国民党统治区广泛采用自主创业的方法，得以掩护身份，获取生活来源；通过专门的经济组织，为党筹集了大量资金，有力地支撑了党在国统区以及海外的各项革命活动，无私地帮助了党外进步人士。在党员创业过程中，党组织提供的宽松的创业环境、有力的组织、业务技术和资金支持，使得党员能排除万难，虽然身处险恶的社会环境之中，却也能创造出优异的业绩。党员们的实践，为新中国成立后党和全国人民的经济建设打下了牢固的基础，并为改革开放后的经济腾飞提供了有力的镜鉴。

这些共产党员在从事经济工作的同时，大量接触财富和金钱，腰缠万贯，却一文不染，克勤克俭，廉洁奉公，他们的优秀道德品质，为党积累了宝贵的精神财富。

（作者单位：新疆石河子市科技局，作者系原南方局老同志袁超俊之子）

抗日战争胜利后《新华日报》关于东北问题的评论与报道

李　雪　温明成　袁晓虎

摘　要：1938年创刊的《新华日报》是抗战时期国统区最有影响力的中共传媒，战后《新华日报》凭借其影响力，继续引领和平与民主运动，有力配合了解放战争。在东北解放战争问题上，《新华日报》发表社论，报道东北局势，为后方人民拨开迷雾、认清时局创造了条件，揭露了国民党的反动本质，争取了和平力量，成为当时和平与民主运动的重要力量。

关键词：南方局；新华日报；东北解放战争；舆论导向

1938年1月11日，经过南京、武汉两地的筹划，中共中央机关报《新华日报》出版面世。《新华日报》是整个抗日战争和解放战争时期中国共产党在国民党统治区公开出版的报刊，创刊之后，大力宣传中共全面抗战的路线方针政策，如经常发表毛泽东、朱德、周恩来、刘少奇等党的领导人的文章，为后方封闭的政治环境带来新鲜的空气。同时，《新华日报》对中国人民抗击日寇的浴血奋战进行长期、细致的报道，如今结集成册的《抗战烽火录》《血捍滇缅路〈新华日报〉滇缅战区报道汇编》①等书籍正是当年报道的精华，这些真实且震撼人心的报道更坚定了后方人民坚持抗战的信心与决心。可以说，《新华日报》的创立，巩固和推动了抗日民族统一战线的发展，是我党宣传工作的重大突破，它无疑是当时国统区最具影响力的传媒之一。

抗战胜利后，《新华日报》利用自己独特的影响力，在开展文化宣传活动，争取和平民主的斗争中同样发挥了不可取代的重要作用。

1945年8月抗战胜利前后，国内局势风云变化。国民党当局电邀毛泽东来渝和谈，南方局适时领导文化界进步人士，开展声势浩大、持续不断的和平民主运动，配合了党在重庆谈判和政治协商会议中的斗争。期间，《新华日报》除了及时报道相关新闻，还发

① 穆英杰主编：《血捍滇缅路——〈新华日报〉滇缅战区报道汇编（1939—1945）》，云南大学出版社2017年版；中国社会科学院新闻研究所中国报刊史研究室：《抗战烽火录——〈新华日报〉通讯选》，新华出版社1985年版。

表社论，为成立和平、团结、民主的新中国而打造相关的舆论环境。① 至内战全面爆发，《新华日报》继续坚持文化斗争，揭露国民党政府的本质，争取人民力量，为第二条战线的壮大添砖加瓦，舆论宣传有力地配合了正义的人民解放战争。

一、《新华日报》宣示中共对东北问题的态度

抗战胜利后，国民党政府拥有约 240 万人的全系美国武器装备的现代化军队。② 相比较，中共方面也有军力的壮大，至抗战胜利前的 1944 年 5 月，根据地的人口，又已上升到 8000 余万，军队又有了 47 万，民兵 227 万，党员发展到了 90 多万。③ 国共双方在重庆和谈之时，东北问题已因其敏感性一触即发。

在东北沦陷时期，中共便已派出共产党员坚持在东北斗争。 关于中国共产党对东北问题的态度，朱德阐述道：1938 年初以来即由八路军与人民一起创立的冀热辽解放区，是从九一八以来就在那的义勇军、地下党坚持抗日斗争十四年（的地方），因而中国共产党是得到东北人民拥护的，在东北有她的重要地位。④

早在 1942 年毛泽东致刘少奇的信中便提出东北问题的观点，他认为："因此就须估计日本战败从中国撤退时，新四军及黄河以南部队须集中到华北去，甚或整个八路新四须集中到东三省去，方能取得国共继续合作的条件。"⑤

中共中央在抗战之时就提出东北问题，绝非偶然，源自其对时局的清晰判断。 战后虽有重庆和谈，然而中共清醒地认识到，这是国民党政府的拖延手段，为此，中共要具备与其抗争、谈判的实力，壮大队伍，扩大解放区区域，这才引出东北问题的重要性。

对此中共早有准备，首先是军力的壮大，同时扩大解放区，甚至展开城市工作，占据交通要道。 这其中，因为冀察热辽鲁等地区与东北的地缘关系，成为突出考虑的重点。1941 年，日本军部最终选择南下，因此"给我党在山东、华中巩固扩大根据地以有利条

---

① 《迎毛泽东同志来渝》,《新华日报》1945 年 8 月 29 日;《和平团结、民主统一的基础——国民党政府与中国共产党代表会谈结果》,《新华日报》1945 年 10 月 12 日等。

② 蒋介石在 1944 年同意由美国训练和装备 39 个重新裁减整训的师,至抗战胜利,美国共向 240 万国民党军队提供美式装备,他们当中大部分都投入到内战战场当中。见马建国:《抗日战争时期的中美军事合作(1937—1945)》,华中师范大学中国近代史研究所 2004 年博士论文,第 90 页。

③ 毛泽东:《学习和时局》,载中共中央文献研究室中央档案馆:《建党以来重要文献选编》(第 21 册),中央文献出版社 2011 年版,第 196 页。

④ 赓平:《从硝烟中走来:伟大军事家朱德》,中央文献出版社 2022 年版,第 359 页。

⑤ 毛泽东:《毛泽东军事文集》(第 2 卷),军事科学出版社、中央文献出版社 1993 年版,第 681—682 页。

件”，中共中央认为，在努力削弱反共力量同时，要“建设比较巩固的根据地”①；1944年，中共中央要求晋察冀部队应努力向“雁北、绥东、察哈尔、热河及冀东敌占区发展，扩大解放区”②。另外，开展城市工作也提上日程，1944年，中共中央下发城市工作的指示，“各局各委必须把城市工作与根据地工作作为自己同等重要的两大任务，而负起准备夺取所属一切大中小城市与交通要道的责任来”③，如此才能胜任“驱逐日寇”的任务。1942年提出的“满洲问题”也在1944年进入实际工作程序中。1944年，中央给晋察冀分局的指示提到，负责动员和领导一切可能的力量开展满洲工作，（分属晋察冀分局下的）3个委员会直接受中央城市工作部领导。组织若不健全，可先指定一二得力干部进行工作，再逐渐充实。④与辽东半岛相望，对东北同样具有地缘优势的山东，也收到同样的指示。⑤

战后的东北，对国共双方都有着强烈的吸引力。1945年8月9日，苏联红军进军中国东北，中共的队伍也迅速从晋察冀解放区推进，从1945年9月上旬开始，至当年11月，“由关内各解放区调往东北的部队共11万人，与此同时，又抽调2万干部赶赴东北”⑥。同时，当年撤入苏联的东北抗联人员也跟随苏军进入东北。丘维林致索罗金函写道：在苏联进驻时，可让他们在省会和县城卫戍司令部的合法机构中担任军事代表的副手，也可加入地方保安团，或者只是作为当地的居民。⑦因为有着共同的信仰，也让初期进入东北城市的中共部队，在与苏方协商后，最终得到许可。

在国民党方面，同样急于出兵东北。初时，“国军接收东北所用兵力，为5个军，即第十三军、第五十二军、第九十四军、第三十军、第四十军”，然而出兵之始，国民政府得知中共抢占先机，惊怒不止，为使东北纳入其囊中，国民政府决定派出征战印甸的远征军精英部队。于是，“增加东北接收兵，将新一军、新六军、第七十一军、第六十军、

---

① 《毛泽东等关于对山东华中战略部署给朱瑞等的电报》（1941年4月5日），载中共中央文献研究室、中央档案馆：《建党以来重要文献选编（1921—1949）》（第18册），中央文献出版社2011年版，第198页。

② 《关于扩大解放区的指示》（1944年12月18日），载中央档案馆：《中共中央文件选集（1943—1944）》（第14册），中共中央党校出版社1992年版，第430页。

③ 《中央关于城市工作的指示》（1944年6月5日），载中央档案馆：《中共中央文件选集（1943—1944）》（第14册），中共中央党校出版社1992年版，第243页。

④ 《中央关于开展满洲工作给晋察冀分局的指示》（1944年9月4日），载中央档案馆：《中共中央文件选集（1943—1944）》（第14册），中共中央党校出版社1992年版，第321页。

⑤ 《中央关于开展满洲工作给山东分局的指示》（1944年9月4日），载中央档案馆：《中共中央文件选集（1943—1944）》（第14册），中共中央党校出版社1992年版，第322页。

⑥ 《中国人民解放军军史》编写组：《中国人民解放军军史》（第2卷，1937年7月—1945年9月），军事科学出版社2010年版，第15、17页。

⑦ 《丘维林致索罗金函：第八十八旅人员在满洲和朝鲜的安排》（1945年9月2日），载沈志华主编：《俄罗斯解密档案选编·中苏关系》（第1卷 1945.1—1949.2），东方出版中心2015年版，第74页。

第九十三军、第五十四军与第九十九军等部队（调往东北）”[①]。国民党一次性向东北派出如此多嫡系重兵，可见其对东北势在必得。

中共因为急于赴东北，故行装极简，许多部队作农人打扮，“官兵疲劳，地形不熟”，“不得休整，势将处于被动”[②]。而国民党的中央嫡系部队的装备，是纯美式军械，还有全套冬季作战被服的准备。国民党因葫芦岛登陆失败，转由山海关出关时，与解放军遭遇。1945 年 11 月 18 日重庆《新华日报》刊发《国民党军和伪军配合 攻占山海关》，文章报道：“国民党军队六七万人，全面进攻山海关、九门口、黄土岩阵地，我奋起抵抗。”[③]东北解放战争拉开帷幕。

二、《新华日报》对东北问题的评论与报道

《新华日报》关于东北解放战场的社论与报道，有力地配合了战争局势的发展，无论是初期对民主政治的要求与呼唤，还是中期中共军队短暂退守和后期东北解放战场的全面胜利，《新华日报》都给予了密切的关注。

1945 年 11 月 3 日，重庆《新华日报》刊登新华社发表的社论《建设东北必须实行民主》中指出，我们现在去接收东北时，首先就应该认真看一看东北人民的意愿是什么，承认人民自卫武装，承认民选政府，实行民选制度，保护各党派各阶层的利益，就是在东北实施民主建设的起点。[④]

11 月 24 日，重庆《新华日报》发表社论《解决东北问题的途径》再次重申：“解决问题的真正途径就是实行孙中山先生所主张的民主自治。”[⑤]

11 月 30 日，《新华日报》刊登《中国共产党对东北问题的态度》，刊发美国《纽约时报》、芝加哥《每日新闻报》、美联社、法国通讯社记者联合采访朱德的文章。朱德谈道，由于国民党当局刻意以武力消灭人民已经得到的民主权利，他们称之为“剿匪”。国民党当局经过美军的援助，硬把他们的军队开入自 1938 年初以来即由八路军与人民一

---

① 《军事委员会副参谋总长白崇禧有关东北接收情形报告——民国三十五年四月一日在国防最高委员会第 186 次常务会议报告》，载秦孝仪主编：《中华民国重要史料初编・战后中国》（四），“中国国民党中央委员会”党史委员会 1981 年版，第 216 页。

② 毛泽东：《从内线作战着眼分批歼灭国民党三个军》（1945 年 11 月 15 日），载《毛泽东军事文集》（第 3 卷），军事科学出版社、中央文献出版社 1993 年版，第 143 页。

③ 《国民党军和伪军配合 攻占山海关》，《新华日报》1945 年 11 月 18 日。

④ 《建设东北必须实行民主》，《新华日报》1945 年 11 月 3 日。

⑤ 《解决东北问题的途径》，《新华日报》1945 年 11 月 24 日。

起创立的冀热辽解放区。我赞成东北人民成立地方性的民主联合政府的要求，在东北地方性的民主联合政府中，从九一八以来就在那的义勇军、地下党、坚持抗日斗争十四年，因而得到东北人民拥护的中国共产党，将有它的重要地位。①

《新华日报》初期对东北解放战场的社论与报道基本奠定了其后的基调。

1946 年春夏间，东北解放战场的局势对中共军队非常不利。伴随国民党在东北的全面进兵，东北民主联军放弃了山海关、锦州，随即因为苏军的撤军与国民政府对苏的外交交涉，中共的组织开始陆续撤出中国长春铁路沿线各大城市。第一次四平之战后，林彪决定撤兵，中共中央当时要求东北民主联军“坚守公主岭或拼守长春”②，但很快便发生了王继芳叛敌事件，东北民主联军重要的作战资料被其一并献出。国民党军队借其机械化优势，对已经疲劳不堪的东北民主联军狂轰滥炸，一路包围追击，因此，驻公主岭或长春计划作罢，主力部队全部撤往松花江北岸收容整顿。

《新华日报》在重庆的社论，几番呼唤和平，引起民众重视。如 1946 年 2 月 20 日的社论《东北问题必需政治解决》，不卑不亢地提出：“有人说日本占领东北十四年未闻有中共所领导的军队在东北，稍微调查一下，就可以知道，自从我国正规军因不抵抗而退出东北，直到东北收复为止，东北人民的抗日斗争从未断过。杨靖宇、赵尚志、周保中、李延禄等都是共产党员，都是抗联有名的领袖。岂容轻轻一笔抹杀？我们足以自豪，我们只有烈士，没有降将。”社论的中心谈道，国民党政府必须承认“东北现有的抗日民主部队，使之与国民党军队共维地方治安；对于东北各地民主自治政府给予承认”③。

之后，《新华日报》社论一直持此和平、民主又团结的观点，且再三强调东北不应有内战，应还政于民。④

国民党军队对解放军的进攻，以及解放军对国民党军队的英勇还击，也是《新华日报》关注的重点。这些报道在西部甚为珍贵，许多持中间立场或被国民党把持的报道，完全不能真实再现东北解放战场的激烈战况，而《新华日报》的报道，则为读者带来了真实的 1946 年的战场新闻。如 1946 年 1 月 2 日的《新华日报》刊文《杜聿明亲率大军进攻朝阳图窥承德》报道：“杜聿明本人自亲自监督进兵朝阳，与距离锦州西北五十五英里的北票。中国装备与训练最精良的三个师，计划由美国运动机海运至满洲。”⑤

5 月 14 日刊文《疯狂进攻四平街》对四平街战役的情况进行了报道：“全副美式装备

---

① 《中国共产党对东北问题的态度》,《新华日报》1945 年 11 月 30 日。

② 1946 年 5 月 25 日，中共中央致林彪、彭真电。

③ 《东北问题必需政治解决》,《新华日报》1946 年 2 月 20 日。

④ 《东北主权在于东北人民》,《新华日报》1946 年 4 月 4 日;《不让东北内战再打下去》,《新华日报》1946 年 4 月 30 日;《是谁在破坏》,《新华日报》1946 年 6 月 18 日。

⑤ 《杜聿明亲率大军进攻朝阳图窥承德》,《新华日报》1946 年 1 月 2 日。

的国民党军队，出动飞机坦克，疯狂进攻四平街。”①

有读者在看到四平街战况后来到报社“捐款一万元，指定捐给四平街守军，并说，‘国民党反动派手执美国人给他的武器，不打日本，却打自己人是极可耻的’”②。1946年5月18日的《新华日报》刊文《读者捐款给民主联军》报道了这一消息。

另外，1946年4月30日的《新华日报》也刊文《民主联军固守四平街》报道了前线中共部队战士的顽强抵抗：“新一军新三十师、五十师和五十二军的一九五师、六十军的一八二师等国民党部队向四平进犯，我守军奋勇抵抗，将其击退，遗尸百余，缴获小炮二十二门，重机枪一，轻机枪四，冲锋枪七，步枪数十支。”③

这其中影响最大的，要数1946年5月21日重庆《新华日报》刊登的《林彪将军访问记》一文。新华社记者在前线对林彪的访问引起轰动，林彪说道：“反动派在这里用了他们最精锐的第一军，可是他们在四平以南就受到了消灭和挫折，他们认为我们是不能打防御战的，现在我们前线对峙只有50米，对方讲话都听得到，他们还以飞机大炮坦克发动攻势，但我们不怕他们的进攻，新一军可以感受到，当他们到东北进行反民主和平的内战的时候，已经碰了硬钉子。”④

与此同时，较早解放大连的消息，则是连续登上《新华日报》，如1946年1月4日《大连解放后市面趋繁荣》一文报道：“大连市面一天天活跃起来，大街上可听到商贩一片叫卖声，本市的经济由中国人领导，商业从日本压迫下解放出来，中国人组织了自己的商会。”⑤1月30日《解放后的大连》一文统计出“大连解放后，工厂迅速恢复生产，约有三分之一复工，职工运动也蓬勃发展”⑥。大连因此也成为东北解放战场以至华北解放战场的坚强后盾，兵工厂的兵器、医疗队被输送到解放战场，都成为解放战争时期的美谈。

1947年，东北解放战场拨开云雾，战场局势为中共军队所主导。早在1946年9月，重庆《新华日报》刊文《东北农民获得翻身 各地村阪改换新名》报道，已经解放的黑龙江一些村庄，便纷纷“改名为民主、翻身、团结村”⑦等。1947年1月28日刊文《哈市新年景象》，对哈尔滨元旦阳历年的报道，更是喜气洋洋，“哈尔滨市的秧歌队、高跷队，在零下三十四度的严寒中出现，表演延安革命戏剧，生动表现一年来东北人民的

---

① 《疯狂进攻四平街》，《新华日报》1946年5月14日。
② 《读者捐款给民主联军》，《新华日报》1946年5月18日。
③ 《民主联军固守四平街》，《新华日报》1946年4月30日。
④ 《林彪将军访问记》，《新华日报》1946年5月21日。
⑤ 《大连解放后市面趋繁荣》，《新华日报》1946年1月4日。
⑥ 《解放后的大连》，《新华日报》1946年1月30日。
⑦ 《东北农民获得翻身 各地村阪改换新名》，《新华日报》1946年9月18日。

新生活，而哈市十六名妇女，携带毛巾牙刷等慰劳品慰劳驻军”[①]。新政权的洋洋生机尽现后方读者的视野中。

1947年2月，国民党当局查封《新华日报》。中共人员于3月8、9两日分乘飞机飞往延安，《新华日报》结束了在重庆的使命。随着辽沈战役的胜利，《新华日报》关注的东北问题成为历史。然而，当年的《新华日报》关于东北问题的社论与报道，有力地配合了战争局势的发展，在为后方民众认清时局，揭露国民党的反动本质，争取民主和平力量方面发挥了积极作用。

（作者单位：李雪，大连近代史研究所；温明成、袁晓虎，中共大连市委党史研究室）

① 《哈市新年景象》，《新华日报》1947年1月28日。

抗战时期南方局与中国共产党形象塑造

李顺禹

摘　要：抗日战争时期，南方局在中共中央的领导下，通过加强自身建设，积极开展对内对外宣传联络工作，充分展现了中国共产党是充满朝气的民主大党和爱国为民、廉洁民主的良好政治形象，赢得了根据地民众、国统区爱国民主人士和海外进步人士以及国际社会的广泛赞誉，形成了前所未有的影响力，为新民主主义革命的胜利奠定了政治基础。

关键词：南方局；党的形象；政治认同；国际影响

党的形象，既指公众对某个政党理念和实践的总体印象、认知和评价，也是政党自身精神面貌和风格特征的整体表现。从1939年1月到1947年3月，以周恩来为书记的中共中央南方局（以下简称“南方局”）及其所属党组织，坚定地贯彻执行党的路线方针政策和重大决策部署，重视全面加强党的建设，注重舆论阵地建设，积极开展对外联络宣传工作，出色地完成了各项任务，客观上树立了中国共产党爱国为民、廉洁民主的政党形象，从而赢得根据地民众、国统区爱国民主人士、海外进步人士以及国际社会的广泛赞誉，获得了更多的政治认同，为中国共产党赢得民族战争和解放战争的胜利奠定了基础。

一、加强党的自身建设，密切联系群众，增强党内党外对中国共产党的政治认同

对一个政党来说，良好的政治形象意味着广泛的正面影响力，而政党良好形象的树立又离不开每一位党员特别是领导干部的具体表现。南方局作为中共中央派驻国民政府所在地重庆的秘密机关，其广大党员既面临着国民党顽固派“消极抗日、积极反共”的政治局面，又面临着国民党统治中心区域的各种威逼利诱。如何在恶劣艰险的政治环境中从思想上、政治上、组织上巩固党，成为南方局“完成党的政治任务的决定因素”。

南方局代表中共中央领导四川（川东、川康）、云南、贵州、湖北、湖南、广东、广

西、江苏、江西、福建等省市以及港澳地区和海外地区的共产党组织及其活动。在国共合作的大好形势下，南方各省按照党中央《关于大量发展党员的决议》的指示普遍地大量地发展党员和建立了大批的基层组织。“但正因为在短时期内党得着了猛烈的发展，所以党的组织很不巩固”，因此，“严密和巩固党的组织工作为今后一定时期的中心任务”。①南方局成立后，即着手加强对党内教育，整顿和巩固党的组织。1939 年 4 月下旬，周恩来在衡山对中共湖南省委的负责人谈话时指出，要“立即转变组织形式和工作方式”，要加强对党员的教育，整顿巩固党的组织；在组织发展上，要“质重于量，巩固重于发展”。②

1938 年 10 月，武汉失守后，重庆就成为战时中国的政治、经济、军事、文化中心，成为各种政治力量的汇聚地。为了加强党的建设，从思想上、组织上巩固党，从 1939 年 4 月起，南方局先后在重庆多次举办党员干部训练班，加强党内的马列主义教育、阶级教育与党的教育，使党员认识马列主义与三民主义、民族统一战线与阶级斗争、民族立场与阶级立场的正确关系，纠正各种“左”的或“右”的不正确观点。面对形形色色的国内外反动势力的破坏和打击，1941 年 5 月，中共中央宣传部发出《关于国民党统治区域内党的支部教育的指示》，指出在环境日益恶劣的情况下，“必须把党员教育提到支部工作的头等重要地位上来”③。根据中央的指示精神，南方局采取多种形式对党员进行思想教育，引导党员深刻认识中国革命的特点以及斗争的复杂性、曲折性和长期性，以坚定党员的理想信念。1943 年 4 月，在重庆整风学习期间，周恩来写了《怎样做一个好的领导者》的报告大纲，从“要有确定的马列主义的世界观和革命的人生观”“要有坚持原则精神”“要相信群众力量”“要有学习精神”“要有坚韧的奋斗精神”“要有高度的纪律性”六个方面阐明了“党的立场就是领导干部的立场”。④与此同时，南方局还加强对党员的革命气节教育，要求党员干部做到“出淤泥而不染，同流而不合污”，在任何情况下都要经受住考验，永葆共产党人的高尚品格。在南方局的领导下，广大党员干部尤其是领导干部在险恶的政治环境中充分展现了共产党人的崇高理想、高尚道德、优良作风和不畏艰难的旺盛的革命精神，从而鼓舞着南方国统区广大党员干部和人民群众为争取民族民主革命的最终胜利而战斗不息。

随着国民党顽固派不断掀起反共浪潮，中共中央连续发出指示，要求国统区的党组织坚决采取“荫蔽精干，长期埋伏，积蓄力量，以待时机”的方针。根据中共中央的指

---

① 中共中央文献研究室、中央档案馆：《建党以来重要文献选编（1921—1949）》（第 16 册），中央文献出版社 2011 年版，第 579—580 页。

② 中共重庆市委党史研究室：《中共中央南方局大事记》，重庆出版社 2004 年版，第 35 页。

③ 南方局党史资料征集小组：《南方局党史资料·党的建设》，重庆出版社 1990 年版，第 32 页。

④ 《周恩来选集》（上卷），人民出版社 1980 年版，第 128 页。

示，1939 年 6 月，南方局发出《关于组织问题紧急通知》，指示各地党组织必须立即坚决转变组织形式和工作方法，并制订了遵守秘密工作规定、进行秘密工作教育、各级干部尽可能职业化等十条规定。① 在贯彻执行“荫蔽精干”方针过程中，南方局提出“把西南的党组织建设成为更加坚强、更能战斗的党组织”的口号，“要使五千党员成为隐蔽的、坚强得力的、与群众有联系并善于影响和推动群众的干部”，使“党成为真正的彻底的地下党，成为群众的党”，“要做到凡有群众的地方一定要进去工作”。②

为了在组织隐蔽状况下继续保持同人民群众的密切联系，坚持依靠群众、带领群众为发展抗日民族统一战线而斗争并在斗争中巩固党的组织，南方局创造性地提出了“三勤”（勤业、勤学、勤交友）、“三化”（职业化、社会化、合法化）的要求，使隐蔽下来的共产党员和党员干部，深入到社会各个方面，深深扎根于群众之中，创造了许多新的群众工作方式方法，既便于教育、团结和带领群众，得到群众的支持和帮助，又使各级党组织工作更能建立在符合人民群众利益和愿望的基础上，从实际出发制订有效决策，从而使南方局所辖区域的大多数党组织在最困难的时期站稳了脚跟，保全了领导机关和主要骨干。 同时也提高了党员的政治思想水平和工作能力，使整个党组织更坚强，更具有战斗力。 此外，通过“三勤”“三化”，并在当时当地条件下，进行了一些保卫群众切身利益和争取民主权利的斗争，因势利导地提高群众和一大批进步分子的政治思想觉悟，进一步拓宽和加深了党同人民群众紧密联系的渠道，为日后国统区民主运动的高涨和“第二条战线”的形成打下了坚实的组织基础。

二、注重舆论阵地建设，积极塑造党的优良形象，推进中国共产党形象为国统区民众所认知、认同和接受

南方局是中国共产党坚持和发展抗日民族统一战线的前哨阵地。 面对险恶的工作环境和复杂的政治局势，南方局在党中央领导下，积极发挥新闻媒体的作用，充分展现中国共产党客观、公正、团结、包容的马克思主义政党形象，提高了国统区民众对中国共产党的政治认同。

南方局十分重视新闻媒体的舆论导向作用。 在其直接领导或影响下，重庆、成都、桂林、雅安（原西康省省会）、昆明、 南京、衡阳、长沙、武汉、广州、香港、上海等地以公开或秘密方式创办了一批报刊、电台、通讯社、出版社，成为南方局坚持抗战，展现

① 南方局党史资料征集小组：《南方局党史资料·党的建设》，重庆出版社 1990 年版，第 8—10 页。

② 南方局党史资料征集小组：《南方局党史资料·党的建设》，重庆出版社 1990 年版，第 36、37 页。

中国共产党形象的重要宣传阵地。《新华日报》和《群众》周刊作为中国共产党在国民党统治区争取到的两个公开发行的报刊，充分发挥新闻舆论阵地的强大作用，以新闻、论战、纪念、副刊、广告等多样化的报道策略，打破国民党的新闻封锁，高举抗日民族统一战线大旗，牢牢把握政治与舆论方向，灵活、真实而又迅速地报道国际国内形势，尤其是国际反法西斯斗争和国内抗日战争形势。它们还积极宣传中国共产党的抗日主张，揭露日寇的侵略本质，表彰抗日将士的战绩，切实反映群众要求抗日和民主的呼声，揭露国民党顽固派的反共阴谋活动，使国统区人民群众呼吸到新鲜空气，成为广大群众的精神食粮。毛泽东在评论《新华日报》时曾赞誉"《新华日报》是八路军、新四军以外的又一个方面军"。

为吸引各阶层特别是人民大众的目光，《新华日报》自创刊起，就特别强调是"人民的报纸"的思想。1939 年 7 月初，周恩来在与《新华日报》同志研究工作时强调："《新华日报》是党在国民党统治区坚持抗战、坚持团结、坚持进步的一面旗帜。《新华日报》要充当'大后方'人民的喉舌，要敢于说出真理，也要善于说出真理。"①为了把处于分散状态的群众调动起来，《新华日报》把关于广大群众利益最直接、反映最强烈的事实作为政策宣传的突破口，开辟了《生活的海》《生活一角》《劳动人民生活》等各种专栏、专页，发表工、农、商以及城市贫民的来稿，满怀深情地报道人民群众的劳动、生活及其社会活动状况，抓住那些与人民利益息息相关，同时又牵动整个社会的敏感问题，揭露蒋介石独裁统治的丑恶现象，提高广大人民群众的思想政治觉悟，促进了广大民众对中国共产党的认同并产生情感共鸣，使中国共产党民主革命的形象深入人心。

为了加强团结文艺界人士、民主党派，甚至包括国民党左派人士，《新华日报》用大量版面，为民主党派和各界知名人士提供一个比较自由的讲坛。冯玉祥将军和郭沫若、茅盾、柳亚子、黄炎培、邓初民、陶行知、胡子昂等学者、教授和社会活动家，经常为此报撰稿，极大地促进了中国共产党与民主人士的交流，充分展现中国共产党民主、开放的政党形象。此外，为了尽量多地利用和掌握舆论宣传工具，争取主导舆论的话语权，南方局周恩来、董必武等领导同志审时度势，通过多种途径，先后输送不少共产党员、民主人士、进步分子到一些报刊工作，努力争取左右这些报刊的版面和言论，更多地报道八路军、新四军等人民武装力量英勇抗击日军的战绩，同时也如实反映国民党爱国将士在正面战场上的抗战事迹；刊登包括蒋介石在内的国民党高级领导人的抗日言论，从而极大提高了报刊的号召力，显示了中国共产党包容万象的气度与胸怀。

南方局还通过各种公开和秘密渠道，通过党领导或影响的各个群众团体、学术机

---

① 钱之光：《敬爱的周总理战斗在重庆——纪念周恩来总理逝世一周年》，引自华中师范学院政治部：《怀念敬爱的周总理——纪念敬爱的周总理逝世一周年专辑》，1977 年，第 157 页。

构、学校阵地以及小说、戏剧、诗歌、音乐、美术等文艺活动，采取南方局领导人进行演讲、谈话和发表文章的形式，依靠各级党组织、广大党员和进步人士的工作，对广大人民群众进行广泛的爱国主义和新民主主义宣传教育。对于国民党报刊污蔑毁谤和歪曲中国共产党的方针政策的破坏活动，南方局发动《新华日报》等主要党媒，展开针锋相对的思想以及文艺方面的论战，或评思想、论是非，或驳斥反共言论，或针砭时局，正本清源，让国统区人民充分看清反动派的本质，促进了国统区人民建立与中国共产党相同的信仰体系和道德情感，加深国统区人民对中国共产党的民主革命形象的认识与革命认同，塑造了中国共产党坚定抗战、团结公正的形象。

三、积极开展对外联络宣传工作，不断提高中国共产党的国际影响力

中国抗日战争是世界反法西斯战争的重要组成部分。毛泽东曾于 1939 年 1 月指出："伟大的中国抗战，不但是中国的事，东方的事，也是世界的事。……我们的敌人是世界性的敌人，中国的抗战是世界性的抗战。"①他还提出中国共产党必须注意同世界上一切反侵略国家进行联络，争取他们对中国人民抗战的支持。突破国民党的封锁，扩大对外宣传，让更多的国际友人了解认识中国共产党，争取更多的国际人士对中国人民抗日斗争的同情和支持，推动世界反法西斯统一战线的发展和壮大，就成为南方局一项紧迫而重要的任务。

由于意识形态迥异和国民党的限制、封锁，中国共产党长期与外界隔绝，不被国际社会了解和信任。为了争取国际社会对中国共产党的了解和支持，南方局制定了"宣传出去，争取过来"的外事工作方针，采取主动出击、广交朋友的措施，把开展国际交往、扩大国际反法西斯统一战线作为特殊使命。南方局根据党的六届六中全会关于"集中一切力量，反对日本法西斯军阀侵略者，加紧对外宣传，力争国外援助，实现对日制裁"②的抗日外交方针，于 1939 年 4 月设立了对外宣传小组，次年冬改称外事组，主要负责中国共产党的对外交往和联络工作，并规定其主要任务为宣传、交友，宣传党的抗日主张和政策，了解国际形势，重点是美、英等国对华政策，以及各国各界在华人士的政治态度和动向，以影响这些国家的对华政策，扩大国际统一战线。

为了加强中国共产党与外界的直接交往和联络，扩大对外宣传，广泛开展国际反法

① 《毛泽东文集》(第 2 卷)，人民出版社 1993 年版，第 145—146 页。

② 中央档案馆：《中共中央文件选集》(第 11 册)，中共中央党校出版社 1991 年版，第 752 页。

西斯统一战线活动，南方局利用多种渠道“宣传出去”。一是通过《新华日报》《群众》周刊和外文出版物等权威渠道宣传中国共产党团结抗战的主张和抗日民族统一战线的意义。1942年起，周恩来指示罗清、蒋金涛编译出版英文小册子，内容主要是选译《解放日报》《新华日报》上发表的重要文章和毛泽东、周恩来等中央领导人对局势的讲话、解放区建设情况和外国朋友写的解放区见闻等，出版后向外国记者、外国使馆及各国友好人士散发。[①] 二是，南方局领导人和工作人员还利用在国统区工作的便利条件，通过各种机会，对云集重庆的30多个反法西斯国家的使领馆、40余家外交代表机构、30多个中外文化协会、10家外国通讯报刊机构以及频繁往来的各国驻华使节、援华机构人员、知名人士、作家、群众团体和新闻记者展开了卓有成效的工作，以大量的事实和文字资料宣传中国共产党的抗日主张和敌后抗日根据地军民的贡献，揭露国民党顽固派消极抗日、积极反共的真相，争取国际社会和国际舆论对中国团结抗战的支持，努力扩大国际反法西斯统一战线。

由于南方局积极开展多方面的广泛的对外宣传工作，中共抗日民族统一战线政策，八路军、新四军的实力和战绩逐渐受到国际社会的重视，并争取到苏联、美国等国家在道义上的支持和部分物资援助，而广大海外侨胞和各国人民也纷纷伸出援助之手，积极支援中国抗战。据估计，南洋侨胞向中国共产党领导下的抗日武装捐款至少有国币1000万元。[②] 随着南方局对外联络的不断扩大，不仅充分展现了一个民主大党虚怀若谷的良好形象，同时，中共军队的抗战业绩和解放区日益发展壮大的事实也越来越受到美英决策人物的关注，有关延安和陕北的消息成为美英舆论界的热门话题。周恩来在1940年12月24日致电毛泽东时说：“统计抗战以来，英美记者宣传中共及八路军、新四军的书籍不下二三十种，我党信誉影响极大，并发生一些外交影响。”为冲破国民党新闻封锁，南方局领导人竭力推动由驻重庆6名外国记者和9名中国记者组成的中外记者团于1944年5月底至6月初开始了赴延安的破冰之旅，他们的报道比较客观地反映了解放区的情况，使国民党对边区的诬蔑和不实之词不攻自破。同年7月22日和8月7日，美军观察组一行17人在包瑞德上校率领下分两批到延安实地考察，并与中共领导人交谈，不仅直接了解了抗日根据地的情况，还向国际社会展示了充满朝气的民主大党的形象和中国共产党救国救民、上下团结、官兵平等、军民一致的良好政治形象，发出了“共产党的政府和军队，是中国近代史中第一次受到积极的广大人民支持的政府和军队，他们得到这种支持，是因为这个政府和军队真正是属于人民的”[③]赞叹。

南方局通过开展积极对外联络宣传工作，使国际社会和各国人士加深了对中国共产

---

① 中共中央文献研究室：《周恩来年谱（1898—1949）》（修订本），中央文献出版社1998年版，第528页。

② 中共福建省委党史工作委员会、中国华侨历史学会编：《华侨抗日救国史料选辑》，第20页。

③ 袁明、哈里·哈丁主编：《中美关系史上沉重的一页》，北京大学出版社1989年版，第24页。

党及其领导的抗日军队为抗日战争所做出的重大贡献的了解，中国共产党的国际影响力也逐渐扩大。1945年4月，经过斗争，除董必武外，南方局外事组的两名成员陈家康和章汉夫，也分别以秘书和记者身份成为中国代表团随行人员，出席了在美国旧金山召开的联合国制宪会议，打破了国民党垄断外交的局面，为中国共产党拓展了在国际政治舞台上的活动空间，为新中国的外交事业奠定了重要基础。

抗战时期南方局以其自身的成熟和强大的组织力，积极开展对内和对外宣传，从而获得了一定的政治优势和政治认同，在国内外形成了前所未有的影响力，并由此奠定了新民主主义革命胜利的政治基础，对于新形势下全面从严治党，加强党的形象建设具有重要的历史启示。首先，我们必须全面从严治党，加强党的领导，树立党的良好形象。广大党员干部要从事关执政地位的高度，以自己的实际行动，树立起为民、务实、清廉的良好形象。只有树立起党的良好形象，才能增强党内党外对党的政治认同，增强党的影响力、凝聚力和战斗力，从而在当今复杂的执政环境下有效发挥党的领导核心作用。其次，我们必须充分利用新媒体新技术塑造和传播党的形象。必须主动占领新媒体这一宣传平台，掌握新媒体领域意识形态话语权，通过具有政治仪式功能的活动，充分展示中国共产党团结统一、矢志不渝、遵守法纪的良好形象。同时通过具有极强的形象性、典型性和趣味性的故事再现中国共产党人良好形象，为广大党员干部树立标杆和榜样。最后，我们必须积极对外塑造和展示党的国际形象，向国际上广泛宣传中国共产党的执政成就和执政理念，展示中国共产党的开放姿态，表明中国共产党维护世界和平、促进共同发展的真诚愿望，从而进一步推动中国与其他国家良好的国际关系，为我国改革开放事业的顺利进行创造良好的国际环境。

（作者单位：中共福建省委党史研究室）

论抗日战争时期南方局领导的大后方统一战线工作

王明前

摘 要：南方局配合中共中央，坚持独立自主原则，坚决反击国民党当局的反共投降阴谋，尽力维护国共合作为基础的抗日民族统一战线。由中国共产党倡导、各民主党派参与的宪政运动，客观上成为中国共产党揭露国民党顽固派破坏统一战线、压制抗日民主以及共产党团结中间势力的有力政治武器。中国共产党及南方局在倡导建立太平洋反日民族统一战线的过程中，开辟了中国共产党自己独立的外交战线。

关键词：南方局；宪政运动；民族统一战线

1939 年 1 月，中共中央南方局（以下简称“南方局”）成立。南方局成为抗日战争时期中国共产党领导的以重庆为中心的大后方抗日救亡运动的领导机关，这其中统一战线工作又成为中共实现抗日民族统一战线政策的重要实践领域。中共党史学界对南方局已有一定研究，但是有关统一战线工作的研究仍有继续深化的必要。其实，南方局的统一战线工作是一个系统工程，包括对国民党当局既团结又斗争、以斗争求团结、努力维护国共合作，联合社会各阶层特别是中间阶层争取民主宪政的斗争，以及独立开创太平洋反日民族统一战线的外交工作三个方面。笔者不揣浅陋，拟以上述思路，全面考察抗日战争时期南方局领导的大后方统一战线工作，以期增加中共党史学界对中国共产党领导的大后方抗日救亡运动的学术认知。

一、为维护国共合作的抗日民族统一战线与国民党当局的斗争

南方局成立之时，正是抗日战争转入战略相持阶段，国民党当局对中国共产党开始采取积极反共、消极抗战的转折时期。南方局配合中共中央，以全民族根本利益的大局为重，坚持独立自主原则，本着坚持抗战、团结、进步的原则，与国民党当局展开既团结

又斗争的政治较量，坚决反击国民党当局的反共投降阴谋，尽力维护国共合作为基础的抗日民族统一战线。

1939 年 1 月 25 日，中共中央致电蒋介石，表示："积极地拥护先生及政府之领导，巩固发展抗日民族统一战线，以便团结全国，渡过难关，对抗敌人阴谋，消灭汉奸毒计，停止敌之进攻，准备我之反攻。"但是，中国共产党必须坚持独立自主原则，"绝不能放弃马克思主义之信仰，绝不能将共产党的组织合并于其他任何政党"。① 同日，周恩来致函蒋介石，郑重承诺："中共六中全会特决定不再在国民党及国民党军队中发展党员。"② 1939 年 5 月 28 日，中共中央指示南方局："在反对汪派汉奸斗争中，我们应更严密的加强与一切主张爱国的进步分子及国民党群众的联系，与他们一起动员群众共同进行反对一切投降派及反共分子的斗争，以达到巩固国共合作和巩固及扩大抗日民族统一战线的目的。"③

科学的决策离不开缜密的时事分析。1939 年 8 月 4 日，周恩来在中央政治局会议上做报告分析国民党当局动态，指出："一期抗战国民党正走向进步，二期抗战在敌人新政策的面前国民党正发生新的变化。一方面国民党非经过内部分化，不能有长足的进步；另一方面，如分化得不好，反共的倾向与活动增加，便会造成统一战线的危机。"他进而分析了蒋介石领导集团的基本政治倾向："蒋的思想基本上是反共的，不承认统一战线的。实际政策也在那里限共、防共，破坏统一战线，存在着妥协投降的危险，但目前的方针及形式上还讲团结，还主抗战，还不愿造成全国破裂的局面。这是蒋之思想与政策的最矛盾处，也就是他的政治特点。"因此，中国共产党"幻想蒋放弃其阶级立场，特别是对敌妥协性，对英美依赖性，对内反共性，是绝对不可能的"。基于上述分析，他认为当前统一战线工作应该是对外宣传坚持以下原则，即"一切服从抗日，抗日高于一切"，"三民主义是统一战线的政治基础"，"国共合作是统一战线的组织基础"，"共产党及其军队的发展与巩固是统一战线的保证"。具体工作策略应该是："开展反对汪逆汉奸及其党羽的斗争，使国内阶级得到适当的分化，以巩固统一战线；帮助友党、友军进步，首先要给以适当的批评，具体的建议，并帮助其进步分子的发展。"在国统区地方工作中，"应扶持进步势力，扩大地方影响"，对其中的进步当局，"极力予以赞助，并推动其影响中央，坚持抗战，坚持团结，坚持进步"；对其中的反共当局，则"依照我们在当地

---

① 《中共中央为国共关系问题致蒋介石电》(1939 年 1 月 25 日)，载《南方局党史资料・统一战线工作》，重庆出版社 1990 年版，第 7 页。

② 《周恩来关于国共两党关系问题给蒋介石的复信》(1939 年 1 月 25 日)，载《南方局党史资料・统一战线工作》，重庆出版社 1990 年版，第 9 页。

③ 《中共中央关于与国民党共同进行反汪运动给南方局的指示》(1939 年 5 月 28 日)，载《南方局党史资料・统一战线工作》，重庆出版社 1990 年版，第 15 页。

的力量与实际情况，应给以可能的批评、抗议或打击”。①

为争取时局好转，避免国民党反共、投降的危险，1939 年 12 月 1 日，中共中央指示：“争取时局好转的基本方针，即是更加认真的根据巩固和扩大抗日民族统一战线政策去组织全国一切进步力量，即一切抗战和民主的力量。”具体而言，“在这些力量中，争取国民党中的进步领袖，保有革命传统的老同盟会员，愿意坚持抗战与团结的很多国民党军官，很多中下级干部及很多党员群众，应该成为我们当前组织工作的第一个对象”。为此，“各级党部必须用极大努力，动员和说服那些能做统一战线工作的党员和同情我党的文化人和青年知识分子，使他们去认真亲近国民党干部及党员，使他们有计划有步骤地去影响和接近国民党嫡系非嫡系以及国民党的各个重要党政军领导人，使他们诚意地帮助各种赞成抗战和民主的人们，形成有组织的力量”。②

皖南事变使国共合作为基础的抗日民族统一战线濒临全面破裂。中国共产党对国民党当局公然破坏国共合作的罪恶行径进行了坚决的回击。在党中央领导下，南方局积极收集国统区国民党当局的各方面信息，为中共中央的科学决策提供依据。1942 年 9 月 14 日，周恩来向毛泽东汇报：“自去年反共退潮后，此间一方面在国共关系不团结状态下采取不刺激办法；另一方面却努力于国共以外他方面统战工作的开展。”具体做法是：“对国党争取谈判机会，但有步骤。如国党在实际上压迫过甚，我们仍与之说理，请求解除压迫太过的事，也要从正面批评，不能默尔而息，使其误认我为屈服，已不复有何要求。”③1942 年 12 月 12 日，南方局报告提纲称：目前方针是促进国共关系好转，即“争取好转”，“争取合作，勿忘斗争”，“争取发展，勿忘巩固”。④ 1944 年 6 月 5 日，林伯渠等致电毛泽东，分析国民党内可推动争取民主的力量，是“广大下层党员，但无领导不能起来”，“还保有若干革命传统的元老”，“许宝驹、王昆仑等，正积极活动，他们的口号是团结抗战，民主建国”。⑤

---

① 《周恩来在中央政治局会议上的报告提纲》(1939 年 8 月 4 日)，载《南方局党史资料·统一战线工作》，重庆出版社 1990 年版，第 23、25、29、36 页。

② 《中共中央关于组织进步力量争取时局好转的指示》(1939 年 12 月 1 日)，载《南方局党史资料·统一战线工作》，重庆出版社 1990 年版，第 40、42 页。

③ 《周恩来关于对国民党及其他党派统战工作的意见》(1942 年 9 月 14 日)，载《南方局党史资料·统一战线工作》，重庆出版社 1990 年版，第 81—82 页。

④ 《南方局关于国共关系的报告提纲》(1942 年 12 月 12 日)，载《南方局党史资料·统一战线工作》，重庆出版社 1990 年版，第 88—89 页。

⑤ 《林伯渠、董必武、王若飞关于十天来的活动及各方面的动态给毛泽东的电报》(1944 年 6 月 5 日)，载《南方局党史资料·统一战线工作》，重庆出版社 1990 年版，第 108—109 页。

二、争取中间势力推进民主宪政运动

为维护国共合作为基础的抗日民族统一战线，中国共产党把争取中间势力作为反击国民党顽固派反共投降阴谋的关键环节。

在国民党当局转入消极抗战后，南方局及时总结了抗战战略防御阶段的统战经验，科学分析国统区各党派、各阶层在抗战转入相持阶段后的政治动态，开展了卓有成效的、争取中间势力的工作。1939 年 8 月 4 日，周恩来在中央政治局会议上做报告，分析各党派的动态，指出："一期抗战各党派趋于团结，二期抗战各党派便趋分化，国民党便趋向于妥协，救国会、第三党更接近于我们，而国社党、国家主义派本身也起了分化。"为此党应该"积极扶持同情分子，努力争取中间分子，尤其是知识分子及公正绅商，参加抗战，以扩大统一战线"，对各党派"基本上应扶持进步力量，争取中间分子"。具体而言，"对接近我们的党派、团体及个别分子，应扶助其发展。对其他党派应影响他，善意的批评他，以促其进步或分化。对中间分子或团体，应密切其关系以争取之。对地方上公正士绅应尊重之，以扩大我们影响"①。1939 年 12 月 1 日，中共中央指示："一切站在国共之间主张坚持抗战团结进步的所谓中间力量最近期间表现出政治积极性日益增长，成为推动时局好转的极重要因素。因此，我们应用极大努力帮助他们，用各种方式组织起来。"②1940 年 10 月 14 日，毛泽东致电周恩来、叶剑英，认为苏北抗日根据地争取民族资产阶级的经验值得推广。他指出："如果我们能以正确政策争取民族资产阶级，在抗日民主方面与我们合作，在国共斗争方面保持中立，则不仅对孤立大资产阶级有极大帮助，且使我们的新民主主义政策得以开始在全国注目之地区具体实现，对于目前阶段整个革命进程是有帮助的。"③

太平洋战争爆发后，中国共产党适时加强对海外华侨的统战工作。1941 年 12 月 9 日，中共中央指示："必须大大的开展南洋各地华侨中的工作"，"团结全体华侨，团结其各阶层，各党派，共同进行反日斗争，赞助当地政府一切抗日设施，参加抗日活动"，特别是"在华侨中宣传中国抗战，宣传八路军新四军的英勇及艰苦，号召他们给我们以各

---

① 《周恩来在中央政治局会议上的报告提纲》(1939 年 8 月 4 日)，载《南方局党史资料·统一战线工作》，重庆出版社 1990 年版，第 23、24、30、37 页。

② 《中共中央关于组织进步力量争取时局好转的指示》(1939 年 12 月 1 日)，载《南方局党史资料·统一战线工作》，重庆出版社 1990 年版，第 41 页。

③ 《毛泽东关于争取民族资产阶级问题给周恩来、叶剑英的电报》(1940 年 10 月 14 日)，载《南方局党史资料·统一战线工作》，重庆出版社 1990 年版，第 52 页。

种帮助”，而且确保“华侨工作应当主要是合法的，不应当反对当地政府”。[①]

在争取中间势力的基础上，中国共产党贯彻新民主主义政治纲领，积极领导国统区的民主运动，反对国民党当局的一党专制独裁统治，为争取建立民主联合政府不懈努力。由中国共产党倡导、各民主党派参与的宪政运动，客观上成为中国共产党揭露国民党顽固派破坏统一战线、压制抗日民主，以共产党团结中间势力的有力政治武器。

1939年10月2日，中共中央指示：“各级党部应运用本届参政会的进步决议，用各种方法来加强反汪、反投降、反分裂、反倒退及要求实行民主、实行宪政的运动”，以“要求立刻实行民主政治，召集真正民选的全权的国民大会，实施宪政”为核心诉求，“积极参加国民参政会宪政期成会的各种宪政运动。站在拥护参政会进步决议的立场上批评一切坏现象、坏事、坏人”。[②] 1939年12月1日，中共中央指示：党对宪政运动的根本主张是“真正实现新式代议制的民主共和国”，为此，首先应该“立刻实现人民言论、集会、结社、出版、信仰自由之民主权利，作为召集国民大会实施宪政的先决条件”。其次，应该废弃立法院。1937年4月30日对选举法的修改，“必须保证国民大会的代表真是各党、各派、各界、各军、各民众团体直接选举的代表，反对由政府指定、圈定的办法”。再次，宣传“国民大会应该是全权的民意的机关，它除制定宪法外，应有选举与改组国民政府、决定政府各种基本政策之任务，在国民大会休会后应设立常驻机关，以监督政府对宪法与各种政策之实施，并定期召集国民大会决定一切全国性的重大问题”。最后，必须彻底修改1937年5月8日国民政府宣布的宪法草案，“使新宪法真正成为实现民主政治保障民权的根本法，而不是国民党训政的装饰品”。为进一步推进宪政运动，中共中央指示要求：“各地应成立国民宪政促进会的群众团体，这种团体必须建立在广泛的统一战线基础上。”[③]1940年4月1日，中共中央指示：在争取小党派和中间分子的工作中，“首先要求国民大会代表以改选及党派和爱国人士言论出版集会之自由，利用具体事实揭破当局过去实施宪政之毫无诚意，说明在抗日反汪的斗争中实施宪政与民主之必要”[④]。1940年6月，中共向国民党当局提出：“请明令保障各抗日党派之合法存在。”[⑤]1941年2月28日，中共中央指示周恩来向国民党当局提出：“成立各党派联合

---

① 《中共中央关于开展太平洋反日民族统一战线及华侨工作的指示》(1941年12月9日)，载《南方局党史资料·统一战线工作》，重庆出版社1990版，第73页。

② 《中共中央关于第四届参政会的指示》(1939年10月2日)，载《南方局党史资料·统一战线工作》，重庆出版社1990年版，第38—39页。

③ 《中共中央关于推进宪政运动的第二次指示》(1939年12月1日)，载《南方局党史资料·统一战线工作》，重庆出版社1990年版，第44—45页。

④ 《中共中央关于争取小党派及中间分子工作的指示》(1940年4月1日)，载《南方局党史资料·统一战线工作》，重庆出版社1990年版，第48—49页。

⑤ 《中国共产党六月提案》(1940年6月)，载《南方局党史资料·统一战线工作》，重庆出版社1990年版，第50页。

委员会，周恩来为副主席。 周恩来加入参政会主席团。”[①]

太平洋战争爆发后，结合建立世界反法西斯同盟的新要求，中国共产党及南方局加紧宣传民主宪政的诉求，进一步通过领导民主宪政运动，团结中间力量，孤立国民党顽固派。

1944 年 3 月 12 日，周恩来在延安各界纪念孙中山逝世十九周年大会上发表演说，他指出，欲实行宪政，必须实现三个先决条件：“一是保障人民的民主自由；二是开放党禁；三是实行地方自治。”未来宪法须以革命的三民主义即 1924 年国民党第一次全国大会确立的新三民主义为基础，首先，“必须承认革命民权”；其次“要用自下而上的民主集中制的新式代议制来实现他”；再次，“必须承认中国境内的民族自决权”；第四，“必须承认中央与地方的均权制”；最后，“必须承认‘建设之首要在民生’”。 他强调必须彻底修正现行国民大会选举法，“对于国大代表，我们一向主张重选”，而且“不应有任何被选举权的不当限制，尤其不应以党义考试来限制，不应有候选人的指定，不应当由乡、镇长来推选候选人，不应有对少数民族、边疆及华侨的不平等待遇，并且应容许各党派的竞选自由”。[②] 1944 年 9 月 15 日，林伯渠在国民参政会上提出：“应该在抗战中实行民主政治，只有民主政治才能团结全国一切力量，动员全国一切力量，以拯救我们民族国家的灾难。”[③]

随着抗战胜利前景的日益明朗，中共中央及南方局加强对民主宪政运动的领导，为战后和平民主新中国成立做准备。

1945 年 1 月 21 日，中共中央指示：“国民党能否保持其第一党地位，要看其党内民主派的努力，而不能要他党保证。 军队国家化是将来民主实现以后的问题，在中国提倡取消军队中党派组织只会削弱抗战力量，增强独裁者控制权，于民主运动是不利的。”[④] 1945 年 1 月 24 日，周恩来发表声明，表示：“代表我党中央，向国民政府、中国国民党、中国民主同盟提议：召开党派会议，作为国事会议的预备会议，以便正式商讨国事会议和联合政府的组织及其实现的步骤问题。”[⑤]1945 年 2 月 25 日，中共中央指示：“我们仍

① 《中共中央关于提出临时解决办法十二条问题给周恩来的指示》(1941 年 2 月 28 日)，载《南方局党史资料·统一战线工作》，重庆出版社 1990 年版，第 64 页。

② 《关于宪政与团结问题》(1944 年 3 月 12 日)，载《南方局党史资料·统一战线工作》，重庆出版社 1990 年版，第 99—101 页。

③ 《林伯渠在国民参政会上关于国共谈判的报告》(1944 年 9 月 15 日)，载《南方局党史资料·统一战线工作》，重庆出版社 1990 年版，第 123 页。

④ 《中共中央关于共同纲领与推动孙科参加民主运动问题给王若飞同志的指示》(1945 年 1 月 21 日)，载《南方局党史资料·统一战线工作》，重庆出版社 1990 年版，第 141—142 页。

⑤ 《周恩来关于召开党派会议一事的声明》(1945 年 1 月 24 日)，载《南方局党史资料·统一战线工作》，重庆出版社 1990 年版，第 143 页。

坚持以党派会议讨论结束党治，建立联合政府的方针。”[①]1945年3月8日，中共中央指示：“在蒋演说发表后，更要到处坚持党派会议，结束党治，联合政府及战后无拘束的国大选举一系列主张，以杀蒋之气焰。旧金山会议即使拒绝共、民方人物出席，但我们仍应提出作伏笔。”总之，“民主运动要经过压迫，才能从其自身经验和奋斗中强大起来”[②]。

三、倡导建立太平洋反日民族统一战线的独立抗战外交

在领导大后方建立统一战线的同时，中国共产党及南方局还积极拓展实践空间，在倡导建立太平洋反日民族统一战线的过程中，开辟中国共产党自己独立的外交战线。

早在1939年8月4日，周恩来就在中央政治局会议上指出：“一期抗战各国趋向于援助中国，二期抗战困难增加，变化增加，民主国家的妥协派便趋于局部妥协，苏联便要考虑到援助中国的实效及其结果。”为此，党在国际关系中，“要运用和联合各国朝野的同情人士，扩大国际影响，以集中火力反对国际法西斯及民主国家中的妥协派”[③]。

太平洋战争爆发后。1941年12月8日，中共中央指示周恩来等：“我对英美方之政策，应当是建立与展开中共与英美政府的广泛的真诚的反日反德的统一战线，不应作不真诚与狭隘的表示。”为此，“在广东、海南、越南及南洋各地，我们可与英美合作组织游击战争，由英美供给武器，我们派人帮助组织”，以及“设法在新加坡、仰光、菲律宾、印度或澳洲成立秘密的中共代表机关，与延直通无线电，以便交换情报”[④]。1941年12月9日，中共中央指示开展太平洋反日民族统一战线工作，要求：“中国人民、中国侨胞及南洋各民族的中心任务，是建立太平洋各民族的广泛的反法西斯日、德、意的民族统一战线。这个统一战线的组成部分，应当是英、美、荷、印、中及南洋各民族的各阶层、各政党，包括英、美、缅、印、荷、澳、菲的政府，与日本国内反战人民及其殖民地被压迫民族——高丽、台湾等等。”这一统一战线，“应当是上层的，同时又是下层的，应

---

① 《中共中央关于发展国民党统治区的民主运动给王若飞的指示》(1945年2月25日)，载《南方局党史资料·统一战线工作》，重庆出版社1990年版，第146页。

② 《中共中央关于反对国大坚持结束党治和联合政府等问题给王若飞的指示》(1945年3月8日)，载《南方局党史资料·统一战线工作》，重庆出版社1990年版，第148页。

③ 《周恩来在中央政治局会议上的报告提纲》(1939年8月4日)，载《南方局党史资料·统一战线工作》，重庆出版社1990年版，第24、30页。

④ 《中共中央关于太平洋战争爆发后与英美建立统一战线问题给周恩来的指示》(1941年12月8日)，载《南方局党史资料·统一战线工作》，重庆出版社1990年版，第71页。

当是政府合作，同时又是民族联盟，应当达到中、英、美及南洋各国的军事同盟共同对日作战，应当达到协调宗主国政府与土著民族的关系与合作，同时改善被压迫民族的政治经济地位，提高其积极性，组织起民众，开展日本占领区的游击战争”。①

随着抗战胜利局面的日益明朗，中共中央和南方局加紧通过独立自主的外交工作，联合各民主党派，通过世界民主力量的舆论压力，抵制国民党顽固派当局反共反民主的独裁政治。

1944 年 8 月 16 日，南方局向中央建议：我党的外交政策，首先，“必须由自力更生为主，争取外援为辅，去求得实现。必须使自己力量更加强大，成为决定中国问题主要因素，才能主动的利用外援，而不是被动的受人支配”；其次，“在争取外援上，要对朋友加以分析。不仅看到苏英美都是我们的盟国，还要看到苏联政府与人民是中国民族民主革命最可靠的朋友”；最后，南方局建议：“要约束全体党员，对许多国际事件慎重的统一说话，在中央未有决定前，不得自由向外发表意见。”②1944 年 8 月 18 日，中共中央指示：“我们外交工作中心，应放在扩大我们影响，争取国际合作上面。即遇顽固分子仍应诚恳说服给以好影响。”具体而言，军事上，“在取得我们同意和遵守政府法令的条件下，同盟国的军事人员及其武装力量，可进入我们地区，执行共同抗敌的一切工作，并取得我们协助，同时我们也欢迎盟国给我军以军火物质药品和技术上的援助”。政治上，“欢迎同盟国在我边区及主要抗日根据地派遣外交使节，或外交机关”。经济上，“在双方有利原则下，我们欢迎国际投资与技术合作”。为此，必须站稳民族立场，“一方面加强民族自尊心自信心，而不是排外，另方面要学习人家长处，并善于与人家合作，但决不是惧外媚外”。中央指示外交工作本身，应“一切争取主动，切勿陷于被动，更不应有求必应，而应有所取舍，或有所轻重，凡我所能而且愿意使外人知道和参加的事，可由我主动的有计划的加以布置，即使是我们的要求，我们也可使其自动的先向我们提出”。③1945 年 2 月 25 日，中共中央指示：“关于旧金山会议，我们曾向赫尔利提出：国民党独裁统治既不能代表解放区九千万人民，也不能代表大后方广大人民的公意，因此绝不应由国民党单独代表出席，而应由国、共、民盟三方合组的代表团出席。”④

综上所述，南方局配合中共中央，坚持独立自主原则，坚决反击国民党当局的反共

① 《中共中央关于开展太平洋反日民族统一战线及华侨工作的指示》(1941 年 12 月 9 日)，载《南方局党史资料・统一战线工作》，重庆出版社 1990 年版，第 72—73 页。

② 《南方局同志对外交的意见及对中央的建议》(1944 年 8 月 16 日)，载《南方局党史资料・统一战线工作》，重庆出版社 1990 年版，第 116—117 页。

③ 《中共中央关于外交工作的指示》(1944 年 8 月 18 日)，载《南方局党史资料・统一战线工作》，重庆出版社 1990 年版，第 119—121 页。

④ 《中共中央关于发展国民党统治区的民主运动给王若飞的指示》(1945 年 2 月 25 日)，载《南方局党史资料・统一战线工作》，重庆出版社 1990 年版，第 146—147 页。

投降阴谋，尽力维护国共合作为基础的抗日民族统一战线。为维护国共合作为基础的抗日民族统一战线，中国共产党把争取中间势力，作为反击国民党顽固派反共投降阴谋的关键环节。在争取中间势力的基础上，中国共产党积极领导国统区的民主运动，反对国民党当局的一党专制独裁统治。由中国共产党倡导、各民主党派参与的宪政运动，客观上成为中国共产党揭露国民党顽固派破坏统一战线、压制抗日民主以及共产党团结中间势力的有力政治武器。在领导大后方统一战线斗争的同时，中国共产党及南方局还积极拓展实践空间，在倡导建立太平洋反日民族统一战线的过程中，开辟中国共产党自己独立的外交战线。

（作者单位：厦门大学）

抗日战争时期南方局的海外统战工作及影响探析

陈 红

摘 要：海外华侨和港澳同胞的统战工作是抗日民族统一战线的重要组成部分，对壮大抗日力量、争取抗战胜利有着重大作用。抗日战争时期，南方局始终作为海外统战工作的主要组织者与推动者，理论上，制定政策，指导海外统战工作；实践中，积极完备海外统战机构，开展海外抗日宣传，加强侨领交往工作，推动港澳同胞和海外华侨参与抗日救亡活动等。这些工作，巩固了抗日民族统一战线，为早日取得抗战胜利以实现民族独立发挥了关键作用；丰富了统一战线的理论宝库，为新时代坚持统一战线法宝以实现中华民族伟大复兴提供了宝贵经验。

关键词：抗日战争；南方局；海外统战；意义

1938 年，抗日战争由战略防御阶段进入战略相持阶段，中国共产党根据形势的变化和需要，在召开的中共六届六中全会上做出决定：撤销武汉长江局，设立中原局和南方局。1939 年 1 月，中共中央南方局（以下简称“南方局”）在重庆正式成立，由周恩来任书记，董必武任副书记，叶剑英、廖承志等为南方局委员。南方局成立后，领导云、贵、川、鄂、湘、粤、桂、苏、赣、闽各省党组织、海外华侨以及港澳地区的党组织和进步力量，为巩固抗日民族统一战线、争取抗战胜利做了大量工作。南方局在理论和实践方面都做了大量统战工作，这些工作，对争取抗战胜利以实现民族独立、对新时代坚持统一战线法宝以实现中华民族伟大复兴都具有重要意义。

一、南方局的海外统战工作

根据国民政府 1940 年 6 月的统计，当时中国华侨在世界各地的总数超过 800 万，是海外支援祖国抗战的一支重要生力军。因此加强海外统战工作，争取海外华侨和港澳同胞对抗战的支持，是南方局统战工作的重要组成部分。一方面，南方局的中心设在重庆，这一时期重庆作为国民政府的陪都，是国统区政治、经济、文化和外交中心，因此以重庆为中心的大后方成为抗日民族统一战线内各种力量的汇聚处，成为海外华侨回国慰问、考察战况、支持抗战的主要落脚点。另一方面，南方局所管辖的广东、广西、福建等区域，由于紧靠港澳，毗邻东南亚各国，又常是南洋华侨在中国的主要汇聚地，这些区域就成为海外华侨与祖国联系的重要通道。这两大优势，大大便利了南方局加强同海外华侨和港澳同胞的联系，决定了南方局成为海外统战工作的主要组织者和推动者。

（一）制定海外统战政策，指导海外统战工作

在红军长征胜利到达陕北之后，华侨作为推动中国民主革命运动的一支重要生力军，受到了中国共产党的关注，因此党在倡导建立抗日民族统一战线之初，就重视开展海外华侨和港澳进步人士的统战工作，并制定了一系列政策措施。1935 年 8 月 1 日，中国共产党起草《为抗日救国告全体同胞书》（即《八一宣言》），明确提出“停止内战、一致抗日”的主张，号召“一切关心祖国的侨胞们”团结起来支援祖国的抗战，并提出要“保护侨胞在国内外生命、财产、居住和营业的自由”①。1935 年 12 月，中共中央召开的瓦窑堡会议明确提出了建立最广泛的民族统一战线的策略，将广大海外华侨的抗日力量纳入统一战线之内。毛泽东对开展海外华侨统战工作有过重要论述。1938 年 3 月，毛泽东在延安会见马来亚华侨抗敌后援会代表团时，号召“全体华侨同志应该好好团结起来，援助祖国，战胜日寇”，还表明“共产党是关心海外侨胞的，愿意与全体侨胞建立抗日统一战线”。② 太平洋战争爆发后，中共中央还特别地强调，“我们必须大大的开展南洋各地华侨中的工作”，“华侨工作的方针应当是团结全体华侨，团结其各阶层，各党派，共同进行反日斗争”。③

南方局成立后，积极贯彻执行党中央关于开展海外统战工作的政策，周恩来领导南方局，结合实际情况，对开展海外统战工作做出指示。1939 年 8 月 4 日，在中共中央政治局会议上，周恩来指出，统一战线既是“民族的”，又是“民主的”，也是“社会的”。他指出：由于国内各阶级、各党派、各军队、国际关系等因素都是处在不断变化中的，因此统一战线也会处在不断变化之中。这些变化，如果我们把握得好，团结的战线就将更巩固，抗战也将更进步；但如果把握不当，则可能会陷入危机之中。因此，他提出处在新的国际环境中，应注重抓住时机，做好统战的各方面工作，开展海外统战工作，巩固抗日统一战线。另外，南方局还在具体的海外统战工作中做了政策指导，如：在开展侨领工作时，强调“应争取华侨中有名望的有正义感的分子（如陈嘉庚等）积极领导华侨工作”，鼓励他们“在华侨中宣传中国抗战，宣传八路军新四军的英勇及艰苦，号召他们给

---

① 《中共中央文件选集（1934—1935）》第 10 册，中共中央党校出版社 1991 年版，第 518—525 页。

② 蔡仁龙、郭梁：《华侨抗日救国史料选辑》，福州刊本 1987 年版，第 49 页。

③ 南方局党史资料征集小组：《南方局党史资料·统一战线工作》，重庆出版社 1990 年版，第 73 页。

我们以各种帮助”。[①] 这些政策和指示，对指导各地区党组织开展海外统战工作，巩固抗日民族统一战线具有重要的指导意义。

（二）完备海外统战机构，领导海外统战工作

1939 年 1 月 5 日，根据中共六届六中全会的决定，正式成立了中央统一战线工作部，后又根据国内外形势的需要，逐步建立起海外华侨统战机构。在延安，中共中央于1936 年成立了海外工作领导小组，后改为海外工作领导委员会，朱德为总负责人。1938年成立了第一个华侨团体，即“华侨联谊会”；1939 年成立“南洋华侨回国服务团驻延安办事处”；1940 年成立延安华侨救国联合会。这些机构，都将动员海外华侨支援、参加反法西斯斗争，促进抗日统一战线的形成作为其主要工作，为延安地区进行海外统战工作提供了组织保障。

而在国民党统治的广大南方地区，海外统战工作主要由南方局负责。南方局的海外统战机构主要是八路军驻香港办事处和保卫中国同盟（简称“保盟”）。当时的香港，拥有相对宽松的舆论环境和发达的远洋航线，不仅能就地联系港澳同胞，还能以香港为依托，联络散居在世界各国的爱国侨胞和进步人士。南方局看好这一优势，努力争取在香港建立自己的统战基地。1938 年 1 月，在英国驻华大使卡尔的帮助下，成立了八路军驻香港办事处，由廖承志、潘汉年等人组织对外统战工作，与港澳同胞和海外华侨进行广泛联系和密切接触。同时，南方局携手在华侨中享有崇高威望的爱国人士宋庆龄，合作开辟海外统战工作的新局面，于 1938 年 6 月成立了保卫中国同盟 ，宋庆龄担任主席，廖承志担任秘书长。“保盟”曾在艰苦的环境下将大量重要物资和医疗药品转运到抗日前线支援抗战，发挥着联系广大爱国侨胞和中国共产党的纽带作用，对党推进海外统战工作有着极大意义。此外，为加强对海外统战工作的领导，南方局在香港还设立了两个组织：香港统战工作委员会和香港文化工作委员会，分别负责领导香港的统战工作和文化宣传工作。香港中共组织的完备和健全，为扩大党在海外华侨中的影响、领导海外统战工作奠定了坚实的组织基础。

（三）开展海外抗日宣传，助推海外统战舆论

以周恩来为核心的南方局共产党人认识到，要向海外华侨和港澳同胞传递自己的抗战主张，争取获得他们的支持，只依靠国内报刊，其作用十分有限。因此，必须开展“走出去”的宣传工作，将舆论阵地扩展到海外。

首先，南方局自己创办刊物进行舆论宣传。八路军驻香港办事处成立后，根据周恩来的指示，创办了《华侨通讯》《时事通讯》和《华商报》，宋庆龄领导的“保盟”则在香港总部创办《保盟两周通讯》。这几份刊物，都积极宣传和解读中国共产党的抗日主

---

① 南方局党史资料征集小组：《南方局党史资料·统一战线工作》，重庆出版社 1990 年，第 73 页。

张、方针和政策，及时地刊登来自祖国抗日前线的报道，介绍中国共产党领导八路军、新四军顽强抗日的战绩，同时揭露日军的残暴行径。其中，《华侨通讯》的报道，深受港澳同胞与海外侨胞的喜爱，不仅在香港等地都有发行量，而且其他海外侨报也纷纷转载该刊物的文章，在海外统战宣传中有较大影响。

其次，南方局派遣党员到海外协助、指导华侨创办抗日刊物。从 1939 年起，八路军驻香港办事处，先后派王任叔、陆治、董维键、胡愈之、沈兹九、金仲华、胡一声等人，到纽约、菲律宾、马来亚、新加坡等地协助华侨创办刊物，以加强党对海外舆论宣传的引导。比如，1940 年胡愈之赴新加坡协助陈嘉庚创办刊物《南洋商报》，争取新加坡爱国华侨对祖国抗日战争的支持；侨领许立在党的影响下，创办《建国报》和建国出版社，建立美范印务馆和全民书店，用中英文分别出版毛泽东的《论持久战》《新民主主义论》和朱德的《论抗日游击战争》等重要著作。[①] 这些刊物和出版社，对党“团结一致，合作抗日”“建立抗日民族统一战线”的主张表示赞赏，在海外统战宣传中产生了较大的影响力。

最后，南方局注重发挥转移至香港的新闻界和文化界的著名人士在统战工作中的宣传作用。皖南事变后，进一步扩展海外统战工作成为党争取国内外各种政治力量的支持、维护抗日民族统一战线的迫切需要。应廖承志的要求，周恩来不仅把南方局、《新华日报》、八路军驻渝办事处的一批工作人员转移至香港，还将新闻界和文化界的茅盾、夏衍、萧红、胡绳、胡考、张友渔、韩幽桐等一部分知名人士，从重庆、桂林、上海等地转移到香港。转移至香港后，南方局积极发挥这些著名人士的作用，组织引导他们创办了大批抗日刊物。比如《大众生活》《世界知识》《笔谈》《耕耘》《青年知识》《文艺阵地》等，这些刊物都大力宣传中国共产党的抗战主张和抗战政策，扩大了南方局海外抗日宣传阵地，助推了海外统战工作。

（四）加强与侨领交往工作，发挥他们在海外统战工作中的关键作用

在华侨的抗日救国运动中，出现了一批爱国侨领，他们在华侨中具有较高号召力和影响力，常常成为支持和参与抗战的带头人、组织者。因此，加强同侨领的交往，发挥他们在争取华侨支援抗战中的关键作用，是中国共产党推进海外统战工作的重要途径。

陈嘉庚是海外华侨中最具影响力的领袖之一，曾被毛泽东誉为“华侨旗帜”，为争取陈嘉庚对统战工作的支持，南方局做了许多工作。周恩来通过《南洋商报》记者张楚琨认识了陈嘉庚，对陈嘉庚领导的“南洋华侨筹赈祖国难民总会”开展的抗日救亡运动深表敬佩，感受到这位著名侨领身上有着强烈的民族正义感。之后周恩来派胡愈之赴南洋开展对陈嘉庚的统战工作，使陈嘉庚对祖国的抗战形势和党的抗战政策有了初步了解。

---

① 王忠事:《抗战时期中共南方局海外统战工作的重大贡献》,《重庆师院学报》(哲学社会科学版) 1996 年第 2 期。

1940年3月，陈嘉庚、侯西反和李铁民从新加坡出发，率考察团回国慰问考察。他们抵达重庆不久，南方局就以八路军驻渝办事处的名义开茶会热烈欢迎他们。之后，根据中共中央的指示，周恩来、叶剑英、董必武先后与他们进行交谈，将中国共产党坚持维护抗日民族统一战线的政策和争取海外华侨抗日力量的愿望传递给他们。5月，陈嘉庚接受毛泽东的邀请，到延安访问考察，受到毛泽东、朱德以及延安广大军民的盛情欢迎。陈嘉庚等人经过考察，亲身感受到中国共产党人和八路军的精神风貌与中国共产党坚持全民族合作抗日的决心，以及广大军民渴望和平、实现民族独立的愿望。他提出“中国的希望在延安”“国民党蒋政府必败，延安共产党必胜”的远见。考察团回南洋后，就积极地宣传中国共产党团结一致、共同抗日的主张，以及八路军、新四军在前线英勇抗战的事迹，并呼吁广大侨胞团结起来，支援祖国抗战。这迅速提高了中国共产党在华侨中的声誉和威望，对党从舆论上和政治上争取海外爱国华侨和进步力量的支持，推进海外统战工作做出了极大贡献。

抗战时期的著名侨领，除了陈嘉庚，还有东南亚报业和药业大亨胡文虎、全美洪门会领袖司徒美堂等人，周恩来、叶剑英、董必武等南方局领导人通过各种途径会见了这些华侨领袖，相互沟通，坦诚相待，与侨领们建立了紧密联系，并为推进海外统战工作展开了真诚的合作。

（五）推动海外华侨多形式参与抗日救亡活动，壮大海外统战力量

除了争取港澳同胞和海外华侨在思想上认同、支持党的抗战主张，南方局还做了许多工作，让他们在行动中支援祖国抗战，在人力、财力和物力上支援祖国抗战前线，推动海外华侨多形式参与抗日救亡活动。

一是动员募捐活动，争取海外华侨从财力和物力上支援抗战。随着抗日敌后战场的开辟，祖国抗战前线伤员增多，物资匮乏，抗战进行得十分艰难，南方局积极开展海外支前募捐活动。首先，在南方局广东党组织的推动下，广东、香港、澳门的爱国同胞们发起捐薪、捐车等活动。在香港，在杨绩等人的推动下，开展了一场救护车募捐运动，广大汽车工人与爱国商人积极响应捐资，共筹得港币4000多元，购置了一辆救护车、一批医疗药品和防毒面具，一并交给八路军驻港办事处，指定献给前线的八路军战士，“保盟”秘书廖梦醒接受了献车。其次，1938年广东、香港发起的“八一三”献金运动更是将募捐推向高潮，获得广大港澳同胞和爱国华侨的大力支持，献金总额超过百万元，为支援前线抗战工作做出了极大贡献。再次，南方局领导人还积极致信海外，请求海外华侨为祖国抗战提供帮助。1938年，周恩来、叶剑英、廖承志和潘汉年等人三次联名致信海外华侨，向他们介绍了八路军不畏牺牲、英勇抗战的情况，诉说了前线将士急需各种物资的状况，表达了希望全体侨胞予以援助的期望。听到祖国的请援后，各地华侨纷纷响应，积极进行募捐活动。新加坡是南洋华侨抗日筹捐活动的中心，专门举行了“新加

坡华侨各团体募捐医药费援助八路军大会”，开展募捐支援祖国抗战，将药品、纱布、棉衣、防毒防疫护罩等物资不断输送到敌后抗日根据地。最后，与南方局有着紧密联系的“保盟”，不仅动员港澳爱国人士和海外华侨积极筹款集资，还作为连接物资捐赠和中国共产党敌后抗日战场的桥梁，想方设法跨过顽固派的阻挠，将募捐到的物资和款项从海外转移到各个抗日根据地，其中中共党员廖承志和爱国民主人士宋庆龄发挥了关键作用。

二是组织归国华侨直接参加抗日救亡活动，争取海外华侨从人力上支援抗战。全国抗战爆发后，在中国共产党海外统战宣传的影响下，许多爱国华侨纷纷归国，主动要求加入中国共产党领导的抗日队伍中参加抗战。随着中国共产党领导的抗日武装的发展壮大，也需要争取海外华侨从人力上支援抗战。为此，南方局指示驻港办事处招募和转移决心报国的爱国华侨和专业技术人员。

一方面，南方局经八路军驻渝办事处将大批华侨青年转送至延安支援抗战。皖南事变之前，在经南方局送到延安的几十批青年中，华侨青年就有六七十名，他们到延安后积极参加党组织的学习，不断提高理论素养和革命本领。这批华侨青年毕业后，有的加入中国共产党的武装力量中，直接奔赴前线抗战。比如，东南亚华侨李林、林烈、余自克、庄儒邦等，都为祖国的抗战事业英勇献身。有的华侨青年毕业后则充分发挥自己的才能，成为延安边区经济、文化、医疗、教育等方面的骨干。比如，越南归侨梁金生担任光华制药厂厂长，带领职员研制一些前线急需的医药；归侨李德奇作为边区少有的牙科医生，对边区军民牙病的防治发挥了重要作用；法国归侨刘咸一担任新华造纸厂厂长，生产的纸张基本能满足边区印刷宣传的需要。总之，这些爱国华侨在中国共产党的带领下，用满腔热血为实现民族的独立和解放贡献了自己的力量。

另一方面，驻港办事处还以回乡服务团的形式组织华侨和大批医生、护士、司机等专业技术人员回国参战。组织回乡服务团归国参战是南方局海外统战工作的重要组成部分。据统计，港澳同胞、海外华侨组织的各种形式的回乡服务团有 30 个左右。在南方局的影响和指导下，他们在内部建立中国共产党的组织，奔赴各地城乡救济灾民、宣传抗日、支援前线。1938 年，香港汽车工会派出两批司机参加回乡服务团，两批司机接近 80 人，于 1939 年分别抵达八路军驻桂林办事处和重庆八路军办事处，他们不仅将工会捐赠的救护车和汽车安全送交给中国共产党，还发挥自己的一技之长，将自己的技术力量奉献给祖国的抗战事业。

二、南方局海外统战工作的意义

（一）巩固了抗日民族统一战线，为早日取得抗战胜利以实现民族独立发挥了关键作用

南方局将港澳同胞和海外爱国华侨看作抗日力量中的一支生力军，重视发展海外统战力量。南方局从制定海外统战政策、完善海外统战机构，到开展海外抗日宣传、加强侨领交往工作等，这些工作对中国共产党扩大海外影响力、最大限度争取港澳同胞和海外华侨对祖国抗战的同情、动员他们从人力、物力、财力等各方面支援祖国抗战起到了重要作用，巩固了抗日统一战线。另外，南方局在开展海外统战工作的过程中，还锻造了大批从事海外统战工作的优秀干部，大批优秀领导和骨干脱颖而出，比如周恩来、廖承志、潘汉年、宋庆龄、王炳南、乔冠华、胡绳等，这些领导和骨干，在凝聚海外统战力量中发挥着核心作用，巩固和发展了抗日民族统一战线，为中华民族早日取得抗日战争的胜利、实现民族独立发挥了不可磨灭的作用。

（二）丰富了海外统一战线的理论宝库，为新时代坚持统一战线法宝以实现民族复兴提供了宝贵经验

党的十八大以来，中国特色社会主义进入新时代。这个新时代“是全体中华儿女勠力同心、奋力实现中华民族伟大复兴中国梦的时代”，全党要“巩固全国各族人民大团结，加强海内外中华儿女大团结，团结一切可以团结的力量，齐心协力走向中华民族伟大复兴的光明前景”。① 党的统一战线的本质就是团结人心、争取力量，实现中华民族的伟大复兴，这需要发挥党的统一战线法宝的作用，不仅要团结海内中华儿女，海外所有中华儿女的力量，我们也要充分团结起来。2017年2月，习近平总书记对全国侨务工作做重要指示时强调：“把广大海外侨胞和归侨侨眷紧密团结起来，发挥他们在中华民族伟大复兴中的积极作用，是党和国家的一项重要工作。”②因此，新时代继续巩固和发展爱国统一战线，做好中国共产党领导的海外统战工作，团结海内外一切可以团结的力量，对实现“两个一百年”奋斗目标、实现祖国完全统一、实现中华民族伟大复兴的中国梦都具有重大意义。南方局的海外统战工作不仅在实践中巩固和发展了抗日民族统一战线，而且还在理论上深化了党对海外统一战线思想的认识，丰富了统一战线理论宝库，为新

---

① 习近平：《决胜全面建成小康社会　夺取新时代中国特色社会主义伟大胜利》，人民出版社2017年版，第11、70页。

② 习近平：《凝聚侨心侨力同圆共享中国梦》，《人民日报》2017年2月18日，第1版。

时代坚持统一战线法宝以实现民族复兴提供了宝贵经验。

一是认识到统一战线的历史性特点，根据环境和形势变化，及时调整统一战线工作。中国共产党在不同的历史时期，统一战线有着不同的对象、任务和内容。国民革命时期，中国共产党和国民党结成了反帝国主义和封建主义的国民革命联合战线。大革命失败后，中国共产党在独立探索革命道路的过程中形成了工农民主统一战线。到全国抗战时期，中日民族矛盾上升为主要矛盾，中国共产党倡导并建立了以国共合作为基础的抗日民族统一战线。在党中央领导下，南方局审时度势，着实加强海外统战工作，争取港澳同胞、海外华侨和国际舆论的支持。因此，根据环境和形势的变化，及时调整统战工作是南方局海外统战工作的一条宝贵经验。改革开放四十年来，党的统战工作的环境和形势发生了巨大变化，正如习近平总书记在2015年中央统战工作会议上指出的，当前我国发展的内外环境发生了深刻的变化，所有制形式更加多样、社会阶层更加多样、社会思想观念更加多样，党的统战工作面临许多新情况、新问题。比如统战工作的范围和对象更加广泛、统战对象利益诉求和思想观念更加多元，特别是新时代随着中国逐步走向世界舞台的中央，做好统战工作尤其是海外统战工作极为重要。因此，我们党必须正确判断形势变化，并根据新形势及时对统战工作做出调整，找到实现中华民族伟大复兴的最大公约数，画出实现中华民族伟大复兴的最大同心圆。

二是认识到要重视海外统战基地的开辟和海外统战工作队伍的建设。南方局在开展海外统战工作中，选择以香港为统战基地，成立八路军驻香港办事处和“保盟”两个统战机构领导海外的统战工作；同时，南方局还十分重视海外统战工作队伍的建设，通过派驻中共党员赴海外直接领导统战工作，或在海外爱国华侨团体中发展党员的形式，积极培育自己的海外统战队伍，这是南方局海外统战工作的又一宝贵经验。习近平在继承这一历史经验的基础上，结合现实需要，注重统战基地的开辟和海外统战队伍的建设。习近平十分重视网络统战基地的开辟，他指出：“互联网是当前宣传思想工作的主阵地。这个阵地我们不去占领，人家就会去占领；这部分人我们不去团结，人就会去拉拢。要把这些人中的代表性人士纳入统战工作视野，建立经常性联系渠道，加强线上互动、线下沟通，引导其政治观点，增进其政治认同。”[①]因此，进行海外统战工作，应运用互联网的优势，开辟服务于海外统战工作的网站、QQ、微信、微博、微视频等互联网统战平台，做好统战工作；习近平也重视海外统战工作队伍的建设。比如，对华侨华人，习近平强调统战工作者要秉持“为侨服务”的宗旨，当好侨胞侨眷的贴心人，成为侨务工作的实干家，最大限度凝聚华侨华人的力量。因此，新时代进行海外统战工作，要加强建设好海外统战基地和统战工作队伍，只有这样，才能保证统战工作朝党领导的正确方向进

① 习近平:《习近平谈治国理政》(第2卷),外文出版社2017年版,第325页。

行，才能最广泛凝聚和助力民族复兴的一切力量。

三是要根据海外统战对象的特点，采取灵活多样的统战方法。南方局在推进海外统战工作的过程中，会根据统战工作对象的特点，具体问题具体分析，针对港澳同胞和海外华侨中的不同群体，南方局会采取不同的统战方法。比如，针对工人、医生、记者等群体，南方局会采取加强舆论宣传的方法，争取他们从人、财、物力各方面支援祖国抗战；而针对侨领，南方局则更多采取情感关怀的方法，通过热情的接待、悉心的照料和真诚的交谈等获得他们的信任和青睐，比如对著名侨领陈嘉庚、胡文虎、司徒美堂等人的统战工作，都采用了这种方法。这种根据统战对象特点，不断创新统战工作方法的做法，是南方局统战工作的重要宝贵经验。在新时代，我们党的海外统战对象相比于抗战时期的南方局，范围更加广泛，组织更加多样，阶层更加复杂，思想更加多元。因此，党必须要不断创新海外统战工作的形式和方法，针对不同职业、不同地域、不同阶层的群体，灵活采取行之有效的方法，从而使一切统战力量得到最大汇聚。

（作者单位：重庆交通大学）

论抗战时期南方局在国统区的文化统战工作

吴小芹

摘　要：在抗日战争时期，中国形成了广泛的抗日民族统一战线，文化领域的统一战线是其中的重要内容。南方局在国统区的文化统战工作，以毛泽东的文艺思想为指导，以"第三厅""文工会"等机构团体的合法地位为依托，以《新华日报》《群众》等期刊报刊为阵地，以话剧、电影等文化活动为手段，以广大进步人士和知识分子为力量，对国统区的文化事业和巩固抗日民族统一战线做出了巨大贡献。

关键词：抗战时期；南方局；文化统战工作

1938年10月，武汉沦陷，中国抗日战争进入相持阶段。与此同时，在武汉沦陷前后，国民党的主要行政机关和办事人员迁至重庆，并在1940年9月定重庆为中华民国战时首都，重庆成为国民党统治区的中心。至此，中国中东部地区的物质设备和人员大量西迁至重庆，同时，全国各类文化机构、知识分子以及文化团体也大量转移到重庆。此时的重庆不仅是中国的经济政治中心，也是中国的文化中心。1938年9月29日至11月6日，中国共产党在延安召开了六届六中全会，决定撤销长江局，设立中共中央南方局（以下简称"南方局"），领导国统区和沦陷区的各项工作。1939年1月，南方局在重庆成立。

中共中央十分重视国统区的文化统一战线工作，将文化统一战线工作放在当时头等重要的位置，将文化统一战线工作当作是重要的抗战武器，并将它作为各军事战线相互配合的重要一环。遵照中央对国统区文化工作的指示，南方局加强了对文化工作的领导，从各方面着手加强国统区的文化统一战线工作。

一、南方局文化统战工作的内涵和意义

南方局文化统战工作是指在抗战时期，通过新闻出版、艺术、教育、文学、宣传等各

个方面的工作，运用各种方法和手段，将广大进步文化人士和爱国知识分子联合在一起，为祖国的抗战事业、解放事业进行斗争，从而形成广泛的抗日民族文化统一战线的工作。抗日民族文化统一战线是抗日民族统一战线的重要一环，在反抗日本侵略者方面发挥了不可磨灭的作用。毛泽东指出："在我们为民族解放的斗争中，有各种战线，就中也可以说有文武两个战线，这就是文化战线和军事战线。我们要战胜敌人，首先要依靠手里拿枪的军队。但是仅仅有这种军队是不够的，我们还要有文化的军队，这是团结自己、战胜敌人必不可少的一支军队。"①由此可见文化统战工作的重要性。

南方局文化统战工作具有十分重要的意义。首先，文化统战工作可以凝聚文化界人心。文化统战工作肩负着团结和争取各领域进步文化人士的重任。文化作为一种精神力量，对人的思想和行为有巨大的影响，所以开展文化统战工作可以通过各种进步文化活动和各种形式的宣传活动来引导各领域进步文化人士向中国共产党靠拢，从而将文化界的进步人士团结在一起。其次，文化统战工作可以起到宣传中国共产党的抗战文化思想和方针政策的作用。"天下兴亡，匹夫有责。"在民族危亡的时刻，通过开展文化统战工作来宣传抗战文化思想，有利于激发民众的抗日热情。同时，通过开展文化统战工作来宣传中国共产党的方针政策，有利于加深各界人士对中国共产党的了解，从而将各界进步人士团结在共产党的周围。再次，文化统战工作能够推动进步文化事业的发展。文化统战工作的推进需要借助各种文化活动和文化手段，因此各种形式的文化活动会广泛地开展，从而推动文化事业的发展。最后，文化统战工作可以形成强大的文化"软力量"。文化统战是配合军事斗争的一条重要战线，文化统战工作是反对日本侵略的"软力量"，而且这种"软力量"最终会通过各种进步文化活动转化为反对日本侵略者的硬实力，正如毛泽东所强调的，军事抗战的胜利离不开政治动员，而政治动员离不开文化动员。综上所述，开展文化统战工作意义重大，势在必行。

二、南方局文化统战工作的策略和实践

（一）以文化团体机构为依托开展文化统战工作

"第三厅"是重要的文化宣传阵地。1938 年 4 月，国民政府军事委员会政治部第三厅在武汉成立。1938 年 10 月，武汉沦陷之后，第三厅迁至重庆。名义上"第三厅"是国民政府的下属机构，实际上却由南方局领导。在重庆，第三厅通过聚集和团结教育、

① 《毛泽东选集》(第 3 卷)，人民出版社 1991 年版，第 847 页。

新闻、文艺等各领域的进步人士和知识分子，以戏剧、演讲会、出版书刊等各种形式，开展了大量文艺工作和抗战宣传工作，在文化界极富影响力。第三厅在文化方面开展的一系列活动和工作，对于巩固抗日民族统一战线以及激发群众的抗日热情，都产生了积极的影响。

但是到了抗日战争相持阶段，国民党政府的态度发生了转变，此时国民党政府的政策和工作的重心发生偏离，转为“消极抗日，积极反共”。由于“第三厅”实际上是在中国共产党的领导下开展工作的，因此遭到了国民党的压制和破坏。蒋介石虽然不满第三厅的骨干人员与共产党过从甚密，但又唯恐郭沫若、阳翰笙、冯乃超等人才流失，所以下令改组第三厅为文化工作委员会（简称“文工会”）。国民党政府规定文工会只能从事学术研究工作，不能参加社会政治活动，以此来束缚文工会的活动。但是在南方局的领导下，文工会与国民党政府及一些顽固分子开展了有理、有利、有节的斗争，巧妙地聚集了来自文学、历史、戏剧、自然科学等各个领域的大批进步文化人士，通过报告会、座谈会、出版著作和报刊发行等形式宣传抗战文化思想。文工会积极创造条件，利用其合法地位，广泛开展有利于抗战的文化工作，扩大了文化界的抗日民族统一战线。

南方局为了加强文化统战工作，专门设立了文化工作委员会（简称“文委”），由凯丰担任书记。文委下设书店组、新闻组、宣传组、文艺组、文化组、社会科学组。南方局文委根据国统区的情况，广泛开展各种文化活动。由于当时特殊的历史背景，南方局文委的存在事实上是秘密的，但是南方局文委的各个成员皆以合法的身份参与国统区的各项文化工作，如冯乃超以第三厅第六处第三科科长和后来的文工会第三组组长的身份参与文化工作。南方局文委的工作以重庆为中心，与南方其他各省的文化工作相互配合，并且南方局文委对其他各省文化机构的工作具有指导作用。南方局文委常常通过会议的形式上传下达，一方面，由成员汇报各方面工作情况和最新文化动态；另一方面，由周恩来传达中共中央关于文化工作的各项政策和指示。皖南事变以后，文委改为文化组继续在国统区开展文化工作。从 1940 年成立到 1945 年解散，南方局文委对国统区的文化统战工作产生了深远影响。

除此之外，中华全国文艺界抗敌协会、中苏文化协会等文化机构也为团结广大进步人士和知识分子以及巩固文化界抗日民族统一战线做出了巨大贡献。

（二）以《新华日报》为阵地开展文化统战工作宣传

《新华日报》是南方局在国统区开展文化统战工作宣传的重要阵地。1938 年 1 月 11 日，《新华日报》作为抗战时期共产党在国统区的公开机关报，在武汉正式创刊。同年 10 月，《新华日报》迁至重庆后，由南方局直接领导。南方局通过《新华日报》宣传马列主义、中共中央的方针政策和抗日民族统一战线，并且《新华日报》在党的各个关键时刻及时发表言论，宣传党的抗日主张。如在皖南事变发生的第二天，《新华日报》就向人民揭露了事实的真相，揭露了国民党的真面目，宣传了中国共产党的抗战主张。《新华日报》开设了各个方面的副刊专栏，通过约稿的形式与文化界人士进行联系，结交了大量的知识分子。同时，广大进步人士和知识分子也正是通过《新华日报》了解时局。尽管在发行中常常遭到国民党的百般刁难，但是《新华日报》依然坚持不懈地对中共中央的理论和政策进行宣传，一直坚持发行。正如董必武所说，《新华日报》是共产党的“喉舌”，它向全国各地人民宣传中国共产党的抗战主张，揭露日寇和国民党的丑恶面貌，披露旧社会的黑暗，宣传共产党对时局正确的分析，是广大人民群众了解真相和进步文化思想的“窗户”。

除此之外，《群众》周刊和《救亡日报》也起到了重要的宣传作用，《群众》侧重在理论上进行宣传，《救亡日报》侧重从时事报道方面入手宣传，二者在宣传抗日方面起到了不可磨灭的作用。党在大后方的各种形式的报刊专栏各司其职，发挥了新闻舆论的强大作用，为国统区的进步人士和知识分子指明了方向。

（三）以丰富多样的文化形式实施文化统战工作

以话剧为突破口反抗国民政府的文化专制。皖南事变以后，国民党政府在大后方施行更加独裁专断的文化专制政策，对于南方局在国统区的文化工作进行限制，对于国统区的进步活动进行打击。在国民政府的压制下，国统区的文化工作陷入一片死寂。为了冲破国民党的文化束缚，南方局进行了认真的思考和研究。在南方局文化组的一次会议上，周恩来指出：在各种文艺形式中，话剧比较容易结合现实斗争，能直接和群众交流，而观众又多是年轻人，影响比较大。话剧具有极强的感染力，抗日战争初期，话剧就在唤起民众的抗日热情方面发挥了重要作用。因此，南方局决定以话剧作为反抗国民党文化专制政策的突破口。在南方局的领导下，阳翰笙、陈白尘等筹办了中华剧艺社，于 1941 年 10 月 10 日正式成立。中华剧艺社建立之后，陈白尘编剧的《大地回春》打响了话剧反抗国民党文化压制的第一炮，与接下来的《天国春秋》和《棠棣之花》一起，拉开了重庆雾季话剧公演的帷幕。在雾季公演中，郭沫若创作的《屈原》，以借古讽今的手法，深刻地揭露了国民党政府的反动行为，成为当时影响最大的话剧，重庆的话剧演出由此蓬勃发展起来。雾季公演持续了五年之久，是南方局在抗战时期文化统战工作的重要内容，起到了唤起民众抗日热情、揭露国民政府的黑暗以及维护抗日民族统一战线的作用。

南方局大力鼓励进步的学术工作者进行学术研究。抗日战争时期，南方局对于社会科学的发展也十分重视，不仅鼓励研究马列主义，而且也大力支持哲学、历史等社会科学的研究，既鼓励学者们著书立说，也鼓励学者们通过座谈、讲座以及读书会的形式进行学术研究。皖南事变以后，在国民政府的高压之下，局势不再适合搞大规模的公开的活动，周恩来了解到这一情况之后，鼓励学术工作者变不利形势为有利的研究时机，大力支持进步学者们潜心研究学术。听取周恩来的意见后，很多学术工作者开始着手学术研究和著述，很多重要的学术著作正是在这一时期完成的，如翦伯赞的《中国史纲》、侯外庐的《中国古代思想学说史》等。周恩来还经常为学者们的学术研究方向提供意见和参考，也十分重视学术作风的培养。南方局为进步学者排忧解难，不仅帮助学者们解答思想上困惑，也帮助学者们渡过生活上的难关。广大的进步学术工作者，也正是在南方局的关怀下，完成了一批高质量的社会科学研究工作，这对促进国统区民众的思想进步产生了积极影响，为中华民族的解放事业增添了力量。

以各种纪念性日为契机宣传中共中央的策略方针。皖南事变以后，南方局对国统区的文化统战工作做了适当调整，为了继续在国统区开展文化活动，就需要采取和之前不一样的文化活动形式。南方局利用各种重要日期，如文化人士寿辰、伟人的忌辰和其他红白日等开展纪念活动，广泛团结进步知识分子，加强文化界的团结统一。例如1941年11月16日举办的郭沫若先生50寿辰以及写作25周年的庆祝活动，1945年10月举办鲁迅逝世九周年纪念活动等。通过诸如此类有纪念意义的活动，将各领域文化人士聚集到一起，增加与他们的联络，向他们宣传中国共产党的方针政策，使他们加深对中共的认识，以争取他们的支持。

南方局领导发起签名运动，反对国民党政府的独裁专制。1945年2月22日，为了响应共产党关于结束国民党一党专政的号召，文工会在重庆发表了由372名文化人士签名的《对时局的宣言》，被誉为文化界的“民主宣言”。同年3月11日，昆明文化界人士联合签名发表了《关于挽救当前危局的主张》，紧接着在成都由121人签名发表了《成都文化界对时局献言》。这些签名运动，将各界文化人士团结在一起，表达了对国民政府的强烈不满，在当时产生了很大的反响。

在南方局的领导下，国统区的文艺工作如美术、电影、音乐等各个领域也都取得了巨大的进步，文艺工作者们以他们的文艺作品来表达对时局的不满和自己对美好生活的向往。在南方局的领导之下，国统区的抗战文化在逆境中取得了巨大进展，成为巩固抗日民族统一战线、争取抗战胜利的有力的组成部分。

（四）以广大进步知识分子为纽带加强文化统战工作

团结知识分子是南方局文化统战工作的重要内容。1939年12月1日，毛泽东起草的《大量吸收知识分子》中指出：“在长期的和残酷的民族解放战争中，在建立新中国的伟大斗争中，共产党必须善于吸收知识分子，才能组织伟大的抗战力量，组织千百万农民群众，发展革命的文化运动和发展革命的统一战线。没有知识分子的参加，革命的胜利是不可能的。”[①]南方局对中共中央关于知识分子的政策高度重视，围绕团结知识分子

---

① 《毛泽东选集》(第2卷)，人民出版社1991年版，第618页。

开展了大量工作，给予进步知识分子方方面面的照顾。

南方局努力团结党内外知识分子，重视与知识分子交朋友。为了将广大进步知识分子牢牢团结在中国共产党的周围，南方局一直将与广大进步知识分子交朋友作为一项极端重要的工作，并且通过不同的途径和形式来结交文化界人士。如通过信件来往、约稿等方式加强与文化人士的联系，通过重要节日宴请文化人士、红白日举行纪念活动等方式将进步知识分子聚集在一起，通过文化机构团体如“第三厅”和“文工会”团结文化人士，除此之外周恩来还经常亲自拜访文化人士。通过与文化人士交朋友，加深文化人士对中国共产党的了解，努力引导广大知识分子进步，越来越多的文化人士团结在中国共产党周围，从而巩固和扩大了抗日战争中的文化统一战线。

南方局十分重视国统区知识分子的生活状况。在抗日战争的复杂情况之下，国统区的广大知识分子陷入了生活上的困境，对于生活上有困难的知识分子，南方局及时给予帮助和照顾。例如董必武得知侯外庐编写《中国近代思想学说史》没有资金购买资料后，立即派人送钱资助他创作。除此之外，南方局还号召提高知识分子的待遇。抗日战争时期，受到南方局援助的知识分子数不胜数。正是南方局对进步知识分子无微不至的关怀，使得广大知识分子创作了大量的文化作品，并且衷心地支持和拥护中国共产党。

南方局十分重视进步文化人士的安危。皖南事变以后，进步文化活动遭到了国民党的禁止和破坏，许多进步知识分子也遭到了国民党的迫害。南方局及时调整文化工作方式，对进步知识分子进行转移，将一些政治色彩较浓的知识分子安排到延安、香港、昆明等地，以此来保护他们的人身安全。周恩来制订了严密的撤离计划，1941 年上半年，从渝撤离的知识分子有 400 余人，都安全到达目的地。1941 年 12 月，日本侵略者占领香港，南方局对滞留在香港的文化人士展开了秘密的营救，到 1942 年 2 月底，南方局成功帮助 800 余人撤离香港。这两次撤离活动体现了南方局对广大进步知识分子的关心和重视，大大加强了进步文化人士与中国共产党的联系，极大地巩固了抗战文化统一战线。

南方局关于知识分子的统战工作取得了巨大的成功，广大进步文化人士为中国共产党领导的中国解放事业奔走呼号，牢牢地团结在中国共产党的周围，并自觉地接受中国共产党的领导，使抗日民族文化统一战线得到了巩固和扩大。

三、南方局文化统战工作的成效

在南方局的领导下，国统区的文化统战工作取得了巨大的成功。南方局的文化统战工作增强了中国共产党在国统区的号召力，促进了国统区抗战文化思想的发展，涌现了一大批为抗战事业奋斗的进步人士和知识分子，对于激发国统区民众的抗日热情起到了巨大的作用，增强了国统区人民抗战到底的信心，成为中国抗战史上和文化史上的宝贵财富。

南方局的文化统战工作，巩固了抗日民族统一战线，壮大了抗日文化队伍。团结和争取广大进步文化人士和先进知识分子是南方局文化统战工作中极端重要的方面，南方局十分重视与广大知识分子交朋友，十分关心知识分子的生活状况和安全状况，对于身处困境的文化人士及时给予帮助，并且在恰当的场合和时机向国统区的文化人士宣传中国共产党的抗战思想和各项方针政策。在抗日民族统一战线的旗帜之下，南方局在国统区卓越的文化统战工作，赢得了广大进步文化人士和先进知识分子的信赖和支持，使抗日民族文化统一战线得到了巩固和扩大。

南方局的文化统战工作，促进了国统区进步文化事业的发展。在新闻宣传工作方面，各种报刊、期刊和新闻机构空前繁荣；在文艺方面，话剧、电影、美术、音乐等取得了巨大进步，尤其以话剧最为突出，在抗战时期被称为话剧发展的黄金时代；在文学方面，各种小说、诗集、报告文学、散文、杂文等数不胜数；在学术和科研方面，社会科学如哲学、历史学、政治学等各个领域取得了大量的学术成果。南方局在国统区的文化统战工作通过各种文化形式开展，因此也促进了国统区的各种文化形式的发展。

南方局的文化统战工作，激发了国统区民众的抗日热情。抗日战争期间，在南方局的领导之下，国统区的文化人士和文艺工作者积极地投入到了抗日宣传当中去，他们创作了大量贴近人民生活的、通俗易懂的文化作品来宣传抗日。皖南事变以后，文化人士和文艺工作者又通过一系列借古讽今的文艺作品来宣传抗日。广大的进步文化人士积极投入抗战文化工作，有力地宣传了抗日思想，鼓舞了人民的抗日斗志，激发了国统区民众的抗日热情。

南方局的文化统战工作，为新中国的建设储备了人才。南方局的文化统战工作，凝聚了来自新闻、历史、教育、文艺等各个领域的进步文化人士。在抗日战争期间这些文人墨客和进步人士为争取抗日战争的胜利奔走呼号，因此，抗日战争期间，在南方局的领导下，培养和锻炼了一大批人才，这不仅有利于推动抗日战争走向胜利，而且也为抗战胜利后新中国的建设储备了人才，正如毛泽东所说，“在八年抗日战争中，广大革命知识分子对于中国人民解放事业所起的作用，是很大的。在今后的斗争中，他们将起更大的作用”①。

在抗日战争时期，南方局积极组织和领导文化统战工作，广泛团结知识分子和进步人士，通过各种途径和方式宣传中共中央抗战思想，巩固和扩大了抗日民族文化统一战线，激

① 《毛泽东选集》(第3卷)，人民出版社1991年版，第1082页。

发了民众的抗日热情，推动了国统区的文化事业的发展。 南方局在国统区的文化统战工作是十分成功的，并且也是意义深远的，在南方局成立 80 年后的今天，仍然具有借鉴意义。

（作者单位：西南政法大学）

略论南方局时期党的建设

刘毓麟

摘　要： 南方局时期，党组织在艰苦卓绝的斗争中，在党的政治建设、思想建设、组织建设、作风建设、纪律建设和制度建设等方面做出了一些有益的尝试，这为新中国成立后党的建设提供了宝贵经验。

关键词： 南方局；周恩来；党的建设

1939 年 1 月 16 日，根据党的六届六中全会决定，中共中央南方局（以下简称“南方局”）在重庆正式成立，周恩来任书记，博古、凯丰、吴克坚、叶剑英、董必武任常委。南方局是抗日战争时期中国共产党为适应抗战相持阶段的新形势而建立的，是抗战时期中共中央派驻在重庆，直接领导四川、云南、贵州、湖北、湖南、广东、广西、江苏、江西、福建以及香港、澳门地区的党组织，其根本任务就是维护国共合作抗战大局，巩固发展抗日民族统一战线，推动抗战时期的民主团结，争取抗战胜利。本文试从当时南方局党组织在政治、思想、组织、作风、纪律和制度等方面的建设管窥这段在恶劣艰险环境中艰苦斗争的岁月。

一、旗帜鲜明讲政治，把党的政治建设摆在首位

党的政治建设是党的根本性建设，决定党的建设方向和效果。南方局党组织旗帜鲜明讲政治，始终把党的政治建设摆在首位，坚持党的统一领导，坚定执行党的政治路线方针，严格遵守政治纪律和政治规矩。南方局党组织旗帜鲜明讲政治主要体现在以下三个方面：

第一，坚持党的统一领导。坚持党的统一领导，是南方局得以建立、发展并取得重要成就的根本原因。根据党的六届六中全会精神，中共中央批准建立以周恩来为书记的南方局。南方局在成立三天后就致电中共中央书记处，报告了南方局组织分工情况。

南方局是抗日战争时期和解放战争初期，中共中央派驻重庆、领导国统区和部分沦陷区党的工作机构，是共产党在国统区的红色堡垒。抗战时期的南方局工作职能主要有三项，即中共代表、重庆党报委员会、南方局。中共中央政治局曾经明确中共中央代表团由周恩来负责，主要代表中共中央直接同国民党当局进行谈判、交涉，遇事协商，维系国共合作，重庆党报委员会主要是作为中共中央在国统区的喉舌和代言人，宣传党的方针政策，以周恩来为书记的南方局代表中共中央领导国统区和沦陷区党的工作。中共中央和毛泽东曾经对南方局工作赋予重要的战略意义，并明确规定了南方局的工作方针和任务。1939 年和 1940 年夏，中共中央政治局两次专门听取南方局的工作汇报，并给予明确指示。毛泽东曾指出，南方局的方针是：一、巩固党；二、深入群众；三、向中层阶级发展统一战线。这是今后南方局的严重任务，要这样去适应新的环境与党的总任务。他还指示："国民党统治区的党组织，统归周恩来管理，以统一党的领导。"[①]南方局坚持党中央的统一领导，始终把南方局的工作置于党中央统一领导下，这也是南方局工作得以顺利开展的重要因素。

第二，坚决执行党的路线方针。南方局及其领导下的南方各省党组织，根据国统区的特殊情况，结合各方面的实际，坚决、全面地贯彻了中央的路线方针政策。南方局建立后，领导国统区各级党组织按照中共中央的路线方针政策，大力发展党的组织。同时，根据中央要求，加强对新四军的领导。国民党反共加剧以后，南方局坚决贯彻执行中央《关于巩固党的决定》，认真做好应变准备，减少了党的各级组织在国民党反共高潮到来时的损失。皖南事变前后，南方局根据中央指示，贯彻"荫蔽精干，长期埋伏，积蓄力量，以待时机"的十六字方针，转变组织形式和工作方式，撤退干部，保存了党的组织和革命骨干。20 世纪 40 年代初，面对极其复杂的局面和残酷的斗争环境，南方局认真贯彻执行党中央关于整顿"三风"的部署，积极慎重地进行了整风审干，加强了党的建设。抗日战争胜利前后，在党中央领导下，南方局及时改变组织形式和斗争形式，开始恢复和健全、发展党的组织，迎接革命斗争的新高潮。此外，南方局还担负着保证党的路线方针政策在国统区、沦陷区得以贯彻落实，发展、巩固党的组织，领导和发动群众，开展统一战线工作等繁重任务。南方局及其领导人在环境极其恶劣的情况下，加强了对所属党组织的全面领导，使中共中央的路线方针政策得到全面有效的贯彻执行，出色完成了党中央委托南方局的各项重大任务，圆满地完成了南方局的历史使命。

第三，严守党的纪律规矩。严格的纪律规矩是无产阶级优良品质的集中体现，是发挥党组织作用、实现组织统一、凝聚党心的重要载体。南方局领导人周恩来十分重视党的纪律规矩的养成，在他的领导下，先后制订了《关于组织问题的决定》《秘密工作条例》等一

---

① 中共重庆市委党史研究室：《中共中央南方局大事记》，重庆出版社 2004 年版，第 101 页。

系列文件和规章制度，并在实践中不断加以完善，对可能出现的情况都做了严格的规定。凡是违反这些规定者必须受到处罚，直到开除党籍或解散组织。南方局还多次举办党员、干部、农村工作人员等多种学习班，加强对党员干部在理论、时事、阶级、理想信念、革命气节、纪律和保密等方面的教育。在严守党的纪律规矩方面，周恩来以身作则，始终把遵守党的纪律规矩作为重要的一点来要求自己，他在《怎样做一个好的领导者》报告中讲到领导干部的立场时强调指出“要有高度的纪律性”。邓颖超也强调，党的纪律本身带有强制性，但不机械执行，而必须基于全党党员的自觉性；党的纪律，对于全体党员绝无例外，是所有党员都要遵守的。南方局要求党员干部不论情况如何变化，都要严守党的纪律。党员被捕后，不得轻易承认自己是共产党员，在万不得已需要承认自己是共产党员时，也绝不能轻易暴露任何党的秘密和组织情况。南方局广大共产党人高度严格的守纪精神，为党组织的巩固和各项工作任务的完成，提供了可靠保证。

二、加强党的思想建设，灵活运用党的理论

南方局时期，在极端困难与非常恶劣的环境下，南方局党组织依靠党的领导，依靠能够正确地分析和估计整个的斗争形势，来适应各个斗争的主客观条件，决定行动方针。南方局党组织加强党的思想建设，灵活运用党的理论主要表现于以下三方面：

第一，加强思想教育，牢固理想信念。思想理论上的坚定和成熟，是政治上坚定和成熟的前提。南方局面临的残酷的政治、工作和生活环境决定了要使党的组织和广大党员统一思想，坚定为党的事业奋斗，经得起严峻的斗争考验，唯一的办法就是加强对各级党的组织和党员的思想教育。南方局十分重视对党员的思想理论教育，其中主要是马克思列宁主义教育、形势时事教育和前途教育。南方局经常把各省省委、特委的领导人召集到重庆八路军办事处的招待所，进行集训学习，组织他们学习马克思、恩格斯、列宁和毛泽东的著作，学习中国共产党的历史，研究党的历史经验。南方局领导下的各省也举办了这样的培训班，组织党员和干部学习。南方局领导人周恩来教育干部“要有确定的马列主义的世界观和革命的人生观”，并着力用马克思理论武装广大党员干部的头脑。南方局党组织还通过《群众》周刊向广大党员发出“学习、学习、再学习”的号召，指出只有学好、用好革命理论，才能在狂风巨浪中站稳自己的脚跟，理解四周的环境，明确行动的方向和前途。广西省工委举办干部培训班，广东党组织举办训练班，琼崖特委在战争条件下其党校还对干部进行教育培训等。南方局党组织正是通过这样不断加强思想教育，才使广大党员干部在严酷的政治环境中保持了旺盛的斗志，牢固了革命必胜的信念。

第二，强化气节教育，坚定党性原则。南方局及其所属组织和广大党员战斗在国民党统治区和沦陷区，一方面身处复杂险恶的政治环境，尤其是面临国民党顽固派一轮一轮的反共高潮，随时有被捕、坐牢甚至杀头的危险；另一方面国民党当局常常以高官厚禄和腐朽生活方式来引诱腐蚀共产党人，意志不坚定者随时可能迷失。因此，强化共产党人的革命气节教育，坚定党性原则就显得尤为重要。在革命形势十分严峻的环境中，南方局广大党员干部没有气馁，没有悲观失望，而是不屈不挠、英勇奋斗。这充分体现了南方局广大党员干部不屈的革命气节和坚定的党性原则。南方局领导人周恩来非常注重对南方局的同志进行革命气节教育。他一方面引导大家深刻认识革命斗争的复杂性和尖锐性，帮助同志们从思想上做好应对突发事件的准备，做到临危不惧、毫不动摇；另一方面，他总是不失时机地宣讲共产党人英勇悲壮、坚贞不屈的伟大事迹，教育大家要保持革命气节，坚定党性原则，坚定为共产主义事业奋斗的决心和英勇献身的自我牺牲精神。在南方局党组织和周恩来等同志的教育和激励下，南方局领导下的各级党组织和广大党员无论形势如何险恶，斗争如何尖锐，都敢于坚持斗争，经受住了严峻的斗争考验，充分体现了“视死如归的无畏精神”。正是靠了这些，他们才战胜了困难，度过了南方局八年多的艰苦岁月。

第三，开展整风学习，强固战斗堡垒。南方局根据中共中央的指示而领导开展的整风学习运动，是在国民党顽固派反共气焰嚣张、国统区中共党组织连遭破坏、南方局和所辖各省党组织处于最困难的时期进行的。通过开展整风学习，加强了党的思想建设，强固了党的战斗堡垒。为了加强对整风学习的领导，南方局成立了由周恩来、董必武等20余人组成的学习委员会，得到了中共中央的批准。学习委员会将南方局机关、八路军驻重庆办事处、《新华日报》和《群众》杂志社的干部，根据政治理论水平和文化程度的高低，分别划为高级、中级、普通三个组，并按照学风、党风、文风的顺序，分为三个阶段组织大家学习。地方党组织和南方局联系的“据点”负责人，也分批调回南方局进行整风学习。学习委员会首先引导大家由浅入深地认真学好中央规定的文件，还结合各阶段学习的要求，选定一些专题，如关于革命气节、秘密工作、组织纪律、干部政策、干部审查、统一战线和“三勤”“三化”政策等，有针对性地组织领导干部和有专门知识的同志给大家做报告，使学习更加深入。整风学习开始以后，周恩来和董必武在每一个阶段都要做动员部署和总结报告，要求大家认真学好整风文件，积极开展批评与自我批评，努力提高思想认识，并用边学习、边讨论、边对照检查的办法，推动学习步步深入。针对各个阶段中的思想认识问题，南方局还组织撰写一些文章加以引导。南方局及其下辖各省组织通过整风学习，全体党员克服了主观主义、宗派主义和党八股，进一步发扬了实事求是的精神和理论联系实际的学风，增强了党性，加强了党的团结统一，提高了党组织的战斗力，巩固了党组织的战斗堡垒。

三、重视党的组织建设，贯彻执行党的组织路线

以周恩来为书记的南方局领导者们在千难万险、千头万绪的革命事业中，始终把党的组织建设放在重要位置。南方局通过坚持审慎发展党员、开展审干工作、培养得力干部等组织建设，发展、纯洁和巩固了党的组织。中共中央南方局时期党重视党的组织建设主要表现于以下三方面：

第一，审慎发展党员，稳步发展党组织。南方局时期，尽管国民党顽固派实行反共的政策和法西斯的专制统治，穷凶极恶地摧残党的组织，丧心病狂地迫害共产党员和进步分子，但是，在南方局的领导下，党的组织仍然在不断扩大，党员的质量有了提高。南方局成立后，周恩来根据中共中央关于巩固党的组织的决定，着手整顿党的组织，提出了“质重于量、巩固重于发展”的重要发展方针，把党员的质量放在第一位，不片面地追求党员的数量。按照这一方针，南方局党组织审慎发展党员，稳步发展党组织，注意对党员条件的掌握，注意从实际斗争中去发现优秀分子，在实际斗争中考验党员，坚决反对“拉夫式”的发展党员。党组织是否有战斗力，一定的数量是必要的，但是，起决定作用的是党员的质量。党员的质量，既包括党员对马克思主义信仰和共产主义理想的认知程度，对党组织的忠诚程度，对党的事业的奉献精神又包括对党的纪律遵守的自觉性，对群众利益的关心和为其奋斗的自觉程度等。周恩来提出的“质重于量、巩固重于发展”的组织发展方针，是在对党的历史经验的深刻总结的基础上，结合国民党统治区的严酷政治环境实际而提出来的，是对过去党建经验的发展。“质重于量、巩固重于发展”的组织发展方针，对今天执政党的建设，仍然有着重要的指导意义和借鉴作用。

第二，开展审干工作，纯洁净化党组织。了解每一个党员和干部的历史、政治面貌和政治态度、现实表现，是党组织任用干部的重要依据。在国民党统治区，为保证党的各级领导权掌握在忠于党、忠于革命事业的人的手里，保证党组织的安全和纯洁，审查好每个党员干部的全部情况尤为重要。根据中共中央《关于继续开展整风运动的决定》中“纠正错误思想与肃清内奸分子，是在整风运动中互相联系着的”要求，在周恩来领导下，南方局成立了审干委员会，由董必武负责，结合整风运动，进行了十分慎重而又严肃的干部审查工作。对干部的审查，是由南方局组织部统一布置，各单位负责人和支部共同进行，不搞运动，不搞神秘化，审查结论同本人见面，并可提出意见。各单位负责人的审查，由南方局领导人分工负责。审查结论经领导批准后一律用电报报告中央组织部备案。南方局审查干部坚持实事求是的方针，重调查研究，重事实，不轻信偏信，坚持

稳妥的方法，既保持高度的警觉性，又注意不伤害自己的同志。此外，在南方局的干部审查中，还包括对失去党的关系的党员和干部的审查。经过开展审干工作，当国民党发动反共高潮时，绝大多数党员都立场坚定，敢于斗争，贪生怕死的人很少。南方局的审干工作纯洁净化了党的组织，加强了党的团结，提高了党的战斗力。

第三，培养得力干部，强化巩固党组织。“政治路线确定之后，干部就是决定的因素”。在党的建设中，干部培养是一个关乎全局的大问题。以周恩来为书记的南方局在干部培养方面积累了许多成功的经验。其中重要的一条就是党内党外干部一起培养。在南方局的斗争历史中，可以看到周恩来是十分重视干部的培养的。在党内干部方面，周恩来有意让年轻干部挑大梁，让他们在斗争中经受锻炼，增长才干。他还十分重视女干部的培养，南方局妇女组联系了一大批进步女青年。更为可贵的是，周恩来还十分重视党外干部的培养，他和南方局其他领导人培养和联系了大批党外干部，这对于与国民党反动派进行斗争，使国民党在政治上陷于孤立起了重要作用。抗日战争时期，南方局及其领导的各省党组织，还十分重视从实际斗争中去识别、培养和锻炼党员干部。党内党外干部一起培养，通过实际革命斗争去锻炼党员和干部，在实际斗争中去发现人才的识人、练人办法，这是南方局在组织发展和干部选拔中积累的重要经验，也是党的建设中的一项重要经验，加强了党的建设，巩固了党的组织，为以后党的组织建设提供了有益的、可供借鉴的经验。南方局在长期斗争中培养、锻炼成长的一批革命干部，在其后抗日战争和解放战争中以至社会主义革命和建设中都发挥了重要的作用。

四、深化党的作风建设，加强与人民群众的联系

南方局时期，在非常恶劣的政治环境下，南方局广大党员干部深入发动群众，坚持开展群众工作，发扬了干部以身作则、密切联系群众的优良传统，培育了党员干部艰苦奋斗、廉洁自律、反对腐败的良好风气。南方局党组织深化党的作风建设主要体现在以下三方面：

第一，深入发动群众，坚持开展群众工作。正如毛泽东所言，“战争的伟力之最深厚的根源，存在于民众之中”[①]。群众中蕴藏着战胜敌人的无穷智慧和力量。南方局的坚持和发展，是与蓬勃发展的群众工作分不开的，是南方局按照实际情况制订了发动和依靠群众策略的结果。南方局的群众工作是以国民党统治区广大工人、农民、青年、妇女

① 《毛泽东选集》(第2卷)，人民出版社1991年版，第511页。

为主要对象，是南方局及所属各级组织的一项经常的、基本的工作。抗日战争期间，中共中央提出和坚持依靠人民群众的全面抗战的路线，根据这条路线，南方局及其各级领导干部牢固树立马克思主义群众观，坚持深入发动群众，开展群众工作，充分调动和发挥人民群众在抗日战争及反内战斗争中的重要作用。南方局坚持开展群众工作，根据不同的时期适时地制定了一系列符合实际、切实可行的群众工作方针政策，将党的群众工作植根于广大民众之中，抓好对国统区广大群众的宣传教育工作，始终坚持把群众利益放在第一位。南方局的群众工作，巩固和扩大了抗日民族统一战线的群众基础，为争取全国抗战的最后胜利动员、组织和准备了国统区最广泛的民众基础和最深厚的反攻力量，推动形成了第二条战线，推动了党的自身力量的发展壮大，为民族解放和全国解放战争培养和锻炼了后备力量。

第二，干部以身作则，发扬党的优良传统。南方局时期处境艰难，在这种特殊的政治环境下，要使大家团结在一起，除了做好政治思想工作外，关键是干部要以身作则，发扬党的优良传统。南方局领导人倡导并身体力行党的艰苦朴素、团结群众、自力更生等优良传统，影响到南方局广大党员干部。特别是作为南方局主要领导人的周恩来，以身作则，言传身教，给南方局作风建设树立了榜样。周恩来在党内倡导民主作风，注意听取群众意见，让人讲话，讲真话，真正执行知无不言、言无不尽的方针，集中了集体的智慧。在整风运动中，周恩来、董必武等南方局领导人率先垂范，表现在他们严于律己，在党员中联系自己实际，开展批评与自我批评，同时严格要求自己，以实际行动为党员做出榜样。那时，上上下下都同甘共苦，同志间的相亲相爱、互相帮助，战斗友谊，共同信念，紧紧地把大家连接在一起。南方局各级领导干部这种以身作则，无私奉献的精神激励着大家去为革命奋斗。榜样的力量是无穷的，正是南方局党组织的各级党员干部以身作则，才使南方局各级党组织在艰苦的环境下紧密团结，最终推动了革命的不断向前发展。

第三，紧紧依靠群众，培育党的优良作风。南方局领导人坚持走群众路线，紧紧依靠人民群众，培育了党员干部艰苦奋斗、廉洁自律、反对腐败的良好风气。周恩来等南方局领导人与干部平等相处，关心干部战士的冷暖，以普通一兵的面貌出现在群众中。周恩来经常教育党员干部要发扬艰苦奋斗、廉洁自律的作风，反对“蜕化或腐化思想”。他职务比大家高，工作比大家忙，责任比大家重，但生活却和大家一样，伙食标准照样是每天三钱油、五钱盐，穿的外衣总是旧的，并且是褪了色的，衣服总是打着补丁，他不允许对自己有一丝一毫的照顾。在南方局机关内部，大家甘于清贫、乐于过苦日子，上上下下都一样地过着俭朴的生活，不存在特殊化问题，更没有追求享受、贪污腐化的问题。在南方局工作的日日夜夜里，周恩来一直艰苦奋斗、廉洁自律、兢兢业业，为大家树立了一面光辉的旗帜。

五、落实纪律制度建设，实行因地制宜的活制度

南方局时期，在极端困难与非常恶劣的环境下，南方局各级党组织依靠斗争策略的灵活运用，以适应和应对各个时期敌人的进攻。这些因地制宜的“活”的制度主要体现在以下两方面：

第一，尊重实际情况，制订灵活策略。政策和策略是党的生命，这是一个真理。南方局时期，执行党的路线的一个宝贵经验，就是从实际出发，制订适合变化了形势的灵活策略。南方局灵活地运用斗争策略，有时直进，有时迂回，有时集中，有时分散，公开与秘密，合法与非法，既区别又结合，使党领导下的斗争为着动员组织广大民众投身于伟大的抗日战争之中，为着开辟国统区的第二战场，积极配合人民解放军的第一战场，夺取中国革命的胜利。南方局在制订灵活策略上还体现在加强严格纪律建设。南方局先后做出了关于秘密工作的决定，关于组织工作的决定。南方局的机要部门、电台都有许多严格的规定。比如根据形势变化和中央要求，周恩来提出实行“三勤三化”（勤学、勤业、勤交友，职业化、社会化、合法化）。实行这一策略时期，党组织和党员之间不许发生横向的联系；南方局集中各省委、特委的干部学习时不得打听彼此情况；电台收报、译电、传送各环节严格分开，互不了解和打听；地下交通站的工作人员不许与朋友家庭通信，等等。“三勤三化”策略是南方局根据国统区的斗争实际而提出来的一个具有创造性的策略，对于严格遵守党的纪律具有重要意义。此外，南方局还创造性地贯彻“发展进步势力、争取中间势力，孤立顽固势力”的方针，努力扩大抗日民族统一战线的基础，还针对中共中央南方局是少数民族聚居地的实际情况，积极重视民族工作，充分落实党的民族政策，极大地鼓舞了各族人民参加革命、推动革命发展的热情。

第二，遵守规章制度，重视制度建设。从南方局的历史中可以看到，南方局及其领导下的国民党统治区各级党组织，都是遵守规章制度、重视党内制度建设的。南方局遵守和重视制度建设，体现在党内管理水平的提高上。制度是在总结历史经验教训的基础上，逐步规范而制订的，体现了党内管理经验的积累。以个人的管理经验来进行工作，效果总是有限的。南方局管辖地区地域辽阔，党组织星罗棋布；南方局既是党的领导机关，又兼中共代表团的工作，还负责八路军办事处的工作，三事合一，工作繁多。南方局工作人员不多，领导人既要指挥千军万马，又要亲力亲为，没有很高的管理水平，没有规范的制度，总是要出纰漏的。而在国统区，特务如麻，如果某一环节出了纰漏，就会造成重大损失，甚至给党组织造成毁灭性的后果。因此，制度建设远比个人经验重要。

南方局在国统区立足时间长达八年多，红旗始终不倒，越战越强，也反映了以周恩来为书记的南方局治党能力的高超，特别是党内出色的管理水平。此外，南方局还加强隐蔽战线的制度建设，要求从事机要通讯和地下交通工作的必须是政治上可靠、工作上谨慎、党性坚强的党员。南方局遵守规章制度、重视制度建设，不仅保证了国统区各级党组织顺利地完成各项任务，而且使其得到了巩固和很大的发展。

综上所述，南方局时期，党组织在艰苦卓绝的斗争中，在党的政治建设、思想建设、组织建设、作风建设、纪律建设和制度建设等方面做出了一些有益的尝试，这为新中国成立后党的建设提供了宝贵经验。

（作者单位：中共贵州省委党史研究室）

论南方局党的建设的历史贡献与经验

王启才

摘　要： 南方局在党的正确战略指导下，在周恩来等积累了较为丰富的建党经验的老一辈革命家领导下，从国民党统治区的特殊情况出发，坚持把思想建设放在首位，统一了南方局及其各级党组织和党员的思想认识，巩固和发展组织；坚持在组织建设中把党员质量放在第一位，不片面地追求党员数量，增强了党组织的战斗力和共产党员的先进性；坚持从实际斗争中识别、培养和锻炼党员干部；坚持加强党内制度建设，以制度建设配合思想组织建设，巩固了党的组织，在党的建设方面创造和积累了许多成果和经验，丰富了中国共产党和毛泽东思想的建党学说，有力地促进了各级党组织的建设和发展。

关键词： 南方局；党的建设；历史贡献；历史经验

从1939年1月到1947年3月，中共中央南方局（以下简称“南方局”）及其所属组织，不辱使命，不负重托，坚决执行党的路线方针政策，重视全面加强党的政治建设、思想理论建设、组织建设、作风建设，切实加强党的领导，深入开展党的工作，培育和弘扬红岩精神，出色完成了各项任务，建立了历史功绩，留下了宝贵的经验。

一、加强对中共地方组织的领导

（一）根据国民党统治区的特殊环境采取适当的领导方式

抗战时期，国民党实行片面抗战路线，致使大片国土沦丧。到1939年初，国民党实际控制地区除了西北地区几个省区外，南方地区主要有四川、云南、贵州、广西全省，以及湖南、广东、江西、浙江、福建、湖北各省的大部，南方党组织也遍布这些地区，处于地下状态的10万党员战斗这些地方的在每一个角落。这些党的组织和党员秘密地分布在农村、工厂、学校、国民党党政军警机关。在国民党实行法西斯统治、对共产党的组织和党员制造白色恐怖的情况下，实现对南方广大地区党的组织的领导，是党中央交给南方局的重任，也成为南方局党的建设中的重大课题。

南方局对各省党组织的领导方式，是根据国民党统治区的特殊环境来决定的。在国共合作抗日的情况下，共产党的公开合法机关，如八路军驻重庆、桂林、韶关、衡阳、长沙等办事处或通讯处和以周恩来为主要领导的中共代表团是可以合法公开活动的，共产党的地方组织也是半合法的。国民党五届五中全会以后，蒋介石制定了《限制异党活动办法》，实行“溶共、防共、限共、反共”的政策，在这个政策指导下，国民党顽固派先后制造了平江惨案、皖南事变、鄂西事变和南委事件，制造白色恐怖，疯狂破坏共产党的组织，加紧迫害共产党人，南方局和各地的党组织都转入了秘密状态，党的活动十分困难。并且，南方地区交通不发达，党的电台时刻被敌人监视，党组织的上下联系十分困难。在这种情况下，南方局对各地党组织的领导，转而采用了秘密进行的办法。

（二）南方局对各地党组织实施领导的具体途径

一是南方局领导人秘密地到各省传达党中央和南方局的指示和会议精神，指导工作。1939 年 4 月，周恩来到新四军视察工作，解决新四军领导班子和活动范围及作战方针问题，沿途还到浙江、江西、湖南、广西指导工作。在湖南时，就党组织发展问题，周恩来提出了“质重于量、巩固重于发展”的重要方针，这对于保证党员队伍的质量，纯洁党的队伍，巩固党的组织，具有十分重要的指导意义。党的六届六中全会召开以后，南方局领导人利用各省召开党的会议的机会，一方面传达党中央指示精神，一方面指导各省党的工作。如六中全会还未结束之前，叶剑英到了长沙，向湖南的党组织负责人传达了六中全会主要内容。1939 年 2 月，湖南省委在邵阳召开省委扩大会议，南方局组织部部长博古也到会传达了党的六届六中全会精神，他还到了韶关出席广东省委第四次执委扩大会议，传达六中全会精神。周恩来在新四军也传达了六届六中全会精神。

二是分别召集各省党组织的领导人，到南方局学习、汇报工作，南方局领导人向他们传达党中央和南方局的指示，布置工作。如湖南省委书记高文华 1942 年到重庆向南方局汇报工作，南方局领导人向他传达了党中央关于湖南工作的指示，即撤销省委、特委；高文华撤到重庆再去延安；组建省工委，由周里任省工委书记；干部实行“三勤”“三化”。马子卿作为南方局巡视员到云南传达南方局指示，了解云南党组织情况；南方局还召集刘晓布置上海地下党的工作，召集袁国平到重庆汇报新四军领导班子中项英与叶挺的关系协调问题。另外还有一些特委的领导人也被南方局召集到重庆学习，南方局听取他们的汇报并向他们指示工作。如广东南路特委书记周楠在与广东省党组织失去联系后，直接到重庆汇报工作，南方局向他们传达了中央指示精神，介绍他们与广东省临委取得联系，接受临委的领导。川东特委、川康特委、重庆市委负责人到南方局汇报工作的时候则更多一些。

三是通过电台和地下交通，指导各地党组织的工作，领导各级党组织。南方局先后在各地和海外设立秘密电台 69 座，许多指示就是通过电报传达到各地党组织的。由于保密工作制度健全，工作人员可靠，电台很少有被破坏的情况。还有地下交通在传达上级指示，汇报各地情况方面，发挥了重大作用。特别是在贯彻“荫蔽精干，长期埋伏，积蓄力量，以待时机”方针的过程中，由于省委、特委的撤销，干部的大量转移撤退，实行“三勤”“三化”策略，南方局的许多指示和决策都是通过地下交通来进行传达的。即使在最困难、最黑暗的时期，南方局依靠电台和地下交通，也与各地绝大多数的党组织保持着联系。如南委事件发生后，潮梅特委派交通员张克到南方局汇报事件情况，南方局又派他回粤东传达南方局处置事件的部署指示。

四是通过组织调整，配派干部，加强对各地党组织的领导。为防南方局遭受破坏而使南方各省党组织失去指挥中心，经中央同意，南方局增设了西南工作委员会和南方工作委员会，分别领导西南和两广的工作。另外，南方局派郑伯克去云南任省工委书记，加强了对云南党组织的领导；还派干部去海南，加强远离大陆的海南党的力量，使琼崖纵队在孤立无援的极端困难的条件下坚持武装斗争，琼崖的红旗在抗日战争和解放战争中始终未倒。在南方局工作的后期，南方局选派了一大批干部去上海，加强上海党的力量，为上海的解放储备了干部。

另外，南方局还通过个别联系的方式，使一批战斗在敌人心脏的隐蔽战线的党组织和党员，始终处于南方局的领导之下。即使是派到海外学习的留学生中间，也有党的组织在起作用。①

（三）实现对中共组织的坚强领导，圆满完成历史使命

南方局成立后，肩负着光荣而艰巨的历史使命。周恩来、董必武、王若飞、叶剑英、邓颖超等领导人，既是南方局的领导者，部分还是中共代表团的成员、国民参政会参政员，他们受中共中央的委托，代表中国共产党与蒋介石国民党打交道，包括谈判和斗争。他们一方面要坚持维护以国共合作为基础的抗日民族统一战线，维护抗战大局，维护民族的最高利益；另一方面他们要坚持中国共产党的独立性，维护阶级的和人民的利益，以使抗日战争的胜利变为人民的胜利。这种任务其复杂、艰巨、紧张的程度，是常人难以想象和胜任的。南方局及其领导人在环境极其恶劣，常常有坐牢、杀头的危险，领导地域广，工作对象情况千差万别的情况下，通过上述种种方式和途径，保存、发展、巩固了国民党统治区的党组织，加强了对所属党组织的政治、组织、思想的领导，使中共中央的路线、方针、政策得到全面有效的贯彻执行，出色完成了党中央委托南方局的各项重大任务，圆满地完成了南方局的历史使命。

---

① 中共湖南省委党史研究室：《中共中央南方局的党建工作》，中共党史出版社 2009 年版，第 308—309 页。

二、在实际斗争中壮大组织，做好夺取革命胜利的准备

（一）质重于量，党的组织稳步发展

在南方局领导时期，尽管国民党顽固派实行反共的政策和法西斯的专制统治，穷凶极恶地摧残党的组织，丧心病狂地迫害共产党员和进步分子，但是，在南方局的领导下，党的组织仍然在发展壮大，党员的质量不断提高，组织也更加稳固。经过广大党员艰苦深入的工作，党的群众基础更加广泛，党的影响进一步深入人心，党的主张得到更多党外人士的拥护和支持。

经过 1938 年前后的大发展，南方国民党统治地区的中共组织得到迅速壮大，基层组织普遍建立，发展到了国民党的党政军警特部门，甚至国民党最核心的电台、机要保密机关、特务机关，都有了共产党员和组织，党员人数达到 5 万人之多。南方局成立后，周恩来根据中共中央关于巩固党的组织的决定，开始着手整顿党的组织，提出了“质重于量、巩固重于发展”的重要发展方针，组织党员学习马克思列宁主义和毛泽东的著作，加强党内教育，党的组织由公开转入秘密状态，制定秘密工作纪律，同时清洗内奸，审查党员，一般地停止发展党员，使党的组织得到巩固，党员也发展到 8 万多人。国民党五届五中全会实行“限共、防共、溶共、反共”的反动政策以后，以周恩来为书记的南方局坚决贯彻中央的“荫蔽精干，长期埋伏，积蓄力量，以待时机”的方针，并且提出了“三勤”“三化”的策略，改变组织形式和工作方式，撤销省委、特委、中心县委，一般不召开会议，设立平行组织，实行单线联系和特派员制度，“竖不越级，横不跨支”，严格遵守保密工作纪律，在最困难的条件下，保存了党的组织和革命的力量。虽然直接联系的党员数量减少了，然而党的组织却更加巩固，更加有战斗力。在大撤退和疏散党员干部过程中，虽然一部分党员失去了联系，但是他们大多数仍在工作。一旦革命高潮到来时，他们重又恢复关系，党的基础得以保存下来。

（二）民主高潮来临，及时恢复发展中共组织

1944 年以后，以在南方局直接组织领导下的“胡世合事件”为开端，在党员和进步分子的策动下，重庆、成都、昆明等地的反对国民党一党专政的法西斯统治，争取言论、新闻、出版自由的民主运动逐渐高涨起来。1944 年 10 月 7 日，成都民主宪政促进会在华西坝召开有 2000 余人参加的“国是座谈会”，成都各界反响热烈。11 月 11 日，成都民主青年协会举行了“双十一”大示威游行，它是国民党统治区群众运动新高潮的一个信号。在昆明，以西南联大为主要阵地的民主运动，继 1944 年五四晚会纪念活动以后，

紧接着又举行了七七时事晚会，不久又利用10月10日这个合法节日，举行了5000人参加的昆明各界保卫大西南的群众大会，民主运动日益走向深入。震惊全国的昆明“一二·一”运动得到了重庆、成都、长沙等全国各地进步学生的声援。在这些群众运动中，一批革命骨干得到了锻炼，逐步成长起来，党的组织也开始吸收党员，开展活动，党组织在实际斗争中逐渐得到恢复。广东党组织还全面恢复活动，发展组织，领导武装斗争，建立抗日根据地。南方局迁往南京后，群众运动的规模进一步扩大，形成了除军事战线之外的第二条战线，党的组织有了较快的发展，党员达到10万人之多。与此同时，根据形势发展的需要，南方局组织了一大批干部到李先念的新四军五师工作，发动了几百知识青年到四川、贵州、云南农村建立“据点”，发展党的组织，准备武装斗争。南方局及各省党组织领导下的国民党统治区这一系列的实际斗争中，一大批骨干分子成长起来，为党组织的扩大创造了条件。而这些斗争中广泛发动群众，为党组织的扩大和迎接新的革命高潮的到来奠定了群众基础。①

（三）在加强统一战线工作中培养各方面人才

在南方局的工作中，统一战线工作是周恩来、董必武等领导人十分重视的一项工作，也是成绩显著的一个方面。统战对象也遍及社会各界，有国民党民主派人士，如宋庆龄、何香凝、张治中、冯玉祥、于右任、张冲等；有民主党派的人士，如张澜、黄炎培、罗隆基、章伯钧等；有地方实力派人士，如龙云、刘文辉等；还有一些无党派人士及各界爱国名流，如张申府、刘清扬等。这些爱国进步的党外人士，既是党的重要群众基础，又是党夺取革命胜利的重要党外干部、群众领袖。

以周恩来为书记的南方局，在文化工作和团结进步文化人士方面卓有成效。当日军快要占领香港时，南方局动用了广东和香港地下党的全部力量撤退在港的文化人士，保护了一大批文化精英。茅盾、郭沫若的50寿辰，南方局专门举行座谈会或仪式予以祝贺。这些工作，团结争取了一大批文化界的著名作家、演员、教授、理论家、史学家、记者等。对这些人士的争取、保护和团结，为迎接革命新高潮的到来和全国革命的胜利，乃至为新中国的文化建设，准备了一大批的文化干部和文艺专家。

虽然南方局所处的时期是抗日战争时期，所担负的主要任务是建立抗日统一战线，领导大后方党组织和人民群众支持抗战，但是，以周恩来为书记的南方局高瞻远瞩，在战争条件下就注意经济工作，培养经济方面的人才。南方局设立了经济组，先后由钱之光、许涤新任组长，任务是研究抗日战争中的经济问题，搜集国民党统治区的财经材料，并团结进步的经济学家，开展对民族资产阶级的工作。南方局经济组经常联络产业界的知名人士，如刘鸿生、潘昌猷、范旭东、吴羹梅、吴蕴初、章乃器、颜跃秋等，做他们的

---

① 中共重庆市委党史研究室:《中共中央南方局大事记》,重庆出版社2004年版,第300页。

工作。还加强了对李烛尘、胡厥文等爱国工商界领袖人物的统战工作。这些工作，既初步地学习接触了经济理论和经济工作，团结了民族资产阶级，为后来全国革命的胜利争取了经济上的支持，同时也为革命胜利后的经济建设积累了经验，培养了人才。

在党还未取得政权、抗日战争还在进行时，南方局就着眼于全国革命胜利以后的建设需要，积极着手培养和储备人才。从1942年起，周恩来、董必武等南方局领导就开始重视留学人员工作。20世纪40年代中期，国民政府以“自费留学”“租借法案”等方式，派遣大批有才识的科技骨干和大学生到美国学习，这马上引起了南方局的注意。南方局即指示地下党组织，通过直接或间接的关系，支持许多爱国进步师生、科技人员争取出去深造。1944年前后，南方局派出一批进步青年为主的知识分子到美国和欧洲留学。同年，还先后安排苏华、徐鸣、赖亚力、蓝毓钟、薛葆鼎、侯祥麟等中共党员通过官方考试，以学生护照或官员护照去美国留学。在南方局派往美国的党员的努力联络促成之下，后来在美国分别成立建社、明社、芝社、朝社等科技团体，并联合起来成立了以华罗庚等为理事的留美科技协会，创办了《留美科协通讯》。南方局在派中共党员去美国留学的同时，也派了党员去欧洲进行联络留欧科技人员的活动。

三、全面加强党的建设

全面加强党的建设，主要包括以下四个方面：

第一是政治建设。抗战时期最大的政治就是团结一切爱国的阶级、政党、组织、军队和个人，抵抗日本帝国主义的侵略，把日本侵略者赶出中国，争取民族的独立，建立新民主主义的中国。那么，党的建设，就是突出这个最大的政治，围绕这个政治来进行建设。在沦陷区，党就是围绕抗日这个大目标、首要任务来开展党的建设，包括解决团结哪些阶级、阶层、个人，打击目标是谁这样的大问题，并进行党内相应的教育。而在国民党统治区，则把建立抗日民族统一战线、团结一切愿意抗日的人们作为党组织的政治任务来进行工作，并开展相应的党内教育。在南方局的领导下，各地党组织在坚持合作抗日的大前提下，对国民党顽固派的反共行为进行了针锋相对的斗争。在党内，为防国民党顽固派的迫害和破坏，制定秘密工作纪律，加强阶级教育和革命气节教育，教育党员随时准备为党和人民的事业牺牲自己，绝不能出卖党的组织和同志。这种政治建设对于处于地下状态的共产党组织十分重要，对于坚定党员的政治意志，保证党组织的安全，具有重大的作用。

第二是思想理论建设。南方局在抓党的建设时，特别重视对党员的思想理论教育，其中最主要的就是马克思列宁主义的教育。南方局经常把各省省委、特委的领导人召集到重庆八路军办事处的招待所，进行集训学习，组织他们学习马列和毛泽东的著作，整风运动中学习《联共（布）党史》，学习中国共产党的历史，研究党的历史经验。各省也举办了这样的培训班，组织党员和干部进行学习。琼崖特委在战争的条件下还开办了党校，对干部进行教育培训。

第三是组织建设。南方局坚决贯彻周恩来所强调的“质重于量、巩固重于发展”的方针，十分注意对党员条件的掌握，注意从实际斗争中去发现优秀分子，在实际斗争中考验党员，坚决反对“拉夫式”地发展党员。特别重视干部尤其是县以上领导干部的选拔和任用，注意实际工作的能力，包括做群众工作的能力、组织工作的能力、应付突然事变的能力。组织建设首先重视领导干部对党和革命事业的忠诚程度，特别注意干部在实际斗争中的表现，而不是仅仅看家庭出身。南方局十分注意党组织的巩固问题，重视对党员和干部的审查，而审查时注意实事求是，重调查研究，重事实，不轻信偏信，注意避免误伤好人。

第四是作风建设。首先是注意发扬民主。在党内倡导民主作风，注意听取群众意见，让人讲话，讲真话，真正实行知无不言、言无不尽的方针，集中集体的智慧。特别是作为南方局主要领导人的周恩来，以身作则，言传身教，给南方局作风建设树立了榜样。其次是重视密切联系群众，走群众路线。周恩来等南方局领导人在南方局机关与干部平等相处，关心干部战士的冷暖，以普通兵的面貌出现在群众中。他时刻关心着每一个民主人士，党外朋友，与文艺界的人士共同探讨艺术发展中的问题，从不以势压人。他与文艺理论界的专家教授保持着密切的联系，为他们在理论、艺术领域的发展尽可能创造条件。广大党员在执行“三勤”“三化”的方针中，更是与群众打成一片，关心群众的切身利益。最后是批评与自我批评的作风。在南方局，周恩来以身作则，带头开展自我批评，有缺点公开向干部群众展露，即使是历史上的问题，也敢于承认自己的责任。党内的支部大会上，对谁有什么意见，也敢于面对面进行批评。老革命有毛病，年轻干部也敢于指出。党的生活严肃而又轻松。①

正是这种全面的建设，南方局及其领导下的党组织，在特殊而又严酷的政治环境中，形成了坚强的领导集体，具有很强的战斗力、组织力、号召力和向心力。尽管国民党顽固派对南方局及其领导下的各省党组织实行了政治上的迫害，组织上的摧残，经济上的遏制，但是，国民党统治区共产党的红旗没有倒，共产党的组织越挫越奋，越战越强。在全面加强党的建设实践和艰苦卓绝的革命斗争中，南方局这个坚强的领导集体和国民党统治区的英勇的共产党人，培育和形成了以南方局所在地——红岩村命名的红岩精神，为中国共产党和中华民族留下了一份宝贵的精神财富。

---

① 中共湖南省委党史研究室:《中共中央南方局的党建工作》,中共党史出版社 2009 年版,第 317—318 页。

四、积累和丰富党建经验，发展党的建设理论

抗战时期，中国共产党在政治上逐渐成熟起来。南方局在周恩来、董必武等积累了较为丰富的建党经验的老一辈革命家的领导下，从国民党统治区的特殊情况出发，在党的建设方面创造和积累了许多新的经验，这些党建经验，进一步促进了国民党统治区各级党组织的建设。

一是把思想建设放在首位，统一了南方局及其领导下的各级党组织和10万党员的思想认识，坚定了广大党员的革命意志，巩固和发展了党的组织。国民党统治区的党组织和党员，面临着与解放区、根据地不同的政治环境和工作环境，要使党的组织和广大党员统一思想意志、坚定地为党的事业奋斗、经得起严峻的政治考验，唯一的办法就是加强对各级党的组织和党员的思想教育。首先是学习马列主义和毛泽东著作，使广大党员坚定马克思主义的信念和共产主义的理想，同时使他们把对马克思主义的深刻理解和认同化为在政治上的坚定，对组织的忠诚，对党的事业的献身。其次是形势、时事教育和前途教育。南方局及其各级党组织，采用形势报告会、党员训练班、个别谈话等形式，经常对党员干部进行时事、形势的教育，使他们明了形势，认清困难只是暂时的，革命的前途是光明的。这些思想教育，对于坚定广大党员的理想信念，坚定政治立场，经受严酷的政治考验，起了很大的作用。南方局的强有力的思想政治教育，是抗战时期国民党统治区党组织能够巩固发展、具有很强的战斗力的重要原因。

二是组织建设中坚持“质重于量、巩固重于发展”的方针，把党员的质量放在第一位，不片面地追求党员的数量。周恩来在讲党史时，就举例说到六大前后，我们党曾经片面地强调工人成分，结果把一些不学无术、并没有真正确立马列主义信仰的人搞进党内，像向忠发之类，这样并没有提高党员队伍的质量。党员队伍的质量还关系到大的风险和突发事变到来时，党能不能经受住考验。根据周恩来这一指导方针，南方局及其领导的各省党组织在1938年的大发展之后，对党的组织进行了整顿，审查了党员和干部，一些不坚定分子不再联系，自首变节分子、表现不好的清退出党，叛徒则开除党籍。经过整顿之后的党组织，人数虽然有了减少，战斗力却有了大的提高。当国民党发动反共高潮时，绝大多数党员都立场坚定，敢于斗争，贪生怕死的人很少。南方局及其领导的各省党组织和绝大多数党员经受住了严峻的政治考验。周恩来提出“质重于量、巩固重于发展”的组织工作方针，是在对党的历史经验的深刻总结的基础上，结合国民党统治区的严酷政治环境实际而提出来的，是对过去党建经验的发展。“质重于量、巩固重于发

展”的组织发展方针，对今天执政党的建设，仍然有着重要的指导意义和借鉴作用。

三是党内党外干部一起培养。以周恩来为书记的南方局在干部培养方面积累了许多成功的经验，其中重要的一条就是党内党外干部一起培养。在党内干部方面，周恩来有意让年轻干部挑大梁，让他们在斗争中经受锻炼，增长才干。刘光、龚澎等南方局各组的干部，都相当年轻。另外，周恩来还十分重视女干部的培养，南方局妇女组联络了一大批进步女青年。更为可贵的是，周恩来还十分重视党外干部的培养。当时的重庆，集聚了不少国民党民主派人士、爱国的民主人士、著名无党派人士、各界群众领袖等，还有一大批进步的文艺界、理论界、教育界的专家、作家、记者、教授，还有一批实业界的著名人士。周恩来主动和他们联系、接近，对他们进行关心帮助，教育启发，解决他们的困难，与他们交流思想，把他们团结在党的周围，还支持他们联合起来，组织政治团体，与国民党展开斗争。南方局其他领导人也注意和他们交朋友，统战组的同志更是联系了一大批党外干部。这样一批党外干部和各界群众领袖的培养或联系，对于与国民党反动派的斗争，起到了很大的支持作用，使国民党在政治上陷于孤立。大批党外干部的培养或联系，还为解放战争的胜利和新中国的政治、经济、文化建设，发挥了重大作用。党内党外干部一起培养，特别是对党外干部培养的重视，是周恩来等南方局领导人高瞻远瞩的重大决策，也是党的建设中的一项重要经验。

四是从实际斗争中去识别、培养和锻炼党员干部。抗日战争时期，南方局及其领导的各省党组织，十分重视在群众斗争中去考察和识别党员干部，从群众斗争中发现和培养革命骨干，去发展党员，启用干部。在革命斗争时期，特别是国民党统治区这种特殊环境下，无法以打仗是否勇敢来判别党员干部，而是要以与国民党顽固派的斗争是否坚决，是否有本事把群众组织发动起来，来判别党员干部的革命性和能力的大小。在1944年以后国民党统治区的民主运动中，一大批群众运动的组织者表现了他们斗争的坚决性，显露了他们的组织才干。如云南省民主青年联盟的负责人马识途、王汉斌、洪德铭、何东昌等，就是在轰轰烈烈的学生运动中锻炼成长的。这种通过实际革命斗争去锻炼党员和干部、在实际斗争中去发现人才的识人锻炼人的办法，应该说是南方局在组织发展和干部提拔中积累的又一条重要经验。今天，把年轻干部下放到基层去锻炼，提拔干部看政绩，可以说是这条经验的继承和发展。

五是加强党内制度建设，以制度建设配合思想、纪律建设，巩固党的组织。南方局及其领导下的各级党组织，十分重视党内规章制度建设和纪律建设。南方局先后做出了关于秘密工作的决定和关于组织工作的决定，南方局的机要部门、电台都有许多严格的规定。如实行“三勤”“三化”策略时期，党员实行单线联系，党组织和党员之间不许发生横向联系。南方局集中各省委、特委的干部在招待所学习，招待所规定不得打听彼此情况，不得了解别人的工作单位，一般不许外出；南方局三楼电台收报、译电、传送各环节严格分开，互不了解打听；并且隔一段时间调换工作；地下交通站的工作人员不许与朋友家庭通信；等等。这些严格的制度、纪律，主要是针对国民党特务的破坏活动的。严格地执行这些制度和纪律，就是为了万一某个环节出了问题，被敌人破坏或党员被捕，也不会对整个组织造成大的破坏。1942 年，江西省党组织遭到的大破坏，恰恰说明了严格制订和遵守秘密工作制度和纪律的重要性。南方局在国民党统治区立足时间长达八年多，红旗始终不倒，越战越强，也反映了以周恩来为书记的南方局治党能力的提高，特别是党内管理水平的提高。①

以周恩来为书记的南方局从国民党统治区的特殊环境和党组织所担负的任务的实际出发，加强党的各项建设，从而在最困难的条件下保存了党的骨干。南方局在党的建设方面所创造和积累的经验，为党的建设的伟大工程，做出了重大贡献。总结南方局党的建设的历史贡献和历史经验，发扬南方局所代表的优良作风和革命精神，对于在当前以习近平新时代中国特色社会主义思想来统领党的建设和发展，进一步推进党的建设新的伟大工程，具有重要的启示和借鉴。

（作者单位：中共湖南省株洲市委党史办）

① 中共湖南省委党史研究室：《中共中央南方局的党建工作》，中共党史出版社 2009 年版，第 331—334 页。

南方局与国统区的统战工作

刘明钢

摘　要： 南方局是国统区统战工作的指挥中心，在与国民党统治当局进行谈判、协商，争取和团结中间势力，争取地方实力派，团结民族资产阶级以及文化领域做了大量的统战工作，立下了不朽的功勋。

关键词： 南方局；国统区；统战工作

抗日民族统一战线对于夺取抗战胜利具有极端重要性。毛泽东曾深刻指出："中国是否能由如此深重的民族危机和社会危机中解放出来，将决定于这个统一战线的发展状况。"①而国民党统治区的统战工作又是中国共产党统战工作中极其重要的一环。

一、南方局是国统区统战工作的指挥中心

中共六届六中全会之后，国统区统战工作的领导机构主要是中共中央南方局（以下简称"南方局"）。

1938 年 9 月 29 日至 11 月 6 日在延安召开中共六届六中全会，会议系统地批判了王明的右倾错误，肯定了以毛泽东为代表的在统一战线中坚持独立自主原则的正确路线。会议撤销了武汉失守后实际上已不存在的长江局，并根据形势的变化，决定设立中原局与南方局，中原局由刘少奇任书记，南方局由周恩来任书记，南方局分管南部中国大后方和部分沦陷区党的工作。虽然六届六中全会没有对王明做组织处理，也没有撤销其长江局书记的职务，但长江局不复存在，而且把他留在延安，从而避免了王明的右倾错误再对南方局的工作产生消极影响。

① 《毛泽东选集》(第 2 卷)，人民出版社 1991 年版，第 364 页。

1939 年 1 月 16 日，南方局在重庆正式成立，周恩来等六人为常委，具体分工为：周恩来任书记，博古负责组织，凯丰负责宣传和党报，叶剑英负责联络，吴克坚负责报馆，董必武负责统战；另由邓颖超和蒋南翔分别负责妇女工作委员会和青年工作委员会。

南方局是抗战时期中共中央派驻重庆，领导南方国统区和部分沦陷区党的工作的机构，直接领导四川、云南、贵州、湖北、湖南、广东、广西、江苏、江西、福建以及上海、香港、澳门地区的党组织。 由于国民党不允许中共在其统治区内公开活动，因而南方局处于秘密状态，其领导人对外以中共代表或国民参政员的身份出面活动。

抗战时期的延安是中共中央所在地，是中国共产党领导抗战的大本营。 而建立在国民党统治中心重庆的南方局则是中国共产党在国统区的战斗司令部和指挥中心，也是国统区和延安联系的桥梁。

二、南方局在国民党统治区开展的统战工作

南方局以“宣传出去，争取过来”为方针，打开了这一时期中国共产党统战工作的新局面。

（一）与国民党统治当局进行谈判与协商

抗日战争时期，南方局承担起与国民党交涉、联络、谈判，维护国共合作的重任。

国民党五届五中全会后， 国民党当局掀起一个“国民精神总动员运动”，鼓吹“一个党(国民党)、一个主义(三民主义)、一个领袖(蒋介石)”。 对此，中共中央采取了既揭露其反共实质又维护团结的态度，两次指示党内:《国民精神总动员纲领》具有抗日和防共的两面性，我们的立场是拥护其中积极的东西，同时指出其消极的东西，防止时局发生逆转。 随后，周恩来在重庆《新华日报》连续发表《论国家至上》等文章，广泛宣传，公开阐述共产党的主张，对国民精神总动员运动三大口号做出新的解释，对国民党借国民精神动员之名，行制造反共磨擦之实的错误行径进行批评，号召人民坚持团结，抗战到底。

五届五中全会后，国民党顽固派连续不断地制造反共血案，直至掀起反共高潮。 对于反共顽固派挑起的军事磨擦，南方局坚决站在政治斗争的最前沿，通过复杂的谈判斗争，既表明共产党对国共合作抗战的诚意，又对国民党顽固派的政治进攻予以回击，从而扩大了共产党的政治影响，维系了国共合作的局面。

南方局贯彻中央“拉其抗日，打其反共反民主”的指示精神，在处理国共关系时，鼓励国民党抗日、联共的积极性一面，批评其缺点错误，反击其反共、分裂、倒退的一面；

坚持中共在抗日民族统一战线中独立自主的立场，以斗争求团结，使国民党顽固派不得不收敛其军事反共行为，呈现出以政治方式解决国共关系的趋势，国共合作得以维系，直到抗战胜利。

（二）团结争取中间势力，壮大抗日民族统一战线

中国社会的特点是两头小、中间大。因此，争取中间势力是进步势力同顽固派斗争时决定胜负的因素。南方局对完成这一重要战略任务做出了重大的贡献。

南方局领导人把宋庆龄、何香凝、柳亚子、谭平山等国民党左派视为知心朋友，经常与他们交换意见。周恩来等还同冯玉祥、于右任、孙科、邵力子等人保持密切联系，经常一起商讨抗日民主大计。1941 年夏，周恩来提议由一部分国民党民主派及进步人士组织秘密政治团体。经王昆仑、王炳南等人的筹划，在重庆秘密成立中国民族大众同盟（后改名中国民主革命同盟，又称小民革），后来参加者发展到 200 余人。小民革的成立及其活动，对于争取国民党上层进步人士，分化国民党顽固派，扩大抗日民族统一战线，起了积极的作用。

民主党派中影响力较大的首推中国民主政团同盟。中国民主政团同盟的筹建工作得到中国共产党的大力帮助。1941 年 3 月 15 日，周恩来给中共中央发电报，报告了国统区民主运动的情况。周恩来表示国统区各小党派为求自保和发展，想在国共外成立一个民主联盟，我们应当努力促成此事。中共中央回电明确支持周恩来的判断和意见，表示“积极支持民盟的方针是很对的”。在得到中央领导的同意后，南方局通过各种方式对新的民主联盟组织的成立予以大力支持。3 月 19 日，中国民主政团同盟（以下简称“民盟”）在中国共产党的帮助下在重庆诞生。民盟在成立初期处于秘密状态，为争取合法和公开地位，决定派梁漱溟到香港创办民盟的机关报——《光明报》。民盟机关报的创办也得到了中国共产党大力帮助。离开重庆前，梁漱溟曾专程到曾家岩八路军办事处与周恩来会晤，商谈到达香港如何与共产党和左翼爱国人士取得联系并获取帮助等事宜。根据周恩来的指示，廖承志、廖梦醒等中共在香港的负责人，联络何香凝、柳亚子、阳翰笙、茅盾、夏衍、金仲华等左翼民主人士为梁漱溟在香港办报提供了很多帮助。1941 年 9 月 18 日，《光明报》在香港创刊，其宗旨为：团结抗战，民主建国。10 月 10 日，报纸刊登了民盟在重庆成立的消息，民盟也从秘密走向公开并开展活动。

民盟的成立是民主党派发展的一个标志性事件，从此民主党派的发展呈加速态势。1943 年 2 月，在南方局的支持和周恩来及董必武的帮助下，谭平山、郭春涛、王昆仑、陈铭枢等人在重庆发起组织民主同志座谈会，以座谈时事的方式联系和团结部分国民党上层人士。在南方局的徐冰、王炳南、许涤新、熊瑾玎等人的帮助下，同年 8 月，民主同志座谈会发展为“中国国民党民主同志联合会”，后又更名为“三民主义同志联合会”。1945 年 10 月 28 日，三民主义同志联合会在“特园”举行了联合会第一次全体大会，出席会议的代表有20余名，大会文件由南方局领导的《新华日报》印刷。会议通过了《三民主义同志联合会政治主张》《三民主义同志联合会第一次全体大会决议案》《三民主义同志联合会临时组织总章》三个文件，选举了中央机构，谭平山、陈铭枢等17人当选为干事。民联的成立，标志着国民党民主派与国民党右派分离开来，他们继承孙中山三民主义精神和革命遗志，反对国民党反动派的内战、独裁和卖国政策。

除了上述几个民主党派外，南方局还帮助和推动其他民主党派的组织创立工作。比如，抗战时期，周恩来、博古、叶剑英积极联络国民党知名民主爱国人士李济深，支持他出任国民政府军委会战地党政委员会第一副主任，为帮助和协助李济深开展工作，中国共产党还派张友渔、梅龚彬、于炳然等中共党员进入这个委员会工作。抗战胜利后，中共中央南方局又支持李济深与何香凝、蔡廷锴等人成立“中国民主促进会”。1946年3月，该组织更名为“中国国民党民主促进会”（以下简称“民促”），由李济深任主席。民促成立后，发表《中国民主促进会成立宣言》，宣布忠诚于孙中山的革命三民主义。

（三）争取地方实力派，推动其抗战

对地方实力派的统战工作，是南方局争取中间势力的又一重要内容。早在抗战之初，周恩来、董必武等即与川康地区的地方实力派刘文辉、潘文华、邓锡侯等多次会晤，向他们宣传中共抗日民族统一战线的主张，并应他们的要求派遣中共党员到其部队进行联络工作。1942年2月，周恩来在重庆会见刘文辉，向他介绍国内政治形势和共产党的主张，表示中共有同国民党内一切愿意抗战的人士进行合作的愿望，尤其希望同西南地区的民主力量建立更为密切的联系。4个月后，共产党派人到雅安，同刘文辉建立联系，并设立同延安直接联系的秘密电台。

还在抗战爆发之前，周恩来、叶剑英等就与云南地方实力派龙云进行接触。

1942年9月，中共派人赴云南同龙云联系，商谈合作抗日的问题，并建立秘密电台。在抗战初期，南方局与桂系的关系就比较好。周恩来同李宗仁直接商谈，决定在李宗仁负责的第五战区设立战区抗战委员会，以推动人民群众的抗日救亡活动，中共还在桂林建立了八路军办事处。皖南事变前夕，桂系的白崇禧等对中共的态度发生了转变，破坏了桂林地区的民主气氛，但桂系重要军政人物中仍有李济深、李宗仁坚持抗日民主的立场。周恩来、董必武、叶剑英等继续通过各种渠道，加强同李济深等人的联系，还派中共党员到广西进行统战工作。

多年的统战工作取得了成效，西南地区地方实力派的代表人物在新民主主义革命中逐步走入了人民阵营。

（四）开展工商界的统战工作，团结民族资产阶级

争取民族资产阶级是国统区统战工作的重要一环。抗战爆发后，沿海、沿江的民族工业相继迁入大后方，四川，特别是重庆成为民族资产阶级最为集中的地方。按照中央的要求，南方局积极开展对民族资产阶级的统战工作。

南方局的领导人周恩来、董必武、邓颖超、王若飞等同民族资产阶级各方面的代表人物交往频繁，经常交流，引导他们放眼未来，鼓励努力为抗战的胜利多做贡献。著名民族资本家古耕虞被誉为中国“猪鬃大王”，在周恩来的帮助下，改变了后半生的人生道路。他回忆说：“像我这样的资本家，共产党要说服我并不那么简单，可是，周恩来有独到之处，他就说服了我，使我越来越认识党，信任党，感到振兴中华，非共产党不可。”[①]银行家宁芷村也深受周恩来的影响，他曾经谈到，周恩来邀请部分工商界人士在他的寓所座谈，针对工商界人士的思想状况，周恩来指出，目前国家需要解决的“主要是政治问题，而不单纯是经济问题”，爱国工商业者不能再对蒋家王朝抱有幻想，而应该积极投身到人民民主运动中去。从此，宁芷村认清了正确的方向和前进的道路。宁芷村的谈话传播开来，影响巨大，“后来促使一些工商界的头面人物在重庆临近解放时没有跟着蒋帮跑，留在大陆，参加了祖国的社会主义建设行列”[②]。

迁川工厂联合会成立于1938年4月，最初有40多个厂家会员，但发展很快，到1945年发展到230多个厂家会员，几乎包括了所有迁川的重要工厂。南方局非常重视这个组织，将之视为在广大工商业者中开展统战工作的纽带。在该会领导的陪同下，周恩来、董必武、邓颖超等不辞劳苦，参观考察了十多家迁渝工厂。在参观合作五金厂时，周恩来题词“供给前方的生产，是国防工业第一要义”，董必武题词“在极艰难的条件奠定新中国工业的基础”，邓颖超题词“合作奋斗，发展生产”，[③]给员工很大鼓励。《新华日报》也对迁渝的工厂做过详细报道。

周恩来等还与迁川工厂的许多业主建立了密切的联系。抗战胜利后，由于美货的泛滥，国民党反动派处心积虑地准备发动内战，加之官僚资本的统治和压榨，国统区中小工业的处境十分困难，希望组织起来寻求出路。南方局因势利导，积极推动并帮助建立中小工厂联合会，使之成为国内最大的中小民族工业资本家和手工业主的社会团体。

《新华日报》和《群众》周刊是中共在国统区公开发行的党报与党刊。南方局十分重视这两份报刊，不仅宣传中共的财经政策和解放区的经济成就，还发表文章表彰工商业者的爱国主义精神，鼓励他们不断地为争取抗战胜利做出更大贡献。这些报刊还发文揭露官僚资本家巧取豪夺，破坏国民经济的种种罪恶行径，抨击官僚资本压榨民族资本的倒行逆施行为，为民族工商业者伸张正义，从而深得拥护。1945年10月19日，周恩来应西南实业协会的邀请做《当前经济大势》的讲演。当时，民族资产阶级对国民党当

---

① 王慧章:《一枝何足贵，怜是故园春——“猪鬃大王”古耕虞事略》，转引自《人物》1986年第4期。

② 中国民主建国会重庆市委员会、重庆市工商联合会文史资料工作委员会:《重庆工商人物志》，重庆出版社1984年版，第212页。

③ 南方局党史资料征集小组:《南方局党史资料·大事记》，重庆出版社1986年版，第42—43页。

局极为不满，对共产党也尚存疑虑，在这种情况下，该讲演促使民族资产阶级丢掉对蒋介石集团的幻想，积极参加新民主主义革命。正如周恩来后来所说：“在1941年只有文化教育界靠拢我们，1945年民族资产阶级也靠拢我们了。”①

（五）开展文化领域的统一战线工作

文化领域的统一战线是抗日民族统一战线的重要环节。南方局非常重视国统区的思想舆论阵地，重视宣传工作。在形势变化的重要时刻，《新华日报》总是及时发表言论，宣传党的方针政策和抗日主张，宣传八路军和新四军抗日战绩和抗日民主根据地成就，反映国统区广大人民群众的呼声，为群众斗争指明方向。因此，董必武说《新华日报》是共产党的“喉舌”，它向全国人民宣传中共团结抗战的主张，抗日民族统一战线的意义、作用以及爱国主义和马列主义，揭露旧社会一切不合理的现象，使国统区广大人民呼吸到新鲜空气，成为群众的精神食粮。毛泽东赞《新华日报》是“八路军、新四军以外的另一个重要方面军”。苏联《真理报》、英国《工人日报》则称《新华日报》为“抗战旗帜，团结灯塔”。

南方局贯彻执行中共中央的知识分子政策和统一战线政策，特别重视知识分子，广泛开展文化统战工作。

南方局十分重视郭沫若、茅盾、老舍等文化界著名人士，注重发挥他们的领袖作用。早在1938年夏天，中共中央就根据周恩来的建议，做出党内决定：以郭沫若为鲁迅的继承者，作为中国文化界的领袖，并由各地中共组织向党内外传达，以奠定郭沫若在文化界的领袖地位。1941年11月郭沫若50寿辰时，周恩来又一次代表党指出：“鲁迅是新文化运动的导师，郭沫若便是新文化运动的主将。鲁迅如果是将没有路的路开辟出来的先锋，郭沫若便是带着大家一道前进的向导。”②再次肯定了郭沫若在进步文化界的领袖地位。郭沫若具有强烈的爱国思想和勇敢奋斗的精神，在文学艺术、历史研究等许多方面都有巨大成就，在文化界具有崇高的威望。充分肯定他的贡献，以他为进步文化界的领袖和旗帜，既可加强对文化界的号召力和增强文化界的凝聚力，又有助于从政治思想上教育和引导文化人，有益于巩固和扩大文化统一战线。

在办好《新华日报》《群众》周刊的同时，南方局还在其他城市通过进步报刊和中间性报刊，鼓励不同阶层的群众为坚持抗战、民主、进步做出努力。茅盾、张友渔、胡绳等一批进步文化人士转移到香港后，南方局决定成立以廖承志为首的香港文化工作委员会，加强对进步文化工作的领导。在南方局的领导下，香港的党组织和党外进步人士合作，大力宣传共产党的主张。1941年4月8日，香港《华商报》出版。5月17日，邹

① 中国历史博物馆：《纪念周恩来总理文物选编》，文物出版社1977年版，第58页。

② 周恩来：《我要说的话》，载《郭沫若在重庆》，青海人民出版社1982年版，第5页。

韬奋主编的《大众生活》也在香港复刊。这些报刊在海外华侨和国民党统治区的群众中，发挥了很大的鼓舞和教育作用。

在国民党当局严格的禁锢和封锁下，进步报刊的时事政治宣传遇到重重困难。周恩来号召文化界人士坐下来研究社会科学，并用研究的成果宣传、教育群众，占领文化阵地。那时出版的邓初民的《中国社会史教程》、郭沫若的《青铜时代》和《十批判书》等论著，用唯物史观阐明中国社会和中国历史的发展规律，对于提高人们的思想认识有很大的启迪作用。南方局还支持文化界开展多种多样的活动，举办各种讲座、讲演会和报告会等，推动抗日民主运动和进步文化的发展。1941 年 3 月，重庆大学商学院师生隆重庆祝因公开抨击蒋介石的战时经济政策而遭逮捕监禁的该院院长、著名经济学家马寅初 60 寿辰。周恩来、董必武、邓颖超联名赠寿联以作声援，表示对国民党当局迫害进步人士的愤慨。5 月 29 日，茅盾等九人联名发表《我们对于国是的态度和主张》，揭露国民党对日的妥协倾向和对文化事业的残酷迫害。

南方局十分重视团结文艺界人士开展进步文艺活动，大力支持老舍主持的、有一大批进步文化人参加的中华全国文艺界抗敌协会的活动。重庆举行大规模的戏剧演出，上演剧目达 200 余个。南方局团结了一大批著名的作家、导演和演员，培育了许多文艺新秀。演出活动还推广到桂林、昆明、贵阳等地，在国民党统治区产生了很大的影响。

皖南事变后，国民党反动派在国统区加紧迫害共产党人和进步文化人士。南方局根据中央对国统区党的工作的指示精神，对文化工作方式做了适当调整，对文化界知名人士采取疏散保护措施。1941 年 1 月 18 日，中共中央指示南方局在撤退干部的同时，“党外同情分子也应立即通知他们分批转移到南洋、香港，并助其旅费”，周恩来根据指示，制订了大规模转移进步文化人士的计划，并亲自领导和主持了这一大规模的转移工作。仅 1 月至 5 月，由南方局文委安排离渝的达 100 余人。1941 年 12 月 8 日，太平洋战争爆发，25 日，日本侵略者占领香港，并且严密封锁了交通线，滞留在香港的爱国民主人士和文化人士及其家属多达千人。在中共中央的指示下，南方局实施了秘密大营救，成功地营救出抗日爱国民主人士、文化界人士及其家属共 800 余人。所有这一切，既体现了党对广大进步文化人的关心和爱护，加强了中共及社会各界人士与文艺工作者的联系，同时也抨击了国民党专制独裁的黑暗统治，并为抗日战争的最后胜利和新文化的传承发展尽可能地保存了实力。

（作者单位：江汉大学）

第三部分

南方局与所辖省区工作研究

南方局指导湖南党组织抗日斗争刍议

朱柏林　王文珍

摘　要：南方局成立后，周恩来、叶剑英、博古等南方局领导人不仅在重庆经常听取湖南党组织负责人汇报工作，及时对湖南工作做出指示，还亲赴湖南实地指导统一战线、抗日救亡和游击战争等工作。正是在南方局的正确领导和具体指导下，湖南党组织在抗日战争期间，领导全省人民进行了顽强不屈的斗争，在党的建设、统一战线工作、群众救亡工作、宣传文化工作和抗日武装斗争等方面都取得了很大成绩，为抗战胜利建立了不朽功勋。

关键词：南方局；湖南；抗日战争；指导

南方局成立后，加强了对湖南党组织的领导，给湖南的抗战工作以巨大推动。依据抗战历史进程和党在不同阶段所面临的形势任务，南方局对湖南党的抗战工作的指导，具有明显的阶段性。目前学术界就抗战期间南方局对湖南党的抗战工作指导的研究，鲜有涉及，本文试图在这方面做个初步尝试。

一、指导湖南党组织积极开展抗日宣传，推动抗日救亡群众运动深入发展

从1939年1月南方局成立到1939年6月平江惨案前为第一阶段。这一阶段，由于战局和政局的变化，湖南抗日斗争呈现出特殊复杂的局面：民族矛盾与阶级矛盾同时在发展，国共两党间的合作与斗争交织在一起。在此新形势下，湖南各级党组织及时得到了南方局的有力领导和指导。南方局指导湖南党组织，特别是入湘开展统战活动的周恩来、叶剑英指导湖南党组织，不断巩固和扩大抗日民族统一战线，推动以邵阳为中心的湘中、湘西、湘南等地抗日救亡群众运动的深入发展。

（一）及时传达中央精神，研究部署湖南党的工作

为总结抗战以来的斗争经验，明确党在抗战中的地位，以争取抗战的胜利，1938 年 9 月 29 日至 11 月 6 日，中国共产党在延安召开了六届六中全会。会上批准了以毛泽东为代表的正确路线，基本上克服了王明右倾错误，重申了党的独立自主地放手组织人民抗日武装斗争的方针，确定把党的主要工作放在战区和敌后。会议期间，党中央决定撤销长江局，设立南方局、中原局和东南局。南方局由周恩来、博古等组成，代表党中央领导南方国民党统治区和部分沦陷区党的工作，湖南省委和湘鄂赣特委均由南方局领导。

六届六中全会召开期间和会后，南方局通过各种途径立即向湖南省委进行了传达。1938 年 10 月中旬，叶剑英来湖南通报正在召开的六届六中全会精神，并同湖南省委、湘鄂赣特委负责人一起分析了当前的抗战形势和湘鄂赣边区的政治环境，指示湘鄂赣特委要加强边区抗日游击战争。11 月上旬，周恩来、叶剑英从武汉撤退到长沙，参加了湖南省委和长沙市委负责人召开的会议，着重研究了下一步工作计划。周恩来在会上明确指出：要坚持党的独立自主方针；要到农村去，把重点放在发动群众、抓武装斗争上。周恩来的讲话，为湖南党组织在抗战进入相持阶段后的工作指明了基本方向。1939 年 2 月初，湖南省委在邵阳召开第一次扩大会议，南方局组织部部长博古出席会议。他在会上传达了六届六中全会精神，强调“应广泛地开展统一战线”，“统一战线工作既要软，又要硬。软呢，不能软到丧失立场，硬呢，不能硬得破坏统一战线”①。同时还强调了在新局面下，更要严格把握干部标准，“没有德，不能当干部，没有才，也不能当干部”。正是在博古指导下，会议总结检查了省委前段工作中的缺点错误，部署了新形势下湖南党组织的工作任务，决定继续深入开展抗日救亡宣传，壮大党的队伍，巩固发展党的组织；准备建立敌后抗日根据地；派党员军事干部到地方抗日武装队伍中工作，使其成为抗日同盟军。此后，湖南党组织按照这次会议精神，努力开展各项工作，为湖南省委做好应对国民党顽固派反共阴谋指明了方向。

（二）大力宣传持久抗战思想，推动湖南抗日救亡运动深入发展

1938 年 10 月，周恩来、叶剑英到长沙后，针对战争失利带来的人心不稳的社会局面，积极宣传持久抗战的战略方针。一是多次发表演讲，鼓励各界民众要有团结御侮的勇气和信心。1938 年 10 月 29 日，叶剑英在长沙向《观察日报》记者和国民政府军委会政治部三厅的工作人员讲目前抗战的新形势，强调对形势要全面去看，才不会因武汉、广州失守而失望和动摇。11 月 6 日，周恩来在湖南各抗日救亡团体召开的欢迎大会上，做了《抗战第二阶段我们的任务》的讲演，宣传党的持久抗战思想，号召所有的优秀青年

---

① 高文华：《回忆南方局成立前后湖南地下党的工作》，载中共中央党史资料征集委员会：《中共党史资料》（第 12 辑），中共党史出版社 1985 年版，第 131—161 页。

勇敢地到基层去，到敌后去。周恩来、叶剑英的这些演讲宣传，帮助湖南人民增强了抗战的信心和勇气。二是利用在南岳帮助国民党创办游击干部训练班的机会，广泛接触各界爱国人士，引导和支持他们参加抗日救亡活动。1939 年 4 月，南岳福严寺的巨赞法师、祝圣寺的暮笳法师等组织了“佛教僧青年救国团”，周恩来欣然为暮笳法师题词“上马杀贼，下马学佛”①，给宗教界人士以极大鼓舞。5 月 7 日，在南岳佛道教救难协会的成立大会上，叶剑英应邀做题为《普度众生，要向艰难的现实敲门》的讲演，号召广大爱国僧侣在国家民族危难之时，走出禅房投身抗日救亡斗争。三是为唤起民众、发动民众支持长期抗战，直接领导国民党军委会政治部第三厅组织起来的文艺大军，在湖南广泛开展抗日救亡文艺宣传活动，有力推动了湖南抗日救亡运动的深入发展。其中以抗敌演剧队在湘活动最有影响。抗敌演剧队是在周恩来的直接指导下，于 1938 年 8 月在武汉成立的，它是党起领导作用的抗日文艺团体。成立后不久，因武汉局势紧张，其中的二、八队撤到湖南。抗敌演剧二、八队在长沙、衡阳等地公演了一大批救亡剧目，引起很大轰动。长沙大火之后，湘北成为正面战场的前线。周恩来决定将抗敌演剧一、二、八、九队继续留在这一地区进行抗日宣传。按照周恩来的指示，抗敌演剧队坚持文艺为抗战服务的方针，先后在衡山、衡阳、南岳、湘潭、长沙等地演出，并多次赴湘北前线为抗日军民巡回演出。他们的演出激发了军民的抗日热情，受到广大军民的热烈欢迎。

（三）维护发展国共两党军事合作，参与举办南岳游击干部训练班

周恩来、叶剑英还为南岳游击干部训练班倾注了大量心血。抗战期间，国共双方都很重视相互的军事关系。南方局根据中央精神，积极支持和推动国民党对敌作战。周恩来、叶剑英到湖南后，多次赴南岳面见蒋介石，宣传抗日持久战和游击战思想。11 月 25 日至 28 日，在南岳蒋介石主持召开的军事会议上，应邀出席会议的周恩来、叶剑英极力建议举办以训练军官能带兵深入敌后作战为主旨的南岳游击干部训练班（以下简称“游干班”），国民党当局接受了中共建议。党中央随即决定，由叶剑英率一批中共教官参加游击干部训练班工作，对外称中共代表团，对内称工作组，叶剑英任团长。1939 年 1 月 24 日，该班宣布成立，蒋介石兼任主任，汤恩伯任教育长，叶剑英任副教育长。游干班第一期于 1939 年 2 月 15 日开学，有学员 1039 名，编为 8 个队，其中第 7 队大部分是衡山县委领导的原衡山青年战时工作队成员②。游干班以游击战术、游击政工为主要课程，结合讲授和训练军事基本知识以及特种技术。叶剑英等中共教官承担了“游击概论”“游击政工”“游击战略战术”等课程，他们利用课堂，积极宣传党关于抗日游击战争的战略思想，为办好游干班付出了巨大心血。叶剑英组织中共教官制订了工作的“六大

---

① 中共广西壮族自治区委员会党史研究室：《中共中央南方局的统一战线工作》，中共党史出版社 2009 年版，第 253 页。

② 中共广东省委党史研究室：《中共中央南方局的军事工作》，中共党史出版社 2009 年版，第 42 页。

注意”事项，让工作人员张贴在八路军教育研究室的墙壁上，作为工作准则，将八路军的优良作风体现在工作、教学和生活上，向国民党教官和学员展示出崭新的风貌。周恩来对南岳游干班也十分关心。1939 年 4 月，他以国民政府军委会政治部副部长的身份来游干班视察，并担任该班国际问题讲师，做了《中日战争之政略与战略问题》的演讲，宣传了党关于抗日民族统一战线的政策和持久战的战略思想，在学员中引起了强烈反响。游干班办至第三期时，因日机轰炸，先后迁零陵、祁阳。第三期后，中共人员完全撤回南方局。在湖南境内举办的游干班，在维护国共合作、促进抗战大业、推动国民党部分军官进步方面发挥了积极作用。

（四）指导湖南省委巩固发展党组织，转变党的组织形式和群众工作方式

国民党在五届五中全会后加剧了反共反人民的活动，在此影响下，湖南省政府主席薛岳在湖南加剧制造反共磨擦。针对国民党政策和湖南形势的变化，1939 年 4 月下旬周恩来在衡阳召集湖南省委负责人开会，针对湖南党组织缺乏对秘密工作警惕性的问题，向湖南省委做出关于转变党的组织形式与群众工作方式的指示，要求湖南省委整顿巩固党的组织。在组织发展问题上，提出“质重于量，巩固重于发展”的方针。根据周恩来的指示，省委一般地停止了组织发展，着重进行党内思想教育；同时，派省委干部到各中心县委加强领导，各级党组织的主要负责人不再兼任群众团体的职务。在群众工作中，扭转过去大轰大擂的方式，把群众工作放在合法团体中去开展。例如对青年工作，停止建立民族解放先锋队的组织，一些地方刚成立不久的民先队，也对他们做工作予以取消。同时湖南省委确定青运工作的策略是以国立、省立的中学为中心，巩固现有阵地，创造新的隐蔽支部；要求他们提高自己的学科水平，从学术研讨中和同学的各种爱好中，加强党与他们的联系，扩大学生的思想工作范围，通过上述各种活动逐渐对学生进行进步思想的影响。采取上述措施，使全省党的组织形式和群众工作方式开始实行转变。

（五）指导湖南省委改变工作方式，深入基层广泛开展宣传活动

薛岳主湘后对群众运动多方压制打击，使得这一时期党领导的群众工作遇到不少困难。在此情形下，南方局指示湖南省委要改变过去组织群众运动中大轰大擂的工作方式，深入基层利用合法的民众运动，进行抗日救亡斗争。湖南省委根据南方局的指示精神，组织各级党组织新组建了一些进步抗日团体，创办了一批新的救亡报刊，出版发行了大量进步书刊，以邵阳为中心，形成了遍及湘中、湘西、湘南的抗日救亡运动新局面。1938 年 11 月由共产党员王礼中、毛特夫等组织的、以进步的中小学教师和青年学生为主的湘乡抗敌后援会战时工作团，深入农村开展抗日宣传和救亡活动。同年 12 月，由省委直接领导建立了长沙育英儿童抗敌工作团。工作团从 1939 年 1 月起，奔赴湘潭、湘乡、邵阳、衡阳、衡山等地巡回宣传，深受各界爱国人士和民众欢迎。1939 年 1 月成立的国

民政府军委会政治部第三厅宣传站邵阳分站和文化服务处，实际上成为省委主持的宣传机构，并在株洲、衡阳等地成立文化服务分处，在湘中各县设立60多所宣传基站。这些由共产党员掌握的宣传基站在全省各地分发抗日宣传品，组织壁报工作团、话剧团、歌咏队，开展抗日宣传活动。此外，还向延安输送了大批革命青年。

（六）指导湖南省委坚持团结抗战，反对分裂投降，巩固扩大抗日统一战线

1938年12月汪精卫出逃后，党中央和南方局指示湖南省委要坚决打击汉奸汪精卫和一切投降反共活动。根据党中央和南方局的指示，针对日本帝国主义的诱降阴谋和国内投降派的分裂活动，湖南省内各级党组织和一些抗日救亡团体进行了无情的揭露和斗争。1939年1月8日，省委和八路军驻湘通讯处在邵阳组织14个群众团体，召开声讨汪精卫叛国投敌与肃清汉奸的群众大会。同时，《观察日报》《抗战日报》连续发表文章，揭露汉奸投降反共的阴谋活动。全省各地党组织和抗日救亡团体也组织群众声讨汪精卫的叛国罪行，并对当地出现的投敌卖国现象予以迎头痛击。在坚决打击公开投敌卖国的汪精卫汉奸集团的同时，湖南各级党组织对国民党顽固派的分裂、反共行为，从团结抗战的大局出发，一方面继续争取与薛岳维持合作抗日，另一方面进行了有节制的揭露和反击，力争巩固并扩大抗日民族统一战线。1939年4月，当国民党顽固派决定查封《观察日报》时，报社党组织先是派人前往国民党省党部、省政府、第九战区政治部等国民党机关进行说理斗争，并通过周恩来转呈国民政府军事委员会政治部，请求登记，在一切努力失败、报社被查封后，党组织又组织力量发出停刊特刊，对国民党当局进行声讨。

（七）指导湖南省委积极培训游击骨干准备抗日武装斗争

由于全国抗战初期湖南尚处后方，全省各级党组织的工作重点主要放在组织和领导群众抗日救亡宣传上，而对武装斗争的认识和准备不足。但随着战争形势的发展，特别是随着战略相持阶段的到来，周恩来等南方局领导人多次指示湖南省委要重视并加强军事武装工作。湖南省委根据南方局领导人的多次指示，在1939年4月召开的省委第二次扩大会议上，强调要用全部精力进行紧急战斗动员，把武装工作提到第一位。在此前后，湖南省委开始组织党员学习军事，掌握游击战争知识，同时通过国共合作举办的南岳游干班、塘田战时讲学院、国民党第七十军战时步兵干训班、桂阳战时中学以及各地开办的民训班等，培养了一大批抗日游击骨干。

二、指导湖南省委贯彻执行“十六字”方针和“三勤”“三化”策略，及时实现斗争策略的根本转变

从 1939 年 6 月平江惨案发生到 1944 年 8 月长衡战役结束为第二阶段。在这一阶段中，针对国民党顽固派不断制造反共事件、政治形势日益恶化的情况，南方局领导指导湖南党组织，坚决贯彻执行“十六字”方针和“三勤”“三化”策略，将党组织转入农村和地下，实现了斗争策略的根本转变，为保存和积蓄力量、准备抗日武装斗争和发动民众支援国民党正面战场抗战付出了艰苦努力。

（一）指导湖南省委严正反对国民党反动派的分裂立场

平江惨案标志着国民党湖南当局全面公开反共的开始，与此同时湖南大部分地区陷入日军铁蹄之下，湖南党组织处境日益困难。面对湖南不断恶化的政治形势和作为正面战场紧张的战事，出于维护国共合作统一战线和保存党的骨干力量的考虑，一直高度关注和重视湖南革命斗争的南方局，坚决贯彻执行党中央关于国统区尤其是湖南工作的有关重要指示和部署，精心指导了湖南党组织进行斗争策略的转变和地下斗争的开展。就国民党顽固派制造的平江惨案，依据党中央制定的“坚持抗战、坚持团结、坚持进步”的三大政治方针和“发展进步势力，争取中间势力，孤立顽固势力”的斗争策略，南方局领导湖南党组织采取了有理、有利、有节的斗争，即“彻底揭露、明辨是非、争取多数、孤立少数、适可而止、主动团结”的斗争原则，力争政治上的主动。一方面，代表党中央与国民党当局进行交涉与抗议。平江惨案后，1939 年 7 月 1 日至 28 日，周恩来、叶剑英分别致电陈诚、何应钦等，提出严正抗议，要求迅速予以彻查，保证以后再不发生此类事件。另一方面，抓住平江惨案这个话题开展政治斗争，介绍真实情况，争取中间势力和公众的了解和同情。8 月 13 日，南方局在重庆组织盛大追悼会，到会的有各中间党派、社会团体代表和新闻界人士 1000 余人。与此同时，《新华日报》发表了由叶剑英组织南方局军事组撰写的文章，尖锐激烈地谴责反共投降派的阴谋。通过这一系列活动和斗争，虽然并没能够阻止国民党顽固派反共活动，但毕竟在全国人民面前表明了党坚持团结、反对分裂的严正立场，使人民充分认清了国民党顽固派反共的真实面目，在政治上赢得了主动。

（二）指导湖南党组织坚决贯彻执行“十六字”方针

平江惨案前后发生的一系列反共事件，反映出湖南各级党组织内部存在着种种不适应新形势的问题：一是组织形式方面，党的公开工作与秘密工作、公开机关与秘密组织严重混淆，公开的群众工作和秘密的党员活动都是同一部分人，对国民党顽固派反共活

动缺乏警惕性，致使许多领导人暴露了身份；二是在党员干部队伍方面，抗战初期大规模发展党员存在一定程度的重数量轻质量现象，使得一些基层干部和党员素质不高，遇到白色恐怖，便惊慌失措，或退党，或自首，或变节，给党的组织造成损失；三是工作方法工作作风方面，习惯于组织领导轰轰烈烈的公开的群众救亡斗争，忽视扎扎实实的秘密工作，特别是对抗日武装斗争的认识准备不足，坚持抗日民族统一战线中的独立自主原则不够。面对反共逆流和湖南党组织存在的问题，1940 年 4 月，党中央发出的《关于湖南工作的指示》中，提出了党在国统区实行“长期埋伏，积蓄力量，等待时机”的十二字方针和“短小精干”的原则。5 月 4 日，在毛泽东为党中央起草的《放手发展抗日力量，抵抗反共顽固派进攻》的指示中，更加明确地把党在国民党统治区域内的工作方针概括为“荫蔽精干，长期埋伏，积蓄力量，以待时机”的十六字方针。事实证明，这一方针是党在国统区斗争中的正确方针。

针对湖南党组织内部存在的问题，南方局指导湖南党组织坚决贯彻落实党中央关于国统区工作的十六字方针，研究制订了加强党的秘密工作、整顿巩固组织的一系列措施，指导湖南党组织实现了斗争策略的迅速转变。1939 年 6 月 29 日，南方局发出《关于组织问题的紧急通知》，指示各地党组织必须立即转变组织形式和工作方法，下决心调离已暴露的干部，并做出了党组织应从半公开状态转到基本上是地下状态等 10 条规定。这个《紧急通知》，为湖南党组织全面转入地下状态做了初步的准备。从 1939 年 7 月至 1942 年底，随着时局的发展变化，南方局领导湖南省委有计划有步骤地将省委机关和各地组织转入地下。

1939 年 7 月下旬，南方局制订了秘密工作条例，要求各地党组织建立完全秘密的机关，并实行与此相适应的工作方法。根据这一精神，湖南省委决定将已暴露的党员干部分批撤往延安或新四军中；对尚未暴露的党员干部进行调整，以社会职业为掩护，开展党的工作；疏散党所领导的战时书报供应所及各地宣传基站，各中心县委也迁入农村，党的工作由半公开状态转入秘密状态。统战工作的重点也由上层转向县、区、乡镇的地方实力派，学校工作由校外宣传转为校内宣传。与此同时，为了适应由公开工作向秘密工作的转变，根据南方局指示，省委在全省党组织中普遍开展了组织整顿和保密教育。同年 8 月，党中央《关于巩固党的决定》下发后，湖南省委根据南方局指示，立即组织学习贯彻，并于 10 月明确指示各级党组织，以整顿、紧缩、严密和巩固党的组织作为今后一个时期的中心任务，要求各地停止发展党员，集中力量整顿各级组织，清洗叛徒、奸细、投机自首分子和异己分子；同时，加强党内马列主义教育，正确处理公开工作与秘密工作、公开党员与秘密党员等关系。经过 3 个月整顿，32 个县级干部调动了工作，党员人数由原来的 5000 余人减为 2300 余人。在整顿组织过程中，各地党组织的思想、作风、纪律建设均得到明显加强。1940 年 4 月 22 日，党中央鉴于湖南的政治形势，专门发出《关于湖南工作的指示》，指出：湖南党所处的政治环境必然向更坏的方向发展，湖南党的工作总方针是“长期埋伏，积蓄力量，等待时机”。湖南党在组织上和工作上要按照这一方针进行彻底转变。根据中央这一明确的指示，湖南省委于5月在湘潭召开会议，专门研究精简组织，进一步撤退、转移、隐蔽干部，建立精干支部等工作。会后，各中心县委、特委按照省委的部署，积极进行精简组织与干部职业化工作。与此同时，根据中共中央关于精简党委组织机关的指示，从1940年2月起，从省委到县委，一律减为3人。至1942年6月，根据周恩来传达毛泽东关于取消大后方的省委、特委一级机构的指示精神，撤销了中心县委等机构，并进一步撤退和隐蔽了200多名干部党员。至此，湖南党组织的组织形式、工作方式等完全转入了秘密状态，省工委领导的党员600余人，与组织保持联系的党员仅180余人。①

（三）指导湖南党组织积极贯彻“三勤”“三化”策略

抗战初期，从事地下工作的党员没有社会职业和社会身份尚可生存，但自从1939年平江惨案发生后就困难了。周恩来在领导国统区党组织贯彻执行中共中央十六字方针的过程中，针对国统区复杂险恶的政治社会环境，创造性地提出了“三勤”（勤学、勤业、勤交友）、“三化”（职业化、社会化、群众化或合法化）的具体策略和工作方法。早在1940年9月10日，南方局开会讨论研究湖南工作时，周恩来就强调干部要真正地职业化。1941年1月皖南事变发生后，国统区的政治环境更加险恶，党的活动更加困难，南方局在指导各地党组织进一步撤退和疏散党员干部、改变组织联系方式以及加强党员教育的同时，明确提出了“三勤”“三化”要求。周恩来强调：处于地下状态的共产党员应该“职业化”和“社会化”，“每个党员及领导干部都要有职业”。“除了必要的少数人，一般的党员不能依靠党生活，要让党员在社会上为生活而斗争”，“要使党员社会化，不仅不脱离社会，而且要深入社会”。党员要“研究学问，学习主义”，“多交朋友”。在1941年4月15日至5月22日南方局召开的多次会议上，针对湖南等地党组织“在清洗内奸、巩固组织、审查干部等方面取得了成绩，干部已职业化，但还未社会化”的实际情况，要求各级党组织从领导形式到工作方法，实行完全的转变，真正走向地下。周恩来发言说：国民党政策日益走向法西斯化，即特务化，党中央确定的十六字方针很正确；政治路线要靠组织路线来完成，我们要撤退已暴露的干部，提拔新干部，这是保存力量的重要措施；光是这样还是不够的，如果不及时改变组织路线和工作方法，干部和党员还会继续暴露，党的组织还不够巩固，甚至还不能立足；党员要在社会上生根，每个党员及领导干部都要有职业，在职业中巩固组织，多交朋友，认识社会，鉴别各种人，研究学问，学习马列主义，巧妙地执行党的政策来为党工作。正是根据周恩来这一系列讲话精

---

① 中共湖南省委党史研究室：《中国共产党湖南历史（1920—1949）》，湖南人民出版社2008年版，第510页。

神，经党中央批准，被总结概括为“勤学、勤业、勤交友”的“三勤”和“职业化、社会化、群众化或合法化”的“三化”。所谓“勤学”，就是学生党员要努力学好功课，取得优异成绩，只有功课好，在同学中才有威信，才能站稳脚跟；“勤业”，就是要依靠家庭社会关系找到合法社会职业，广泛进入地方保甲、教育、军事、经济等单位和团体，努力搞好本职业务，反对急躁和暴露；“勤交友”，就是所有党员都要广泛联系群众，广交朋友。实质上就是要求党员干部彻底转变作风，搞好本职工作，在群众中扎根。“三勤”“三化”是对白区工作“十六字”方针的具体化，是周恩来等南方局领导人总结历史经验，对秘密党组织建设创造性的发展方式，成为党在国统区建设坚强的、战斗的党组织而必须采取的一项重要措施和策略。

（四）帮助湖南党组织负责人总结工作经验教训

转变斗争策略的任务提出之后，抓好领导班子的建设是关键。南方局十分重视这一问题。从1940年至1944年的数年间，每当时局出现新的变化或者党中央对国统区工作有新的指示部署时，南方局总是及时地召集湖南党组织负责人到重庆，听取工作汇报，组织学习讨论。1940年6月至9月，为了传达党中央提出的国统区工作的十六字方针，陆续通知所属各省委、省工委、特委负责人到重庆，听取工作汇报。八路军驻湘通讯处代表徐特立和湖南省委书记高文华相继赴重庆，汇报了湖南的工作情况；南方局专门开会讨论他们的报告和湖南工作，给予了明确具体的指示。周恩来还专门单独与高文华进行交谈，指出：湖南局势很危急，应加紧转移已暴露的干部，隐蔽党的组织，以隐蔽求生存，秘密开展活动，要适应群众斗争的需要，进行一些力所能及的斗争。高文华回湘后，按照南方局和周恩来的指示，在着手转移大批下级干部、党员的同时，也先后安排了省委成员的转移。1941年7月，袁学之受省委委派，到重庆向南方局汇报了湖南党的干部的疏散情况；湘南特委书记周里也赴重庆汇报湘南特委工作，在重庆停留5个月，看文件，学习毛主席著作，写工作报告，多次聆听周恩来所做的形势报告和关于开展秘密工作的指示，深受教育和鼓舞。11月14日，南方局开会讨论湖南党组织问题，认为湖南党基本的工作作风有了较大改变，能埋伏下来，但还不能说是巩固的，于是决定派周里回去联系可靠干部建立交通关系。周里于12月中旬回湖南后，及时向省委书记高文华汇报了南方局对湖南工作的指示。

从平江惨案发生到1944年湖南大部分地区沦陷的这段时间里，湖南党组织在南方局的组织领导下，及时总结工作经验教训，转变斗争策略，利用各种合法身份，一直坚持革命斗争，推动湖南抗日救亡运动，为支持配合正面战场的抗战和准备开展抗日游击战争做了许多艰苦细致的工作，发挥了积极的重要的作用。例如，衡阳县委委员李华楫领导的歌咏队，组织宣传队员上街募集慰劳前方将士的款物。歌唱、讲演刚刚完毕，听众纷纷涌向募捐箱，捐钱捐物，有的妇女摘下金戒指、金耳环，小学生们掏出了自己的零用钱，最感人的是一位人力车夫，当场揭开车座的木盖，从车斗里把所有的钞票、铜板一齐捧出投进募捐箱。根据周恩来等南方局领导人指示留在湖南坚持抗日救亡宣传活动的抗敌演剧队，三上湘北前线进行慰问演出。在后方，这支队伍曾在长沙、衡阳等地多次到当地驻军举行公演，并到当地医院为伤兵进行慰问演出。通过这些演出，给了前方将士、后方官兵以极大的鼓舞，激励着他们去前线英勇杀敌。第四军军长欧震看过抗敌演剧队的战地演出后，认为这项工作对部队鼓舞士气来说很重要，于是邀请抗敌演剧队协助他们也建立了一支类似的演剧队伍，即铁血剧团。

三、指导湖南省委在沦陷区积极发动群众，开展敌后抗日游击战争

从 1944 年秋湖南大部分地区沦陷后到抗战胜利为第三阶段。在这一阶段中，南方局坚决贯彻党中央做出的重大决策和部署，及时领导包括湖南在内的新沦陷区党组织开始了工作重点的转移，即在继续执行“十六字”方针的同时，动员组织人民，发展敌后抗日游击战争，迎接抗日战争的最后胜利。

早在 1944 年 5 月下旬日军大举进攻湖南前夕，南方局便通知湖南省工委负责人周里等前往重庆汇报工作。长衡战役开始后，南方局负责人王若飞、董必武等一直关注湖南战局的发展，王若飞与暂时留在重庆学习的周里多次交谈工作情况。7 月 8 日，董必武根据湘南形势的发展，特地致电中共中央，认为日军将打通粤汉、湘桂两条铁路线，敌后必甚空虚，建议即派干部赴湘南秘密组织游击队。10 月 25 日，党中央就湘、粤、赣三省工作指示南方局，同意派周里、张春林、谢竹峰等 3 人从重庆秘密转回湖南，布置敌后各县游击战争，但要求在敌未到或只经过而无久占意图地区的党组织，切莫过早暴露，免为顽方所乘，至于国民党所在地区的中共党员，仍应坚守“十六字”方针。

遵照党中央和南方局的上述指示，湖南省工委负责人周里等回到湖南后，在湘乡召开省工委会议，决定恢复、发展党组织，加强抗日统一战线工作，宣传共产党武装抗日主张，派地下党员赴湘中、湘南一带组织抗日游击武装，开展抗日游击战争，同时派一些党员进入基层政权组织，担任乡、保长，掌握乡保政权或建立两面政权，掩护党组织和地下工作者，争取国民党乡、保甲长站到人民方面，共同抗日。会后，省工委即派何大群、王来苏、朱汉樵等赴湘南，组织抗日武装；派刘鼎、孔福生等到长沙河西，秘密联系和指导地下党组织；周里、张春林等省工委领导成员则转移到湘潭、湘乡、宁乡 3 县边界地区的韶山，并以此为据点，在湘中地区领导抗日斗争。

湘北地区是湖南沦陷最早、人民受蹂躏时间最久的地区。临湘、岳阳等地早在 1938

年 11 月沦陷后就出现了受党影响而建立的抗日游击武装。特别是湘鄂赣特委根据南方局领导人叶剑英的指示，先后派党员在岳阳发动群众，争取抗日的合法武装，建立了两支游击队，人数达千人以上，开展了敌后游击战争。湘阴沦陷后，出现了名目众多的抗日游击队，其中影响较大的是何源渤领导的湘阴人民抗敌自卫团和谌茂点游击队。平江沦陷后，形成了 10 余支抗日游击队，广泛开展了抗日游击战争，其中以张礼仁为队长的“平北抗日自卫队”在八路军南下支队到达平江后，参加了湖南人民抗日救国军，张礼仁被任命为平江独立团团长，配合南下支队开展抗日游击战争。

浏阳沦陷后，在党的带动和影响下，全县人民开展了广泛的抗日游击战争。影响较大的有共产党员欧阳斌领导的洞阳游击队、周化驯领导的北乡炉烟洞游击队、南乡金刚游击队、彭汉云领导的永安游击队、彭志尧游击队。日军占领长沙后，共产党员杨海清组建了湖南人民抗日救国军河西挺进队，伺机出击敌人。醴陵共产党员余志宏利用其伯父的 30 余支枪，组织了醴陵抗日自卫队；攸县洣南等地也建立了游击队，以伏击偷袭等方式，打击外出侵扰百姓的日军。

湘中地区在省工委直接领导下，抗日游击战争获得了较好较快发展。1944 年省工委转移到韶山后，成立了直属省工委领导的韶山特别区委会，通过争取工作，掌握了韶山清溪乡乡政权和乡自卫队，在日军占领湘中地区的情况下，地下党领导乡自卫武装与日伪政权及日伪武装进行了坚决的斗争，保护了当地群众利益，在湘潭、湘乡、宁乡等县造成较大的影响。湘潭县陷于敌手后，湘潭县工委即在农村建立抗日先锋队和解放小组，发动农民群众组织起来，武装自己，进行抗日保乡，尤其是争取和掌握了张鹏飞、马扬德两支抗日游击队，使之成为党领导下的抗日武装。王震率三五九旅南下支队路经湘潭期间，将这两支抗日武装组编成“湘粤赣人民抗日自卫军”，在抗击日、伪、顽的进攻和保护南下支队过境等方面做出了贡献。

湘南地区，衡阳沦陷前，衡阳地下党组织即利用创办的雪竹山青年游击训练学校，培养了一大批抗日游击骨干，衡阳沦陷后，这批游击骨干团结四乡群众，竖起抗日义旗，向日本占领军展开了游击战。衡阳各种抗日游击队大小 30 多支，其中牌楼冲和金兰游击队、衡南地区抗敌自卫团、洪市抗日游击队等几支在打击日军的斗争中起了重要作用。1944 年冬受命赴湘南组织抗日武装的何大群、王来苏、朱汉樵等，与在湘南坚持斗争的原衡阳中心县委书记谢介眉等会合后，成立了湘南人民抗日游击队，并在耒阳、宜章、郴县、桂阳、资兴、永兴、安仁等地相继建立了抗日武装，发动依靠群众，狠狠打击日军。耒阳游击队遍布各地，神出鬼没地打击敌人。宜章县城沦陷后，组建了由共产党员罗良名任队长、拥有近千人的宜章抗日游击自卫队，坚持抗日统一战线，广泛联系当地上层人士和乡公所、警察所武装，在宜章、坪石、乳源一带，用土枪土炮痛击下乡抢掠的日伪军，打死打伤一批日军。郴县沦陷后，共产党员曹志民在小溪一带组织成立了

“杀日寇战斗团”，共产党员王奇在保和、华塘一带组织了抗日联军，还有以共产党员李达海为首的游击队，活跃在栖风渡、五里牌、油榨圩一带。安仁县共产党员何丁苟联合当地进步人士，组织成立的抗日游击队，在当地开展保境保乡的抗日游击斗争。永兴、资兴、桂阳、嘉禾等地沦陷后，均建立了游击队，开展了抗击日军活动。

湘西南地区，共产党员刘布谷奉命在湘桂边区和雪峰山一带建立抗日武装据点，开展游击战争。他发展原黄埔军校第二分校政治教官兼副大队长谢锦涛加入中国共产党，筹集了一批枪械，聚集了一批抗日爱国青年，正式组建了湘桂边抗日游击纵队，下辖 3 个支队，共计 1000 余人，500 多支枪，在新宁、武冈、东安等沦陷区开展抗日游击战争，先后对日作战 10 余次，这支抗日武装坚持到 1945 年春，因遭国民党顽固派“围剿”而被打散。邵阳沦陷后，共产党员尹如圭在邵阳县太一乡（今属邵东县）建立了一支抗日游击队，在衡阳、湘乡、邵阳边境一带袭击日军，开展抗日游击战争，游击队发展到 300 多人。武冈平镇乡（今属洞口县）共产党员萧健阶领导的抗日自卫队，在湘西会战中，多次配合正面战场对日作战。

当湖南人民在湖南省工委领导或影响下积极开展抗日游击斗争时，党中央先后派出了新四军江南挺进支队和八路军南下支队转战湖南期间，发动群众进行敌后游击战争，恢复发展党组织，建立民主抗日政权，开辟抗日游击根据地，极大地推动了湖南人民的抗敌斗争，为夺取抗日战争在湖南的胜利做出了贡献。

（作者单位：中共湖南省委党史研究室）

南方局与广东地方实力派的抗日合作

周艳红

摘　要：抗战期间，面对民族大义，南方局与张发奎、余汉谋、李汉魂等为代表的广东实力派摒弃成见，在军事等方面进行合作，共同抵抗日寇和汪伪政权的进攻。通过合作，扩大了中国共产党在华南地区的影响，打击和牵制了华南大量的日伪军，为华南地区抗战的胜利打下了坚实的基础，为华南抗战及全国抗战胜利做出了重要贡献。

关键字：南方局；广东地方实力派；抗日合作

自1931年"九一八"事变后，日本侵略者加强了对中国的入侵。1937年7月7日，卢沟桥事变爆发，日本对中国华北、华中地区发动了猛烈的攻势，妄图一举灭亡中国，上海、南京相继沦陷。接着，日军发动对华中、华南的进攻，1938年10月，广州沦陷，国民党广州当局北迁粤北。在民族存亡的生死关头，中共中央南方局（以下简称"南方局"）与张发奎、余汉谋、李汉魂等为代表的广东实力派进行抗日合作，共同抵抗日寇，为华南抗战及全国抗战胜利做出了重要贡献。

一、广州沦陷后的广东政局

随着日军占据华北、华中许多战略要地，切断了中国海上交通线后，华南及广州成为日军主要的侵略目标。为此，日军纠集了7万人、舰船500余艘、飞机200余架发动了对华南的侵略。1938年9月到10月，日本大本营下达进攻华南的作战命令，日军第十八、第五、第一〇四师团及海军和海军航空兵集结广东沿海。由于对战争形势估计不足，指挥不当，余汉谋率领的国民党军队节节败退，10月15日，广东省政府主席吴铁城、广州市市长曾养甫逃离广州，21日凌晨，随着余汉谋及其总司令部的撤退，广州被弃守。21日下午，日军占领广州市区，从此，广州及华南大部分落入敌手。

广州的弃守让全国的抗战形势更加严峻。作为全国抗战战略支撑点之一的华南战区有着重要的价值，不仅可以与湘、鄂、赣、晋、豫、陕以及苏、鲁、皖等其他若干战略支撑点一道，分担大西南陪都重庆的防御压力，而且华南地区的坚守，对全国人民保持抵抗日寇，以待国际局势变化的信心有着重要的影响。因此，广州、武汉失守之后，蒋介石开始重视广东、湖南、江西的防务，归还了粤系部队的建制，让其回援广东，并先后到长沙、衡山、曲江、桂林等地布置防务，做出种种安排。1938 年底，国民党中央改组广东军政当局，改任张发奎为代第四战区司令长官，主管两广军事。余汉谋被革职留任，免去第四战区司令长官，降为第四战区副司令长官兼第十二集团军总司令，实际上只是担任第十二集团军总司令。12 月 23 日，国民政府正式任命李汉魂为广东省政府主席兼民政厅厅长。华南的抗战就由以张发奎、余汉谋、李汉魂为代表的地方实力派负责。

张发奎，字向华，1896 年出生于广东省始兴县，是新粤系的代表人物之一。早年受“国父人格与革命精神所感召”，参加革命活动。1922 年，任北伐革命军警卫团第三营营长，1925 年，任革命军第四军（由粤军改编）第十二师师长，1926 年任第四军军长，与叶挺等共产党名将关系良好。在抗战期间，张发奎是一位比较倾向进步的、富有正义感和有爱国心的国民党将领。“七七”事变爆发后，张发奎积极抗战，表示“如果这次再不能对日作战，那么我决定入山为僧，今后永不问世事”。在淞沪会战时，张发奎被任命为第八集团军总司令，“誓流最后一滴血”，给日军很大的打击，得到共产党和爱国人士的称颂。10 月 6 日，上海救亡日报刊登了夏衍采访张发奎的赞诗：“把酒持鳌诧战云，一时饮者尽输君。浦江两用波涛壮，始信人间有铁军。”

余汉谋，字幄奇，1896 年出生于广东省高要县，毕业于保定陆军军官学校。1925 年 8 月，广州国民政府决定把在粤的各路军队统编为国民革命军，统一受国民政府指挥，余汉谋被国民政府委任为国民革命军上校团长，从此走上了国民革命的道路。1936 年，两广事变爆发，余汉谋成粤系的主要代表人物，负责华南地区的军事防务。

李汉魂，字伯豪，广东吴川人，毕业于保定陆军军官学校。1925 年，李汉魂在李济深的第四军第十二师任参谋长，跟随师长张发奎参加东征陈炯明、南征邓本殷的战斗，为统一广东革命根据地贡献力量。1926 年 7 月，他随军北伐，参加了汀泗桥、贺胜桥及围攻武昌等几次重大战役。1938 年 7 月，参加了武汉会战，英勇抗击日军。

随着国民党广东省党政机关北迁曲江（韶关），广东上层政治势力之间也发生了变化。1939 年初，张发奎在曲江宣誓就职并发表了坚持抗战的《告军人书》，强调“团结、整军、惩贪、民运、进步”，接着前往第十二集团军总司令部（驻翁源）并发表训示：“入粤并非为了争官要地盘，而是来协助余总司令振军经武。”此时，余汉谋因为广州失守而备受社会舆论谴责，正为挽回名誉、恢复实力而颇为隐忍地埋头整顿。余汉谋表示要“复兴四路军”“明耻教战”，并号召部下“广州是在广东军人手上丢失，要凭广东军人之手夺回”[①]等，鼓励官兵振作抗敌。1月25日，省主席李汉魂发表了经省府会议通过的《告广东各界同胞书》，其中指出，当以“抗战高于一切”为前提，做到“人人抗战，处处抗战，以保持我独立之主权，要加紧政治动员，以协助军事收回失地”。他提出当务之急是“褒扬忠义，选用贤能，铲除贪污土劣，肃清汉奸土匪，以及厉行禁烟禁赌”“成立省赈济会……从事难民难童救济，失业失学救济，以及灾病变害救济”。他还明确指出，抗战至此阶段，“决胜已不在都市而在乡村，主力已不在士兵而在民众”，因此必须“一方面从事乡村经济之建设。一方面从事于人民之组织与训练……”[②]这些方针政策基本符合当时广东的实际情况，也为共产党在广东的活动提供了一定的空间。

二、南方局与广东地方实力派的抗日合作

“停止内战，共同抗日”，是共产党面对民族危亡而提出的政策。1935年12月，中共中央在瓦窑堡召开政治局扩大会议，通过了《中共中央关于目前政治形势与党的任务的决议》，制定了抗日民族统一战线的策略方针。面对日益严峻的抗战形势，中共中央不断加强建立国共合作的抗日统一战线，加大与国民党的合作力度。为此，1938年1月，八路军驻广州办事处成立，由云广英担任主任，作为共产党在广东的唯一合法机关，专门负责公开的抗日统战工作，在宣传抗战、推动广东抗日救亡运动的开展方面做了大量的工作。

随着国民党兵退曲江，中共广东省委一方面继续动员和组织共产党员和全体人民奋起抗战，支持政府保卫华南、保卫广州，另一方面，广东省委机关也随之北撤。1938年10月18日，中共广东省委在广州百子路八路军办事处召开紧急会议，由省委代书记李大林和长江局巡视员黄文杰主持。为保存力量，会议决定省委机关立即迁往粤北，原在广州的共产党员分散到各地农村。

随着广州、武汉的相继沦陷，中国抗战进入战略相持阶段，中共中央决定调整全国各地区党的组织机构，从而在国共合作中发挥更加重要的作用。1938年底，在原来长江局的基础上组建西南局（后改名为南方局）。1939年1月5日，中共中央书记处会议确定西南局成员名单，有周恩来、博古、凯丰、张文彬、徐特立、叶剑英、廖承志、邓颖超、刘晓、高文华、董必武，以周恩来为书记。1月16日，因考虑到在华南及西南地区

① 李洁之：《抗战时期四、七战区交替始末》，载《广东文史资料》（第55辑），广东人民出版社1988年版，第86页。
② 广东省政府编译室编印：《战时粤政》，1945年版。

成立的中央局以“南方局名称为好”，西南局改名为南方局，在重庆建立。

作为中共中央的秘密派出机构，南方局负责领导四川、云南、贵州、湖北、湖南、广东、广西、江苏、江西、福建、香港、澳门等省区党的工作。成立不久，南方局负责人周恩来、博古等分别到广东、江西、湖南等地调研，指导各地抗日救亡运动。面对复杂的抗战形势，南方局要求广东省委加强与地方实力派的合作，建立抗日统一战线。中共广东省委和八路军驻粤办事处迁到曲江后，根据广东政治形势的变化，南方局和广东省委认为，战争在全国范围内展开，将迫使广东当局进步，刺激民众运动的开展，推动民族觉悟的提高，应进一步加强与广东地方实力派的抗日合作。

根据南方局的部署，广东省委进一步开展各方面的统战工作，着重做好对张发奎、余汉谋的工作，同二者建立了较好的关系。1939 年 1 月，南方局委员、广东省委书记张文彬在曲江主持召开省委第四次扩大会议，会议的主要内容是传达中共中央六届六中全会精神，分析广州失陷后的抗战形势和如何对改组后的广东国民党当局开展统战工作的问题。会议认为，改组后的广东国民党当局内部，派系复杂，中央派和地方实力派都没有足够强大的力量主宰一切。中央派是两广事变、陈济棠倒台之后才插足广东，羽翼未丰；地方实力派则屡屡受到蒋介石的摧折，日趋寡弱，而刚入主粤政的李汉魂的力量也才开始建立，且蒋介石亦不希望李的力量太大。“所以无论哪一个军阀到广东，他第一步都要建立自己的势力”，稳定粤局，抵抗日寇的侵略，因而都愿意与共产党人和其他进步力量共同抗日。因此，抗战形势的进一步发展“迫使当局进步”，中共完全可以利用广东复杂的派系矛盾开展工作。中共与广东地方实力派抗日合作主要在以下几个方面展开。

（一）开展军事合作

与国民党军队的合作，到国民党军队中参加抗战，是当时共产党的一项重要政策。1938 年，中共广东省委提出“到军队、自卫团去”[①]的口号。4 月，遵照中共中央长江局的指示，中共广东省委专门讨论党在抗日武装部队中工作的方针问题，决定通过输送学生投考军校或训练班、组织随军服务队进入军队组织、参加战区政治部和通过各种社会关系加入部队的途径，到国民党部队中去参加抗战。而此时，广东地方实力派面对不断的失败，也需要共产党员、进步青年和学生加入国民党队伍，提高国民党军队的战斗力。余汉谋到达粤北后，欲重振自己的势力，会见八路军驻粤办事处主任云广英，请云给他输送一些有能力之人才，以帮助他整顿军队。1939 年初，中共广东省委向南方局报告：余（汉谋）此时欲埋头苦干，用比较进步的办法复兴十二集团军。面对这一良好时机，

① 《中共广东省委南杰给长江局的报告》（1938 年 5 月 24 日），载《广东革命历史文件汇集（中共南委广东省委文件）》（1937—1939），中央档案馆、广东省档案馆，第 181 页。

南方局要求广东省委“大量帮助之”。这样，余汉谋成立了隶属军官训练团的十二军政工总队，进行培训政治工作人员，以加强军队的政治工作，提高部队的战斗力。

政工总队成立后，即派出干部分别到曲江、梅县等设立考场，招收学员，经过考试、挑选，从社会进步知识青年和中学生中招收了一批学员，加上在北江、西江一带活动的广东青年抗日先锋队和从安南回国的华侨服务团、香港学赈会回乡服务团、澳门四界（学术文化界、音乐界、戏剧界、体育界）回内地服务团以及广州艺协、蓝白剧团等团体集体进来的地下学员共800多人。这些学员的加入，大大提高了余汉谋部队的战斗力。1939年末和1940年夏的两次粤北会战中，各部队政工队纷纷走上抗日前线，出入于枪林弹雨之中，或在阵地上鼓舞士气，或协助长官指挥作战，或组织群众搬运弹药、抢救伤员。战事结束后，又参与清理战场、调查伤亡、慰问部队等善后工作。中共党员陈兆佳、黎景尹、洪佩兰等在战斗中牺牲。中共党员、152师政工队员（后任该师454团第七连指导员）姜渭康，在一次阻击战中炸伤三名日军，完成掩护部队的任务，自己身负重伤。时任第十二集团军政治特派员主任秘书郭翘然回忆道：当时粤北两次胜利，确实是同第十二集团军政工总队800多名青年下到连队宣传民族大义、坚持抗战、振奋军心分不开的。①

（二）共同宣传抗日

为建立抗日统一战线，共同抵抗日军，推动军官、士兵坚持抗战到底，张发奎、余汉谋等地方实力派对中共的抗日宣传大都采取合作态度。早在淞沪会战时，张发奎就主动寻求与共产党的合作，筹建了第八集团军战地服务队。利用这一机会，周恩来派钱亦石、杜国庠、左洪涛等人成立组建了中共特别支部，直接接受他的领导。张发奎进入广东后，特支部分成员分配在第四战区司令部工作。他们在南方局的直接领导下，以在战区长官部工作的特殊地位，协助广东省委开展政治宣传教育活动，会同陈汝棠、潘允中等办卫生人员训练班，主持政治理论教育。他们还在政治上、工作上协助在粤北的广州儿童剧团、国民政府军委政治部直属第五政工大队、四战区政治部第四政工大队等。同时，周恩来还指示特支协同广东国民党省党部书记长余森文创办《北江日报》，同时特支成员还运用各种条件，扩大抗日宣传活动范围，特别支部成员刘田夫等担任了长官直属警卫部队的营、连指导员，开展各种政治宣传活动，组织读书会，创办士兵夜校，动员长官部的军官、警卫员、士兵参加学习。1939年4月，特支在取得张发奎的同意下，先后派人到东江、西江、北江地区工作，并在惠阳地区创办游击干部训练班和游击基干大队，受训练的人员中，后来有不少加入了共产党。

---

① 郭翘然：《我从事华南民主运动的回忆》，载中共梅州市委统战部、梅州市委党史研究室主编：《郭翘然》，1994年，第29页。

（三）共同反对汪精卫伪政府投降卖国和顽固派的破坏活动

广州沦陷后，日军就在广州成立了伪政府，并且招募了数万伪军，多次向粤北的广东地方实力派招降。1939 年 7 月 23 日，南京伪国民政府主席汪精卫从上海飞抵广州，密求华南日军司令官安藤利吉支持他在广州建立“华南政权”，并决定利用自己与粤军旧部李汉魂等人的私谊，部署拉拢华南地方实力派工作，“目前首先置重点于张发奎与邓龙光，并秘密与李汉魂、吴奇伟、薛岳联络”①，在华南地区部署阴谋卖国活动。8 月 9 日，汪精卫在广州日军司令部以《怎样实现和平》为题，用粤语进行劝降广播，宣称“如果广东方面的行政当局和军队，能先成我的和平主张，则我必能得安藤最高指挥官的同意，先在广东做起部分停战，而以次及于全国和平得以完全恢复”②，一些汉奸也公然活动，鼓吹对日妥协的卖国投降言论，华南的抗战局势面临严峻的考验。面对这些卖国行为，共产党与广东地方实力派都予以坚决的回击。张发奎、余汉谋、李汉魂等人于 18 日发表讲话，痛斥汪精卫。1939 年初，张发奎以第四战区长官部的名义，会同李汉魂等人在曲江举行声势浩大的火炬游行，声讨汪精卫。这些不妥协的爱国行为，击败了日军以华制华的阴谋，也激化了日伪内部的矛盾。由于受到广东地方实力派爱国感情的感召，有些地方的伪军官兵进行了反正，严重地打击了日军在华南的侵略，挫败了日军“以华制华”的阴谋。

在开展抗日合作的同时，南方局要求粤北各级党组织对顽固势力按照有理、有利、有节的斗争原则，打击顽固派的破坏活动。1939 年秋，在进步人士李章达的推动下，张发奎的秘书、共产党员左洪涛针对当时国民党秘密颁发的《限制异党活动办法》等反共文件，在曲江举办了一次关于“民主与宪政”的讲演，主要阐述国共合作、团结抗战的必要性，深得广大群众的欢迎和拥护。左洪涛从爱护国民党、要求国民党改弦易辙、团结抗战到底为出发点，以实事求是的态度揭露了国民党反动派的专制独裁、腐败无能、消极抗日、积极反共、破坏团结抗战、违背孙总理遗教的种种劣迹，吁请各界爱国人士敦促国民党政府开放民主，实施宪政，保障民权，改善民生，指出中国需要坚持抗战，团结进步，反对投降、分裂、倒退。左洪涛这次颇具影响的演讲，不仅大大地激发了广大青年爱国抗日的热忱，而且对国民顽固派制造的反共政策给予了有力回击。

然而，国民党顽固分子、第四战区政治部主任邱誉却暗中派《阵中日报》主管谢寿南混入场内监听，为破坏我党抗战活动寻找依据，会后连续发表两篇社论，攻击左洪涛的讲话言论，认为有危害党国之嫌。为了打击邱誉等顽固派的阴谋破坏活动，南方局委员、中共广东省委书记张文彬和左洪涛，利用第四战区长官司令张发奎与国党中央势力

---

① 蔡德金：《历史的怪胎——汪精卫国民政府》，广西师范大学出版社 1993 年版，第 61 页。

② （伪）《中山日报》，1940 年 4 月 14 日。

顽固派分子邱誉之间的矛盾，促使张发奎在其党政军负责人联席会议上，训斥了邱誉的破坏行为。张发奎义正词严地说：左洪涛秘书应邀到青年会讲演，是我同意的，他的讲话提纲也经我审阅过。他是我的秘书，你们攻击他就是攻击我。你们对团结抗战宣传动员工作横加诽谤，是何居心？致使国民党顽固派威风扫地，邱誉不得不离开第四战区政治部。

三、南方局与广东地方实力派抗日合作的作用与意义

在南方局、中共广东省委的努力下，中共与张发奎、余汉谋、李汉魂等广东地方实力派能在抗战的大旗下进行合作，华南地区的抗战和民运形势都呈现了良好的态势。1940年3月7日，张文彬向南方局汇报：由于种种原因和条件的促使，曲江出现了短暂的坚持团结、抗战、进步的新气象。[①] 地方实力派与中共的抗日合作，扩大了中国共产党在华南的影响，坚定了广东人民持久抗战的信心，并且对全国全局的抗战胜利都起了积极的作用。

（一）南方局与广东地方实力派的抗战合作，扩大了中国共产党在华南地区的影响

广州等地的沦陷，造成了广东政治局势的不断变化。由于内战时期造成的裂痕以及官场争权夺利的积弊，张发奎、余汉谋、李汉魂等广东地方实力派与蒋介石中央政权的矛盾加剧，同时，张发奎、余汉谋、李汉魂之间也存在着很大的矛盾，心存芥蒂，貌合神离。南方局、广东省委抓住这一有利时机，坚决贯彻执行党中央关于“发展进步势力、争取中间势力、孤立顽固势力”的方针，在发动群众进行抗日斗争的同时，把争取同张发奎等广东地方实力派的抗日合作摆在重要的位置。在合作的同时，南方局注重建立中共的秘密组织。在成立政工总队伊始，中共就成立了秘密组织，即第十二集团军政工总队工作委员会，由中共广东省委青年部部长吴华（吴济生）直接领导，由政工总队队员廖锦涛（澳门四界回内地服务团、中共澳门区工委委员）担任书记，陈中夫、陈长源为委员。接着，各中队（独立区队、特别区队）也成立了党支部或党小组。这些党组织的建立，不仅为共产党在政工总队及第十二集团军中的活动提供了组织保障，极大地鼓舞了第十二集团军将士们的抗日热情，而且扩大了中共的影响力，不少民众纷纷加入中共领导的游击组织，人民抗日武装得到了发展壮大，成了华南地区的主要抗日力量。

---

① 张文彬：《关于广东工作报告》（1940年3月7日），载《广东革命历史文件汇集（中共南委广东省委文件）》（1940年），中央档案馆、广东省档案馆印，1986年，第69—132页。

（二）南方局与广东地方实力派的抗战合作，坚定了华南民众持久抗战的决心和信心，打击和牵制了华南大量的日伪军，为华南地区抗战的胜利打下了坚实的基础

广东地方实力派北撤曲江之后，都及时检讨了抗战失败的原因，加大了与中共的抗日合作，实施了一系列有利于安抚民心和调动民力的措施。在中共和广东地方实力派的共同宣传和努力下，开展了以曲江为中心的广东救亡运动，驻粤部队的战斗力大增，广东民众恢复了抗战必胜的决心和信心。这些救亡运动的开展给日军带来了很大的困扰。地方实力派的武装与中共领导的抗日游击队经常袭扰日军，取得了不少的战果。在敌占区，共产党领导的东江纵队、珠江纵队也在反“清乡”中屡歼日伪军。在双方的抗日合作下，华南日伪军顾此失彼，穷于招架，为华南地区抗战的胜利做好了充分的准备。

（三）南方局与广东地方实力派的抗日合作，保证了一定物资和人员到达内地地区，为全国的抗日斗争提供了物质和兵员的援助

日军认为广州和香港形成了中国最大的军需运输线，而切断这条运输线将成为确立占领的永久态势的必须条件。[①] 所以，在徐州会战后，日军加紧侵略华南，就是要封锁中国国际补给线，使中国陷入孤立的处境，迫使中国政府投降。但是由于中共与广东地方实力派的奋起反抗，日寇的这一阴谋并未得逞。日军在侵占广州后，兵力集中在广州、虎门及附近的狭窄地带，中国军队趁机收复了惠州，利用大亚湾澳头这一出海渠道与香港进行货运交流，大量抗战物资和爱国华侨青年通过这里到达重庆和延安。在1941年日军占领香港后，大批文化名人也是通过这里到达内地的。另外，广东地方实力派还开辟了阳江出海通道，广东南路的大量农产品以及广西、贵州和四川的许多商品流入香港市场，换回了战时需要的战略物资和生活必需品，援助了中国全局的抗日战争。

（作者单位：中共广州市委党史研究室）

① 堀场一雄：《日本对华战争指导史》，军事科学出版社1988年版，第145页。

广西省工委在隐蔽战线中的斗争策略研究

乔珍明

摘　要：桂林“七九”事件后，钱兴领导广西省工委在隐蔽战线中讲究斗争策略，为党的事业做出了巨大贡献。主要的斗争策略有：“荫蔽精干”，重建省工委；开展揭露敌人、教育同志的舆论宣传；生产自救，克服经济困难；放手发动群众组织抗日武装；结交社会名流，开展统战工作；开展游击战，配合解放军正面战场。

关键词：钱兴；广西省工委；隐蔽战线；斗争策略

中共广西省工委在艰苦的环境中壮大党组织力量，机警地进行地下活动，在领导抗日力量，加强统战工作等方面进行了卓有成效的努力。在与国民党顽固反共势力的博弈中，钱兴领导广西省工委在隐蔽战线中讲究斗争策略，为抗战胜利和广西的解放做出了巨大贡献。

1942 年 5 月，中共广西省工委的上级组织——中共南方工作委员会组织部长郭潜被捕叛变。1942 年 7 月，郭潜引领中统特务窜到中共广西省工委所在地桂林。7 月 9 日，国民党当局在桂林大肆搜捕我地下党同志，省工委副书记苏蔓、省工委妇女部长兼桂林市委书记罗文坤、中共南委特别交通员张海萍等人被捕，导致中共广西省工委机关遭到了严重破坏，这就是桂林的“七九”事件。

桂林“七九”事变发生后，中共广西省工委书记钱兴同志迅速布置安排在桂林的党组织和大部分党员安全转移，钱兴本人在房东的掩护下逃离敌人的魔爪，转移到灵川县隐蔽。随后钱兴对桂中、桂东各地秘密考察，于 1942 年 10 月将广西省工委机关转移到钟山英家。省工委机关转移到英家后，一大批广西各地的党员干部也在省工委的组织和安排下转移到钟山英家。这些同志转移到英家后，党组织巧妙地根据各人的情况安排他们从事较恰当的职业，如：有的给地主打工，有的做小学老师，有的做私塾老师，有的挑起货郎担，有的做庙祝，包括钱兴本人也干起开荒种地、割草烧石灰的粗重农活。在极其艰苦的条件下，钱兴领导省工委的同志们以身作则，克服重重困难，在国统区荫蔽精干力量，蓄势待发，为我党培养和锻炼了一批坚强的无产阶级战士。

广西省工委机关在“七九”事变中由于叛徒的出卖，遭受了重大打击，省工委机关主要成员几乎全部被捕。但是，在钱兴的带领下，广西省工委机关竟然又能够在短时间内重建机关，并恢复工作。此时，广西省工委与南方局失去了联系。然而，广西省工委机关在失去党的上级组织的领导下，钱兴独当一面，根据形势的变化，开展党的地下工作。在隐蔽战线中，中共广西省工委始终坚持“荫蔽精干，长期埋伏，积蓄力量，以待时机”的白区工作十六字方针，严格按照“三勤”“三化”要求，积极稳妥地开展工作。广西省工委在隐蔽战线出色地开展各种对敌斗争，其成功的斗争策略主要有以下几个方面。

一、“荫蔽精干”重建省工委的组织措施

桂林“七九”事变后，钱兴为尽快加强省工委的领导力量，保证省工委工作的正常运行，他先后从桂林、柳州等地抽调得力领导干部。如，将黄嘉调任中共桂东地区特派员，庄炎林任省工委交通员，肖雷任省工委交通员、中共英家特支副书记，吴赞之任省工委机关办事员，韦立仁任中共桂东地区交通员。不久，钱兴将这些同志转移到英家工作，重新建立了相对稳固的中共广西省党组织的指挥中心。

1943 年 2 月，钱兴、庄炎林、肖雷、王家纪等分头到桂中、桂南、桂北和怀集等县，寻找联络“七九”事件后分散隐蔽的党员，重新建立党组织关系，整顿和建立新的交通联络点，迅速恢复了省工委同各地党组织的联系。为了省工委在桂东地区活动的安全，黄嘉受命对桂东 11 个县的党组织做了调整，先后建立古城支部、荔（浦）蒙（山）修（仁）特别支部、贺县特别支部，将恭城县党支部、怀集县党支部改为特支；调整和健全英家特支，任命张赞周为书记，肖雷为副书记，特支下设英家支部、英家农村支部和英家小学支部；昭平、富川两县的党组织由钱兴直接领导。经过调整，各县党组织都有所加强，形成了以省工委为中心、桂东地区各基层党组织为支柱的格局，建立健全了省工委机关的安全保障体系。为了确保党组织的安全，各地前来汇报、请示工作的同志，必须先找到张赞周，对上联络暗号后再由张安排与钱兴见面，这些同志均安排在白沙井村附近的马头山山腰的岩洞内住宿，由张赞周和妻子何秀清负责送饭。省工委在英家的几年时间里，这小小的岩洞接待了数以百计的我党同志，此岩洞被誉为省工委机关的秘密“招待所”。

在钱兴的直接指挥下，省工委不但保存了全省地下党的主要力量，使各地受到敌人摧残的党组织得到了较快的恢复，还新建了一批党组织。到 1944 年底，广西全省党员总数已恢复到“七九”事件前的 900 多人，先后建立了 4 个县委、17 个县特支，另有近 10 个县、市新建了 30 多个支部。①

---

① 中共广西壮族自治区委党史研究室：《中国共产党广西历史》，中共党史出版社 2004 年版，第 305 页。

二、开展揭露敌人，教育同志的舆论宣传斗争

桂林“七九”事件导致广西省工委领导人苏曼、罗文坤及南委交通员张海萍牺牲，国民党桂系当局在《扫荡报》发表所谓三人“桃色事件”的造谣文章，污蔑苏、罗、张三人在学校搞三角恋爱而自杀以掩人耳目。为了揭露敌人的阴谋以教育我党同志，钱兴以“中共桂委”的名义亲自起草了《为反对顽固反共分子继续摧残告广西当局暨各界父老书》，派人到各个学校散发，借此揭露国民党顽固派和桂系当局的反共罪行和无耻阴谋。

广西省工委被破坏后，国民党桂系当局继续疯狂破坏中共在广西各地的地方党组织，大肆搜捕中共党员，于1943年接连制造了玉林“一・一三”、南宁“一・一五”等一系列反共事件。面对疯狂的敌人，钱兴沉着从容地坚持战斗。钱兴在重建广西省工委之后，先后指示肖雷、林为鋆秘密刻印《为反对顽固反共分子继续摧残告全体同志书》，以“中共桂委”的名义散发到全省各地，向广西各界人士揭露国民党顽固派的反共阴谋和残酷迫害共产党人的事实真相；号召全体党员学习苏蔓、罗文坤、张海萍3位同志宁死不屈的革命气节；痛斥叛党变节的罪恶行径。两文告既如投枪匕首，揭露了敌人的罪行，又如号角警钟，教育和鼓舞了同志，引导广大党员坚定共产主义信仰和抗战必胜的信心。

三、克服困难生产自救的经济措施

广西省工委同上级组织失去联系后，经费十分困难，有时候甚至连生存也受到了极大的威胁。为了保障同志们最低的生活所需并解决党组织活动经费的困难，张赞周、王家纪、陈作民、朱维新常常从家里拿出钱粮接济省工委的同志。庄炎林两次回香港变卖家产，把所得的全部资金无偿地交给党组织。打入英家乡公所任乡长的王家纪则利用职权，把反动当局收到的征兵谷、税金、赌捐设法扣留一部分，转交给党组织。在英家中心校教书的黄希文、李林林、区炜、黄若冰等同志，尽量节衣缩食，把微薄薪资剩余的部分交作党费，以解决党组织的燃眉之急。肖雷、林为鋆当过庙祝，靠香火钱度日。邓盛标等同志靠帮别人打短工维持生活。在国统区的共产党人不但要时时警惕敌人的追捕和监视，还要克服生活上的重重困难，这的确是十分严峻的考验。没有坚定的共产主义信

仰的人，是过不了这一关的。

省工委书记钱兴在失去组织联系后，更是以身作则，领导全省同志克服各种困难。从桂林撤退到钟山英家，钱兴夫妇和吴赞之以一家人的名义，利用“难民”的身份，把省工委机关转移到牛垌，同莫晚叔等难民一起，开荒种地、割草烧石灰，进行更艰苦更隐秘的地下革命工作。初到牛垌时，他们的生活极端困难，有时整天吃不上一粒米，经常以野菜充饥。一件破大衣，一床破毯子，一双草鞋就凑合着过一个冬天。经过艰辛的劳动，用烧出的石灰换回稻谷和其他生活用品，以保障同志们最基本的生活所需。吴赞之则经常挑着货郎担走村串户，为党筹集活动经费。

在桂林“七九”事件后极其艰苦险恶的环境下，中共广西省工委如果不能克服经济上的困难，那就只能被扼杀。但是，钱兴领导重新建立的中共广西省工委，凭借坚定的共产主义信仰，依靠对党组织的无限忠诚，经过一年多时间的艰苦奋斗，成功克服了非经历者难以想象的经济困难，不但让转移、撤退到农村的党员干部牢牢地站稳了脚跟，隐蔽了下来，而且使党组织更深地扎根于农村和广大农民群众之中。

四、放手发动群众组织抗日武装的抗日策略

1944 年，日军入侵广西。同年 7 月，广西省工委为贯彻南方局关于“大力宣传党的抗日主张，放手发动群众，组织抗日武装队伍，建立抗日游击根据地”的指示，于 8 月做出了“一切为了建立抗日武装”和“一切为了发展游击战争”的抗日武装斗争决定。在省工委的正确领导下，桂东北人民抗日纵队临阳联队、全灌抗日游击队，柳北地区的融县抗日挺进队、柳江青年抗日挺进队等人民抗日武装迅速建立起来；钦廉四属抗日武装起义、桂东南地区抗日武装起义全面爆发。在众多人民抗日武装中，最著名的是由钱兴直接领导，以黎禹章为队长、黄嘉为政委、肖雷为副政委兼政治部主任的桂东北人民抗日纵队——临阳联队。临阳联队按照八路军、新四军的制度组建，有 2 个大队、6 个中队和 1 个民运队。他们战斗在漓江两岸的灵川、临桂、阳朔、荔浦、平乐、恭城等县，建立了兴坪区政府抗日民主政权，建立了临阳抗日根据地。临阳联队共对敌作战 11 次，毙伤日寇 30 多人，俘虏顽军 40 多人，缴获重机枪 1 挺、轻机枪 2 挺、长短枪 250 多支，击沉日军运粮船 4 艘，击溃敌伪船队 3 支。[①] 1945 年夏，日本侵略军撤退，国民党顽固派趁机调集主力“围剿”临阳联队，妄图消灭共产党领导的这支抗日武装。根据形势的发展，中共广西省工委将临阳联队化整为

① 中共钟山县委党史办:《中国共产党钟山历史》,2011 年版,第 36 页。

零，保存实力，分批撤到桂东、桂北地区，继续坚持斗争。

共产党领导的广西抗日武装力量，是广西省工委积极落实中央指示的结果，有效地打击日本侵略者，为抗日战争的胜利做出了重大贡献。同时，这支坚强有力的军事力量为解放战争的到来乃至全中国的解放创造了条件。

五、结交社会名流开展统战工作

1944 年，长沙、衡阳相继陷落。南方局为确保桂林的各民主党派进步人士的安全，派党员李亚群到广西做好疏散前的准备工作。周恩来在重庆通过口信指示胡希明等南方局党员，协助李济深等民主人士的撤退以及抗日工作。在共产党员张锡昌、周匡人的安排下，何香凝、梁漱溟、陈绍先、陈此生、千家驹、欧阳予倩等民主人士以及一批社会团体、企业撤到了贺州黄姚古镇。

广西省工委充分意识到黄姚的地位和作用。为了加强同爱国人士的联系以及合作，广泛发展抗日民族统一战线，推动敌后抗日斗争，广西省工委先后派交通员张炎林、卢蒙坚等到黄姚工作。广西省工委书记钱兴到黄姚与张锡昌、周匡人联系，并派党员到黄姚工作，与各民主党派进步人士开展合作，用建议的方式转达广西省工委的工作意见。广西省工委利用《广西日报》的电台、电讯和通讯，及时掌握了国内外形势的发展，从而制定出正确的斗争策略并进行工作部署。

1944 年 9 月桂林陷落前夕，中共党员狄秋白回重庆向南方局汇报工作。周恩来指示狄秋白回到广西协助梁漱溟筹建中国民主同盟东南总支部。狄秋白先后介绍在黄姚活动的党员张锡昌、周匡人、刘彦邦和民主人士千家驹、欧阳予倩、莫乃群等加入民盟。1945 年 1 月，民盟黄姚支部成立。①

广西省工委非常关心和重视民盟的工作，指示在黄姚工作的党员对民盟黄姚支部的工作予以大力支持，以加深广西地下党组织与民盟及各民主党派的关系。钱兴多次会面欧阳予倩、徐寅初、千家驹等民盟成员，商讨在桂东开展民盟工作和敌后民主运动等问题。省工委与民盟、各民主党派紧密合作，以黄姚中学和《广西日报》为阵地，积极宣传党的政策，鼓舞了人民群众参与抗战的积极性。各地民众抗日热情高涨，踊跃参加了各种类型的宣传活动，自觉维护社会治安，乐捐钱粮支持抗日活动。

以钱兴为首的广西省工委领导机关贯彻党的工作精神，积极主动与社会名流加强联

---

① 昭平县史志办公室：《中共广西省工委在黄姚》，2005 年版，第 5 页。

系，通过工作关系争取到各界人士的大力支持。通过《广西日报》、黄姚中学、中国民主同盟等平台加强了与民主人士以及社会名流的合作，扩大了统一战线，获得了他们的信任与理解，收获了更多的朋友与支持。

六、开展游击战配合解放军正面战场的军事斗争

1947年，解放战争的形势天平向共产党一方倾斜，中共广西省工委为贯彻党中央关于开展国民党统治区农村游击战争、配合解放大军正面战场作战的指示，省工委书记钱兴在英家制订了广西武装起义斗争的战略决策。1947年4月，在横县陶圩乡六秀村召开了全省各地区党组织负责人会议。钱兴在会上做了《一切为着准备武装起义而斗争》的政治报告。会议制定了“积极准备武装起义，广泛发动游击战争，创造游击根据地，摧毁反动政权，建立新解放区”的总方针、总任务，并对全省的武装起义做出了具体部署。广西省工委长期坚持的“荫蔽精干，长期埋伏，积蓄力量，以待时机”的白区工作十六字方针，这时候由“荫蔽精干，长期埋伏”的策略迎来了“积蓄力量，以待时机”的这样一个转折点。这次会议是广西地下党工作的转折点，也是广西地下党实现工作重点由地下斗争转为公开武装斗争的战略转变，把广西的革命斗争推向了一个崭新的阶段，对于推动和发展广西的游击战争起到关键性的作用。

中共广西省工委横县会议后，与会人员返回原地区，各地党组织按照会议的部署，加紧做好各项准备工作，伺机发动武装起义。随后席卷全广西的革命风暴，在军事上给敌人以有力的打击，在政治上摧毁瓦解了国民党的大批基层政权，动摇了桂系集团在农村的统治基础，推动了全省城乡革命斗争的发展，为后来广西武装斗争的发展和配合南下的解放大军解放全广西奠定了深厚的基础。

不久后，广西全境掀起武装起义的高潮。从1947年6月到11月，在桂东、桂北、左江、右江、桂中南、桂中、桂南7个地区21县，发动武装起义。全省（含当时属广东的钦廉四属）相继举行了20次武装起义，先后建立了11个地区级的党组织和4个市工委，成立了12支地师级的武装队伍，有武装人员5万余人，在游击根据地建立了3个专区级、42个县级人民政权，解放（攻占）了6座县城，并在不久后配合解放大军解放了广西。

（作者单位：中共贺州市委党校）

南方局领导下湖南党组织建设的历史与思考

李志铭

摘　要：全国抗战爆发之后，在中共中央长江局的领导下，中共湖南地方组织得到了迅速恢复和发展。1939年1月，中共中央南方局成立，在长达8年的时间里，南方局继续加强对湖南党组织的领导，使湖南党的组织贯彻执行党的抗日民族统一战线的路线、方针和政策，贯彻执行党在国统区“荫蔽精干，长期埋伏，积蓄力量，以待时机”十六字方针，在极其艰苦的条件下，不断巩固和发展。本文拟对湖南党组织的恢复、发展及其启示做一探讨。

关键词：南方局；湖南；党组织建设

全国抗战爆发之后，在中共中央长江局的领导下，中共湖南地方组织得到了迅速恢复和发展。从1938年10月武汉失守直到解放战争初期，中共中央南方局（以下简称“南方局”）取代长江局，在长达8年的时间里，继续对湖南党组织进行领导和指导，使湖南党组织不断发展和巩固，为贯彻执行党关于抗日民族统一战线的路线、方针和政策，推动抗日救亡运动和争取和平民主的斗争奠定了基础。

一、全国抗战初期湖南党组织的恢复和发展

（一）湖南特委整顿和恢复党组织

大革命失败至全国抗战爆发前夕的十年间，由于国民党反动派的残酷屠杀与镇压，湖南的中共组织遭到严重破坏，除湘鄂赣边境、湘赣边境与湘南一些地方尚有党的地下组织和红军游击队在艰苦奋战之外，其他地方的党组织被摧毁得所剩无几。因此，在抗日战争全面爆发时，中共湖南地方组织的基础可以说相当薄弱。

随着全省范围抗日救亡运动的日益高涨，各地以共产党员和进步青年为核心的抗日团体纷纷建立，以及中共部分基层组织和党员恢复活动，迫切需要建立全省中共组织的统一领导。为此，中共中央借国共合作后国民政府同意八路军在西安、武汉、重庆、长

沙、桂林等地设立办事处的机会，于 1937 年 11 月委派徐特立、王凌波建立八路军驻湘通讯处。 同时，受八路军驻武汉办事处和中共湖北省临时工委委派的任作民，也于 12 月上旬从汉口来长沙，开展恢复、整顿湖南党组织的工作，在湘江特委的基础上，建立了中共湖南特委。

中共湖南特委的建立，结束了湖南党组织分散及党的工作陷于停顿的局面，使全省党的建设工作和抗日救亡运动从此得以有组织、有计划、有领导地进行。 中共湖南特委建立的时间虽然很短，却在整顿和恢复全省党组织以及进行抗日救亡宣传等方面做了不少工作，为后来中共湖南各级组织的发展和省工委的建立，创造了良好的条件。

（二）从湖南省工委建立到湖南省委成立

为贯彻全面抗战路线和加强对湖南抗日救亡运动的领导，1938 年 1 月 7 日，长江局开会研究湖南工作，湖南特委书记任作民和高文华参加了会议。 任作民在会上汇报了湖南特委的工作情况。 会议决定将中共湖南特委改为中共湖南省工作委员会，由高文华任书记。

1938 年 1 月 16 日，中共湖南省工作委员会在长沙秘密建立。 根据分工，省工委的工作范围主要是土地革命战争时期湖南省属于国民党统治区的县市。 原湘鄂赣、湘赣革命根据地及湘粤赣游击区各县的党组织和区域内的工作，则分别由湘鄂赣特委和湘南特委负责，二者也都隶属于长江局领导。 省工委除与湘鄂赣特委和湘南特委的工作相互联系与配合外，主要工作是根据长江局的指示，以省城长沙为中心，在全省范围内广泛宣传党的抗日主张，贯彻党中央全面抗战路线，开展党的统一战线与群众工作，恢复发展党组织。

湖南省工委成立之时，八路军驻湘通讯处已经在长沙公开挂牌办公，这为省工委的工作开展提供了便利条件。 当时，处于地下状态的省工委秘密地负责党的组织发展、干部调配及领导群众团体开展抗日救亡活动方面的工作；亮明了身份的通讯处则着重公开做各党派上层方面的统战工作，同时配合省工委的工作计划开展活动。 一明一暗，相得益彰。 自此，党在全省开展抗日救亡活动及恢复发展各级党组织的工作，进入了一个新的阶段。

省工委在舆论宣传、党组织的恢复和重建、军事工作、民训和工运工作方面做出了积极努力。 1938 年 7 月上旬，长江局决定湖南省工委改称中共湖南省委，并增派蔡书彬参加省委工作。 至此，全国抗战爆发一年之后，中共湖南省级领导机关得到完全恢复。

（三）“猛烈发展党组织，建立党的各级领导机关”

1938 年 3 月 15 日，中共中央做出《关于大量发展党员的决议》，决议中指出：为了担负起扩大与巩固抗日民族统一战线以彻底战胜日本帝国主义的神圣任务，大量地十倍百倍地发展党员，成为党目前迫切与严重的任务。 决议要求各地党组织大胆地向积极的工人、雇农、城市中与乡村中革命的青年学生、知识分子，以及坚决的勇敢的下级官兵开门，把发展党的注意力放在吸收抗战中新的积极分子与扩大党的无产阶级基础之上。根据这一决议，中共长江局要求湖南党的组织发展10倍。为此，湖南省委于7月提出了“猛烈发展党组织，建立党的各级领导机关”的口号，集中力量放手发展党员，并且提出了“三个月内发展党员五千”的具体目标。①

通过省（工）委的积极工作，湖南党的组织建设在1938年有较大的发展，党员数量急剧增加，党的地方基层组织也逐渐恢复和建立起来。

1938年1月，中共长沙市临时工作委员会成立。5月，正式成立中共长沙市委。长沙市委首先在抗日团体及教育界中吸收优秀分子入党，在教育界建立了湖南大学、民国大学、周南女校、育英小学、自治女校等党支部，并以这些学校为党的活动基地，开展群众抗日救亡活动；随后又逐步扩大发展党的基层组织，在职抗会、青年会、新声歌咏队、记者会、电信业、铁路员工、店员、难民和伤兵中建立党支部。这样，连同以前建立的文抗会、中苏文化协会湖南分会、妇工委中的党组织，形成了长沙各界抗日团体中的党组织网络，成为推动长沙市抗日救亡的核心力量。

这一时期，中共南华工作委员会、常德特别支部、常德中心县委、湘南特委、衡阳县工委、湘西工委等相继成立或恢复。到1938年10月，省委在全省70余县中建立了17个县委、10个县工委，5个地方建立特区委、特支或总支。党员人数由800多人猛增至3000余人。各级党组织积极发展新党员，大力培养和提拔干部，举办训练班，加强党员教育，同时，开展统一战线工作，加强抗日救亡宣传。在不长的时间里，中共湖南省（工）委在恢复和发展湖南党组织的工作方面取得了较大的进展。

二、南方局领导下湖南党组织的发展和巩固

（一）中共六届六中全会召开，南方局成立

1938年10月，广州、武汉相继沦陷，抗日战争由战略防御阶段逐渐朝战略相持阶段转变。在此重要关头，中共中央于1938年9月29日至11月6日在延安召开了扩大的六届六中全会，讨论决定了抗战相持阶段开始后党的主要任务。会议决定撤销中共中央长江局，设立中共中央南方局，由周恩来任书记，领导长江以南党的工作和大后方的统一战线工作。湖南省委和湘鄂赣特委均由南方局领导。八路军驻湘代表徐特立和湖南省

① 中共湖南省委党史研究室：《中国共产党湖南历史·第1卷（1920—1949）》，湖南人民出版社2008年版，第455页。

委书记高文华参加了这次会议，并向中央汇报了湖南的工作。

（二）贯彻六届六中全会精神

在党的六届六中全会尚未结束时，周恩来即于 10 月 1 日从延安赶回武汉。 21 日，日军进逼武汉，国民政府最高军事当局实施紧急疏散令。 27 日，武汉沦陷。 周恩来、叶剑英率部分中共驻汉机构人员撤至长沙。 在长沙的八路军驻湘通讯处，周恩来、叶剑英同湖南省委、长沙市委负责人开会，对湖南党的工作进行指导。 周恩来根据六届六中全会精神，讲了抗战相持阶段的形势和任务，明确指出：要坚持党的独立自主方针；要到农村去，把工作重点放在彻底发动群众、抓武装斗争上。

为了贯彻六届六中全会精神，1939 年 2 月初，省委召开第一次扩大会议。 省委成员、特委和部分县委负责人、《观察日报》和部分救亡团体中的党员干部共 30 多人参加了会议。 南方局负责人博古出席会议，并宣读了六届六中全会决议。 省委书记高文华传达了六中全会精神，批判了统战工作中只讲联合不讲斗争的右倾错误；强调党的独立自主，放手发动群众，组织人民抗日武装斗争的方针。 会议总结检查了省委工作中的缺点错误，布置今后的任务为：继续深入开展抗日救亡宣传；壮大党的队伍，巩固和发展党的组织；继续举办党训班，加强党员纪律教育与保密教育；组织党员学习军事，掌握游击战争知识，准备建立敌后抗日根据地；派党员军事干部到地方抗日武装队伍中工作，使其成为抗日同盟军。 这次会议对于加强全省党组织的建设和各级党组织适应战略相持阶段到来后的新局势，以及推动群众抗日救亡运动的深入，起到了促进作用。

鉴于战争已经进入省内部分地区的情况，为加强省委与各地党组织的联系，会议根据地势、组织基础、便利指导等几项原则，决定建立湘（潭）宁（乡）、常（德）益（阳）、邵阳、衡阳、南县 5 个中心县委，湘西工委和湘南特委仍归省委领导。

1939 年 4 月上旬，省委召开第二次扩大会议，总结前段工作的经验教训，并确定今后的工作方针是：以全部精力进行紧急战争动员，把武装工作提到第一位；继续巩固与扩大统一战线；加强民众动员，利用合法的民众运动；大力发展党组织，同时注意巩固提高。 会议讨论了对国民党和三青团的策略问题，但是，对国民党反共的新动向还了解不足。

（三）在斗争中整顿、巩固党组织

虽然两次省委扩大会议对全省党的工作方针和策略做了一些调整，但是，由于全省党的组织大多数是在较为宽松的政治环境中恢复和发展起来的，一方面各级领导机关对秘密工作不够重视，而且对可能发生的白色恐怖警惕性不够；另一方面大批新党员不仅缺乏秘密工作的经验，而且一些人还容易冲动，好出风头，使得全省党的组织基本处于半公开的状态。 然而，严酷的现实不断地给各级党组织带来压力。

4 月 18 日，《观察日报》被国民党邵阳县党部查封。《抗战日报》于 4 月 27 日发表

《观察日报停刊了！》的消息和《遥慰我们的战友——谨书于聆悉观察日报停刊之日》的文章，以示抗议，结果被国民党当局新闻检查机关剪除，以致当日的《抗战日报》被开了两个“天窗”。省委随即在邵阳创办了《真理》《学生时代》半月刊，但不久也被迫停刊。

4 月 20 日，在国民党湖南省政府主席、第九战区司令长官薛岳的反复催促下，武冈县政府发出布告，并派出 3 个连的武装士兵，强行解散了被称为“共产党办的南方抗大”的塘田战时讲学院。讲学院于次日发出《塘田战时讲学院全体学生告别武冈父老书》，同时，遵照省委指示，学院党支部组织师生及时转移与撤退，部分共产党员参加吕振羽在武冈油塘举办的党训班，然后由省委派往武冈、新宁、城步、绥宁等县开展党的工作。部分教师和学生撤往桂林，在那里成立了石火出版社，继续斗争。

《观察日报》被封和塘田战时讲学院被解散，是薛岳推行反共政策、破坏抗日民族统一战线的严重事件。同时也说明了湖南党组织忽视秘密工作的严重性和加强秘密工作的紧迫性。

4 月底，周恩来路经衡阳，召集湖南省委负责人开会，针对国民党在五届五中全会后反共反人民活动的加剧，以及湖南党组织缺乏对秘密工作警惕性的问题，做出了关于转变党的组织形式与群众工作方式的指示。他要求省委整顿、巩固党的组织，向党员进行秘密工作教育；组织发展要坚持“质重于量，巩固重于发展”的方针。[①]

根据周恩来的指示，省委一般地停止了组织发展，着重进行党内思想教育，同时，派省委干部到各中心县委加强领导，各级党组织的主要负责人不再兼任群众团体的职务；在群众工作中，扭转过去大轰大擂的方式，把群众工作放在合法团体中去开展。例如对青年工作，停止建立民族解放先锋队的组织，一些地方刚成立不久的民先队，也做工作予以取消；确定青运工作的策略是以国立、省立的中学为中心，巩固现有的阵地，创造新的隐蔽的支部，从学术研讨中，从同学的各种爱好中，加强党与他们的联系，扩大学生的思想工作范围，通过上述各种活动逐渐对学生进行进步思想的影响。采取上述措施，使全省党的组织形式和群众工作方式开始实行转变。

三、湖南党组织在抗日斗争中进一步巩固和发展

（一）转变斗争策略，坚持团结抗战

就在湖南党组织不断发展、湖南抗日民主统一战线不断扩大之时，形势却在悄悄地

① 中共湖南省委党史研究室：《中国共产党湖南历史·第一卷（1920—1949）》，湖南人民出版社 2008 年版，第 496 页。

发生着逆转。1939年1月，国民党五届五中全会之后，国民党反共妥协倾向逐渐抬头，并不断演化成反共磨擦。6月12日，震惊全国的平江惨案发生了。

面对反共逆流，中共中央告诫全党："目前最大的危险就是国民党投降的可能。"在这种情况下，"党的基本任务，仍然是巩固国共合作，继续抗日"。巩固合作是为了降低国民党投降的风险，不让国民党有扩大反共活动、破坏统一战线的口实，从而维护和巩固统一战线，也为了避免国统区的中共组织在突然发生的事变中遭受意外的损失。从1939年年中开始，中共中央和毛泽东等领导同志多次指示和部署国统区的中共各级组织，转变斗争策略，改变工作方式，整顿巩固组织。

根据党中央确定的工作方针，以及南方局和周恩来等领导同志对湖南工作的指示，湖南党组织在平江惨案之后，适时转变斗争策略，精简组织，使党的建设工作为坚持长期抗战服务。因此，从1939年7月至1942年底，湖南党的建设工作重点是完成由公开、半公开的组织和斗争方式向秘密、合法的组织和斗争方式的策略转变。

自1938年11月日军侵占湘北的临湘、岳阳后，湖南就处于抗日战争正面战场的前线。在艰苦的战略相持阶段，国民党湖南当局一方面在正面战场与日军反复展开拉锯战，先后进行了3次长沙会战，以及常德战役、豫湘桂战役、湘西战役等一系列重大的战役，抗击着日军的进攻；另一方面则秉承国民党统治集团防共反共的旨意，在全省范围内极力压制共产党人和抗日民主进步人士，扼杀人民的抗日救国积极性。在战局变化和国民党当局的打压下，1938年底迁往邵阳的中共湖南省委机关于1939年12月迁至衡阳，又在1940年2月迁往湘潭，年底不得不移至湘乡县的永丰镇隐蔽工作。而八路军驻湘通讯处从1938年11月开始，先后辗转沅陵、邵阳、衡阳、湘潭、长沙等地，到1940年2月，通讯处工作人员撤往广西桂林。8月，八路军驻湘代表徐特立撤离湖南。9月，通讯处主任王凌波被国民党湖南省政府强押出境。

在艰难的环境下，中共湖南省委按照党中央和南方局的指示，有步骤地实施着斗争策略的转变。一是分批撤退干部，转变中心工作，加强对党员革命信心、革命气节教育，按照秘密工作的要求对组织进行了初步的整顿。二是彻底转变工作方针。按照"长期埋伏，积蓄力量，以待时机"的要求，省委采取了一系列的措施，精简组织，撤退、隐蔽干部，建立秘密的接头、交通、通讯等机关。三是精简撤销领导机关，完全转入秘密状态。1940年12月，湖南省委改为省工委，领导的党员仅600余人，与组织保持联系的党员约180人。① 自此，湖南党组织从组织、工作方式等方面，完全转入了秘密工作状态。

（二）领导抗日游击斗争

在湖南党组织实现斗争策略的转变、转入秘密状态的过程中，湖南作为中国抗日正

---

① 中共湖南省委党史研究室:《中国共产党湖南历史·第一卷(1920—1949)》,湖南人民出版社2008年版,第510页。

面战场的前线，战火一直未曾停息。从1939年9月至1943年12月，中日两国军队在湘北地区进行了3次长沙会战及常德会战，每次都是在鏖战数十天后，又恢复到拉锯状态。在这种情况下，转入秘密状态的湖南党组织，将工作重心由城市转到了农村，一面隐蔽待机，建立农村工作据点，一面积蓄力量，准备开展抗日游击斗争。

1944年夏，日军发动长衡战役，先后攻占长沙、株洲、湘潭、衡阳等湘省重镇，湖南78个县市中的50余县市沦入日军的铁蹄之下。湖南党组织根据中共中央和南方局的指示，在坚持隐蔽待机方针的同时，开始布置和组织敌后抗日游击斗争。

1944年5月，省工委负责人周里等前往南方局汇报和请示工作。10月，在接受了中共中央和南方局的有关指示之后，周里等回到湖南，召开省工委会议，决定恢复和发展党组织，并派人前往湘中、湘南一带组织抗日游击武装，开展抗日游击战争，为此成立了湘中工作委员会。省工委转移到了韶山，并成立了直属省工委领导的韶山特别区委会。在省工委的领导下，在一些沦陷地区开展了抗日游击斗争。

1945年党的七大闭幕之后不久，中共中央根据抗战即将胜利的国内局势，命令已于3月下旬进入湖南、由王震和王首道率领的八路军南下支队迅速南进，直至湘粤边，与广东东江纵队会合，打开南方局面。遵照这一指示，7月7日，南下支队主力突破封锁，火速南进，8月1日到达湘潭盐埠。处于地下工作状态的中共湖南省工委书记周里和工委委员张春林，与南下支队建立联系，成立湘中地委，由周里兼任书记。南下支队决定将徐国贤、廖明领导的第四大队300多人留在湘中，协助湖南地方党组织收编抗日武装，开展抗日工作。8月14日，第四大队离开湘潭，向南追赶主力部队。湖南省工委领导成员周里、张春林等均随部队南下。①

（三）为争取和平、民主而斗争

日本投降后，国民党内战锋芒显露，国内时局急剧变化，中央同意南下支队放弃与东江纵队会合的计划，立即北返中原，与新四军五师会合，扩建鄂豫皖根据地。8月29日，南下支队开始北返，几经战斗，于9月20日出湖南向鄂南挺进，9月底北渡长江，回到鄂豫皖边区。

为了坚持湖南党的地下工作，南下支队北返离湘时，不仅曾随军南下的湖南省工委成员周里、张春林留了下来，而且还在撤销了湘鄂赣边区委和湘中地委后，留下刘亚球、谷子元、李林、方用、林煦春等一批领导骨干，充实了湖南省工委的领导力量。

10月，省工委在长沙召开会议，研究恢复党组织和开展工作问题。会议讨论了抗战胜利后的全国形势和湖南的情况，研究了工作任务，确定了近期省工委的工作方针：重新进入城市，到工人、学生中建立城市工作的基础，发动和领导城市民主运动；继续抓好

---

① 中共湖南省委党史研究室:《中国共产党湖南历史·第一卷(1920—1949)》,湖南人民出版社2008年版,第531页。

农村工作，并在全省范围内恢复和发展党的组织，建立城乡工作据点。① 根据这一方针，省工委将机关设在长沙，一批地下党员先后进入长沙工作，主要任务是搞民主运动和合法斗争。同时，省工委还先后派出一批骨干到各地开展工作。

虽然这一时期湖南党组织的基础非常薄弱，重新进入城市工作的难度较大，但在省工委的领导下，逐渐建立了一些基层组织和工作据点，在青年学生中酝酿和发动了爱国民主运动，为党组织的恢复和发展奠定了基础。

1946 年 5 月，由于周恩来、董必武等率中共代表团和中共中央南方局绝大部分成员由重庆抵达南京，中共中央南方局改为中共中央南京局。至此，湖南地下党组织开始接受南京局领导。

四、南方局领导下湖南党组织建设的启示

（一）加强思想教育是在复杂多变的形势下保持共产党员清醒头脑的必要手段

随着抗日民族统一战线在湖南的形成，全省各地的中共组织逐渐恢复，吸收了大批的新党员。为提高党员的马列主义水平及增强党性观念，省工委设立了由帅孟奇等 5 人组成的宣传教育委员会，领导全省党的教育和训练工作。长沙、益阳、南县、澧县、溆浦等地的党组织举办了经常性的党员训练班；各地的党组织举办了各种类型的党训班、游击干部训练班，或其他干部训练学校，并兼收群众进行训练。为了提高训练班的教学水平，省工委的成员也参加了一些训练班的讲课。学习和教育的主要内容除了党的建设、马列主义基础理论及一般工作方式方法外，还特别进行了反托派斗争，反对张国焘主义、三民主义青年团问题等专门教育。此外，政治问题、党的决定，如“保卫武汉与我们意见”等，除在基层支部、小组进行讨论之外，也在各级党组织举办的党员训练班里进行了深入的教育和研讨。

各级党组织对思想教育的重视，使许多党员特别是新党员的思想觉悟和理论水平都有所提高。常益中心县委书记帅孟奇经常在党员或干部培训班上讲“怎样做一个共产党员”，讲打倒日本帝国主义要靠共产党领导等道理。对此，新中国成立后曾任中共湖南省纪律检查委员会常委的常杏云深有感触地说：“1939 年尽管我入党已经有一段时间了，我是抱着抗日爱国热情入党的，对共产主义理论我的认识很肤浅。自从在益阳作育学校由帅大姐组织我们学习之后，我才认识到要认真学习理论。也是在帅大姐的提议下，我

① 中共湖南省委党史研究室：《中共中央南方局的党建工作》，中共党史出版社 2009 年版，第 300 页。

才从《大众哲学》、《政治经济学》开始系统地学起理论来的。”①

（二）严密党的组织是在各种风险考验下巩固党的执政地位的关键举措

针对各地在党员发展上不同程度地存在着“左”倾关门主义，上级要求湖南党组织发展10倍。当时，发展党员的主要对象是以下几类人员：一是青年知识分子，特别是小学教师。这些人有文化，容易接受中国共产党的抗日主张，同时通过他们的桥梁作用，可以深入到乡村中去开展党的工作。二是农村中的农民。当时国民党还不重视农村工作，加之全省农村许多地方在大革命时期发生过共产党领导的革命，甚至有的地方还是土地革命战争时期的革命根据地或游击区，广大贫苦农民对共产党有好感，使党能在这些地方发展组织，建立党的基层组织。三是城市中的产业和手工业工人。当时，由于不少沦陷区的机器厂、兵工厂迁移来湘，其中有的工厂有党的基层组织，发展了一些工人党员；而长沙等城市的一些行业中，也有党组织的活动。以上3个方面的成员，构成了全省发展的新党员的主要成分。

在猛烈发展党员的过程中，也出现了一些问题。不少基层党组织对于入党条件、发展手续、考察程序等缺乏明确的认识和规定；一些新入党的同志对如何发展组织完全没有认识，就又给了他发展新党员的任务；由于过分强调完成党员数量，一些地方甚至出现了不顾质量的“拉夫”现象。省委在了解到这些情况后，不得不采取果断措施，将这些地区的党组织解散，进行重新登记。针对这种状况，湖南省委开始注意到党的巩固问题，提出了“在发展中求巩固”“在巩固中求发展”的口号，努力纠正追求党员数量而不顾党员质量的现象。

在大量发展党员的情况下，支部的建立和支部生活的健全初时比较混乱，经过各级党组织的努力，才使支部工作逐渐趋于正常。支部的经常性工作是发展党员、团结群众、宣传党的抗日主张。省委曾严格地规定了支部工作3条内容：10天开会一次；每个同志团结2个群众；按月交纳党费。在实际执行的过程中，虽说难以做到10天开一次支部会，但约三分之二的支部能有会议生活，其中以教员、学生为主体的支部，会议还比较活跃。支部会的主要内容，一是学习理论和上级有关指示精神，例如《支部工作纲要》、《论新阶段》、《怎样做个共产党员》及《共产党人》杂志上的一些文章；二是研讨时事及研究工作；三是讨论和发展党员。基层党支部工作的健全，对全省党的发展起了促进作用。后来，省委还专门做出决定，强调健全支部生活、转变支部工作方式的重要性，提出了“支部工作本位化”的口号等。从严密党的组织着手，顺利实现了党对工运、农运以及抗日民族统一战线的领导，党在人民群众中的地位和影响不断巩固和提升。

---

① 中共湖南省委党史研究室：《中共中央南方局的党建工作》，中共党史出版社2009年版，第78页。

（三）积极培养干部是在严酷斗争环境下取得胜利的根本保障

南方局领导下的湖南党组织，大多数是在短时期中新发展起来的，既缺乏经过锻炼的老干部，又不断地要提拔新的干部以满足工作的需要。在这种情况下，省（工）委用了不少的经费和时间，举办训练班培训干部。培训内容主要是党的性质、任务，党的建设和群众路线的工作方法，抗日战争的形势、任务和统一战线工作等。发给学员学习的有《论持久战》《怎样做一个共产党员》等著作。

为了适应抗日游击战争的需要，湖南党组织也比较注意党员干部在军事方面的培训。1939 年 1 月，国民党当局接受中共建议，成立了以训练军官能带兵深入敌后作战为主旨的南岳游击干部训练班。中共中央派出八路军参谋长叶剑英率一批中共教官及八路军驻衡阳办事处部分工作人员，参加游击干部训练班的教育工作。

在培训党员和干部的同时，湖南党组织还培养民众运动骨干，领导创办或影响支持各界爱国人士共同创办各类战时学校和训练班，为抗日斗争准备干部。其中由文抗会所办战时常识训练班，前后共举办了 6 期，每期 4 周，培训了学员 800 余人。培训内容主要有抗战的情势、宣传与组织、战时乡村工作、怎样做救亡工作、中国革命史、日本研究、三民主义浅说等课程。其他如华容东山战时中学、郴县抗日骨干培训班、桂阳战时中学、武冈塘田战时讲学院、国民党七十军“云干班”等，都培训了许多青年学生和民众运动骨干，其中一些人通过培训参加了中国共产党。

这些战时学校、训练班，以抗日救国为中心，向广大青年进行阶级教育、民族教育和战时教育，培养各种各样的干部，为民族解放输送人才，从斗争实践中培养青年，在学员中发展中共党员和中华民族解放先锋队队员，使许多人成为抗日斗争的骨干。

（作者单位：中共湖南省委党史研究室）

南方局领导云南党组织的研究

董　杨

摘　要：本文从南方局成立后对云南党组织开展的工作、推动抗日民族统一战线在云南的形成和发展、挫败国民党顽固派的反共阴谋、建设坚强的战斗的西南党组织、巩固发展抗日民族统一战线等方面，梳理了全国抗战时期以周恩来为书记的南方局领导云南党组织的情况。

关键词：抗战；周恩来；南方局

2018 年 3 月 1 日，习近平总书记在纪念周恩来同志诞辰 120 周年座谈会上的讲话中指出：周恩来，这是一个光荣的名字、不朽的名字。每当我们提起这个名字就感到很温暖、很自豪。周恩来同志在为中国人民谋幸福、为中华民族谋复兴、为人类进步事业而奋斗的光辉一生中建立的卓著功勋、展现的崇高风范，深深铭刻在中国各族人民心中，也深深铭刻在全世界追求和平与正义的人们心中。①在全国抗战时期，中共中央南方局（以下简称“南方局”）在领导云南党组织的同时，也闪耀着周恩来的丰功伟绩、革命精神和崇高风范。

一、南方局成立后对云南党组织开展的工作

1939 年 1 月，南方局在重庆正式成立。②从此，云南党组织在中共中央南方局领导下开展工作。③ 中共中央南方局成立后，立即派马子卿到云南巡视，传达中共中央六届六中全会精神和组建中共云南省工作委员会的决定。1939 年 1 月 29 日，马子卿来到昆明，向中共云南省特委传达中共中央南方局的指示，在原云南省特委的基础上，成立了中共云南省工委。马子卿还向云南党组织传达了中共中央关于撤销“民先”组织的决

① 习近平：《在纪念周恩来同志诞辰 120 周年座谈会上的讲话》，《人民日报》2018 年 3 月 2 日，第 2 版。

② 中共云南省委党史研究室：《中共中央南方局的群众工作》，中共党史出版社 2009 年版，第 6 页。

③ 中共云南省委党史研究室：《中国共产党云南历史 · 第一卷（1926—1920）》，云南人民出版社 2016 年版，第 189 页。

定。中共云南省工委成立后，根据中共中央和中共中央南方局的指示，加强了党的建设。在马子卿的指导下，省工委根据中共中央 1938 年 3 月 15 日发出的《关于大量发展党员的决议》(要求各级党组织“大量地、十百倍地发展党员”，这是“党目前迫切与严重的任务”[①])，在组织发展中逐渐克服了关门主义倾向，党员数量有较大增加。4 月 6 日，马子卿结束巡视从云南返回重庆前夕，主持召开省工委会议，对省工委领导班子做了调整。这次调整后，马子卿返回南方局，将巡视情况向南方局写出了详细的书面报告。6 月，南方局为加强云南党组织的领导力量，贯彻中共中央和南方局关于审查党员、巩固组织的指示，决定派马子卿、何礼参加云南省工委领导班子。马、何二人到昆明后，对省工委做了调整，调整后的省工委由马子卿任书记。

根据南方局的指示，从 1939 年开始，中共云南省工委还领导了西南联大党的组织。1938 年，西南联大在昆明组成时，西南联大的党员力易周、黄元镇、郝诒纯、徐树仁于 10 月商议组成了临时党支部，推选力易周任支部书记。不久，支部发展袁永熙入党。11 月，中共中央长江局叶剑英、黄文杰指派党员王亚文为青年工作特派员，到昆明开展工作。他到昆明后，在西南联大建立了以徐贤仪为书记的另一个党支部。1939 年 3 月，中共云南省工委决定在西南联大建立由省工委直接领导的党支部，袁永熙任支部书记。7 月，王亚文毕业后离开昆明调回南方局，他所领导的党支部的党员组织关系，经南方局同意，通过云南省工委转到西南联大袁永熙领导的党支部。从此，西南联大两个平行的党支部便统一为一个党支部，继续由云南省工委领导，西南联大的党组织成为云南革命斗争中的一支非常重要的力量。

二、推动抗日民族统一战线在云南的形成和发展

1937 年 7 月 15 日，中共中央向国民党递交了《中共中央为公布国共合作宣言》。同日，中共中央书记处向各地党组织发出指示：“为执行本党七月八号宣言所述坚决保卫平津，同日寇血战到底之总方针，各地此时最要紧的任务，是迅速的、切实的组织抗日统一战线，以扩大救亡运动。这种统一战线的名义，可依照各地方的情形来决定，如救亡协会或援助抗战委员会等。”[②]抗日民族统一战线在云南的建立、巩固和发展，特别是推动云南地方实力派抗日的工作，得到了中共中央和八路军领导人的直接关心和帮助。1937 年 8 月 8 日，云南省政府主席龙云到南京参加国民政府召开的最高国防会议，专机途经西安加油。9 日，中共代表周恩来、朱德、叶剑英在西安搭乘龙云的专机一同到南京出

---

① 《中共中央关于大量发展党员的决议》(1938 年 3 月 15 日)，载《抗战初期中共中央长江局》，湖北人民出版社 1991 年版，第 180 页。

② 中共云南省委党史研究室主编：《党组织恢复重建和抗日救亡运动》，云南民族出版社 1990 年版，第 22 页。

席会议。在南京开会期间，龙云邀约朱德、叶剑英一同到汤山，就云南出兵抗日等问题进行了交谈。9月6日，《云南日报》（画刊）刊登了周恩来、朱德、叶剑英与龙云等人在西安机场的合影照片，社会反响强烈。在做龙云团结工作的同时，中共中央还通过各种渠道做云南其他地方实力派上层人士的工作，巩固和发展抗日民族统一战线。1940年11月，《新华日报》采访部主任陆诒和、国际新闻社社长范长江，按周恩来的指示，专门到昆明访问了龙云、李根源和其他地方实力派上层人士，分析了全国抗战面临分裂、投降的危险，介绍了中国共产党对今后抗战的主张等。此后，在抗日民族统一战线的伟大旗帜下，李根源以其在政界的地位和影响力，在云南抗战中发挥了重要作用。

1937年10月中下旬，第六十军近4万人陆续开赴抗日前线。中共云南地方组织派出的张永和等进入该军一八四师也随军出征，张永和还担任了该师政训处主任。1938年春，一八四师进驻江西九江，师长张冲派张永和去武汉招收政工队员，并指示张永和想办法和共产党组织取得联系。张永和到武汉后，通过读书生活出版社的黄洛峰，向八路军武汉办事处汇报了张冲的情况和其要求与罗炳辉见面的愿望。经联系，罗炳辉先在汉口晤见张冲，周恩来、叶剑英也会见了张冲。在交谈的基础上，张冲提出了加入中国共产党的要求，并希望共产党、八路军派员到一八四师工作。考虑到张冲的具体情况，中共方面认为他留在党外更有利于他在滇军的工作和日后的发展，并同意派人进入滇军。利用该师公开招政工干部的机会，党组织先后从武汉八路军办事处派薛子正，从延安派周时英、杨华（尹冰）、张天虚，黄洛峰介绍蒋南生等到一八四师，建立了秘密党支部，先由中共中央长江局领导，后改由中共中央南方局领导。

1938年12月，有军官密告张冲与共产党有来往，准备打游击等。张冲被调军委会任中将参议，实际撤去了他刚任不久的滇军新三军军长职务。随后新三军政治部被调整，张永和等被迫撤离滇军回云南。1939年春，党组织决定周时英、刘孟田、张天虚、蒋南生等撤离滇军，尹冰接任一八四师党支部书记，张子斋等继续留在该部队坚持工作。6月，平江惨案发生后，滇军中党的关系转到广西桂林八路军办事处，由李克农领导，石磊负责联系。7月，由于国民党顽固派对一八四师党员进行监视，尹冰经组织同意撤离，支部交由张子斋担任书记。9月，中共中央南方局派共产党员方正到一八四师任支部书记，张子斋任师长秘书，专职从事统战工作。方正向该师党支部传达了南方局的指示，要求共产党员做好在滇军中长期工作的准备，广交朋友，关心士兵生活，调查掌握情况，在隐蔽中求得发展。1940年3月，张子斋离开一八四师调往重庆新华日报社工作。9月，日军占领越南，在龙云的再三要求下，国民党政府将滇军第六十军调回云南驻防。鉴于张冲任云南第二路军指挥官，同年冬天，周恩来、叶剑英又将张子斋派到第二路军指挥部工作。

中共云南省工委根据中共中央南方局的指示精神，在云南也加强了在滇军中的工作。1939年1月，在昆明军校中建立秘密党支部，由费炳担任书记，发展杨尚志、罗宗光、林光新等人加入中国共产党。党支部通过在部队中组织读书会，办壁报，开展文艺歌咏活动等，促进官兵团结抗战。

党对滇军的工作，在抗日战争期间是中国共产党统一战线工作的重要组成部分，推动了云南抗日民族统一战线的发展，对滇军有着非常重要的影响。

由于中共中央、南方局对云南各界特别是对龙云直接的工作，中共云南地方组织在中央正确指导下的积极配合，也由于以龙云为代表的云南地方实力派在民族危急时刻，表现出了以国家和民族利益为重的民族爱国思想，对党在云南的活动采取了比较宽容以至合作的态度，因此云南的抗日民族统一战线不断发展巩固，削弱了国民党顽固派掀起的反共高潮在云南的影响和危害。

三、挫败国民党顽固派的反共阴谋

在抗日战争相持阶段中，国民党政府由于日本侵略者的诱降，加之畏惧共产党领导的人民力量的发展壮大，其反共倾向日趋明显。在军事上向敌后抗日根据地发动武装进攻、不断制造反共磨擦事件的同时，在国民党统治区加强法西斯统治，镇压抗日爱国民主力量，破坏共产党组织。针对国民党顽固派日益加剧的反共分裂活动，1939 年 7 月 7 日，中共中央为纪念抗战两周年发表对时局宣言，明确提出“坚持抗战到底，反对中途妥协”，“巩固国内团结，反对内部分裂”，“力求全国进步，反对向后倒退”，由此形成了坚持抗战、团结、进步的著名政治口号，进一步动员全党和全国人民为打退投降、反共、倒退逆流而斗争。同时，中共中央还确定党在国民党统治区的工作方针是“长期埋伏，积蓄力量，以待时机”。为贯彻这一方针，以周恩来为书记的南方局在总结党在白区长期斗争的经验教训的基础上，从国民党统治区复杂尖锐的斗争实际出发，坚决及时地领导巩固党组织的工作，撤离转移已经暴露和可能暴露的干部，改变组织形式和党组织的工作报告，转变工作方式，在隐蔽中保存和发展革命力量，以待革命高潮的到来。

1941 年 5 月 26 日，中共中央发出《关于隐蔽和撤退国民党统治区党的力量的指示》，指出现在还有一些地方的党组织未认真彻底地执行中央关于隐蔽和撤退党的干部的指示，有的干部仍处于暴露或半暴露的状态，这使党组织有遭受严重破坏的危险。中央要求南方局、东南局、中原局严格督促所属各地党组织坚决执行“荫蔽精干”的方针，认真地、敏捷地把党的骨干力量撤退和隐蔽起来。同年夏天，南方局召集会议，研讨西南各省党的工作。在周恩来主持下，会议进一步强调贯彻执行中央关于“长期埋伏，积蓄力量，以待时机”的方针及隐蔽撤退干部的一系列指示，要求各级党组织从领导形式到工作方式方法，实行完全的转变，各地方党组织与公开机关脱离联系，真正走向地下，缩小各级领导机构，建立平行支部，实行单线联系，尽量深入社会，严格秘密工作制度等。会议还要求党员努力学习文化和科学知识，做好本职工作，广泛地联系群众，取得广大群众的信任和尊重，使党的工作在群众中扎下根。南方局同时对各省区的领导干部也做了一些调整。此后，南方局为贯彻中共中央“荫蔽精干”方针所采取的一系列措施被概括为“三勤”（勤业、勤学、勤交朋友）和“三化”（职业化、社会化、群众化）。“三勤”“三化”是以周恩来为书记的南方局对中国共产党建党以来白区工作经验教训的深刻总结，是创造性地贯彻中共中央“荫蔽精干”方针的重要策略，是以后指导国民党统治区的党组织开展工作的重要原则。

南方局从 1940 年起就向云南省工委部署整顿组织、疏散隐蔽干部的工作。11 月，中共云南省工委书记马子卿到重庆向南方局汇报请示工作时，南方局向马子卿传达了中共中央在国统区“长期埋伏，积蓄力量，以待时机”的方针，以及关于疏散隐蔽中共云南地方组织干部的决定和部署，指示原云南省工委委员或调回南方局，或就地隐蔽和转移；省工委所属青委、职工委等机构撤销，党员实行单线联系。1941 年 1 月初，周恩来在重庆向云南省工委委员费炳也做了关于“荫蔽精干”的指示。根据中央和南方局指示，云南省工委先后隐蔽和转移疏散了省工委部分成员和一些比较暴露的党员。4 月，南方局派涂国林到昆明，准备接替马子卿的工作，省工委撤销了所属的青委、工委和妇委机构，将昆明及其附近的党组织分为工人、统战、妇女等若干系列，指定一些同志单线联系。

1941 年 6 月，南方局派郑伯克到昆明任云南省工委书记，马子卿、涂国林奉命撤回南方局。同年 10 月和次年 7 月，南方局又派侯方岳、刘清到昆明任省工委委员。新一届省工委根据南方局关于精简组织层次、缩小党的领导机构的指示，由郑伯克、侯方岳、刘清 3 人组成精干稳定的领导班子。郑伯克在调任云南省工委书记之前，在重庆南方局机关系统学习了党内文件，聆听了周恩来、董必武关于如何打退国民党顽固派第二次反共高潮的报告，直接接受了周恩来、孔原、钱瑛等关于云南工作的具体指示，对南方局和周恩来制订的“三勤”“三化”策略有了深刻的理解。侯方岳、刘清在到云南之前，南方局的领导同志也向他们传达了中共中央和南方局的有关指示。

新的省工委建立后，按照南方局的指示精神，结合云南斗争形势和党组织的实际，决定新的省工委不设部委，不设固定的机关，省工委会议只研究形势、政策、方针等重大问题，不做文字记录，不保留文件和党员名单，具体工作由省工委书记与两个委员个别研究。

有丰富的白区斗争经验的周恩来和在国统区心脏坚持斗争的南方局提出的“勤业、勤学、勤交友”，是贯彻“长期埋伏，积蓄力量，等待时机”方针的具体化，也是在地下斗争的环境里，共产党员如何与广大人民群众建立密切联系、代表他们的根本利益、反映他们的愿望和要求的重要途径。南方局要求国统区各地党组织和党员，对从事的社会职业要熟悉并精通业务；在校学生要刻苦学习，成绩力争优秀；打入国民党党政军机关的党员要出淤泥而不染，同流而不合污；要广泛开展各种形式的交友工作，关心群众，热忱为群众服务，在政治上提高群众觉悟。中共云南省工委领导全体党员认真贯彻执行南方局的这些指示精神，并取得了显著成绩。

中华职业教育总社云南办事处也为掩护共产党开展革命工作做出了贡献。1942 年 2 月，孙起孟由中华职业教育总社调云南工作，任云南办事处主任。他按照周恩来关于大力开展团结争取各界爱国人士的工作、发展壮大进步力量，以及独立工作、不与当地中共组织发生关系的两点指示①，与华岗联系，共同在云南各界上层爱国人士中开展活动，尽力做团结进步人士、掩护革命同志、掩护党的地下电台的工作。1943 年 5 月，南方局由重庆派林士英、钟韵（沈志诚）、杨力平（陈力萍）到昆明建立党的地下电台，孙起孟安排林士英为职教社云南办事处的副主任，沈志诚为该处总务主任。沈志诚等人经过半年努力，在储藏室里装了一部收发报机。这个地下电台抄收传播新华社电讯，为云南党组织及时了解抗战时局和中共中央的方针政策做出了努力。

云南党组织这一时期大体完成了党员和干部的疏散隐蔽及改变组织形式的工作，使得皖南事变后的几年中，国民党特务千方百计破坏中共云南地方组织的图谋都未能得逞。

四、建设坚强的战斗的西南党组织

1941 年 12 月至 1942 年 1 月，为贯彻“荫蔽精干”的方针，周恩来在南方局会议上提出了建设坚强的战斗的西南党组织的 7 个条件：第一，要使五千党员成为隐蔽的、坚强得力的、与群众有联系并善于影响和推动群众的干部。第二，要在主要的群众集聚的单位（工厂、学校、农村、大机关等）建立起巩固的一个乃至数个平行的支部。要在主要的工作部门和机关（如行政机关、团体、公司、交通经济部门等）保有我党的组织或个人的联系。第三，要使党的领导机关有独立的领导能力和自信。不要怕犯错误，要能认识和改正错误。要善于估计情况，运用策略，创造各种各样的工作方法，使党的方针能在每一项实际工作（组织的改编、干部和党员的审查、反奸细的斗争、秘密工作的教育等）中体现出来。第四，要在思想上组织上巩固党，使西南党成为真正的彻底的地下党，成为群众的党。第五，要熟悉各主要方面的情况，特别是其历史、政策、人物和活动，首先要知道国民党中央和地方当局的，特别是各特务机关的经常情况和紧急措施。第六，要做到凡有群众的地方一定要进去工作。这种工作是以社会的方式进行的。首先要解决的便是进入国民党、三青团、工人团体、学校中的合法组织、农村中的合作社以及一切重要行政机关中去工作，去实现党的抗战、民主、进步的方针。第七，要善于使上层工作与下层工作相配合，公开工作和秘密工作相配合，公开宣传和秘密宣传相配合，党外

---

① 中共云南省委党史研究室:《荫蔽精干 积蓄力量》,云南人民出版社 1994 年版,第 267 页。

的联系和党内的联系相配合。但配合不是暴露。周恩来说:“这七点都做到了,我们西南党组织就是一个坚强的战斗的党组织,时机一到,立即可以起来战斗。”①

中共云南省工委按照周恩来关于党国民党统治区工作的指示精神和这 7 个条件,认真贯彻“荫蔽精干”方针,切实按照“三勤”“三化”的策略和原则加强党的思想建设,转变工作作风。这一时期,云南党组织埋伏在群众中,未受到破坏,并很好地积蓄了力量,是隐蔽的巩固的坚强战斗的党。周恩来后来在总结这一时期党在国民党统治区的工作时,给云南党组织的工作予以很高的评价,并指出:“由南方局领导而且也执行‘三勤’的云南党并没发生与马、王、李三处的同样错误,而且一经上级推动,即在民主来潮时起了模范的作用。”②

五、巩固发展抗日民族统一战线

皖南事变后,中共云南省工委在南方局领导下,认真贯彻执行“坚持抗战,反对投降;坚持团结,反对分裂;坚持进步,反对倒退”及“发展进步势力,争取中间势力,孤立顽固势力”的方针,积极开展统战工作,团结各阶层人士,帮助建立了中国民主同盟云南省支部,加强了党在滇军中的工作,扩大了党在地方士绅、民族资产阶级、文化界、新闻界及民族工商界的影响和联系,从而形成了各阶层团结一致,为争取抗战胜利、争取民主而共同斗争的局面。皖南事变后,中共云南省工委立即组织翻印毛泽东以中共中央军委发言人的名义对新华社记者发表的谈话、中共中央军委命令、周恩来为江南死难烈士题的挽词、《新四军皖南部队惨被围歼真相》的传单等,向各界爱国人士和龙云及其僚属广为散发,揭露事变真相和国民党顽固派的反共阴谋。同时,省工委还派刘浩、欧根、李群杰等分头去见李根源、张冲、刘震寰、杨竹庵、禄国藩、龚自知、袁丕佑等,进一步宣传事件真相,坚定他们团结抗战的信心。

1942 年,根据南方局董必武的指示,云南党组织通过各条渠道,积极向龙云集团提出建议,推动其向民主进步方向发展。通过中共中央、南方局及云南党组织多渠道、多方面的团结争取工作,云南地方实力派逐渐加深了对中共的了解和信任,龙云的思想也向民主进步方面转变,并主动寻求与中国共产党建立联系。1943 年 8 月,龙云通过民盟昆明支部负责人罗隆基表示,希望周恩来到昆明与之面晤。省工委即派欧根以报社记者赴重庆采访的名义,到重庆向南方局做了汇报。10 月,南方局指派已于同年 2 月到昆待机工作的华岗为中共代表,与龙云直接建立联系,随后在龙云主持的滇黔绥靖公署内设

---

① 《周恩来选集》(上卷),人民出版社 1980 年版,第 111 页。

② 郑伯克:《白区工作的回顾与探讨》,中共党史出版社 1999 年版,第 231 页。

立了与在重庆的南方局和在延安的中共中央直接联络的电台，由南方局派来的报务员杨才负责，这部电台一直使用到 1945 年 10 月初。华岗以后和龙云多次会晤，交换对时局的看法，进一步促进了龙云的思想转变，允许《新华日报》在云南公开发行，对广大党员和革命分子了解党中央的方针政策和云南革命斗争的发展，产生了很大的影响。1944 年革命来潮以后，昆明的爱国民主运动由于具备各种主客观条件，迅猛兴起，波及全省，规模越来越大。昆明被誉为大后方的“民主堡垒”。

1943 年 2 月，南方局派中共党员周新民以民主政团同盟盟员身份到昆明，帮助民主政团同盟发展地方组织。周新民与中共云南省工委取得联系，并和转移到昆明的李文宜等一起，在文化教育界开展工作。南方局指派的华岗到昆明后，与周新民组织各方面的专家、学者和文化教育界著名人士，成立了“西南文化研究会”。1943 年 5 月，中国民主政团同盟的第一个地方组织——昆明支部正式成立，罗隆基为支部主任，周新民为组织委员。周新民在盟内的组织发展工作中，贯彻执行中共中央南方局扩大和巩固抗日民族统一战线的指示，首先打破“三党三派”的限制，广泛吸收一些爱国民主的教授、自由职业者入盟，使民主力量在民主政团同盟昆明支部中占据了主导地位。

中国共产党对滇军的工作是抗战时期党的统一战线工作的重要组成部分。1940 年冬，周恩来、叶剑英派张子斋回云南，指示他到滇军第二路军指挥部，利用其原在滇军中任张冲秘书的关系，继续与张冲建立联系。张子斋回云南后，在做滇军工作的同时，在昆明新闻文化界也广泛开展了党的工作。1940 年 9 月，中共中央组织部部长陈云派在陕北公学任教育干事的朱家璧从延安回云南，到滇军中开展工作。朱家璧途经重庆到南方局接受指示时，周恩来又指示他，要“利用关系进入滇军，分散隐蔽党的组织，把有组织的活动转变为着重开展调查，广交朋友，以进步面貌出现，扩大党的影响”①。朱家璧利用社会关系进入滇军第一旅任营长，并利用其堂叔朱旭与卢汉共事的社会关系，向卢汉、卢濬泉、龙泽汇等滇军将领宣传坚持团结、抗战、进步的主张，得到卢汉、卢濬泉等的信任。一些共产党员和进步青年又通过朱家璧的关系进入该部。1943 年滇军第一旅改编为暂编第十八师，朱家璧升任第三团副团长，又继续在三团开展工作。在师长卢濬泉的支持下，成立了十八师艺术工作队，朱家璧兼任队长，一批进步青年进入艺术工作队，广泛开展革命文艺活动，对鼓舞官兵的抗日热情发挥了很大的作用。皖南事变后，南方局指示撤销了滇军第二路军指挥部中党的秘密支部，由方正单线联系滇军第六十军、第五十八军中的党员，继续在滇军中隐蔽开展工作。1942 年 4 月，南方局派张文澄、杨才等到云南做统战和情报工作，张文澄通过在第二路军指挥部任参谋的共产党员宁坚，转达了周恩来、董必武对张冲的问候，张冲将杨才安排到二路军指挥部通讯营当报务员。杨才利用张冲任二路指挥部指挥官兼弥泸水利监督的关系，取得合法手续，吸

---

① 中共云南省委党史研究室:《新民主主义革命时期中国共产党在云南的统一战线工作》，云南民族出版社 1999 年版，第 27 页。

收建水、石屏、弥勒、泸西、路南等县及水利监督署水利工地的青年，编为特务营整训排进行军事和政治训练，培养了一批革命骨干力量。党在滇军中的这些工作，影响推动了张冲等滇军高级将领及一批中下层官兵进一步倾向进步。

这一时期，中共云南地方组织还在云南民族资产阶级、地方士绅、民族上层人士中广泛开展工作，鼓励推动他们为坚持抗战、争取民主进步做出贡献。1940 年 10 月 14 日，毛泽东致电南方局，要求尽力争取民族资产阶级与党合作。周恩来、董必武亲自与云南的爱国工商业家缪云台谈话，动员他为抗战出力，鼓励支持他同国民党官僚资本做斗争；民盟云南省支部中的共产党员也与缪云台建立了密切的联系。缪云台对推动龙云与民盟、共产党的合作起了重要作用。

（作者单位：中共昆明市委党史研究室）

南方局领导下的贵州省工委革命斗争探析

杨兴宇

摘　要：抗日战争时期，贵州省工委在南方局的领导下，积极发展党的组织，协助八路军贵阳交通站工作，领导《新华日报》贵阳分销处，疏散、隐蔽了一大批党的骨干，为党的抗战方针实践和南方局各项工作落实做出了重要贡献。

关键词：南方局；贵州省工委；抗战

1939 年 1 月，中共中央南方局（以下简称“南方局”）成立后，新组建的贵州省工委在南方局的领导下，不辱使命，努力工作，为贯彻落实党的各项抗日主张做出了应有贡献。

一、抗战初期贵州省工委的组建

贵州省的党组织成立较早。1934 年 1 月，林青、缪正元、秦天真在毕节县建立贵州省第一个党支部。1935 年 1 月，红军长征到达遵义，中央批准建立以林青为书记的贵州省工委。[①] 1935 年 7 月，林青、刘茂隆等 11 人被捕，贵州省工委遭到破坏。1937 年 9 月，中共中央为加强贵州党组织建设和在贵州贯彻党的抗日救亡方针，决定恢复贵州省工委，派黄大陆以中央特派员身份由延安回到贵阳，与隐蔽在贵阳郊区坚持工作的中共党员李策取得联系。黄大陆向贵阳地区的党员传达了中共中央抗日民族统一战线政策，并着手组建中共贵州省工委，恢复党员的发展工作。经过一番调查研究，1937 年 11 月，黄大陆化名李瑞卿向中共中央提交了《贵州一般情况的工作报告》，请求党中央派干部到贵州加强党的领导。12 月，为指导全省工作，黄大陆等根据中共中央白区工作会议精神，向贵州省各地党组织发出《公开工作和秘密工作的联系纲领》《实践上的几个问题》《关于小组生活》等文件，要求全省党组织和党员掌握正确的开展公开活动和秘密活动的方法。

---

① 中共贵州省委党史研究室：《中国共产党贵州历史·第一卷（1921—1949）》，贵州人民出版社 2011 年版，第 59 页。

1938 年 2 月，党中央为加强贵州工作，决定派邓止戈、秦天真由延安重返贵阳，组建中共贵州省工委，明确邓止戈任省工委书记，秦天真、黄大陆、李策为委员。新成立的省工委根据中央指示，确定了自己的主要任务，就是进一步加强贵州地下党组织建设，巩固、清理、整顿党组织所取得的成果，恢复党的组织，发展新的党员；积极宣传党的抗日民族统一战线政策，广泛团结和发动各界各阶层民众起来抗日，实现党对抗日救亡运动的领导。①

1939 年 1 月，南方局成立，为了加强各省区的领导工作，成立了西南工作委员会和南方工作委员会。西南工作委员会管辖川东、川康、云南、贵州、湖南、鄂西等省党的工作。②

在南方局和贵州省工委的领导下，全省党的组织得到较大发展。1938 年至 1940 年 4 月，贵阳、毕节、思南、安顺、遵义、湄潭、织金等县先后恢复建立了县一级党组织，还直接领导了凯里、镇远、平越(今福泉市)等地的党支部或党小组。这一时期，全省共恢复和建立了党组织 32 个，其中县级以上组织 14 个。③

贵州省工委的组建及各地党组织的蓬勃发展，为随后贵州抗日救亡运动的兴起奠定了坚实的基础。

二、协助八路军贵阳交通站的革命活动

抗战时期，贵阳是川黔、湘黔、滇黔和黔桂 4 条公路干线的连接中枢。抗战爆发后，桂越、滇越路被日寇切断，滇缅公路成为我国西南唯一的国际交通线，国外大批援华物资经缅甸、昆明、盘县、二十四道拐等地运到贵阳，再转运至重庆、延安及抗战前线。

1939 年初，为发挥贵阳交通枢纽作用，八路军贵阳交通站开始建站，由八路军武汉办事处副官长、贵州桐梓人袁超俊负责。最初，袁超俊借用贵阳达德学校操场旁的一排教室作为临时办公地点。因达德中学不久将要开学，教室不能长久借用，在贵州地下党员高言志的协助下，袁超俊租用贵阳六座碑与晋禄寺间（今民生路 92 号）一间民房，作为交通站的办公场所。④

1939 年 1 月 3 日，国民革命军第十八集团军贵阳交通站正式挂牌成立，袁超俊担任站长。交通站正式成立后，袁超俊立即赶赴重庆向南方局和八路军办事处汇报工作情

---

① 中共贵州省委党史研究室:《中国共产党贵州历史・第一卷(1921—1949)》,贵州人民出版社 2006 年版,第 208—209 页。

② 中共中央党史资料征集委员会:《中共党史资料》(第 12 集),中共党史出版社 1985 年版,第 60 页。

③ 中共贵州省委党史研究室:《中国共产党贵州历史・第一卷(1921—1949)》,贵州人民出版社 2006 年版,第 211 页。

④ 袁超俊:《勤俭节约建设交通站——八路军贵阳交通站建站始末》,载《抗战大后方——贵阳》,中共党史出版社 2015 年版,第 96 页。

况。南方局组织部部长博古把贵州省工委的关系介绍给袁超俊。袁超俊回贵阳途中，在贵州省桐梓县与贵州省工委书记邓止戈接上了头。在邓止戈的安排下，袁超俊到贵阳会见了省工委委员秦天真。秦天真先后派丁树奇、高言志、雷光远作为省工委与交通站的联络员，协助交通站工作。①

八路军贵阳交通站代表中国共产党领导的八路军，在贵州履行以国共合作为基础的抗日民族统一战线职能，以公开工作和秘密工作的双重形式开展各项活动。

公开工作就是转运物资到重庆、延安等地。交通站成立后，在贵州省工委的协助下，袁超俊在城外重新租房修建了库房和城外接待站，堆放临时无法运走的物资。转运的物资主要有药品、医疗器械、通信器材、武器弹药等。据袁超俊回忆：1939 年的夏秋之间，我们从香港买了一大批汽油和机油，经西安办事处的王超北副官和重庆办事处的龙飞虎、邱南章两副官到海防把这批油料运到贵阳，然后转运重庆，送往延安。"廖承志同志和宋庆龄夫人在香港募捐到的许多药品、衣物、毯子，还有国外捐赠的一些东西，都在这个时期经过贵阳运到重庆转到延安。""1939 年夏秋，一直到冬天，我们的运输任务很繁忙，一方面是上面所说的这些物资要转运，另外新四军到重庆、延安，或者延安派到新四军的往来人员也比较多，都依靠我们的卡车来回运送。"②据不完全统计，仅 1939 年，贵阳交通站运送物资约 150 车。③

交通站的秘密工作是转移党的干部及友人。这一时期，贵阳处于较为安全的西南大后方，革命党人经常经贵阳来往重庆、延安和华中、华南等地。越南共产党领导人胡光（即胡志明）经常搭乘八路军的军车往来于重庆、桂林、昆明之间。新四军军长叶挺、政治部主任袁国平及张云逸、张鼎臣等领导同志，以及新四军军医处长沈其震及饶漱石、陆璀夫妇等一大批干部和警卫人员由重庆赴新四军总部途经贵阳时，都由交通站接待。1938 年 10 月长沙大火后，一批党和八路军领导同志的家属，包括周恩来的父亲周懋臣、邓颖超的母亲杨振德、博古的女儿秦新华以及李克农的父母、岳父母、弟侄等共 20 余人，安全地撤退到贵阳。袁超俊在贵州省工委的协助下，把他们安顿在贵阳青岩居住达两年之久。④

八路军贵阳交通站还代表南方局直接领导了位于贵阳图云关的中国红会党的特别支部。

皖南事变后，1941 年 1 月 21 日，国民党中统黔室行动队的特务包围了交通站，逮捕了 7 名交通站成员，查抄全部武器弹药及物资，直到当年 8 月，经过周恩来、叶剑英多番交涉，国民党才将被捕成员全部释放。为保证交通站工作人员的安全，八路军贵阳交通

---

① 中共贵州省委党史研究室委员会办公室、中共贵州省委党史资料征集委员会办公室：《贵州党史资料》（第 6 辑），内部资料 1988 年版，第 107—108 页。

② 袁超俊：《勤俭节约建设交通站——八路军贵阳交通站建站始末》，载《抗战大后方——贵阳》，中共党史出版社 2015 年版，第 97—98 页。

③ 中共贵阳市委党史研究室：《红色源泉——中共贵州省工委旧址》，贵州大学出版社 2016 年版，第 50 页。

④ 李朝贵：《枢纽上的红色堡垒——八路军贵阳交通站》，《当代贵州》2011 年第 20 期。

站停止了活动。

贵阳交通站成立期间，在贵州省工委的大力支持下，积极贯彻党的抗战方针，圆满完成了南方局交办的各项工作，为党的事业发展做出了重要贡献。

三、领导《新华日报》贵阳分销处的工作

《新华日报》是民主革命时期中国共产党在国民党统治区第一次公开出版的全国性党报，于 1938 年 1 月 11 日在武汉创刊。武汉失陷后，同年 10 月 24 日，报馆撤退到重庆，1947 年 2 月 28 日，被迫停刊。《新华日报》主要反映中国共产党的政策主张，同时也反映其他党派及无党派人士的一切有利于团结抗战的意见。《新华日报》的公开出版，意味着突破了国民党控制舆论、蒙蔽人民的专制主义统治，使党在舆论宣传上夺取了团结人民、揭露敌人和争取同盟者的重要阵地。

为扩大中共抗日方针在贵阳的影响，激发贵阳各界人士抗战热情，坚定贵州地下党组织的抗战决心，贵州省工委决定在贵阳发行《新华日报》。1938 年 8 月，贵州省工委选派忠实可靠、能吃苦耐劳的中共地下党员吴同尘以生活书店为掩护，递送《新华日报》。在吴同尘的努力下，《新华日报》的发行工作进展顺利，发行量与日俱增。1938 年 11 月下旬，贵州省工委征得《新华日报》馆同意，经吴同尘的奔走，租用贵阳中华中路慈善巷 8 号作为办公场所，成立了《新华日报》贵阳分销处。随着办公条件的改善，《新华日报》在贵阳的发行量和影响力不断增加，贵州省工委又派遣中共党员郎德服、陶祖铭（陶浩）到分销处协助吴同尘工作，并建立了以吴同尘为组长的党小组，由陶祖铭管内勤，郎德服负责送报，吴同尘负责全面工作。①

在贵州省工委的领导下，分销处不仅做好《新华日报》的发行工作，而且还响应总社号召，声援抗战。1939 年 8 月，为解决香港印刷工人组织的“反汪工友回国服务团”的困难，贵阳分销处发起捐助运动，参捐人数达 1000 人以上，收到捐款 1000 多万法币。分销处把捐款及捐款人名单通过《新华日报》馆转交给香港工会，并写了一封公开信，鼓励工人们坚持斗争。这一工作得到《新华日报》馆的充分肯定，并在《新华日报》上发表了这封信。这一时期，《新华日报》的日发行量一度达到 500 份。②

1940 年底，国民党掀起第二次反共高潮，白色恐怖笼罩贵阳，国民党贵州当局开始秘密或公开逮捕地下党的同志，八路军贵阳交通站随之被国民党查封，《新华日报》分销处的共产党员郎德服也被抓走关押。贵州省工委为了保存力量，果断停止了《新华日

---

① 吴之平：《忆〈新华日报〉贵阳分销处》，载《永恒的回忆》，贵州人民出版社 2011 年版，第 189—190 页。

② 中共贵州省委党史研究室：《中国共产党贵州历史·第一卷（1921—1949）》，贵州人民出版社 2006 年版，第 256 页。

报》贵阳分销处的工作。1941年春，分销处的其他同志秘密转移离开贵阳。

《新华日报》在贵阳发行虽然不到三年，但贵州省工委却始终把《新华日报》作为“黑暗中摸索前进的指路明灯”，作为团结群众、发动人民、追求光明、追求真理、宣传抗日的向导。《新华日报》在贵州的发行，扩大了党在贵州的影响，有效宣传了中共抗日主张，促进了贵阳乃至贵州抗日救亡运动的蓬勃发展，在抗战大后方发挥了重要的宣传和教育作用。

四、贯彻“十六字方针”

抗日战争进入相持阶段后，1939年1月，国民党五届五中全会召开，制定了“溶共、防共、限共、反共”的方针。伴随着国民党反共方针的施行，国民党贵阳当局对贵州共产党组织的破坏、对贵州共产党员及进步人士的逮捕与屠杀也与日加剧。

此时，中共中央对国民党当局即将发动的反共高潮有所警觉，对国统区党的工作制定了“荫蔽精干，长期埋伏，积蓄力量，以待时机”的十六字方针。1940年3月，邓止戈赴重庆接受南方局指示，南方局代理书记博古要求：贵州党组织应紧急疏散，撤销中共贵州省工委，另建立隐蔽的新的领导机构；已暴露的党员干部要撤走，并要求邓止戈完成任务后去延安。① 4月，邓止戈回黔后，立即安排秦天真等离开贵阳去南方局，其他已暴露的党员干部要求抓紧撤走隐蔽。同时根据南方局指示，撤销省工委，组建中共贵州省临时工作委员会（简称省临工委），省临工委由邓止戈、肖次瞻、陈于彤、张述成、杜守敦组成，邓止戈任书记，肖次瞻任秘书长。省临工委的主要任务就是贯彻党的“十六字方针”。

1940年6月，贵州反动当局穷凶极恶地公开搜捕中共地下党员，并下令解散贵阳筑光音乐会、沙驼业余话剧社等进步团体。7月19日，省临工委秘书长肖次瞻被捕入狱。为加快干部的转移，省临工委将全省划为贵阳区、黔北区、黔西区、黔东（因故未组建）区四个片区，由省临工委成员分头领导。对已暴露的党员和骨干，一部分被输送到延安或新四军，一部分转移到川、桂、滇等邻省；未暴露的要求就地埋伏，等待时机。9月，邓止戈在平越视察工作途中被敌人逮捕，后寻机逃出，几经辗转，回到南方局并转移到延安。

1941年1月6日，皖南事变爆发，国民党掀起第二次反共高潮。在邓止戈撤离贵州、肖次瞻被捕后，省临工委的工作即由陈于彤、张述成、杜守敦3人负责。当月，陈

① 中共贵州省委党史研究室:《中国共产党贵州历史·第一卷(1921—1949)》,贵州人民出版社2006年版,第276—277页。

于彤、张述成、杜守敦也相继撤离贵阳。1943年7月，张述成在桂林完成疏散任务后，赴昆明与杜守敦会合，一同撤回南方局。南方局组织部部长钱瑛向张述成传达了南方局的决定：贵州转移干部的工作已结束，撤销中共贵州省临工委；撤销省临工委在各地设立的联络点；转移的同志，就地长期埋伏，以待时机；今后贵州的工作，由南方局直接领导。① 至此，中共贵州省临工委结束工作，许多隐蔽下来的党组织和党员，扎根在工人、农民和少数民族群众中，坚持开展活动，直到抗战胜利。据不完全统计，从1940年夏到1941年春，由省临工委转移到四川、云南、广西、湖南等地的同志就有120多人。

贵州省临工委在艰苦而恶劣的环境下，顺利完成了贵州地下党员的疏散转移任务，为贵州地下党组织保存革命力量、坚持长期斗争做出了重大贡献。抗战胜利后，在贵州疏散隐蔽的党组织和党员相继恢复活动，他们继续秉承南方局领导时期的斗争精神，为新中国的成立和人民的解放不懈奋斗。

总之，贵州省工委在南方局领导期间，为党的壮大发展和抗战方针的实现发挥了应有的作用。

（作者单位：中共贵州省盘州市委党史研究室）

① 中共贵州省委党史研究室：《中国共产党贵州历史·第一卷（1921—1949）》，贵州人民出版社2006年版，第279页。

第四部分

南方局人物研究

周恩来在南方局期间对党的建设的卓越贡献

徐　行

摘　要： 周恩来在领导南方局工作期间，对党的组织建设、思想建设、作风建设、干部队伍建设等方面皆做出了重要贡献。他制定严格的秘密工作措施，积极恢复、重建和壮大发展了南方各省的党组织；他狠抓党的思想建设，带头进行自我改造；他亲自领导了南方局的整风工作，大大推动了党的作风建设；他重视干部领导能力的培养和提高，造就了一支思想过硬、工作能力强的干部队伍，为中国共产党领导抗日战争、解放战争的胜利奠定了思想基础和组织基础。

关键词： 周恩来；南方局 ；党的建设；党的干部队伍

1938 年 9 月 29 日至 11 月 6 日，中共中央召开扩大的六届六中全会，会议根据抗日战争形势的变化，决定撤销长江局，设立中共中央中原局和中共中央南方局（以下简称“南方局”），由周恩来任南方局书记，直接领导四川、云南、贵州、湖北、湖南、广东、广西、江苏、江西、福建以及香港、澳门地区党组织的工作。 周恩来在领导南方局工作期间，为党的建设做出了卓越贡献，包括南方各省党组织上的恢复与重建、党员的思想建设和作风建设、党的干部队伍建设等等，同时他也为党做了大量的宣传工作和统一战线方面的工作。

一、积极恢复与重建党组织，制定严格的秘密工作措施

早在长江局时期，周恩来就领导了长江流域和中国南方各省党的工作，他一面与国民党当局谈判，一面积极恢复和发展各地党组织。 在他的努力工作下，南方各地方党组织迅速恢复和重建起来。 到 1938 年 9 月，中国南方已有 13 个省建立或恢复了省级党组织，党员人数发展到六七万人，南方十多个游击区也陆续成立了中共特委。 周恩来特别重视抗战时作为大后方的四川省的党组织的建设。 他曾以长江局名义向中央书记处致电，认为：“四川已无疑地成为抗战最后根据地，成为连接西南和西北的枢纽，而且很快

的会变成全国各党派、各实力派争夺的中心”，为了日后党能够在四川站稳脚跟，并夺得主动权，建议“迅速加强四川党的工作”。① 周恩来为此提出了一系列的具体建议：请求中央迅速派得力的川籍干部赴川主持工作；请中央从抗大、党校、陕北公学中挑选一批川籍学生回川工作；在重庆设《新华日报》分社，筹办印刷厂；努力发展军事工作；不放弃运用上层联络的方式，推动各方特别是川中实力派抗战等。这一系列建议和措施有力推动了四川党组织力量的发展和党的影响力的加强。

在周恩来领导南方局工作期间，国民党始终试图消灭国统区内的共产党组织。在严峻的形势下如何贯彻党的“荫蔽精干，长期埋伏，积蓄力量，以待时机”的方针，成为南方局当时一项十分紧迫的任务。1941 年 5 月，中共中央接连发出《关于大后方党组织工作的指示》和《关于隐蔽和撤退国民党统治区党的力量的指示》两个指示，指出：“要求国民党统治地方的党部坚决采取长期埋伏、蓄积力量、等待时机的工作方针，认真地决心地将党的力量有计划的隐蔽和撤退，把党和群众工作的中心放在利用所可利用的社会习惯、政府法令与合法组织（如保甲联保等）的方面，去进行与群众联系的长期埋伏工作。”②

作为南方局书记的周恩来有着丰富的地下斗争经验，接到中央指示后，他立即召开南方局会议，研究各地党的工作情况，研究如何贯彻中央指示精神。会议制定了各地方党组织与公开机关脱离联系、缩小各级领导机构、建立平行支部、实行单线联系、尽量深入社会、严格秘密工作制度等一套严格的秘密工作的具体措施，使得国统区的党组织得以保存和发展，使得党的各项工作实现了有条不紊的转变。

首先，南方局确定了把公开工作与秘密工作、上层活动与下层活动严格分开的措施。当时第十八集团军驻重庆办事处（八路军办事处）是公开机关，南方局是党的秘密机关，但南方局的领导人和许多工作人员也都具有公开的合法身份。为保护党的干部，一般公开机关的工作人员不同地下党发生关系，同时，从事秘密工作的人员也不轻易与公开机关的工作人员联系。南方局确立了两种地下党同公开组织的联系方式，一是由省委或特委的负责人亲自到红岩去汇报工作并接受指示，少则一年一次，多则一年三四次；二是由南方局派交通员送去指示或接受报告。在工作范围上，地下党主要做普通群众的工作，而做上层人物工作的则只能是南方局领导人或专门指定的人。在组织内部，做下层工作的党员同做上层工作的党员，即使在同一部门里，相互间也不交换情报，不横向发生关系。

其次，制定党的各级组织间、党员与组织间，实行单线联系的严格措施。党组织布置任务、研究和讨论工作，不采用开会的方式，而是在个别人之间进行，党员向组织汇报情况也如此。党的各级组织的领导人员减少，机关地址常常变换，具体情况只有少数负

---

① 中共中央文献研究室：《周恩来传》（二），中央文献出版社 1998 年版，第 517 页。

② 中共中央文献研究室：《周恩来传》（二），中央文献出版社 1998 年版，第 619 页。

责联系的人知道。在国民党统治区的进步青年中，南方局还创造了一种叫作“据点”的比较灵活的组织形式，这种“据点”是由三五人组成的不定型的小组，以学习职业为主，附带研究时事问题和重要政治文献，并做调查与通讯工作。南方局青年组利用“据点”开展暑假调查活动，对留校学生进行启发教育等工作，同时加强同职业青年的宣传工作，鼓励他们向中层发展，有计划地提高了现有青年的觉悟，加强了党的青年工作。

再次，对于处于地下状态的共产党员，周恩来强调要实行“职业化”和“社会化”。周恩来指出：“每个党员及领导干部都要有职业。”“除了必要的少数人，一般的党员不能依靠党生活，要让党员在社会上为生活而斗争。”“要使党员社会化，不仅不脱离社会，而且要深入社会。”①党员不仅要搞好自身的业务，还要广交朋友，深入社会，承担一定社会职业，进入地方各行各业的工作之中，实现荫蔽精干的要求，防止其他反动势力的破坏。同时，周恩来注重党员思想上的工作，强调“要在思想上组织上巩固党，使西南党成为真正的彻底的地下党，成为群众的党”②。

最后，采取调动或疏散等方法保护身份暴露的党员和进步文化人士。在国民党对共产党加紧迫害的情况下，尽管地下党采取了许多措施，在国民党统治区的共产党员的暴露仍难以完全避免。对已暴露或有可能被捕的党员和进步文化人士，周恩来采取了将他们调动到陕北工作或疏散到各地等方式，保护党的骨干力量和进步文化力量免遭摧残，实现了党中央“荫蔽精干”的要求。在华南各省党组织被破坏后，周恩来立即指示，除敌占区、游击区党组织照常活动外，处于国民党统治区的党组织一律暂停活动；已暴露身份的党员干部一律转移；其余干部应利用职业隐蔽下来，执行勤学、勤业、勤交友的方针。

1941 年 12 月至 1942 年 1 月，南方局在重庆召开会议，总结两年来的工作。周恩来在会议最后做了题为《建设坚强的战斗的西南党组织》的报告，总结一年来西南党组织的工作方法。周恩来明确指出：“要使五千党员成为隐蔽的、坚强得力的、与群众有联系并善于影响和推动群众的干部。”在发言中，周恩来十分强调党与群众的联系，要做到凡有群众的地方一定要进去工作。“要在主要的群众集聚的单位（工厂、学校、农村、大机关等）建立起巩固的一个乃至数个平行的支部。要在主要的工作部门和机关（如行政机关、团体、公司、交通经济部门等）保有我党的组织或个人的联系。”周恩来强调，要在思想上和组织上加强党的建设，“要使党的领导机关有独立领导的能力和自信”。党的干部要熟悉各主要方面的情况，要善于使上层工作和下层工作相配合，要把西南党组织建设成为“一个坚强的战斗的党组织，时机一到，立即可以起来战斗”③。

---

① 中共中央文献研究室：《周恩来传》(二)，中央文献出版社 1998 年版，第 622 页。

② 《周恩来选集》(上卷)，人民出版社 1980 年版，第 111 页。

③ 《周恩来选集》(上卷)，人民出版社 1980 年版，第 110—111 页。

二、狠抓党的思想建设，带头进行自我改造

从思想上建党是马克思主义建党原则的核心内容之一，也是共产党保持队伍纯洁性、加强自身建设的优良传统。早在土地革命战争时期，周恩来就写了《坚决肃清党内一切非无产阶级的意识》等一系列文章，指出在党内确立无产阶级意识是党的建设的首要任务。他认为要使党布尔什维克化，必须在加强无产阶级基础建设的基础上，改造党的组织，反对党内各色的小资产阶级意识[①]。为使党无产阶级化，加强党的无产阶级基础建设，扩大党的无产阶级的组织基础，周恩来强调要重视党的政治教育、提高党的理论水平，强调党组织不能脱离群众，加强党组织同群众的联系是党的生命的基础。要“把党的影响扩大到群众中去，同时把群众的意见正确地反映到党里来，使党成为真正群众的党”[②]。

在任南方局书记期间，周恩来特别重视党员的思想建设。他带头进行自我改造，1943 年 3 月 18 日，周恩来在重庆红岩整风学习时制定了《我的修养要则》，共七条：

一、加紧学习，抓住中心，宁精勿杂，宁专勿多。

二、努力工作，要有计划，有重点，有条理。

三、习作合一，要注意时间、空间和条件，使之配合适当，要注意检讨和整理，要有发现和创造。

四、要与自己的他人的一切不正确的思想意识作原则上坚决的斗争。

五、适当的发扬自己的长处，具体的纠正自己的短处。

六、永远不与群众隔离，向群众学习，并帮助他们。过集体生活，注意调研，遵守纪律。

七、健全自己身体，保持合理的规律生活，这是自我修养的物质基础。[③]

周恩来在《我的修养要则》中明确了自己在革命中坚持的修养要求，要自觉改造自己的思想，提高马克思主义修养。他把这个写好的要则贴在办公室外的墙上，请南方局的同志监督他、帮助他进行思想改造。周恩来认为共产党之所以能在艰苦的环境生存下来并且长期生存下来，所依赖的就是不与群众隔离、永远与群众在一起、为广大人民群众服务，所以，群众路线思想是共产党长期生存的秘诀，也是与国民党反动派斗争的优势，要永远地把握下去。除此之外，周恩来还针对工作与学习、身体健康等方面分别提

---

① 《周恩来选集》(上卷)，人民出版社 1980 年版，第 9 页。

② 《周恩来选集》(上卷)，人民出版社 1980 年版，第 13 页。

③ 《周恩来选集》(上卷)，人民出版社 1980 年版，第 125 页。

出了另外的五点要求，要求每一个党员不忘修养自身、自我改造，做一个思想上合格的共产党员。

在南方局期间，周恩来多次组织局机关的党员进行马列主义理论的学习，坚持用马克思列宁主义武装党员干部，坚定他们的理想信念，使他们经得起严峻的考验，增强他们分析问题与解决问题的能力。周恩来针对各个阶段中出现的思想认识问题，组织大家积极开展批评与自我批评，努力提高思想认识水平。周恩来在给南方局干部所做的报告中，总结了自己在干部工作上的经验，强调“党的立场就是领导干部的立场”，他具体阐明领导干部必须做到以下几点：（一）要有确定的马列主义的世界观和革命的人生观。（二）要有坚持原则的精神。（三）要相信群众力量。（四）要有学习精神。（五）要有坚韧的奋斗精神。（六）要有高度的纪律性。①

周恩来有着以民为本的公仆意识，心里总牵挂着亿万民众，他一生认定的信条就是：勤勤恳恳，全心全意为人民服务。他时刻心系百姓，终生“以人民的疾苦为忧，以世界的前途为念”②。他在纪念鲁迅先生逝世十周年的会议上发表演讲说：对人民，“我们要如对孺子一样地为他们做牛的。要诚诚恳恳、老老实实为人民服务”“应该像条牛一样努力奋斗，团结一致，为人民服务而死”③。他十分重视领导干部要与一切脱离群众的官僚主义和腐化现象作斗争，他明确提出要“反对一切实际工作中的机会主义（如马虎主义，空谈家，妄自尊大者，官僚主义，形式主义，文牍主义，事务主义等）以及蜕化或腐化思想等等”④。

三、加强党的作风建设，亲自领导南方局整风工作

1942 年，在毛泽东做了《改造我们的学习》的重要讲话之后，周恩来立即组织南方局党员进行学习，开始了南方局整风运动的准备工作。为加强人们对整风运动的认识，南方局发表了《整顿三风与思想革命》，文章指出，整顿三风是一场思想革命、一件很大的事情、一场严重的斗争。整风的目的是用马、恩、列、斯思想与我们党的优良传统——即中国的马列主义作为武器，去战胜不正的三风。这篇文章的发表提高了国统区党员对整风运动的认识，为进一步开展整风运动打下了坚实的基础。

1943 年，全党整风进入了审查干部阶段。根据中共中央的指示，周恩来主持召开了南方局干部会议，阐明领导机关要学会怎样审查干部，他指出：“审干不是清党，而是认

---

① 《周恩来选集》(上卷)，人民出版社 1980 年版，第 128 页。

② 《周恩来选集》(下卷)，人民出版社 1984 年版，第 427 页。

③ 周恩来：《在上海鲁迅逝世十周年纪念会上的演说》，见《新华日报》1946 年 10 月 21 日。

④ 《周恩来选集》(上卷)，人民出版社 1980 年版，第 130 页。

识干部。做结论、鉴定都要慎重，要不怕麻烦地允许本人申诉。对党员，要求他们肯说真话，敢于说一切话，即使是不满意的话也可以在审干委员会面前讲”，“审干的方法，要抓住大处，同时要照顾全部，实事求是；发现问题，要追根究底，应负责解决；发生争执时，先弄清事实，然后再加以说服”。周恩来同时强调审干工作必须严肃、认真而细致，要研究每个干部的社会关系、政治倾向、工作能力、历史经过；要从研究干部的过程中懂得爱护、教育、培养、选择、引进、使用干部及纠正他的错误倾向，帮助他进步。他指示：“今后要把审查干部和整风工作联系起来，增加学习文件和反省。”①

根据周恩来的讲话精神，南方局的干部审查工作由组织部门负责，采取部门领导、支部、本人三结合的方式进行，不搞神秘化；政治审查结束后，根据本人表现做出组织鉴定，由负责人向本人宣布，最后审查结论报送南方局领导。由于南方局领导下的党员处在复杂艰险的环境中，对他们的审干工作须有科学的态度。在周恩来的领导下，南方局的审查干部工作进行得十分慎重而又严肃。对干部的审查，是由南方局组织部统一布置，各单位负责人和支部共同进行的，审查过程中坚持实事求是的方针，坚持稳妥的方法，既保持高度的警觉性，又注意不伤害自己的同志。在当时的复杂情况和条件下，有些事情不容易一下子搞清楚，南方局组织部门一方面教育本人正确对待审查结果，相信组织会弄清楚；另一方面又全面分析各种因素，注重事实，力求结论经得起历史的检验。有些问题即使一时弄不清情况，也不轻易给干部下结论。

在领导中共中央南方局整风时，周恩来把领导干部的马列主义的世界观及革命的人生观放在第一位来考虑，是认识到了马列主义信仰及革命思想对于领导干部的重要性。共产党员区别于其他人的首要之点就是坚定的马列主义信仰与革命精神，只有坚持了这两点，才能在变幻莫测的时代洪流中保持自身的特点，而不至于被时代洪流所淹没。他分析和批评了党内各种非无产阶级意识，包括极端民主化的倾向、反机会主义的认识上的错误、极端民主化的倾向、反机会主义的认识上的错误、个人的意气之争、小组织的倾向、工学界限、怀疑改造党的路线、改造党的形式主义、雇佣革命的观念、救济会观念、消极怠工等等。他十分注意警惕这些错误倾向对党组织的危害，在土地革命初期就指出，“极端民主化”等非无产阶级意识存在着“可以把党的组织打得粉碎，以至于消灭”②的危险。周恩来还注意防范党组织内的个人主义、小组织的倾向，这些倾向都是由于私人感情的影响，或因自己的意气而攻击其他党员，不接受他人批评，甚至不站在党的立场上去考虑党的工作，从而造成党内无穷的纠纷与争斗，周恩来把这种不顾党的大局，而专心私利，甚至沦落到像资产阶级政客官僚般卑污恶浊的地步，视为破坏党的最恶劣的倾向。

此外，周恩来还批评了党内在工作中存在的消极怠工意识，一些党员在观念上因党

---

① 中共中央文献研究室：《周恩来年谱（1898—1949）》（修订本），中央文献出版社 1998 年版，第 565—566 页。

② 《周恩来选集》（上卷），人民出版社 1980 年版，第 9 页。

得找不到出路，对革命悲观失望，便心灰意懒，不愿积极工作。周恩来批评这种消极怠工意识是“小资产阶级的悲观主义”，这种消极观念是在面对艰难的革命形势时所产生的退却与堕落的意识。早在土地革命初期，周恩来就告诫共产党员，要对革命形势保持乐观的心态，要看到“革命每天都在向前发展”“只要我们能够深刻地了解群众的情绪，便可以引导我们走向积极的道路”。周恩来坚信，我们的党“已经是一个群众的党，只要全党同志坚决地一致地奋斗，少数坏蛋断乎不能破坏党的组织”①。

南方局领导的整风学习和审干工作，坚持实事求是，既弄清思想，又团结党员，不仅使人心情舒畅，而且使许多党员干部在思想上得到很大提高，作风上有了很大改进，从而激励了党员斗志，增强了党的凝聚力和战斗力，促进国民党统治区党组织的思想统一。通过整风与学习，增强了党员的组织观念和群众观念，进一步坚定了革命到底的信念，全体党员克服了主观主义、宗派主义和党八股，进一步发扬了实事求是的精神和理论联系实际的学风，增强了党性，加强了党的团结统一，提高了党组织的战斗力，使广大党组织和党员能够经受起白色恐怖的考验，为建设思想统一、步调一致、组织坚强的南方党组织，为迎接革命新高潮的到来奠定了基础，对国统区党组织的建设以及抗日战争的胜利有重要的作用。

四、造就过硬的干部队伍，重视领导能力的培养

党员的自我修养和领导干部基本素质的提高是党的建设中十分重要的问题。能否建设一支高素质的领导干部队伍，不仅决定了党的事业的成败，同时也影响了党的领导作用的发挥。周恩来对加强党员干部领导能力早就有清醒的认识，他阐述了提高干部基本素质的必要性，阐明了党员领导干部必备的基本素质包括：必须坚持党的群众路线，全心全意为人民服务；必须加强学习，思想不断与时俱进；必须坚持理论联系实际，努力做好党交给的一切工作；必须坚持批评与自我批评的作风，处处以身作则。

1943 年 4 月 22 日，周恩来给南方局干部作了“怎样做一个好的领导者”的报告，再次强调了党员干部领导能力的培养和自身素质的提高问题。在这篇报告中，周恩来要求领导干部抓紧思想政治的领导和组织领导，要不断提高自己的思想水平，不断加强政治锻炼。他强调党的领导一定要坚持民主集中制原则，党员及各级党组织都必须严格遵守党的纪律，服从党的决议。他阐明了领导者与领导机关的关系，主要体现在三个方面：（一）集体领导与按级领导——领导的一元化，集中化与民主生活（讨论与分工）。（二）个人负责制与个人领导——大后方环境更需要这一方式，但在集体领导下也并不取消这

① 《周恩来选集》(上卷)，人民出版社 1980 年版，第 11 页。

一方式。（三）直接干涉与直接解决——这不是经常的办法，而是在特殊情况下的办法或是为了示范。[①] 两方面的因素，强调党内生活上要既有民主的讨论，也要有集中的生活，在领导工作上既要要求领导干部应有高度的纪律性，同时也要发扬民主，坚持党的批评与自我批评的优良作风。

周恩来阐明了领导人想要做出正确决策应掌握如下四个环节：首先，要估计环境及其变动，并找出此地、此时的特点。其次，要依此与党的总任务联系起来，确定一时期的任务和方针。再次，要依此方针，规定当前适当的口号和策略。最后，据此定出合乎实际的计划和指示。[②] 周恩来认为一项决策的制定过程必须经过分析环境特点、确定决策框架、规定执行策略、形成具体决策这四个环节，抓好了这四个基本环节，使决策制定过程建立在调查研究与联系党的原理、原则的基础上，才能够做出正确的决定，形成正确的决策。周恩来所提出的把握决定制定环节的理论，在当时特定的政治条件下，其要旨是启发领导者如何将党的总任务适时适地转化为一定时期内可供执行的决策，并要求领导者必须掌握决策制定过程中的基本环节。

周恩来还按照斯大林的观点论述了什么是正确的领导。他认为首先是正确的决策，其次是对决策的认真贯彻执行，最后是对执行情况的审查。在贯彻执行党的路线、方针和政策过程中，首先，“要求领导干部抓紧思想政治的领导”，要注意大事，要提高政治警觉性和理论水平。其次，“要求领导干部抓紧组织领导。有了政治路线，组织工作就决定一切”。最后，是“慎重地挑选干部和分配工作。这也是组织工作之一，不过可以单独来说。挑选干部的标准，政治标准与工作能力，二者是缺一不可的，而政治上可以信任是先决问题”[③]。

在南方局期间，周恩来特别注重党的干部队伍领导才能的培养。他要求建设一支在政治上与业务才能上皆能信得过的干部队伍，同时他把政治上的条件作为先决的条件。周恩来把坚持马克思列宁主义的立场视为党员干部的首要政治要求，要把一切工作提高到原则的高度，与政治任务联系起来，一切工作以保证完成党的政治任务与工作计划为归依。在领导干部的日常工作中，周恩来强调要努力使党的组织靠近基层，使工作达到具体化的要求，要努力动员与组织群众。他认为没有一支在政治上信得过的干部队伍，就没有信得过的无产阶级政党。在党与革命发展的历史关头，干部队伍的政治素养高低也是决定成败的关键因素之一。周恩来强调干部队伍除了政治素养上过硬外，还必须要有出色的工作能力。在具备了这些基本条件后，党组织应根据其才能，适时、适地、适合条件地安排其职务。

周恩来除了要求党的干部政治素质提高、业务能力增强外，还要求领导干部要注意党的组织领导。在正确的政治路线指引下，怎样做好党的组织工作和党交付的行政工

---

① 《周恩来选集》（上卷），人民出版社 1980 年版，第 129 页。
② 《周恩来选集》（上卷），人民出版社 1980 年版，第 129 页。
③ 《周恩来选集》（上卷），人民出版社 1980 年版，第 130 页。

作。周恩来提出了“计划、领导、组织、躬行和审查”五环节的行政执行理论：“首先，要经过组织计划和指示的执行之讨论。次之，要慎选人才，负责计划之执行。再次，要组织斗争，来实现党的计划。再次，还要躬行实践，以为倡导。这样，就能从实践中证明党的路线和策略之是否正确以及是否需要补充。”①最后，还必须对执行情况进行审查。周恩来提出的党和政府领导在行政中的五个环节，是对执行党的方针政策过程中的每个环节所进行的周密的、条理清晰的思考，成为党的各级领导干部具体工作的行动指南，对我们党和政府的行政执行活动产生了重要影响。

在南方局时期，周恩来除了对党的建设做出了卓越贡献外，还出色地领导了党的统一战线工作和宣传工作。他多次与国民党当局谈判，多次会见各界爱国人士和民主党派负责人，向他们宣传、解释中国共产党的抗日民族统一战线政策，积极推动国际反法西斯统一战线的巩固和发展。周恩来还指导《新华日报》《群众》周刊开展抗日宣传工作，对八路军和新四军的英勇抗战事迹进行了大量报道，鼓舞了全国军民的士气，冲破国民党当局对言论的封锁，揭露了国民党顽固派的阴谋，为国统区人民指出了中国的前途和方向。

总之，周恩来在领导南方局工作期间，对南方各省党的组织建设、思想建设、作风建设和干部队伍建设皆做出了重大贡献。在周恩来的正确领导下，在抗日战争的艰难岁月时期，在国统区险恶的环境中，南方局的党组织不但没有受到破坏，反而恢复、重建和发展起来，这与周恩来对时局、对国民党有清醒的认识，对党的组织、宣传、统战、思想建设等各项工作的正确领导密不可分。周恩来为了南方局党的各方面的建设和各项工作付出了大量艰辛的努力，做出了不可磨灭的卓越贡献。南方局期间，周恩来不但努力维护了抗日民族统一战线的大局，同国民党顽固派进行了有理、有利、有节的斗争，而且号召南方局工作人员到群众中去发展力量，打开了南方地区党组织的工作局面，宣传了党的抗日主张，发扬了党的优良传统，培养了党的领导干部，建立起了一支信仰坚定、能力突出的党员队伍，为中国共产党领导全国人民夺取抗日战争、解放战争的胜利奠定了思想基础和组织基础。

（作者单位：南开大学）

① 《周恩来选集》（上卷），人民出版社1980年版，第129页。

毛泽东与南方局关系研究

黎　余

摘　要： 抗战时期，从工作层面上看，毛泽东对南方局的领导既有路线策略的全局把握，也有高度的理论概括指导，更有身体力行的实践推动；从精神层面上看，毛泽东对红岩精神的形成有着直接的影响，毛泽东思想也为红岩精神的形成提供了科学的理论指导。与此同时，以周恩来为代表的南方局在国统区尖锐复杂的政治格局中，在以毛泽东为首的党中央直接指挥下，坚定地贯彻党的各项方针政策，带领南方局在党的建设、统一战线、群众路线、文化、外交、军事、人才等方面做出了卓越的贡献，极大地丰富了毛泽东思想，为党领导的新民主主义革命的胜利提供了宝贵历史经验。

关键词： 毛泽东；毛泽东思想；南方局

长期以来，在中共中央南方局（以下简称“南方局”）历史研究中，主要成果多集中在南方局及其所辖地区的主要人物、重要事件、开展的各项工作、精神风范等方面的研究，还很少见到探讨中共中央与南方局关系的研究，本文试图从这一角度做一尝试。

一、毛泽东对南方局的领导

抗战时期，毛泽东对南方局的领导既有路线策略的全局把握，也有高度的理论概括指导，更有身体力行的实践推动，对保证南方局的工作始终沿着正确路线前进，倾注了大量心血。

（一）南方局的成立是以毛泽东为核心的中共中央的重大战略决策

1938 年 9 月至 11 月，为制定党在抗战进入相持阶段新形势下的战略方针，中共中央召开六届六中全会。毛泽东在会议上作《论新阶段》的政治报告，将论述的主题放在了抗战和统战及中共与其关系问题上。他认为，以武汉失守为标志，抗战将从战略防御阶段进入战略相持阶段，“支持长期战争与争取最后胜利的唯一道路，在于统一团结全民族，力求进步，依靠民众”，而“没有国共两党为基础的抗日民族统一战线的发起、建立与坚持，如此伟大的抗日民族革命战争之发动、持久与争取胜利，是不可能的”，并且

“由于抗日战争是长期的，整个抗日民族统一战线也能够且必须是长期的，其中主要的两个党——国民党与共产党的合作，也能够且必须是长期的，这是一切政策的出发点”。基于这种认识，毛泽东强调统一战线的极端重要性，指出“新阶段同时即是抗日民族统一战线发展的新阶段”，在新阶段中“抗日民族统一战线必须以一个新的姿态出现，才能应付战争的新局面。这种新姿态，就是统一战线的广大的发展与高度的巩固”①。

因此武汉沦陷后，随着国统区的中心向重庆转移，党的六届六中全会决定撤销长江局，在重庆改设南方局，代表中央向国民党及其他党派进行统一战线工作以及指导南方国统区各省党的工作。故南方局诞生的天然使命就是高举抗日民族统一战线旗帜，为抗战与民主凝聚力量，其最重要的政治任务和贯穿始终的工作就是巩固和扩大抗日民族统一战线，维护国共合作，争取中间势力。

（二）毛泽东确立了党在国统区工作总方针，经常研究南方局工作，后又分管重庆办事处

十年土地革命时期，党在国统区的工作遭到重大挫折，教训极其惨痛。作为中国革命的主要领导者，毛泽东在瓦窑堡会议后就开始思考新形势下党在国统区的工作策略问题。1937年5月17日至6月10日，党中央召开白区工作会议，毛泽东肯定了以刘少奇为代表的白区工作正确路线，指出新的环境与任务，迫切要求对这个问题来一个彻底的转变。随着对历史的总结和思考的深入，毛泽东对党在国统区工作方针有了更加明确的表述。1939年12月，他在《中国革命和中国共产党》中指出：“在敌人长期占领的反动的黑暗的城市和反动的黑暗的农村中进行共产党的宣传工作和组织工作，不能采取急性病的冒险主义方针，必须采取荫蔽精干、积蓄力量、以待时机的方针。”1940年5月4日，毛泽东在给东南局的指示《放手发展抗日力量，抵抗反共顽固派的进攻》中提出：“在国民党统治区域的方针，则和战争区域、敌后区域不同。在那里，是荫蔽精干，长期埋伏，积蓄力量，以待时机，反对急性和暴露。”12月，毛泽东在《论政策》中进一步阐释了这个方针：“在敌占区和国民党统治区的政策，是一方面尽量地发展统一战线的工作，一方面采取荫蔽精干的政策；是在组织方式和斗争方式上采取荫蔽精干、长期埋伏，积蓄力量，以待时机的政策。”②从1939年的12个字，到1940年的16个字，这是毛泽东对党在国统区工作经验教训的高度概括和总结。从此，这16字方针成为指导党在国统区工作唯一正确的指导方针，为南方局在国统区工作的有效开展提供了遵循的原则。

不仅如此，毛泽东还经常听取和研究南方局工作，特别是在1943年4月5日，毛泽东主持的中央书记处会议决定，由他分管驻重庆办事处的工作，以进一步加强对南方局工作的具体领导。1939年8月24日，毛泽东在中央政治局会议上指出，南方局的方针是：“一、巩固党；二、深入群众工作；三、向中层阶层发展统一战线。这是今后南方局

---

① 中央档案馆：《中共中央文件选集（1936—1938）》（第11册），中共中央党校出版社1991年版，第573、561、623、594、604页。

② 《毛泽东选集》（第2卷），人民出版社1991年版，第636、756、763页。

的严重任务，要这样去适应新的环境与党的总任务。”[①]1940 年 8 月 8 日，毛泽东在中央政治局会议提出一个重要意见：“中央今后的注意力，第一是国民党统治区域，第二是敌后城市，第三是我们的战区。”他强调：“南方党的工作是带全国性的工作。南方党以巩固为主，但在没有党组织或党组织很少的地方发展还是必要的。其工作路线是普遍化，打入社会，肃清内奸。其经常工作有四项，即政治估计、组织问题、统一战线、文化工作。”他还指示：“国民党区域的党，均由恩来全责管理，以统一党的领导。”11 月 20 日，毛泽东又主持中央政治局会议，听取秦邦宪关于目前形势和南方工作的报告。1943 年 8 月 30 日，中央政治局会议听取周恩来关于南方局工作汇报后，毛泽东讲抗战时期党的路线问题时，强调：“对国民党的斗争是以斗争求团结。”[②]此外，毛泽东还经常与周恩来、董必武、叶剑英等南方局领导人就国共谈判、国民参政会、党建、统战、军事、文化、群众、《新华日报》等具体工作，通过谈话、电报、书信等形式交换意见，发出指示。

（三）毛泽东领导南方局事关全局的重要事件的决策

抗战时期，中共中央赋予南方局的核心使命就是维护以国共合作为基础的抗日民族统一战线，这事关抗战大局。在抗日民族统一战线中，中国共产党的独立自主问题是一个非常突出和尖锐的问题。自第二次国共合作形成后，蒋介石先后至少四次对周恩来等中共代表提出“一个大党”主张，企图吞并共产党，但被周恩来等人断然拒绝。为此，毛泽东为中共中央发出《为国共两党关系问题致蒋介石电》，并由周恩来转达给蒋介石，明确指出国共两党坚持团结抗战，“但两党为反对共同敌人与实现共同纲领而进行抗战建国之合作为一事，所谓两党合并，则纯为另一事。前者为现代中国之必然，后者则为根本原则所不许”。强调：“共产党绝不能放弃马克思主义之信仰，绝不能将共产党的组织合并于其他任何政党。”[③]这才断了蒋介石并吞共产党的念头。随着抗战进入相持阶段，国民党顽固派又先后掀起三次反共高潮，其中以皖南事变为甚，国共关系面临全面破裂的危险。皖南事变发生后，毛泽东立即致电周恩来，要求“向当局提出最严重交涉”“要蒋下令停战撤围”。1941 年 1 月 17 日，国民党发布通令，污蔑新四军为“叛军”，撤销新四军番号并将叶挺送去接受军法审判。针对这一反动命令，毛泽东认为这是国民党“准备与我党破裂”，先后多次致电周恩来，要求驻国统区的各办事处停止同国民党的一切法律关系，实行撤退；同时提出了解决皖南事变的十二条办法，指出对蒋斗争策略是“政治上取全面攻势，军事上取守势”，要求周恩来等人在政治斗争上“坚决反攻，跟踪追击，绝不游移，绝不妥协”。毛泽东还鼓励重庆办事处：“光明就在前面，黑暗总会灭亡。全国全世界人民都是援助我们的。”[④]在毛泽东的坚强领导下，周恩来等南方局领导人经过与国民党顽固派的反复较量，最终迫使蒋介石于 3 月 6 日在国民参政会上做出

① 金冲及主编：《周恩来传》，中央文献出版社 1998 年版，第 561 页。

② 中共中央文献研究室：《毛泽东年谱（1893—1949）》（修订本，中卷），中央文献出版社 2013 年版，第 201、467 页。

③ 南方局党史资料征集小组：《南方局党史资料·统一战线工作》，重庆出版社 1990 年版，第 7 页。

④ 中共中央文献研究室：《毛泽东年谱（1893—1949）》（修订本，中卷），中央文献出版社，第 257、261、262、265 页。

“以后决无剿共之军事”的承诺，达到了以斗争求团结，维系合作抗战大局的目的。

抗战胜利后，中国又面临着两种命运、两种前途，为此，1945 年 8 月 28 日，毛泽东受蒋介石之邀赴重庆谈判。这次国共谈判在两个层次上进行：一是两党最高领导人——毛泽东和蒋介石直接交换意见；二是两党谈判代表——周恩来、王若飞与张群、王世杰、邵力子、张治中等人之间的磋商。经过艰难谈判，国共双方代表于 10 月 10 日在桂园共同签署了《政府与中共代表会谈纪要》（即《双十协定》）。这次谈判取得的主要成果，是使国民党承认了中共提出的和平建国的基本方针；承认了中共及各党派的合法地位；同意召开政治协商会议，商讨国是。对此，毛泽东指出：“谈判的结果，国民党承认了和平团结的方针。这样很好。国民党再发动内战，他们就在全国和全世界面前输了理，我们就更有理由采取自卫战争，粉碎他们的进攻。”①

（四）毛泽东是红岩精神的重要培育者，延安精神和红岩精神是源和流的关系

这包括两个方面的含义：一是如前所述，毛泽东作为党的路线、方针、政策的主要制定者，对红岩精神的形成有着直接的影响，因为南方局正是在国统区环境下贯彻党的路线、方针、政策中形成了红岩精神；同时毛泽东思想，也为红岩精神的形成提供了科学的理论指导。二是以毛泽东为代表的中国共产党人培育了延安精神，而南方局的人员大多来自延安，作为延安精神的重要培育者之一的周恩来，担任南方局书记来到重庆，带来了延安精神，在国统区艰难的政治环境下，以坚定正确政治方向、以实事求是的作风，带领南方局艰苦奋斗，模范地执行党的抗日民族统一战线政策，团结了大后方的大多数群众。他经常教导大家说，我们要时时想着延安，时时想着党中央。在皖南事变后的危急时刻，他还曾规定：如果遭到逮捕，就只承认党中央在延安，主席是毛泽东。红岩和曾家岩是一个党支部，支委是周恩来、董必武、邓颖超，支部书记是周恩来。正是在延安精神的熏陶和感染下，战斗在国统区这一特殊战场的共产党人形成了红岩精神。

需要指出的是，红岩精神作为延安精神在特定历史环境中的表现，有其独特内涵。它包含了高举抗日民族统一战线旗帜，为争取抗战胜利和为新中国奠定政治基础的时代使命；刚柔相济，锲而不舍的政治智慧；“出淤泥而不染，同流而不合污”的政治品格；海纳百川，团结多数的宽广胸怀；善处逆境，临难不苟的英雄气概五个方面个性，②充分体现了老一辈无产阶级革命家、共产党人和革命志士的崇高思想境界、坚定理想理念、巨大人格力量和浩然革命正气。③

---

① 《毛泽东选集》（第 4 卷），人民出版社 1991 年版，第 1159 页。

② 中共重庆市委党史研究室：《红岩精神研究》，中共党史出版社 2009 年版，第 105—205 页。

③ 2002 年 5 月，江泽民视察重庆时就红岩精神发表重要讲话。

二、南方局工作实践丰富了毛泽东思想

毛泽东思想的主要创立者是毛泽东，同时它也是中国共产党人集体智慧的结晶。与党领导的抗日民主根据地一样，南方局在国统区工作也是党在新民主主义革命时期全部工作的重要组成部分。周恩来作为党中央的领导成员和南方局的主要领导者，具有长期的党的建设、统战工作、武装斗争的丰富经验，对马克思列宁主义和中国革命实际有深刻的了解，在国统区尖锐复杂的政治格局中，在以毛泽东为首的党中央直接指挥下，他以深邃的马克思主义理论水平、敏锐的政治洞察力和卓越的胆识，积极地、创造性地贯彻党的各项方针政策，带领南方局在党的建设、统一战线等方面做出了卓越的贡献，极大地丰富了毛泽东思想，为党领导的新民主主义革命的胜利提供了宝贵历史经验。

从党的建设上看，为贯彻中共中央“荫蔽精干”政策，周恩来结合国统区实际，创造性地提出了“三勤”（勤学、勤业、勤交友）、“三化”（职业化、社会化、群众化），把它们作为巩固党组织的具体策略方针。“三勤”“三化”的核心是职业化。周恩来特别强调每个党员都要有社会职业，并且一切言论和行动都要同本身的职业地位相称，通过合法职业和社会身份的掩护，达到隐蔽和积蓄力量的目的。有了职业的党员必须勤业，努力做出成绩，这样才能取得群众的信任和拥护；必须勤学来提高自己的思想素质和业务素质，更好地搞好职业；必须勤交友来扩大自己的工作空间，更广泛地团结群众，使党组织深深扎根于群众之中。为彻底使国统区党组织“成为真正的彻底的地下党，成为群众的党”①，周恩来还要求，在党组织发展上，坚持“质重于量，巩固重于发展”的方针，要在实际斗争中考验党员，坚决反对“拉夫式”发展党员，保证党的纯洁性；在领导结构上，精简党的组织层次，缩小党的领导机构，同时建立平行支部，化大支部为小支部，禁止基层支部、县委、特委一级之间发生横向联系，以便于隐蔽；在工作方式上，将公开工作与秘密工作、上层活动与下层活动严格分开。在周恩来领导下，国统区广大党员积极隐蔽于深厚的群众土壤之中，从而使国民党顽固派对党组织的破坏减少到最低限度，保存了党的骨干，为迎接革命形势的好转积蓄了力量。

从统战工作上看，周恩来带领南方局对毛泽东统战思想在实践中加以丰富、完善和具体化，为新中国确立中国共产党领导的多党合作和政治协商制度奠定了坚实基础。1939 年 7 月，根据周恩来的提议，中共中央在《为抗战两周年纪念对时局的宣言》中正式提出了“坚持抗战，反对投降；坚持团结，反对分裂；坚持进步，反对倒退”三大政治口号，成为南方局坚持团结抗战的行动指南。当时，南方局在国统区统战工作主要有两

---

① 《周恩来选集》（上卷），人民出版社 1980 年版，第 111 页。

个方面：一是维护国共合作，对此，周恩来将原则的坚定性和策略的灵活性高度统一起来，运筹帷幄，始终牢牢地把握政治方向，与顽固势力开展有理、有利、有节的斗争，表现出炉火纯青的斗争艺术，使党的方针政策得以贯彻，并在坚持独立自主、争取领导权、发展进步势力、争取中间势力、孤立顽固势力、以斗争求团结、保持高度的警惕性等方面，积累了极其丰富的理论和实践经验。另一方面，为争取中间势力，南方局制定了“扶助进步团体，照顾小党派利益，进行民主运动，要求各党派的合法地位，要求政治改革”等一系列策略方针，与中间党派、民主人士、经济文化界、地方实力派等广交朋友，团结战斗，先后推动建立了中国民主政团同盟、九三学社、中国民主建国会、中国民主促进会和中国国民党革命委员会等民主党派，把一切可以团结的力量汇聚于党的周围，进而在抗战后期使中国政治力量天平发生了有利于中国共产党的变化。后来，周恩来在党的七大上专门作了题为《论统一战线》的发言，从理论和实践上系统总结党在抗战时期的统一战线工作。对此，胡乔木曾高度评价南方局的统战工作，认为其“从一定意义上讲，为新中国奠定了重要的政治基础”①。

从文化工作上看，周恩来带领南方局丰富了党的新民主主义文化在国统区的内涵。抗战时期，周恩来认为“笔战是枪战的前驱，也是枪战的后盾”②，要加强党对文化工作的领导，以克服全国文化建设“各自为战的状态”，并提出包括每月宣传要点、统一的广播、刊物摘要、建立各地的报纸等七条具体领导举措。他还进一步指出，文化的性质是“民族、民主、科学、人民的文化”，文化工作至少包括历史的研究、科学的书籍、民主思想的书籍、进步的思想、通俗化的读物五个方面；文化工作者要以“谦虚而诚恳”的态度，站在民族的立场，坚持“国家至上、民族至上”，“军事第一，胜利第一”，“意志集中，力量集中”的文化工作方针，坚决、持久地“和封建的、复古的、法西斯的文化的斗争”，以及肃清帝国主义的文化侵略。③ 在周恩来的领导下，南方局充分利用国民政府军委会政治部第三厅、文化工作委员会、全国抗敌文协、中苏文协等合法组织，广泛团结进步文化人，以雾季戏剧演出冲破国民党顽固派的文化封锁，掀起国统区进步文化运动的高潮；关心和保护爱国知识分子，组织被誉为“抗战以来最伟大的抢救工作”的香港大营救；鼓励进步知识分子开展社会和科学与自然科学研究；领导《新华日报》和《群众》周刊，坚持“抗战号角，人民喉舌”的宗旨，使之成为宣传党的方针，政策和进步文化的重要阵地。南方局通过这些卓有成效的工作，增强了爱国知识分子对中国共产党的向心力，造就了一支为民族解放呐喊战斗的文化大军。

从群众工作上看，周恩来带领南方局创造性地贯彻党的群众路线，推动了国统区第二条战线的形成。南方局身处国统区，党的路线、方针、政策的贯彻不可能是直接的或命令式的，对此，周恩来提出“永远不与群众隔离”，要求广大党员“做到凡是有群众的

---

① 《胡乔木传》编写组：《胡乔木谈中共党史》，人民出版社 1999 年版，第 341 页。

② 中共重庆市委党史研究室：《中共中央南方局大事记》，重庆出版社 2004 年版，第 110 页。

③ 《周恩来文化文选》，中央文献出版社 1998 年版，第 19、20、41、15、16、13、39、46、47 页。

地方一定要进去工作”，而且“领导群众的方式和态度要使他们不感觉我们是在领导”，努力“成为坚强得力的，与群众有联系并善于影响与推动群众的干部”。为实现这一目标，周恩来带领南方局努力地“去进行群众组织工作、群众教育工作与群众生活改善工作”，以实现与各阶层群众最广泛意义上的联系。同时，他还要求国统区各级党组织努力“在主要的群众集聚的单位(工厂、学校、农村、大机关等)建立起巩固的一个乃至数个平行的支部”，“在主要的工作部门和机关保有我党的组织或个人的联系”，以此来实现党对群众工作的领导。与组织措施相配合，周恩来还注意发挥舆论宣传的引导作用，专门指示《新华日报》《群众》周刊开辟了《工人园地》《青年生活》《妇女之路》《友声》等专栏，搭建起与各阶层群众的沟通桥梁，以帮助他们及时了解抗战时局和中共政策主张，反映他们的诉求与心声；并以坚持抗战民主为宣传主旨，积极引导和配合“讨汪运动”“宪政运动”和“义卖献金”等抗日救亡活动，努力把各阶层民众吸引和团结在抗日民族统一战线周围，不断扩大党的群众基础，逐渐把党的意志转化为群众的行动。正如胡乔木所总结的，没有南方局的群众工作，“就没有后来解放战争时期那样大规模的群众运动，形成那样强大的第二条战线”。

从外交工作上看，周恩来带领南方局打破国民党外交垄断，丰富和发展了党外交理论和实践，为新中国外交事业奠定了重要基础。抗战时期，由于中共中央及其领导的抗日根据地被国民党政府严密封锁，周恩来领导的南方局便成为中国共产党对外交往的主要窗口。1939 年 4 月，周恩来在南方局设立对外宣传小组，主要负责中国共产党的对外交往和联络工作，并制定了“宣传出去，争取过来”的外事工作方针。在周恩来的带领下，南方局充分利用各种渠道，与美、英、苏等各国使团和外国友人广泛接触，宣传中国的抗战主张和抗日根据地的实绩，揭露国民党顽固派消极抗日、积极反共的真相，从而赢得了国际社会和国际舆论的广泛同情和支持。在南方局的努力下，1944 年中外记者西北参观团、美军观察组先后到延安实地访问和考察，周恩来对此高度评价：“我们不应把他们的访问和观察当作普通行动，而应把这看作是我们在国际间统一战线的开展，是我们外交工作的开始。”尽管“这种外交还是半独立外交”。[①] 到了 1945 年，南方局领导人之一的董必武作为中共代表成为中国代表团的一员，出席在美国旧金山召开的联合国制宪会议，这是中共在国际政治舞台上的首次正式公开的亮相，打破了国民党垄断外交的局面，表明中共已接触世界国际社会。

从军事工作上看，周恩来领导南方局丰富了党在国统区和敌占区军事工作的理论和实践，为抗日战争和解放战争的胜利做出了重要贡献。周恩来认为，“中国抗战是长期的，持久战的方针是确定的”[②]，战略是“持久战、全面战”[③]，而“民众的反抗，是持久

① 中央档案馆：《中共中央文件选集》(第 14 册)，中共中央党校出版社 1992 年版，第 314 页。

② 《论目前抗战形势》，《新华日报》，1938 年 10 月 7 日。

③ 中共中央文献研究室：《周恩来年谱(1898—1949)》(修订本)，中央文献出版社 1998 年版，第 436 页。

战的最主要的条件”[①]，强调“二期抗战的重心是在敌后”，“争夺敌后的方针便是广大发展游击战争”，任务是建立游击根据地，消耗敌人有生力量，变敌人后方为前方，积小胜为大胜，并提出在新形势下游击战术的原则是：敌击我隐、敌分我袭，敌进我伏、敌围我散。[②] 对此，周恩来坚持将中央军事指示和南方各省实际紧密结合，要求新四军作战方式仍应该是游击战，强调愈深入敌后，愈能发展；愈深入民众，愈能创造根据地，但是一定要“适合所处地区的特点，对游击战术有了新的发展，新的研究，新的发扬”[③]，同时指示东江纵队、琼崖纵队等抗日武装的中心工作要放在武装斗争上，要到敌人后方去活动，否则不能发展[④]。 在中共中央、南方局的正确领导下，华南地区抗日武装力量从小到大，从弱到强，成为党领导的敌后三大战场之一。 此外，周恩来还派人积极开展军事统战工作，推动国民党将领参与抗战和支持民主，进而在解放战争中率部起义，加入人民军队的行列。

从人才工作上看，周恩来带领南方局丰富了党的知识分子理论和实践，为新中国培养了各类专业人才。 周恩来带领下的南方局，除在国统区团结郭沫若、茅盾、老舍、巴金、田汉、夏衍、范长江、胡愈之、马寅初、洪深等文化界的知识分子外，还高瞻远瞩地成立了青年科学技术人员协会（简称“青科协”），周恩来要求他们：“不要只乐于搞轰轰烈烈的革命斗争，自己必须也要有相当的科技造诣，才能在广大科技人员中起骨干作用。”[⑤]抗战后期，南方局派出一批党员和“青科协”成员到美国留学，并要求他们努力学习，广交朋友，为抗战胜利后回国参加建设工作做准备。 对此，周恩来强调：“党不仅需要政治家，也需要自己的科学家、专家，而且从现在起就需要注意培养。”[⑥]董必武、钱瑛等南方局领导人也对派到国外的党员干部说：“为了党的事业，大家总得有个分工，你们要长期作耐心的准备，在科学技术领域，自己学习，还得多团结点人，为将来的建设作准备。”[⑦]赴美留学的中共党员，遵照南方局指示，一面努力学习科学技术，一面广交朋友，并建立了中共在美领导小组，从 1948 年便开始组织一些科技人员或回解放区参加建设，或到国民统区准备迎接解放。 1949 年夏，徐鸣回国向中共中央汇报在美工作。周恩来对他指示，在美工作的中心任务，是动员在美知识分子，特别是高级科技专家回国参加建设。 当年 6 月，徐鸣等即在原留美科技团体的基础上组织成立了留美中国科学工作者协会（简称留美科协）。 从新中国成立前夕至 20 世纪 50 年代中期，在国外主要是在美国留学或工作、造诣很深的高级科技人员相继回国，形成了一次次高级科技人员回国潮。 为新中国科技事业创业、献身的一些两院院士、不少学科带头人、著名科学

---

① 《周恩来选集》（上卷），人民出版社 1980 年版，第 85 页。
② 中共中央文献研究室：《周恩来年谱（1898—1949）》，中央文献出版社 1998 年版，第 441 页。
③ 《周恩来选集》（上卷），人民出版社 1980 年版，第 106 页。
④ 中共中央文献研究室：《周恩来年谱（1898—1949）》（修订本），中央文献出版社 1998 年版，第 464 页。
⑤ 《南方局党史资料》（内刊），1987 年第 4 期。
⑥ 李蔚：《周恩来和知识分子》，人民出版社 1985 年版，第 11 页。
⑦ 薛葆鼎：《百忙中的一着闲棋》，载《见证红岩——回忆南方局》（下），重庆出版社 2004 年版，第 550 页。

家、工程技术专家和医学家，如李四光、华罗庚、邓稼先、钱学森、朱光亚、赵忠尧、张文裕、姜圣阶、唐敖庆、侯祥麟、罗沛霖、蓝毓钟、涂光炽、计苏华等都是在这一段时间内先后回国的。

1945 年，毛泽东参加重庆谈判后，回到延安说："我这次在重庆，就深深地感到广大的人民热烈地支持我们，他们不满意国民党政府，把希望寄托在我们方面。我又看到许多外国人，其中也有美国人，对我们很同情。广大的外国人民不满意中国的反动势力，同情中国人民的力量。"①毛泽东的这段话，是对党领导南方局在重庆 8 年工作历尽艰险、卓著勋劳的一个最好的总结。

（作者单位：中共重庆市委党史研究室）

① 《毛泽东选集》(第 4 卷)，人民出版社 1991 年第 2 版，第 1158 页。

周恩来在建立美术界抗日统一战线中的作用

吴继金

摘　要： 抗战时期，周恩来十分重视抗日民族统一战线工作。无论是在抗战初期的武汉，还是在重庆领导南方局工作期间，周恩来十分关注进步的美术运动，对抗战美术的发展给予了直接的关心和指导，教育和争取广大美术工作者团结在抗战的旗帜之下，直接推动了美术界抗日统一战线的建立。周恩来遵照中共中央的指示精神，始终从抗战的大局出发，坚持抗战、团结、进步的原则，加强无产阶级的领导权，同时在工作中讲究策略，具有灵活性，为美术界抗日民族统一战线的建立和巩固做出了重要的贡献。

关键词： 周恩来；抗战美术；统一战线；领导权

抗战时期，周恩来主要在国统区工作。他坚持马克思主义文艺观，积极贯彻中国共产党关于建立抗日统一战线的路线、方针和政策，为了团结和争取广大的民主进步力量，推动了文艺界抗日民族统一战线建立。他重视抗战美术工作，关心美术家的创作和生活，直接参与和领导了许多重要美术活动，为美术界统一战线的建立做了重要贡献。美术界抗日民族统一战线的巩固和发展，将一切爱国的美术工作者团结在抗战的旗帜下，促进了抗战美术的繁荣和国统区抗战文艺的发展。

一、推动了美术界抗日民族统一战线的建立

毛泽东指出："统一战线同时是艺术的指导方向"[①]，"现在为了共同抗日在艺术界也需要统一战线，正如鲁迅先生所说的那样，不管他是写实主义派或是浪漫主义派，是共产主义派或是其他什么派，大家都应当团结抗日"[②]。中国共产党对包括美术在内的国统区的文艺工作十分关注，强调这是"一项极端重要的工作"，要求国统区的中共党组织"应对发展文化运动问题特别提起注意，应把对文化运动的推动，发展及其策略与方式

① 《毛泽东论文艺》，人民文学出版社 1992 年版，第 11 页。
② 《毛泽东文集》（第 2 卷），人民出版社 1993 年版，第 121 页。

等问题经常放在自己的日程上”[①]，积极建立和扩大包括美术在内的国统区文艺界的统一战线。

周恩来积极贯彻中国共产党关于建立抗日统一战线的路线、方针和政策，无论是在抗战初期的武汉，还是在重庆领导中共中央南方局期间，都十分重视统一战线工作。周恩来强调必须要大力宣传团结抗日的重要性，指出：“宣传坚持抗日、进步，反对分裂、投降”[②]，要“积极地宣传党的政策和成绩”[③]，要“对我们的胜利消息应尽量地宣传，对敌人的欺骗宣传应该不放松地驳斥”[④]，以扩大党的影响，提高党的声望，迫使国民党顽固派不敢破坏统一战线。周恩来认为，我党在国统区的重要工作之一就是统一战线。他曾指示《救亡日报》总编夏衍说：“在一个相当长的时期内，你要在国民党统治区工作，党要求你去作宣传和统战这两项重要的工作。”[⑤]美术界统一战线是抗战时期文艺界统一战线的重要组成部分，美术宣传在抗战宣传中发挥着不可替代的作用。周恩来提出要充分利用美术这一艺术形式和手段，他说：“要改变文字宣传的格式，在报纸杂志传单上，要尽可能地使文字与插画配合……”“漫画能张挂到各个公共场所及交通要点。”“要印发小型的宣传刊物及画报，迅速地输送前方。”同时，“要使这次抗战宣传，扩大到敌人占领地区和敌人队伍中去。……我们要编印慰藉和勉励我们自己同胞的宣传品，要编制动摇和瓦解敌伪官兵的传单、画报、标语、口号，……散布到敌人占领区域或敌人部队中去”[⑥]。周恩来坚持马克思主义文艺观，遵照中共中央的指示精神，在国统区积极推动建立包括美术界在内的抗日民族统一战线，为美术界统一战线的建立做了重要贡献。

1938 年上半年，武汉作为国民政府的临时首都，聚集了包括美术界在内的全国艺术人才的精华。当时，中国共产党驻武汉的领导人周恩来根据抗日民族统一战线原则，据理力争，迫使国民党成立了国民政府军事委员会政治部第三厅（以下简称“第三厅”），将聚集在武汉的各类文艺人才用于抗战文艺宣传上来。1938 年 3 月，在周恩来等人的积极推动下，文艺家在武汉成立了中华全国文艺界抗敌协会。被选为名誉理事的周恩来在成立大会上发表了重要讲话，他说：“全国的文艺作家们，在全民族面前，空前的团结起来。……有了先驱者不分思想，不分信仰的空前团结，象征我们伟大的中华民族，一定可以凝固的团结起来。”[⑦]这是国统区文化界抗日民族统一战线的组织，实现了一切文学艺术工作者在抗战的旗帜下的团结统一。在“中华全国文艺界抗敌协会”成立的同时，美术界也成立了一个统一战线的组织——中华全国美术界抗敌协会。但由于全国美协“章程里把富于革命战斗传统的木刻排斥在外。然后，他们安排选举的理事会成员以右

---

① 中央档案馆：《中共中央文件选集》（第 12 卷），中共中央党校出版社 1991 年版，第 486—487 页。

② 中国戏剧家协会研究室：《周总理与抗敌演剧队》，上海文艺出版社 1979 年版，第 140 页。

③ 《周恩来选集》（上卷），人民出版社 1980 年版，第 130 页。

④ 《周恩来选集》（上卷），人民出版社 1980 年版，第 108 页。

⑤ 广西日报新闻研究室：《救亡日报的风雨岁月》，新华出版社 1987 年版，第 187 页。

⑥ 周恩来：《怎样进行二期抗战宣传周工作》，载《周恩来文化文选》，中央文献出版社 1998 年版，第 6—8 页。

⑦ 周恩来：《文协成立会上的讲话》，载《国统区抗战文艺运动大事记》，四川社会科学院出版社 1985 年版，第 61 页。

翼美术家占多数”[①]。这样就排挤了进步的、为革命做出了贡献的木刻家、漫画家，一个解放区的美术家都未列入其中。许多进步的美术家当时为了团结，避免分裂，还是勉强地加入了这个协会，但在工作上受到很多束缚和限制，于是他们于6月12日成立了中华全国木刻界抗敌协会和中华全国漫画界抗敌协会。“木协”和“漫协”都是全国性的统一战线组织，“它的成员彼此在政治倾向、艺术思想上也并非完全一致，但革命的、进步的力量占主导地位”[②]。周恩来十分关注“木协”和“漫协”的成立，特地派田汉出席了“木协”的成立大会。

通过第三厅这个统一战线组织，周恩来把云集于武汉的各种文艺人才都组织起来，安排到第三厅下属的各个部门。第三厅下辖文艺处，田汉任处长。处以下有美术科，美术科代科长倪贻德。“抗日的烽火和三厅的号召力使一群热血沸腾的美术家们从四面八方汇集到三厅艺术处的美术科来了。这里既有闻名全国的画家，也有刚从美术专科学校毕业的学生。”[③]先后到美术科工作的美术家有力群、李可染、丁正献、王式廓、沈同衡、叶浅予、王琦、卢鸿基、罗工柳、冯法祀、周令钊、赖少其等。在周恩来领导下，在第三厅的推动和影响下，云集在武汉的广大美术工作者，以笔为武器，创作了大批风格多样的美术作品，掀起了声势浩大的抗战美术宣传活动。隶属于第三厅的上海漫画宣传队，由叶浅予、胡考、张乐平、张仃、特伟、陆志庠等人组成，在武汉绘制了大量宣传漫画和对敌宣传印刷品。他们于1938年1月在武汉创办了《抗战漫画》半月刊，叶浅予在该刊第8期“全美术界动员特辑”中所作的《写在特刊前面》一文中号召：“现在抗战已入第二阶段，武汉成立了全国文化的中心，抗战建国的号召已唤醒了一般彷徨、苦闷的美术家……我们希望全美术界携起手来，怀着最大的热情争取民族的独立自由平等，培养我们新的美术生命，漫画界更愿站在最前，负起袭击敌人的任务。”[④]

国民政府从武汉迁往重庆后，全国各地的不同流派、师承、门类的美术家纷纷聚集于重庆。随着抗战进入相持阶段，国民党消极抗战、积极反共的倾向也越来越明显，在文化艺术上实行文化专制的高压政策。在美术界，1941年初国民党社会部通令解散了中国木刻界抗敌协会和中华全国漫画界抗敌协会等48个文艺团体。为了改变这种沉闷的局面，扩大美术界统一战线，周恩来在南方局文化组会议上提出：“重庆这个‘死城’把人民压得喘不过气来。我们面对国民党的压制和封锁，必须想个办法予以冲破，而留在重庆的文艺界朋友也静极思动。”周恩来要求以木刻作为突破口，充分发挥木刻的艺术武器作用。他说：“在各种文艺形式中木刻比较易于结合现实斗争，能直接和群众交流，而且易于传播，影响比较大。”[⑤]1942年1月3日，在周恩来的关怀和文化工作委员会的直

① 阳翰笙:《第三厅——国统区抗日民族统一战线的一个战斗堡垒(四)》,《新文学史料》1981年第3期。
② 阳翰笙:《第三厅——国统区抗日民族统一战线的一个战斗堡垒(四)》,《新文学史料》1981年第3期。
③ 阳翰笙:《第三厅——国统区抗日民族统一战线的一个战斗堡垒(四)》,《新文学史料》1981年第3期。
④ 毕克官、黄远林:《中国漫画史》,文化艺术出版社1986年版,第162页。
⑤ 王琦:《永难忘怀的纪念——一个版画工作者回忆周总理》,《北京文艺》1979年第3期。

接帮助下，王琦、刘铁华、丁正献、卢鸿基、邹恒秋等5人在重庆成立中国木刻研究会。为了团结广大木刻工作者，周恩来领导的《新华日报》开辟了《木刻阵线》副刊，专门发表木刻作品的。“全体的刀笔战士，共同举起他们的武器——刻刀，检举并肃清破坏团结组织的少数败类，更随时随地地提高警惕性，彻底消灭阻碍木运进步的蛀虫。”①

二、促进了美术界抗日民族统一战线的发展

毛泽东指出：“在中国两大矛盾中间，中日民族间的矛盾依然是基本的，国内阶级间的矛盾依然处在从属的地位。”②他还强调：“我们做文章、画图画、演戏、唱歌，都要表现抗日民族统一战线。”③“新闻纸、出版事业、电影、戏剧、文艺，一切使合于国防的利益。”④中共中央文件中明确要求，在团结抗日的大原则下，应该容许包含各种各色政治态度的文艺作品的存在，应该容许包含各种各色艺术品的自由竞争，同时“应反在文化领域中的无原则的门户之见”⑤。

为了推动国统区的抗战美术运动，将更多的美术力量聚集在统一战线的旗帜下，维护美术界的团结和统一，周恩来始终从抗战的大局出发，坚持抗战、团结、进步的原则，同时讲究斗争策略。周恩来指出：“一方面在国共关系不团结状态下采取不刺激办法；另方面努力与国党以外他方面（外交、地方、各党派、文化界）统战工作的开展。”在维护统一战线的前提下，周恩来与国民党反革命的文艺政策进行了针锋相对、有理、有利、有节的斗争，“如国党在实际上压迫过甚，我们仍与之说理，请求解除，压迫太过的事，也要从正面批评，不能默尔而息，使其误认我为屈服已不复有何要求”⑥。他十分强调宣传在维护统一战线中的作用，他说：“我们如果能够把宣传、慰劳、教育紧紧打成一片，至少可以抵消顽固派颠倒黑白的宣传活动。我们要唤醒群众的意识，认识自己的力量，同时也使顽固派看出群众的力量伟大而有所惮忌。”⑦例如，由于政治立场上的原因，在国民政府举办的第三届全国美展中，展览的组织者将解放区的木刻安排在“没有阳光的楼梯底下”。为此，《新华日报》发表文章进行批评。文章愤怒地揶揄说：“大厅里粉红色的少女在冬阳下微笑，作得意状，阴暗的扶梯后面的木刻画上的战士在微微叹气！抗战题材叹气了！雕虫小技，自然谈不上巧。明珠暗投，不能怪主持者对此门艺

① 王文彬：《中国报纸的副刊》，中国文史出版社1988年版，第224页。
② 《毛泽东选集》(第2卷)，人民出版社1991年版，第781页。
③ 毛泽东1938年4月10日在鲁迅艺术学院成立大会上的讲话。
④ 《毛泽东选集》(第2卷)，人民出版社1991年版，第348页。
⑤ 《中共党史参考资料》(四，上册)，中共党史出版社，1979年，第199页。
⑥ 中共重庆市委党史研究室：《中共中央南方局大事记》，重庆出版社2004年版，第220页。
⑦ 戴知贤、李良志主编：《抗战时期的文化教育》，北京出版社1995年版，第79—80页。

术之不注意也。”①

同时，为了加强国统区和解放区美术工作者的联系和团结，周恩来积极推动了两地的美术交流活动。周恩来亲自带来延安木刻作品到重庆参加“全国木刻展览会”，并将重庆木刻家作品拿到延安展出，在两地文化艺术交流中发挥着穿针引线的重要作用。“周恩来带去的延安木刻，具有解放区火热的生活风情与因吸收了陕北民间艺术而形成的活泼风格，可以说犹如一股崭新的清风吹入‘雾都’重庆，令民众看到了解放区明朗的天空，令重庆版画家看到了思想战友的新作。”②从而给重庆美术界注入了清新朴实的气息，同时也使解放区美术界随时可以了解国统区美术界的动态。这样，国统区与解放区两个不同政治和地理区域中的美术界，改变了各自为政，甚至相互诋毁的状况，在抗战的旗帜下紧密地团结起来。

《新华日报》是周恩来直接领导的在国民党统治区公开出版的中共中央机关报，始终坚持以抗日救亡为大局，对凡是有利于抗日的美术活动、展览和作品及爱国的美术家都进行及时的宣传，给予热情的报道和评价，为维护国统区美术界抗日民族统一阵线做出了努力。例如，1939 年 10 月，国民政府军事委员会政治部在重庆举办了《抗建宣传画展览》，其中就有宣传蒋介石的作品。《新华日报》不仅立即对这次展览进行了报道，并且还发表了题为《胜利的艺术之光》的评论文章。文章对当时作为全国抗战领袖的蒋介石进行了褒扬，其中在谈到“蒋委员长油画肖像”时说：“艺人把彩色的油漆涂出了一个英武卓越的风度和姿态，使人读出了这位坚决奋斗排除万难抗战到底的巨人的铁的意志，由他的拳头握得紧紧的手势再看到他大张着的嘴，似乎是在向全国喊着一个坚决号令。”③对齐白石、吴作人、司徒乔、尹瘦石、丰子恺等画家的展览活动，《新华日报》都进行了报道，并发表相关的评介文章，充分肯定了这些艺术家在抗战中对中国美术所作的贡献。当司徒乔的画展在重庆展出时，《新华日报》发表专稿，称他“是一个对人民亲切的写实能手”，祝愿他能“替中国新艺术去努力，将来定有无限的成绩”。当丰子恺举办画展时，《新华日报》报道称：“中大教授丰子恺，二十八日起假励志社举办画展，陈画一百余幅，多为丰氏数年来精心之作，其风格朴实、奇趣。”1946 年 1 月，齐白石画展在重庆举办时，《新华日报》发表文章指出：“白石先生不仅在画技上有超人之处，以先生的品格来说，北平陷敌后，在那里住了八年，未作一画，并拒绝了敌伪的教授之聘，这种高尚的节操，实为艺林生光。”④《新华日报》在周恩来领导下为广泛团结文艺界、美术界的爱国人士，促进抗日美术运动的发展，起到了重要的作用。

---

① 王琦：《从“中国木刻研究会”到“中华全国木刻协会”》，载李桦、李树声、马克：《中国新兴版画运动五十年（1931—1981）》，辽宁美术出版社 1982 年版，第 398 页。

② 范迪安：《周恩来与 20 世纪中国美术》，《中华读书报》2008 年 3 月 19 日。

③ 黄宗贤：《大忧患时代的抉择——抗战时期大后方美术研究》，重庆出版社 2000 年版，第 62—63 页。

④ 刘岘：《齐白石的画》，《新华日报》1946 年 1 月 30 日。

三、团结和争取了广大爱国美术家

毛泽东指出："今天中国政治的第一个根本问题是抗日，因此党的文艺工作者首先应该在抗日这一点上和党外的一切文学家艺术家（从党的同情分子、小资产阶级的文艺家到一切赞成抗日的资产阶级地主阶级的文艺家）团结起来。"[①]中共中央在《关于发展文化运动的指示》中要求："应该联合一切不反共的自由资产阶级（即民族资产阶级）与广大小资产阶级的知识分子共同去做。而不应使共产党员尖锐突出与陷于孤立"，同时要"动员各阶层知识分子各部门文化人与广大青年学生加入这一运动"。[②]

美术界抗日统一战线的生命力在于争取和影响广大爱国美术家，使之团结在抗战的旗帜下。在团结问题上，周恩来多次谈到文艺界不要划小圈子、中圈子，而是要划最大的圈子，不要搞小团结、中团结，而是要搞大团结。[③] 为了团结和争取广大的民主进步力量，加强美术界统一战线，周恩来非常重视"在文艺界中广泛结交朋友，同他们沟通思想、互相帮助"。要求党员"勤交朋友，要尽可能多交朋友"，"交朋友的面要更广一些，对于政治上、文艺思想上意见不同的人，对他们也要和和气气，切忌剑拔弩张"。[④]"积极扶持同情分子，努力争取中间分子"，"要给以适时的批评，具体的建议，并帮助其进步分子的发展"。[⑤] 对包括美术家在内的非中共文化界人士方面，周恩来提出了"三不原则"，即不能拿抗战的眼光看他们，不能拿抗战前的态度对待他们，不能拿一般党员的尺度去衡量他们、要求他们。[⑥] 以坚持团结、进步为宗旨，做到党内外有别，求同存异，以理服人，广交朋友。由于实行了正确的政策和原则，中共赢得了美术界人士的赞赏，争取了更多的人站在共产党领导的抗日民族统一战线立场上，巩固和扩大了美术界的抗日民族统一战线。

周恩来以身作则，以丰富深厚的学识修养和高尚的人格魅力，结交了许多美术家的朋友。例如，1940 年夏初，叶浅予在重庆见到周恩来时，表达了想去延安的愿望，周恩来劝说他们不要急于去延安，留在大后方重庆的用武之地比延安大得多。1943 年，郁风在重庆通过夏衍见到了周恩来，也表示想去延安。周恩来同样建议郁风留在国统区，"这里也有很多事情要做"[⑦]。又如，周恩来曾在 1940 年 9 月的一个夜晚，到成都拜访

① 《毛泽东选集》(第 3 卷)，人民出版社 1991 年版，第 867 页。
② 中央档案馆：《中共中央文件选集》(第 12 卷)，中共中央党校出版社 1991 年版，第 486—487 页。
③ 王凤胜：《周恩来文艺思想新论》，山东人民出版社 1995 年版，第 220 页。
④ 金冲及主编：《周恩来传》(上)，中央文献出版社 1998 年版，第 640 页。
⑤ 中央文献研究室：《周恩来统一战线文选》，人民出版社 1984 年版，第 43 页。
⑥ 《周恩来文化文选》，中央文献出版社 1998 年版，第 755 页。
⑦ 范迪安、陈履生主编：《周恩来与中国美术》，广西美术出版社 2008 年版，第 34 页。

了著名的雕塑家刘开渠。周恩来向刘开渠介绍延安的相关情况后说：“欢迎你去延安，如果一时不能去，留在成都多和文艺、美术界的人士一起，为抗日做些工作也好。”[①]刘开渠尽管由于各种原因没有到延安，但为抗战做了大量有益的工作。再如，著名画家徐悲鸿为了支援抗战，不辞辛苦地在南洋各地举办了数次筹赈画展，他把全部卖得的画款“总额将近十万美金”[②]，都捐献祖国以救济难民。周恩来十分欣赏徐悲鸿高尚的人格，在抗战胜利前的1945年初春，周恩来曾委托在重庆的郭沫若前去探望徐悲鸿，并送去了延安的红枣和小米，使病中的徐悲鸿十分感动。[③]

为了争取更多文化人支持和站在共产党这一边，周恩来十分关心美术家的工作和生活。1941年，皖南事变发生后，国民党非法解散了包括“木协”和“漫协”在内的48个文化团体，美术家的生存环境艰难。周恩来亲自安排李凌、赵沨、张光年、王琦等先后撤离去昆明，并且发给每人200元路费。在木刻家王琦夫妇穷病交加、生活困难的时刻，周恩来让张颖以八路军办事处的名义送去500元，以解决他们基本生活问题。[④]抗战后期，国统区经济环境恶化，物价飞涨，文化人士的生活随即陷入困境。南方局除了对包括美术家在内的文化人士进行力所能及的资助外，还利用《新华日报》呼吁当局保障和改善文艺作家的生活。1945年1月，《新华日报》刊登《发起筹募援助贫病作家基金缘起》启事，在肯定文艺界抗战贡献的同时，向社会各界呼吁为文化人士捐款。《新华日报》带头捐款了一万元。[⑤]1945年在重庆市中苏文协成功举行了“漫画木刻联展”。展览闭幕不久，周恩来专程在重庆《新华日报》采访部会见了在渝的部分木刻家、漫画家，勉励他们深入工农群众，改变停留在大城市的知识分子的状况，多创作一些更适合民众欣赏习惯的作品，并把艺术送到工厂和农村中去。他还要求把重庆木刻、漫画运动的情况写成书面材料介绍给延安的美术家，“给他们打打气”[⑥]。木刻家王琦在日后所写的回忆文章《永难忘怀的纪念》一文中说：“我当时为每期杂志作封面木刻，杂志的负责同志常常把总理对那些木刻作品的意见转告我，给了我莫大的鼓舞和鞭策。”[⑦]周恩来和许多美术家，总是平等相待，坦诚相见，虚怀若谷，因而赢得了艺术家们的尊敬，争取了大量的美术家朋友。

---

① 黄宗贤：《大忧患时代的抉择——抗战时期大后方美术研究》，重庆出版社2000年版，第60页。
② 吴作人：《徐悲鸿先生生平》，《中国美术》1979年第1期。
③ 张颖主编：《周恩来与文化名人》，江苏教育出版社1998年版，第77页。
④ 范迪安、陈履生主编：《周恩来与中国美术》，广西美术出版社2008年版，第20页。
⑤ 谢丹：《从“第三厅”和“文工会”——以抗战时期国统区的文化工作为中心》，西南大学2012年硕士学位论文，第46页。
⑥ 凌承纬、张怀玲、郭洋：《中共南方局领导下的抗战美术运动》，《红岩春秋》2011年6期。
⑦ 王琦：《永难忘怀的纪念——一个版画工作者回忆周总理》，《北京文艺》1979年第3期。

四、坚持了美术界抗日民族统一战线的领导权

葛兰西认为意识形态和文化问题不仅对于统治阶级，而且对于夺取政权中的无产阶级同样重要，甚至对整个社会结构的变迁起着重要作用。[①] 包括美术在内的文化意识形态是领导权的重要组成部分，而美术界的抗日民族统一战线是中国共产党实现对抗战美术领导权的重要途径。 毛泽东指出，艺术上每一派都有自己的阶级立场，我们不用马克思主义来排斥别人，搞关门主义，但也绝不能丧失自己的立场，“对我们来说，艺术上的政治独立性仍是必要的，艺术上的政治立场是不能放弃的”[②]，强调在统一战线中要坚持无产阶级的领导权。

第三厅筹备之时，周恩来就冲破了国民党反动派种种限制和迫害，在具体人事安排中确保其实权掌握在抗日派手中。 第三厅内各处、科干部人选一般是阳翰笙先同郭沫若商量，然后请示周恩来，由周恩来最后决定。[③] 同时，在第三厅领导干部中就成立一个直接由周恩来领导的党秘密小组，基层党员也成立一个特别支部，由冯乃超任支部书记，刘季平任组织委员，张光年任宣传委员。[④] 第三厅虽然从名义上说是国民党控制的机构，“但可以相对地在我党领导下进行工作了”[⑤]，“是以共产党员为主体而且是在中共领导人周恩来同志直接领导下的一个统一战线的机构”[⑥]。 1940 年夏，国民党改组了第三厅，另设文化工作委员会（以下简称“文工会”），郭沫若为主任，阳翰笙为副主任。文工会实际上是在南方局和周恩来具体领导下的一个阵地，共产党人利用文工会的合法地位，发动和领导了重庆文化界进行抗日文化运动。

为了坚持美术界统一战线中的无产阶级的领导权，周恩来在统一战线的旗帜下，改组一些抗战组织团体，加强了共产党对这些组织的领导和控制，确保共产党的政治主张得以贯彻执行。 还在中华全国文艺界抗敌协会酝酿阶段，周恩来就动员进步文艺工作者积极参加筹备工作，以粉碎国民党想要利用这个组织去网罗文化人、将其成为御用工具的目的。“文协”成立后，共产党组织曾先后派夏衍、冯乃超、田汉、叶以群等中共党员，支持和协助老舍主持工作。 老舍曾说：“有事我会找周公馆和郭老、茅公他们商议，有他们的支持和协助，张道藩的那一套就叫做螳臂当车，自找现眼。 ……救中国还得靠

---

① 陈宇航:《国民革命中的宣传与文艺策略》,清华大学 2008 年博士学位论文,第 24 页。

② 《毛泽东文集》(第 2 卷),人民出版社 1993 年版,第 121 页。

③ 徐行:《周恩来与抗战初期的政治部第三厅》,《南开学报(哲学社会科学版)》2005 年第 4 期。

④ 中共湖北省委党史资料征集编研委员会等:《抗战初期中共中央长江局》,湖北人民出版社 1991 年版,第 567 页。

⑤ 阳翰笙:《第三厅——国统区抗日民族统一战线的一个战斗堡垒(一)》,《新文学史料》1980 年第 3 期。

⑥ 王琦:《艺海风云——王琦回忆录》,人民美术出版社 1998 年版,第 16 页。

这个”，“他用手比划了个‘八’字”。[①]“文协”始终处于共产党的控制和影响之下，共产党的抗日主张得到贯彻和实现。

1942年1月，在周恩来的关怀和文工会的直接帮助下，王琦等人在重庆成立中国木刻研究会。“木研会是党领导的外围文化组织，当然会随时得到党的支持与帮助，在每次全国木展开幕时，《新华日报》都要出版特刊。一些比较重要的有关木刻运动带总结性的文章以及对外发表的宣言，都是在《新华日报》上刊出。”[②]“不管人们怎么看，抗战时期的大多数木刻艺术家认可中共的领导，他们将自己的组织视为中共的外围组织。”[③]通过公开组织或改组一些抗战美术团体，发挥文艺界中共党组织和美术界中共党员的积极作用，用统一战线的精神教育、团结美术界的知名人士，从而共产党实现了对国统区美术救亡活动的领导。

总之，在周恩来的积极推动和努力下，美术界组成了一个坚强的抗日民族统一战线，一切爱国的美术工作者都团结在抗战的旗帜下，以各自不同的方式为抗战做出了自己的贡献。这不仅促进了抗战美术的繁荣，而且也为新中国美术事业的发展奠定了基础。

（作者单位：湖北美术学院）

① 《老舍夫人谈老舍》，载《老舍写作生涯》，百花文艺出版社1981年版，第320—321页。

② 李桦、李树声、马克：《中国新兴版画运动五十年(1931—1981)》，辽宁美术出版社1981年版，第391页。

③ 吕澎：《20世纪中国艺术史》(上)，北京大学出版社2007年版，第367页。

试论抗战时期周恩来的新闻思想

——以《新华日报》为中心

张　磊

摘　要：周恩来的一生不仅有丰富的新闻实践经验，而且在对新闻业务的具体指导过程中，对新闻宣传的指导思想、新闻采访、新闻写作的基本规律等均有精辟论述。抗战时期是周恩来新闻实践最丰富活跃的时期，同时也是他的新闻思想形成和确立的重要时期。周恩来的新闻思想是马克思主义新闻思想的重要组成部分，对我国的新闻事业起着重要的影响，影响了一代又一代的新闻工作者。

关键词：周恩来；新闻宣传；新闻思想

在中国共产党的历史上，周恩来既是党和国家的杰出领导人之一，也是我党新闻事业的卓越领导者和著名的新闻活动家。在革命生涯中，他积极参与各种新闻宣传活动，始终提倡以报刊为新闻宣传、指引革命的强有力武器。他不仅有丰富的新闻实践经验，而且对我党的新闻宣传工作多有论述。抗战时期，周恩来的新闻实践活动和新闻思想对我党新闻事业的发展产生过重要影响，在中国共产党新闻史上留下了浓墨重彩的一笔。他的新闻思想是马克思主义新闻理论的重要组成部分，对于在习近平新时代中国特色社会主义思想指引下继续发扬我党新闻宣传的优良传统，改进新闻宣传工作仍然有很大的指导意义。

一、抗战时期周恩来的新闻实践活动

周恩来是新闻实践经验最丰富的我党领导人之一。从青年时代起，周恩来就开始用新闻手段宣传和组织群众投身革命，并且自觉地运用新闻规律来指导其新闻实践。从一开始，他的新闻活动就带有鲜明的政治色彩，体现了新闻事业不可或缺的主体立场。

在早期新闻实践活动中，周恩来一直将报刊当作政治斗争的有力武器。他主编的

《天津学生联合会报》及时地报道了国内外时事和全国各地爱国运动的消息，揭露帝国主义和反动军阀的罪行，号召青年学生联合起来同旧势力进行无畏的斗争。在法国勤工俭学期间，周恩来主编的旅欧中国共产主义青年团机关刊物《赤光》直接把创办报刊同推翻反动统治的革命斗争相联系。他在《赤光》的宣言中写道：我们所认定的唯一目标，便是反军阀政府的国民联合、反帝国主义的国际联合。在周恩来早期的新闻工作实践中，虽然还缺乏成熟的马克思主义的指导，但已自觉地体现出作为中国先进知识分子的进步性。这一过程中，周恩来迅速地完成了从一个激进的民主主义者向坚定的马克思主义者的转变。

抗日战争时期，周恩来代表中国共产党在重庆主持南方局工作，并领导中共在大后方创办了第一份面向全国公开发行的党报——《新华日报》。1938 年 1 月 11 日，《新华日报》在武汉正式创刊，周恩来兼任报社董事长。《新华日报》致力于巩固并扩大抗日民族统一战线，充分运用各种言论出版工具向广大群众宣传我党的方针、政策，说明面临的形势和任务，揭露敌人的残暴，激发民众抗日热情。

自创刊至 1947 年 2 月 28 日被国民党当局封闭，《新华日报》共出版 9 年多时间。《新华日报》在国民党统治区的公开出版，不仅是国共两党合作抗战的重要标志，也使中国共产党由此可以更直接、更广泛、更及时地对国民党统治区的人民群众宣传共产党抗日救国的各项政治主张。

在《新华日报》出版的大部分时间里，时任南方局书记的周恩来，经常亲自过问《新华日报》工作，及时给予重要指导，在政治上、业务上都抓得很紧。他及时向报社传达中共中央的重要指示和决定，经常召集报社领导人研究报纸工作，并给予重要指示，还经常审阅和修改社论和重要新闻，并亲自撰写社论和专论，亲笔答复读者来信。

由于国民党当局对进步新闻事业不断施压、迫害，《新华日报》处境十分艰难。为保证《新华日报》等革命报刊在国统区的生存和发展，周恩来表现出高超的对敌斗争艺术，充分利用国民党在一个时期内被迫容许的一点“新闻自由”，领导我党在国统区的新闻工作者与国民党进行了机动灵活、艰苦卓绝的斗争，使《新华日报》遍地开花，我党的力量到达哪里，哪里就出现我们的党报。

1939 年初，国民党破坏国共合作，封闭了《新华日报》在西安、桂林等地的翻印点、代售点，禁止《新华日报》流通传播。1939 年 1 月 25 日，周恩来在致蒋介石的信[①]中，以《新华日报》拥护抗战、拥护国共合作却屡遭查封，而一些反动报刊如《抗战与文化》恶毒攻击中共及其领导人却仍然继续出版的事实为依据，严词驳斥了国民党破坏抗日民族统一战线的种种借口，重申中国共产党愿与国民党长期合作、巩固、发展抗日民族统一战线的一贯立场，但绝不放弃马克思主义信仰，绝不将共产党的组织合并于其他任何政党，同时指出，绝不应当让国共磨擦现象继续发展，致陷国家民族于不利。同年

① 《周恩来书信选集》，中央文献出版社 1988 年版，第 166 页。

5月3、4日，因日机对重庆实施疯狂轰炸，重庆各大报馆损失惨重，除《新华日报》《时事新报》尚能勉强维持出版外，其他各报均无法正常出版发行。在这一背景下，国民党当局不但没有积极帮助各报恢复重建，尽快发行，反而命令全市各大报纸停刊，合并发行一份“联合版”。对此，周恩来带领新华日报社与国民党当局据理力争，为维护团结，他还亲自撰写了“《新华日报》启事①”，就停刊一事布告天下，体现了我党顾全大局的正确立场。在周恩来领导下，经过新华日报社工作人员的努力，最终得以在1939年8月13日正式复刊。

1941年1月，在国民党顽固派搞阴谋，蓄意制造震惊中外的皖南事变发生后，周恩来代表中国共产党，在《新华日报》的“天窗”上发表题词“千古奇冤，江南一叶。同室操戈，相煎何急！”将事变真相昭告于天下，揭露和声讨国民党顽固派的罪行，与国民党当局的新闻封锁作斗争，要求国民党当局从民族大义出发，与中国共产党真诚合作，反内战，反法西斯。

1940年12月，周恩来又致信国民党谈判代表张冲，指出：“《新华日报》被扣被删之稿件、文句，常至极无理地步，如本月七号中苏文化协会之妇女晚会特写上有‘团结打日寇，团结打汉奸’字句，亦被删去。”②另一方面，重庆几家民间报纸已经奉命公开反共，《商务日报》更公开揭载所谓中共脱党分子之宣言，以示挑衅。周恩来信笔直书，用事实说话，揭穿了国民党的反共面目，同时又体现了有理、有利、有节的斗争艺术。

在与国民党反动政策斗争的同时，周恩来十分注意团结社会各界倾向进步的报纸和新闻界人士，从而扩大抗日民族统一战线，粉碎了国民党孤立《新华日报》的企图。1941年5月21日，周恩来在重庆《新华日报》发表致《大公报》总编辑张季鸾和重庆《大公报》总编辑王芸生的一封公开信③。在信中，周恩来一方面肯定了《大公报》的爱国立场，一方面又以事实为根据，批评了《大公报》的不实报道，通过分析事实、陈述利害，指出“美国报纸论断信社消息，却不能尽据为信”，事实不容抹杀，报纸应当“一本大公”，新闻报道应忠于事实，揭穿了敌人的谣言。

报纸是重要的舆论工具，是群众运动的号角。在当时的国民党统治区，新闻界的斗争显得特别尖锐而激烈。周恩来直接领导中共中央机关报《新华日报》，坚持抗日民族统一战线的一贯立场，高举抗战、团结、进步的旗帜，为广大人民群众指明了方向。这一时期的《新华日报》充分发挥了报纸的舆论监督和社会控制功能，取得了良好的宣传效果。《新华日报》曾被毛泽东誉为如同八路军、新四军一样，是党领导下的又一方面军。

综观周恩来抗战时期的新闻实践及其新闻思想的形成与发展，我们对他光辉的革命生涯有了更加多元化、更加丰富的认识：作为革命斗士，他意志坚定、追求真理、鞠躬尽

---

① 《周恩来书信选集》，中央文献出版社1988年版，第173页。

② 《周恩来书信选集》，中央文献出版社1988年版，第189—190页。

③ 《周恩来书信选集》，中央文献出版社1988年版，第198页。

瘁，无愧于世界级的无产阶级革命家这一光辉称号；作为新闻工作者，他才华出众、思维敏捷、实事求是，做到了理论与实践相结合。我党新闻事业的制胜法宝之一——政治家办报的立场和风格在周恩来身上体现得尤其突出。他的政治家办报的立场和风格给后人留下的丰富经验是中国共产党新闻事业发展过程中的珍贵遗产，他的新闻思想是我国新闻事业的重要指导思想。

二、抗战时期周恩来新闻思想的主要内容

作为《新华日报》的读者、作者和卓越领导人，周恩来在长期的工作实践中，十分重视新闻舆论工具在对敌斗争中的强大力量，尤其是对我党在国统区的新闻工作的战略和策略更是悉心指导，并经常亲自撰写时评、社论，积累了很多办报、办刊的经验，对党的报刊和新闻工作有很多精辟的见解，创造了许多行之有效的工作方法。周恩来的新闻思想始终贯彻在他对党的新闻工作的直接领导和他丰富而具体的新闻实践中。这一时期周恩来新闻思想主要有以下几个方面的内容：

（一）报刊是革命的喉舌

周恩来为《新华日报》创刊的题词“坚持长期抗战，争取最后胜利”，是他对这张报纸的出版宗旨的揭示。《新华日报》从酝酿、筹备，到创刊，正是抗日战争开始的时候。这一时期共产党的总路线，就是抗日民族统一战线。党中央和毛泽东提出了“动员千百万群众进入抗日民族统一战线，打倒日本帝国主义”的号召。中共中央把《新华日报》作为党在国统区的政治机关报来办，周恩来在题词中赋予报纸这样的宗旨，为党的总线路、总方针服务，正确地解决了新闻与政治的关系问题，表明了报刊与政治不可分离的主体立场。

《新华日报》在《章程》中规定“本报以报道新闻、发扬文化、巩固抗日民族统一战线为宗旨”；并在《发刊词》中宣布：“本报愿在争取民族生存独立的伟大斗争中作一个鼓励前进的号角”“成为全国民众的呼声”。这表明《新华日报》不仅肩负传播信息、文化、知识的任务，更重要的是要为抗战这个当时最大的现实政治服务，这是符合周恩来关于党报是“革命的喉舌 ”这一新闻思想的。在《新华日报》出版 9 年多的岁月里，它经历了抗日战争和解放战争初期这两大阶段。两个阶段中敌我友几方面的情况是有很大不同的，国内外阶级力量的对比和形势的变化也很复杂。周恩来领导下的《新华日报》，特别注意正确掌握政治大方向，把握住主要矛盾和矛盾的主要方面。在整个抗战时期，《新华日报》始终将斗争矛头对准日寇和汉奸卖国贼；对蒋介石集团则支持其抗日的一面，斗争其反共、反人民的一面。即使在三次反共高潮中，《新华日报》被迫不得不进行反击，但都保持在一定的限度内，有理、有利、有节，使国共之间的关系没有达到完

全破裂的程度，从而有利于抗战的大局。日本投降后，蒋介石集团妄图以和平谈判方式迫使中共“放弃武力”，或以“放手动员作战”的办法来消灭中共及其领导的人民力量。《新华日报》根据中共中央“以打对打，以谈对谈”的方针，对谈判及其达成的有利于人民的协议，报道、宣传都持积极态度；反之对蒋介石破坏谈判、协议的揭露、抨击也是十分严肃的。《新华日报》始终把斗争矛头指向国民党顽固派，这就有利于团结国民党内民主派，分化、争取其中的中间派，最大限度地孤立以蒋介石为首的国民党顽固派。

（二）党报是党的旗帜

皖南事变后，周恩来对留守报社阵地的同志说：“宁愿全体人员殉职，也绝不自动放下这一面旗帜！”1947 年 2 月 26 日，国共第二次合作已经破裂，周恩来在延安仍致电中共四川省委书记吴玉章，指示“坚持非赶不走的原则”，再一次嘱咐《新华日报》绝不能“自动放下旗帜”。周恩来强调《新华日报》是党的旗帜，正确地解决了党报与党的关系问题。在当时的国统区，共产党的组织（包括武汉时期的长江局和重庆时期的南方局），都处于秘密状态，不能公开活动；只有《新华日报》作为党在国统区的公开阵地，被广大人民群众当作共产党的具体形象看待。周恩来认为，党的旗帜也是人民的前锋；《新华日报》既是党的报纸，也是人民的报纸；党报既不能偏离党的路线、政策轨道，又不能违背人民的意志。共产党是为全中华民族和全中国人民谋利益的政党。党的利益，无产阶级的利益，和社会、历史发展方向是一致的；党报的党性和人民性也是一致的。《新华日报》既是党的事业，也是人民的事业。它的出发点，不是为个人限于一党一派，或某一政治集团的狭隘利益。它站在民族立场、人民立场，这是它与国民党报刊或其他民营报刊的根本差别。

特别是经过 1942 年周恩来亲自领导《新华日报》进行整风与改版后，大家更进一步加深了对党报作为“党的旗帜”这一新闻思想的认识。这次党报、党刊的改版，是作为党报、党刊整风的内容，由毛泽东提出来的。毛泽东要求延安《解放日报》和重庆《新华日报》，就“是党报，还是社报”问题进行深刻检查，达到报纸“增强党性和反映群众”的目的。《新华日报》办在远离党中央的国统区，具体负责报纸领导的周恩来特别注意这份报纸同党中央的关系。他非常重视党中央、毛泽东指示的传达、学习与贯彻，经常召集南方局、八路军驻渝办事处和《新华日报》的干部会、党员会，及时传达党中央、毛泽东的文件、指示。尤其是对报馆的领导骨干、采编人员，他不管自己工作是怎样忙，有时甚至在深夜，也总是抽出时间迅速传达来自延安的精神、信息、动向。大家经常都有一种感觉，即“我们是在党中央、毛泽东领导下工作，党中央、毛泽东就在我们身边！”

（三）人民是报纸的主体

党报不仅是党的机关报，还要成为人民的喉舌。党报是党的喉舌，也是人民的喉舌，肩负着宣传党的主张和教育人民的双重任务。而这两者对于党的事业来说是一致的，新闻工作者都必须明确党报的这一性质。党报媒体必须严格与中央的决定和精神保持一致。 而党的利益与群众的利益一致，想群众之所想，要深入群众生活，实时了解群众动向，掌握群众舆论，为群众发声。

在《新华日报》筹备过程中，周恩来就告诉潘梓年等报社负责同志说：“报纸要大家来办，靠群众办，不能只是少数人关起门来办；办好一种报纸不仅有办报人的责任，也有看报人的责任。”因而报纸还在试版过程中，潘梓年等就遵照周恩来的指示，将试版发到社会各界，广泛征求意见。 根据不同阶层人士意见，编辑部对版式、内容编排、印刷、发行等，反复进行修改。 报馆董事会还在创刊前夕举行招待会，邀请中外文化界、报刊界著名人士 50 多人征集意见；并在《副刊》创办《读者信箱》专栏，在《群众》周刊刊登《新华日报征求通讯员词》，使报纸一创刊就和各界群众，特别是基层群众沟通起来。 新华日报还发表专文，表示“希望每一个读者都是本报的作者”“凡是看本报的人，都是给本报写文章的人”； 并号召“做工的，做庄稼的，店铺里的伙计，军队中的兄弟”，都来给本报写稿。 报纸创刊不久，就有了一批工人、学生、教师、机关职员等来自基层的作者，为报纸供稿。 报纸充满了生活气息和群众的声音，这是国统区的其他报刊所没有的。

（四）言论是报纸的灵魂

周恩来一再强调党报要十分重视言论，要把它放在办好报纸的首要地位。 言论是代表报纸立场的集中形式。 党报是靠言论集中反映党的理论、纲领、路线的。《新华日报》作为中共中央在国统区办的政治机关报，是代表共产党发言的舆论阵地，言论就是报纸党性的集中表现。 周恩来常说，一张党报没有言论，就等于没有灵魂。 所以他领导《新华日报》的主要精力放在抓言论上。 来自党中央的声明、宣言、权威人士的评论、观察家谈话和毛泽东等领导人的文章、著作，以及党中央驻国统区代表团的重要文件、延安《解放日报》与新华社社论、重要新闻等，构成《新华日报》言论的主要部分，哪些该登载、什么时候见报、在版面放什么位置，周恩来都要亲自过问。 报馆的“社论委员会”也是周恩来主持，重大的言论稿由他亲自管。 言论班子写的社论、文章，大致可分为三类，一是周恩来出题目，或授意先写什么、后说什么、分哪些段落，由被指定执笔人写出草稿，由他修改；二是撰稿人自己拟题，自己写，或集体研究选题，推定一位同志写，最后交周恩来裁夺；三是周恩来亲自执笔，撰写社论、署名的评论、重要新闻、戏剧评论、声明、谈话等。 在《新华日报》出版的 9 年多时间里，周恩来写的这些文章，加上为报纸题词、发表的讲演稿、函电、答记者问、备忘录等，总计有 108 篇，计 24 万余字，这还不包括他在《群众》周刊发表的 13 篇文章在内。 仅以社论来说，从《新华日报》版面可以看见，写得最多的作者就是周恩来。《新华日报社论集》一书，其中选载周恩来写的社论就有 18 篇。 这些社论所涉及的题材，都是有关时局或国共关系的重大问题。 不少文章、谈话，都是针对国民党顽固派的反动理论、路线、政策的，在驳斥、反击顽固派的种种谬论、暴政、暴行的同时，周恩来旗帜鲜明地宣传、贯彻了我党坚定的无产阶级立场和马克思主义的正确路线、方针、主张，从而教育广大群众，发展了进步势力，争取了中间势力，孤立了顽固势力。周恩来正是这样以身作则，真正把言论当作报纸的灵魂、当作办报的首要工作来做。

（五）新闻必须忠于事实

周恩来对《新华日报》的领导，特别强调："用事实说话，摆事实，讲道理。"他一再教导报馆的采编人员："要讲真理，我们靠真理吃饭。"周恩来检查编辑部的工作，要求最严厉的问题之一，就是新闻的真实性。编辑部的负责同志每礼拜要向南方局汇报一次工作。有一次，一条政治新闻发生了错误，文不对题。新闻中并没有指明谁的主张，标题却说某方面的主张，影响很不好。周恩来对有关同志进行了严肃的批评，不仅讲了这个错误会产生什么样的后果，还指明了今后应如何避免这样的问题。

1945 年 10 月 8 日，周恩来的外事秘书李少石从曾家岩周公馆用汽车送柳亚子回沙坪坝寓所，归来经小龙坎至红岩村途中，被国民党士兵枪击牺牲。此事发生在毛泽东来重庆谈判期间，地点又在红岩村八路军驻渝办事处附近，司机将李少石送进市民医院后又下落不明，这就不能不令人怀疑是国民党特务有意破坏国共谈判的阴谋。《新华日报》于次日在二版刊登《本报特讯》，标题是"李少石同志突遭暗杀"，并称周恩来于当晚 8 时 50 分，偕宪兵司令张镇前往医院察看，顿时泪如雨下，说："二十年前廖仲恺先生遭反革命暗害，其情景历历在目；不料二十年后，他的爱婿又遭凶杀。"到 10 日，案情经过国共双方反复查证，确认"这是一件非常悲痛的偶然事件"。为在社会上澄清事实真相，周恩来当即指示《新华日报》照登了有关此事的中央社讯；还刊登了八路军驻渝办事处处长钱之光的谈话，如实地说明了事件的经过，并"感谢宪警治安机关、医院、法院的努力及各方人士的关心"。周恩来和《新华日报》这种尊重事实、严于律己的光明磊落态度，在国统区产生了很好的影响，连国民党的军警人员也深受感动。

三、抗战时期周恩来新闻思想的基本特点

周恩来长期活跃在新闻宣传工作的第一线，他对新闻工作的指导往往是非常直接、具体和细致的。他的新闻思想和他对新闻工作的论述也体现出相同的特点，有很强的针对性和可操作性。

（一）坚持党报党性原则

周恩来认为，"党报是我们的喉舌"，是"人民向导"。1943 年 9 月 1 日，周恩来在《新华日报》社论《记者节谈记者作风》中提出，党的新闻工作者应该是"真理的信徒，人民的忠仆"。1947 年，他为《新华日报》创刊 9 周年题词"为人民喉舌，为人民向导"。周恩来强调，党报必须成为党的得心应手的思想斗争武器。1947 年 1 月 11 日，周恩来在《新华日报》编辑部文章《检讨和勉励——读者意见总结》中说："新华日报的

最高度的党性，就是它应该最大限度地反映人民的生活和斗争，最大限度地反映人民的呼声和感情、思想和行动。”“喉舌论”是政党报纸的产物，西方资产阶级报人也讲“喉舌”，梁启超、孙中山等人讲“喉舌”，陈独秀、毛泽东、周恩来等党的领袖人物也讲“喉舌”。党的新闻舆论阵地的领导权“只能掌握在党的手里”，党必须加强对新闻工作的领导。中国共产党的新闻思想深受列宁办报思想的影响，列宁关于党报党性原则的论述，关于报纸是无产阶级总的事业的一部分的思想，报纸是集体的宣传员、鼓动员和组织者的思想，都直接影响到我们党的办报活动。

（二）坚持真实性原则

真实性，顾名思义指的是报道新闻时要从客观事实出发，把握事物的本质和全貌，不欺人、不造假、不虚夸。它是定位新闻基准的一把标尺，是开展一切新闻工作的前提及首要原则。周恩来的新闻思想与马列主义新闻观是一脉相承的，它承袭了后者理论上的精髓，同样将真实性视为新闻的生命。周恩来认为，要“忠实于事实，忠实于真理”，要“为报道真实的新闻而奋斗”。新闻要“用事实服人，以理取胜”“无产阶级新闻同资产阶级新闻的区别，就在于尊重事实，实事求是”，要“说真话，鼓真劲，做实事，收实效”。

无论在什么时候，周恩来都十分强调新闻必须忠于事实，新闻报道应注重事实的描写，这是新闻的基本规律。即使是在我党对敌斗争十分尖锐的抗战时期，周恩来也特别强调这一基本点，而反对使用不必要的刺激性语句。由于历史的原因，在我党的新闻宣传中，标语、口号式的“从观念到观念”的新闻报道在不同时期时有出现。一些新闻工作者对党的路线、方针、政策认识不深，把握不准，从而使对党的大政方针的宣传易于停留在表面，口号满天飞，却缺少与具体事实的结合。这就背离了新闻工作应用事实说话的基本要求。

党报不仅是一般地用事实说话，而且是用经过选择的事实说话，这样才能做到既忠于事实，又坚持立场。新闻选择是党报用事实说话、表明立场、传播观念的主要途径之一。对于选择事实的过程，周恩来的论述对今天的党报工作尤具现实意义。他曾指出，报纸应当较多地反映社会现实，反映广大人民的要求和愿望，这样，报纸才有较大的生命力。党的实事求是作风就是说真话，鼓真劲，做实事，收实效，新闻宣传脱离了客观真实性，也就脱离了最广大的群众，脱离了最广大的读者。若如此，党报就会削弱其影响，失去其活力源泉。

（三）重视新闻队伍建设

在新华日报工作期间，周恩来很重视新闻队伍建设，非常关心记者的培养。在政治上和业务上严格要求，勉励记者又红又专。他经常鼓励记者“要积极活动”“记者采访就是要打听，要了解情况嘛”“要大胆创新，不要等现成的”。新闻工作者必须从个人业务、思想修养、工作态度上提高自己。周恩来提出：新闻工作者办事应“秉着良心去做，光明正大”，为人民“想法尽我们的责任”，要时刻提醒自己不拿新闻做交易，珍惜名誉，不能存“邀名之心”。周恩来还提出，新闻工作者不仅要有渊博的知识，还要有冷静的头脑。新闻是一个包罗万象的领域，新闻工作者就要善于学习，积极学习，深入体验群众生活。

周恩来多次与记者交谈，作具体指示。他指出：首先，记者要有丰富的知识，要有分析能力。新闻记者要多学习，多钻研；要学习社会的各方面。其次，新闻报道的事实要合乎逻辑，就是说，事情要交代得很清楚，要条理分明，不能牵强附会，不能乱拉乱扯，要使人看来合乎道理，但是又绝不能使新闻报道变成了形式逻辑，还必须辩证地看问题。新闻记者不能看见什么现象、听什么话就照写照录，而应该有所选择。记者对报道的每一件事情都应保持冷静头脑，经过自己的深刻考虑，有所选择。

周恩来对记者的报道既很放手，又抓得很紧。他曾一再强调记者要独立思考、独立负责，但又不能太自以为是。记者既要大胆负责，又要多向别人请教；既不能缩手缩脚，也不能自以为是。周恩来还用解剖麻雀的方法，对记者的采访、写作、工作态度、思想作风、加强请示和独立负责的关系做过中肯、具体的分析。他的分析切中了当时新闻宣传工作的要害，对时事新闻报道的改进起到了切实的指导作用。

抗战时期周恩来的新闻思想较多地体现在他对新闻业务的具体指导中。他对新闻宣传工作的有关论述，既是对新闻宣传工作一般规律的总结，又具有很强的可操作性和现实指导意义。例如他对毛泽东提出的实事求是思想的阐述，就是针对特定历史时期的实际工作提出的具体化的要求，使宏观的、抽象的指导思想与现实的具体工作完美地结合起来。因此可以说，周恩来新闻思想对于新闻宣传工作所产生的实际影响远远超出了其有关论述的寥寥数语本身。周恩来的新闻思想不仅给我党的新闻工作者提供了基本立场，也提供了有效地贯彻党的基本原则的一系列方法。尽管这一时期周恩来关于新闻工作的许多论述都发表在抗日战争这个大时代背景下，有特定的时代特色，但对当今的新闻实践和新闻宣传工作依然有着很高的现实指导意义。

（作者单位：中共江苏省委党史工作办公室）

周恩来与南委

陈永红

摘　要： 中共南方工作委员会，是周恩来和南方局根据中共中央的指示建立的南方党组织的领导机关。周恩来对它的建立、发展倾注了大量的心血，直至中共南委遭受国民党特务破坏，周恩来及时采取了果断的决策，保护了党的组织和干部。这些决策和措施，为后来南方党组织的发展起了极其重要的作用。

关键词： 周恩来；南委；南委事件；决策；措施

中共南方工作委员会（以下简称“南委”），是周恩来和中共中央南方局（以下简称“南方局”）根据中共中央的指示建立的南方党组织的领导机关，又是南方局的派出机构。尽管这个组织仅存一年零八个月时间（1940 年 10 月—1942 年 6 月），但周恩来对它的建立、发展倾注了大量的心血，直至南委遭受国民党特务破坏，周恩来及时采取了果断的决策，保护了党的组织和干部。这些决策和措施，为后来南方党组织的发展起了极其重要的作用。

一、周恩来与中共南委的建立

任何一个革命组织的诞生都是与它所处的历史背景和社会政治条件相联系的。中共南委的建立也是如此。它是周恩来和南方局根据国内外政治形势和抗日战争的发展情况以及抗日民族统一战线内部的斗争需要建立起来的。它的建立是周恩来领导华南地区革命斗争的一个重要部署。

南委建立前夕，国内外出现了一个严峻的政治形势。在国内，一方面，抗日战争进入了相持阶段，从正面战场到敌后战场都给日本侵略者以有力打击，中国人民抗日力量得到了很大发展。另一方面，抗日民族统一战线内部的斗争极为激烈。1939 年 1 月，国民党召开五届五中全会，确定了“溶共、防共、限共、反共”的方针。同年冬季至次年春季，掀起了第一次反共高潮。1940 年夏秋间，国民党顽固派发动的第一次反共高潮失败后，又把反共活动的重点由华北转向华中，并影响华南。 他们在大后方加强法西斯统治，大肆破坏中共党组织，捕杀共产党人和进步人士，蓄谋制造第二次反共高潮。

国民党顽固派的这些反共活动，都是直接受到当时国际形势急剧变化的影响的。 国际上的三股力量（德意日、英美、苏联）为了自身的利益都在拉拢蒋介石，使蒋介石自感身价百倍。 在这种形势下，国民党顽固派自以为时机已到，更加快策划新的反共高潮。周恩来充分估计和分析了当时的政治形势，并从历史的经验教训和现实的各种迹象中，预感到国民党顽固派的反共决心不死，一定会制造新的反共阴谋，在思想上引起高度的警觉。 为了适应形势发展变化的需要，加强党对南方各地工作的领导，使中共地下党的工作同南方局领导的公开、合法活动分开以应付可能发生的突然事变。 1940 年 5 月，毛泽东进一步指示国统区的党组织必须贯彻“荫蔽精干，长期埋伏，积蓄力量，以待时机”的“十六字”方针，根据这个指示精神，周恩来和南方局的领导强调所属的各级党组织和党员干部，必须从思想、工作、方法和组织上实行转变，从过去轰轰烈烈的群众救亡运动转变为“荫蔽精干，积蓄力量”，反对急性暴露。 1940 年 8 月初，周恩来在中共中央政治局会议上报告南方党的工作时，曾提出成立中共南方工作委员会及其工作方针的意见。 同年 10 月 16 日，以周恩来为书记的南方局致电中共中央，建议成立中共南方工作委员会，得到中共中央的批准。 从此，中共南委进入实际筹建阶段。 经过一段时间的紧张筹备，1941 年初，中共南委在广东大埔县恭州召开第一次会议，中共南方工作委员会正式成立。 方方为书记，张文彬为副书记兼组织部部长，郭潜为组织部副部长（不久改任组织部部长)，涂振农为宣传部部长，中共南委统一领导广东、广西、江西、湘南、闽西南和香港等地区党的工作，下辖江西省委、粤北省委、粤南省委、广西省工委和琼崖、潮梅、闽西、闽南、湖南特委。 中共南委的建立是周恩来加强南方党组织建设的一个重要决策，有利于指导南方的各项工作和敌后游击战争。

二、周恩来与中共南委的活动

中共南委建立后，就在周恩来和南方局的领导下开展工作。 中共南委建立伊始，周恩来和南方局就确定了工作方针。 周恩来在中共中央政治局会议上曾提出：南方工作委员会所领导区域的工作应以游击战争为主，但必须注意统一战线工作。 国民党统治区必须贯彻执行中共中央关于党在国民党统治区“荫蔽精干，长期埋伏，积蓄力量，以待时机”的方针，根据这一工作方针和周恩来的有关指示，中共南委开展了一系列的具体工作。

第一，建立和健全各地党组织。 1940 年 12 月，根据中共中央和南方局的指示，撤销中共广东省委，成立中共粤北省委和粤南省委，直属中共南委领导。 粤北省委由李大林任书记，省委机关驻广东曲江，下辖广东东江、西江、北江和赣南地区的党组织。粤南省委由梁广任书记，省委机关驻香港，下辖广东中区、珠江区、南路和香港、澳门地区党组织。1941年6月，南方局指示中共南委，改变各级党组织的委员会制为特派员制，实行单线联系，使党的各级组织更加严密。1942年春，中共南委决定成立了广东东江军政委员会，任尹林平为主任。这些组织机构的建立和健全，不仅加强了党对各级组织和各项工作的领导，而且有利于敌后抗日游击战争的开展。

第二，设置交通联络网络。为了加强联系和互通信息，以利于对各地工作的指导，中共南委在广东大埔梅县、兴宁、曲江等地设有8处交通站，并制定了交通站的工作守则和有关保密制度。中共南委还在福建省平和县设有电台，负责联络中共中央南方局和南委下属各地党组织。

第三，加强对敌后抗战的领导。中共南委建立不久，从1941年起，日本侵略军和伪军连续对广东东江、琼崖和珠江三角洲等抗日根据地进行疯狂“扫荡”，华南敌后抗战进入最困难时期。在这种形势下，中共南委和广东党组织根据中共中央和周恩来的有关指示，领导人民抗日武装多次打退了日伪军的进犯，粉碎了敌人的“扫荡”，保卫和发展了抗日根据地。

第四，荫蔽精干以保存革命力量。国民党五届五中全会后，国民党顽固派就在南方各地掀起一股反共逆流。为了保存革命力量，周恩来于1940年10月在南方局常委会议上指出，党的干部要尽量分散隐蔽，要深入到社会里面去，要就地解决、分散转移；关于闽粤赣地区的工作，虽然情况特殊，但仍然要执行长期埋伏、积蓄力量、以待时机的方针。根据周恩来和南方局的指示，中共南委将国民党统治区已经暴露的干部隐蔽起来，撤退或转移到抗日解放区，有的在本地区互相交流，有的利用各种社会关系到国民党有关党政部门谋求公开职业，以长期埋伏，伺机开展合法斗争。

1941年7月，中共江西省委遭到国民党特务破坏后，8月26日周恩来致电中共南委书记方方，提出秘密工作、免遭破坏的意见，坚决建立自上而下的平行组织；党员转地方不转关系，仍由原地原人联系；不同意南委书记张文彬去粤北、桂林，因为那里极危险。中共南委坚决贯彻执行周恩来这一指示，于同年9月向粤南省委发出指示：“为了适应长期斗争，积蓄力量，等待时机，组织工作仍以巩固发展、稳扎稳打为主，对已被破坏及暴露地区，应坚决执行周恩来同志指示，抛弃一切已经暴露的关系组织，坚决建立自上而下的平行组织，甚至建立平行特委组织，彼此绝不发生横的联系。”10月，周恩来致电毛泽东等，指出南方工作委员会的处境十分危险，并说“根据大后方各地经验证明，在大后方的党，只能全力去执行中央长期埋伏，积蓄力量，等待时机的路线，而不能同时取得武装斗争路线”①。正因为由中共南委和各地党组织及时采取了得力措施，并

① 周恩来：《关于南委工作的意见致毛泽东和中央书记处电》(1941年10月27日)，载《南方局党史资料・党的建设》，重庆出版社1990年版，第46页。

坚持了有理、有利、有节的反顽斗争，使各地的党组织不致造成重大损失，保存和发展了革命力量。

第五，开展秘密营救活动。1941 年 12 月太平洋战争爆发后，大批文化界人士，爱国民主人士和国际友人滞留在香港，处在极端危险的境地。12 月 8 日，中共中央致电周恩来和八路军驻香港办事处主任廖承志以及潘汉年等，指示应与英、美等国建立广泛的反法西斯统一战线，撤退在香港的文化界人士和党的工作人员，周恩来随即急电香港廖承志、潘汉年、刘少文，指示他们立即设法将在港的各界朋友撤离到安全地区，廖承志，潘汉年、刘少文根据中共中央和周恩来的指示，立即同中共南委、粤南省委、东江和琼崖抗日游击队取得联系，并由张文彬、廖承志等召集尹林平、梁广等负责人研究营救方案。随后，分头投入紧张的营救工作。据不完全统计，从 1942 年 1 月至 5 月，中共南委和广东党组织以及广东人民抗日游击队从沦陷后的香港营救出来的文化界人士有邹韬奋、柳亚子、茅盾等，民主人士有何香凝等，国民党方面的人员有陈策等，总共 300 多人；还有国际友人英国的赖特上校等 100 多人。这次秘密营救行动，受到中共中央的表扬，博得国内外友好人士的嘉赞，这对巩固和发展抗日民族统一战线和国际反法西斯统一战线起了积极作用。

三、“南委事件”与周恩来的举措

1938 年，抗日战争进入相持阶段后，日本对国民党的战略政策做出重要调整，实行“政治诱降为主、军事打击为辅”。国民党当局开始消极抗日、积极反共，不断掀起反共逆流。1941 年 1 月，国民党顽固派制造了震惊中外的皖南事变。1942 年 5 月、6 月，国民党顽固派在华南制造了“中共南委、粤北省委事件”，这是继皖南事变之后在华南地区制造的又一起严重的反共事件。

1941 年 7 月，国民党特务机关中统局江西省调查统计室利用叛徒密捕了江西省委书记谢育才。随后，特务采取欺骗的手法，模仿谢育才的笔迹，诱捕了江西省委代理书记颜福华。颜被捕后不久叛变，江西省委电台遭到破坏，电台台长林云生及有关工作人员在中统特务和颜福华的裹挟下先后叛变，省委电台遂为国民党特务机关所掌控，对外严密封锁。“南委”虽有所警觉，但在大半年的时间内对此仍无法查证和识破。

1942 年 4 月，南委向江西省委发出通知，要求派人到曲江与南委来人联系。随后，南委在被国民党特务所掌控的江西省委电台提供假情报所蒙蔽的情况下，派组织部部长郭潜前往曲江与江西省委来人接头。而就在此时，冒充江西省委来人的国民党特务已秘密前往曲江“接头”。

4 月 29 日深夜，“假自首”的谢育才从敌人的口中，预感到南委已危在旦夕，遂与一同被软禁的爱人王勖一起，趁看守人员的一时疏忽，丢下未满周岁的婴儿越窗逃跑。5月22日，谢育才、王勖夫妇到达南委交通站——福建省平和县。

南委在接到谢育才越狱报警后，及时给郭潜发出紧急撤退的电文，但郭潜没有及时翻译电文并及早撤退。5月26日，郭潜在街上活动时被叛徒孔昭新、罗卓明发现并跟踪。当郭在曲江花园酒家吃饭时，遭到特务们的围捕。郭被捕后经受不住国民党特务的威逼利诱立即叛变投敌，成为破坏南委及其下属组织的罪魁祸首。

郭潜被捕叛变后的当天晚上，便引领特务搜查南委曲江交通站，交通站负责人司徒丙鹤夫妇，交通员曾平、陈二叔被捕。次日凌晨，郭又带领特务在曲江市郊抓捕了粤北省委书记李大林及其妻子、弟妹、译电员、保姆等7人。这天早上，当敌人在返程路上途经曲江五里亭车站时，正巧与刚从东江老隆回来的粤北省委组织部部长饶卫华相遇，饶卫华当场被捕。至此，粤北省委机关遭到彻底破坏。

5月30日，郭潜又向特务头子庄祖芳告密，供出廖承志在乐昌的住址。经过密谋，由郭潜写一字条，谎称上级指示要廖前往桂林安排从香港疏散回来的文化人事宜，并约定接头地点。特务头子庄祖芳伪装成南委交通员，持郭潜的字条乘专车奔往乐昌。当晚，庄祖芳利用与廖承志接头的时机，将其秘密逮捕。6月5日，廖承志被押往江西省泰和监狱关押。接着，郭潜和国民党特务直扑南委机关驻地广东大埔，于6月初在大埔高陂镇先后逮捕了中共南委宣传部部长涂振农、南委副书记张文彬等人，继而袭击南委各据点，中共南委机关遭到破坏。7月上旬，郭潜又带国民党特务前往桂林，逮捕了中共广西工委副书记苏曼等30人，广西工委遭到破坏。[①] 这就是国民党特务一手制造的“南委事件”，这一事件从一个侧面反映了国民党顽固派消极抗日、积极反共的丑恶面目。

粤北事件发生后第二天，粤北省委秘书长严重采取了紧急措施：(一)立即派人分别通知各部和有关同志转移隐蔽；(二)通过省委电台电告南委和方方同志；(三)向南方局周恩来报告粤北省委被破坏的情况，请示应变办法。按照紧急部署，省委各部负责人饶彰风、黄康、李殷丹、陈能兴、张江明等及省委电台和下属组织的同志都分别安全撤退到东江部队以及到西江和桂林等地隐蔽，省委秘书长严重则留在曲江做善后工作。[②]

周恩来对国民党顽固派制造“南委事件”十分愤慨，并对中共南委和各地党组织的险恶处境表示极大关注和忧虑，果断地采取了一系列对策和措施。

首先，抢救革命精干。当周恩来获悉粤北省委书记李大林被捕、粤北省委遭到破坏后，立即指示南方局秘书处处长童小鹏要随时和中共南委电台联系，无论在什么时间，一有情况，立即向他报告，并急电指示南委，迅速通知正在曲江的廖承志，要他即到重庆，若实在无法离开也应和他母亲何香凝住在一起，以确保安全。可惜的是南委还未与

① 刘树新:《中共南委、粤北省委被破坏的经过》,载《广东党史研究文集》(第3册),中共党史出版社1993年版,第27—33页。

② 中共中央党史资料征集委员会:《中共党史资料》(第12辑),中共党史出版社,第123—124页。

廖承志联系上，他就被捕了。尽管如此，这也体现了周恩来对党的干部的高度负责和关心。与此同时，周恩来和南方局还多次发出指示，要求南委采取得力措施，尽快制止事态的发展，设法保护广大干部，指示中还一再表达了中共中央和南方局对南委的主要领导骨干方方等人的安全的深切关怀，希望方方深刻理解“中央以领导干部的安全为第一的重要意义”。周恩来和南方局的这些指示，对保护革命干部起了重要作用。

其次，保护党的组织。在南委处在危急关头之时，周恩来不但为抢救党的干部做出不懈努力，而且为保护党组织的领导机关也费尽苦心。1942年6月8日，周恩来惊悉廖承志等人被捕后，立即就南委的行动发出六点指示：“(1)不仅与江西而且与粤北断绝一切来往；南委负责同志立即分散隐蔽，首求自保；(2)南委与承志及香港归来的一切公开关系完全断绝（包括邹、柳两人——按：指邹稻奋、柳亚子），他们的关系，我们另设法联络；(3)停止派人往桂林取款；以避波及；(4)立即斩断一切上层的公开关系；(5)你们直接管辖的下级党部暂作静止，不作声息，不做任何活动；(6)立即停止与江西电台联络。”①周恩来这一指示的主旨就是为使南委各级组织不受国民党特务的破坏，确保党组织的安全，以保存革命力量。方方根据周恩来和南方局其他的指示精神并结合当时的险恶环境，采取了应急措施，把领导机关和干部及时隐蔽疏散，避免事态扩大。

再次，沦陷区和国统区要区别进行工作。周恩来根据当时形势的突变，从广东的实际出发，于8月致电广东军政委员会书记尹林平，指示中共南委所辖地区，在沦陷区、游击区的党组织可以照常开展活动，但国民党统治区的党组织一律暂时停止活动；已暴露身份的党员干部一律转移，其余干部应利用职业隐蔽下来，执行勤学、勤职、勤交友的“三勤”方针。并指示尹林平迅速传达到他所知道的党组织②，尹林平接电后，立即组织传达贯彻，要求各地认真做好安全转移和隐蔽工作。

同年8月，周恩来经请示中央同意，又向广东军政委员会尹林平发出电报指示，指出：除敌占区、游击区党组织照常活动外，国民党统治区党组织一律停止活动；已暴露身份的党员干部一律转移到游击区工作，其余干部应利用教书、做工、做小商贩等各种社会职业作掩护，实行勤学、勤职、勤交友等“三勤”活动。何时恢复组织活动，等待中央指示决定。③指示下达后，各地党组织迅速传达贯彻，原粤北省委所属党组织，由严重、陈能兴、张江明、王炎光、欧新等传达贯彻；各特委负责同志冯燊、梁嘉、黄松坚、刘田夫、梁威林等分头到粤中、北江、西江和南路等地传达贯彻，并认真做好安全转移和隐蔽工作。

潮梅副特派员李平获悉“南委事件”后，认为形势十分严重，便当机立断，决定马上切断与南委的一切交通联系，撤退潮梅与南委交通站有过关系的人员；提高警惕，做好一切必要准备，以防地方党组织受到牵连破坏；把情况火速通知在梅县的潮梅特派员林

---

① 《周恩来致方方的电报》，1942年6月8日。

② 童小鹏：《风雨四十年》（第1部），中央文献出版社1994年版，第252—253页。

③ 南方局党史资料征集小组编：《南方局党史资料·党的建设》，重庆出版社1990年版，第203页。

美南，同时决定派张克到重庆向周恩来汇报情况，并向派在桂林的南委联络站负责人徐扬通报情况，以便采取应变措施。

张克到重庆后，将有关情况向周恩来、孔原作汇报。周恩来指示：继续贯彻中央的“荫蔽精干，长期埋伏，积蓄力量，等待时机”的方针；南委所管组织暂时停止组织活动（但有些地区误传为“解散组织”），上下级不要发生组织联系，不发指示，不开会，支部也暂时不开会，不收党费，党员之间互相不发生组织关系，何时恢复组织活动，等待通知决定；暴露的干部中，有的分批撤到重庆、延安学习，有条件的也可自己转移地区；党员的任务是勤学、勤业、勤交友；方方在有安全保障的条件下，也应坚决撤退到重庆。

张克于9月上旬回到揭阳，先后向林美南、李平并通过林美南向方方传达了周恩来的指示精神。方方根据指示精神结合实际情况作了具体补充和部署：一、撤退不是“卷土而走”，要留根子。党组织停止活动后，原有支部或小组都必须留一“根子”。要求“根子”在政治上可靠，政治面目没有暴露，能联系群众，其任务是了解党员在停止组织活动期间的言行和思想工作状况，为将来恢复组织活动作好准备。二、撤退并非溃退，要有组织有准备地进行，先撤退暴露的干部，后撤退外地机要人员。三、停止工作，组织分散，但对下属要做好具体安置。对撤退路线、路条、路费以及隐蔽地点做了具体部署。①

根据周恩来的指示和南委的部署，中共潮梅特派员林美南、副特派员李平以及方东平、罗天、吴南生等分头向潮汕、兴梅等地各级党组织逐级传达；闽西南则由李碧山负责传达。李碧山不仅组织干部转向生产自救进行隐蔽，而且坚持做好上与南方局、下与各地党组织的联络工作；林美南于1942年12月在梅县城西南部的乌寥沙创建菜园作为隐蔽点。他建立起一批新的交通联络网点，同南委联络员李碧山以及留在潮梅的主要负责人周礼平、林川、曾广、谢毕真等保持联系，坚守岗位，切实做好疏散、转移干部的工作，闽粤边委领导朱曼平、魏金水和张招娣，深入闽西南山区，一面组织生产，一面坚持斗争。粤北省委宣传部副部长李殷丹以及王炎光、西江特委副书记张华、粤北省委交通联络站和电台负责人欧新、潘祖岳、黎百松等20多名干部和家属转移撤退到郁南都城，在当地党组织和党员干部的帮助下，开办美行鞋厂，解决生活来源，并安全隐蔽至1944年恢复组织活动。

在潮汕，按照确保组织和党员干部安全的原则，妥善安排干部去留，对政治面目较暴露、较突出的坚决撤退，如李平、方朗、罗天、张克等先撤往重庆后转延安；各县、区特派员依情况在县、区间做必要调整后，多数坚持原地隐蔽，少数撤往桂林、江西、曲江、东江，有条件的撤至东南亚，大多数党员在原地自谋职业掩护，党员一律执行“三勤”。在国统区，留下林川、曾广分别负责潮普惠、潮揭丰党的工作。各县、区都指定了负责人，并建立起一批秘密交通网点，保持一定联系。广西省工委书记钱兴等同志转

① 刘树新：《中共南委、粤北省委被破坏的经过》，载《广东党史研究文集》（第3册），中共党史出版社1993年版，第35页。

移到农村潜伏，组织生产自救。

方方把南委所属各地党组织的工作部署完毕后，即转移到梅县桃源，以商人身份隐蔽在地下党员张春汉家里，后又转移到福建边沿的永定县峰市。同年9月21日深夜，被当地土匪当作富商绑架，后经组织营救赎出，即转梅县经潮汕去延安。南委所属各地党组织的绝大多数党员，都能认真贯彻南方局书记周恩来的指示，努力学习，积极工作，广交朋友，认真做好“三勤”活动，坚持共产党人的本色并团结广大群众。

11月18日，尹林平致电中共中央和周恩来做了报告：“其他地方党的组织，我们完全同意恩来同志指示，为避免事件扩大与牵连，及保存干部和党员，以备将来，这样对组织的紧急处理是非常必要的。我们完全同意立即停止工作，减少各级干部联系，把暴露的、找不到社会职业掩护的干部撤来部队活动地区，加强党与部队的工作；不能在当地隐蔽的一些党员也撤来部队当战士，其余的已改做生意、教书和在敌方机关做职员等的社会职业隐护。”①

最后，取消中共南委，重建新的领导机构。1942年底，南方局周恩来根据形势的发展，指示广东党组织，以尹林平、梁广、连贯组成临时省委。1943年1月中共广东临时省委成立，以尹林平为书记，领导全省的工作。1944年广东面临全面沦陷，广东省临委决定全面发展抗日武装斗争和全面恢复党组织活动。当日寇侵占曲江、打通粤汉线时，各地党组织动员了大批共产党员和进步青年参加东江纵队和各地抗日游击队。如粤北乐昌、坪石的中山大学地下党组织，先后动员大批党员和知识青年参加东江纵队，扩大发展抗日武装队伍。潮汕地区恢复党组织活动后，也动员了大批共产党员、知识青年和进步分子参加人民抗日武装，使潮汕游击队从几十人的队伍，迅速发展为一千多人的韩江纵队。到抗日战争胜利前，广东先后成立了东江纵队、珠江纵队、琼崖纵队、南路人民抗日解放军、粤中人民抗日解放军、潮汕韩江纵队、兴梅韩江纵队，为争取抗日战争的胜利和以后迎接全国的解放，做出了重大的贡献。

综上所述，周恩来在中共南委建立、发展及中共南委、粤北省委事件发生后，发出一系列的指示是完全正确的，措施是非常及时和有力的，指示及时制止了事态的发展，挽救了广东、南方各地党组织，保存了革命力量；同时指导广东、南方各级党组织贯彻执行中央的“十六字方针”，为党组织恢复活动和革命力量的发展打下了坚实的基础，对南方党组织的发展和各项工作都有重要的指导意义。应该指出，“6·8”指示是“十六字方针”的具体化和实际运用，它从理论和实践的结合上丰富和充实了“十六字方针”，为后来党组织开展革命斗争提供了宝贵的理论指导，解放战争时期南方党组织在游击战争中所建立的两面政权，可以说是这一理论在实践中的运用和发展。

这里值得一提的是，周恩来关于对“南委事件”的决策，不仅表现出他对党和革命事业的高度责任感，也体现了他忘我工作的精神。在“南委事件”中，他和南方局的许

① 中央档案馆、广东省档案馆：《广东革命历史文件汇集(1941—1945)》，1986年，第211—212页。

多指示是在他住院动手术和在他的父亲病故守丧期间做出的。这种工作精神是十分难能可贵的。正因为周恩来及时采取了正确的决策，才使南方党组织不致造成大的损失，保存了华南党的领导核心和革命力量，使之继续领导华南的革命斗争。

（作者单位：中共广东省委党史研究室）

国共两党对郭沫若执掌政治部第三厅一事的不同考量

郭　洋

摘　要： 郭沫若出任国民政府军事委员会政治部第三厅厅长一事，表面上看是全国抗战初期一个常规的人事变动，其实幕后还有不为人知的隐情。国共两党在第二次合作之初，对于郭沫若执掌三厅之事均有各自之考量。郭沫若的入仕，可以看作是抗战初期国共两党合作关系具体化的重要体现。郭沫若之后在第三厅的经历，也折射出战时国共两党关系的复杂与微妙。

关键词： 郭沫若；政治部；第三厅；国共关系

全国抗战时期，周恩来担任国民政府军事委员会政治部副部长，从日本归来的郭沫若，则先后担任政治部第三厅厅长、文化工作委员会主任委员。① 周恩来与郭沫若进入国民政府任职，并设法将一批中共党员选入政治部第三厅工作，这是国共第二次合作的具体化，显示了中共维护抗日民族统一战的诚意，也是全国抗战时期中共方面在国民政府公开担任的唯一机关。关于郭沫若与第三厅的相关史实，郭曾在其《抗战回忆录》（《洪波曲》）中有简单的回忆。② 此外，同期在第三厅工作的阳翰笙，在其回忆录《风雨五十年》中也曾对相关人、事有比较系统地回忆。③ 学界既有研究深受这两本回忆录的影响，对郭沫若、阳翰笙等中共党员在第三厅、文化工作委员会中的相关史事，特别是南方局及其前身长江局、第三厅与国统区文艺工作，已经有较多探讨。④ 笔者认为，郭沫若出任第三厅厅长之事，台面上看是全国抗战初期一个常规的人事变动，其实幕后

① 国民政府军事委员会政治部，是战时国民政府诸多军政组织中一个十分特殊的存在。周恩来曾担任政治部的副部长，而他所领导的中共中央长江局及南方局与政治部第三厅关系密切，第三厅中的许多干部是中共的秘密党员。该机构之组建是战时国共合作的重要体现，是抗日民族统一战线的重要产物。关于周恩来、南方局与第三厅相关研究参见谢增寿：《周恩来与第三厅》，《社会科学研究》1989 年第 2 期；王明湘：《周恩来与南方局研究述评》，载《周恩来研究述评》，中央文献出版社 1997 年版，第 151—163 页；徐行：《周恩来与抗战初期的政治部第三厅》，《南开学报》（哲学社会科学版）2005 年第 4 期等。

② 郭沫若：《洪波曲》，百花文艺出版社 1959 年版，第 11—43 页。

③ 阳翰笙：《风雨五十年》，人民文学出版社 1986 年版，第 159—310 页。

④ 相关研究成果有刘奎：《总体战与动员文艺——抗战初期郭沫若的文化政治实践》，《文艺研究》2016 年第 1 期；唐文华：《抗战文化堡垒——文化工作委员会始末》，《长江文明》2013 年第 3 期；谢丹：《从第三厅到"文工会"——以抗战时期国统区文化工作为中心》，西南大学硕士学位论文，2012 年；蔡震：《从文献史料看郭沫若主政三厅始末》，《新文学史料》2012 年第 3 期；陈虹：《郭沫若在三厅》，《郭沫若学刊》1991 年第 4 期等。

还有不为人知的隐情。国共两党在第二次合作之初，对于郭沫若执掌第三厅之事均有各自考量。蒋介石与陈诚为何会选郭沫若为第三厅厅长？郭沫若起初坚持不愿就任，为何很快又改变了注意？中共方面在这个人事任命过程中经过了怎样的考量？郭沫若任职第三厅厅长一事，在大历史的变局下，折射出全国抗战初期国共合作关系的复杂与微妙。本文拟综合国共两方面的历史资料，对上述疑问做一初步阐释，以求教于方家。

一、国民政府军委会改组与政治部的筹建

面对日益复杂的战争局面，国民党政府决定构建战时体制以应对抗战形势。1937 年 8 月 12 日，国民党中央常务委员会暨国防会议决定，以军事委员会为抗战时期的最高统帅部，蒋介石为委员长。军委会下设第一至六部，分掌军令、军政、经济、政略、宣传、组训等事宜。[①] 27 日，国民党中央常务会议决议：以军事委员会委员长为核心，组织战时大本营，统一指挥党政军。南京沦陷后，1938 年 1 月，国民党方面再次改组军事委员会，原设之第一至六部取消，改为军令、军政、军训、政治四部，航空委员会、后方勤务部及办公厅不变。以陈诚为新成立的政治部部长。政治部的执掌业务为：陆海空军之政治训练，国民军事训练与战地服务及民众之组织与宣传。[②] 在军委会正式改组完成前，1938 年 1 月 7 日，蒋介石已命陈诚尽快确定政治部及各级政训人员之训练养成及其总数。[③] 2 月 1 日，蒋介石再次手谕令陈诚速成立政治部并训练政治部人员。蒋介石急切要求陈诚尽快组建政治部，开展相关工作，可见蒋介石此时对军队政治工作的重视。2 月 6 日，国民政府军事委员会政治部正式组建，以陈诚为部长，周恩来、黄琪翔为副部长，张厉生为秘书长，贺衷寒、康泽、郭沫若分任第一、二、三厅厅长。[④] 人事任命发布之时，第三厅厅长郭沫若并未在任，第三厅也未组建运作。

国民党军队中的政治工作体制，引自苏联的党军制度。北伐之前，国民党军队中即建立了党代表制度。北伐战争中，北伐军总司令部中也设立了政治部，郭沫若当时即在政治部中工作。北伐之后，军事委员会取消，国民革命军的政治工作改由国民政府训练总监部下的政治训练处负责。九一八事变后，军委会再次设立，军事委员会政治训练处组建，负责全军的政治工作。全国抗战之前的国军政工，为力行社势力所把控，长期以

① 《军事委员会呈国民政府该会重加改组情形祈鉴核备案》(1937 年 10 月 8 日)，载周美华：《国民政府军政组织史料之军事委员会》(一)，台湾“国史馆”1996 年版，第 77 页。

② 《修正军事委员会组织大纲》(1938 年 1 月 10 日)，载周美华：《国民政府军政组织史料之军事委员会》(一)，台湾“国史馆”1996 年版，第 80 页。

③ 《手谕政治部及各部政训人员之调查应速确定》(1938 年 1 月 7 日)，载何智霖：《陈诚先生书信集：与蒋中正先生往来函电》(上)，台湾“国史馆”2007 年版，第 292 页。

④ 秦孝仪总编纂：《蒋介石大事年谱长编》(第四卷，上)，台北财团法人中正文教基金会，1978 年，第 178 页。

"剿共"为主要任务，总体效果不佳。全国抗战爆发，蒋介石决定以陈诚为新成立之政治部部长，意图重新在军中全面推进政治工作，以利抗战。政治部第三厅负责全军的宣传事宜，日后成为政治部四个厅中影响最大的一个部门。因郭沫若的到来，该厅网罗了阳翰笙、傅抱石、田汉、洪深、胡愈之等一批文化艺术界名人，在当时有"名人内阁"之称。政治部其他几个厅的厅长均是黄埔系人物，唯独第三厅非也。个中缘由，耐人寻味。

二、蒋介石与陈诚为何选郭沫若为第三厅厅长

对于派系倾轧、争斗严重的国民党政府来说，人事任命，从遴选到上任，往往牵扯多方势力的利害冲突，有时极为复杂。军政要员陈诚就政治部人事之事感慨曰："职自奉命筹组政治部责任重大，深恐不能仰钧座之期许，时经一月，而人事纷纭，迄未敢草率从事。因此一切编制预算，皆难着手。……我国人事，久苦复杂，兹应以简单明快处之，所谓快刀斩乱麻，当断必断也。"对于周恩来与郭沫若，陈诚说："此二人绝非甘于挂虚名，坐领干薪者可比。既约之来，即不能不付予相当之权。周之为人，实不敢必。但郭沫若则确为富于情感血性之人。果能示之以职，待之以礼，必能在钧座领导之下，为抗日救国而努力。"[①]陈诚此番感慨，或许因军中政工长期以来是力行社一家独大，而土木系的陈诚出任部长则不得不与黄埔系交手。实际上，抗战时期国民政府各行营、战区的政治部负责人多为原力行社人员，贺衷寒、邓文仪、康泽、腾杰等原力行社骨干均担任要职。此电文说明陈诚在与郭沫若交谈后，对郭印象甚佳，且有拉拢其进入国民政府效力之意。

对于政治部人事，周恩来虽被预定为副部长，但陈诚明显对周恩来无好感，对预任的第三厅厅长郭沫若则赞誉有加。1938 年初的郭沫若，外界多视其为自日本归来的一代文人，是为人尊敬的知识分子，而且是无党派人士。从现有材料来看，陈诚并不知道郭沫若中共党员的身份。[②] 陈诚对郭沫若评价较高，实有端倪可寻。郭沫若早在北伐战争时期，就在北伐军总司令部政治部任职。后因公开发文批评蒋介石而遭到国民政府通

---

① 《函呈为筹组政治部事敬陈人事运用之所见》(1938 年 1 月 27 日)，载何智霖:《陈诚先生书信集:与蒋中正先生往来函电》(上)，台湾"国史馆"2007 年版，第 295—296 页。

② 郭沫若于 1927 年 8 月，在周恩来、李一氓的介绍下加入中国共产党。参见陈明华:《郭沫若》，黑龙江人民出版社 1982 年版，第 57 页。另有记载，郭沫若是在 1927 年 9 月初的一天与贺龙一起加入中国共产党的，见龚济民、方仁念:《郭沫若传》，十月文艺出版社 1988 年版，第 124 页。郭沫若中共党员的身份被公开，是在 1958 年 12 月 27 日，参见当天《人民日报》的报道。

缉，不得不流亡日本。全国抗战爆发后他回到中国，投入抗战事业，在淞沪前线服务。[①] 1937年9月9日，郭沫若应陈诚邀请，前往昆山，次日与陈诚晤面。[②] 陈诚向蒋介石报告了此次晤面的具体情况。陈诚道："昨约郭沫若来部谈话，使对中央及钧座有更真切之认识，免被上海一部分文化界所混淆。郭情绪热烈，爱国心长，徙日十年，尤多感触，当此全国对敌作战之际，可否由钧座约其赴京一谈，既可阐示中央之真诚，又可使有志者得有贡献之机会，如何，乞示遵。"[③]据陈诚所言，郭沫若对今后的民众组织训练及宣传工作，提出了六点建议。由此可见，陈诚对于此次会面甚为满意，已经有选郭沫若进入国民政府工作之意。半年后，郭沫若果为政治部第三厅厅长。[④]

蒋介石对于陈诚的建议也比较重视。9月19日，郭沫若接到陈诚转来的蒋介石电文，邀请其往南京一见。9月24日晚，郭沫若见到了蒋介石。[⑤] 关于这次蒋、郭会面的情况，笔者查阅蒋介石日记与《事略稿本》，均未曾见到相关记载。而郭沫若日后写作的《在轰炸中来去》一文则披露了一些细节。据郭回忆，蒋介石那晚对他说："你来了，你的精神比以前更好。"然后蒋介石询问郭沫若关于甲骨与金文的研究。又问到有没有朋友可以做宣传工作的，并希望他能够留在南京，多多做些文章，许给他一个相当的职务。郭沫若对蒋介石的印象是：蒋的精神似乎比从前更好，眼睛分外有神，脸色异常红润而焕发着光彩。[⑥] 郭沫若的回忆显示此次会面还算顺利，郭对蒋的印象不错，而蒋待郭也还算客气。蒋介石言日后给郭一个相当的职务，也为郭日后出任政治部第三厅厅长埋下了伏笔。

1937年11月，郭沫若离开上海前往香港，后至广州，筹备《救亡日报》复刊事宜。1938年1月1日，郭沫若接到陈诚的电报，请他赴武汉有要事相商。1月9日晚，郭到达武汉，很快便从黄琪翔处得知，国民政府欲委任他为政治部第三厅厅长。郭沫若起初的想法是不愿就任，并将意见报告给周恩来。郭沫若提出的他理由是：第一，自己耳朵聋，不适宜做这样的工作。第二，在国民党支配下做宣传工作，只能是替反动派卖膏药，帮助欺骗。第三，让我处在自由的地位说话，比加入了不能自主的政府机构，应该更有效力一点。我相信，我一做了官，青年们是不会谅解我的。[⑦] 王明批评了郭沫若的

---

① 关于郭沫若秘密回国的具体过程，参见四川社科院文学研究所抗战文艺研究室：《郭沫若秘密归国资料选》，成都抗战文艺研究室，1984年。

② 龚济民、方仁念：《郭沫若年谱》（上），天津人民出版社1982年版，第294页。

③ 《陈诚就与郭沫若谈话一事呈蒋介石》（1937年9月10日），中国第二历史档案馆藏国民政府军事委员会档案，全宗号761，案卷号421。

④ 政治部厅级干部，由陈诚票拟人选，报给蒋介石。1938年1月10日，陈诚拟了一份名单，黄琪翔为副部长，张厉生为秘书长，范汉杰为第一厅厅长，贺衷寒为第二厅厅长，康泽为第二厅副厅长，郭沫若为第三厅厅长，杜时霞为总务厅厅长。参见《陈诚呈蒋中正请先定政治部人员案》，台北"国史馆"藏，"蒋中正总统文物档案"，数位典藏号：002—080102—00017—005。日后最终发布时与最初的人选有所不同。

⑤ 龚济民、方仁念：《郭沫若年谱》（上），天津人民出版社1982年版，第295—296页。

⑥ 更多细节见郭沫若：《革命春秋》，人民文学出版社1979年版，第475—477页。

⑦ 郭沫若：《洪波曲（抗日战争回忆录）》，人民文学出版社1979年版，第19页。

态度，认为为了争取工作，应该到反动阵营里去工作。周恩来表示可以考虑一下，多听听朋友们的意见。

郭沫若先被陈诚选中，继而得到蒋介石认可，成为政治部第三厅厅长的不二人选。在笔者看来，一方面得益于郭沫若早年在北伐军总司令部政治部任职的经历，另一方面在于郭沫若本人在当时的才气与名气引起了蒋介石与陈诚的注意。经过二人与郭沫若的分别面谈后，彼此印象尚佳，继而郭沫若执掌三厅一事也就没什么悬念了。此外，郭沫若能被预选为三厅厅长，或许与蒋介石、陈诚并不知道郭沫若中共党员的身份而视其为无党派学界名流也有关系。

三、中共方面对郭沫若出任厅长的态度

1937 年 12 月 23 日，中共中央代表团和长江局举行联席会议，决定两个组织合并，对外称中共代表团，对内称长江局，以王明为书记，周恩来为副书记。[①] 南京沦陷后，武汉成为当时中国抗战的中枢，周恩来等人很快便在武汉部署工作。1938 年 1 月 11 日，王明、周恩来、博古、董必武、叶剑英联名致电中央书记处：国民政府军委会改组，蒋以陈诚为政治部部长，要周恩来任副部长，周曾再三推辞。请中央考虑意见。[②] 此时国民政府军事委员会已经完成改组，政治部迟迟未正式开始运作，蒋介石对陈诚督促得很紧，要求政治部从速确定人事，开展业务。陈诚方面对周恩来应该也是再三催促。因此，1 月 21 日，王明、周恩来、博古等再次致电中共中央书记处，提出："政治部属军事系统，为推动政治工作，改造部队，坚持抗战，扩大共产党的影响，可以担任此职。说如果屡推不干，会使蒋、陈认为共产党无意相助，使反对合作者的意见得到加强。"[③] 从此电文可知，此时经过一番考虑，周恩来已经决定担任政治部副部长。

2 月 6 日，郭沫若接陈诚邀请前去共进午餐，结果发现是陈诚组织召开的第一次部务会议，郭沫若当场表示不愿就任第三厅厅长，当晚便离开武汉前往长沙。[④] 其实，这天的聚会并非政治部第一次部务会议，郭沫若的回忆有所不实。查军事委员会政治部档案，该部第一次正式的部务会议应该是在 2 月 19 日。从郭沫若的回忆来看，那天他是很不愉快地离开武汉前往长沙的。[⑤] 虽然周恩来主观上已经想要进入政治部任职，但此

---

① 中共中央文献研究室:《周恩来年谱(1898—1949)》(修订本),中央文献出版社 1998 年版,第 403 页。

② 中共中央文献研究室:《周恩来年谱(1898—1949)》(修订本),中央文献出版社 1998 年版,第 408 页。

③ 中共中央文献研究室:《周恩来年谱(1898—1949)》(修订本),中央文献出版社 1998 年版,第 410 页。

④ 郭沫若对这次聚会不满,认为是国民党在耍手段。见郭沫若:《洪波曲(抗日战争回忆录)》,人民文学出版社 1979 年版,第 22 页。

⑤ 《军事委员会政治部第一次部务会议记录》(1938 年 2 月 19 日),中国第二历史档案馆藏军事委员会政治部档案,全宗号 762,案卷号 468。

时中共中央还未给予明确回复，因此迟至2月17日，周恩来才就入职政治部之事给郭沫若写了一封信，告知郭沫若他已经在原则上决定干（副部长），唯须将政治工作纲领起草好呈蒋介石批定后，始能就职。周恩来希望郭沫若也能采取此立场，先复陈诚一电，告以正在起草宣传纲领，敦促田汉、胡愈之来武汉工作。① 这一期间，周恩来与陈诚就第三厅副厅长人选发生分歧，原定之刘健群，因其黄埔系背景，遭到周恩来抵制，最终陈诚让步。2月24日，周恩来就入职事再致郭沫若一封信，告知郭最新的情况，由范扬代替刘健群为第三厅副厅长，辅助郭沫若。② 陈诚让步可以使郭以指导委员兼厅长，因此周恩来说："我根据他（指陈诚）谈话情形，认为你可以干。"最后周恩来要求郭沫若最好五天后来武汉工作，并请郭沫若邀请田汉、胡愈之速来。③ 2月26日，受周恩来委托，于立群到达长沙，催郭沫若速回武汉。3月1日，郭沫若回到武汉，随即着手相关工作。2月27日至3月1日，周恩来回延安参加中央政治局会议。会议决定由周恩来起草对国民党的军事建议书，并同意周恩来出任国民政府军事委员会政治部副部长。④ 至此，经过一段时间的考量后，周恩来与郭沫若主客观上均决定进入军事委员会政治部任职。3月31日，郭沫若参加政治部第十五次部务会议，这是他首次在政治部各官员前亮相。郭沫若报告称：奉命办理武汉各界第二期抗战扩大宣传周，业已筹备就绪，计本月七日起，至十三日止。⑤

虽然郭沫若听闻他被预定为政治部第三厅厅长的消息后，最初反应是不愿就任，而且还躲避至长沙二十多天之久。但是从已有文献来看，郭沫若对于国民政府这样的安排应该是有所心理准备的。郭沫若得知任职消息的最初态度，应该与当时形势还不明了，一些先决条件还没有谈好有关系。中共方面，周恩来经过认真考虑后，主观上是愿意担任副部长一职的。周恩来能否成功出任副部长实际上直接影响到郭沫若的任职，因此当周恩来决定出任副部长后，很快便告知郭沫若做好准备，回武汉组织第三厅工作。郭沫若作为一名党员，当然要服从组织上的安排，同时任职的干扰因素已经一一解决，条件业已谈妥。如此，主观上也想要在战时有所作为的郭沫若，最终还是出任了政治部第三厅厅长。

---

① 周恩来：《政治工作纲领批定始能就职——致郭沫若》（1938年2月17日），载《周恩来书信选集》，中央文献出版社1988年版，第140页。

② 刘健群是黄埔系重要人员，复兴社的核心人物之一，曾担任力行社书记长。1938年改任三青团中央临时干事会干事。见刘志强主编：《中国抗日战争大典》，湖南出版社1995年版，第783页。范扬当时是大学法学教授，早年毕业于东京大学法律科，属于无党派人士。金华市金东区政协文史资料编辑委员会编：《金东区名人传记》，金华市金东区政协文史资料编辑委员会，2002年，第124页。

③ 周恩来：《速将宣传纲领拟好——致郭沫若》（1938年2月24日），载《周恩来书信选集》，中央文献出版社1988年版，第142页。

④ 中共中央文献研究室：《周恩来年谱（1898—1949）》（修订本），中央文献出版社1998年版，第415页。

⑤ 《军事委员会政治部第十五次部务会议记录》（1938年3月31日），中国第二历史档案馆藏军事委员会政治部档案，全宗号762，案卷号468。

结　论

郭沫若是在1927年8月加入中国共产党的，入党介绍人为周恩来、李一氓。全国抗战时期，郭沫若对内是中共的“特别党员”身份，直接受周恩来的领导，对外则以无党派人士开展工作。[①] 这样的安排，体现了中共的高超政治智慧，取得了预期的效果。在周恩来的领导下，郭沫若组织第三厅在武汉抗战时期开展了多项工作，在宣传领域有力支持了前线作战的将士，也以恰当的方式宣传了中共的抗日方针政策。国民政府军事委员会政治部是一个军方重要机构，而郭沫若执掌的第三厅更是担负着国民党军队宣传事宜的重要部门。1940年，随着国共关系的紧张，蒋介石决定整顿第三厅。因此，郭沫若辞去三厅厅长的职位，但不退出该部，而是转战至政治部文化工作委员会，继续为中共在大后方的事业服务。从长时段审视，郭沫若在全国抗战时期的仕途经历，对他个人是挑战与历练，影响到日后的发展。中国共产党同意郭沫若进入国民政府工作，并且全力配合、予以支持，显示了中共的政治智慧及与国民党展开合作的诚心。国民党政府方面以郭沫若为政治部第三厅厅长，对军中宣传工作的开展起到了很大帮助，有利于国军的抗战。当然，郭沫若能顺利入职三厅，并有效开展工作达两年之久，也得益于全国抗战初期国共两党能够精诚合作，共同抗日。随着两党关系渐生磨擦，日益紧张，郭沫若在政治部的工作也就不再如当初那么顺利了。

（作者单位：南京大学）

① 关于郭沫若党员身份问题的研究，参见吴奚如：《郭沫若同志和党的关系》，《新文学史料》1980年第2期；卢正言：《有关郭沫若中国共产党党籍的几个问题》，《上海师范大学学报》（哲学社会科学版）1987年第4期；谢新华：《郭沫若同志和党的关系探疑》，《郭沫若学刊》1999年第1期等。

抗战时期董必武在南方局的统战工作

龚　冕

摘　要：南方局自成立以来，坚持在重庆复杂而又艰险的政治环境中，把维护国共合作抗战大局、巩固发展统一战线、坚持团结抗战到底，作为首要任务和始终贯彻的工作。董必武作为南方局主要负责人之一，坚持中共中央“孤立顽固势力、争取中间势力、发展进步势力”方针，以其卓有成效的统战方法和独有的人格魅力，积极开展统战工作，为巩固和壮大抗日民族统一战线，争取抗战胜利，做出了不朽的贡献。

关键词：董必武；南方局；统一战线

统一战线是我们党的第一代领导集体在领导中国革命和建设的过程中不断探索和建立起来的，是我们党取得革命胜利的制胜法宝。抗日战争全面爆发后，国共两党实现第二次合作，抗日民族统一战线正式形成。1938 年 10 月，日本侵略军占领广州、武汉两个重要城市，抗日战争进入相持阶段。以蒋介石为首的国民党表现出很大的妥协倒退倾向，统一战线的发展面临极大挑战。为了取得抗日战争的胜利，赢得中华民族的独立，中国共产党人正确分析相持阶段到来后国际国内的复杂局势，及时做出正确抉择，将巩固和扩大统一战线作为中心工作，始终执行并坚持抗战、团结、进步的方针，同国民党顽固派的妥协、分裂、倒退行径进行了坚决的斗争。

1939 年 1 月 16 日，南方局在重庆正式成立，“扎扎实实地巩固党的组织，代表中共中央，担当起维护国共合作，巩固和发展抗日民族统一战线的艰巨任务”①。董必武为常委，协助周恩来负责南方局日常事务。后因为工作需要，南方局重新组织分工，1940 年 10 月 4 日，南方局会议决定，由董必武担任统一战线工作委员会书记，领导南方局的统一战线工作。

① 王福琨、邓群等：《中共中央南方局的统一战线工作》，中共党史出版社 2009 年版，第 18 页。

一、团结民主党派、爱国民主人士

民主党派、爱国民主人士是国共合作的支持者，是中华民族抗日的积极力量。董必武对于民主党派和爱国民主人士的团结和争取工作给予了高度的重视，他说："不争取民主党派和民主人士同我们合作，即不争取民族资产阶级和上层小资产阶级和我们合作，就违背了党的方针。"①面对国统区复杂的形势，董必武坚持不懈地同张澜、沈钧儒、黄炎培等民主党派领导人保持密切联系，经常与他们共商抗日救国大计以及如何与国民党顽固派作斗争，并且还经常参加民主党派座谈会、聚餐会。董必武还说："除了政治原则上的团结外，还须与他们交朋友，建立感情和友谊。"他在与民主人士交往的过程中，推心置腹，坦诚以待，得到大家的信赖。另外，董必武在南方局工作期间，还积极支持民主人士建立新的政党组织，壮大统一战线。1941 年夏，在南方局周恩来、董必武等领导人的指导和关怀下，中国民主革命同盟正式成立。国民党制定反共政策和频频制造反共磨擦，使民主党派忧虑万分，在周恩来和董必武向党外人士宣传共产党的统一战线政策后，他们决定联合起来。1939 年 11 月 23 日，统一建国同志会正式成立，后又改组为中国民主政团同盟，对反对国民党的一党专政、维护和巩固统一战线具有十分重要的意义。董必武还代表南方局支持建立了民主建国会，促进了民族资产阶级工商业者的团结，使其成为统一战线的一部分。董必武在与民主党派的交往过程中，坦诚以待，充分尊重他们的政见，给其发展自身的空间，听取他们合理的意见与建议，并在需要的时候，给其最大限度的帮助，赢得了民主人士对共产党的支持，为解放战争及新中国成立后的统一战线奠定了基础，也为今天团结民主党派提供了经验借鉴。

二、争取地方实力派

董必武十分看重对地方实力派的团结工作，早在 1938 年夏，董必武路过成都时，就出于团结地方实力派、坚持抗日的目的，与川系实力派刘文辉亲密会晤。1939 年 5 月，董必武代表南方局再次与刘文辉会谈，对其分析了国内外形势，阐明了中国人民抗战必胜的光明前景。刘文辉回忆说："尔后我对抗战胜利的信念能够坚定下来，这次晤谈是

---

① 《董必武传》撰写组:《董必武传(1886—1975)》(上),中央文献出版社 2006 年版,第 382 页。

有巨大影响的。”[1]后来，董必武又曾多次与刘文辉、潘文华等川康实力派会晤，坚定了他们坚持抗战的决心。除了亲自同地方实力派接触之外，董必武还积极通过党组织，派党员干部同地方实力派联系。董必武曾多次派南方局有经验的党员干部与桂系的白崇禧和李宗仁、滇系的云龙密切联系，鼓励他们积极抗日，共同反对蒋介石的妥协投降政策，还拜托他们承担部分保护民主人士的重任。地方实力派并非轻易就可争取，董必武多次与他们亲密交谈，以真诚的态度打动了他们，还深刻剖析了当前抗战形势，阐明共产党的坚持团结、进步的方针，坚定他们必胜的信念，争取其对抗战、统一战线的支持。董必武带领南方局对地方实力派的争取工作，为统一战线的巩固和发展、抗战的胜利起到了至关重要的作用。

三、争取国际力量支持

抗日战争后期，根据中共中央提出的“联合一切反对德意日法西斯的国家和人民，建立反法西斯国际统一战线”的指示精神，董必武领导南方局积极开展活动，不仅加强了同英美各国使馆的联系，而且还加强了同外国记者如英国记者斯坦因等人的接触和交谈，主动向他们宣传、介绍敌后根据地军民抗击日伪军的情况以及边区民主建设的成就，并邀请他们赴中共所在地区考察，努力促成了中外记者代表团、美军观察组赴延安考察，并将美国的对华政策进行全面分析后向中央反映，受到毛泽东的高度赞扬。

此外，董必武还代表中共参加联合国的筹建大会。1945年4月25日，首届联合国大会在美国旧金山召开。中共中央冲破国民党的重重阻挠，决定派董必武代表中共参加联合国的筹建大会。董必武赴美的任务主要是“争取外国朋友，提高我党的国际地位，并尽量争取留驻美国工作，以扩大中国共产党在国际上的影响”[2]。他代表中国共产党第一次出席具有如此重大意义的国际会议，并庄重地在联合国宪章上签字，打破了国民党的封锁和污蔑。董必武代表解放区人民参加中国代表团，第一次把中国共产党的方针、政策及其领导下的解放区所取得的伟大成就介绍给全世界。董必武此次出行美国，一方面和其他代表一起，认真研究并讨论各项提案，为制定联合国宪章而紧张工作，最终拟出了长达万字的《联合国宪章》；另一方面还积极利用各种机会、以各种途径宣传中国共产党的政策和主张。在大会期间，董必武为了更好地了解华侨的情况，为了向海外侨胞介绍、宣传共产党的方针和解放区的情况，还出席了旧金山救国总会举行的侨众宣传大会，发表题为《中国共产党的基本政策》的长篇演讲，为侨胞深入了解共产党和解

---

① 《董必武传》撰写组:《董必武传(1886—1975)》(上),中央文献出版社2006年版,第388页。
② 《董必武传》撰写组:《董必武传(1886—1975)》(上),中央文献出版社2006年版,第451页。

放区提供了大量翔实的资料，赢得海外侨胞的支持。大会结束后，董必武根据中央的指示前往纽约，广泛接触各方面友好人士，卓有成效开展了国际统一战线工作，消除国际上对中国共产党的偏见，为中共赢得国际尊重，为解放战争和新中国的外交打下良好基础。

四、同国民党顽固派作斗争

第一，揭露国民党顽固派的反共阴谋。面对国际国内局势的变化，以蒋介石为首的国民党亲英美派“尚能继续抗日，但其妥协倾向依然严重存在。他们采取两面政策，一面还要团结国民党以外的各派势力对付日本，一面却极力摧残各派势力，尤其尽力摧残共产党和进步势力”①。1939年1月，国民党五中全会确定了“溶共、防共、限共”的方针，会后又设立了“防共委员会”，并制定了一系列反共的文件，采取一系列措施残害中国共产党人。并先后制造了平江惨案和震惊中外的皖南事变，还接连发生了国民党军队围攻新四军后方机关，袭击和杀害共产党领导的抗日军民或后方工作人员的严重事件，掀起了抗战时期反共高潮。根据中央“政治上取全面攻势，军事上取守势”的政策，董必武和周恩来领导南方局对国民党顽固派予以坚决攻击。一方面，董必武亲自同民主党派、民主人士等进行会谈，向社会各界介绍国民党反动派残害共产党员的滔天罪行；另一方面，他还利用新闻媒体，在《群众》《新华日报》上发表大量文章，指出国民党反动派在民族危亡的关键时刻，为维护国民党的专制统治，置全国人民利益于不顾，肆意捕杀共产党员，破坏国共两党团结和统一战线恶劣行径，揭穿国民党反动派准备投降的阴谋，使国民党遭到全国人民的谴责，在一定程度上丧失了威信。

第二，在国民参政会上同国民党反动派作斗争。作为国民参政会的议员，董必武曾多次受邀参加国民参政会。1943年9月6日至13日，国民党召开五届十一中全会，国民党反动派在会议上大肆攻击中国共产党，并污蔑共产党“破坏抗战，危害国家”，会议还针对两党关系确立了又攻又守的两面政策。面对国民党的这种反共行为，董必武意欲拒绝参会，后在得到参政会秘书长王世杰保证绝不会在即将召开的参政会上做反共言论的承诺后，单枪匹马出席了三届二次国民参政会。在会上，何应钦利用作军事报告的机会，大肆污蔑共产党和第十八集团军。面对国民党的诘难，董必武沉着应对，不仅对国民党不实言论进行了有力驳斥，还严厉谴责国民党对共产党军队肆意制造磨擦事件、克扣军饷和军事用药等种种恶劣行为，甚至连同情中国革命和中国共产党的友邦特意援助的物资也恶意霸占。董必武在会上以慷慨激昂的态度，结合大量事实揭穿了国民党破坏

① 《毛泽东选集》(第2卷)，人民出版社1991年版，第744页。

抗战、破坏统一战线的罪行，并毅然退席，引起极大的震动。国民党内部不少人认为这是国民党的失败，连王世杰也发牢骚称："对共产党既不用武力解决，又不愿政治解决，这是自告党的政策破产。"[①]董必武严格遵循中央精神，以有理、有利、有节的反击，使国民党在政治上陷于被动。

五、消除党内妨碍统一战线的思想

根据中共中央的部署和要求，董必武协助周恩来组织南方局的整风运动。

在南方局的整风运动中，董必武着重解决了党内宗派主义和部分同志的悲观、急躁情绪等问题。在南方局整风期间，董必武经常深入普通党员中间，了解大家的学习情况，引导大家深入学习马列主义和毛泽东著作。1942年10月31日，董必武在《新华日报》上发表《宗派主义在对党外关系上的排外性》，集中从理论上分析了党内宗派主义的各种表现和严重危害性，指出宗派主义不仅不利于党内同志的团结，也对统一战线的巩固和发展产生了不利影响。我们党自成立以来，都始终同各民主党派保持亲密友好的关系，并在中国革命的进程中取得不菲成就，党内一些同志因此产生骄傲、狭隘的情绪，这不仅违背了我们党的群众路线，"尤其在目前是严重地违反党的抗日民族统一战线的原则，违反党与党外人士民主合作的原则的"[②]。在正确处理与党外人士的合作问题时，董必武还强调："党要在全国范围内和群众融成一片，特别是在目前反法西斯战争中，反对武装到牙齿的日寇，党的政策是联合全国抗日的各党派、各阶层以争取反法西斯、反日寇战争的胜利。我们的敌国还很强大，不联合全国各党派、各阶层的力量和它血战，是不能达到胜利的目的的。""要团结全国各抗日党派、各阶层，首先就必须与党外人士民主合作，这是无须多说的。我党与党外人士民主合作的原则是永久的，是不变的。"[③]在抗战的关键时刻，共产党必须及时清除党内宗派主义余毒，坚持群众路线，同民主党派保持通力合作的友好关系，才能团结广大民主人士，坚持全民族抗战，夺取抗战的胜利。董必武不仅从理论的层面上指出宗派主义的错误和危害，还从实践上要求党员努力克服这种思想，加强同党外民主人士的合作，争取抗战的胜利。在整风运动中，董必武还指出党内的"教条主义"错误思想，并采取有效措施肃清南方局内部分党员由于第三国际解散和国民党反动派的迫害产生的悲观、急躁情绪。针对党内悲观主义者突出生活、贬低理论的错误思想和言论进行严肃批评，并以入情、入理的分析，使他们进一步明确了理论和实践的辩证关系，结束了党内关于教条主义的错误争论。毛泽东在谈到当

---

① 《董必武年谱》编纂组：《董必武年谱》，中央文献出版社2007年版，第186页。

② 《董必武选集》，人民出版社1985年版，第83页。

③ 《董必武选集》，人民出版社1985年版，第83页。

时的抢救工作时也指出:“大后方工作有成绩,南方局、办事处、《新华日报》做了很好的工作。大后方有十万党员,绝大多数是可靠的”[①],充分肯定了董必武领导南方局的整风工作。

董必武在国民党统治的中心城市始终坚持实事求是的思想原则和治病救人的工作方针,与党内一切不利于团结、统一战线的错误思想作斗争,带领南方局坚持党的正确的路线,为统一战线和中国革命做出了巨大贡献。

董必武在南方局工作期间,将个人安危置之度外,坚定革命立场,领导南方局坚定贯彻执行中共中央统一战线的政策,分清敌与友,团结一切可以团结的力量,同一切破坏统一战线的反动派作斗争,巩固和壮大了统一战线的队伍。董必武将一生都奉献给了中国人民的革命和建设事业,在统战工作方面付出了大量心血,为抗日民族统一战线的巩固和发展,争取抗日战争的胜利,做出了不朽的贡献,南方局的工作只是他革命事业的一个缩影。研究和学习董必武的统一战线思想,不仅可以丰富我们党的统一战线的理论宝库,还对继承和发扬革命前辈统战工作作风,指导中国共产党在新时代开展统战工作具有现实意义。

(作者单位:南开大学)

① 中共中央文献研究室:《毛泽东思想年编(1921—1975)》,中央文献出版社2011年版,第404页。

整体史视野下周恩来抗战思想四维度管窥

胡　伟

摘　要："九一八"事变以后，周恩来依据国内基本国情，认真分析抗日战争的性质等有关抗战方面的问题，结合资料与实践提出很多有意义的抗战思想与策略。周恩来在抗战中担任很多重要的领导职务，在南方局中也担任要职，他利用各种机会为抗战奔走呼号。他不断积累四维度抗战思想，即团结抗战维度：团结御侮，复兴中华民族；持久抗战维度：持久到底，坚持最后胜利；民主抗战维度：民主建国，扩大人民权利；同盟抗战维度：立足自力更生，积极争取外援等。这些思想与策略以及在此思想指导下所从事的实践为抗战的团结与胜利发挥不少作用。

关键词：整体史；周恩来；抗战；思想；维度；管窥

引　言

法国年鉴学派积极倡导"整体的"历史学，他们提倡历史研究不断从传统的政治史向经济、社会和文化领域等领域转向，也就是追求整体史。马克思主义经典作家也很重视整体视野研究，正如恩格斯所言："世界表现为一个统一的体系，即一个有联系的整体，这是显而易见的，但是要认识这个体系，必须先认识整个自然界和历史，这种认识人们永远不会达到。"[①]他们都很重视从整体史的视角去观察历史，从而对历史研究有一个比较全面的认识，有助于更加接近历史的真相，丰富历史的多元化与客观化。从整体史角度看待人物研究，也成为一种有效的积极范式，可以在一定程度上深化人物研究的广度与深度。

抗日战争时期，周恩来担任很多的领导职务。他代表中国共产党长期在重庆以及国民党控制的其他地区做统一战线工作。在此期间，周恩来积极从事团结各方面人士进行抗日救国的工作，他领导了中共中央长江局与中共中央南方局（以下简称"南方局"）的

① 恩格斯：《反杜林论》，人民出版社2018年版，第357页。

工作。周恩来坚持国共合作，积极团结民主党派、爱国人士、进步知识分子以及国际友好人士，不断坚持抵制很多反共逆流，有助于挽救对日投降的危局。国内学术界围绕着周恩来与抗日战争的主题进行了广泛的研究，专题论文主要从统一战线、党的建设与思想政治工作、外交、军事战略思想与军队建设等方面进行探讨。[①] 但是，有关周恩来抗战思想的整体系统性研究较为少见，本文在梳理周恩来相关选集、文选等大量第一手资料基础上从14年抗战这个整体史出发，剖析周恩来的抗战思想。由于周恩来抗战思想包罗万象，难免挂一漏万，求教于各位方家。

一、团结抗战维度：团结御侮，复兴中华民族

1931年9月18日，日本在中国东北蓄意发动的侵华战争被称为“九一八”事变，它是日本帝国主义侵华的开端。事变发生后，1931年9月22日，中共临时中央发出《中央关于日本帝国主义强占满洲事变的决议》。决议提出党在目前的中心任务是加紧党的组织领导，发展群众的反帝国主义运动，大胆地警醒民众的民族自觉，进行广大的反对日本帝国主义的暴行的运动。[②] 1936年1月25日，毛泽东、周恩来、彭德怀等二十位红军将领发表《红军为愿意同东北军联合抗日致东北军全体将士书》。书中说，苏维埃政府与红军“愿意与任何抗日的武装队伍联合起来，组织国防政府与抗日联军，去同日本帝国主义直接作战的，我们愿意首先同东北军来共同实现这一主张，为全中国人民抗日的先锋”[③]。中共要求抗日以及团结抗战的主张跃然纸上。

为了有效进行团结抗战，周恩来亲自实践，和当时的很多要人，如张学良、张伯苓、刘寿卿、曾养甫、陈国夫、陈立夫、胡宗南、陈诚、汤恩伯、蒋介石等致信进行呼吁，仅列举数例进行说明。比如1936年5月15日周恩来在致张伯苓信中说，目前华北局势，非战无以止日帝之迈进。华北沦亡，全国继之。救华北即所以救全国。兄弟阋于墙，外御其侮。今日如能集合全国之武力与人力财力智力，共谋抗日，则暴日虽强，不能战胜。[④] 1936年9月1日周恩来在致陈果夫、陈立夫信中说道：“两先生居贵党中枢，与蒋

---

① 详情请见余利苹：《抗战时期周恩来的统一战线思想研究》，《湖北省社会主义学院学报》2017年第4期；贾亭：《抗日战争时期周恩来多党合作思想与实践研究》，《湖南省社会主义学院学报》2015年第5期；邝子文：《抗日战争时期周恩来多党合作思想及其当代价值》，《湖南省社会主义学院学报》2015年第3期；卢静：《抗日战争时期周恩来统战思想研究》，硕士学位论文，牡丹江师范学院，2016年；郑宏秋：《抗日战争时期周恩来统一战线思想研究》，辽宁大学硕士学位论文，2014年；范连生：《十年来国内周恩来与抗日战争研究述略》，《阴山学刊》2013年第2期；王关兴：《周恩来和抗日民族统一战线——纪念抗日战争胜利四十周年》，《历史教学问题》1985年第3期；等等。

② 中共中央文献研究室：《周恩来年谱（1898—1949）》（修订版），中央文献出版社1998年版，第217页。

③ 中共中央文献研究室：《周恩来年谱（1898—1949）》（修订版），中央文献出版社1998年版，第305页。

④ 周恩来：《请一言为天下先——致张伯苓》（1936年5月15日），载《周恩来书信选集》，中央文献出版社1988年版，第96页。

先生又亲切无间，尚望更进一言，立停军事行动，实行联俄联共，一致抗日，则民族壁垒一新，日寇虽狡，汉奸虽毒，终必为统一战线所击破，此可敢断言者。”[①]1936 年 9 月 1 日周恩来致胡宗南信言道：“此着克成，全国抗日战争方能切实进行，西北御侮行动，亦必能统一步骤，不致为日寇各个击破，陷民族、国家于万劫不复也。”[②]1936 年 9 月 22 日致蒋介石信：“特以大敌在前，亟应团结御侮。 自相砍伐，非但胜之不武，抑且遗祸无穷。”[③]

卢沟桥事变发生以后，周恩来更是积极呼吁全国同胞团结起来抗击日本侵略。 据《周恩来年谱》记载，1937 年 7 月 8 日，中共中央发出《中国共产党为日军进攻卢沟桥通电》，号召全国同胞、政府与军队“团结起来，筑成民族统一战线的坚固长城，抵抗日寇的侵掠”[④]。 1937 年 7 月 15 日，他负责起草的《中共中央为公布国共合作宣言》多次强调要团结御侮。“中国共产党中央委员会谨以极大的热忱向我国父老兄弟诸姑姊妹宣言，当此国难极端严重民族生命存亡绝续之时，我们为着挽救祖国的危亡，在和平统一团结御侮的基础上，已经与中国国民党获得了谅解，而共赴国难了。”“在民族生命危急万状的现在，只有我们民族内部的团结，才能战胜日本帝国主义的侵略。”“寇深矣！ 祸亟矣！ 同胞们，起来，一致地团结啊！ 我们伟大的悠久的中华民族是不可屈服的。 起来，为巩固民族的团结而奋斗！”[⑤]

周恩来利用自己的题词以及发表广播词等方式积极呼吁动员民众，团结同胞进行抗日。 1938 年 2 月 3 日，周恩来为《救亡日报》题词：“巩固与扩大救亡阵线，动员起千万万的群众，赶走日本强盗出中国！”[⑥]1938 年 4 月 17 日在武汉各界扩大宣传周第五日的广播词谈道：“更大的新的胜利怎样争取呢？ 我认为首先要更加巩固全国的团结。 抗战九个月来，我们中国有了空前的统一的政府，统一的军队，统一的最高统帅和民族的觉醒，结成了不分党派，不分信仰，不分地域，不分种族的全民族的大团结，这是抗战必胜，建国必成的基本条件。 全国各政治党派中心力量集于武汉，最近国民党临时代表大会，又发布了战时的抗敌建国纲领及其宣言决议等等，更能推动全国的团结，趋于巩固。 我们热望这种团结，一直巩固下去，一直发展到全国，一直团结到抗战胜利以后。”在结尾时，周恩来更是热情呼吁：全国同胞们！ 前线上的官长士兵们！ 我们从这四个基本工作上，就是说要从巩固全民族的团结，争取前线上的胜利与建国的工作上，来争取更大的新的胜利，以粉碎敌人进攻计划。 保卫我们抗战的中心——武汉，准备最

---

① 周恩来:《致陈果夫、陈立夫信》(1936 年 9 月 1 日),载《周恩来统一战线文选》,人民出版社 1984 年版,第 17—18 页。

② 周恩来:《致胡宗南信》(1936 年 9 月 1 日),载《周恩来统一战线文选》,人民出版社 1984 年版,第 19—20 页。

③ 周恩来:《大敌在前亟应团结御侮——致蒋介石》(1936 年 9 月 22 日),载《周恩来书信选集》,中央文献出版社 1988 年版,第 106 页。

④ 中共中央文献研究室:《周恩来年谱(1898—1949)》(修订本),中央文献出版社 1998 年版,第 378 页。

⑤ 周恩来:《中共中央为公布国共合作宣言》(1937 年 7 月 15 日),载崔奇主编:《周恩来政论选》,中央文献出版社、人民日报出版社 1993 年版,第 156、158 页。

⑥ 中共中央文献研究室:《周恩来年谱(1898—1949)》(修订版),中央文献出版社 1998 年版,第 411 页。

后决定的战斗，以打倒日本帝国主义强盗，复兴我们中华民族！① 只有团结抗日，才有助于复兴我们的民族。

武汉保卫战发生以后，周恩来对于是否坚守武汉、保卫武汉有自己独到的见解。 正如1938年7月6日他在《论保卫武汉及其发展前途》说道："只有坚守武汉，才能保卫武汉。 只有以保卫武汉的口号和决心，来动员一切，来坚强和扩大抗战力量，才能争取不断胜利，才能使抗战持久，抗战前途争取到最后的胜利。"②在1938年8月1日周恩来强调团结御侮的重要性。 正如他所言，在一年战斗中，我们以空前的团结，以持久战消耗战的战略方针，揭穿日寇一切挑拨离间的诡计，击破日寇速战速决的企图，敌人愈深入愈困难，我军愈打愈强，信心愈坚，愈能深入游击到敌人后方，创立出许多新的抗日根据地。③

1939年12月到1940年2月，在国民党蒋介石发动第一次反共高潮时，阎锡山的晋绥军旧军向当时共产党人组建和领导的新军发动进攻，企图消灭新军，结果这次进攻被新军粉碎。 在国共双方起冲突时，周恩来毅然决然强调要团结抗战。 正如1940年5月9日他写给阎锡山信《维护团结　坚持抗战——致阎锡山》中说道，此间同志，对山西之团结，夙所关怀。 苟先生对团结有进一步办法，来等无不愿尽绵薄，以挽危局，以利抗战。④ 团结抗日的思想贯穿抗日战争整个时期。

二、持久抗战维度：持久到底，坚持最后胜利

1937年日本发动卢沟桥事变，当时华北面临危机。 在关于当时抗战危机以及坚持华北抗战的任务问题时，周恩来根据当时的形势敏锐提出要进行持久抗战，根据实际情况，他提出能在华北、在山西进行持久战的7个条件。

在华北、在山西进行持久抗战，这持久战有下列各条件：（1）敌人的兵力，没有可能统治全华北，不仅是村子占不了，城市也占据不了。 即使是铁路公路要道，也不能普遍占据。（2）在地形上，持久战也是可能的。 因为敌人兵力的准备，只能适用于铁路与公路线上，最不适宜于山地；且敌人不熟悉中国内地道路。（3）在气候上，外国人总不能较中国人适宜。 尤其是冬春两季，更于日军不利。（4）民众的条件是基本的。 日寇侵

① 周恩来：《争取更大的新的胜利》，《新华日报》1938年4月17日。

② 周恩来：《论保卫武汉及其发展前途》（1938年7月6日），载崔奇主编：《周恩来政论选》，中央文献出版社、人民日报出版社1993年版，第199—200页。

③ 周恩来：《今年的八一》，《新华日报》1938年10月7日。

④ 周恩来：《维护团结　坚持抗战——致阎锡山》（1940年5月9日），载《周恩来书信选集》，中央文献出版社1988年版，第182—183页。

略中国，不论他怎样欺骗利诱，只能收买少数汉奸，大多数人民的财产是遭蹂躏的。故民众的反抗，是持久战的最重要的条件，敌人愈摧残，群众将愈觉醒起来，为民族的最后生存而奋斗。（5）民众武装已有了初步的发展。（6）政府领袖和军队的决心成为争取华北持久抗战的主要条件。（7）最后，八路军留在华北作战，也是推动和领导华北持久抗战的重要因素，因为八路军是红军改编的，他有着长期运动战及游击战的素养。持久抗战思想是在客观分析敌我基础上酝酿而出。

最后他分析道，这一切有利的条件，将决定着华北持久抗战的极大可能。这个抗战的性质，在极困难的时候，将成为以游击战争的主体，来坚持华北抗战。他的持久战，将影响和推动着全国抗战的开展，掩护全国新的军队的组织，全国抗战的开展也正支持着他，同时也使着日本无法结束他的战争，而影响着全世界援助中国抗战的运动。因此这个游击战，将有胜利的前途。在持久战中，壮大了自己，武装了人民，恢复了许多城镇，破坏了敌人交通，消灭部分敌人，最后得到了全国生力军的参加，可以转到胜利的反攻，收复失地，驱逐日寇帝国主义出中国！①

周恩来利用在大学演讲的机会呼吁青年学生坚持抗战到底，1937 年 12 月 31 日周恩来在武汉大学的演讲，表示敌人要我们每个人、每个人的子子孙孙都做亡国奴。我们要求生路，便只有抗战，便只有坚持抗战到底。②

对于如何进行持久抗战，周恩来总结出 8 个具体的办法。正如他总结的，持久抗战的具体的办法：第一，巩固前线——在蒋委员长坚决意志之下，要坚强北方津浦及东南各战线将士在那里持久抗战的决心，要认识敌人愈深入愈困难的真理，确定各战线的作战部队、作战地区与作战基地，确定全国统一的作战计划，并严格指示各作战地区在统一计划下相互配合行动。第二，建设新的军备——在最短时期内，在现有的军队基础上，要决心建立几十个有新式武装的和政治坚定的国防师。第三，建立军事工业——为提高军事技术，最后战胜日寇，必须集中各种专门人力与财力，建立统一的国防工业。第四，发展敌人占领区的广大游击战争——依据敌人现有的兵力，不论其在北方、在津浦、在东南，只能占领我国交通要道及重要城市，如敌继续前进，其后方将愈加薄弱。第五，进行广大的征募兵役运动——动员新兵上前线，应成为今天动员工作的中心。第六，巩固后方——这首先须从政治上、军事上进行保卫武汉的工作，要巩固江防，要加强平汉、粤汉两路及其两侧的保卫力量，要动员大江南北的群众，参加这一保卫大武汉的计划。第七，加强国防机构——为使全国政治的、军事的机构，能适合抗战胜利的需要，必须使过去不适合战时需要的重复的、庞大的、分散的一切政治机构，加以适当的改变，务使各级政府组织，能适合于领导全国战争，尤其是军事组织，更要有适当的、科学的集权与分工，以便

---

① 周恩来：《目前抗战危机与坚持华北抗战的任务》(1937 年 11 月 16 日)，载崔奇主编：《周恩来政论选》，中央文献出版社、人民日报出版社 1993 年版，第 166—167 页。

② 周恩来：《现阶段青年运动的性质和任务》(1937 年 12 月 31 日)，载《周恩来选集》(上卷)，人民出版社 1980 年版，第 88 页。

于指挥战争，组织战争。第八，运用国际的有利条件——因为抗战要建立在自力更生的基础上，我们固然反对幻想出兵式的外援，但我们并不反对运用国际环境中存在着和发展着的有利条件。此持久抗战思想对于反对当时出现的和平妥协的思想有一定的促进作用。

在文中最后分析道，以上这一切具体办法，都为着实现一个目的——即是争取持久抗战的最后胜利的一个目的！重复地说，要能贯彻抗战到底的方针，必须首先加强和巩固中华民族能够支持长期抗战的信心和决心，反对一切动摇，反对一切妥协、屈服、投降的思想。次之，必须坚决相信进行这些持久抗战的具体办法，是能够渡过目前难关并准备进行决定的战斗的。①

在1938年前后的战略防御阶段与战略相持阶段，周恩来在很多场合以及写的文章中也多次阐明持久抗战的思想。1938年1月9日，周恩来为中共在国民党统治区的机关报《新华日报》创刊题词："坚持长期抗战，争取最后胜利。"②1938年7月6日，周恩来在《论保卫武汉及其发展前途》写道："我要回答我们抗战力量如何？一年来我们坚持了长期抗战的方针，击破了敌人速战速决的计划，拒绝了敌人和解诱降的活动，这是我们基本的成功。"③1938年8月1日，周恩来在《今年的八一》言道，我们中国抗战已经一年，我们以坚持长期抗战的方针，反对一切妥协动摇，击破日寇一战而胜中国的国策。④1938年10月5日，周恩来在武汉记者学会晚会上讲话，指出中国不会亡，但也不会速胜，必须坚持持久战，坚持统一战线，鼓励青年记者到敌人后方去开展新闻报道工作。⑤

与此同时，周恩来在论及目前抗战形势以及今后敌人的动向时也强调要坚持长期抗战、坚持持久战的方针。1938年10月7、8、9日，周恩来在《论目前抗战形势》中谈道：中国抗战，经过了十五个月的英勇战斗，完全证实了一个真理，即是只有坚持长期抗战，才能争取中华民族解放战争的最后胜利。一切对中国抗战之速亡论或速胜论，均已从事实上宣告破产。⑥ 1938年12月18日，周恩来在《论今后敌人的动向》说：在我们刚经过这十七个月的战斗，证明给全中国和全世界的人看，中国的长期抗战，不仅是必须，而且是绝对的可能。敌人愈陷愈深，我们愈战愈强，已成为中日战争中的真理，这是我们战略上的成功。⑦

---

① 周恩来：《怎样进行持久抗战？》(1938年1月7日)，载崔奇主编：《周恩来政论选》，中央文献出版社、人民日报出版社1993年版，第177—182页。

② 中共中央文献研究室：《周恩来年谱(1898—1949)》(修订本)，中央文献出版社1998年版，第407页。

③ 周恩来：《论保卫武汉及其发展前途》(1938年7月6日)，载崔奇主编：《周恩来政论选》，中央文献出版社、人民日报出版社1993年版，第192页。

④ 周恩来：《今年的八一》，《新华日报》1938年10月7日。

⑤ 中共中央文献研究室：《周恩来年谱(1898—1949)》(修订本)，中央文献出版社1998年版，第430页。

⑥ 周恩来：《论目前抗战形势》(1938年10月)，载崔奇主编：《周恩来政论选》，中央文献出版社、人民日报出版社1993年版，第204页。

⑦ 周恩来：《论今后敌人的动向》，《新华日报》1938年12月18日。

三、民主抗战维度：民主建国，扩大人民权利

抗战全面爆发前，周恩来就比较注重民主抗战，积极呼吁并争取民主权利。1937年5月1日，周恩来在《解放》发表《我们对修改国民大会法规的意见》。内容要求国民党开放党禁，释放政治犯，确认男女平等，保障人民言论、集会、出版等自由，使国民大会建立起民族统一的政治基础，以加紧加快发动抗战。①

1937年5月24日，周恩来致电蒋介石，提出修改国民大会组织法、选举法的原则是：使此次国民大会真正民主化；使各党各派各民众职业团体及武装部队都能有代表参加；过去的选举一律作废，选举前释放政治犯，保障人民自由。② 1937年6月27日，周恩来在中共中央党校和抗日军政大学作政治报告《和平、抗日与民主——统一战线的政治目标》。报告指出：在和平道路上发动抗战需要民主运动来推动，没有民主抗战的发动不能广大深入，甚至抗战发动不起来或者遭受挫折，脱离抗战来谈民主将更失去中心、失去领导而流为资产阶级的尾巴。民主运动的目的是发动抗战，扩大抗战的力量。最彻底的民主共和国也只能在抗战彻底胜利中取得。③ 以上言论涉及保障人民言论、集会、出版等自由以及使国民大会真正实现民主化。

1937年七七事变后，周恩来利用各种机会阐释民主抗战的思想。1937年11月16日，在《目前抗战危机与坚持华北抗战的任务》道：现在全华北，已不是中华民国的统一政权，而是日寇汉奸的政权。日寇的自治是伪自治，我们应该以真自治来活动民众，开放政权。因此，目前华北的政权，应该是国民政府一部分的地方政权。首先他在制度上应该是民主政权，应该团结全华北的抗日人民，不论何党何派何军，均应容纳他们的代表，来共同担当国事，主持救亡大计。其二，在组织上应该从县区上划分施行地方自治自给，以坚持中华民国的正统，然后及于省区。其三，在政策上，应实行抗日的纲领。④ 1938年4月17日，在武汉各界第二期抗战扩大宣传周第五日的广播词中写道：我们要努力于抗战期中的建国。抗战期中的建国纲领，国民党的临时代表大会已经规定明白，无疑将要成为国民政府抗战期中的施政方针。我们热望全国军民要努力实行这个纲领，最重要的，是训练全国军队，一致为国效命，动员全国力量参加抗战，实现国民参政的职权，充分保障纲领中规定的人民权利。给广大民众以武装的组织和训练，推行战时

---

① 周恩来：《我们对修改国民大会法规的意见》，《解放》1937年第2期。

② 中共中央文献研究室：《周恩来年谱（1898—1949）》（修订本），中央文献出版社1998年版，第372页。

③ 中共中央文献研究室：《周恩来年谱（1898—1949）》（修订本），中央文献出版社1998年版，第376页。

④ 周恩来：《目前抗战危机与坚持华北抗战的任务》（1937年11月16日），载崔奇主编：《周恩来政论选》，中央文献出版社、人民日报出版社1993年版，第169页。

教育，集中主要生产力于建立军事工业，树立重工业基础和发展经济，同时注意改善人民生活，并坚持联合世界上同情于我之国家及民族的外交方针。这一切努力，都是为在抗战中树立起建国的基础，保证抗战的最后胜利！①

在分析抗战形势时，周恩来也不断强调要保证人民抗日权利的扩大，积极实施抗战建国措施。1938年10月，周恩来在《论目前抗战形势》强调："民权主义是包含着尊重各抗日党派独立性的，它的实行就会使参政会的制度普及到省、县、市各级，它就会更广大地动员民众，组织民众，使之投身军队，参加战争，实行自卫，供给资财，以保证人民抗日权利的扩大。""尤其是抗战建国纲领的实施，更能适应抗战的紧急需要，一切旧的数千百年分裂国家的屏障，在战争的烈火中已被破坏，新的民权制度必会起来代替。旧的组织机构及行政实务，不适合抗战紧急需要的，就会依据抗战建国纲领加以改造。"②

抗战中后期，周恩来也十分关注统一的民主共和国以及人民权利的扩大。1938年10月10日周恩来发表《辛亥，北伐与抗战》。文章中写道：今天在反对日本强盗的自卫战争面前，我们的统一战线是全民族的，不分任何种族、阶级、党派、信仰、性别，都应该联合起来。我们统一战线的政治基础是三民主义。我们奋斗的目标，不仅在共同抗战，并更要共同建国。国民党、共产党，及其他各抗日党派，全中国人民，谁也不能在抗战中有异图，闹分裂。谁这样做，谁就是帮助敌人！……中国抗战，非全中华民族团结起来，不能成功。抗战胜利后，只能是统一的民主共和国，这是客观历史决定的真理。③

抗战进入到战略相持阶段时，周恩来在思考中国抗战的严重时机和目前任务时也强调民主抗战的重要性。1940年3月发表《中国抗战的严重时机和目前任务》。全中国人民及抗战军队，应该为着便利于抵抗日寇的斗争，要求政府实施一些必要的政治的、经济的改革。我们要求民主，为的是使人民代表能够参与国事，便于动员民众到抗战中来，同样也是为的使抗日的言论集会和团体得到自由保障，而破坏抗战阴谋投降的言论集会和团体得到制裁。我们要求国民大会的民主选举，是为的能够把国民大会变成巩固全国统一和动员全国人民力量以反对日本帝国主义的有力保障。④

抗战战略反攻阶段，周恩来多次强调宪政必须要保障人民的民主自由，建议取消一党专政，成立各党派联合政府。比如1944年3月12日周恩来根据2月24日中共中央书记处会议的决定，在延安各界纪念孙中山逝世十九周年大会上发表《关于宪政与团结的

---

① 周恩来：《争取更大的新的胜利》，《新华日报》1938年4月17日。

② 周恩来：《论目前抗战形势》（1938年10月），载崔奇主编：《周恩来政论选》，中央文献出版社、人民日报出版社1993年版，第214页。

③ 周恩来：《辛亥，北伐与抗战》（1938年10月10日），载崔奇主编：《周恩来政论选》，中央文献出版社、人民日报出版社1993年版，第227页。

④ 周恩来：《中国抗战的严重时机和目前任务》（1940年3月），载崔奇主编：《周恩来政论选》，中央文献出版社、人民日报出版社1993年版，第260页。

问题》的演说。他说：去年国民党十一中全会提出要实行宪政和用政治方式解决国际关系，我们主张要实行宪政必须保障人民的民主自由，开放党禁，实行地方自治。① 又如1944 年 10 月 10 日，周恩来在延安各界举行的双十节庆祝大会上发表题为《如何解决》的演讲，指出挽救目前危机的唯一正确方案是由国民政府立即召集全国各方代表开紧急国事会议，取消一党专政，成立各党派联合政府。② 总之，在整个抗日战争中周恩来都在积极争取扩大人民权利，争取民主建国，争取民主抗战。

四、同盟抗战维度：立足自力更生，积极争取外援

周恩来多次谈到在抗战中我们需要坚持自力更生的国策，通过实践证明这个政策是有效的。1938 年 10 月 7、8、9 日周恩来在《论目前抗战形势》强调，十五个月的抗战史迹，已证明中华民族主要靠着自力更生的国策与信心，支持了这一血战，一切速亡论的悲观心理与速胜论的侥幸心理，已被粉碎无遗。还分析道，再次从国际形势方面看，日本强盗既然会利用欧洲紧张形势的间隙，加速地向武汉进攻，则欧洲暂时的妥协局面与张伯伦的妥协政策，不能不相当地影响某些国家。当然这不是说欧美的民主国家会完全屈服于日本强盗面前，这是与国联引用盟约十六条的决议不符的，但是，一种半妥协的状态，或者一种不更积极援助中国的状态是可能的。这样，将会引起一部分的人对于国际的援助表示失望，而更减低其自力更生的信心。

争取外援并不代表放弃自力更生的原则，运用外援，而不是依赖外援。国际条件，目前当然会被日寇利用，加紧压迫中国，威胁英法来求得局部妥协。但张伯伦的妥协政策，虽其基本上在东方和在西方都是一样的，然而欧洲没有大战，欧洲人民怕战争、好和平的心理异常浓厚；而中国却不是捷克，中国已处在日寇侵略战争的屠杀底下，抗战年余，英、法等国的在华利益是被日寇侵占着、摧毁着。张伯伦既不能也不会使中国完全变成捷克。日本今天也绝不会恢复卢沟桥事变以前的要求，而且，他的外交政策正在强化。所以只要我们坚持抗战，欧、美民主国家，尚不会完全改变态度，也还不会反对其他国家在它们所许可的条件下援助中国。并且，只要我们抗战有力，日寇侵占摧毁各国在华甚至远东的利益愈多，各国援华制日的行动，也不是不可以增强的。③

抗战到了战略相持阶段时，周恩来在分析抗战的严重危机和目前任务时强调，中国的广大人民及抗战军队要懂得：要取得中国人民的真正和平，只有把抗战进行到底，把日本

① 中共中央文献研究室：《周恩来年谱（1898—1949）》（修订本），中央文献出版社 1998 年版，第 585 页。

② 中共中央文献研究室：《周恩来年谱（1898—1949）》（修订本），中央文献出版社 1998 年版，第 597—598 页。

③ 周恩来：《论目前抗战形势》（1938 年 10 月），载崔奇主编：《周恩来政论选》，中央文献出版社、人民日报出版社 1993 年版，第 210、214、220 页。

帝国主义强盗赶出中国去。接着分析道，全中国人民及抗战军队，应该认清，在反对日本帝国主义的斗争中，谁是中国人民最可靠的同盟者和同情者，谁是为着自己的帝国主义目的来利用中国的。我们必须依靠自力更生，反对对于任何帝国主义尤其是美帝国主义出头调停中日战争的幻想。我们信赖全世界劳动人民和被压迫民族给予我们的同情和援助。日本帝国主义的内在危机是一天一天增长，我们要使中国的抗战与日本人民的反战运动联系起来，我们要使中国人民和军队对于日本军队的宣传和破坏工作与日本军队内部的反战运动配合起来，以便能给日本帝国主义以最后的致命的打击。① 很明确地强调我们要坚持独立自主抗战。

后来，周恩来在讲演以及论抗战战局时强调要坚持独立自主。1940 年 9 月 29 日周恩来在中华职业教育社举办的讲演会上作题为《国际形势与中国抗战》的报告，指出帝国主义战争正在扩大，中国必须坚持自力更生，抗战到底，利用日美矛盾，但不能使抗日战争性质变化，成为帝国主义战争的工具。②

1941 年 5 月 25 日，周恩来发表《论目前战局》，指出在这个世界的战局中，中国的抗战是坚持着自己的民族解放战争的立场，反对日本帝国主义的侵略。所以我们对于战争的政策，是独立自主，决不介入和附属于世界帝国主义的争夺战争。但这绝不能解释为我们不去运用帝国主义中间的矛盾，尤其不能解释为我们不去运用英美对日的对立和可能冲突，这犹之我们讲自力更生并不等于取消争取外援一样。但必须弄清主从，独立自主和自力更生是我们抗战的基本国策，运用友邦对日矛盾及争取外援，是服从于基本国策的对外政策。

最后，周恩来说道，我们现在只有号召全国军民，坚持独立自主的抗战，用民主和团结的力量，克服我们当前以及将要来到的更大困难，击破敌人的封锁和分化，以准备我们的反攻。拿我们这样自信的和坚决的抗战方针，来争取外援，适当地运用外援，使日寇动摇于灭华与南进之间永远得不到出路，最后葬送于帝国主义大战火焰之中。③ 除了坚持独立自主抗战外，我们也应该适当地运用外援这样有助于抗战的最后胜利。

结　语

“九一八”事变以后，1931 年 12 月，周恩来开始到中央革命根据地先后担任中共苏

---

① 周恩来:《中国抗战的严重时机和目前任务》(1940 年 3 月)，载崔奇主编:《周恩来政论选》，中央文献出版社、人民日报出版社 1993 年版，第 254、261 页。

② 中共中央文献研究室:《周恩来年谱(1898—1949)》(修订本)，中央文献出版社 1998 年版，第 479 页。

③ 周恩来:《论目前战局》(1941 年 5 月 25 日)，载崔奇主编:《周恩来政论选》，中央文献出版社、人民日报出版社 1993 年版，第 282—283 页。

区中央局书记、中国工农红军总政委兼第一方面军政委、中央革命军事委员会副主席等要职。1934 年 10 月，周恩来参与领导中央红军长征。1935 年 1 月，周恩来在遵义会议上，坚决支持毛泽东的正确路线，为确立毛泽东在全党的领导地位，起了十分重要的作用。1936 年 12 月，周恩来作为中共全权代表去西安同被逮捕的蒋介石进行谈判，和平解决了西安事变。抗日战争时期，周恩来任中共中央代表和南方局书记，并任国民党政府军事委员会政治部副部长，长期在驻国民党政府所在地武汉、重庆进行党的工作和统一战线工作。

从 1931 年"九一八"事变爆发到 1945 年抗战胜利，周恩来做了大量工作。正如习近平在纪念周恩来同志诞辰 120 周年座谈会上的讲话中所言："周恩来同志到江西中央革命根据地后，同朱德同志等一起指挥了第四次反'围剿'斗争并取得胜利。在遵义会议上，他坚定支持毛泽东同志的正确主张，为确立毛泽东同志在红军和党中央的领导地位，为在危难中挽救红军、挽救党，为中国革命实现历史性转折，发挥了十分重要的作用。西安事变发生后，周恩来同志根据党中央的方针，亲赴西安，多方斡旋，推动了西安事变和平解决，促成第二次国共合作、团结御侮的新局面。全民族抗日战争时期，周恩来同志代表我们党长期在国民党统治区坚持工作，广泛团结和争取各界爱国人士，同国民党顽固派进行有勇有谋的斗争。"[①]习近平对周恩来在此期间的贡献进行客观评价，符合唯物史观的原则。

1931 年到 1945 年 14 年抗战中，周恩来在政治、经济、外交、文化等领域提出了很多建设性的思想。周恩来根据国际国内的局势，从实际出发，提出团结抗战、持久抗战、民主抗战、独立抗战四维度抗战思想，尤其是他提出的团结抗战思想对于维护和团结抗日民族统一战线工作大有裨益，他持久抗战思想对于指导抗战实践与发展毛泽东持久抗战思想都有极大意义。本文坚持唯物史观，客观地对他的抗战思想与实践进行研究，希望有助于推动周恩来思想的研究。

（作者单位：山东大学）

① 习近平：《在纪念周恩来同志诞辰 120 周年座谈会上的讲话》，《人民日报》2018 年 3 月 2 日，第 2 版。

第五部分

红岩精神研究

论毛泽东对红岩精神形成与发展的历史贡献

刘小苑　潘　洵

摘　要： 红岩精神是在抗日战争时期和解放战争时期，在中共中央的领导下，以毛泽东、周恩来同志为代表的中国共产党人在国民党政权统治中心重庆，为争取民族独立和人民解放的革命斗争实践中，锤炼、培育和形成的崇高革命精神。毛泽东作为中共中央的主要领导人和抗战胜利后重庆谈判中共代表团核心成员，直接指导和培育了大后方和国统区的革命精神，对红岩精神的形成与发展产生了深刻的影响，而毛泽东思想更是红岩精神形成和发展的理论基石和思想源泉。可以说，毛泽东对红岩精神的形成和发展做出了重要贡献。

关键词： 红岩精神；南方局；毛泽东思想

红岩精神是在抗日战争时期和解放战争时期，在中共中央的领导下，以毛泽东、周恩来同志为代表的中国共产党人在国民党政权统治中心重庆，为争取民族独立和人民解放的革命斗争实践中，锤炼、培育和形成的崇高革命精神。对红岩精神的研究开始于1996年，20多年来，学术界对红岩精神的历史形成、基本内涵、主要特征、地位价值，以及与中国革命精神的关系，继承和弘扬红岩精神等论题进行了广泛而深入的探讨，提出了不少颇具新意的论断。① 而毛泽东作为红岩精神产生和发展期间中国共产党的重要领导人，关于毛泽东与红岩精神关系的研究较少，仅有胡大牛从党的建设和群众路线角度，分析了毛泽东"对于红岩精神的倡导、培育和成就，起了根本性的指导作用"②，但他就毛泽东在重庆谈判期间对红岩精神的贡献却鲜有论及。总的来说，学术界目前对于红岩精神形成与发展过程的研究多侧重于南方局的革命实践和解放战争后期的革命志士的壮烈事迹，对于重庆谈判期间红岩精神的进一步发展还没能形成清晰的认识。鉴于此，为深化南方局史与红岩精神的研究，本文试从红岩精神的形成发展及主要内涵出发，就毛泽东在红岩精神的形成、发展过程中的政治指导和直接培育，以及毛泽东思想

---

① 相关研究参见潘洵：《20年来"红岩精神"研究的回顾与思考》，高等学校中国共产党革命精神与文化资源研究中心：《资政育人 高校党史教育论丛2016》，光明日报出版社2017年版，第464—480页；周勇主编：《红岩精神研究》，中共党史出版社2009年版；黄宏、何事忠：《红岩精神》，人民出版社2007年版；唐棣宣、吴光会：《20多年来红岩精神研究综述》，《党的文献》2016年第5期；周勇：《周恩来与红岩精神》，《重庆社会科学》2016年第7期。

② 胡大牛：《毛泽东与红岩精神——从党的建设和群众路线角度所作考察》，《探索》2013年第4期。

与红岩精神的关系等几个方面做一番具体的考察。

一、红岩精神的形成、发展及主要内涵

“红岩”是抗日战争时期和解放战争初期中共中央南方局（以下简称“南方局”）领导机关所在地和重庆谈判期间中共代表团驻地。① 南方局是中国共产党为适应抗日战争相持阶段到来后形势的发展和斗争的需要，派驻于国民党统治中心重庆的代表机构，是中共中央建立在大后方和国统区的前哨阵地和战斗堡垒。从 1939 年 1 月在重庆建立，到 1946 年 5 月东迁南京，历时近 8 年时间，在以毛泽东为主要领导的党中央的正确领导下，南方局的共产党人，在极其艰险复杂的政治和社会环境中，开展了不屈不挠的斗争，锻造出愈挫愈勇、坚定不移的信念，为中华民族的独立和人民的解放事业建立了不朽的历史功绩。

抗战时期，以毛泽东为领导中心的中共中央，为了维护国共合作，发展统一战线，一直把党在国民党统治区的工作放在了重要位置。南方局是在统一战线的大背景下在重庆成立，作为抗日战争时期党中央派驻在国民党统治区重庆的唯一机关，南方局担负起“代表中央向国民党及其他党派进行统一战线的工作，以及指导南方和大后方各省党的工作”②，而南方局的建立和其工作的开展正是红岩精神形成的实践基础。抗日战争结束后，以毛泽东为首的中共代表团到达重庆，南方局的革命同志与中国代表团一同肩负起争取民主与和平的时代使命，与国民党政府代表进行了为期 43 天的重庆谈判，谈判期间也是红岩精神进一步发展的重要时期。解放战争后期，曾经在南方局领导下的重庆地下党组织遭到大破坏，被捕的共产党员及革命志士多数被集中关押在渣滓洞和白公馆监狱，但他们经受住了种种酷刑折磨，表现出坚定的理想信念、高尚的革命气节和宁死不屈的英雄气概，也进一步丰富和发展了红岩精神。

自 1985 年 10 月，时任中共中央政治局委员、全国政协主席的邓颖超在重庆南方局旧址红岩村，首次提出“红岩精神”，至 1991 年 4 月 16 日，江泽民在重庆红岩村题词“发扬红岩精神，沿着老一辈革命家开创的道路奋勇前进”，“红岩精神”这一名词才真正确定。2002 年 5 月 23 日，江泽民考察重庆时强调：“风雨如磐的革命斗争岁月，培育和形成了伟大的红岩精神。红岩精神充分体现了老一辈无产阶级革命家、共产党人和革

---

① 南方局在重庆成立后，与八路军驻重庆办事处合署办公，最初的地址在重庆城内的机房街 70 号。在 1939 年 5 月 3、4 日日军对重庆的大轰炸中，办公房屋被全部炸毁。随后，经中共地下党多方联系，最后选定在重庆城郊的化龙桥红岩嘴大有农场建设新的办公住宿用房。同年秋天，南方局和八路军驻重庆办事处全部迁入，当时门牌号编为“重庆市沙磁区化龙桥红岩嘴 13 号”，1945 年改为“红岩村 13 号”。

② 转引自张瑾等：《抗战时期中国共产党在重庆的舆论话语权研究》，重庆出版社 2015 年版，第 375 页。

命志士的崇高思想境界、坚定理想理念、巨大人格力量和浩然革命正气。红岩精神同井冈山精神、长征精神、延安精神一样，都是中国共产党人和中华民族的宝贵精神财富。在新的历史条件下，全党全社会要大力弘扬红岩精神，使之成为我们在新世纪继续推进建设有中国特色社会主义事业的强大精神力量。”①除江泽民外，胡锦涛、习近平等党和国家领导人都曾多次论述红岩精神，在 2018 年两会期间，习近平总书记到重庆代表团参加审议时讲道，解放战争时期，众多被关押在渣滓洞、白公馆的中国共产党人经受住种种酷刑折磨，不折不挠、宁死不屈，凝结成“红岩精神”。讲到关押在渣滓洞白公馆的革命先烈在牺牲前用血的教训提出的“狱中八条”，进一步阐释红岩精神，赋予红岩精神以新时代的声音。

红岩精神是与红船精神、井冈山精神、延安精神等一脉相承的中国共产党革命精神的重要组成部分。但由于南方局肩负着特殊的使命，在复杂环境中所产生的红岩精神的具体内涵也有着与其他革命精神不同的意域。以毛泽东为领导核心的中共中央和南方局的共产党人和革命志士在大后方复杂与独特现实环境中，共同孕育和形成了以“崇高思想境界，坚定理想信念，巨大人格力量和浩然革命正气”为内涵的红岩精神。它不仅是国民党统治区革命实践中培育的最为重要的革命精神，它也是中国革命实践的力量源泉，对夺取抗日战争的伟大胜利发挥了重要作用，是中国共产党人伟大“抗战精神”在国民党统治区的集中体现；在抗日战争胜利后，它是全党同志为避免内战、实现和平建国的力量源泉；解放战争时期，它是全党层面形成的精神风范在国民党统治区的具体体现，是革命志士争取光明的新中国的信念支撑。

二、毛泽东的政治指导与红岩精神的初步形成

南方局从 1939 年成立到 1946 年东迁，一直按照中共中央的指示精神，全力维护抗日民族统一战线，推动抗日民主进程。而毛泽东作为这一时期中共中央的主要领导人，出于全国抗战局势的考虑，长期对其进行政治指导，对南方局的工作给予了很多的重视和帮助，推动了红岩精神的初步形成。

一直以来，以毛泽东为代表的中共中央都对国统区的工作十分关注。1940 年 8 月，毛泽东在中央政治局讨论南方局工作时指出：“过去中央工作方向偏重军事和战区，对南方及日本占领区注意很少，今后政治局须大力加强这个方面。”并且提出，“今后要重视国民党统治区党的工作，南方党的工作是带全国性的工作”。② 毛泽东虽长期待在延安，

① 《人民日报》2002 年 5 月 26 日，第 1 版。

② 沙健孙主编：《中国共产党史稿（1921—1949）》（第四卷），中央文献出版社 2006 年版，第 313 页。

但是对重庆的情况十分关心，不仅在中央政治局会议中多次讨论南方局在国统区的情况，还长期通过电报对南方局的工作进行指导。如1940年3月，毛泽东在《目前抗日统一战线中的策略问题》的报告中，突出了“发展进步势力，争取中间势力，孤立顽固势力”和“有理、有利、有节”的策略原则，进一步指明了在抗日民族统一战线内对待各种社会力量的方针政策和斗争策略。① 南方局在自己工作中切实落实了这一原则和方针，赢得了广大人民和中间势力的拥护和同情，积蓄和发展了抗日力量。1940年5月4日，毛泽东又在为中共中央起草给东南局《放手发展抗日力量，抵抗反攻顽固派的进攻》的指示中，提出党“在国民党统治区域的方针，则和战争区域、敌后区域不同。在那里，是荫蔽精干，长期埋伏，积蓄力量，以待时机，反对急性和暴露。其与顽固派斗争的策略，是在有理、有利、有节的原则下，利用国民党一切可以利用的法律、命令和社会习惯所许可的范围，稳扎稳打地进行斗争和积蓄力量”②。这个指示是毛泽东总结长期地下斗争的历史经验，从国民党统治区的实际情况出发而制定的，对于南方局的同志深入开展国统区的地下工作起到了极其重要的作用。

在国民党统治区这个“大染缸”里，南方局的共产党人时刻经受着生死、信念与意志的考验，要保持共产党人的本色，执行党的路线，完成党的任务，更需要加强党内教育，整顿巩固党的组织。在培育南方局共产党人革命气节，提高党性修养方面，毛泽东更是功不可没。毛泽东在指导革命实践的过程中，早就感到，没有革命理论，没有历史知识，没有对于实践运动的深刻了解，中国革命要取得成功是不可能的，毛泽东发出了学习理论的倡议。他通过《群众》周刊号召广大党员要在巨浪中站稳自己的脚跟，正确理解四周环境，不迷失运动的方向和前途，只有学好革命理论，才能运用好革命理论③。南方局成立后，毛泽东等中央领导人鉴于抗日救亡以来国民党统治区党组织迅速发展并暴露以及国共关系日渐逆转的政治形势，要求南方局在继续发展党组织的同时，着手加强党内教育，整顿和巩固党的组织，建议举办党员干部训练班。在整风运动期间，根据中共中央关于整风运动的部署，《新华日报》先后发表了毛泽东的三篇重要整风文献，组织南方局、八路军驻重庆办事处、新华日报社的工作人员进行学习。④ 南方局根据国民党统治区党组织处境艰险复杂的特点，也采取积极、慎重、稳妥的方式进行了整风学习和审干工作，取得显著效果。正是在毛泽东的正确指导下，南方局的同志通过这样的理论学习和自我提升，才锤炼出了广大共产党员的坚强党性，才发扬了密切联系群众、艰苦奋斗的优良作风，才培育出了伟大的革命精神。

除长期对南方局的同志提供政策和思想的支持外，毛泽东也对南方局在国民党统治

① 《毛泽东选集》(第2卷)，人民出版社1991年版，第750—751页。

② 南方局党史资料征集小组：《南方局党史资料·党的建设》，重庆出版社1990年版，第22页。

③ 中共中央统战部、重庆市委统战部：《重庆与中国统一战线》，华文出版社2010年版，第154页。

④ 中共中央党史研究室科研管理部、中共重庆市委党史研究室：《见证红岩：回忆南方局》(上册)，重庆出版社2004年版，第57页。

区开展的工作给予充分肯定，经常称赞南方局的同志，鼓舞他们的斗志和增强他们的决心。1939 年 8 月 23 日至 24 日，周恩来在延安出席中共中央政治局会议，讨论南方局的工作，毛泽东称赞南方局工作做得好，同时指出存在的弱点。① 1945 年七大召开前夕，董必武从重庆回到延安，专门向中央和毛泽东汇报了南方局的工作，毛泽东听了汇报以后说："我是在苏区工作，搞打仗的，不懂得白区工作，这次听了董老的汇报，使我茅塞顿开，在国民党统治区工作的同志，很艰苦，很努力，有很大成绩，现在看来，我们党在国民党统治区的组织，党的干部，绝大多数是好的。"②

毛泽东不仅对南方局的工作十分看重，对周恩来等南方局领导人和战斗在国民党统治区党员的安危十分关心。皖南事变发生后，为了保障国民党统治区党组织的安全和保存干部，"决定各地八路军、新四军办事处实行'自卫式的撤退''密码密件立即烧毁'，领导干部撤回延安。党的同情分子也要提供旅费，将他们转移到香港和南洋去"③。1941 年 1 月 18 日至 2 月 1 日的十多天时间内，中共中央和毛泽东连续数次发电，要求党内人员转移到安全地区。正是以毛泽东为代表的中央领导人对南方局工作如此看重，对国统区共产党人的安危如此关怀，使得南方局的共产党人在险恶环境中更加英勇无畏，身上善处逆境的英雄气概也愈发明显。

三、毛泽东的直接培育与红岩精神的进一步发展

在抗战胜利后的历史转折关头，中共中央通过对国内外形势的分析，决定派遣毛泽东、周恩来、王若飞赴重庆同国民党进行和平谈判。这次重庆谈判之行，毛泽东亲身垂范，广泛深入社会各阶层，倾听群众的呼声，推动和促进了统一战线的发展。他身上肩负着的争取民主与和平的时代使命，凝聚出的艰苦朴素的工作作风、海纳百川的宽广胸怀以及善处逆境、敢于斗争、善于斗争的英雄气概，正是红岩精神形成与发展过程中最显著的特点，也是毛泽东直接培育和推动红岩精神进一步发展的最好体现。

毛泽东来到重庆，击破蒋介石的诬蔑谣言，在社会上激起了巨大的反响，对于提升共产党的声誉和鼓舞国统区同志的斗志具有重大意义。《新华日报》上发表了读者胡其瑞等四人的来信说：毛泽东先生应将逐一的邀请，毅然来渝，使我们过去听到的对中国共产党的一切诬词和误解，完全粉碎了。毛先生来渝，证明了中共为和平、团结与民主而奋斗的诚意和决心，这的确反映和代表了我们老百姓的要求。④ 在抗战胜利后的历史转折

① 金冲及主编：《周恩来传》（上），中央文献出版社 1998 年版，第 561—562 页。

② 南方局党史资料征集小组：《南方局党史资料·党的建设》，重庆出版社 1990 年版，第 227 页。

③ 中共中央文献研究室：《毛泽东年谱一八九三——一九四九》（中卷），中央文献出版社 1993 年版，第 257 页。

④ 《欢迎毛泽东先生》，《新华日报》1945 年 8 月 29 日。

关头，毛泽东凭着“弥天大勇”①，亲赴重庆，有力地证明了中国共产党追求民主与和平的诚意，他本人更成了国统区共产党人学习不畏艰难、勇于承担的英雄气概的最好典范。

毛泽东更是一个善处逆境、敢于斗争的典范。在赴重庆之前，以毛泽东为首的中共代表团作了最坏的打算，不顾个人安危，深入虎穴与蒋介石进行谈判，在离开延安前的政治局会议上，毛泽东说：“我准备坐班房……绝不要怕。如果是软禁，那也不用怕。”②重庆谈判期间，毛泽东不仅在身处险恶环境中依然英勇无畏，更在这场民主与独裁之间的博弈中展现出灵活机动的战略战术。根据毛泽东的副官回忆：“毛泽东到重庆后，每次参加谈判，我和陈龙都跟随前往，毛泽东他们在屋里商谈，我们在外屋等候。无论谈判多么紧张，斗争多么尖锐，争执多么激烈，毛泽东的表情是平静的，举止是从容的，讲话时的语调也是温和的。”“在外屋等候的我们，有时也能隐隐约约听见里面的争吵声。我观察，毛泽东说话并不多，但是很有分量，只要他的声音出现后，屋内就会立刻安静下来。”③重庆谈判期间，尽管过程艰难，甚至出现僵局，但最终都因为中共中央和毛泽东的决策和指示及谈判代表的灵活贯彻把握着主动权，多次使得谈判峰回路转。在毛泽东的感召下，战斗在国统区的共产党人和革命志士对革命更加充满信心。

在与毛泽东的交往中，许多红岩人不仅被这位领袖平易近人的风范感染，同时也为他艰苦朴素的作风所折服。8月30日晚，毛泽东到达红岩后，“虽然已忙碌了一天，又一连上了一百多步石阶，衬衣都湿透了，但见到这些坚持在重庆斗争的同志们时，显得十分愉快，向同志们亲切地微笑着，同大家久久握手，还询问一些同志的姓名和工作情况”④。虽然与国民党谈判事宜已经非常繁重，但在红岩期间毛泽东还是坚持对南方局的各项工作做出指导，南方局也采取各种方式，把许多负责的地下党员，从川东特委到重庆市委的同志，从打入国民党军政机关的党员到重庆的学校和企业中有着社会影响的党员，有计划地在夜间召到红岩，由毛泽东接见。毛泽东细心地听取他们的汇报，弄清他们的工作环境，热情地鼓励他们的战斗意志，并具体地向他们作指示。⑤ 红岩村地处郊区，会客、工作都很不方便，张治中把桂园让出来给毛泽东使用，但毛泽东在重庆的43天，除刚到和临行有3天外，其他时间都住在红岩村，都是每天上午从红岩来，下午在桂园会客和工作，晚上仍回红岩。据毛泽东身边的同志回忆：“每天晚上，毛泽东从桂

---

① 重庆谈判期间，毛泽东与柳亚子会面，柳亚子作诗《一九四五年八月三十日渝州曾家岩呈毛主席》，诗中有句云：“阔别羊城十九秋，重逢握手喜渝州。弥天大勇诚能格，遍地劳民战倘休。”柳亚子崇拜毛泽东有超人的胆略和不畏艰险的精神，称赞毛泽东亲赴重庆是“弥天大勇”。

② 《赴重庆谈判前在政治局会议上的讲话》（1945年8月26日），载中共中央文献研究室，《毛泽东文集》（第4卷），北京：人民出版社1993年版，第16页。

③ 蒋泽民口述，吕荣斌整理：《忆毛泽东在延安》，八一出版社1993年版，第190、191页。

④ 中共重庆市委党史研究室、重庆市政协文史资料委员会、红岩革命纪念馆：《重庆谈判纪实》（增订本），重庆出版社1983年版，第608页。

⑤ 中共重庆市委党史研究室、重庆市政协文史资料委员会、红岩革命纪念馆：《重庆谈判纪实》（增订本），重庆出版社1983年版，第625页。

园回来后，首先要和周恩来、王若飞、胡乔木一起研究当天谈判的事，分析谈判的情况，揣摸国民党代表的心理，把握谈判的动态，制订出有关的政策。他们研究得很深很细，不放过任何一个细节，常常研究到深夜。”“待忙完这些事后，毛泽东要通览全天的各大小报纸，不仅要看《新华日报》，还要看国民党办的各家报纸。一般的报道，他通览一遍放下，重要的文章和报道，他要认真反复地看，通过报纸，了解各界人士对谈判的反映，掌握时局的发展。”①在红岩村办事处的楼房里，有几个房间的灯光，经常是彻夜通明。在重庆，毛泽东一直这样以身作则，坚持艰苦朴素的工作作风，展现防腐拒变的政治品格，通过自己的言行，告诉处于国统区的共产党人，要时刻保持头脑清醒，不能忘记自己的政治立场。

除主持国共谈判主要事宜外，毛泽东还广泛接触各党派、各阶层的代表人士，壮大和争取了和平、民主、反内战、反独裁的革命力量。毛泽东在渝的43天内，不仅蒋介石礼遇隆重，亲自去桂园接见，而且各党派、各阶层人士求见的更是络绎不绝，“那种和蔼、亲切、谦逊、诚恳的态度，给大家印象很深，各方宴请的也很多。即过去反共坚决，思想保守如戴季陶，也对毛先生表示敬重，并对他重庆之行寄予热切的期望”②。毛泽东还同中外人士广泛接触和做了大量工作，形成了一股反对内战独裁、要求和平民主的强大舆论力量，使国民党更加孤立，不得人心。毛泽东通过与国统区各阶层群众的广泛接触，以其独具的人格魅力，获得各界一致好评，就连时任国民党谈判方的张治中不仅宴请毛泽东，还在自己的回忆录中写道：“毛先生一再表示愿在蒋主席领导下建设新中国，一再表示愿为彻底实行三民主义而努力，这种地方真值得我们佩服。”③毛泽东的这次重庆之行有力地推动了国统区人民民主运动的蓬勃发展，沉重地打击了国民党反动派政权。同时也向身处复杂环境中的南方局共产党人示范了“以诚相待，团结多数”，展示出共产党人海纳百川的宽广胸怀。

四、毛泽东思想是红岩精神形成与发展的基石和源泉

毛泽东以卓越的理论创新和丰硕的理论成果，实现了马克思主义中国化的历史性飞跃，形成了中国化的马克思主义——毛泽东思想，为全党树立正确的理想信念和远大政治目标指明了方向，也为红岩精神的形成与发展提供了科学的理论指导。抗战时期是毛泽东

① 蒋泽民口述，吕荣斌整理：《忆毛泽东在延安》，八一出版社1993年版，第201—202页。

② 中共重庆市委党史研究室、重庆市政协文史资料委员会、红岩革命纪念馆：《重庆谈判纪实》（增订本），重庆出版社1983年版，第589页。

③ 中共重庆市委党史研究室、重庆市政协文史资料委员会、红岩革命纪念馆：《重庆谈判纪实》（增订本），重庆出版社1983年版，第590页。

思想走向成熟的阶段，而红岩精神正是在毛泽东思想走向成熟的这一阶段中得以形成和发展，可以说，红岩精神正是在汲取毛泽东思想等重要理论成果之上才得以发展丰富的。

毛泽东除长期给南方局同志部署工作、提供指导以外，还通过他的理论创新引领国统区的同志们。抗战时期，毛泽东集中全党智慧，总结全党经验，先后发表《〈共产党人〉发刊词》(1939.10)、《中国革命和中国共产党》(1939.10)、《新民主主义论》(1940.1)等重要理论著作。这些重要著作都在重庆印发成册，在国统区的各级党组织中传阅学习。《新华日报》《群众》周刊等宣传媒介在毛泽东思想的传播过程中也起到了重要的作用，使得南方局和国统区的同志们能更多地接触到中央的先进理论，也拓宽了他们的视野，从而也推动红岩精神的形成与发展。抗战胜利后，中国共产党第七次全国代表大会上确立了毛泽东思想的在全党的指导地位，《新华日报》全文发表毛泽东在七大上做的政治报告《论联合政府》，重庆群众争相购买，南方局还指示各级党组织进行认真学习，坚决贯彻执行。[①] 南方局的共产党人经过学习后，将其运用于自己的革命实践中，丰富了这些理论的现实含义，使得逐步形成的红岩精神更具理论深度和价值，也使得红岩精神真正成为红岩人战胜困难，克敌制胜的精神法宝。

红岩精神的培育，不仅是在国统区风雨如磐的斗争环境中，更是南方局根据统一战线的需要，在巩固和发展党组织的实践过程中逐渐实现的，是在中共中央的领导下，广大共产党人和革命志士在争取民族独立和人民解放的历史进程中锻铸的精神成果。而红岩精神作为中国共产党人群体革命实践的产物，与党的主要领导人毛泽东关系紧密。毛泽东历来十分重视运用马克思列宁主义这个先进的世界观和方法论，继承和升华民族精神，使之上升为一种富有民族特色的革命精神，作为战胜敌人的精神武器，从井冈山精神、长征精神到延安精神，无不渗透着毛泽东的心血。红岩精神虽不是由毛泽东直接提出的，但是红岩精神所反映的思想境界、理想信念、人格力量和革命正气都受到毛泽东所言所行的影响，红岩精神的形成和发展也与毛泽东在抗日战争时期和解放战争初期的伟大革命斗争实践密不可分。毛泽东不仅通过政治指导促进了红岩精神的初步形成，还在重庆谈判期间直接参与和培育了红岩精神并推动了红岩精神的进一步发展。红岩精神是中华民族传统精神在抗日战争和解放战争中与独特的现实环境结合的产物，是中国共产党人伟大革命精神在国民党统治区的集中体现，红岩精神也是在以毛泽东同志为核心的党中央领导下，周恩来带领中共中央南方局同志在红岩村开展大后方党的工作，从全党层面创造并形成的精神风范。所以，红岩精神实际上是毛泽东思想的重要组成部分，毛泽东对于红岩精神的形成与发展做出了重要贡献。

（作者单位：刘小苑，西南大学；潘洵，西南大学）

① 中共重庆市委党史研究室：《中共中央南方局大事记》，重庆出版社2004年版，第322页。

叶剑英与红岩精神的形成[①]

苗体君

摘　要： 红岩精神就是在抗日战争及解放战争初期，以周恩来、叶剑英等为代表的南方局的老一辈无产阶级革命家、共产党人和革命志士，在革命斗争中锤炼而成的一种革命精神。叶剑英在红岩历经了近两年的战斗历程，为培育、锤炼红岩精神做出了巨大的历史贡献。他多方奔走，广泛结缘，培育与锤炼"救亡图存的爱国情怀"与"海纳百川的博大胸怀"；抓住"平江惨案"开展政治斗争，培育与锤炼"崇高神圣的使命担当"与"刚柔并济的斗争哲学"；单刀赴会，舌战群儒，培育与锤炼"临难不苟的英雄气概"与"坚定不移的革命信仰"；谋划情报网，培育与锤炼"矢志不渝的艰苦奋斗"与"污泥不染的人格修养"。可以说，叶剑英是红岩精神的主要创始人和培育者之一，更是红岩精神的践行者。

关键词： 叶剑英；红岩精神；抗日战争；中共中央南方局

所谓红岩精神就是在抗日战争及解放战争初期，以周恩来、叶剑英为代表的中共中央南方局（以下简称"南方局"）的老一辈无产阶级革命家、共产党人和革命志士，在革命斗争中锤炼而成的一种革命精神。1985年10月14日，原南方局领导成员邓颖超重返红岩，题写了"红岩精神永放光芒"8个大字，标志着"红岩精神"这一概念的产生。

红岩精神是特殊时代的产物，有着自己丰富而独特的内涵，多年来学术界对这一问题也进行了认真的探讨与研究，产生了多种说法，归纳概括起来是"坚定不移的革命信仰、救亡图存的爱国情怀、崇高神圣的使命担当、矢志不渝的艰苦奋斗、临难不苟的英雄气概、刚柔并济的斗争哲学、海纳百川的博大胸襟、污泥不染的人格修养"[②]。可以说这种精神的发源地就是南方局和八路军办事处的驻地——红岩，主要的创始人有周恩来、叶剑英等老一辈革命家，以及他们领导下的"红岩"整个战斗集体。1938年9月26日，中共中央政治局做出决定，由周恩来、叶剑英、博古、黄文杰组成南方局，代表中共中央领导南方国民党统治区和沦陷区中党的工作。1939年1月13日，叶剑英担任中共中央南方局常委。按组织分工，负责对外联络工作。[③] 同年6月9日，叶剑英到达重

---

① 本文系2015年度教育部人文社会科学研究规划基金项目"中共'三大'代表研究"(15YJA770014)阶段性成果。

② 黄蓉生主编：《红岩精神大学生读本》，西南师范大学出版社2017年版，第22页。

③ 《叶剑英传》编写组：《叶剑英传》，当代中国出版社1995年版，第738—739页。

庆，并“兼任南方局军事部长”①。因为国民党不允许共产党组织公开活动，所以南方局是秘密的，对外公开机构是重庆八路军办事处，叶剑英的公开身份是第十八集团军参谋长、八路军驻重庆联络代表。叶剑英从 1939 年 1 月 13 日担任南方局常委开始，到 1941 年 2 月 3 日，“从重庆返回延安”②。叶剑英在红岩历经了近两年的战斗历程，为培育、锤炼“红岩精神”做出了巨大的历史贡献。

一、多方奔走，广泛结缘，培育与锤炼“救亡图存的爱国情怀”与“海纳百川的博大胸怀”

“救亡图存的爱国情怀”是指“中共中央南方局共产党人和革命志士为拯救国家和民族的危亡表现出的对祖国热爱之情或心境。救亡图存的爱国情怀，是红岩精神的主题和重要组成部分”③。1924 年，27 岁的叶剑英曾参与筹备过黄埔军校，担任过黄埔军校教授部副主任一职。1932 年 10 月，35 岁的叶剑英在中央苏区担任中国工农红军学校校长兼政委。当日寇入侵中国，大片国土沦丧时，有着丰富办学经验的叶剑英怀着一腔救亡图存的爱国情怀，决定通过教育培养游击人才，把红军的游击战推广到国民党队伍中，以抵御日寇的疯狂入侵。

1939 年 2 月 21 日，在周恩来、叶剑英的反复建议下，国民党在湖南南岳开办南岳游击干部训练班，由蒋介石任主任，白崇禧、陈诚任副主任，汤恩伯任教育长，叶剑英任副教育长，并由叶剑英负责第一期训练班的教育工作。从 1939 年 2 月至 5 月，受训的第一期训练班学员共 1046 人。叶剑英采用红军时期的办校方法，“努力实行民主管理，坚持启发式教学，同教职学员打成一片，大力开展学习竞赛和实践活动，加强政治工作和思想工作”④。叶剑英为学员讲授主课游击战争概论，每周讲两次，听课的人很多，有时多达两三千人。甚至连国民党驻长沙、衡阳、衡山的一些军官都跑来听课，连南岳各寺庙的和尚都来听课，有时课室容纳不下，就在外面广场讲大课，叶剑英讲课深入浅出、通俗易懂，讲到重点处时就打手势来加强语气，这些都给听众留下了深刻的印象。

叶剑英凭借其卓越的军事才华、高尚的人格、自身的模范行为和成功的教学，影响了一大批国民党军队的受训人员。许多学员从叶剑英那里了解到中国共产党关于抗日游击战争的理论和抗日持久战的战略思想，认识到开展游击战争的必要性，感受到中国共产党人的优良作风。不少人主动地接近叶剑英，并与叶剑英交上朋友，如曾在训练班担任教育长的李默庵、担任政治部主任的陈烈等，都与叶剑英建立了良好的关系。在叶剑

① 《叶剑英传》编写组:《叶剑英传》，当代中国出版社 1995 年版，第 739 页。

② 《叶剑英传》编写组:《叶剑英传》，当代中国出版社 1995 年版，第 742 页。

③ 黄蓉生主编:《红岩精神大学生读本》，西南师范大学出版社 2017 年版，第 22 页。

④ 《叶剑英传》编写组:《叶剑英传》，当代中国出版社 1995 年版，第 272 页。

英的影响下，学员纷纷购买和阅读毛泽东的《论持久战》、艾思奇的《大众哲学》等进步书籍。第一期学员受训结束后，学员纷纷请叶剑英给他们题词、签名，以示留念。

"海纳百川的博大胸襟是指中共中央南方局在面临抗日形势逆转之际，既坚决同国民党顽固派的妥协投降势力做斗争，又勇敢承担起与国民党交涉、联络、谈判，维护国共合作所表现出的博大胸怀。"[①]南方局成立时，作为南方局常委的叶剑英有一项最为重要的任务，就是负责对外联络工作。叶剑英早年追随孙中山，是北伐名将，与许多国民党军界高层人士有很深的交往。叶剑英就充分利用这一优势，与许多国民党高级军官建立了良好的关系，以此积极开展军事统战工作。

在南岳游击干部训练班期间，叶剑英经常来往于桂林、重庆之间，积极开展对国民党桂系的统战工作，特别是对李宗仁、白崇禧等桂系上层人物的统战工作。"当时的广西，已成为中国西南抗日大后方。桂林是国民党桂系集团势力的中心，又是共产党与内地及海外联络的一个重要的交通枢纽。因此，团结桂系坚持抗战，有着十分重要的意义。"[②]为此，叶剑英曾多次到桂林，会见国民政府军委会桂林行营主任白崇禧，表明中国共产党在广西活动的目的，在于团结支持广西的抗战，决不干涉广西的内部政务，不挖广西的墙脚。叶剑英很快就得到了桂系的信任，并被白崇禧等多次邀请到部队及学校，发表抗战演说，宣传中国共产党的抗战方针，开展最广泛的统战工作。在叶剑英的积极努力争取下，国民党广西当局表示愿意与共产党合作抗日。

叶剑英还利用他在云南讲武学校同学和滇军旧僚的关系，对滇军开展统战工作。在南京沦陷前，有一次，叶剑英与主政云南的龙云同机赴南京参加会议，在途中及会议期间，叶剑英向龙云宣传中共团结抗战的方针，还就如何抗战的有关事宜与龙云进行磋商。在叶剑英的宣传下，龙云当即表示拥护中国共产党主张，并决心将云南的全部人力、物力贡献给国家的抗战事业。此外，叶剑英还对滇军的卢汉、张冲等人展开军事统战工作。在叶剑英的布置下，先把在重庆《新华日报》工作的张子斋调到滇军二路指挥部工作，后又把朱家璧等人派回到滇军中工作。这些中共地下党员，利用在滇军中的合法地位，积极开展统战工作，团结了一大批进步的滇军军官。叶剑英还经常去探望西北军的冯玉祥，并与冯玉祥建立了深厚的友谊。还通过冯玉祥身边工作的共产党员王冶秋、赖亚力，对原西北军的将领进行统战工作，加强了中共与西北军的联系。在南岳期间，叶剑英还与后来成为越南民主共和国主席的胡志明多次会晤，就当时国际形势及印度支那共产党、越南的革命斗争等问题交换意见，就此，二人结下深厚的革命友谊。据叶剑英后来回忆说："我在南岳训练班时，胡志明就在我那里，当挂名的秘书，大家叫他胡光，后来回国了。新中国成立后有一年，他来中国，同毛主席、周总理谈话，说：'我们今年国庆，想请叶剑英同志全家去。他是我的上司。'毛主席说：'志明同志，您今天

---

① 黄蓉生主编:《红岩精神大学生读本》,西南师范大学出版社 2017 年版,第 24 页。

② 《叶剑英传》编写组:《叶剑英传》,当代中国出版社 1995 年版,第 283 页。

还讲这个话，您已经做越南的领袖了。好，就让他们全家去吧！’后来，我全家到越南去了一趟。”①

在叶剑英的努力下，许多国民党军官都赞成中国共产党的主张，他们支持国共合作抗日，反对国民党顽固派的分裂政策。有些国民党军官在叶剑英的影响下，还走上了革命的道路，如南岳训练班的学员吴众、石坚等人，后来参加了新四军。正是叶剑英的积极努力争取，1942年初，国民党顽固派责令龙云等人追查共产党在滇军中的活动，并派特务到滇军中监视和搜捕进步力量，龙云等人则暗中掩护，使共产党地下组织得到了及时的转移。皖南事变发生时，与叶剑英同为广东客家人的张发奎却保持中立态度，成为12个战区中唯一没有发表“声讨”新四军通电的司令长官。后来，还有许多国民党高级军官弃暗投明，与国民党反动派决裂，坚决站在人民的一边。他们中的这些人，都或多或少受到了叶剑英的影响。可以说，这期间的叶剑英以海纳百川的博大胸怀，其军事统战工作卓有成效，为巩固抗日统一战线，壮大中国共产党的队伍做出了巨大贡献。

二、抓住“平江惨案”开展政治斗争，培育与锤炼“崇高神圣的使命担当”与“刚柔并济的斗争哲学”

“崇高神圣的使命担当意指中共中央南方局共产党人和革命志士为了共产主义事业所展现出的崇高而神圣的责任感和担当精神。在抗战时期和解放战争时期革命者崇高神圣的使命担当精神，是红岩精神的坚实根基和红岩志士完成使命的内在动力。”②1939年1月，国民党召开了五届五中全会，随后国民党顽固派便开始制造与中共间的磨擦事件，有计划地进行反共，一时间，全国团结抗战的局面出现了危机。同年6月9日，叶剑英由南岳游击干部训练班回到重庆，由于各地磨擦事件迭起，6月18日，周恩来回延安向党中央报告情况。回到延安后的周恩来，又因手臂负伤，赴苏联治疗，直到1940年5月底，才回到重庆。可以说，1939年下半年，国民党军队先后在多地袭击八路军、新四军在后方的派出或留守机构，制造了一系列的惨案，其中以“平江惨案”影响最大。在南方局书记周恩来不在重庆的情况下，刚刚由南岳来到重庆的叶剑英，以“崇高神圣的使命担当”亲自主持参与处理“平江惨案”。

“平江惨案”的大体经过是这样的，1939年6月12日，蒋介石密令国民党第二十七集团军杨森部，以搜查逃兵为名，包围驻在湖南平江县嘉义镇的新四军留守通讯处，当场枪杀通讯处主任、新四军上校参议、中共江西省委副书记涂振坤和军需员吴贺泉，并将八路军少校副官、中共湘鄂赣特委书记罗梓铭、新四军驻赣办事处少校秘书、中共江西省委组

---

① 《叶剑英传》编写组：《叶剑英传》，当代中国出版社1995年版，第285页。

② 黄蓉生主编：《红岩精神大学生读本》，西南师范大学出版社2017年版，第23页。

织部部长曾金声，以及通讯处秘书主任吴渊和干事赵绿吟等活埋，制造了“平江惨案”。

“平江惨案”发生后，遵循党中央的“坚持抗战，反对投降；坚持团结，反对分裂；坚持进步，反对倒退”的方针，在斗争中求团结的原则，与国民党顽固派间展开了一场政治斗争，也就是红岩精神中所说的“中国共产党人刚柔并济的斗争哲学包含‘有理’、‘有利’、‘有节’的丰富内涵”①。由于国民党严密封锁消息，7月1日，叶剑英才得知消息后“当即致电国民政府军事委员会副总参谋长白崇禧、军政部长何应钦，向国民党当局提出严正抗议”②。7月22日，周恩来、叶剑英又致电国民党军令部部长徐永昌并军委会及各部部长，严厉驳斥国民党肆意歪曲惨案的经过及对新四军平江留守处的种种诬蔑。要求再派员驰赴肇事地点，查明真相，雪冤治罪。国民党为敷衍应付，只好责成第九战区代理司令长官薛岳进行所谓的调查。而薛岳的调查报告，仍然是颠倒黑白，把无辜者诬陷为有罪，犯法者文饬为有功。7月28日，周恩来、叶剑英再次致电何应钦，强烈要求查明真相，并对杨森、薛岳编造的种种谎言，一一进行驳斥。

8月11日，党中央在延安举行追悼“平江惨案”死难烈士集会。8月13日，第十八集团军重庆办事处在红岩村冒雨举行追悼大会。到会的有各中间党派、社会团体代表和新闻界人士1000余人。连国民党重庆警备司令部也受邀派代表出席大会，其原因是，重庆警备司令部是原四川地方实力派刘湘的班底，他们与国民党中央势力和肇事者杨森部队有矛盾。追悼会由叶剑英主持，叶剑英在会上严肃指出：“平江残酷的事件，所根据的口实只是一种狼要吃羊的借口，用来掩盖那些破坏抗战的顽固分子实行反共的狠毒企图的。军队抗战于前，奸徒捣乱于后，公理不会容许的，抗日军民不会容许的。”叶剑英最后号召：“全国同胞，应该坚持国内的团结，克服投降分裂的危险，推动全国各方面的进步，加强抗战力量，才能排除万难，争取战争的胜利，完成民族解放的伟业。”③“平江惨案”激起了全国各地爱国军民的愤怒，随后，在长沙、南昌等地，共产党人连续举行追悼会，呼吁国际人士主持公道。毛泽东、周恩来、朱德、彭德怀、叶剑英等都送了挽联，其中，叶剑英的挽联是：“人类有余悲，豺狼亦已歌。何以寄凭吊，按剑复摩裟。”④叶剑英这副挽联，充满了对国民党顽固派制造“平江惨案”的愤恨，但为了团结抗战大局，只能“有节”相忍，以“按剑复摩裟”寄托对“平江惨案”烈士的凭吊。为了向公众揭露“平江惨案”的真相，叶剑英还撰写了《论平江事件》一文，说明八路军、新四军存在的合法性及设立留守处的必要性，驳斥国民党制造“平江惨案”的种种借口。文章一针见血地指出：“某些反共顽固派和汪精卫投降派，实质上同是日本法西斯蒂的工具，葬送民族的掘墓人。”⑤

---

① 黄蓉生主编：《红岩精神大学生读本》，西南师范大学出版社2017年版，第24页。

② 《叶剑英传》编写组：《叶剑英传》，当代中国出版社1995年版，第287—288页。

③ 《叶剑英传》编写组：《叶剑英传》，当代中国出版社1995年版，第288—289页。

④ 丁英顺：《叶剑英的红岩诗篇》，《红岩春秋》2017年7期。

⑤ 《叶剑英传》编写组：《叶剑英传》，当代中国出版社1995年版，第289页。

三、单刀赴会，舌战群儒，培育与锤炼“临难不苟的英雄气概”与“坚定不移的革命信仰”

红岩精神所蕴含的临难不苟的英雄气概指的是“面对国民党反动派白色恐怖统治带来的艰难困苦和挫折牺牲，所表现出来的追求真理、忠贞不移的高尚品格和视死如归、大义凛然的革命气节”[①]。1940年3月8日，叶剑英带伤单刀赴会，参加国民政府军委会召开的全国军以上参谋长会议，面对国民党顽固派的群体围攻与发难，叶剑英理直气壮，舌战群儒，是对“临难不苟的英雄气概”最好的诠释。

1939年冬至1940年春，国民党顽固派掀起的第一次反共高潮，以失败告终。蒋介石并不甘心失败，便想借召开全国军以上参谋长会议之机，组织一次对于八路军的舆论围攻。1940年3月初，重庆八路军办事处接到会议的通知，邀请第十八集团军参谋长叶剑英和新四军参谋长张云逸参加。当时，张云逸在前线指挥作战，叶剑英又因雨夜路滑摔伤了胳膊，正在治疗休养中。因此，接到通知后，有的同志认为，叶参谋长正在养伤，可以不去。但更多的同志认为，国民党顽固派发动的第一次反共高潮刚刚失败，蒋介石很可能借开会之机搞什么阴谋，主张叶剑英必须参加，并要做好会议上对付一场大战的准备。最后，经南方局领导集体商量后，决定由叶剑英单刀赴会。

果不出所料，会议一开始时，蒋介石就说冬季对日攻势打得不好，没有完成任务，要检讨各部队为什么没有完成任务，要严肃军纪、军令。接着蒋介石话锋一转说，很多部队报告，这次冬季攻势之所以失败，是因为第十八集团军“游而不击”“袭击友军”“包庇叛军”“制造磨擦”“破坏抗战”等等造成，现在要彻查此事，整顿军纪。蒋介石话音一落，按照事前指定的顺序，天水行营参谋处长盛某、第二战区参谋长楚溪春、冀察战区参谋长黄百韬、第八战区参谋长章某、第十战区副参谋长周某、第三十四集团军参谋长罗泽闿等一窝蜂倾巢出动，集体攻击第十八集团军。当时，会场上剑拔弩张，一些为团结抗战前途忧心的国民党将领都为叶剑英捏了一把汗。

当天散会后，叶剑英与南方局其他领导人及有关工作人员一起，分析情况，研究对策，准备叶剑英第二天的演讲稿。针对会上“围攻”提出的问题，军事组连夜写成系统发言稿，并字斟句酌，使之成为一篇证据确凿、以理服人的论战演说稿。第二天的会议按顺序叶剑英第一个发言。叶剑英以《关于作战与磨擦问题》为发言题目，开篇就强调“我的报告所根据的材料，完全是由文电中收集起来的”，以摆事实、讲道理的方式，逐一驳斥反共顽固派的诽谤和攻击。叶剑英的发言分两部分：第一部分是关于作战问题，第二部分是关于与友军磨擦问题。关于作战问题，叶剑英讲了三个问题：一是华北斗争

---

① 黄蓉生主编：《红岩精神大学生读本》，西南师范大学出版社2017年版，第23页。

形势的估计。叶剑英说："我很同意大会中有些长官们所指示的，说敌人对中国的侵略，直到现阶段为止，对华南是守点，在华中是守线，对华北是守面。这样，本集团军要坚持华北的抗战，必须要和敌人展开全面的斗争。可是坚持华北，必须把整个华北当作一个整体来打算。"强调了华北战场是整个抗战的重心，第十八集团军坚持华北抗战，地跨五省，军民必须结成一体，才能胜利。所以，第十八集团军在华北敌后发动群众建立政权，乃是抗日战略的需要。二是总结第十八集团军两年来的战绩。"除了小的战斗不计外，比较大的战斗共有两千六百八十九次。许多著名的战斗，均有地点可查。"而且"每次作战都给敌人以重大的打击和杀伤"①。接下来，叶剑英具体给出了击毙敌伪、缴获等具体的统计数字，做到了以理服人。三是关于冬季对日作战的总结。第十八集团军在遭受日军强大的扫荡压力之下，接到统帅部命令后，仍然抽调了十五万两千余人的兵力，并做了周密的部署，胜利完成了任务。叶剑英特别强调八路军晋察冀军区部队在黄土岭战斗中，击毙了日军独立混成旅团长阿部规秀中将，这也是抗战以来击毙的日军最高级别的将领。叶剑英还特别巧妙地利用国民政府军委会政治部印发的敌军广播材料，来证明第十八集团军圆满完成了冬季作战任务。这既给蒋介石留了面子，也让国民党顽固派啼笑皆非。叶剑英发言的第二部分，是关于与国民党部队的磨擦问题。叶剑英首先承认各有关战区和集团军所提的磨擦事件是抗战中的一个严重问题，然后，叶剑英从政治战略上讲了四点原则看法。第一，"应该是把磨擦的事实加以研究，找到磨擦的原因，求得解决的办法，提供最高统帅部作为消除磨擦的参考"。第二，许多磨擦"是由于许多政治意见的分歧，工作方法的差异，奸人挑拨离间"②所致。如果只从武装冲突本身解决问题，而抹杀产生磨擦现象的政治、战略原因，问题将得不到解决，而且会产生更严重的后果。第三，把第十八集团军当作"异军"看待是完全错误的，这也是发生磨擦的根源，必须改变。第四，抗战时期，中日民族矛盾是第一位，磨擦则是第二位的，决不能把局部磨擦扩大为全面内战。对于各地磨擦的具体情况，叶剑英一一做了具体分析。他指出，陕甘宁边区的磨擦是政治问题，应由国共两党谈判解决，不是参谋长会议能解决的问题。至于河北、山西方面的磨擦，完全是友军制造的，第十八集团军在忍无可忍的情况下才被迫自卫还击。

叶剑英的发言，理直气壮，而且事实确凿，使到会人员心悦诚服。按规定叶剑英只能讲30分钟，在得到蒋介石的许可后，叶剑英整整讲了一个半小时，当叶剑英发言结束时，参会人员纷纷起立，连蒋介石、何应钦也站了起来。叶剑英在参谋长会议上的发言，受到南方局的赞扬，董必武赞誉"叶剑公舌战群儒"，毛泽东在中共七大上发言时说，叶剑英"在重庆与国民党斗争，'舌战群儒'又立了一功"③。

"革命信仰是红岩精神的实质内涵之一，是红岩志士们的精神支柱和行动指南。红

① 叶剑英：《叶剑英选集》，人民出版社1996年版，第22—23页。

② 叶剑英：《叶剑英选集》，人民出版社1996年版，第38、39页。

③ 《叶剑英传》编写组：《叶剑英传》，当代中国出版社1995年版，第298、299页。

岩精神中的革命信仰产生于中华民族生死存亡空前严重的抗日战争时期和国民党统治区的复杂险恶的环境中。同时，革命信仰也是中华民族传统美德的荟萃与升华，这些优良传统，通过南方局一大批共产党人和革命志士的言语、诗文和行动予以充分渗透和体现，升华为革命信仰。”[①]叶剑英在南方局工作时，南方局所在地的周围，布满了国民党特务，环境极其险恶的。1940 年 10 月，蒋介石曾密令国民党特务监视叶剑英，不准叶剑英离开重庆。特别是皖南事变发生前后，国民党特务加紧了对叶剑英的监视。对此，胸怀革命信仰的叶剑英勇往直前，无所畏惧。他还教育大家，要准备坐牢，准备牺牲。对革命信仰坚定不移的叶剑英对大家说：“我们共产党人天不怕，地不怕，要沉着应付，处于虎口，稳如泰山。”[②]在阅读完方志敏的遗作之后，叶剑英挥笔写下题目为《看方志敏同志手书有感》的诗，来抒发自己对革命信仰坚定不移的志向，诗云：“血染东南半壁红，忍将奇迹作奇功。文山去后南朝月，又照秦淮一叶枫。”[③]

四、谋划情报网，培育与锤炼“矢志不渝的艰苦奋斗”与“出污泥不染的人格修养”

叶剑英在重庆八路军办事处期间，重庆是国民党统治区，南方局处于地下状态，处于被国民党当局压迫的地位。所以“相比于以延安为代表的抗日革命根据地，以重庆为中心的国民党统治区，既是一潭‘淤泥’。也是一口‘染缸’”[④]。说重庆是一口“染缸”，是因为重庆是当时国民政府抗战时期的战时首都，国民党上层社会过着纸醉金迷、灯红酒绿的生活，社会风气腐败、污浊，是一个大“染缸”。在这种环境中工作，首先要求来重庆工作的共产党人，要保持共产党人矢志不渝的艰苦奋斗精神。“矢志不渝的艰苦奋斗是红岩精神的重要内容之一，它体现了以毛泽东、周恩来为代表的南方局共产党人无论在什么情况下要坚持艰苦创业、自力更生、吃苦耐劳的高尚品质。”除了要保持共产党人的“矢志不渝的艰苦奋斗”的本色，还要有污泥不染的人格修养，做到严格自律，同流而不合污，要有出淤泥而不染的莲花精神。可以说“‘出污泥而不染，同流而不合污’，这是毛泽东、周恩来为代表的南方局及其领导下的革命志士在恶劣艰险的政治环境中与国民党反动派做斗争的一个原则和显著特点，也正是红岩精神区别于中国共产党其他精神最显著的特征”[⑤]。

当时的叶剑英就是秉承着“矢志不渝的艰苦奋斗”与“污泥不染的人格修养”，

---

① 黄蓉生主编：《红岩精神大学生读本》，西南师范大学出版社 2017 年版，第 22 页。

② 《叶剑英传》编写组：《叶剑英传》，当代中国出版社 1995 年版，第 310 页。

③ 叶剑英：《叶剑英诗词选集》，人民文学出版社 1991 年版，第 37 页。

④ 王炳林主编：《初心——重读革命精神》，人民出版社 2018 年版，第 175 页。

⑤ 黄蓉生主编：《红岩精神大学生读本》，西南师范大学出版社 2017 年版，第 23、25 页。

与重庆各方面的人士进行交往，让他们意识到中共才是抗日的中流砥柱，并自愿投入到中共的怀抱中。当时在国民党军统局电讯部门工作有两个青年，一个是电讯处科员张蔚林，另一个是电讯总台领班兼报务副主任冯传庆，二人多次冒着生命危险，找到位于重庆上清寺的周公馆说明他们为了抗日救国，一直在寻找党组织，并希望加入中国共产党。而且，他们每次都送来一些重要情报。经南方局军事组反复核实后，这些情报都真实可靠的。经过考察后，南方局军事组认为，在白色恐怖最严重的时刻，他们不畏艰险，主动寻找党组织，并为中共提供重要情报，革命精神可贵。经过慎重研究后，由叶剑英、曾希圣介绍张蔚林、冯传庆加入中国共产党，叶剑英还亲自主持了他们的入党仪式。

国民党军统局电讯总台设在重庆佛图关下的遗爱祠，是由美国援建的现代化电讯中心，从这里发出的电讯，指挥着国民党军统在海内外的数百个秘密情报组织、数十万秘密特工。冯传庆的职位仅次于台长，掌握军统的核心秘密，管辖军统在海内外的数百部电台和上千名报务人员。张蔚林任职的重庆卫戍区电讯监察科，负责监听重庆地区无线电讯号，控制无线电器材，正好可以保护重庆地区的共产党秘密电台。叶剑英指示他们，秘密搜集情报，并禁止他们来八路军办事处。1939 年 10 月，延安中央社会部派余家英来到重庆，归南方局军事组叶剑英领导，余家英被叶剑英派到国民党军统机关电台去做地下工作，叶剑英给她规定了三项任务：一是领导张蔚林、冯传庆；二是直接与南方局联系传递情报；三是在军统内部继续发展党员。为了不引起敌人的注意，叶剑英让余家英以张蔚林“妹妹”的身份作掩护，化名张露萍，并让张蔚林从军统宿舍搬出来，二人以“兄妹”的名义一起住在牛角沱的两间平房里。张露萍在军统局先后发展了赵力耕、杨洸、陈国柱、王席珍等 4 人为地下党员，成立了一个秘密党支部。后来，戴笠审查内部人员时，发现并逮捕张蔚林，冯传庆闻讯后，翻墙逃出电台大院到八路军驻重庆办事处报信。叶剑英立即让冯传庆化装成商人，深夜过江去延安。此时，张露萍正在成都。叶剑英指示向成都发电报，通知张露萍就地隐蔽。但戴笠以张蔚林的名义，给张露萍发的电报，比叶剑英的电报早到。张露萍刚到重庆就被特务逮捕了。而冯传庆渡江后，也被埋伏的特务抓获。这样，包括杨洸、陈国柱、王席珍、赵力耕在内的“牛角沱七人小组”全部被捕。1945 年 6 月，张露萍等 7 人全部被特务杀害。由于情报工作的特殊性，直到 1983 年，重庆市党史办才从国民党的档案中发现了张露萍的情况，并与叶剑英取得了联系。1983 年 7 月 26 日，叶剑英亲笔给中共四川省委组织部复查小组写信说：“四十年代初，我们有两名同志打入戴笠那里，后来暴露了。一天，有一个人找到周公馆，我们决定送他去延安。我送给他一件皮大衣，并且把他送到江边。但他来的时候已经被特务盯上了，后来被戴笠的人捕去了。”①在叶剑英的过问下，张露萍被追认为革命烈士。

① 《叶剑英传》编写组：《叶剑英传》，当代中国出版社 1995 年版，第 309 页。

综上所述，叶剑英虽然在重庆中共中央南方局只有近两年的时间，但这期间他的革命生涯和战斗历程正是红岩精神的具体体现，可以说，叶剑英是红岩精神的主要创始人和培育者，更是红岩精神的践行者。

（作者单位：广东海洋大学）

红岩精神与苏区精神比较略论

——兼谈“不忘初心、牢记使命”主题教育

戴和杰

摘　要：红岩精神与苏区精神都是中国共产党人革命精神的有机组成部分，就二者关系而论，苏区精神是红岩精神的先导前驱，红岩精神是苏区的延伸发展。二者有着各自特定的历史内涵和实践基础，同时孕育了中国共产党人革命精神的共性：都具有坚定的理想信念；都以人民利益作为最高价值诉求；都具有超越时空的恒久价值。红岩精神体现了共产党人“刚柔相济、锲而不舍”的政治智慧、“海纳百川、化敌为友”的政治胸襟、“临难勿苟免，以身殉真理”的革命正气，蕴含了丰富、宝贵的政治营养和红色基因，是开展“不忘初心、牢记使命”主题教育的鲜活教材，是实现中国梦的强大精神力量。

关键词：红岩精神；苏区精神；南方局；中央苏区；“不忘初心、牢记使命”主题教育

红岩精神与苏区精神，它们分别是中国共产党人在抗战时期（延伸至解放战争初期）和土地革命战争时期孕育形成的伟大革命精神，是中国共产党人政治本色、精神特质的高度凝聚，是中华民族精神新的发展和升华，共同构成中国共产党人精神的链条。二者一脉相传，既有着各自的独特内涵，又彰显中国共产党人革命精神的共性。

一

红岩精神与苏区精神作为在不同历史阶段所产生的精神形态，呈现出“阶段性、地域性和事件性”的特质。红岩精神、苏区精神不是共产党人“闭门修道”的结果，而是共产党人投入伟大革命实践的产物。苏区精神是红岩精神的重要来源，红岩精神是苏区精神的传承和弘扬，二者所孕育形成的历史内涵和实践基础不同。

红岩精神的产生，与中国共产党所处的特定历史背景和抗日民族统一战线紧密相关，与中共中央南方局（以下简称“南方局”）所处的特殊环境、所进行的特殊斗争紧紧

相连。红岩精神是在抗日战争时期、解放战争初期，在以周恩来、董必武等为代表的南方局创造性地贯彻执行党的抗日民族统一战线的伟大实践中，在大后方极其复杂的政治环境和尖锐对立的政治斗争中形成的。它是中国共产党在曲折发展中走向成熟的时代产物。武汉沦陷后，随着国统区的中心向重庆转移，扩大的中共六届六中全会决定撤销长江局，并于1939年1月在重庆改设南方局，担负起“代表中央向国民党及其他党派进行统一战线的工作，以及指导南方和大后方各省党的工作”①。故南方局诞生的天然使命就是高举抗日民族统一战线旗帜，为抗战民主凝聚力量，其最重要的政治任务就是巩固和扩大抗日民族统一战线，维护国共合作，争取中间势力。

苏区革命斗争是苏区精神的母体和源泉。离开了苏区斗争，就根本谈不上什么苏区精神了。苏区精神是在革命根据地的创建和发展中、在建立红色政权以及探索革命道路的实践中，以鲜血和生命铸就而成的。土地革命战争时期，中国共产党领导创建了中央苏区、鄂豫皖、湘鄂西、闽浙赣、湘鄂赣、湘赣、左右江、鄂豫陕、陕甘边等10多块苏区。其中，中央苏区是当时最大、最为重要、最具代表性的革命根据地。中央苏区是中华苏维埃共和国党、政、军、群首脑机关所在地，是全国苏维埃运动的中心区域及大本营，是中国共产党人学习治国理政艺术和造就大批治国精英的实验基地，促进了全国许多根据地及红军的建设与发展。而苏区精神的主要发祥地是中央苏区。从1929年1月朱毛红军下山向赣南闽西进军，至1934年10月红一方面军开始长征，中国共产党人在中央苏区战斗历时5年零9个月，中国共产党逐步探索并成功开创了以农村包围城市、最后武装夺取全国政权的中国特色的民主革命道路。

因而，红岩精神、苏区精神形成和孕育了各自的内涵。红岩精神主要内涵为：刚柔相济、锲而不舍的政治智慧；“出淤泥不染，同流不合污”的政治品格；以诚相待、团结多数的宽广胸怀；善处逆境、临难不苟的英雄气概等。苏区精神主要内涵为：坚定信念、求真务实、一心为民、清正廉洁、艰苦奋斗、争创一流、无私奉献。

从二者内涵来看，它们的侧重点各有不同。红岩精神独具特色的内涵，在于“以诚相待，团结多数的宽广胸怀”以及“出淤泥不染，同流不合污”的政治品格，充分体现了马克思主义文化特质，彰显着爱国、团结、奉献、奋斗的精神特质，体现出共产主义的世界观、人生观、价值观。这一鲜明的政治品格作为红岩精神的精髓，始终贯穿于中国革命、建设和改革的实践中，并且不断得到丰富和发展，最终内化为共产党人的自觉行为。苏区精神独具特色的内涵，在于“坚定信念、求真务实、清正廉洁、艰苦奋斗、争创一流、无私奉献”，充分展现了苏区干部良好作风的精神风貌和党的一系列优良作风。苏区时期，以毛泽东为杰出代表的中国共产党人，努力克服党内“左”倾错误的干扰，深入实际调查研究，把马克思主义和中国革命实践相结合，成功地把党的工作重心由城市转入农村；各级党和苏维埃政府极其注重干部作风和反腐倡廉建设，创建了“空前的真

① 《刘少奇选集》(上卷)，人民出版社1981年版，第266页。

正的廉洁政府”，赢得高度赞誉；广大军民“有盐同咸，无盐同淡”，以昂扬革命斗志和蓬勃革命热情，创造了“第一等的工作”，使苏区各项事业得以蓬勃发展。

二

红岩精神和苏区精神都以马克思科学理论为指导，以中华民族优秀文化传统为底蕴，以谋求民族独立、人民福祉为价值追求的伟大革命精神。其基本内涵呈现如下共性：

第一，具有无比坚定的理想信念。南方局在重庆一成立，就面临着全新而复杂的局面：国共合作较好的时期结束了，国民党秘密制定溶共、限共和防止异党活动等一系列措施。皖南事变发生后，面临国共合作出现的危局，南方局善处逆境，审时度势，坚守阵地，沉着应对，创造性地贯彻中共中央“政治上全面攻势，军事上守势”的方针，以高超智慧开展政治斗争，争取时局好转。在恶劣环境中开展工作，没有坚定信念是完全立不住脚的。在周恩来、董必武等南方局领导人的领导下，南方局同国民党顽固派展开了艰苦卓绝的斗争，为争取抗战胜利，实现和平与民主做出了重要贡献。“虎穴坚持神圣业”，周恩来是善处逆境的概括。在南方局工作期间，他置个人安危于不顾，公开阐明共产党的立场，揭露国民党的种种罪恶行径。面对国民党的恐吓，他大义凛然，坚持斗争。毛泽东曾指示：“国民党区域的党，均由恩来负责管理，以统一党的领导。”①皖南事变后，面对危局他曾庄严宣告：“要作最坏的准备，要准备牺牲。要牺牲，我们一块儿牺牲！”②正是在周恩来的感召下，南方局的同志们“都有一个共同的感觉，有恩来同志在，我们毫无所惧”③，表现出对中国共产党和革命事业的无比忠诚，对中国共产党领导的民族革命和民主革命必将取胜的坚定决心。

第二，“创业艰难百战多”。苏区时期，面对国民党军的“围剿”封锁，苏区军民怀着“星星之火，可以燎原”的信念，坚信中国革命必然胜利，不断战胜各种艰难困苦，前仆后继，勇往直前。那时，许多的共产党人不为官、不图钱，不怕困难、不怕坐牢，慷慨赴死、从容就义，真正做到了为主义和信仰而奋斗、而献身。在中央苏区的主体——赣南苏区，“在捐躯牺牲的20余万人中，有名有姓的烈士为10.8万余人，占全国革命烈士总数的1/16。兴国、瑞金、于都、宁都等县的烈士都在1.6万人以上”④。

---

① 金冲及主编：《周恩来传》，中央文献出版社1998年版，第582页。

② 中共中央党史研究室科研管理部、中共重庆市委党史研究室：《见证红岩——回忆南方局》（上），重庆出版社2004年版，第204页。

③ 童小鹏：《风雨四十年》（第1部），中央文献出版社1994年版，第240页。

④ 柳建辉、骆炳峰主编：《苏区精神　永恒的丰碑——纪念毛泽东作兴国调查75周年暨弘扬苏区精神理论研讨会文集》（上），中共党史出版社2007年版，第11页。

瞿秋白含笑饮弹，何叔衡纵身跳崖，刘伯坚戴镣长行，杨显荣一家“八子参军”，李美群“马前托孤”，江善忠“死到阴间不反水”，方志敏就义前坦言：“敌人只能砍下我们的头颅，决不能动摇我们的信仰！”中央苏区的斗争能够坚持存在近 6 年时间，中央红军主力撤离后余部还能继续在这块土地上坚持 3 年游击战，都是坚定的理想信念这个伟大的精神支柱在发挥引领作用。实践一再证明，中国共产党历经曲折而不畏艰险，屡受考验而不变初衷，由小到大、由弱变强，靠的就是坚定的理想信念和百折不挠的革命精神。正如邓小平同志所说：“为什么我们过去能在非常困难的情况下奋斗出来，战胜千难万险使革命胜利呢？就是因为我们有理想，有马克思主义信念，有共产主义信念。”① 传承弘扬“红岩精神”“苏区精神”等中国共产党人革命精神，就是用崇高信仰铸就时代忠诚。

第三，以人民利益作为最高价值诉求。红岩精神是革命先辈为国家、为人民无私奉献的真实写照。以周恩来为典型代表的南方局的同志们在革命顺利时，不骄不躁，甘于奉献；当暗流袭来时，不灰心气馁，不怕牺牲；即使不幸被捕，身陷囹圄，他们做到了“威武不屈”。周恩来是红岩精神的重要培育者和忠实践行者。在最为不利的形势下，周恩来带领南方局创造性地贯彻党中央“荫蔽精干”方针，制定出适应国统区实际的“三勤”“三化”工作方针，探索出“上层工作与下层工作相配合，公开工作和秘密工作相配合，公开宣传与秘密宣传相配合，党外的联系和党内的联系相配合”的斗争策略，从而使国民党顽固派对我党组织的破坏减少到最低限度，为“建设坚强的战斗的西南党组织”做出了重大贡献，同时为迎接抗战胜利和新中国的诞生奠定了统战工作的坚实基础。

而在苏区时期，党和苏维埃政府十分关注群众利益，注意倾听群众呼声，关心群众疾苦，切实帮助解决群众生产和生活的实际困难。毛泽东曾反复强调，我们应该深刻地注意群众生活问题和工作方法问题，从土地、劳动问题，到柴米油盐问题，一切群众生活上的问题，“都应该把它提到自己的议事日程上”。正是由于党和苏维埃政府真心实意为人民群众谋利益，所以赢得了人民群众真心实意的拥护，因而能够拥有战胜强大敌人和各种困难的真正铜墙铁壁。历史昭示我们，只有植根人民、造福人民，党才能始终立于不败之地。

第四，是民族精神的充分展示和高度升华。红岩精神、苏区精神不仅生动诠释了中华民族精神的时代风貌，而且还鲜明地烙上了各自特定的历史印迹。二者均充分展现了中国共产党人的道德情操、人格风范和精神风貌，承载着优秀的文化基因，是中华民族优秀道德传统和人文情怀的民族精神的升华，成为凝聚各方力量砥砺奋进的强大精神之源，有着超越时空的恒久价值和旺盛生命力。

---

① 《邓小平文选》(第 3 卷)，人民出版社 1993 年版，第 110 页。

三

党的十九大明确要求："在全党开展'不忘初心、牢记使命'主题教育，用党的创新理论武装头脑，推动全党更加自觉地为实现新时代党的历史使命不懈奋斗。"开展"不忘初心、牢记使命"主题教育，就要统揽中国特色社会主义新时代"四个伟大"的新使命。红岩精神，是革命先辈为新中国的诞生而同帝国主义、国民党反动派进行艰苦卓绝斗争的历史概括，是革命先辈坚持真理、改造社会、为国家为人民无私奉献的真实写照，是我们改革开放发展建设过程中不可缺少的精神支柱。红岩精神是中华民族优良传统与中国共产党优良作风的融会和升华，具有革命性、民族性、时代性相统一的品格，是与时俱进的一种人文精神，蕴含了无限丰富且宝贵的政治营养和红色基因。是"不忘初心、牢记使命"主题教育活动的鲜活教材，利用好这一鲜活教材，对于扎实搞好"不忘初心、牢记使命"主题教育无疑具有重要的启示意义。

首先，刚柔相济、科学决策。红岩精神集中体现了中国共产党人"刚柔相济、锲而不舍"的政治智慧。从政治和全局高度深刻领会开展"不忘初心、牢记使命"主题教育的重大意义，这不仅体现态度问题，也涉及工作方法问题。红岩精神贯穿了马克思主义的科学世界观和方法论。在最为不利的形势下，周恩来带领南方局创造性地贯彻党中央"荫蔽精干"方针，制定出适应国统区实际的"三勤"（勤学、勤业、勤交友）、"三化"（职业化、社会化、合法化）的政策，探索出"上层工作与下层工作相配合，公开工作和秘密工作相配合，公开宣传与秘密宣传相配合，党外的联系和党内的联系相配合"的斗争策略，从而使国民党顽固派对我党组织的破坏减少到最低限度，为"建设坚强的战斗的西南党组织"做出了重大贡献，同时为迎接抗战胜利和新中国诞生打下了统一战线工作的基础。周恩来是中国共产党人的一面不朽旗帜。红岩精神是对中国共产党优良传统和作风的继承，它不是抽象的，而是生动真实地体现在周恩来等南方局领导人的言行中，客观地存在于南方局的历史伟业中。

刚柔相济、科学决策，这种工作方法，对于深入开展"不忘初心、牢记使命"主题教育有着重要而深刻的现实指导意义。诚如习近平总书记所指出："周恩来同志是近代以来中华民族的一颗璀璨巨星""是中国共产党不忘初心、牢记使命历史的一个生动缩影""周恩来同志身上展现出来的中国共产党人的崇高精神，是历史的，也是时代的，将激励我们在新时代坚持和发展中国特色社会主义征程上奋勇前进"。① 通过深刻领会红岩精神，我们更可以深刻理解习近平新时代中国特色社会主义思想的根本指导作用和根本要

① 习近平：《在纪念周恩来同志诞辰120周年座谈会上的讲话》，人民出版社2018版，第8—9页。

求；可以更深刻理解习近平新时代中国特色社会主义思想的时代背景和实践基础，明确它是源于实践发展、解决时代课题的科学理论；可以更深刻理解习近平新时代中国特色社会主义思想的核心要义与丰富内涵，全面领会、感悟其强大的真理力量。

其次，凝心聚力、砥砺奋进。红岩精神集中体现了中国共产党人“海纳百川、化敌为友”的政治胸襟。一旦失去群众，就会失去生命力。深入开展“不忘初心、牢记使命”主题教育，就是要调动一切可以调动的力量，共同致力于社会主义现代化建设。在灯红酒绿的国统区中心重庆，周恩来带领南方局创造了一套既广交各方朋友，但又“同流而不合污”的领导方式和工作方式，始终集聚在抗日民主统一战线旗帜下，创造出辉煌业绩。在这一过程中，周恩来等南方局领导人在坚持抗战、团结、进步，反对投降、分裂、倒退和实现民主政治的基础上，与中间党派广交朋友，协调步调，密切配合，团结战斗。南方局的共产党人深入社会底层，善于迁就群众现有的政治水平和思想、习惯、情绪等，用各种方式与群众接近，成为他们的知心朋友，和他们建立牢固的友谊。同时，共产党人头脑清醒，心存敬畏，站稳立场，像荷花一样出淤泥而不染。如今，中国共产党就是要继承和发扬党的光荣传统，集中各方面的智慧，把各方面的力量凝聚起来，把各方面的潜力发挥出来，共同开创新时代中国特色社会主义美好明天。

再次，坚定信念、自觉担当。红岩精神集中体现了中国共产党人“临难勿苟免，以身殉真理”的革命正气。红岩革命先辈从挽救中华民族危亡出发，深入龙潭虎穴，在逆境中挺立，在危局中开拓，在封锁中突围，以极大勇气和决心排除万难、艰苦奋斗、争取胜利，开辟出一条救亡图存的新战线，完成了党和人民赋予的重要历史使命。始终对革命充满信心，他们做到了胜不骄、败不馁，即使不幸被捕，身陷囹圄，他们都直面威逼利诱、威武不屈，笑对屠刀。他们不愧是中华民族的优秀儿女，是真正的共产党人。“人是要有一点精神的。”近百年来，无论是弱小抑或强大，无论是顺境还是逆境，我们党都初心不改、矢志不渝，为实现中华民族伟大复兴做出了巨大牺牲，创造了一个个彪炳史册的奇迹。今天，我们比历史上任何一个时期都更接近实现中华民族伟大复兴的目标。实现伟大梦想、进行伟大斗争、建设伟大工程、推进伟大事业，精神支柱任何时候任何情况下都是必不可少的。我们应当从周恩来等老一辈革命家的伟大人格力量中汲取养分，增强政治定力，补足精神之“钙”。

最后，历史在回望中显现价值。在南方局成立80周年之际，重温党的光辉历程，进一步深化对红岩精神和南方局历史的研究，是件极有意义的事情。新时代历史背景下，我们一定要大力弘扬伟大的红岩精神，从中借鉴工作方法，改进工作作风，全面增强“八种本领”，落实十九大部署要求，积极投身于中国特色社会主义伟大事业，为实现中华民族伟大复兴的中国梦灌注正能量，为推动全党更自觉地实现新时代党的历史使命而砥砺前行。

（作者单位：江西省南昌市青云谱区纪委）

红岩精神与长征精神比较分析

叶浩豪

摘　要：红岩精神和长征精神的基本内涵在本质上是一致的，两者一脉相承，都是中国共产党在革命战争年代提炼和造就的伟大革命精神，都是中华民族宝贵的精神财富，引领和激励共产党人克服一个又一个困难，夺取一次又一次胜利。但由于红岩精神和长征精神孕育于中国革命的不同时期，两者之间又有所不同，具有各自的突出特征。现阶段学术界关于红岩精神和长征精神的比较研究仍是相对欠缺，本文主要对红岩精神和长征精神进行比较分析，旨在探讨两者之间蕴含的丰富内在联系，致力于进一步宣传和弘扬红岩精神和长征精神，从而为实现中华民族伟大复兴提供强大的精神动力。

关键词：红岩精神；长征精神；南方局；红军

红岩精神和长征精神都是我们党宝贵的精神财富，两者一脉相承，既有共性又各具特色。现阶段学术界对红岩精神和长征精神的研究成果颇丰，[①]部分学者分别对红岩精神与井冈山精神、延安精神的比较，长征精神与苏区精神、八一精神、延安精神、抗战精神的比较进行了专门的论述，[②]但是关于红岩精神和长征精神的比较研究却是相对欠缺。因此，本文主要对红岩精神和长征精神进行比较分析，旨在探讨两者之间蕴含的丰富内

① 研究红岩精神的资料可参见黄晶晶、崔健：《红岩精神及其时代价值》，《党政论坛》2017年第10期；丁英顺：《红岩精神与中国革命精神》，《学理论》2017年第1期；唐棣宣、吴光会：《20多年来红岩精神研究综述》，《党的文献》2016年第5期；周勇：《周恩来与红岩精神》，《重庆社会科学》2016年第7期；李玲：《论执政文化视角下红岩精神的时代价值》，《理论与改革》2013年第5期；刘英：《红岩精神的内涵和特点探究》，《重庆行政（公共论坛）》2011年第4期；周勇：《红岩精神研究的几个基本问题》，《党的文献》2009年第2期。研究长征精神的资料可参见：李翔：《长征精神在"四个自信"中的价值意蕴》，《毛泽东思想研究》2018年第2期；滕慧君、曲建武：《"长征精神"的时代价值》，《人民论坛》2017年第10期；曲青山：《伟大长征精神与中华民族伟大复兴》，《中共党史研究》2016年第10期；金延锋：《论长征精神的时代意义》，《党的文献》2016年第5期；梅黎明：《长征精神的历史形成及其时代价值探析》，《毛泽东思想研究》2016年第6期；陈晓律：《长征与长征精神》，《南京政治学院学报》2016年第3期；武国友：《长征精神的历史意义与现实启示》，《社会科学战线》2015年第6期。

② 相关研究资料参见杜俊华、吴侃：《论红岩精神与井冈山精神》，《重庆社会主义学院学报》2012年第1期；杜俊华、刘洪彪：《红岩精神与延安精神的共性与特点探析》，《甘肃社会科学》2012年第2期；苏俊才：《长征精神与苏区精神之比较研究》，《福建党史月刊》2017年第3期；叶桉、李芸：《论长征精神对八一精神的传承与弘扬——基于从南昌起义到红军长征的伟大实践》，《江西社会科学》2017年第6期；杨扬：《论长征精神与延安精神的内在统一性》，《科教文汇（下旬刊）》2017年第9期；丁娅、张国镛：《长征精神与抗战精神的内涵及启示》，《西南农业大学学报》（社会科学版）2007年第4期。

在联系，从而进一步宣传和弘扬红岩精神和长征精神，为实现中华民族伟大复兴提供强大的精神动力。

一、红岩精神与长征精神的基本情况

1933 年二三月间，中央革命根据地第四次反“围剿”成功后，毛泽东被剥夺军事指挥权，临时中央负责人博古和军事顾问李德掌握了政治和军事大权。他们罔顾红军和国民党军兵力悬殊的客观事实，抛弃“诱敌深入”等得到实践证明的正确反“围剿”战略，实行冒险主义方针，命令红军全线出击，失利后又执行节节抵御的政策，造成红军伤亡惨重。第五次反“围剿”失败后，中央红军面临全军覆没危险，被迫实行战略转移。1934 年 10 月中旬，中共中央、中革军委率中央红军 8.6 万余人踏上了长征之路。直至 1936 年 10 月 9 日红四方面军到达甘肃会宁与红一方面军会合，10 月 22 日和 23 日红二、红六军团分别在将台堡、兴隆镇同红一方面军会师，中国工农红军完成了长征。红军长征历时两年，不仅创造了惊天动地的伟大史诗，还铸就了伟大的长征精神；这就是把全国人民和中华民族的根本利益看得高于一切，坚定革命的理想和信念，坚信正义事业必然胜利的精神；就是为了救国救民，不怕任何艰难险阻，不惜付出一切牺牲的精神；就是坚持独立自主、实事求是，一切从实际出发的精神；就是顾全大局、严守纪律、紧密团结的精神；就是紧紧依靠人民群众，同人民群众生死相依、患难与共、艰苦奋斗的精神。

1938 年武汉、广州失守后，抗战进入相持阶段。中国共产党为了巩固抗日民族统一战线和加强国民党统治区党的工作需要，党中央决定在 1939 年 1 月在重庆成立中共中央南方局（以下简称“南方局”），任命周恩来为书记。在当时艰苦险恶的时代背景下，南方局在中共中央的正确领导和周恩来等领导人的带领下，开始了在国民党统治区长达八年的斗争历程，为维护抗战民族统一战线、争取抗战胜利以及发展壮大人民民主统一战线做出了历史性贡献。南方局在抗日战争时期和解放战争初期的驻地红岩村因此有了特殊的政治含义，从这里诞生的革命精神也有了独特的地理含义与革命象征意义，这就是流传至今的“红岩精神”。1985 年 10 月 14 日，时任中共中央政治局委员、全国政协主席、原南方局领导成员之一的邓颖超重返红岩，写下了“红岩精神永放光芒”的题词。① 此后，江泽民、胡锦涛等国家领导人多次发表讲话，充分肯定红岩精神在中国共产党和中华民族历史上的重要地位，要求全党全社会大力弘扬红岩精神。2019 年 4 月 17 日，习近平在重庆考察工作结束时讲话指出：重庆是一块英雄的土地，有着光荣的革命传

① 中共重庆市委党史研究室：《红岩精神研究·前言》，中共党史出版社 2009 年版，第 3 页。

统。毛泽东同志在这里进行了决定中国前途命运的重庆谈判，周恩来同志领导中共中央南方局在这里同反动势力展开了坚决斗争，邓小平同志在这里领导中共中央西南局进行了大量开创性工作。重庆涌现了大批大义凛然、高风亮节的共产党人，如信仰坚定、不怕牺牲的赵世炎等人，英勇善战、屡建功绩的王良等人，坚贞不屈、永不叛党的江竹筠、王朴、陈然等人，严守纪律、勇于牺牲的战斗英雄邱少云，等等。解放战争时期，众多被关押在渣滓洞、白公馆的中国共产党人，经受住种种酷刑折磨，不折不挠、宁死不屈，为中国人民解放事业献出了宝贵生命，凝结成“红岩精神”。重庆要运用这些红色资源，教育引导广大党员、干部坚定理想信念，养成浩然正气，增强“四个意识”、坚定“四个自信”、做到“两个维护”，始终在政治立场、政治方向、政治原则、政治道路上同党中央保持高度一致。

二、红岩精神与长征精神的共性

（一）坚定的理想信念

红军踏上漫漫长征路时，尽管不知道长征的落脚点在哪里、战略转移何时结束，但红军战士始终坚信“只要跟党走，就有前途，就会胜利”。在风雨如磐的长征路上，面对国民党百万军队的围追堵截，以毛泽东同志为代表的中国共产党人和广大红军将士斩关夺隘，抢险飞渡，血战湘江，四渡赤水，巧渡金沙江，强渡大渡河，飞夺泸定桥，鏖战独树镇，勇克包座，转战乌蒙山，同敌人进行了600余次战役战斗。红军不仅粉碎了国民党重兵的围追堵截，还征服了空气稀薄的冰山雪岭，穿越了渺无人烟的沼泽草地，靠的就是把全国人民和中华民族的根本利益看得高于一切的崇高理想，靠的就是“革命理想大于天”的坚定信念，靠的就是正义事业必胜的革命信仰。“长征路上的苦难、曲折、死亡，检验了中国共产党人的理想信念，向世人证明了中国共产党人的理想信念是坚不可摧的。”①

在抗战时期和解放战争初期复杂险恶的政治环境中，以周恩来为代表的南方局虽然身处逆境，但是依然“热血似潮水般奔腾，心态似铁石的坚贞”，在不利条件下，虽然经历各种风险考验，但始终保持坚定的革命理想信念，开拓了党在国民党统治区工作的新局面。特别是在皖南事变发生后，革命形势陡然直下，国共合作关系面临严峻考验。面对危局，周恩来在致党中央的电报中说：“我们一切都准备了，即使捕杀讨扣，毫无所惧”，“我要坚持到最后”。② 周恩来还经常告诫同志们：“要作最坏的准备，要准备牺

① 习近平：《在纪念红军长征胜利80周年大会上的讲话》，《中共党史研究》2016年第10期。

② 中共重庆市委党史研究室：《中共中央南方局大事记》，重庆出版社2004年版，第142页。

牲。要牺牲，我们一起牺牲！”[①]正是在周恩来的领导和感召下，国民党统治区涌现出了张文彬、何功伟、罗世文、车耀先、苏曼、胡其芬等一大批共产党人和革命志士，他们用实际行动向世人证明共产党人的理想信念是坚不可摧的。

（二）团结一切可以团结的力量

长征途中红军不仅面对党外敌人的围追堵截以及恶劣的自然环境，还经历了激烈的党内军内斗争，除了遵义会议上以毛泽东为代表的正确路线与党内错误路线斗争外，张国焘的分裂阴谋让中央红军一度面临生死存亡的关头。1935 年中央红军和红四方面军在四川懋功会师后，6 月 26 日中央政治局在两河口召开会议讨论红军发展战略方针问题。会上一致同意周恩来、毛泽东等多数人关于北上的意见，会后中共中央率领红一方面军北上，但是张国焘却提出各种借口不愿北上，坚持南下，并在 10 月 5 日公然另立“中央”。针对张国焘的阴谋分裂行径，随左路军行动的朱德、刘伯承等革命领导人进行了坚决斗争。徐向前回忆说：“朱德同志坚决反对另立‘中央’……自从张国焘另立‘中央’起，朱德同志就和他唱对台戏。他同张国焘的斗争，绝不象‘左’倾教条主义者那样，牙齿露得越长越好，而是心平气和，以理服人，一只手讲斗争，一只手讲团结。”[②]党中央从全局出发，也力求红军的团结与稳定，一方面与张国焘分裂主义做坚决斗争，另一方面也对其说服教育，必要时作一定妥协让步。经过朱德、刘伯承、任弼时、贺龙等力争，并得到徐向前等红四方面军许多干部、战士的支持，[③]最终实现了会宁会师。

长征精神主要体现的是维护党内紧密团结的精神，红岩精神主要体现维护统一战线紧密团结的精神，两者都是中国革命团结精神的生动体现。抗战时期，以周恩来为书记的南方局的统一战线工作主要有两个方面，一是坚持团结，坚持国共合作，维护抗战大局。二是广泛团结和发展各阶级各阶层各党派的爱国民主力量，最大限度地扩大统一战线的基础。[④]为了团结中间力量，南方局从国民党统治区实际出发，制定了“扶助进步团体，照顾小党派利益，进行民主运动，谋求各党派的合法地位，要求政治改革”[⑤]等一系列策略方针，最大限度争取了中间力量，使爱国民主党派成为中国共产党肝胆相照、荣辱与共、长期合作的亲密战友，从而有力地改变了抗日民族统一战线内部阶级力量对比，把抗日民族统一战线推向了前所未有的广度。抗战胜利后，南方局在解放战争初期依然坚持统战工作，坚持“发展进步势力，争取中间势力，孤立顽固势力”[⑥]的方针，团结一切可以团结的力量，尤其是把中间力量紧密地团结在中国共产党的周围，为新中国

---

① 中共重庆市委党史研究室：《红岩精神研究》，中共党史出版社 2009 年版，第 186 页。

② 徐向前：《历史的回顾》（中），解放军出版社，1985 年，第 474—475 页。

③ 中共中央党史研究室：《中国共产党的九十年·新民主主义革命时期》，中共党史出版社，党建读物出版社 2016 年版，第 162 页。

④ 中共重庆市委党史研究室：《红岩精神研究》，中共党史出版社 2009 年版，第 172 页。

⑤ 中共重庆市委党史研究室：《红岩精神研究》，中共党史出版社 2009 年版，第 176 页。

⑥ 中共重庆市委党史研究室：《红岩精神研究》，中共党史出版社 2009 年版，第 135 页。

的诞生奠定了重要的政治基础。

（三）紧密联系群众

红军长征途径的大部分地区都是土地贫瘠、物产不丰，粮食和物资的匮乏往往是红军面临的最迫切问题。但是沿途地方的党组织和人民群众经常勒紧裤带、倾囊相助，而且还全力安置和保护红军长征途中的伤病员。此外，红军转战千里，有时会遭遇人生路不熟，甚至语言不通的情况，沿途群众自愿为红军当向导、做翻译，积极配合红军作战和转移。在红军的感召下，许多群众参加了红军队伍，使遭受减员损失的红军得到必要的兵员补充。1936年红军三大主力会师时，在陕甘苏区的红军总兵力有7万余人。① 长征途中，红军将士与人民群众生死相依、患难与共、艰苦奋斗，赢得人民群众真心拥护和支持，广大人民群众成了长征胜利的力量源泉。

土地革命战争实践证明，“革命战争是群众的战争，只有动员群众才能进行战争，只有依靠群众才能进行战争”②。抗战时期，南方局在国民党统治区依然重视群众工作，始终与群众在一起，不仅保存了党的组织，还发展了革命的力量，争取了更多的群众对中国共产党的同情和支持。从1939年起，党中央和毛泽东系统总结了中共长期地下斗争的历史经验，根据抗战相持阶段国民党统治区的实际情况，逐步提出并制定了“荫蔽精干，长期埋伏，积蓄力量，等待时机”十六字方针。③ 南方局把党中央“十六字”方针作为指导，制定了“三化”和“三勤”的具体工作策略。“三化”具体指“社会化、职业化、群众化（或合法化）”，就是要从组织形态上使自己能够长期隐蔽下来，积蓄力量以待时机。“三勤”具体指“勤业、勤学和勤交友”，就是要求从事地下工作的党员和干部彻底转变作风，搞好本职工作，在群众中扎根，不再像抗战初期那样只搞形式轰轰烈烈，而内容空空洞洞的公开活动。④ 特别是“群众化”和“勤交友”极大转变了在国民党统治区从事地下工作的党员过去严重脱离群众的不良工作作风，密切了党员和党组织与群众的血肉联系，使群众工作更加深入，积累了丰富的群众工作经验，培养了大批骨干力量，为抗战后期民主运动的兴起、秘密外围组织的建立和党组织的发展提供了重要的思想和组织准备。

---

① 齐德学：《“紧紧地和中国人民站在一起”：红军长征胜利之本》，《党的文献》2016年第5期。

② 《毛泽东选集》（第1卷），人民出版社1991年版，第136页。

③ 中共重庆市委党史研究室：《红岩精神研究》，中共党史出版社2009年版，第153页。

④ 中共重庆市委党史研究室：《红岩精神研究》，中共党史出版社2009年版，第155页。

三、红岩精神与长征精神不同的突出特征

红岩精神和长征精神的基本内涵在本质上是一致的，但由于两者孕育于中国革命的不同时期，因而两者之间有所不同，具有各自的突出特征。红军长征是第五次反“围剿”失败后被迫实施战略转移，中国革命形势陷入低谷。在漫漫征途中，红军将士不仅要突破国民党重兵的围追堵截，还要克服大自然的各种艰难险阻。红军长征后不久就遭遇了关系生死存亡的关键一战：湘江战役。1934 年 11 月 25 日，中革军委决定红军从广西全州、兴安间抢渡湘江，红军广大干部、将士同国民党军队展开殊死决战。红军以疲惫饥饿之师与敌苦战五昼夜，终于突破敌军重兵设防的第四道防线，粉碎了蒋介石围歼中央红军于湘江以东的企图，但是红军部队也损失惨重，由出发时的 8.6 万余人锐减至 3 万余人。[①] 雪山草地是红军长征中经历的最恶劣自然环境。雪山空气稀薄，人迹罕至，而且气候变化无常，经过长途跋涉和连续作战的红军将士需要在缺衣少粮的状态下冒着风雪严寒在雪山中艰难前行，不少将士累倒、冻僵，甚至长眠在雪山上。草地沼泽密布，河沟交错，“气候甚为恶劣，年平均气温在摄氏零度以下，雨雪冰雹来去无常，时而晴空万里，烈日炎炎，时而阴霾蔽日，电闪雷鸣”[②]。根据相关资料统计，长征期间牺牲的红军官兵营以上干部为 430 人左右，师职干部的有 80 多人，[③]“在红一方面军二万五千里征途上，平均每 300 米就有一名红军牺牲”[④]，无数红军将士的流血牺牲换取了红军长征的胜利。因此，长征精神的突出特征表现为始终坚定革命信念、不怕艰难险阻的英雄革命精神。

红岩精神的突出特征表现为以斗争求团结，维护抗战民族统一战线的民族团结精神。南方局成立于抗日战争相持阶段，虽然大体承接了长江局的工作任务，但是在抗战形势发生较大变化的背景下，南方局的最重要工作任务也发生了变化，并不再是组织开展公开的群众性抗日救亡斗争，而是要扎实巩固党的组织，代表党中央担当起维护国共合作、巩固和发展抗日民族统一战线的艰巨任务。曾担任南方局宣传秘书的宋平指出：“这是一段非常重要的历史。在当时有两个战场：一个解放区，在前线进行武装斗争，是主战场；另一个战场在大后方，在国民党统治地区，也是一个重要战场。在后一战场，我们党进行了多方面的工作：建立党的各级组织，成功地开展了统一战线工作，团结各阶层人士，带动广大群众，支持抗日战争。可以说，没有这一条战线，没有大后方这个

---

① 中共中央党史研究室：《中国共产党历史（第一卷）》（上册），中共党史出版社 2002 年版，第 487 页。

② 朱成源主编：《长征在雪山草地》，四川民族出版社 1986 年版，第 112 页。

③ 于晓明：《长征中牺牲的师以上干部有八十多名》，《党的建设》2006 年第 12 期。

④ 习近平：《在纪念红军长征胜利 80 周年大会上的讲话》（2016 年 10 月 21 日）。

战场的大量工作和取得的成就，也很难取得前方军事的胜利。”[①]特别是在国民党顽固派倒行逆施的恶劣政治环境下，南方局在周恩来等领导下始终高举抗日民族统一战线的大旗，创造性地贯彻执行中央“坚持抗战、反对投降；坚持团结、反对分裂；坚持进步、反对倒退”和“团结进步势力，争取中间力量，孤立顽固势力”的方针，同国民党反动派进行“有理、有利、有节”的斗争，[②]打退了国民党反动派发动的三次反共浪潮，挽救了抗战危局，维护了抗战民族统一战线。在这过程中培育和发展起来的民族团结精神也成了红岩精神区别于长征精神的独特精神内涵和突出特征。

四、红岩精神与长征精神的时代价值

红岩精神和长征精神都是中华民族的宝贵精神财富，都是实现中华民族伟大复兴的强大精神动力。两者都是从中国革命斗争中孕育而生，是中国共产党在革命战争年代提炼和造就的伟大革命精神，引领和激励共产党人克服一个又一个困难，夺取一次又一次胜利。时至今日，面对许多具有新的历史特点的伟大斗争，红岩精神和长征精神依然是党的理想信念教育的生动教材，是中国共产党人的精神之“钙”。这就要求我们深入学习马克思列宁主义、毛泽东思想、邓小平理论、“三个代表”重要思想、科学发展观、习近平新时代中国特色社会主义思想，弘扬伟大红岩精神和长征精神，坚定理想信念。

此外，南方局创造性地贯彻党的统战方针，采取以斗争求团结的统战策略，维护国共合作抗战到底，巩固和扩大了统一战线。红军长征途中纠正了党内“左”倾教条主义错误路线，重新确立了毛泽东正确思想路线在党内的领导地位。两者都是中国共产党人独立自主运用马克思主义基本原理来分析中国革命实际的伟大探索成果。正如恩格斯说的：“马克思的整个世界观不是教义，而是方法。它提供的不是现成的教条，而是进一步研究的出发点和供这种研究使用的方法。”[③]无论是在革命战争年代，还是和平发展年代，中国共产党始终坚持马克思主义基本原理同中国具体实际相结合，运用马克思主义立场、观点、方法研究解决各种重大理论和实践问题，不断推进马克思主义中国化。最后，无论是南方局在红岩村创造的伟大业绩，还是红军长征的伟大胜利，都告诉我们只有始终相信人民，依靠人民，充分调动人民的积极性、主动性、创造性，才能凝聚起众志成城的磅礴动力。人民是历史的创造者，是决定党和国家前途命运的根本力量，紧紧依靠人民群众是红岩精神和长征精神的共同重要体现。现阶段，面对我国经济发展进入新

---

① 《南方局的历史丰富了党的历史宝库——记宋平同志的讲话》，载《中共南方局党史研究论文集》，重庆出版社 1993 年版，第 1—2 页。

② 中共重庆市委党史研究室：《红岩精神研究·前言》，中共党史出版社 2009 年版，第 2 页。

③ 《马克思恩格斯文集》（第 10 卷），人民出版社 2009 年版，第 691 页。

常态、国际发展环境深刻变化的新形势，面对改革进入攻坚期和深水期、各种深层次矛盾和问题不断呈现、各类风险和挑战不断增多的新形势，面对全面建成小康社会进入决胜阶段的新形势，我们只有始终牢记、学习和弘扬红岩精神和长征精神，始终保持党同人民群众的血肉联系，始终坚持以人民为中心的执政思想和全心全意为人民服务的根本宗旨，才能战胜一切困难、风险和挑战，最终实现中华民族伟大复兴的中国梦。

（作者单位：中共广东省委党史研究室）

红岩精神与加强党的先进性和纯洁性建设

汪　杰

摘　要： 红岩精神是中国共产党人和中华民族宝贵的政治和精神财富，是中国共产党党性的集中表现和生动展示，蕴含着丰富的党的先进性和纯洁性建设经验，是新时代全面从严治党，有效应对"四大考验"和"四种危险"的有力武器。弘扬红岩精神，就是要坚定理想信念，坚守共产党人精神追求；坚持艰苦奋斗，彰显共产党人政治本色；坚持立党为公，永葆共产党人清正廉洁。

关键词： 红岩精神；党的先进性和纯洁性建设；现实启示

红岩精神是在民族危亡的历史时期，在国统区复杂险恶的社会环境中，以中共中央南方局（以下简称"南方局"）书记周恩来为代表的中国共产党人和革命志士，在党的坚强领导下，把马克思主义普遍原理与中国革命具体实践紧密结合，在争取民族独立和人民解放的斗争实践中锤炼、培育、形成的崇高思想境界、坚定理想信念、巨大人格力量和浩然革命正气。红岩精神同井冈山精神、长征精神、延安精神等一样，都是中国共产党人和中华民族宝贵的政治和精神财富。党的十九大明确提出了新时代党的建设总要求，强调以加强党的长期执政能力建设、先进性和纯洁性建设为主线。适应新时代全面从严治党的任务要求，大力弘扬红岩精神，对于加强党的先进性和纯洁性建设，成功实现党的十九大确立的奋斗目标，夺取新时代中国特色社会主义伟大胜利有着重大的现实意义。

一、红岩精神是中国共产党党性的生动体现

党性，是一个政党的本质属性，是政党的政治主张、政治活动本性和特性的最高、最集中的表现。中国共产党的党性是中国工人阶级的阶级性最深刻、最本质的反映，同时也是无产阶级政党独有的先进性和纯洁性的反映。刘少奇对党性问题有过深刻的阐述，他指出："为了党的、无产阶级的、民族解放和人类解放的事业，能够毫不犹豫地牺

牲个人利益，甚至牺牲自己的生命，这就是我们常说的‘党性’或‘党性观念’、‘组织观念’的一种表现。这就是共产主义道德的最高表现，就是无产阶级政党原则性的最高表现，就是无产阶级意识纯洁的最高表现。”①刘少奇强调：“共产党员应该具有人类最伟大、最高尚的一切美德，具有明确坚定的党的、无产阶级的立场（即党性、阶级性）。”②中国共产党的先进性和纯洁性，要求每个党员都能够在任何情况下，把自己个人的利益绝对地、无条件地服从党的利益，这是考验作为个体的党员是否忠于党、忠于革命和共产主义事业的标准。中国共产党的党性表现为千百万共产党员为了完成党在各个时期的历史使命，英勇奋斗、忘我牺牲、开拓进取实践的升华，具有鲜明的时代特征。红岩精神作为中国共产党和中国革命精神的重要组成部分，是中国共产党党性原则的集中表现和生动展示，它是抗日战争、解放战争时期以周恩来为代表的中国共产党人和革命志士为着民族独立、人民解放而奋斗所表现出来的崇高理想信念和高风亮节，其鲜明的时代特征表现为：

（一）深厚的民族性与党的先进性的统一

红岩精神是中华民族的优良传统、道德规范和民族气节与共产党人的世界观、人生观、价值观有机融合的结晶。中华民族具有五千年文明史，蕴藏着丰富的文化底蕴和道德精华。红岩精神正是在吸收民族优秀文化中继承发扬了追求理想、坚守气节、精忠报国的精髓，将“先天下之忧而忧，后天下之乐而乐”的忧乐观深化为密切联系群众，吃苦在前、享乐在后的党性原则，把传统美德赋予共产主义情操的科学内涵。因此，作为抗战时期周恩来在重庆亲手培育、反映中国共产党成熟时期精神风貌的红岩精神，其鲜明的特征就体现在它既是民族的、传统的、大众的；更是先进的、科学的、革命的。周恩来作为红岩精神的培育者，在他身上集中、完美地体现了这一点。他一方面具有彻底的无产阶级革命世界观和人生观，同时，他又深受中华民族传统文化的熏陶，继承了其精华，并把这两者完美地融合在一起，形成了他独特的人格魅力。在长期的革命斗争实践中，他自觉地加强党性锻炼，1943年南方局机关开始整风，他带领大家学习延安整风的重要文件，严格解剖自己，写出了《我的修养要则》。他廉洁清正，大公无私，功高不居，位尊不骄，严于律己，宽以待人，言行一致，表里如一，把全部身心都贡献给了中华民族和中国人民的解放事业。他心中时刻想着人民，关心同志，照顾朋友，唯独没有顾及他自己，他的思想品德、作风不仅为全党树立了楷模，而且还深刻地影响、教育了广大党外仁人志士。国民党统治区的民主党派、爱国人士、广大知识分子和国际人士，正是从周恩来等共产党人的言行中，认识了中国共产党。不少人对共产党由疑惧到信赖，由疏远到亲近，由参加抗日救亡运动到参加民主运动，进而接受共产党的领导，跟着共产党前进。

---

① 《刘少奇选集》(上卷)，人民出版社1981年版，第131页。

② 《刘少奇选集》(上卷)，人民出版社1981年版，第133页。

（二）追求崇高理想与实现现实目标的统一

我们党是最低纲领和最高纲领的统一论者。共产主义始终是中国共产党人追求的崇高理想和最终奋斗目标，而打倒日本帝国主义，实现民族独立和人民解放，进而赢得新民主主义革命的胜利，则是中国共产党顺应时代发展所提出的现实目标。我党之所以在抗日战争中能得到发展壮大，一个重要的原因就是善于把民族和人民利益转变为党的意识，转变为正确指导革命实践的方针和政策。正因为这些方针和政策代表了中国最广大人民的根本利益，因而得到社会各阶层的拥护。同样，这也是当年国共合作的抗战局面得以维系，以周恩来为代表的共产党人在国统区能够赢得人心，进而把抗日民族统一战线和人民民主统一战线推向空前的广度和深度并取得巨大成功的基础。

红岩精神是周恩来等老一辈革命家在马列主义、毛泽东思想指导下，在领导国统区人民进行民族、民主革命的实践中培育出来的。从它一产生，就具有理论与实践相统一、革命理想与现实目标相统一的特点。当年，无论是战斗在红岩的共产党人，还是战斗在国统区各地的地下党员，他们都有坚定的理想和信念，在白色恐怖、生与死面前不仅都能坚持共产党人的革命气节，而且他们也能顺应形势，充分考虑和照顾广大拥护抗战与民主的各阶层的利益。正因为南方局善于把共产党的长远目标与新民主主义革命的现实目标相结合，才使共产党人与社会各阶级、各阶层、各党派找到了在民族、民主利益上的共同点。

（三）勇于开拓与无私奉献的统一

南方局是在国民党心脏地区开展工作的，其生存环境之险恶和斗争情况之复杂可想而知，没有开拓创新的精神和非凡的政治智慧，就不可能开创工作的新局面。特别是皖南事变后，中共在国统区的处境更加艰难，公开合法组织的工作受到国民党当局的更为严密的监视，就连周恩来的活动范围也受到严格限制。但是，周恩来领导南方局各级组织的广大干部和党员，适应白色恐怖日益加剧的新情况，坚持贯彻荫蔽精干的方针，采取灵活多样的组织形式和斗争方式，扎根群众进行党的建设，建立群众工作据点，广泛开展以话剧运动为主的进步文化运动，同时重视对外接触，拓展中共的外事工作领域，这就冲破了国民党顽固派的重重阻碍，使中共的政治影响在国统区更加深入人心，在国际上的交往范围也日益扩大。可以说，正是由于有了勇于开拓的精神，才使南方局在险恶的环境中扎下了根，国统区的党组织才得以恢复、发展和壮大。这种开拓精神的力量源泉则来自以周恩来为代表的共产党人的无私奉献，并体现于他们的言行之中。当时，我们的同志无论是在公开的红岩，还是在隐蔽的地下，无论是书记，还是普通党员，他们都自觉地把无私奉献精神体现于严于律己、艰苦奋斗、出淤泥而不染的言行之中。正因为如此，才有了周恩来将座车作为红岩专用车，邓颖超把毛衣当作红岩女同志外出公干的化妆服，才有了白手起家为党创办出千万资产实业的地下党员却清贫度日和有着百万家财的党员为革命倾囊而出，以及从事职业革命的党员靠自己的劳动维持生活等活生生的感人事迹。

二、红岩精神蕴含着丰富的党的先进性和纯洁性建设经验

红岩精神是中华民族优秀传统与共产党人世界观、人生观、价值观的结晶，是中国共产党人忘我奋斗、无私奉献政治品质和优良作风的具体体现，蕴含着丰富的党的先进性和纯洁性建设经验，是新时代全面从严治党，有效应对“四大考验”和“四种危险”的有力武器。

（一）注重理想信念教育，着力提高党员干部的思想理论水平和政治觉悟

理想信念是共产党人精神上的“钙”。习近平总书记反复强调：“理想信念坚定，骨头就硬，没有理想信念，或理想信念不坚定，精神上就会‘缺钙’，就会得‘软骨病’”，“就可能导致政治上变质、经济上贪婪、道德上堕落、生活上腐化”。[①] 共产党人的理想信念就是对马克思主义的信仰，对社会主义和共产主义的信念。中国共产党从诞生之日起就把马克思主义写在自己的旗帜上，把实现共产主义确立为最高理想。南方局高度重视理想信念教育，规定星期四为“党日”。每周这一天，所有在渝的公开机关中层以上领导和新华日报社编委以上干部以及曾家岩的干部，都要到红岩村集中学习。周恩来还把一位青年写的“太忙就挤，不懂就钻”的口号贴在墙上，作为大家学习的座右铭。南方局还通过《群众》周刊向广大党员发出“学习、学习、再学习”的号召，指出党员“要在巨浪中站稳自己的脚跟，正确理解四周的环境，不迷惑运动的方向和前途。只有学好革命理论，才能运用好革命理论”[②]。周恩来亲自授课，给党员干部讲马列主义理论，讲中国共产党的历史，讲党的方针政策，并进行革命气节教育，帮助党员干部树立共产主义世界观、人生观和革命乐观主义精神，培养他们坚定的革命意志和信念，提高他们的马列主义理论修养和政治思想素质。周恩来指示《新华日报》和《群众》周刊有计划地发表马列和毛泽东著作以及宣传马克思主义的文章，强调把《新华日报》和《群众》周刊办成宣传马列主义的重要阵地。周恩来还注意引导广大党员干部运用马列主义理论去批判国民党宣扬的封建法西斯主义。例如，1943 年共产国际解散前，蒋介石抛出《中国之命运》一书，宣传共产主义不适合中国国情，曾经一度在人们思想上造成了一些迷惑。周恩来带领南方局及时地在机关干部中开展了形势教育，帮助大家认识到：中国共产党已经是一个成熟的党，早已经能够独立自主地决定中国的问题，共产国际的解散并不说明共产主义没有前途了。在周恩来的领导下，战斗在国统区特殊环境中的共产党人，始终自觉加强党性修养，坚守党的政治信仰，把对共产主义的坚定理想信念，追求

---

① 中共中央宣传部：《习近平总书记系列重要讲话读本（2016 年版）》，学习出版社、人民出版社 2016 年版，第 106—107 页。

② 《群众》周刊第 2 卷 20 期，1939 年 4 月 1 日。

救国救民真理的执着作为立身之本。

(二)大力倡导艰苦奋斗精神，培育党员干部巨大人格力量

艰苦奋斗精神是中国共产党人的“政治本色”。在战争年代，有没有艰苦奋斗精神，这是共产党与国民党、人民军队与国民党军队相区别的显著标志。一无政权，二无军队，三缺物资、金钱的中共中央南方局的共产党人，靠什么壮大党的力量、扩大党的影响？靠什么赢得越来越多人民群众的同情、支持和帮助？靠什么在国统区长期坚持、争取和团结各阶级人士，不断巩固和扩大抗日民族统一战线，发展壮大人民民主统一战线？从根本上讲，靠的是党中央有一条正确的政治路线和一整套方针、政策和策略。与此同时，以周恩来为代表的共产党人通过自我人格力量展示中国共产党政治优势，凝聚民心，赢得群众，也是其中至关重要的因素。红岩精神中蕴含的巨大人格力量突出体现在对革命事业的无私奉献和艰苦奋斗的工作作风。具体来说，一是艰苦朴素、勤俭节约的美德。虽然红岩的物质生活非常清贫，但人们始终保持着乐观向上的生活态度。中共中央南方局和八路军办事处的一切经费全靠自筹，工作人员没有工资，只有津贴。每人每月津贴三元五毛至五元，每天每人的生活费至少花掉1毛钱，因此，几乎没有零花钱。周恩来担任国民政府军事委员会政治部副主任和国民参政会参议员，每月有些工资，由他的公务员邱南章到国民政府领取，但周恩来从来极尽节约，仅在日常必需生活用品上按照最低标准使用极少一点，其他全部作为党费上交。有一次，邱南章见周恩来穿的裤子实在太旧了，而且裤管也破边了，就打算给他新买一条，可周恩来执意不肯。有同志劝说道：“国民党官员们都穿的是崭新的高级毛料，您经常和他们打交道，穿得太破也说不过去呀。”周恩来立刻严肃地说：“我们是共产党、八路军，怎么能和他们比呢？……要比，和解放区的同志们比，他们穿着粗布衣裳在前线流血流汗，我们这里的条件好多了，穿得干干净净就行了。”①周恩来总是这样以身作则，教育和影响了身边的同志们。二是顽强拼搏、忘我工作的作风。周恩来号召南方局的同志们以“坚韧的奋斗精神”去努力工作。他率先垂范，时常夜以继日、争分夺秒地工作。周恩来带动南方局的党员干部们形成一个基本习惯，即一事当前尤其是困难面前“多想想自己的责任”②，以高度的责任心激励自己为工作艰苦努力，再将这种习惯进而扩展到南方局系统的党组织，使他们都能以艰苦努力去完成党交给的任务。三是奋发进取、愈战愈勇的品质。皖南事变后，鉴于国民党加紧破坏致使中共组织安全受到极大威胁，更无法开展工作的情况，1941年四五月间，周恩来提出改变组织路线和工作方法，强调党员要在社会生根、交朋友、学习，巧妙实现党的政策，但不要随便发动斗争，要坚决改变公式主义的思想和工作方式。据此，新创出“据点”工作方式，使党的工作在艰难环境中闯出

---

① 中共中央党史研究室科研管理部、中共重庆市委党史研究室:《见证红岩——回忆南方局》(上),重庆出版社2004年版,第153—154页。

② 邱南章:《艰苦奋斗 工作第一——忆抗战时期在周副主席身边的日子》,载《怀念周恩来》,人民出版社1986年版,第389页。

一条新路，获得新的发展。

（三）开展整党审干，保持基层党组织的纯洁

党的基层组织是党全部工作和战斗力的基础，是落实党的路线、方针、政策和各项工作任务的战斗堡垒。党的基层组织牢固与否，直接关系到党的任务能否保质保量完成。全国抗战爆发前，由于国民党反动派的残酷镇压，南方各省的党组织遭到了严重破坏，革命力量受到很大的削弱。1938年3月15日，中共中央颁布了《关于大量发展党员的决议》。南方各省按照中央决议大力发展了党员和建立了大批的基层组织。“但正因为在短时期内党得着了猛烈的发展，所以党的组织很不巩固，在征收新党员的工作中是有严重的错误与缺点存在的。某些地方党支部为了追求新党员的数目字，便进行所谓发展党的突击运动，集体加入与不经过个别的详细审查的征收党员。因此许多普通抗日分子或党的暂时同路人，也加入了党。异己分子，投机分子，以及奸细，也乘机混入了党。”①因此，巩固党的基层组织就成为党“今后一定时期的中心任务”②。1939年4月，周恩来在衡阳对中共湖南省委负责人谈话时强调指出：要整顿巩固党的组织；在组织发展上要“质重于量，巩固重于发展”③。针对基层党组织在短时间迅猛发展，存在某些组织不纯的现实情况，南方局根据党中央关于审查干部和肃清内奸的指示，决定开展一次整党审干运动。在这次整党审干运动中，南方局举办培训班对党员干部普遍开展形势教育、阶级教育、气节教育和保密教育等，以便提高广大党员干部思想政治水平和阶级觉悟。这次整党审干运动主要是从上而下逐级进行审查、整顿和处理。一般由各县、区党委、省党委先审查各级干部，保证党的各级领导机关掌握在已经通过审查的干部手中。然后由这些机关负责人对各支部的每一个党员进行排队、逐级审查。审查的内容主要是家庭成分、入党动机和入党后的表现等方面。经过几个月的治理整顿，各省区都清洗出了一些混入党内的“异己分子、投机分子以及奸细”，也使一些觉悟实在太低的或盲目被拉入的退了出去，清除了极少数动摇的腐化分子和潜伏在党内危害极大的叛徒内奸。党员的人数虽然减少了，但是党员普遍受到了一次深刻的教育，党的干部得到一次很好的训练，党的基层组织更加纯洁，党的战斗力更加提高。

（四）开展批评与自我批评，勇于自我革命

批评与自我批评，是中国共产党人的优良传统，是共产党人自我革命、保持肌体健康，使党充满生机和活力的锐利武器。中国共产党之所以伟大，之所以一直前进，不在于从来不犯错误，而在于具有批评和自我批评的自觉，具有自我纠错的能力。历史经验证明，充分开展批评与自我批评，对于端正思想认识，纠正工作中的失误，增强党内外的团结，抵制非无产阶级思想的影响，从而保持党的先进性和纯洁性具有极其重要的意义。在这方面，周恩来领导下的南方局把这一优良作风很好地运用在革命工作中。一

---

① 南方局党史资料征集小组：《南方局党史资料·党的建设》，重庆出版社1990年版，第11页。

② 南方局党史资料征集小组：《南方局党史资料·党的建设》，重庆出版社1990年版，第11—12页。

③ 南方局党史资料征集小组：《南方局党史资料·党的建设》，重庆出版社1990年版，第172页。

是把批评和自我批评作为党性修养的重要内容。1943年整风运动期间，周恩来在红岩写下了著名的《我的修养要则》，其中第四条明确提出“要与自己的他人的一切不正确的思想意识作原则上坚决的斗争”[①]。对于党内出现的错误思想，他站在党的立场上，从维护人民的根本利益出发，要求进行严肃而又恰如其分的批评，创造性地贯彻党中央关于“惩前毖后，治病救人”的方针，采取“团结——批评——团结”的方法，从而保证了整风始终沿着正确的方向前进，避免了任何偏差的出现。二是率先垂范，做批评与自我批评的表率。周恩来、董必武等南方局领导人从来不惮于批评和自我批评。周恩来在讲党的历史时，每当讲到党史上的重大错误，他总是坦诚地告诉大家自己在过去革命过程中所犯的错误，并当众作严格的自我批评。董必武同样是楷模。有一次，财务上出现了6毛钱的收支不平衡，他亲自向中央做检讨。在周恩来、董必武等人的示范下，南方局的批评与自我批评蔚然成风。三是运用批评与自我批评的武器，提高党员的思想政治觉悟。南方局工作人员在国统区工作，随时都有被捕和牺牲的危险。对此，南方局及周恩来等领导人十分强调党支部在地下统战工作斗争中，在对党员进行共产主义教育的同时，提倡采取批评与自我批评的方式。在周恩来看来，“批评自己，批评别人，受人批评”是搞好内部团结、克服缺点、不断觉悟的重要保证。他说：“我们在严酷的地下革命工作斗争中，党支部通过文件、理论的学习，通过革命工作的实践，运用批评、自我批评的武器，提高党员的政治思想觉悟，锻炼革命的品质，不断发挥她的凝聚、集体、坚强的战斗堡垒的作用，这是同单线领导关系不相同的，应该明确这一点。”[②]在南方局及周恩来等领导的严格要求下，南方局的党员干部自觉地剖析自己的缺点，查找存在的不足，有的同志还在《新华日报》《群众》杂志和内部墙报上对自己身上的问题，进行了公开的自我批评。通过批评与自我批评，更加密切了同志之间的关系，广大党员干部的精神面貌发生了深刻变化，党的先进性和纯洁性得到进一步充分体现。

三、弘扬红岩精神，始终保持共产党人的初心和本色

中国特色社会主义进入了新时代，我们党担负着团结并带领全国人民决胜全面建成小康社会、推进社会主义现代化、实现中华民族伟大复兴的重任。在新时代的征程上，大力弘扬红岩精神，学习南方局关于党的先进性和纯洁性建设的有益经验，对于把党建设成为始终走在时代前列、人民衷心拥护、勇于自我革命、经得起各种风浪考验、朝气蓬勃的马克思主义执政党具有重要的现实启示。

---

① 《周恩来选集》(上卷)，人民出版社1980年版，第125页。

② 陈乃昌：《追随周恩来的岁月(1938—1945)》，中共中央党校出版社1995年版，第106页。

（一）坚定理想信念，坚守共产党人精神追求

理想和信念是红岩精神的灵魂，也是共产党人的政治灵魂，是共产党人经受住任何考验的精神支柱。南方局在周恩来、董必武、叶剑英、王若飞、邓颖超、吴玉章等一批革命家领导下，尽管斗争环境异常恶劣，但南方局的政治生态却非常好。各级领导干部和党员以“确定的马列主义的世界观和革命的人生观”经受住险恶斗争的考验，严格把“在思想上、政治上、组织上巩固党”，作为完成党的政治任务的决定因素。当前，我国已进入到决胜全面建成小康社会的关键阶段。在前进的道路上，既有难得的机遇，也面临着严峻的挑战。国际上，西方敌对势力加紧对我实施“西化”“分化”图谋，在日趋激烈的国际竞争和综合国力较量中，我们面临着发达国家在经济与科技上占优势的压力，面临着国际关系中霸权主义与强权政治的压力。在国内，改革进入攻坚期，建设中国特色社会主义事业前途光明，任务艰巨，前进的道路不可能一帆风顺，必然会遇到各种复杂的问题、困难和风险。在这样的形势下，全体党员干部必须坚定对马克思主义的信仰、对社会主义和共产主义的信念，矢志不渝为中国特色社会主义共同理想而奋斗。只有坚定理想信念，才能够在各种风险和复杂环境的考验中，处变不惊，沉着应对各种挑战，完成时代赋予的光荣而艰巨的任务。没有理想信念，就会失去精神支柱和动力，就会在国际风云变幻中迷失方向，就会葬送社会主义事业。

（二）坚持艰苦奋斗，彰显共产党人政治本色

艰苦奋斗作为我们党的优良传统和作风，作为马克思主义政党的政治本色，是凝聚党心民心，激励全党全国人民为实现国家富强、民族振兴、人民幸福的中国梦而共同奋斗的强大精神力量，是我们党始终保持同人民群众血肉联系，真正经受住长期执政和改革开放考验的一个重要法宝。当年的重庆，日本帝国主义的飞机狂轰滥炸，国民党掀起三次反共高潮，特务横行，军警林立，生活极端艰苦。在这种既是“虎穴”又是“染缸”的恶劣环境中，以周恩来为书记的南方局的共产党人，始终保持坚定的政治立场和革命乐观主义精神，不畏艰险，不顾个人安危，顽强战斗，出淤泥而不染，始终保持了共产党人的纯洁和高尚品格。在新时代的发展征程上，艰苦奋斗仍然具有强大的生命力，并被赋予了新的时代内涵。它不仅表现为物质生活和消费领域中的勤俭节约和量入为出，更重要的是，它是在此基础上形成的一种价值观念、一种精神动力、一种人生追求、一种工作作风，它是科学世界观、人生观、价值观的重要表现。作为世界观，艰苦奋斗揭示了尊重劳动、尊重创造的哲理，体现了劳动在人类社会形成发展过程中的决定作用，肯定了人民群众是历史的创造者。作为人生观，艰苦奋斗代表着敢于开拓、勇于担当、有所作为的积极人生态度，揭示了“艰难困苦，玉汝于成”的人生哲理。作为价值观，艰苦奋斗反映了尊重发展、尊重奉献的精神，提出了正确对待人生追求中的苦与乐、得与失的标准，表明共产党人要以奋进者、搏击者的担当，坚定地把发展作为执政兴国的第一要务，不断实现好、维护好、发展好最广大人民根本利益，满足人民日益增长的美好生活需要。

（三）坚持立党为公，永葆共产党人清正廉洁

立党为公、为人民服务，还是立党为私、谋取个人利益，这是无产阶级政党与剥削阶级政党相区别的显著标志。南方局领导下的共产党人长期处于国民党统治区腐败、污浊的环境之中，却始终保持着共产党人廉洁奉公、克己让人、舍己为人的优良作风。一些从事党的地下工作的同志，因工作需要，他们要与国民党上层人物和三教九流的人打交道，有时还要出入一些灯红酒绿的场合。但这些同志牢记周恩来的教导，做到同流而不合污，出淤泥而不染，始终洁身自好，为党的事业做出了重要的贡献。有的党员被派在重庆和香港等地开办企业，为革命筹集经费，虽然他们成了社会上腰缠万贯的“大老板”，然而，他们将企业盈利所得悉数上交党的组织，自己却两袖清风，不占一分一毫，始终过着平民百姓的普通生活，保持了共产党人的清正廉洁。新时代，继承弘扬南方局先烈们克己奉公的优良作风，就是要教育引导党员、干部牢固树立正确的世界观、权力观、事业观、政绩观，做到勤政廉政、清正廉洁。市场经济主张追求市场主体的自身利益，但我们发展的是社会主义市场经济，因而个体利益的满足，必须以整体利益的发展为前提条件。当国家、集体、个人三者利益发生矛盾时，党员干部必须毫不动摇地挺起立党为公、执政为民的原则，坚持个人利益服从集体利益和国家利益，局部利益服从整体利益。同时，要坚持义利统一观。建设社会主义，如果只讲义、不讲利，社会就不能发展，义也会成为一句空话。正如邓小平同志所讲：“革命是在物质利益的基础上产生的，如果只讲牺牲精神，不讲物质利益，那就是唯心论。”①但是，必须反对重利轻义、见利忘义的行为，自觉抵制拜金主义、享乐主义和极端个人主义思想的侵蚀。

（作者单位：陆军军医大学）

① 《邓小平文选》（第2卷），人民出版社1994年版，第146页。

红岩精神与西柏坡精神比较研究

田　超

摘　要：红岩精神与西柏坡精神，是在不同的历史阶段形成的时代内涵和各具特色的革命精神。虽然形成的时间、地域以及面对的任务不同，却有着内在、本质的联系。分析和研究这种内在联系，对于认识党的成长历史，建设革命精神高地，让红色基因融入血脉代代相传，具有重要的现实意义。

关键词：红岩精神；西柏坡精神；比较；研究

中国共产党是一个高度重视精神传承和信仰赓续的马克思主义政党。党的十八大以来，习近平总书记多次号召全党要弘扬红色文化，传承革命精神。2018年两会期间，习近平总书记再次强调，红色基因就是要传承，要让信仰之火熊熊不息，让红色基因融入血脉，让革命精神激发力量。红岩精神与西柏坡精神，是在不同的历史阶段形成的时代内涵和各具特色的革命精神。虽然形成的时间、地域以及面对的任务不同，却有着内在的、本质的联系。分析和研究这种内在联系，对于认识党的成长历史，建设革命精神高地，让红色基因融入血脉代代相传，具有重要的现实意义。唯有如此，才能不忘初心，继续奋斗，走好新时代的长征路。

一、两种精神分属于中国革命的两个重要时期

中国共产党在领导中国人民进行长期革命斗争的实践中，孕育了一系列的革命精神，形成了推动革命事业胜利和发展的强大动力，对中国革命和胜利起到不可替代的作用，它决定着中国共产党和中国人民革命实践和革命精神的本质和方向。

（一）两种精神产生的历史背景

抗战时期，国共两党共赴国难，组成抗日民族统一战线，重庆作为国际性的城市登上世界政治舞台，在反法西斯战争中成为远东的指挥中心。国共两党实现第二次合作，为赢得百年来反对外来帝国主义侵略战争的胜利奠定了政治基础。红岩精神是在党中央

的领导下，以周恩来为代表的中共中央南方局(以下简称“南方局”)老一辈无产阶级革命家、共产党人和革命志士，在抗日战争及解放战争初期风雨如磐的斗争岁月中锤炼形成的革命精神。

西柏坡时期，我们党所领导的人民革命正处于将革命进行到底、建立一个独立民主的新中国的前夜。以毛泽东为代表的党中央在这个农村指挥所里，吹响了彻底埋葬蒋家王朝，建立新中国的号角，这就是西柏坡精神产生的客观物质条件。随着解放战争序幕的拉开，与其他革命精神一脉相承，又带着鲜明时代特征的西柏坡精神，便在毛泽东思想的哺育下，逐步形成和发展为一种新的革命精神。

(二)两种精神的孕育与升华

在抗日战争这个特定历史背景和国民党统治中心重庆这个特殊斗争环境中，南方局领导中国南方国民党统治区内的广大党员、干部，通过艰苦的统战工作斗争实践磨炼、孕育和锻造了我党具有鲜明历史特征和地域特色的红岩精神。这种精神之所以冠名“红岩”①，是因为1939年南方局和八路军驻重庆办事处的驻地叫“红岩村”。红岩精神贯穿于南方局从抗日战争时期到解放战争初期，在国统区充满艰难险阻的斗争历程之中。红岩精神的产生，与中国共产党所处的历史背景和抗日民族统一战线直接相连，与中共中央南方局所处的特殊环境、所进行的特殊的斗争紧密相关。

西柏坡时期是中国革命正处于两种命运和两种前途进行大决战的局势下，面临如何加强党的自身建设的历史考验，以毛泽东为代表的共产党人勇敢地承担起关系中国命运的三大历史使命②，使全党经受住了斗争和胜利的考验，赢得全国各民族的信任，为全面推进社会主义革命和建设提供了重要保证。西柏坡精神是我们党在中国革命即将发生根本性转变的历史时期创立的，并在激励全党和全国人民取得中国革命彻底胜利和顺利实现历史转变的伟大过程中丰富发展起来的。

中国共产党人在血雨腥风的逆境中和硝烟弥漫的战场上，孕育和形成了独特的精神基因、精神特质，形成了中国共产党人勇于革命、不懈奋斗的红色精神谱系，如红船精神、井冈山精神、长征精神、红岩精神、延安精神、西柏坡精神等。在这些精神的鼓舞和激励下，我们历经千难万险，创造了一个又一个彪炳史册的人间奇迹。

---

① 红岩原本是重庆的一个地名，叫红岩嘴，地处现渝中区化龙桥52号。

② 指的是党的工作重心由农村向城市的转变，党的任务由领导革命向领导国家建设的转变，党自身由革命党向执政党的转变。

二、两种精神的基本内涵本质相同

红岩精神的基本内容是：信念坚定、不畏艰险、和衷共济、勇于奉献。西柏坡精神的基本内容是：敢于斗争、谦虚谨慎、艰苦奋斗、民主团结。这两种精神尽管产生于不同的历史时期、不同的斗争阶段，但与其他革命精神是一脉相承的，它们在基本内涵、基本特点等方面都是一致的。归结为：

第一，都是将理想信念铭记于心。武汉沦陷后，随着国统区的中心向重庆转移，扩大的中共六届六中全会决定撤销长江局，在重庆改设南方局，担负起“代表中央向国民党及其他党派进行统一战线的工作，以及指导南方和大后方各省党的工作”。南方局在重庆一成立，就面临着全新而复杂的局面：共产党在国统区一无政权，二无军队，三缺金钱，国共合作较好的时期结束了，国民党秘密制定溶共、限共和防止异党活动的一系列措施，在如此恶劣的环境中开展工作，没有坚定的信念是立不住脚的。蒋介石曾发出这样的哀叹：像周恩来这样的人为什么都到共产党组织里去了？解放战争时期大批共产党员和革命志士被关押在白公馆渣滓洞集中营，他们“生当作人杰，死亦为鬼雄”，“为免除下一代的苦难，愿把牢底坐穿！”这是因为忠诚自己的政治选择是共产党人基本品质。正是在这种坚定信念的支持下，红岩时期的中国共产党人能够不畏艰难，不怕牺牲，开拓出一个崭新的局面，这是红岩精神最显著特征。

在西柏坡，中国共产党人完成了“破坏一个旧世界”的任务，将肩负起“建设一个新世界”的光荣使命。1949 年 3 月 23 日，党中央从西柏坡前往北平。临行前，毛泽东意味深长地对周恩来说：“进京赶考去！”周恩来答道：“我们应当都能考试及格，不要退回来。”毛泽东自信地说：“我们决不当李自成，我们会考个好成绩。”毛泽东及党中央基于“进京赶考”即将成为执政党的客观现实，向全党提出“夺取全国胜利，只是万里长征走完了第一步”，警惕资产阶级的“糖衣炮弹”的攻击，如果在胜利面前不能有效地防止党内骄傲情绪滋生和蔓延，我们将无法突破这种“大胜利大失败，小胜利小失败”的历史怪圈①。这是中国共产党总结中国历史上政权更迭的经验教训得出的结论，也是中国共产党革命实践的经验结晶。毛泽东当年的谆谆告诫，如洪钟大吕般振聋发聩。

第二，都是不畏艰险、勇于开拓。由于十年内战国民党的恶意中伤和肆意丑化宣传，以及党内“左”、右倾错误所造成的恶果，在国统区大多数普通人眼中，这些“流窜”到陕北的共产党人不过是“青面獠牙”的“洪水猛兽”“流寇”，甚至开明的上层知

① 中共中央党史研究室科研部、中共河北省委党史研究室：《弘扬西柏坡精神全面建设小康社会理论研讨会论文集》，中国文史出版社 2004 年版，第 218 页。

识界对中国共产党都有浓郁的误会和隔阂。周恩来经常告诉红岩的同志，中国共产党还处于非执政党的地位，除了政策、方针的正确外，必须以自己的楷模作用、亲身实践去消除误会，建立信任。“对过去不认识、不了解的人，第一件事就是要解除他们对共产党的疑惧，只有把对方当作朋友，人家才会把你当作朋友。”为此，周恩来提出了一个独特的工作方法“领导群众的方式和态度要使他们不感觉我们是在领导”[①]。许多民主爱国人士，正是通过周恩来及红岩共产党人的民主作风和人格魅力，感受到了中国共产党的伟大。1941年开始与周恩来交往的“猪鬃大王”古耕虞，多年后回忆说：“像我这样一个资本家，说服我不容易，但周公做到了，他让我越来越认识党、信任党。”

西柏坡时期，面对全国即将胜利的新形势，怎样创建人民自己的国家，如何在中国这个贫穷落后、政治经济发展不平衡的半殖民地、半封建性质国家实现由新民主主义向社会主义转折，马列主义没有现成答案，国际上没有经验可以借鉴。以毛泽东为代表的共产党人勇敢地向困难挑战，以超乎常人的历史眼光和政治智慧，认识到了执政后将面临的问题，初步回答了靠谁执政、为谁执政、怎样执政、怎样执好政等问题，不仅指导了建国初期党的各项工作的开展，而且奠定了中国共产党执政理念的根基，同时也是对西柏坡精神的丰富和践行。

第三，都是和衷共济、风雨同舟。以周恩来为代表的南方局共产党人，以无产阶级的博大胸怀团结一切可以团结的力量，最大限度地孤立顽固派和反动势力，通过自己的实际行动启发群众、教育群众、团结群众，将国统区各界爱国人士和广大人民群众团结在抗日、民主的旗帜下，团结在中国共产党周围。长期生活在国统区的进步朋友有一个共同的感受：“与周公交，如饮甘醇。”纵观南方局在国统区的八年，正是中国共产党统一战线工作处境最艰难、内容最复杂、规模最宏大、成就最辉煌的八年。胡乔木曾指出：“没有南方局在大后方进行的广泛的统一战线工作，就很难把当时在国民党区域的各民主党派和各方面人士团结在我们共产党的周围，后来我们建立新中国的情况就会不一样。就没有今天这样的格局。因此，可以说，南方局的统一战线工作从一个方面的意义上讲，为新中国奠定了重要的政治基础。”[②]

西柏坡时期是我党历史上最团结的时期之一，也是中华民族实现大团结的辉煌时期。党中央根据新民主主义革命总路线制定一系列政策，广泛依靠和发动群众，积极团结工农和革命知识分子，形成了广泛的统一战线，使军民空前团结。据统计：从1948年9月至1949年9月，中共前前后后20多次，将1000多名民主人士和文化精英迎至解放区，其中民主人士350多人[③]。特别是毛泽东、周恩来在西柏坡亲自联名致信邀请留居上海的宋庆龄，共商建设新中国大计，这充分体现了共产党与各民主党派风雨同舟、民主协商的真心诚意和尊重多样的包容气度。可以说没有共产党人海纳百川的宽阔胸

---

① 《周恩来选集》(上卷)，中央文献出版社1980年版，第131页。

② 《胡乔木传》编写组：《胡乔木谈中共党史》，人民出版社1999年版，第341页。

③ 《中外文摘》2018年第13期，第72页。

怀，没有马克思主义者的远见卓识，统一战线是建立不起来的。统一战线既是我党战胜敌人的法宝之一，也是西柏坡精神的主要内容之一。

第四，都是敢于斗争、勇于牺牲。皖南事变是抗日战争期间国民党发动的第二次反共高潮。国共两党合作撕开了巨大的裂痕，国共合作的抗日前景蒙上了巨大的阴影。延安党中央担心在重庆的同志的安全，连日急电：“恩来、剑英、必武、颖超等重要干部于最短期离渝……”周恩来在南方局工作人员的会议上愤慨地说：“反动派可能下毒手。我们要有充分的思想准备。要准备反动派突然袭击，要准备被捕、坐牢、砍头！不管怎么样，我和同志们在一起！”[①]南方局研究认为，如果离开将意味着国共合作的彻底破裂，将失去政治上进一步斗争的阵地，于我方的政治进攻不利、于抗日大局不利。正是在这种坚定信念的支持下，红岩的中国共产党人能够不畏艰难，不怕牺牲，开拓出一个崭新的局面[②]。皖南事变后，南方局在中共中央的领导下，通过有理、有利、有节的斗争，在极为险恶的环境中保存了自己的力量，扭转了被动的局面，唤醒了中间势力。结果，皖南事变反而成为国民党政治地位和政治影响逐步下降、中国共产党的政治地位和政治影响逐步上升的转折点。

在西柏坡，当解放战争战略大决战到来的时刻，国民党军队尚存 365 万人，而我军只有 280 万人，以美国外援为后盾的国民党军队，无论从武器装备，还是从军队数量上，都远远超过当时的人民解放军。摆在中国共产党面前的最大的问题是：敢不敢打前所未有的大战役，敢不敢攻克大城市，敢不敢歼灭敌人强大的兵团。这是新旧中国两种命运、两种前途的大决战，也是西柏坡精神形成和发展的重要阶段。正是在此形势下，我们党发出了“敢于斗争、敢于胜利”的号召，用大无畏的革命英雄主义精神鼓舞人民，抓住有利时机进行决战，将革命由局部胜利引向全国胜利。

第五，都是谦虚谨慎、严于律己。红岩的共产党人长期战斗在国民党统治区，这里既是“虎穴”又是“染缸”。为了生存的需要，为了发展党的事业，红岩的共产党人必须要有特别坚强的党性和韧性的战斗精神，其言行既要同本身所处的环境和地位相称，又要“同流而不合污”，“出污泥而不染”。南方局领导的部分同志深入到社会的各个层面，但时刻牢记周恩来“同流不合污、出污泥而不染”的嘱咐[③]，在特殊的岗位上，始终保持了共产党人的高尚情操。时任美国驻华大使特别助理的费正清在 1943 年 9 月 9 日的一段日记中写道：“他们经常学习，开展讨论和自我批评，在生活上同甘共苦……”日记里还说，在周恩来他们住的阁楼里，臭虫可能会从顶棚上掉下来，雨水也许会漏到床上，但他们的思想信念照旧如火如荼，绝不动摇。这段文字的可贵，在于它是直接的观感，而且是当时的记载。这种“六月风荷”的政治品格正是红岩精神中所蕴含的最具特征、最鲜明的历史内涵。

---

① 朱语今：《一月十七日之夜》，载《红岩生活漫议》，重庆出版社 1982 年版，第 45 页。

② 童小鹏：《风雨四十年》（第 1 部），中央文献出版社 1997 年版，第 235—240 页。

③ 黎强：《战斗在特殊的岗位上：回忆南方局领导下进行反特斗争的一些情况》，《南方局党史资料》1987 年第 1 期。

对于任何执政的阶级、党派来说，执政地位都是经过长期的艰苦卓绝的斗争考验才能实现的。而执政本身又是一场新的考验，其核心问题是能否掌好权、用好权、巩固好执政地位。这场考验比取得执政地位的考验更重要、更艰巨。对于共产党人来说也是如此，如何保持党的先进性，继续发扬党的优良作风，避免出现人亡政息的问题。正如毛泽东所说：“夺取全国胜利，已经是不要很久的时间和不要很大的气力了；巩固这个胜利，则是需要很久的时间和要花费很大的气力的事情。”1949 年中共七届二中全会上，毛泽东同志针对当时中国革命的形势和任务，向全党同志首次提出了“两个务必”的忠告，并提议通过了“不做寿、不送礼、少拍掌、少敬酒、不把中国同志同马恩列斯平列”等六条规定。

历史一再证明，红岩精神和西柏坡精神中所包含的精神实质是我们党的政治资本和政治优势，也是我们党的优良传统和作风，更是共产党人的精神境界和高尚品德。两种精神的基本内涵具体展示了中国共产党的先进性和纯洁性。

三、弘扬革命精神做好新时代的答卷人

进入新时代，中国共产党肩负着实现中华民族伟大复兴的神圣历史使命。与革命时期相比，现在进行的斗争在性质、对象、方式等方面都发生了很大变化，具有许多新的特点。为此。习近平总书记在十九大报告中强调：“中华民族伟大复兴，绝不是轻轻松松、敲锣打鼓就能实现的。全党必须准备付出更为艰巨、更为艰苦的努力。”大力弘扬革命精神，对我们做好新时代的答卷人，向历史、向人民交出新的、更加优异的答卷，具有重要的时代和现实意义。

第一，弘扬革命精神，是我们党取得伟大成就后，面临新的历史考验的需要。回顾过去，在中国共产党领导下，中国实现了民族独立，建立了社会主义国家，实现了中华民族由近代不断衰落到根本扭转命运、持续走向繁荣富强的伟大飞跃，我国的改革开放和社会主义现代化建设取得了举世瞩目的伟大成就。但是，我们取得的成就只是在伟大征途上迈出的坚实一步，我们要走的路还很长，我们可能遇到的困难和挑战还会很多。这就要求我们的党清醒认识世情国情党情的深刻变化，树立起强烈的问题意识，坚持问题导向，奔着问题去，跟着问题走，我们的一切工作要符合实际，经得起实践、历史和群众的检验。同时，我们党也要经受住长期执政、改革开放和发展社会主义市场经济的考验，继续发扬革命精神是完全必要的，也是非常紧迫的。

第二，弘扬革命精神，是加强党的领导，保持党的先进性和纯洁性的需要。经过 97 年的风雨历程，我们的党员数量接近 9000 万，这充分体现了中国共产党的凝聚力。在新时代，随着党的事业的发展，党员队伍和基层党组织建设面临着新的任务和挑战，影

响党的先进性、弱化党的纯洁性的因素更加复杂，侵蚀党的肌体的现象还大量存在，而且这些因素和现象具有很强的危险性和破坏性。2012年11月中共十八大胜利召开不久，习近平总书记就在中共中央政治局会议上，对领导干部提出了“八不准”。特别强调首先要从中央政治局做起，要求别人做到的自己先要做到，要求别人不做的自己坚决不做。从八项工作规定到反对“四风”，从党的群众路线教育实践活动到“三严三实”专题教育，从“两学一做”学习教育到“不忘初心、牢记使命”主题教育等，这充分体现了新一代中央集体加强党的作风建设的勇气和决心。这就要求广大党员干部自觉地坚定党性原则，勇于直面问题，敢于刮骨疗毒，消除一切损害党的先进性和纯洁性的因素，以良好党风带动政风和民风，真正赢得群众信任和拥护，确保我们党永葆旺盛生命力和强大战斗力。我们党要经受住长期执政、改革开放和发展社会主义市场经济的考验，继续发扬革命精神是完全必要的，也是非常紧迫的。

第三，弘扬革命精神，是牢记使命、实践全心全意为人民服务的需要。中国共产党人的初心和使命，就是为中国人民谋幸福，这是激励中国共产党人永远向前的根本动力。心系群众、服务人民，恪守为民之责、履行为民之职，是我们党加强作风建设的主要内容，也是我们党坚持执政为民，始终成为中国特色社会主义事业领导核心的必然要求。只有坚持艰苦奋斗，心中装着人民群众，同人民群众同呼吸、共命运、心连心，才能保持我们党同人民群众的血肉联系，才能无论弱小还是强大，无论是顺境还是逆境，中国共产党始终与人民风雨同舟，跨过一道又一道沟坎，取得一个又一个胜利。发扬革命精神，对于我们强化公仆意识，树立正确的政绩观，始终不渝地牢记责任担当，确保我们的一切工作符合实际，经得起实践、历史和群众的检验，从而赢得人民群众的信任和拥护具有积极作用。

第四，弘扬革命精神，是与时俱进、加快创新发展的需要。新时代是奋斗者的时代。中国共产党之所以伟大，就在于顺境不懈怠、逆境不退缩，始终保持坚定的目标。从“站起来”“富起来”到“强起来”，从改革开放后的“三步走”战略到新时代的“两个阶段”战略安排，从温饱、小康、全面小康到社会主义现代化，发展目标在历史逻辑、现实逻辑与未来逻辑上环环相扣。时代在前进，实践在发展，我们的思想认识也应当与时俱进，根据时代和实践的要求勇于和善于不断创新，使我们对客观世界的认识不断深化，对马克思主义基本原理的运用不断进步。当前，在深化改革开放的新时期，党中央正在带领全国人民向着实现“两个一百年”奋斗目标和中华民族伟大复兴中国梦的新征程上迈进。在新的征程上，继续发扬革命精神，永远保持自强不息、奋斗不止的精神，克服思想上的僵化，勇于创新，大胆实验，敢为人先，必将为我们抓住机遇，迎接挑战，进一步加快社会主义现代化建设提供强大的精神动力。

红岩精神和西柏坡精神，作为我们党在伟大的历史转折时期孕育并形成的伟大革命精神，滋养和激励着一代又一代中国共产党人不畏艰难、英勇奋斗、从胜利走向更大的胜利。旗帜引领方向，道路决定成败。在中国特色社会主义新时代，回答好新的时代课题，进行伟大斗争、建设伟大工程、推进伟大事业、实现伟大梦想，都需要我们传承好革命精神，以此激发广大干部群众艰苦创业、锐意进取的勇气和力量，调动上上下下、方方面面的积极性和创造性，为中国特色社会主义进入新时代提供强大的思想保证、精神动力和智力支持。

（作者单位：中共河北省委党史研究室）

第六部分

南方局历史与时代价值研究

南方局纪律建设的历史考察与现实启示

黎芳宇

摘　要：纪律建设是南方局建设的一项重要工作。纪律建设是保障南方局党建工作的关键所在，通过严明纪律巩固党组织，使党的各项工作在群众中扎下根，有力地应对了时局的变化。加强对南方局纪律建设的历史考察，发扬南方局的优良作风和精神，对于新时代全面从严治党，走好新时代纪律建设“新长征”具有重要的借鉴意义。

关键词：南方局；党的建设；纪律建设

中共中央南方局（以下简称“南方局”），是抗日战争时期和解放战争初期中共中央派驻国民政府所在地重庆的秘密机关。南方局于 1939 年 1 月成立，始终高度重视党的建设，把“在思想上、政治上、组织上巩固党”始终作为“完成党政治任务的决定性因素”和“极端严重的任务”，在恶劣的政治环境中，重视党员理想、信念和气节教育，党的组织发扬高度严格的守纪精神，巩固党的团结统一，成为党带领人民坚持抗战和争取和平民主的中坚力量。

一、南方局纪律建设的历史考察

（一）强化党内纪律教育，严抓党内干部教育，整顿巩固党组织

自南方局成立以来，南方局各省组织普遍大量地发展了党员并建立大批党组织。与此同时，国统区逐渐加强反共宣传，加强“军统”“中统”等特务机构的活动，中共中央和南方局根据形势，及时向南方各省党组织发出强化党内纪律教育、整顿并巩固党组织的指示。1939 年 3 月中旬，周恩来在闽浙赣边区视察时提出，加强党的干部培养教育工作，是干部认清形势、遵守纪律、做好长期抗战的思想准备和组织准备。为加强党的建设，从思想上、组织上、纪律上巩固党，从 1939 年 4 月起，南方局先后在重庆机房街 70 号和红岩嘴 13 号办过两期干部培训，训练班主要学习党的方针政策、马列主义基本理论、社会发展史、党的建设，研究并讨论宣传工作、群众工作和秘密工作、纪律工作。

1939 年冬，南方局将各省 30 多名暴露了的县委干部，经集中纪律培训后再重新分配。同时南方局实行严密的组织纪律，以组织纪律保障了秘密工作的有序开展。南委组织部部长郭潜叛变后，引导特务逮捕了粤北省委书记李大林，又路遇从东江特委巡视回来的粤北省委组织部部长饶卫华而加以逮捕，但郭潜并不知道其他部长的住址和电台的地点，无法扩大破坏事态，省委秘书长严重因而得以从容地指挥机关干部和电台撤退隐蔽。

（二）制度建设和思想建设相耦合，组织发展和纪律建设相内聚

1939 年 8 月初，中共中央在延安召开政治局会议，会议最后一天，做出的《中共中央政治局关于巩固党的决定》指出："党的秘密工作与各种规则，必须严格遵守，任何自由行动与疏忽懈怠都是有害的，都应该与之进行坚决的斗争。"同时，"必须提高党的纪律和加强党的团结，在党内开展正确的思想斗争，保证党内思想上的一致，提高党的铁的纪律，保证党的行动上的一致"①。

中共贵州省工委接到南方局关于从组织上巩固党的指示后，明确指出："加强党内制度和纪律建设。党员必须遵守'不该问不问，不该说不说，谈话防耳目，会议限 3 人，布置要小心，宣传须技巧，组织莫集中，书籍妥收藏，记事忌笔写，约好假名字，人人有职业，工作地方化，生活合环境，口供常准备，调查最要紧'的秘密工作原则。"②

在巩固党组织过程中，江西省委建立巡视报告制度，采用"经常普遍的巡视制度教育干部"，给予干部以实际的帮助和教育。党的纪律作风建设的积极展开，有力地推动了江西党组织的巩固和发展。云南省工委秘密主持公开刊物《南方》，刊载一些有关时政和纪律教育方面的文章，在广大党员中普遍开展党的纪律和秘密工作纪律的教育和检查，提高党员遵守党纪的自觉性。

（三）领导干部率先垂范，自律与他律相协调，个体和整体相结合

南方局按照中央指示和要求，领导干部以身作则，率先垂范。作为南方局领导人的周恩来在 1943 年 3 月 18 日生日当天写出《我的修养要则》，其中第六条提到"永远不与群众脱离，向群众学习，并帮助他们。过集体生活，主动调研，遵守纪律"③。4 月 22 日，他草拟了《领导与检查报告大纲》，指出："作为领导者要有很高的纪律性。强调领导者的任务一是要抓紧思想政治的领导，二是要抓紧组织领导。"④在《怎样做一个好的领导者》报告中，讲到领导干部的立场问题，强调指出"要有高度的纪律性"⑤。

同时，南方局领导人也严格要求每一个党员干部，严格组织生活，在整风中加强纪律建设。从南方局机关到《新华日报》，思想都高度一致，纪律十分严格。

---

① 中共湖南省委党史研究室：《中共中央南方局的党建工作》，中共党史出版社 2009 年版，第 107 页。
② 中共湖南省委党史研究室：《中共中央南方局的党建工作》，中共党史出版社 2009 年版，第 110—111 页。
③ 《周恩来选集》（上卷），人民出版社 1980 年版，第 125 页。
④ 中共湖南省委党史研究室：《中共中央南方局的党建工作》，中共党史出版社 2009 年版，第 239 页。
⑤ 《周恩来选集》（上卷），人民出版社 1980 年版，第 128 页。

（四）开展整风审干，平等无差别地遵守纪律，建设坚强的中共组织

审查干部，是党组织了解干部的一个重要环节，也是党组织执行组织纪律的体现。南方局的审干工作在周恩来的主持下，坚持实事求是的方针，坚持稳妥的方法，按照审干工作组织纪律的基本要求，既保持组织纪律的严肃性，又注意不伤害自己的同志。1943 年 4 月 30 日，南方局召开了对近一段时间干部审查工作实践的总结，周恩来在会议中指出："纪律的中心不在于处分，在于自觉遵守纪律，处分是最后的一种办法。在纪律面前任何人都一样无差别，是平等的。"①

（五）依靠进步和外围组织，为纪律建设众筹智力智慧

为了适应民主运动新发展，在中共中央南方局的组织领导支持下，一批秘密的党的进步组织和外围组织建立起来，整个大后方的爱国民主运动开始从低潮逐渐走向高潮。

1943 年 7 月，在云南省成立了新民主主义者联盟，并通过云南省新民主主义者联盟章程，其中规定严格的纪律："不违背、不损害人民群众的利益，在任何情况下必须绝对保守组织秘密，不得通过任何方式之有意或无意的暴露。"1945 年 1 月，云南省民主青年同盟召开了第一次代表大会，通过了民青章程和工作计划要点，其中指出："实行民主集中制，严格组织机密，执行纪律，各支部、分支部盟员之间不得发生横的联系。"由此可见，民青组织是一个有着鲜明政治纲领和严格组织纪律的革命团体。

南方局纪律建设大事记

时间	事由	纪律建设内容
1939 年 1 月	闽西南潮梅特委召开第五次执委会	整顿组织中缺乏纪律检查和教育，对落后党员给予说服教育，最后仍不觉悟的，则"执行组织纪律制裁"
1939 年 2 月	云南省工委秘密主持公开刊物《南方》	普遍进行了党的纪律和秘密工作纪律的教育和检查，提高党员遵守党的纪律的自觉性
1939 年 2 月	湖南省委在邵阳八路军驻湘通讯处召开第一次扩大会议	举办党训班，加强党员纪律教育与保密教育
1939 年 3 月	广东党员训练班	在训练班中加入党的纲领、党的纪律、党员气节等教育内容，提高党员遵守党纲党纪的自觉性
1939 年 3 月	江西省委开展党员教育工作	建立巡视报告制度，采用"经常普遍的巡视制度教育干部"

① 中共湖南省委党史研究室：《中共中央南方局的党建工作》，中共党史出版社 2009 年版，第 278 页。

续表

时间	事由	纪律建设内容
1939 年 6 月	南方局发出《关于组织问题的紧急通知》（十条）	“一切组织和每个党员应绝对遵守最近南方局所发的秘密工作通知，并责成各级组织部经常监督与考察秘密工作的情况。凡违反与破坏的组织和党员，必须受到惩罚”
1939 年 7 月	南方局发出秘密工作条例	“党员与组织不得违反秘密工作原则，党员被捕后，不得轻易承认自己是党员，在万不得已承认自己是共产党员时，也绝对不能暴露任何党的秘密和组织情况，绝对不能供出其他同志”
1939 年 8 月	中共中央政治局《关于巩固党的决定》	第六条：党的秘密工作的纪律与各种规则，必须严格遵守。第七条：必须提高党的纪律和加强党的团结，保证党内思想上的一致，提高党的铁的纪律，保证党的行动上的一致
1939 年 8 月	中共云南省工委《候补党员基本教育大纲》	新入党的同志，掌握党的纲领、策略、组织建设及纪律工作原则。在广大党员中开展党的纪律和秘密工作的教育和检查，开始有计划地对党员进行审查
1939 年 10 月	中共湖南省委指示	在党的纪律上将开展反对忽视秘密工作的斗争与执行党的纪律相联系，对个别破坏秘密工作的党员要给予处分
1939 年 10 月	湘鄂西区党委指示	加强党内制度和纪律建设
1939 年—1943 年	南方局干部教育和学习	特别重视党内纪律和秘密工作教育。一是遵照《南方局关于秘密工作的决定》，加强防范措施和纪律意识；二是制订紧急制度和保密工作条例

续表

时间	事由	纪律建设内容
1940 年 10 月	中共中央对加强我党在国民党统治区域和敌后大城市的电台工作做出指示	强调进行技术培训，严格机密工作纪律
1942 年 6 月	南方局整风学习	开展专题学习，包含革命气节、秘密工作、组织纪律、干部审查等
1942 年 11 月	邓颖超《专论党的纪律》	共产党的铁的纪律不同于一般的纪律，并有别于其他政党的纪律；党的纪律本身带有强制性，但不机械执行，而必须基于全党党员的自觉性；党的纪律，对于全党党员绝无例外，是所有党员都要遵守的

二、南方局纪律建设的现实启迪

党的纪律建设无论在战争年代还是和平时期，都是党建工作的重中之重。严明党的纪律是建党的基本原则之一，马克思在写给恩格斯的信中指出："我们现在必须保持党的纪律，否则将一事无成。"①习近平总书记指出："全面从严治党，重在加强纪律建设。"②十九大把纪律建设纳入党的建设的总体布局，是党的建设理论实践的新发展，是适应新时代党建工作的重要组成部分。

（一）加强纪律建设是反对错误思潮及遏制资产阶级自由化泛滥的重要手段和武器

在强调纪律建设对于加强无产阶级专政的重要性的时候，列宁曾经指出："哪怕是把无产阶级政党的铁的纪律稍微削弱一点，那他实际上就是在帮助资产阶级来反对无产阶级。"③在南方局成立初期，面对日本侵略者军事进攻为辅、政治诱降为主，企图诱使国民政府妥协投降，南方局强化纪律教育、整顿巩固党组织、开展整风审干、领导干部带头遵守纪律，结合中央路线方针实际，加强了党的建设，建立了历史的功绩。

新时代加强纪律建设，有利于克服和纠正纪律修养欠佳、纪律执行失效、纪律底线

① 《马克思恩格斯全集》(第 29 卷)，人民出版社 2006 年版，第 413 页。
② 《习近平关于全面从严治党论述摘编》，中央文献出版社 2016 年版，第 111 页。
③ 《列宁选集》(第 4 卷)，人民出版社 2012 年版，第 155 页。

过低、纪律原则偏狭、纪律意识淡薄等问题。在反对错误思潮和资产阶级自由化的过程中，强化纪律建设，把纪律建设融入其中，通过进行纪律教育、培养纪律意识，保持政治上的坚定；通过树立纪律原则，保持学术上的自觉；通过纪律修养的锤炼，保持理论上的清醒。心中有纪律意识，就不会丢掉我们的理想信念，就不会否定中国特色社会主义道路制度理论，才能协调推进“四个全面”战略布局，才能顺利夺取新时代伟大斗争的战略胜利。

（二）加强纪律建设是为了维护党章和党内法规，纯洁党的组织应有的题中之义

列宁强调：“为了在党内和整个苏维埃工作中执行严格的纪律，并取缔一切派别活动以求得最大限度的统一，代表大会授权中央委员会，在遇到违反纪律、恢复或进行派别活动的情况时，可以采取党内一切处分办法，直到开除出党；而对中央委员则可把他降为候补中央委员，甚至采取极端措施，把他开除出党。”①

维护党章、党内法规与加强纪律建设内涵自洽。加强纪律建设的内涵要求我们把党章作为根本遵循，把党内法规作为基本遵循。党章和党内法规作为成文章程与规则，纪律建设的本质就是一整套逻辑自洽、内涵完备、层级明晰的行为规则的构建，由此维护党章、党内法规与加强纪律建设内涵自洽，具有高度的一致性。加强纪律建设应该以维护党章、党内法规为起点，以“负面清单”为靶向，赋予纪律真正意义上的“刚性”，为全面从严治党提供制度供给与保障。

纯洁党组织与加强纪律建设交互影响。1939 年，中共闽西南潮在国民党“溶共、防共、限共”的反共政策和团结抗战的危急中，发出秘密通知，要求清洗屡教不改的、动摇的、自私自利的分子，以严密组织，巩固纪律。湖南省委“在党的纪律上将开展反对忽视秘密工作的斗争与执行党的纪律相联系，对个别破坏秘密工作的党员要给予处分”②。面对国民党的顽固派、中统、军统的破坏，面对法西斯专制统治，南方局以纪律建设为抓手，保全了党组织、纯洁了党组织，使得党的基础得以保存下来。

（三）加强纪律建设，才能使党在新时代拥有强大的战斗力、凝聚力、政治领导力、社会号召力

党的战斗力和纪律建设相辅相成。党的纪律是维护党的集中统一、保持党的战斗力的基本条件。党的纪律建设是党的战斗力内在政治性要求。通过党的纪律建设，能够解决影响着党战斗力发挥的突出问题，形成全心全意向“两个一百年”奋斗目标聚焦、党领导各项工作向“两个一百年”目标用劲的良好局面。

党的凝聚力和纪律建设相互连接。能否把纪律建设放在首位关系着党“伟大工程”的兴衰成败。党的纪律是全体党员的行动规范和行动准则，是党凝聚力的重要体现和可靠保证。只有立规矩、明纪律，才能进一步强化组织观念并明晰党的意识，才能形成统

---

① 《列宁全集》(第 41 卷)，人民出版社 1990 年版，第 83 页。

② 中共湖南省委党史研究室：《中共中央南方局的党建工作》，中共党史出版社 2009 年版，第 109 页。

一的思想、一致的步调、同一的行动，这才是提高党凝聚力的核心与关键。

党的政治领导力和纪律建设相得益彰。从马克思主义政党政治理论和中国共产党的建设实践可以看出，纪律建设影响着党政治领导力的发挥与提高。“党政军民学，东西南北中，党是领导一切的。”[①]纪律建设既是党领导一切中的重要一环，也是提高党政治领导力的重要环节。严明党的纪律是提高党领导力的方法和途径，通过自我净化、自我革命，保持党的先进性和纯洁性，以提高党自身的领导力。

党的社会号召力和纪律建设相互配合。十九大报告提出要不断增强党的社会号召力，党的社会号召力与纪律建设之间相互配合，加强纪律建设，能够提高党员领导干部“五个过硬”能力，能够更好地发扬党密切联系群众的优良传统，更好地践行全心全意为人民服务的宗旨，更好地回应人民群众的诉求。通过纪律建设，让党组织更加牢固、纪律更加严明、信仰更加坚定、制度更加高效，让党的社会号召力有实体支撑和制度抓手。

（四）加强纪律建设，从红岩精神中汲取智慧力量，走好新时代纪律建设“新长征”

南方局存续期间形成独特的红岩精神成为当前加强纪律建设的重要精神力量和源泉。1939 年至 1946 年之间，南方局的共产党人发扬出淤泥而不染的“莲花精神”，在与国民党特务机关、法西斯反动势力打交道的过程中，始终保持共产党人的清廉和高洁。红岩精神内涵丰富：勇于开拓的自我革命精神，清正廉洁的“莲花精神”，纪律严明的革命工作精神。当前，全面从严治党和加强纪律建设，需要我们发扬“清正廉洁”的红岩精神；夯实党的执政基础，需要我们发扬“纪律严明”的红岩精神；管党治党“严紧硬”，需要我们发扬“自我革命”的红岩精神。

新时代加强纪律建设，发扬红岩精神的文化精髓，拓展红岩精神的时代外延，把红色文化和党内先进政治文化相结合，为加强纪律建设、全面从严治党提供文化支撑和供给。

1939 年 1 月到 1946 年 5 月，以周恩来为书记的南方局及其组织重视党的建设工作，深入开展党的纪律建设工作，培育并形成红岩精神。可以说，南方局的历史就是一部党的纪律建设的历史，强化党组织纪律建设，保障南方局工作的顺利开展和完成，成为南方局党建工作中的关键所在、灵魂所系。进入新时代，加强纪律建设，把纪律规矩“立起来”，把纪律规矩“扛起来”，把纪律规矩“严起来”，保证党组织的纯洁稳定和忠诚可靠，实现党要管党、从严治党的基本要求，为推动全面从严治党向纵深发展做好纪律支撑。

（作者单位：中共中央党校）

① 习近平：《决胜全面建成小康社会　夺取新时代中国特色社会主义伟大胜利》，人民出版社 2017 年版，第 20 页。

南方局时期周恩来领导者理论及新时代光芒

张红安

摘　要：抗日烽火中的1943年4月22日，周恩来在重庆给南方局干部做了一场工作报告，报告提纲后来以《怎样做一个好的领导者》为题收入《周恩来选集》上卷之中，成为周恩来领导者理论产生的标志性文献。周恩来特别强调领导者是能够担负起领导责任的一支数量庞大的干部群体，认为一个好的领导者，应当具有鲜明的政治立场，处理好与领导机关的关系，能正确地决策、执行、审查并重视与群众的关系，周恩来还树立了列宁、斯大林、毛泽东这样杰出领导者的榜样。十八大以来习近平总书记要求领导者增强责任意识、拧紧"总开关"、加强群众观念、保持奋斗精神，这些重要论述与周恩来领导者理论具有共同性，对于锤炼出一支符合新时代要求的干部队伍具有重要指导意义，也印证了尽管时代在变，但对领导者的高标准严要求始终不能变的铁的执政规律。

关键词：周恩来；好的领导者；工作责任；执政规律

"为政之要，莫先于用人。""建设中国特色社会主义，关键在于建设一支宏大的高素质干部队伍，培养造就一支具有铁一般信仰、铁一般信念、铁一般纪律、铁一般担当的干部队伍。"[①]在迫切需要好干部带领人民忘我奋斗的新时代，重温周恩来南方局时期关于领导者的理论，对于深入理解习近平总书记领导者问题的重要论述，培养造就新时代的好干部具有重要意义。

一、周恩来领导者理论释要

1943年4月22日，南方局书记周恩来给南方局干部做了一场工作报告，后来这场报告的大纲——《领导与检查报告大纲》以《怎样做一个好的领导者》为题收入《周恩来选集》上卷之中。这篇报告是周恩来各类选集文稿中专门论述怎样做一名好的领导者的仅有一篇，在报告中周恩来的领导者理论得到了系统呈现。周恩来集中论述了领导者定

① 中共中央宣传部：《习近平总书记系列重要讲话读本（2016年版）》，学习出版社、人民出版社2016年版，109页。

义、领导者立场、领导者与领导机关、什么是正确领导、领导者的任务、领导群众，结交朋友、领导艺术、工作方法、工作作风等九方面内容，这些内容可以分为谁是领导者、如何做一个好的领导者以及好领导者的榜样三大部分，要点明确，亮点纷呈。

（一）领导者是能够担负起领导责任的庞大干部群体

周恩来首先界定了谁是领导者："一般干部都有做领导工作可能，而且多半已经做了领导工作。所以讲领导工作，是包含了上中下各级领导干部说的。"接着他以南方局为例，指出："两岩的工作人员，是以工作为区别，而非以领导者与被领导者来区别，更非以干部与非干部来区别。今天两岩、报馆有些同志虽未直接做领导工作，但实际上仍是领导干部。"①周恩来的领导者定义体现出两个鲜明特点：第一，范围广。包括了上中下各级领导干部；第二，相对性。周恩来认为职务并不是判断一名领导者的唯一标准，更重要的是是否做领导工作，担当什么样的责任。

周恩来对领导者的内涵界定是一以贯之的。1942 年 1 月，同样在南方局所做的《建设坚强的战斗的西南党组织》的报告中，周恩来指出，南方局要建设成为坚强的、战斗的西南党组织，第一个条件就是"要使五千党员成为隐蔽的、坚强得力的、与群众有联系并善于影响和推动群众的干部"②。周恩来在此强调了相对于群众而言党员就是领导者。而在新中国成立后，周恩来在多种场合提出自己一直想要纠正一个名称，就是填表的时候，党员和非党员写成党员和群众："非党员叫群众，党员不是群众？""说领导与群众，可以，这是领导与被领导的关系。但每个党员都是领导者吗？"③周恩来在南方局时期强调党员要成为群众的领导者，新中国成立后又多次质疑"每个党员都是领导者吗？"这看似矛盾的发问背后其实思想脉络是一致的，那就是周恩来认为只有能够带领群众、担负起领导责任的才是领导者，否则就不是。

因此不难看出，周恩来所指的领导者，是负有一定责任、处于上中下管理系统中特定岗位上的、能够带领群众的一支数量庞大的领导群体和干部队伍。周恩来对领导者定义的最大亮色在于淡化了"官"的色彩，强化了工作责任意识，与"官"是截然不同的两个概念。

（二）好的领导者要具备多方面的品质与才能

周恩来指出了一个好的领导者应当具备的品质与才能：

首先，有鲜明的政治立场。周恩来指出党的立场就是领导干部的立场，好的领导者鲜明的政治立场应符合六条标准：要有确定的马列主义的世界观和革命的人生观；要有坚持原则的精神；要相信群众力量；要有学习精神；要有坚韧的奋斗精神；要有高度的纪律性。六条标准突出了世界观、人生观这一马克思主义的"总开关"，强调了原则性、纪律性、相信群众等党性原则，强调了学习与奋斗精神。

---

① 《周恩来选集》(上卷)，人民出版社 1980 年版，第 128 页。

② 《周恩来选集》(上卷)，人民出版社 1980 年版，第 110 页。

③ 《周恩来文化文选》，中央文献出版社 1998 年版，第 243 页。

其次，处理好与领导机关的关系。周恩来认为好的领导者要处理好集体领导与按级领导的关系、个人负责制与个人领导的关系、直接干涉与直接解决的关系。周恩来在此强调了好的领导者必须是能够处理好各种关系的能手。

第三，能够正确地领导。周恩来在此梳理了斯大林的领导与管理经验，强调正确的领导主要在于决策、贯彻执行、审查三大环节。

关于决策，周恩来强调一要估计环境及其变动，并找出此地、此时的特点；二要依此与党的总任务联系起来，确定这一时期的任务与方针；三要依此方针，规定当前适当的口号和策略；四要据此定出合乎实际的计划和指示。最后周恩来还指出了决策中的一条重要原则，即必须经过最实际的调查研究，并使这些实际材料与党的原理原则联系起来。现代管理学上著名的鲁宾决策经验强调四大原则：天下唯一确定的事就是不确定性；每个决定都是权衡机率的结果；面对不确定性，必须果断并采取行动；决策过程的品质比决策的结果还要重要。[①] 周恩来总结梳理的斯大林的决策原则与鲁宾决策经验基本吻合。

关于贯彻执行，周恩来强调一要经过组织计划和指示的执行讨论；二要慎选人才，负责计划的执行；三要组织斗争，实现计划；四要躬行实践，作为倡导。最后也指出了贯彻执行中的一条重要原则，即在执行的实践中证明党的路线和策略是否正确和是否需要补充。

关于审查，周恩来强调了五点，其中突出了反对形式主义；看结果、看态度；由上而下、再由下而上地反馈；审查的经常性与系统性；领导者要亲自参与等要求。

现代管理学重视决策、执行、检查、反馈的封闭式管理四环节，斯大林基本将现代管理学的框架架构了起来，审查包括反馈，周恩来强调审查的由上而下以及由下而上就是反馈。周恩来敏锐地认识到了斯大林正确领导这一经验的重要性。

第四，会用人。周恩来明确肯定了毛泽东的用人行政是领导者任务的真理性的观点，并从领导干部要抓紧思想政治的领导、抓紧组织领导、慎重挑选干部和分配工作、在实际工作中审查人才品质、向群众学习等五方面，具体细化了如何用人问题。

第五，重视与群众的关系。在这一问题上周恩来突出强调五点内容：一是指出领导党的方式和领导群众的方式是不同的，领导群众的方式和态度是要使他们不感觉我们是在领导。这一点首先强调了要尊重群众，体现了人民性；二是指出领导群众的基本方法是说服，绝不是命令，只有少数人影响了多数人利益的特殊情况下例外。这一点突出了人文性和人性化，与资产阶级管理学的物化管理具有本质的区别；三是指出领导群众和结交朋友，领导者要起模范作用。周恩来强调领导者要与群众交朋友，就是提出了要与群众平等相待、关心群众的生产生活、处处以身作则的要求，因为这样的领导者才能与群众真正成为朋友；四是指出领导者在必要时应忘记所受的侮辱。干群关系中由于群众

---

① 汪浩：《恩泽堂文稿・周恩来：学习与研究》（下卷），中央文献出版社 2013 年版，第 6 页。

对领导不认识，对政策不理解，有时会出现过火言行，导致领导者受辱，周恩来强调这时领导者要能够正确地对待。忘记所受的侮辱，体现了领导者的担当与为民，这是党性的本质特征。五是指出领导者切勿轻视自己的作用和影响，要戒慎恐惧地工作。这突出了领导者的作用和影响，其身正不令而行。

（三）列宁、斯大林、毛泽东是领导者的光辉榜样

周恩来在领导艺术、工作方法、工作作风三部分中，通过列举列宁、斯大林的不可跑得太前，也不可落在运动后面，而应抓住中心一环，推向前进的领导艺术，通过列举列宁的俄国人的革命胆略、美国人的求实精神的工作作风，通过列举毛泽东的中华民族的谦逊实际、中国农民的朴素勤勉、知识分子的好学深思、革命军人的机动沉着、布尔什维克的坚韧顽强的工作作风等，为领导者树立了好的领导者的光辉榜样。

《怎样做一个好的领导者》报告系统阐述了马克思主义领导科学中的若干重要原理与重要观点，是中国化的马克思主义领导科学理论，是周恩来领导者理论形成产生的标志性篇章。

二、周恩来领导者理论的时代历史因素

《怎样做一个好的领导者》报告首作于 1943 年 4 月的南方局干部大会上。作为全民族抗战中流砥柱的中国共产党的领导人，作为战斗在重庆，担负着领导大后方党员及民众坚持抗战到底的重大使命的南方局书记，周恩来成为代表全党回应时代问卷的答卷人。这一报告的问世是时代历史因素的产物，其意义也因此重大。

（一）报告是时代历史因素的产物

第一，这篇报告产生于中华民族抗日战争出现胜利曙光之时。从“九一八”事变后奋起抵抗，至 1943 年，中国抗战已到了第 12 个年头，从战略防御转为战略相持也有了 5 个年头。在中国军民英勇抗战和国际反法西斯力量援助下，日本灭亡中国的计划渐渐落空，最后胜利属于中国则呈现出曙光。但是抗战越接近胜利，斗争也越残酷，日寇越走向失败，行动也越疯狂，特别是在太平洋战争中的败局已现后，日寇对我八路军华北太行山根据地发动了最后一次“铁壁合围”的疯狂“大扫荡”，同时也对中国抗战首都重庆开展持续大轰炸，妄图通过这最后的疯狂摧毁中国人民的抗战意志，迫使中国军民投降。在中华民族存亡绝续的关键时刻，战斗在重庆的周恩来清醒认识到，中华民族要坚持抗战，争取最后胜利，要有一支中国共产党领导下的高素质的干部队伍，这样才能带领四万万五千万民众，才能贯彻落实抗战到底的方针和政策，正如他曾经指出的那样：“我们要使一个人有十个人的用处，一个干部当一百个干部用”，“干部在我们成为强大的

新四军上有决定的意义。干部健全才能使工作发展”①。周恩来从对南方局党员干部的教育入手，旨在鼓舞领导者用奋斗牺牲为中华民族迎来光明前途。

第二，这篇报告产生于蒋介石法西斯政治统治加紧实施之际。1943 年的中国抗战是需要中国人民继续鼓舞斗志、坚持到底的关键时刻。但蒋介石却认为：“太平洋战争既起，美英若不是很快地打败日寇，便要以大力来援助中国，如此，中国便可坐享其成。”②因此，蒋介石放松战场上的作战抵抗，而将重心转向如何独吞抗战胜利果实上来，为此不惜加紧在中国宣传法西斯主义。1943 年 3 月，由蒋介石授意、陶希圣执笔的《中国之命运》一书出笼，该书公开反对共产主义和自由主义，着力渲染“一个主义”“一个党”，宣称中国国民党是“领导革命建设国家的总机关”，“永为中国唯一的革命政党”，为“一党独裁”大势粉饰并大造舆论攻势。在法西斯主义喧嚣下，国民党消极抗战、积极反共，叫嚷解散共产党，竭力“消除异己”，压迫各小党派，大搞特务统治，③封建帝王重权谋的驭臣之术与社会上成王败寇的厚黑学一时也甚嚣尘上。为了应对国民党的倒行逆施，中国共产党有针对性地开展了全党整风运动，而领导中共中央南方局和大后方十多万党员的周恩来，则在此背景下，从领导者问题入手，对增强党的凝聚力、战斗力展开系统思考，以此引领党的干部抵制倒行逆施、权术阴谋。这篇报告是增强党的生机活力的宣言书。

第三，这篇报告产生于马克思主义领导科学理论迫切需要总结的重要关头。马克思主义经典作家一向重视领导活动和领导者的巨大作用，列宁、斯大林、毛泽东更是马克思主义领导科学的探索者和实践者，他们提出了许多真知灼见，但由于时代性和关注点不同，领导者理论并没有得到系统的总结和科学的升华。周恩来 1924 年 7 月从欧洲回国，大革命失败后进入中共核心领导层，抗战时期周恩来领导着党在大后方的全部工作和统一战线工作，并直接与国民党蒋介石打交道。领导是一种特殊的实践活动，持续任职时间长、工作领域众多并一直战斗在第一线的领导工作实践，使周恩来经受了最大的锻炼，积累了丰富的领导工作经验，也使周恩来能够更为准确地理解马克思主义的领导科学论述，准确把握干部队伍的实际状况。在革命时期，党的干部队伍始终存在着两大问题，一是数量不够，二是能力不足。抗战爆发后，党担负起救亡图存的更为重大的历史责任，但高素质的干部队伍仍然不够健全。1939 年 3 月，周恩来在新四军总部所做报告中就曾指出：大敌当前，“干部健全才能使工作发展。在这一方面，新四军要用很大的力量，因为现在干部的水平在军事上文化上技术上政治上都是不够的，要很好地培养和教育”④。培养和提高干部的水平和能力，既需要在革命斗争实践中加以锻炼，也需要有系统的理论来武装。具有马克思主义领导科学理论修养，又了解干部队伍实际状况

---

① 《周恩来军事文选》(第 2 卷)，人民出版社 1997 年版，第 180 页。

② 《周恩来选集》(上卷)，人民出版社 1980 年版，第 135 页。

③ 《周恩来选集》(上卷)，人民出版社 1980 年版，第 153—156 页。

④ 《周恩来军事文选》(第 2 卷)，人民出版社 1997 年版，第 180 页。

的周恩来，成为总结、凝练领导者理论这一重任的合适人选。这篇报告是对马克思主义领导科学的理论升华。

（二）报告在特定时代产生特殊意义

第一，为马克思主义现代管理学埋下了第一块基石。这篇标志着周恩来领导者理论形成的报告诞生于20世纪40年代早期，现代管理科学是指20世纪四五十年代以后发展和丰富起来的管理理论。从时间轴上看，周恩来的科学论述先于现代管理科学的诞生。这得益于马克思领导科学理论的指导，得益于列宁、斯大林、毛泽东等共产主义运动领导人实践上的探索，周恩来适时总结了革命领导人在革命实践中创造出来的新鲜经验，建构起了马克思主义现代管理学学科的理论框架。现代管理科学诞生于后，原因在于现代社会性大生产兴起于20世纪初，流水线和人的物化倾向特征短时间内并不能充分显现，必须经历一定的社会实践性的历程才能被更清楚地认识与发现。周恩来的科学论述，强调领导者的责任，强调领导者正确地领导，强调要处理好各种关系，强调要重视群众等等，这些都为马克思主义现代管理学原理埋下了第一块基石，成为马克思主义管理科学史上的一件大事。

第二，为现代管理学皇冠镶嵌了一颗最耀眼的宝石。领导科学是现代管理学的重要组成部分，领导科学中的领导者理论是现代管理学皇冠上最耀眼的明珠，而周恩来是这一皇冠上宝石的镶嵌者。马克思指出："一切规模较大的直接社会劳动或共同劳动，都或多或少地需要指挥，以协调个人的活动，并推行生产的总体运动——不同于这一总体的独立器官运动——所产生的各种一般职能。一个单独的提琴家是自己指挥自己的手，一个乐队就需要一个乐队指挥。"[①]马克思生动地指出了领导活动的客观性与必然性，也形象地指出了领导者在领导活动中的重要地位。马克思还进一步指出："每一个社会时代都需要有自己的伟大人物，如果没有这样的人物，他就要创造出这样的人物来。"[②]马克思在此强调了没有领导者发挥作用，便没有领导活动，没有领导活动便没有管理科学。从这个意义上来说，周恩来领导者问题的科学论述为现代管理学皇冠镶嵌了一颗最耀眼的宝石。

第三，为中国革命走向最后胜利培养干部提供了理论参考。在一个地广人多、情况复杂、贫穷落后的大国完成革命任务，中国共产党遭遇到各种严峻挑战，而干部的短缺不失为最大的难题。1930年2月1日，周恩来在《中共中央关于红四军问题给广东省委的指示信》中对此有充分的描述："润之（毛泽东）现已复职，中心的政治领导亦已确立，此稍可使中央放心，唯中下级干部缺乏，积极分子一时难以迅速地大批产生，这是一件最大的难题！中央过去派人之少，且不甚得力，自是实情，但依数量计，中央已用了极大注意，而留在莫方的军事同志又急切无人归来，上海能去的人已搜罗殆尽，而全

① 《马克思恩格斯全集》(第23卷)，人民出版社1972年版，第367页。

② 《马克思恩格斯选集》(第1卷)，人民出版社1995年版，第432页。

国红军依中央规定已成立有八军，与中央有密切关系的除四、七两军外，还有三、五、八（鄂东新兵变者）三军同样要派人去。”[①]抗战爆发后，干部队伍比从前增加了很多，但与需要相比，数量依然不足，质量仍然不高，这直接导致了在执行党的土地政策、劳动政策、财政政策、锄奸政策、知识分子政策、俘虏政策时，容易犯“左”、右倾错误。周恩来领导者问题的科学论述，是对抗战时期中国共产党面临时代课题的积极主动回应，有利于提高广大领导干部在政治上、军事上、政策上的水平。

三、领导者理论的新时代光芒

新时代伟大的斗争、宏伟的事业，同样需要高素质的干部队伍。十八大以来在党中央开展的党的群众路线、“三严三实”和“两学一做”等系列学习教育实践活动中，习近平总书记对领导干部提出了新时代的新要求。习近平总书记关于领导者问题的一系列重要论述与周恩来的领导者理论有许多共同之处，这表明了无论何时何地，党对领导者的高标准严要求是永远不能改变的，也表明了周恩来的领导者理论在新时代仍然会闪烁光芒。

（一）领导者要增强责任意识，谋事要实

周恩来给领导者所下的定义中，最核心的是淡化了“官”的意识，强化了领导责任；在领导者正确领导的决策、贯彻执行以及审查三个环节中，强调必须经过最实际的调查研究，制定出合乎实际的计划和指示，强调躬行实践，反对形式主义等等。这些都强调了领导者的使命意识与责任担当，要求领导者承担起国家将来艰巨之责任。[②]

在新时代新征程中，习近平总书记要求领导干部一定要明确肩负的重大责任，增强为实现目标任务而奋斗的责任感和使命感，脚踏实地，锐意进取，兢兢业业。在“三严三实”专题教育中，习近平指出：“谋事要实，就是要从实际出发谋划事业和工作，使点子、政策、方案符合实际情况、符合客观规律、符合科学精神，不好高骛远，不脱离实际。创业要实，就是要脚踏实地、真抓实干，敢于担当责任，勇于直面矛盾，善于解决问题，努力创造经得起实践、人民、历史检验的实绩。”[③]习近平总书记的论述将领导者如何做实事、勇承担阐述得深入而具体。

周恩来和习近平总书记的论述，都强调了一个好的领导者必须是有作为、有担当的

---

① 《周恩来军事文选》(第1卷)，人民出版社1997年版，第109页。

② 中共中央文献研究室、南开大学：《周恩来早期文集(1912.10—1924.6)》(上卷)，中央文献出版社、南开大学出版社1998年版，第2页。

③ 《习近平谈治国理政》，外文出版社2014年版，第381页。

领导者。但在现实中“上任几年，山河依旧”，“两袖清风不干事，因循守旧太平官”[①]的领导者并不乏见。十八大以来的厉行反腐，又让一些干部有了不担当、不作为的借口，在他们思想中只要不出事、宁愿不做事，满足于得过且过做“循吏”；还有的干部工作简单粗暴，一纸行政命令或者一次会议就把工作布置下去，只看结果不管过程，只要政绩不顾民生，这不是勤政而是“懒政”。“循吏”和“懒政”者会激起民愤民怨，会给党和人民的事业造成严重损失。“为官不为”对不起领导者称谓，一个好的领导者必须是有责任使命的担当者。

（二）领导者要坚定理想信念，拧紧“总开关”

周恩来强调领导者要有鲜明的政治立场，六条标准中首要的一条就是要有确定的马列主义的世界观和革命的人生观。世界观是哲学的朴素形态，是人们对世界的总的根本的看法。由于社会地位不同，观察问题角度不同，不同的人形成了不同的世界观，不同的世界观对社会发展起着不同的作用。马克思主义世界观的基本问题是精神和物质、思维和存在的关系问题。人生观是对人生的意义和目的根本观点。人生观不同，人生态度以及人生就会不同。世界观和人生观的关系是统一的，有什么样的世界观就有什么样的人生观。作为个人来说，世界观和人生观和人的理想信念有机联系在一起，制约着人的整个心理面貌和精神面貌。

十八大以来习近平总书记提出“总开关”理论，这一论述就是要求肩负着党和人民重托的领导者一定要解决好世界观、人生观、价值观问题。而要拧紧“总开关”，习近平总书记强调关键在于坚定理想信念：“理想信念是共产党人的精神之‘钙’，必须加强思想政治建设，解决好世界观、人生观、价值观这个‘总开关’问题。”[②]习近平总书记要求领导干部要把学习掌握马克思主义理论作为看家本领，“真正做到对马克思主义虔诚而执着、至信而深厚”[③]。习近平总书记告诫领导者：“身之主宰便是心”，“不能胜寸心，安能胜苍穹”。但是十八大以来“活着要进中南海、死了要入八宝山”，不信马列信鬼神、不敬苍生敬大师，见佛就磕头、见庙就烧香的一些落马者，恰恰就是丧失了理想信念的“三观”不正者，他们不忧民族命运，不念国家前途，祈求的是个人飞黄腾达、官运亨通。坚定的理想信念是正确的政治立场和行动的前提，一个好的领导者必须具有高尚的革命的“三观”。

（三）领导者要加强群众观念，权为民用

群众观点贯穿于周恩来领导者理论科学论述的各个方面，周恩来一再强调领导者要重视与群众的关系，要相信群众、尊重群众，维护群众的利益，关心群众的生产和生活。周恩来的群众观点来自马克思主义的群众历史观，来自马克思主义的“公仆”理

① 甄小英：《周恩来——坚持党性的楷模》，中共中央党校出版社1989年版，第157页。

② 《不忘初心　继续前进》，人民出版社、学习出版社2017年版，第134页。

③ 《做焦裕禄式的县委书记》（2015年1月12日），载《习近平谈治国理政》（第2卷），外文出版社2017年版，第142页。

论，也体现了无产阶级领导者的党性原则和执政为民的本质特征，与资产阶级历史观下对待人民群众的态度具有本质的区别。

十八大以来习近平总书记多次强调“为什么人、靠什么人的问题，是检验一个政党、一个政权性质的试金石”[①]，强调“党的干部都是人民公仆，自当在其位谋其政，既廉又勤，既干净又干事”[②]，强调“我们的权力是党和人民赋予的，是为党和人民做事用的，姓公不姓私只能用来为党分忧、为国干事、为民谋利”[③]。习近平总书记还根据新时代的特点，为领导者列举出了群众工作的重中之重，要求领导干部扎扎实实加以解决：“抓住劳动就业、技能培训、收入分配、社会保障、安全卫生等问题，关注一线职工、农民工、困难职工等群体，完善制度，排除阻碍劳动者参与发展、分享发展成果的障碍，努力让劳动者实现体面劳动、全面发展。要面对面、心贴心、实打实做好群众工作，把人民群众安危冷暖放在心上，雪中送炭，纾难解困。”[④]总书记所举都是人民群众最关心、最直接、最现实的利益问题，最困难、最忧虑、最急迫的实际问题。

心中有民，才能为民谋事。但一旦有了领导职务，便官气熏天、忘记“公仆”身份的“官老爷”却始终大有人在。新中国成立初司徒美堂向时任中共中央华南分局第一书记、广东省人民政府主席叶剑英反映的“粤中某数县中下级干部以及随身跟从更多之保卫员为荣，招摇过市，人民侧目。公教人员，乘车搭船，乱发公差免费证，以示‘阶级’之特殊性”[⑤]的情况，就是建国伊始“官老爷”的魅影；十八大后也不时被披露出来的一些在群众面前盛气凌人，漠视民间疾苦，甚至与民争利的官员，也是“公仆”的一种异化。实现中国梦，需要激发调动起亿万群众的积极性和创造性，领导干部一旦脱离群众异化为“官老爷”，将破坏这种推动发展的合力。历史是人民创造的，一个好的领导者必须是权为民用的人民“公仆”。

（四）领导者要永远保持奋斗精神，做领头雁

领导者如同“一个乐队指挥”[⑥]，必须起领头作用。周恩来在领导者要正确领导以及要领导群众和结交朋友等论述中，都强调了领导者要以身作则，要求领导者切勿轻视自己的作用和影响。周恩来对领导者要起模范带头作用的要求中，还要求领导者“要有坚韧的奋斗精神”，因为起模范带头作用必须有精神意志力量的支撑，否则难以做好领头雁。

---

① 习近平：《弘扬伟大长征精神，走好今天的长征路》（2016年10月21日），载《习近平谈治国理政》（第2卷），外文出版社2017年版，第52页。

② 习近平：《在党的群众路线教育实践活动总结大会上的讲话》，人民出版社2014年版，第23页。

③ 习近平：《做焦裕禄式的县委书记》（2015年1月12日），载《习近平谈治国理政》（第2卷），外文出版社2017年版，第147页。

④ 习近平：《在庆祝“五一”国际劳动节暨表彰全国劳动模范和先进工作者大会上的讲话》，载《习近平谈治国理政》（第2卷），外文出版社2017年版，第364页。

⑤ 中共中央文献研究室、中央档案馆：《建国以来周恩来文稿》（第2册），中央文献出版社2008年版，第327页。

⑥ 《马克思恩格斯全集》（第23卷），人民出版社1972年版，第367页。

习近平总书记强调要“要突出领导干部这个关键”，要“形成一级带一级、一级抓一级的示范效应”，[①]也多次要求领导者必须保持百折不挠的奋斗精神，因为“坚持和发展中国特色社会主义是一项长期而艰巨的历史任务，必须准备进行具有许多新的历史特点的伟大斗争。这就告诫全党，要时刻准备应对重大挑战、抵御重大风险、克服重大阻力、解决重大矛盾”[②]。习近平总书记在十九大报告中进一步强调新时代赋予新使命，新使命需要新作为，新作为要靠新奋斗，发出新时代是奋斗者时代的动员令。

中国特色社会主义还处于发展进程之中，中华民族伟大复兴还面临着巨大的困难与挑战，还远不到躺在功劳簿上享清福的时候，而一切犹豫者、观望者、懈怠者、软弱者都不能赢得光明的未来。周恩来和习近平总书记的论述，都要求领导者为了实现宏伟目标，必须勇往直前，开拓进取，一个好的领导者必须是永远保持奋斗精神的领航者。

诞生于南方局时期的周恩来的领导者理论，对于培养与造就一支高素质的干部队伍，以赢得中国革命的胜利并推动社会主义建设的发展发挥了重大的保障作用。习近平总书记对于新时代高素质的领导者的一系列重要论述，对于锤炼出一支符合新时代要求的干部队伍，对于新时代的伟大斗争、宏伟事业也发挥了重大作用。而对于好干部的标准，周恩来与习近平总书记的论述具有高度的共同性，也印证了尽管时代在变，但对领导者的高标准严要求始终不能变的铁的执政规律。这两大论述都是对时代之问的回应，领导者应该以这些理论武装自己、要求自己，努力使自己成为不负人民重托和党的期待，推动美好新时代的有境界的好的领导者。

（作者单位：江苏省淮阴师范学院）

① 习近平2015年3月9日在参加吉林代表团审议时的讲话。

② 《不忘初心，继续前进》(2017年7月1日)，载《习近平谈治国理政》(第2卷)，外文出版社2017年版，第32页。

南方局党建工作实践及当代启示

王　戎　罗　婷

摘　要： 南方局的党建工作是抗战时期、在严峻复杂的国统区环境下，围绕巩固与发展抗日民族统一战线这一特定历史任务、巩固与发展党组织这一特定的建设需要而进行。南方局的党建工作在政治建设、思想建设、组织建设、作风建设、制度和纪律建设等方面形成的宝贵经验财富，不仅具有重要的历史价值，对推进今天党的建设、贯彻落实全面从严治党工作也具有重要的现实和借鉴意义。

关键词： 南方局；党建工作；当代价值

1939 年 1 月，由周恩来、董必武等人领导的中共中央南方局（以下简称"南方局"）在重庆成立。南方局是以公开的合法机构为掩护，设在国民党统治区重庆的秘密领导机关，领导当时国统区和部分沦陷区的工作。南方局的党建工作是在抗战时期严峻复杂的国统区环境下，围绕巩固和壮大抗日民族统一战线、巩固和壮大党组织建设需要而进行。周恩来领导中共中央南方局在特殊的斗争环境和特定历史背景下，创造性地开展党建工作，不仅具有重要的历史贡献，对推进党的建设、全面从严治党等工作也具有重要现实指导和意义。

一、南方局开展党建工作的特定历史背景

南方局的党建工作是在特定的历史时期、特定的社会环境下进行，肩负特定的历史使命以及特定的建设需要。在救亡图存的斗争岁月、严峻复杂的国统区环境下，南方局围绕抗日民族统一战线这一历史任务主线，在巩固与发展党组织、壮大党的队伍、增强党的战斗力等方面开展了卓有成效的工作。

（一）特定的历史时期——救亡图存的斗争岁月

日本发动全面侵华战争以来，国民党迫于形势和舆论的压力与中国共产党建立了抗日民族统一战线，但是并没有完全放弃反共政策。随着战线的拉长，抗日战争进入了相

持阶段，日本帝国主义对国民党采取了“政治诱降为主、军事进攻为辅”的策略后，国民党的反共本质也逐渐显现。提出了“溶共、防共、限共、反共”①的反动方针，秘密下发了一系列反共文件，制造了“平江惨案”“确山惨案”等一系列反共事件。中共中央南方局党建工作正是在这个特定的时期进行了长达八年多的艰苦斗争，既要积极支持和领导南方各地爱国军民奋勇反抗日本侵略者的救亡斗争，又要在求团结中对国民党顽固派进行“有理、有据、有节”的斗争。

（二）特定的社会环境——严峻复杂的国统区环境

国民党在国统区不断加强反共宣传和特务机关的活动，还在一些地区秘密设立集中营来迫害共产党员和进步人士，而中共中央南方局就是在国统区国民党的严格控制下开展工作，所面临的斗争环境复杂险恶、所要解决的问题极其复杂艰巨。党员随时面临被国民党特务抓捕甚至牺牲生命的危险；同时，当时重庆国统区纸醉金迷、腐败不堪，共产党人还面临着国民党的金钱、美色、权力、地位等各种诱惑的考验。在这样严峻复杂的斗争环境下，南方局及其领导下的党组织按照党中央“荫蔽精干”的要求，采取公开、半公开以及完全秘密等工作方式，创造性地提出了“三勤”“三化”等开展秘密工作的斗争策略和方针，从而为保存党的有生力量，增强党的战斗力、凝聚力以及纯洁性等方面做出了重要贡献。

（三）特定的历史使命——抗日民族统一战线

中共中央在坚持抗战的工作重点放在敌后和战区的同时，重视加强国统区和沦陷区的工作。抗战进入相持阶段后，党不仅重视对日、伪进行军事斗争，还强调党在国统区的工作，巩固和发展抗日民族统一战线。中共中央南方局的整个工作都是围绕党的全面抗战路线、维护和巩固抗日民族统一战线而开展工作的，南方局的党建工作自然也围绕这一主线而进行。

（四）特定的建设需要——巩固与发展党组织

从客观层面来说，全国抗战爆发之前，由于国民党反动派的残酷镇压和党内“左”倾错误，南方各省的党组织遭到了严重破坏，革命力量遭到了重大损失。为了扩大党的队伍、适应革命发展需要，1938 年中共中央要求各级党组织大量地发展党员。南方各省党组织认真贯彻这一决定，恢复和发展了大批党员，建立了许多基层党组织，但是由于此后日本帝国主义和国民党顽固势力的不断残酷镇压，南方各地党组织也遭到不同程度的破坏；从主观层面来说，贯彻《关于大量发展党员的决议》后也存在着过分重视党员数量而忽视党员质量、“拉夫式”发展等问题，从而导致了少数投机分子、奸细等不良分子混入党内。因此，为了解决这些问题，增强党的战斗力和凝聚力，巩固和发展党组织就成了南方局党建工作在这一段时期内的重要任务。

---

① 肖一平、翁仲二、王建众:《中国共产党抗日战争时期大事记(1937—1945)》,人民出版社 1988 年版,第 96 页。

二、南方局党建工作的主要措施和经验

南方局的党建工作是在抗战时期，国统区特定的斗争环境下进行的，统一战线历史使命以及特定的建设需要的有机统一。周恩来领导南方局将巩固与发展统一战线与加强党的建设有机结合，以马克思主义政党的理论勇气和责任担当，顽强斗争，视死如归，实事求是、理论联系实际地形成了宝贵的党建工作经验财富。

（一）政治建设

密切联系党的政治路线，根据实际情况加强党建工作和开展党内政治教育，是南方局党的政治建设的主要经验之一。抗日战争时期，最大的政治就是团结一切爱国力量抵抗日本帝国主义的侵略，争取民族独立和解放。因此，中国共产党的党建工作都是紧紧围绕这一政治任务而进行。在国民党掀起反共高潮的困难局势下，南方局及其领导下的各级党组织坚持合作抗日这一大局，贯彻执行党中央的“荫蔽精干，长期埋伏，积蓄力量，以待时机”十六字方针，根据国统区实际情况及时转变党的组织形式和工作方式；在1944年形势发生变化后，南方局根据革命斗争新情况，紧紧围绕党的政治路线因地制宜地及时调整了工作策略和方针，领导和促进国统区民主运动的兴起，恢复和扩大党组织，迎接革命斗争的新高潮。

（二）思想建设

南方局党组织和党员在国统区的处境极其危险，因此南方局特别重视加强党内教育，帮助党员干部提高思想理论水平、政策水平和工作能力、坚定其革命信念。首先，学习教育的内容上，党员教育内容丰富多样但又有侧重点，主要学习马列著作、毛泽东著作、党建理论、保密工作和方法、群众路线教育、革命气节教育以及形势教育等内容，加强党员干部的理想信念教育，此外还辅助学习历史、文学、自然科学、外语等内容；其次，在进行党员教育的措施和制度上，南方局在南方各省举办了培训班、党课、学术报告等活动，对党员干部进行培训，成立了教育委员会专门负责党员干部的教育工作，制定了每周四为全机关统一学习“党日”的严格学习制度等等；在教育方法上，为了增强党员干部学习教育效果，南方局特别注意结合重大历史事件进行党内思想教育，让党员干部的理解更加深刻；运用《新华日报》和《群众》周刊等媒体，对广大党员和进步人士进行思想政治教育；充分发挥周恩来、董必武等南方局主要领导人的言传身教、率先垂范作用。这些都是南方局时期党的思想建设的宝贵经验财富。

（三）组织建设

在艰苦危险的国统区斗争环境下，南方局通过采取一系列有效的措施巩固和发展党的组织，取得了丰硕成果，累积了丰富经验。第一，党员质量重于数量，巩固重于发

展。南方局在经历了党员“拉夫式”发展的问题后，坚持“质重于量，巩固重于发展”的方针，在选拔任用党员干部时，着重于其的实际工作能力和对党和革命事业的忠诚；重视对党员干部的审查，清除不合格党员；重视从实际斗争中识别和培养党员干部。此外，根据中共中央打破“关门主义”束缚的指示，南方局带领南方各地的党组织重视吸收知识分子、农民和其他社会阶层的先进分子，优化党员队伍结构。第二，联系实际开展组织建设工作，坚持原则坚定与策略灵活相结合。抗战进入相持阶段后，面对国民党蓄意制造的反共高潮，南方局审时度势，在坚持维护抗日民族统一战线的前提下，为了保护在国统区工作的共产党员，没有采取正面发生冲突，而是坚持贯彻“荫蔽精干、长期埋伏、积蓄力量、以待时机”的方针，同时根据实际情况，灵活地转变工作方法和组织形式。例如，实行“三勤”（勤学、勤业、勤交友）、“三化”（职业化、社会化、合法化），通过职业掩护，达到隐蔽、积蓄力量以及顺利开展群众工作进行革命活动目的；具体区分保密工作和公开工作；精简机构，缩小党的领导机构；建立平行支部，化大支部为小支部；建立便于隐蔽的“据点”等，从而在环境日益严峻的情况下，保存了党组织的骨干力量，巩固和发展了党组织。第三，加强国统区党的领导。国统区要实现对分散在各省的党组织的领导很难，南方局经过不断探索和创新，通过学习和汇报、组织调整和配派干部、个别联系等方式，始终加强对各地党组织的领导。

（四）作风建设

南方局党建工作中的作风建设也值得当今党建工作借鉴学习。首先，重视发扬民主作风。南方局对党内民主进行了深入思考和实践，把民主集中制的基本原则渗透到党的各项工作。例如，周恩来领导南方局在开展审干工作中，坚持实事求是的思想路线、科学系统的工作方法，充分发扬党内民主，认为“审干不是清党，而是认识干部。做结论、鉴定都要慎重，要不怕麻烦地允许本人申诉”[①]。因此，工作进展得很顺利，团结了党员，提高了党员的思想政治意识，纯洁了党员队伍。其次，坚持密切联系群众的作风，坚持群众路线。例如，群众是党在国统区的根基，南方局始终坚持党的群众工作路线，成立了包括经济组、文化组、职工组、青年组、妇女组、妇女运动委员会等多种群众工作机构，时刻关注着各界群众的生存状况，积极组织群众开展争取生存权利和改善生活状况的斗争。广大党员在实行“三勤”“三化”政策当中，更是和群众打成一片，从而提高了党对各阶层群众的组织力，奠定了大规模群众运动的基础。此外，周恩来等南方局主要领导人与南方局各个机关干部平等相处，关心党员干部，以普通身份出现在群众中，也生动地体现了党的群众路线。最后，敢于批评与自我批评的作风。周恩来领导南方局长期坚持以严肃认真的态度开展批评和自我批评。整风运动时期，南方局成立了学习委员会整顿“三风”（学风、党风、文风），就强调批评和自我批评的重要性和主动性，从而及时纠正了党员干部的不良思想倾向，保持了整个党员队伍的生机与活力。

---

① 中共重庆市委党史研究室：《中共中央南方局史》，中共党史出版社2009年版，第167页。

（五）制度和纪律建设

从南方局的历史可以发现，南方局及其领导下的国统区各级党组织都高度重视党内的制度建设和纪律建设，以制度建设密切地配合党的政治、思想、组织、作风等建设。周恩来等南方局领导人深刻意识到南方局党员干部主要在国统区和沦陷区开展工作，在国共两党基本政治立场存在严重分歧和外部环境恶劣的情况下，共产党人不仅要有严格的自律精神，坚定理想信念和革命气节，还要发挥制度建设的重要作用。 组织纪律上，皖南事变后对撤离人员做了严格的纪律要求："每到一个站停车时，不允许有一个人单独行动"[①]"每过一个检查站，都要去信告知。 到达延安，即来电报"[②]等等，正是有了周恩来细心周密的安排，以及严格制度和纪律的保障，撤离人员才得以安全撤离；工作纪律上，南方局先后制定了许多严格的制度和纪律，例如，实行"三勤""三化"期间，党员之间不允许横向联系，采取单线联系的方式；地下交通站工作人员不许与亲朋好友联系；南方局电台的收报、译电、传送等各个工作环节严格分开，不许工作人员相互打听情况；南方各省党员干部培训学习时，一般不允许外出，不允许学员之间互相打听情况等等。 正是这些严格的党组织纪律和制度建设，一方面，使得南方局各个地下党组织的政治生活有了基本的遵循，提高了其党内管理水平和治理能力；另一方面，有效地避免了国民党特务的破坏和抓捕残杀，保存了南方局党的骨干力量，提高了南方局党组织的组织力、战斗力和凝聚力。

三、南方局党建工作的历史功绩

周恩来领导下的南方局在政治建设、思想建设、组织建设、作风建设、制度和纪律建设等方面形成了一系列宝贵经验财富，这些宝贵经验不仅巩固和加强了南方国统区的党组织力量，并且扩大了党在国统区的影响，还为革命和建设培养了大批干部，并且对红岩精神的培育和形成等方面也产生了重要作用。

（一）巩固和加强了南方国统区的党组织力量

南方局党建工作始终围绕着国共合作、抗日民族统一战线这一中心任务，在思想、组织、作风、制度和纪律等方面开展一系列卓有成效的工作，保存、发展、巩固了南方国统区的党组织力量。 政治上，坚持巩固抗日民族统一战线的这一大局，在斗争中求团结，为党组织赢得民心奠定了重要的基础；思想上，重视加强党员的理想信念教育，加强党员的气节教育等，从而在思想上巩固了党组织；组织上，坚持原则坚定与策略灵活

① 中共湖南省委党史研究室：《中共中央南方局的党建工作》，中共党史出版社 2009 年版，第 169 页。

② 中共中央文献研究室：《周恩来传》（上），中央文献出版社 1998 年版，第 599 页。

相结合，根据实际情况实行“三勤”“三化”，建立“据点”等措施，来巩固和加强秘密状态下的党组织，从而在日益严峻的斗争环境下保存了党的骨干力量；作风建设上，重视发扬民主、密切联系群众以及批评与自我批评等党的优良作风，提高了党员的思想政治意识，纯洁了党员队伍，增强了整个党员队伍的活力；制度和纪律建设上，建立严格的制度和纪律，密切配合党的政治、思想、组织、作风等建设工作，提高了党的战斗力和凝聚力，这些党建工作巩固和加强了党在国统区的力量，为南方局顺利地完成巩固和壮大抗日民族统一战线、加强国共合作、群众工作、外事工作、文化工作，以及为夺取抗日战争和解放战争的胜利奠定了坚实的组织基础。

（二）为革命和建设培养了大批干部

南方局在干部培养方面积累了丰富的经验，为中国革命和建设保存和培养了一大批优秀的干部。 首先，南方局的“荫蔽精干”政策，为中国革命和建设保存了一大批优秀干部。 这是因为抗战时期，国民党掀起了反共高潮，大肆逮捕和迫害共产党人和进步人士，南方局对已经暴露的优秀党员和干部进行撤退或者隐蔽，从而保留了一大批工作能力强和实践经验丰富的优秀党员和干部，他们为后来的各地党组织的恢复以及民主运动的兴起做出了重要的贡献。 其次，南方局党十分重视党外干部的培养和各界精英人士的培养和联系。 例如，当时国统区重庆聚集了许多著名的民主党派人士、无党派人士、企业家、文艺人士、作家、记者等，南方局主动与他们接近，关心与帮助他们，把他们团结到党的周围，他们在中国共产党与国民党反动派的斗争中起到了重要的支撑作用，对解放战争的胜利以及新中国的政治、经济、文化等建设也发挥了重要作用。 最后，南方局的管辖范围主要在国统区和部分沦陷区以及港澳地区，党的工作区域也因此主要集中在大城市，逐渐积累和掌握了丰富的城市工作和管理的经验，为以后中国共产党接管和管理城市奠定了人才基础。

（三）培育和形成了红岩精神

红岩精神是南方局及其领导下的共产党人在反对日本帝国主义侵略和国民党顽固派的斗争实践中所形成的革命精神，南方局党建工作实践对于培育和形成以南方局所在地红岩村命名的红岩精神具有重要贡献。 这是因为：第一，南方局党建工作紧紧围绕抗日民族统一战线这一大局，积极进行爱国主义教育和统一战线教育，对形成和培育抗日救亡的爱国主义精神和顾全大局的团结精神发挥着重要作用；第二，南方局一大批共产党人和革命志士在艰险的国统区进行工作，随时都有被捕、坐牢和被杀的危险，因此南方局党建工作十分重视党员革命气节教育，这对南方局共产党员坚韧顽强的斗争精神和视死如归的牺牲奉献精神的培育和形成具有重要作用；第三，南方局在党建工作中，要求党员干部既要坚持党性原则，又要发扬民主，既坚持独立自主原则，又重视平等协商，这是坚持原则的坚定性和平等协商的民主精神的生动体现。 这些精神有效地保证了南方局的战斗力、凝聚力和红岩精神的最终形成。

四、南方局党建工作的当代启示

周恩来领导下的南方局党建方面具有重要的历史贡献，不仅巩固和加强了南方国统区的党组织力量，为夺取抗日战争和解放战争的成立奠定了坚实的党组织基础。还培养了大批革命与建设的优秀人才，推动了红岩精神的培育和形成等，对于今天加强党的建设也具有重要的现实意义。

（一）坚持把党的政治建设摆在首位

党的十九大报告提出要把党的政治建设摆在首位，南方局的政治建设工作也启示我们，要坚持把党的政治建设摆在首位：首先，要密切联系党的政治路线，立足新时代党的建设。正是因为南方局密切联系党的政治路线，并根据实际情况加强党建工作，才能正确地处理党建工作与统一战线、武装斗争等工作的关系，经受住了国统区复杂艰险环境的考验，从而光荣地完成了合作抗日这一历史使命。因此，当今的党建工作要密切联系并坚定执行党目前的政治路线，并且立足新时代的实际进行党的建设，即要把始终坚持经济建设为中心、坚持四项基本原则、坚持改革开放，要贯彻落实好“两个一百年”奋斗目标和中华民族伟大复兴中国梦的战略安排等等作为党的政治建设任务，并根据新时代的实际情况来开展党的建设。其次，要从思想上坚定党员的政治信仰。南方局在密切联系党的政治路线的同时，也重视党员的革命气节、党性等政治教育，即重视从思想上坚定党员的政治信仰和革命信仰。这启示我们要从思想上坚定党员的政治信仰和中国特色社会主义道路、理论、制度和文化自信，牢固树立政治意识、大局意识、核心意识、看齐意识，从而使全党自觉同党中央保持高度一致。

（二）要高度重视党的思想建设工作

党的十九大报告强调：“思想建设是党的基础性建设。”①南方局关于党的思想建设的成功经验，启示我们：第一，思想政治教育内容要丰富，但首要的是加强党员的理想信念教育。南方局的党组织和党员面临国统区内国民党顽固派的迫害与压迫，党组织分散、联系不便等困难，因此必须高度重视党员干部的思想上教育，统一思想意志、坚定党员干部为党的事业奋斗终生的信念。在当今市场经济和多元化的社会环境下，一些党员干部出现意志不坚定、理想信念迷失等的情况，这就必须抓好理想信念教育，加强党性修养，增强党员干部的理想信念的精神之钙。第二，党员的思想政治教育要有具体的支撑平台和严格的规章制度，南方局举办了培训班、党课、学术报告等活动，成立了专门的教育委员会负责，制定了严格学习制度等经验，启示我们在党的思想建设工作上不能空谈口号，要有具体的支撑平台和严格的规章制度，如严格落实“三会一课”制度、

① 《中国共产党第十九次全国代表大会文件汇编》，人民出版社 2017 年版，第 59 页。

主题党日等，全面推进党组织生活常态化、规范化开展。第三，要创新党的思想政治教育方法。南方局综合运用重大历史事件、《新华日报》和《群众》周刊等媒体、周恩来等南方局主要领导人的言传身教等教育方法，对广大党员和进步人士进行思想政治教育的方法，启示我们：在当今的新媒体时代，要综合运用《人民日报》《光明日报》《求是》等党报党刊，人民网、新华网、光明网等主流官方网络媒体，微博、微信等自媒体政务公众号等多种媒体形式，占领舆论和意识形态阵地，增强主流意识形态的凝聚力和影响力。此外，还要重视领导干部的言传身教、率先垂范作用。

（三）组织建设要坚持质量优先原则

党组织的战斗力需要一定的党员数量来支撑，但是起决定作用的是党员的质量。党员的质量包括党员对马克思主义的认知程度和信仰程度、对党组织的忠诚程度、对人民群众的关心、对党的事业和人民群众事业的奉献精神和努力程度等等方面。南方局在党的组织建设实践中特别注重党员的质量，提出了“质重于量，巩固重于发展”的组织工作方针，思想建设上要求党员干部学习马列主义，坚持无产阶级的世界观和人生观；干部队伍建设上，重视选拔实践经验丰富和工作能力突出的党员和干部，重视在斗争实践中培养党员干部；整风审干中，南方局对各省党组织进行了整顿，对党员和干部重新审查考核，并对意志不坚定的甚至有叛党行为的党员采取开除党籍、清退出党的措施。经过这些措施，南方局的党员队伍质量得到了很大的提高，党组织的战斗力比之前也有了较大的提升。例如，皖南事变前后，国民党发动了大规模的反共高潮，但是南方局领导下的广大党员经受住了考验，绝大多数党员意志坚定、敢于斗争，被捕后也决不泄露党组织秘密。当今社会虽然没有革命年代的艰险困苦，但是党员和干部也面临着新的执政能力考验、改革开放考验、市场经济考验以及外部环境考验，党员队伍数量更加庞大，党员结构更加复杂，因此，党的组织建设工作也应该坚持质量优先原则，从而强基固本、夯实党组织基础。

（四）要坚持全面从严治党

全面从严治党工作需要发挥党的政治建设、思想建设、组织建设、制度和纪律建设等党建工作的合力。南方局在党的建设实践中，坚持把党的政治建设摆在首位，高度重视党的思想建设工作，组织建设坚持质量优先原则，这些经验对今天落实党要管党、全面从严治党仍然具有重要的指导意义；此外，全面从严治党，还要加强党的作风建设，制度和纪律建设。首先，南方局党组织重视加强作风建设，密切联系群众、勇于批评和自我批评等作风，启示我们当今的党员干部要不断增强拒腐防变能力，时刻保持党员干部清正廉洁的政治本色，时刻与人民群众保持血肉联系，一起为实现中华民族伟大复兴的中国梦努力奋斗；其次，南方局党组织建设工作重视党内的制度建设和纪律建设，以制度和纪律建设密切地配合党其他建设，启示我们全面从严治党要严明纪律，要以党章为根本依据建立健全党内制度体系，从而为我国深入推进党风廉政建设和反腐败斗争提供了重要的支撑。

（作者单位：王戎，重庆交通大学；罗婷，郑州大学）

中国红十字会救护总队特别支部的统战工作及现实意义

王姣姣

摘　要： 统一战线是党的事业取得胜利的重要法宝。中国红十字会救护总队特别支部作为在南方局直接领导下的党支部，切实贯彻了党的统一战线，团结一切可以团结的力量，共同抵抗日本帝国主义的侵略，为争取民族独立和人民解放，贡献自己的力量。

关键词： 南方局；红十字会救护总队；统战

中国红十字会救护总队特别支部是在南方局直接领导下的党支部，虽然处在恶劣的政治环境中，但其各项工作，特别是在抗日民族统一战线方面，发挥了极其重大的作用。

一、中国红十字会救护总队特别支部统一战线工作的历史情况

1939 年春，中国红十字会救护总队（以下简称“红会”），由湖南迁到贵阳图云关。红会内的党员与八路军贵阳交通站站长袁超俊接上党的关系，并将红会支部工作情况做了汇报。此时，红会支部党员已经发展到 20 多人，分散在湖南、桂林、救护总队运输部门、图云关总部和战时卫生人员训练总所。袁超俊迅速向南方局汇报。收到报告后，周恩来十分重视，批准恢复红会支部的组织关系，并将其交由袁直接领导。他还亲自指示袁超俊：“中共红十字会党支部是有战斗力的党支部，从南京到湖南一直归长江局领导。现在由你直接负责联系，任务很重，要领导好。红十字会知识分子多，爱国华侨多，要做好统战。”1939 年 5 月，袁超俊假装医治胃病住进图云关红会医院，秘密召开红会支部会议。会议决定（后报经南方局批准）改组中国共产党红十字会总支委员会，即“红会特支”，郭绍兴任总支书记。下设贵阳、桂林、运输股 3 个分支部，分别由郭绍兴、高忻、章文晋兼任分会支部书记。“红会”特支由袁超俊单线联系。

关于红会党组织的工作任务，会议决定：1. 继续团结争取林可胜博士；在卫生训练所内设立组织科，并由高级教官、民主爱国人士马家骥任主任，毛华强、黄群、李壬炼（又名李普）、查立平等同志任教官，在党员中进行政治教育，宣讲内容主要有《论抗日

民族统一战线》《论持久战》《论新阶段》等。 2.利用运输股汽车队来往于大后方的有利条件，发起成立群众性的救亡组织“红会书报供应社”，向分散在西北、西南、华中各战区的70余个医疗救护队输送进步书刊，向群众宣传中共的抗日主张，争取群众。“红会书报社”成立后，通过提供进步书刊，组织阅读，宣传抗日民族统一战线。 在“救总”的图书馆内，通常陈列的图书达五六千册，绝大多数是生活、新知、读书三家出版社出版的进步书籍，还有部分延安和其他进步书店出版的书刊。 该书报社还向各战区的几十个医疗队不定期地寄送进步书刊。“救总”还组织了歌咏队、话剧队，开展抗战文艺宣传。 他们还办起了《图云青年》壁报，每周出版一期，刊登时事评论、总队部动态、员工生活及宣传抗战的文艺作品。 美国进步作家史沫特莱路过贵阳时，“救总”书报社邀请其与总队部的青年座谈，介绍敌后根据地的见闻。 3.在宣传教育的基础上，广泛动员大后方医务人员到抗战前线参加救护工作，特别注意动员医务人员及输送医疗物资到中共开辟的各抗日根据地去，先后就有20余支医疗队到延安和敌后抗日根据地开展救护工作。 红会特支还组织了一批青年医务工作者参加八路军。 4.积极发展党员。 上述工作，在中共中央南方局和八路军交通站的领导下，一直进行到1939年底。

红会虽然处于国民党当局的监视、干扰和破坏下，仍然取得较大进展。 随着红会党组织工作卓有成效的开展，我党的政治影响不断扩大，党的抗日救国主张为红会大多数专家、学者、医务工作者和职工普遍接受。 他们从各方面不同程度地给我们党以同情和支持。 在此基础上，先后动员了20多个医疗队去延安及敌后抗日根据地进行医疗、救护工作；陆续组织和动员了一批进步青年医务工作者及一些外国医生、国际反法西斯战士到我军工作；陆续运送了大批来自国外和国内的医药器材到我党领导的根据地。 如以英国牛津大学教授巴吉尔为首的英国援华团，携带约10吨较贵重的医疗器械和药品，于1939年冬由贵州图云关总部出发，由林可胜博士以救护总队队长的名义，委派驻西北的视导员郭绍兴在陕西汉中接待，并帮助该团经宝鸡把物资运抵西安，再由郭绍兴秘密与第十八集团军驻西安办事处伍云甫处长联系，使这批医药物资在几经周折后，大部运抵延安。

值得一提的是当时的国际援华医疗队。 中国抗日战争爆发后，世界反法西斯人士在英国伦敦成立了“国际医药援华会”。 1939年，“国际医药援华会”派人到古尔斯集中营，几经周折，在这里招募了一批自愿来中国服务的医务人员，组成了一支国际援华医疗队。 这些队员们与中国共产党有过不少交往，建立了深厚的友谊。 这些外籍医生基本都是共产党员，实际上他们来中国的初衷是想到解放区去，像他们在西班牙的战友——加拿大医生白求恩那样，和解放区军民一起与日本侵略者做斗争。 医疗队的负责人波兰医生傅拉托曾专门去重庆八路军办事处，向周恩来请求派他们去中国共产党领导下的解放区和八路军一起抗战。 但由于当时通往延安和解放区的道路已被国民党封锁，周恩来向傅拉托解释，只要是在中国，和中国军民一起，在哪里都是帮助中国人民抗日。 这样他们才留在国统区，担任了红十字会救护总队的医生。 医疗队还经常将募集到的药品和医疗器材运到重庆，交给八路军办事处，作为他们“特殊形式的党费”。 不少人和当时在八路军办事处工作的周恩来、王炳南、陈家康、章文晋等都很熟悉。傅拉托曾为董必武、邓颖超看过病。1943 年，国民党特务机关准备逮捕一批在重庆活动的共产党人，其中包括当时并未公开以中共代表名义活动的王炳南。周恩来得到消息后，立即请傅拉托凭借他特殊的身份把王炳南接到八路军办事处，并马上写了委任状，任命王炳南为自己的上校秘书。这样，王炳南就有了公开合法的身份，从而躲过了这次逮捕。

二、中国红十字会救护总队特别支部对现实统战工作的启示

统一战线是党的事业取得胜利的重要法宝。中国红十字会救护总队特别支部切实贯彻了党的统一战线，团结一切可以团结的力量，共同抵抗日本帝国主义的侵略，为争取民族独立和人民解放，贡献自己的力量。而当前，我们正处于实现中国梦的关键阶段。要实现中国梦就必须凝聚中国力量，凝聚中国各族人民大团结的力量。回顾红队总支的这段历史，对我们做好统战工作有着极其重要的启示：

（一）搞好统战工作必须坚持党的领导，牢牢把握统一战线的领导权

党政军民学，东西南北中，党是领导一切的。要搞好统一战线工作，摆在第一位的就是要坚持中国共产党领导，拥护和热爱中国共产党。统一战线作为我们党制定的政策，其领导者必须是中国共产党。因此搞好统一战线工作，必须首先要强调讲政治、守规矩，在守住自己政治底线的基础上，与各党派同心同德、同力同行，用极大的包容性团结广泛的爱国之士，把坚持共产党领导这个圆心守住，拉长半径，画出更大的同心圆。历史上，红会特支作为中国红十字会救护总队中统战工作的领导者，他们积极宣扬党的政策，主动出击，团结各种力量，争取人心，凝聚力量。当前的统战工作更是要加强党的建设，强化党的领导地位。中国共产党作为执政党，是中国特色社会主义事业的领导核心，必须牢牢把握统一战线的领导权，让党的领导覆盖统一战线各领域、贯穿统战工作全过程，在实际工作中，巩固和发展最广泛的爱国统一战线，加强中国共产党同民主党派和无党派人士团结合作，巩固和发展平等、团结、互助、和谐的社会主义民族关系，发挥宗教界人士和信教群众在促进经济社会发展中的积极作用，最大限度团结一切可以团结的力量。

（二）搞好统战工作必须培养党员人格魅力，发挥党员骨干力量

红会特支发挥统战作用的这段历史，也是共产党员发挥个人人格魅力的历史。他们在南方局的领导下，以强烈的民族精神和革命精神，在统战工作中继承和发展了中华民族爱国主义这一优秀传统，影响和感染了许多与他们一样虽不在同一党派、持不同政见的爱国人士。历史上，无数优秀的共产党人以一种无畏的文化自觉和革命气概担当起整合民族力量的重任，努力寻找同国民党中央、地方实力派、民主党派、文人绅士、乡党民团、黎民百姓互动对话的平台，在历史上留下了一个又一个鲜活的印记。因此，要搞

好统战工作，必须培养党员的人格魅力，在工作的具体开展上，发挥好党员的骨干力量。统战工作是做人的工作，需要党员发挥自己的感召力，在工作中突出自己的鲜活特色，不仅要善于沟通交流，还要善于引领，凝聚改革共识，汇聚改革正能量，用创新的思维和创新的服务，不断完善工作形式，推动事业的发展。

（三）搞好统战工作必须坚持大局观念，团结一切可以团结的力量

历史上，面对民族危亡的关键时刻，巩固和发展抗日民族统一战线，始终是南方局的中心任务。在与国民党顽固派消极抗日、积极反共行径进行有理、有利、有节的斗争过程中，努力弥合抗日民族统一战线内部出现的裂缝，维护国共合作抗战的大局。同时，把团结争取国民党统治区中间力量作为加强抗日民族统一战线阶级基础，发展扩大抗日民族统一战线群众基础的重要举措，以广泛团结一切可以团结的力量，争取一切可能争取到的同盟者。红会特支秉持了南方局的作风，在自己的工作中也是如此，充分地扩大了自己的先决条件，将自身作用发挥到极致。这些伟大历史充分证明了，我党开展的任何工作都需要有大局意识，统战工作也不例外。统战工作要着眼党和国家工作大局，立足不断变化的新形势，深刻认识进一步巩固和发展统一战线的极端重要性。必须围绕中心、服务大局，始终坚持正确发展方向，不折不扣落实中央决策部署。必须坚决做到中央有要求，统一战线有回应；党和国家大局在哪里，统一战线就跟进到哪里；中央有部署，统一战线有落实，在落实中彰显新作为，最充分地凝聚共识、凝聚人心、凝聚智慧、凝聚力量。

（四）搞好统战工作必须注重工作的方式方法，坚持用真诚的态度打动对方

“大厦之成，非一木之材也；大海之阔，非一流之归也。”我们党能取得胜利，很大一个因素在于其“诚”，以诚恳的态度对事，以真诚之心对人。以南方局为代表的中共组织在与国民党打交道的过程中，把马克思主义思想策略运用到统战工作的实际中，注重工作的方式方法，针对不同的对象制定了不同策略，展示了高度的艺术性，使统一战线经受了严峻的考验，得到持续巩固和发展。习近平同志指出：“人心向背、力量对比是决定党和人民事业成败的关键，是最大的政治。统战工作的本质要求是大团结大联合，解决的就是人心和力量问题。这是我们党治国理政必须花大心思、下大气力解决好的重大战略问题。”①说到底，统战工作其实是做人的工作，因此更加细致地做好联系交友工作是开展统战工作的头等大事。只有切实找准定位，把握火候，找对方法，始终以诚挚的态度对人，凝聚各个党派、各个阶层的人心和力量，才能更好地把他们的思想、智慧、资源统一起来，才能更好地服务和促进区域经济社会快速发展。

（作者单位：中共贵州省委党史研究室）

① 《深刻认识做好新形势下统战工作的重大意义》（2015年5月18日），载《十八大以来重要文献选编》（中），中央文献出版社2016年版，第556页。

第七部分

南方局历史研究综述

南方局历史资料征集编纂与研究概况

简　奕

摘　要： 党的十一届三中全会后，我们党恢复了实事求是的思想路线，南方局史料征集、编纂和研究工作得到了重视和加强，以南方局党史资料征集小组和南方局历史资料研究编写工作小组的工作为轴心，南方局史料征集、编纂和研究工作形成分期鲜明的两个阶段，取得了丰硕的成果，在南方局许多重要问题的研究上取得很大的进展，但仍然存在较大的提升空间。

关键词： 南方局历史资料；征集编纂；研究

以周恩来为书记的中共中央南方局（以下简称“南方局”），是抗日战争时期和解放战争初期中共中央派驻在国民党统治区政治中心重庆的代表机构。在这一时期，南方局坚定地、创造性地贯彻中共中央的路线、方针、政策，领导南方国统区和部分沦陷区的中共党组织，为维系国共合作抗战大局，发展抗日民族统一战线，争取民族独立和人民解放做出了巨大贡献。南方局在党中央领导下的光辉斗争实践，谱写了中国革命史和中共党史上光彩夺目的篇章，南方局的历史，是中国共产党历史的重要组成部分。但在相当长的时期内，这段历史被忽视。南方局的党史资料没有得到很好的征集、整理和研究，南方局的历史地位也没有得到充分肯定。党的十一届三中全会后，我们党恢复了实事求是的思想路线，南方局史料征集、编纂和研究工作得到了重视和加强，以南方局党史资料征集小组和南方局历史资料研究编写工作小组工作为轴心，南方局史料征集、编纂和研究工作形成分期鲜明的两个阶段，取得了丰硕的成果，在南方局许多重要问题的研究上取得很大的进展，但仍然存在较大的提升空间。

一、40 年来南方局史料征集编纂与研究历程

回顾 40 年来的南方局史料征集编纂研究情况，可以清晰看到主要分为两个阶段。

（一）第一个阶段，是20世纪80年代至90年代初，以南方局党史资料征集小组为轴心进行史料征集、编纂和研究

1983年，在邓颖超等老一辈革命家的关心下，中央党史资料征集委员会成立了“南方局党史资料征集小组”，下设军事组、电台组、文书总务组、经济组、党派组、机要组、青年组、警卫组、南委组、交通组、文化组等，以南方局老同志为主体，分组开展资料征集工作。1984年底，经中共中央党史资料征集委员会的同意，四川、云南、贵州、湖南、湖北、广东、广西、江西、福建和重庆等原南方局所辖省区市的党史部门参与工作，并在南方局党史资料征集小组领导下，成立“南方局党史资料编辑小组”，开始了大规模的史料征集和编辑工作，陆续编辑形成了大批成果。主要有：

（1）由南方局党史资料征集小组军事组、文化组等分头撰写100万字的综合整理材料，在《中共党史资料》第12、13等辑发表。

（2）创办《南方局党史研究资料》（季刊）内刊，时间是1987年至1989年，共出9期，约200万字。该刊登载了南方局党史资料征集小组各组的综合整理材料，宋平、胡绳、孔原、童小鹏等数十位南方局老同志的回忆录和部分研究文章，这些材料和研究成果，理清了南方局历史的主要脉络，澄清了南方局历史上的一些基本问题。

（2）编撰《南方局党史资料丛书》。1986年，由王明湘等人编撰的《南方局大事记》编辑出版，以大事记的方式第一次梳理了南方局历史的基本脉络。随后，资料征集小组提出，在已征集资料的基础上，有关省区党史部门共同编辑出版《南方局党史资料丛书》。其中，《党的建设》和《文化工作》由四川省委党史工委组织编纂，《统战工作》和《群众工作》由重庆市委党史工委组织编纂，《军事工作》由广东省党史工委组织编纂。为了编纂这5本书，小组在北京、广西、贵州、昆明和重庆先后召开了7次编辑工作会议，历时4年，于1990年6月由重庆出版社出版，并在北京人民大会堂召开了出版座谈会。5本专题资料，都大致由历史综述、南方局历史档案文献、老同志回忆录、专题研究成果、参考资料、大事记等各部分组成，可以说既是南方局历史档案文献和回忆录的集大成，又汇集了全国党史界在南方局方面的综合研究，与率先出版的《南方局大事记》一起，共同构成第一阶段南方局历史征集、编纂、研究的最大成果。《南方局党史资料丛书》编辑出版后，由于参与此项工作的老同志年事已高，经中央批准，南方局党史资料征集小组撤销，这一阶段南方局党史资料的征集编纂工作大体告一段落。

此外，在此前后，党史界还陆续推出一批南方局历史征集研究的重要成果。如20世纪80年代初期，重庆市委党史工作委员会与红岩革命纪念馆在征集南方局老同志回忆录基础上，编辑出版了两本《回忆南方局》；1983年重庆市委党史工作委员会与红岩革命纪念馆、政协重庆文史委员会编辑出版了《第二次国共合作纪实丛书》[①]；1989年编

① 中共重庆市委党史工作委员会：《重庆谈判纪实》，重庆出版社（1983年初版、1993年修订本）；孟广涵主编：《国民参政会纪实》（上、下卷），重庆出版社1985年版；孟广涵主编：《国民参政会纪实（续编1938—1948）》，重庆出版社1987年版。孟广涵主编：《政治协商会议纪实》（上、下卷），重庆出版社1989年版；孟广涵主编：《抗战时期国共合作纪实》（上、下卷），重庆出版社1992年版。

辑出版了《南方局领导下的抗战文艺运动》；1990 年，在成都召开的全国性的南方局党史学术研讨会，会议收到论文 50 余篇，1992 年重庆出版社将其中部分高质量的论文编辑出版为《南方局历史研究论文集》。1995 年，在纪念抗日战争胜利 50 周年时，编辑出版了《中共中央南方局和八路军驻重庆办事处》（重庆抗战丛书之一）。从 1996 年起，重庆市委党史研究室对红岩精神的研究做了一些基础工作，编辑了《红岩精神研究专辑》，召开红岩精神研讨会，所取得的研究成果有助于深化红岩精神研究。

从全国来看，一批南方局老同志还相继整理出版了回忆录，如童小鹏的《风雨四十年》、郑伯克的《白区工作的回顾与探讨》、许涤新的《风狂霜峭录》等，这些都对研究南方局历史起到重要的参考作用。

（二）第二阶段，从 2002 年至今，主要以南方局历史资料研究编写工作小组为轴心进行的史料征集编纂与研究

在中央领导和有关部门关心下，2004 年 6 月，在纪念南方局成立 65 周年之际，南方局历史资料研究编写工作小组在重庆成立。该小组由中央党史研究室和重庆市委领导担任组长，中央文献研究室、中央档案馆和湖南、湖北、广东、广西、四川、云南、安徽、江西、贵州、重庆等省区市党史部门为成员组成，办公室设在重庆。以此为轴心，推动了南方局研究进一步深化，形成了大批成果。主要有：

（1）2004 年，中共重庆市委党史研究室重新修订出版《中共中央南方局大事记》，编辑出版了综合回忆录资料《见证红岩——回忆南方局》和图像资料《千秋红岩——中共中央南方局历史图集》等。

（2）2004 年，全国性的红岩精神学术研讨会在重庆召开，形成了一大批高质量论文，其主要成果汇集成《红岩·丰碑——中共中央南方局成立 65 周年纪念集》出版，从而将南方局与红岩精神研究进一步引向深入。

（3）形成了以《中共中央南方局史》为主干的“中共中央南方局历史研究丛书”。2009 年 6 月，纪念南方局成立 70 周年之际“丛书”一期工程《中共中央南方局史》《中共中央南方局的统一战线工作》《中共中央南方局的党建工作》《中共中央南方局的文化工作》《中共中央南方局的军事工作》《中共中央南方局的群众工作》《红岩精神研究》等由中共党史出版社正式出版。之后，《中共中央南方局与新四军》《中共中央南方局与〈新华日报〉》陆续出版。2017 年，《中共中央南方局历史文献选编》由重庆市委党史研究室编辑出版，新增档案 221 份，同时补充和丰富了与南方局有关的部分国民党方面的档案文献，中央档案馆对此书涉及的重要档案文献进行反复校对与审核，是目前更为准确、权威的南方局档案文献资料。此外，中共中央南方局人物研究亦正在推进之中。

据不完全统计，这一时期还有胡大牛的《中共中央南方局统战史论》《中共南方局与湖南》《红岩儿女》《中共中央南方局与广西抗战文化》《红岩精神读本》，“中国革命精神系列丛书”之《红岩精神》《红岩精神的时代价值——红岩精神与社会主义核心价值观研究荟萃》等重要著作出版。

（三）南方局历史资料征集编纂研究工作始终得到中央领导同志的高度重视，离不开中央有关部门的大力支持和原南方局领导地区党史部门的通力合作

在南方局党史资料征集小组成立之初，邓颖超同志就对南方局历史研究工作做出重要指示。1983年4月15日，她致信南方局党史资料征集小组第一次座谈会，指出："南方局领导下的地区党史，是我们党全部历史的一个方面，是很重要的。编写党史，首要的要实事求是，用辩证唯物主义和历史唯物主义的方法去分析，如实地反映历史的真面貌，切忌烦琐、夸大的叙述。"1985年3月22日，邓颖超在为《南方局党史资料》题词时，再一次强调要实事求是，如实地反映历史的真实。时任中共中央总书记的胡耀邦同志，在南方局党史资料征集小组办公室上报的汇报材料上也做出重要批示，对南方局党史资料征集小组的工作给予了充分肯定，认为南方局历史研究很有价值，"抗日战争时期的党史，要包括抗日根据地、国民党统治区和沦陷区三个战场，才算全面"，并于1985年6月17日为《南方局党史资料》题写书名。1990年7月1日，南方局党史资料征集小组负责同志向江泽民总书记汇报了南方局历史研究和资料编辑工作的主要情况，并呈送了一套《南方局党史资料》丛书，7日，江泽民同志对此做出重要指示，希望加强南方局历史研究，拿出更多的成果来。南方局党史资料的征集编纂工作，还得到了李维汉、廖承志、陆定一等领导同志和中央有关部门的大力支持和协助。时任中央办公厅主任的温家宝同志，对档案查阅和使用做过专门批示。中央党史资料征集委员会给予了一定的经费支持，中央统战部还为征集小组配备了工作人员，提供办公条件，中央党史研究室、中央文献研究室、全国妇联等单位和有关省区市党史部门还抽调了工作人员参与具体工作。特别是南方局老同志如孔原、童小鹏、许涤新、郑伯克、徐迈进、荣高棠、杨超、鲁明、徐淡庐、祝华、王华生、紫非等，对南方局党史资料征集编纂工作倾注了大量心血。

进入21世纪后，中共中央把南方局历史研究作为加强党建的重要工作。2002年5月和10月，江泽民、胡锦涛先后在重庆视察工作并发表重要讲话，高度评价南方局历史功绩，深刻阐述红岩精神，要求认真总结南方局历史经验，大力弘扬红岩精神。同年10月，中央办公厅秘书局提出了《关于加强中共南方局历史研究问题的意见》，批复中央党史研究室、中央档案馆，以及重庆市委等有关省区市党委，周恩来和南方局研究受到高度重视和关注。2010年12月，习近平同志视察重庆并在重庆市党政干部座谈会上指出："重庆的光荣革命传统，熔铸了崇高的红岩精神，是激发和凝聚全市干部群众团结奋进的强大思想力量。"2016年1月，习近平同志第二次视察重庆时强调："不能把理想信念只当口号喊。理想信念是精神层面的东西，也是实打实、能感知、可衡量的。大家熟知的《红岩》，虽然是小说，但主要人物有原型，主要事件有史实。"2018年3月10日，习近平同志在参加十三届全国人大一次会议重庆代表团审议时发表重要讲话，他强调："以周恩来为首的中共中央南方局在这里驻守8年，高举抗战民主旗帜，坚持和发展抗日民族统一战线，为争取政治民主和抗战胜利以及战后中国光明前途做出了卓越贡献，在此过程中培育了伟大的红岩精神，还产生了影响几代人的《红岩》小说及相关作

品，背后的故事，烈士们的真实事迹远比艺术加工更加感人，‘狱中八条’作为烈士们临终前给党留下的血泪嘱托，至今仍然具有很强的现实意义。”2019 年 4 月，习近平同志第三次视察重庆时，他强调：“重庆是一块英雄的土地，有着光荣的革命传统。毛泽东同志在这里进行了决定中国前途命运的重庆谈判，周恩来同志领导中共中央南方局在这里同反动势力开展了坚决斗争……重庆涌现了大批大义凛然、高风亮节的共产党人……解放战争时期，众多被关押在渣滓洞、白公馆的中国共产党人，经受住种种酷刑折磨，不折不挠、宁死不屈，为中国人民解放事业献出了宝贵生命，凝结成‘红岩精神’。”正因为有中央的重视和领导同志的关注，有南方局老同志的努力，有中央相关部门的指导和各地区党史部门的充分动员，这项工作才能在两个阶段都取得可喜成绩。

二、主要研究进展

（一）南方局研究丛书

这套丛书是迄今为止对南方局历史及各方面工作、功绩、经验做得最全面最系统的一次总结，是跨地区开展中国共产党专史研究的一次成功尝试，凝聚了党史工作者的历史责任和攻坚克难的敬业精神。

1.《中共中央南方局史》

这本书是丛书的主干。20 世纪 90 年代“南方局党史资料丛书”出版后，宋平、孔原、童小鹏、荣高棠等南方局老同志适时提出了编写中共中央南方局历史的设想，并希望由重庆党史工作部门承担此项工作。为了完成南方局老同志的嘱托和修史的责任，经报请中共重庆市委批准同意，市委党史研究室正式成立了课题组，并获得全国哲学社会科学重点课题立项。1999 年，中央党史研究室和中共重庆市委联合在渝举办南方局成立 60 周年纪念期间，胡康民代表课题组专门就《中共中央南方局史》提纲和第一章内容向宋平等南方局老同志和中央党史研究室领导做了汇报，并听取了各方面的意见建议。2006 年作为国家课题的“中共中央南方局史”以“良好”等级通过结题结项。2008 年春，重庆市委党史研究室做出了重启《中共中央南方局史》修改工作的决定，得到各位课题参与者的积极回应，他们更是克服年事已高、体弱多病等困难，与青年学者一道攻坚克难，终于完成该书。2009 年，该书由中共党史出版社出版，成为中央党史研究室主持的《中共中央南方局历史研究丛书》的主干工程。这是关于南方局历史的第一本专门史著，它的研究带动了对南方局各方面工作的研究，在南方局历史研究上具有标志性意义。

2.《中共中央南方局的党建工作》等 8 本专题著作

2004 年在南方局历史资料研究编写工作小组第一次会议上，建立了在中央党史研究室指导下，在重庆市委党史研究室内设工作小组办公室，负责组织协调日常事务的工作机制；提出了完善《南方局史稿》修改，协作开展“南方局历史研究丛书”专题类书稿编写，以及《南方局历史文献选编》等任务，并首先决定启动了“丛书”专题类一期6本书稿，即《中共中央南方局的统战工作》《中共中央南方局的党建工作》《中共中央南方局的文化工作》《中共中央南方局的军事工作》《中共中央南方局的群众工作》《红岩精神研究》的编写，以后又新增《中共中央南方局与〈新华日报〉》《中共中央南方局与新四军》，最终形成《丛书》“一主八专”的结构。自此以后，有关省区市党委和党史部门认真贯彻中办秘书局批复精神和重庆会议确立的任务，高度重视，加强领导，从人力和物力上为南方局历史研究的开展创造了必要条件；工作小组办公室也切实履行职责，在信息沟通、工作协调、档案查阅以及会议组织等方面为提供了大量服务。经过各成员单位10年的努力，编写形成“南方局历史研究丛书”8本专题书著，较好遵循了昆明会议确立的“丛书”编写基本规范的“九条意见”，对体例结构“横向展开，纵横结合，脉络清楚，反映全貌”的总要求，“大系统、多侧面；大统一，小灵活；大分工，小交叉”的分工原则，以及需要处理好的“十个关系”；武汉会议提出的“十二条要求”；以及重庆会议上明确的“九条处理意见”，基本达到“主题鲜明，观点正确；系统完整，结构合理；史料翔实，内容丰富；表述准确，文字流畅”的要求。8本专题的整体编写工作，史料扎实、研究深入、学术规范，集中反映了十几年来在南方局历史资料征集和研究领域所取得的新进展，比较好地搭建起了南方局历史研究的学科体系。

8本专题著作中有7本是对南方局历史的专题研究，遵循编年体和纪事本末体相结合的体例，主要按照南方局历史发展的脉络，从纵的方面构建体系，同时也照顾某些专题，从横的方面展开记述，以纵横结合的方面全面展现了南方局在党建工作、统一战线工作、群众工作、文化工作、军事工作、指导《新华日报》和新四军工作方面的历史。这些著作在记述历史的同时，也本着论从史出的原则给予了一定的评说。还对南方局各方面工作和基本经验进行了分析和总结，对红岩精神的内涵进行了归纳，是迄今为止对南方局历史及其功绩、经验最全面最系统的一次总结。还有一本是对红岩精神的专题研究，即《红岩精神研究》。红岩精神研究，是中国革命史、中共党史、党的建设史研究的重大课题。这本书对红岩精神的概念，红岩精神产生的时代条件、实践基础、红岩精神的本质、特色和文化渊源、理论来源等问题都有比较大的进展。

（二）重要观点介绍

目前，学术界开展的有关南方局研究，主要在以下几方面取得了成果：

1.关于南方局的成立

胡大牛重点考察了中共中央在南方局成立时的决策过程，认为，随着抗战相持阶段到形势的发展变化，中共中央关于成立南方局的决策经历了一个演变过程。主导这个演变过程的是毛泽东的战略思想，同时周恩来关于华南形势及其敌后游击战略的认识也在一定时期起了作用，这是“南方局”曾在桂林出现的一个原因。最终到1938年底1939年初，毛泽东的战略思考和部署最终形成，南方局以重庆为中心，在国统区及部分敌占区全面开展统一战线工作的主要任务得以确定，成立南方局的决策过程最终完成。[①]

2.关于南方局与国共谈判的关系

周恩来是中共常驻重庆负责与国民党谈判、联络的代表。南方局成立后，周恩来在重庆参与的国共两党之间的多次谈判，是他自西安事变以来，经历的十年谈判生涯的最重要组成部分。那么，在周恩来与国民党进行谈判时，南方局有没有发挥作用？如果有，又发挥了多大作用？有论者指出，重庆时期，南方局在国共两党的谈判中“发挥了重要作用”，“南方局事实上又是中国共产党常驻重庆的代表团，代表中共中央同国民党最高当局进行谈判”[②]。这是因为，第二次国共合作实现以后，两党两军之间长时期里都是按周恩来提出的建议，也就是采取遇事相商的办法，国共两党中央分设重庆、延安，两地路途遥远，交通之多险阻、关卡，而南方局就设在重庆，其主要领导人又有合法身份，这样，“代表中共同国民党谈判的责任就落在了南方局的身上。南方局直接出面同国民党进行谈判的有周恩来、叶剑英、董必武、博古、凯丰、王若飞，主要是周恩来。有的谈判，中共中央也从延安派人到重庆，但来人又都是和周恩来等人一同出面进行的，如林彪、林伯渠到重庆的谈判”。尤为重要的是，“许多有关谈判的先后具体方案、方法和应付对策都是在南方局常委扩大会议上研究决定的，大量具体工作又是南方局、办事处人员做的”[③]。

以毛泽东与蒋介石的重庆谈判为例。在这场举世瞩目的谈判中，周恩来、王若飞既是南方局负责人，更是中共谈判代表，在周恩来等领导下，南方局为毛泽东赴重庆谈判的成功也起了不可替代的作用。毛泽东赴重庆时，同行的除周恩来、王若飞和秘书胡乔木外，没有另外的工作班子，住处也设在南方局机关所在地。这一时期，南方局机关和《新华日报》的工作重点，就是围绕毛泽东的工作、生活、安全进行。毛泽东在重庆期间众多的活动安排，都是由周恩来指示南方局外事组长王炳南提出具体计划，并经周恩来审查、修改后再报毛泽东决定。“凡是毛泽东的活动，周恩来、王若飞都亲自陪同，南方局工委、八路军驻重庆办事处、《新华日报》的徐冰、钱之光、潘梓年、许涤新、乔冠华、龚澎、张晓梅等分别参与，从而保证了每次会见的顺利。”重庆谈判期间，《新华日报》也充分发挥了战斗作用。“从8月中旬起的两个月时间里，《新华日报》刊登了几百份与国共谈判相关的稿件，加上该报人员直接与新闻界同仁往来交谈的影响，形成了一个争取和平、民主、团结，反对内战、独裁、分裂的强大舆论。”[④]

3.关于南方局的历史地位和历史功绩

这方面的重要文章主要有《试论南方局的历史地位及其功绩》[⑤]《中共中央南方局历

---

① 胡大牛:《南方局的成立与中共领导人的战略思考》,《党的文献》2011年第6期。

② 《南方局在国共两党谈判中的重要作用》,载王明湘:《中共南方局研究文集》,重庆出版社2000年版,第73页。

③ 《南方局在国共两党谈判中的重要作用》,载王明湘:《中共南方局研究文集》,重庆出版社2000年版,第73页。

④ 中共重庆市委党史研究室:《中共中央南方局史》,中共党史出版社2009年版,第349、353页。

⑤ 郑洪泉、王明湘:《试论南方局的历史地位及其功绩》,《中共党史研究》2001年第4期。

史功绩探析》[①]《再论南方局的历史功绩与地位》[②]等。

论者认为，研究南方局的历史地位，应从宏观的角度认识和把握，要“站在中国革命、中国共产党与中国抗日战争、中国人民解放战争的高度，把握和审视全局，注重历史和逻辑的统一，注重历史的空间和时间的统一”[③]。主要从“十年国民党统治区，三个中央局”的历史长度和宽度去认识南方局的历史地位；从中国革命全局的高度认识周恩来所领导的南方局的历史地位；从南方局成立的时代使命去把握南方局的历史地位。抗战时期，中共中央赋予了南方局工作重大的战略意义[④]。譬如：1939 年 8 月，毛泽东指示南方局，要在做好维护国共合作局面，巩固国民党统治区党组织，深入开展群众工作的同时，把向中层阶级发展统一战线，作为“今后南方局的严重任务”，以“适应新的环境与党的总任务”。1940 年 8 月，毛泽东又指出：“中央今后的注意力，第一是国民党统治区域，第二是敌后城市，第三是我们战区。”[⑤]由此，第一次将我党在全国战略的布局划分为解放区、沦陷区和大后方（即国民党统治区域）三个方面，成为“三位一体，缺一不可”的关系。中共中央和毛泽东把国民党统治区的工作放在如此重要的战略地位，充分说明了南方局工作在中共中央全局工作中所处的战略地位和全局性影响，对南方局在新形势和新环境下创造性地开展工作起到了重要作用。

对于南方局的历史功绩的阐述，多从维护国共合作抗战大局，坚持抗战到底；团结争取中间力量，发展壮大抗日民族统一战线；凝聚爱国知识分子，推动抗战进步文化运动；依靠工人、农民、青年、妇女，发展群众工作；争取国际反法西斯国家的同情和支持，开展对外工作；开展军事工作；贯彻荫蔽精干方针和“三勤”“三化”政策，建设更加坚强、更能战斗的党组织和党员队伍等方面展开。其中胡大牛对南方局统战工作的观点比较值得注意，南方局的统战工作，为争取解放战争胜利、召开新政协成立中央人民政府、将人民政协固定为人民民主统一战线的组织形式以形成中国共产党领导的多党合作和政治协商制度新格局，做出了提供物质力量和法理基础的开创性贡献”[⑥]。

4. 关于南方局工作的特色

南方局处于国民党统治的中心地区，其社会环境极其复杂险恶，周恩来等南方局领导人十分重视从国统区的实际情况出发，依据当时当地的具体情况，把革命原则的坚定性与斗争策略的灵活性结合起来，把维护国家民族的根本利益同解决当时的实际问题结合起来，创造性地开展各项工作，显示出高超的斗争艺术。论者认为，南方局时期的各项工作，具有鲜明的特色。[⑦]

---

① 陈全：《中共中央南方局历史功绩探析》，《党的文献》2003 年第 3 期。

② 李重华：《再论南方局的历史功绩与地位》，《重庆大学学报》2003 年第 5 期。

③ 中共重庆市委党史研究室：《中共中央南方局史・前言》，中共党史出版社 2009 年版，第 1 页。

④ 陈全：《中共中央南方局历史功绩探析》，《党的文献》2003 年第 3 期。

⑤ 中央文献研究室：《周恩来传》，中央文献出版社 1998 年版，第 582 页。

⑥ 胡大牛主编：《中共中央南方局统战史论・绪论》，人民出版社 2008 年版，第 1 页。

⑦ 郑洪泉、王明湘：《南方局史初探——纪念中共中央南方局成立七十周年》，《重庆师范大学学报》2009 年第 2 期。

其一，具有全局性：南方局在执行中共中央的路线、方针和政策，处理国共两党关系和其他各方面关系问题时，总是从维护国家前途和民族命运这个大局出发。

其二，具有开创性：南方局不仅因地制宜开展工作，特别是当形势发生逆转时，总是创造出适应当时当地具体情况的新的组织形式、工作方式和斗争方式，使党的事业一往直前地向前推进。

其三，具有前瞻性：南方局不仅对抗日战争的最后胜利充满信心，对中国民主革命的胜利同样具有坚定的信念，即使处于最艰难的境遇中，南方局所采取的工作部署和措施都具有迎接革命胜利的战略眼光。

其四，具有民主性：周恩来等南方局领导人无论是对革命阵营内部的同志或对同盟者都予以充分的尊重，从不将自己的意愿、主张强加于人，而是以平等态度待人，循循善诱，以理服人。

5.关于周恩来与红岩精神

红岩精神研究，是中国革命史、中共党史、党的建设史研究的重大课题。近十几年来，随着史料征集和编纂工作的不断深入，周恩来所培育形成的红岩精神逐步为人们知晓。而对红岩精神丰富内涵和时代价值的研究，也日益成为党史和理论界关注的热点。许多研究者对红岩精神做了一定深度的讨论，并在红岩精神的概念、红岩精神产生的历史背景和社会环境、红岩精神的本质等问题上取得大体一致的共识，主要有：

（1）关于红岩精神的总体概括。红岩精神是“抗日战争时期和解放战争初期，以中共中央南方局书记周恩来为代表的中国共产党人和革命志士，把马克思主义普遍原理与中国革命的具体实践紧密结合，坚持党的新民主主义革命总路线，在创造性地贯彻党的抗日民族统一战线方针政策的实际斗争中所展现出的精神风貌”①；“它是民族精神、时代精神和共产主义精神的结晶，是民族精神、时代精神和共产主义精神的一种典型形态”②；“红岩精神同井冈山精神、长征精神、延安精神一样，都是中国共产党人和中华民族的宝贵精神财富。在新的历史条件下，全党全社会要大力弘扬红岩精神，使之成为我们在新世纪继续推进建设有中国特色社会主义事业的强大精神力量”③。

（2）关于红岩精神产生的时代条件和实践基础。红岩精神是中国共产党在政治走上成熟时期的产物，是党在国统区的斗争，特别是统一战线工作不断取得胜利的精神支柱。南方局在国统区长期领导的革命斗争和进行的革命实践，是红岩精神得以产生的时代条件。南方局结合国统区实际，创造性地贯彻执行中共中央的路线、方针、政策，在党的建设、统战工作、文化工作、群众工作、军事工作等方面进行的开创性实践，积累的丰富经验，是红岩精神得以形成的实践基础。“红岩精神主要体现在南方局的伟大业

---

① 周勇主编:《红岩精神研究·前言》,中共党史出版社2009年版,第1页。

② 李畅培:《历史上的红岩精神》,载中共重庆市委党史研究室:《红岩·丰碑——中共中央南方局成立65周年纪念集》,重庆出版社2006年版,第193页。

③ 江泽民2002年5月视察重庆时的讲话。

绩中。”[1]。

（3）关于红岩精神实质和文化渊源、理论来源。论者认为：红岩精神蕴含了与其他革命精神相同的本质。江泽民同志对此曾有深刻阐述：“红岩精神充分体现了老一辈无产阶级革命家、共产党人和革命志士的崇高思想境界、坚定理想信念、巨大人格力量和浩然革命正气。”这既深刻阐明了红岩精神的本质，也揭示了中国共产党其他革命精神的共同本质，即共产主义世界观、人生观、价值观，是中国共产党精神风范中最基本的核心内容。同时，红岩精神作为中国共产党人革命理论和道德实践的精神化载体，其本质属性中所蕴含了两个基本来源：一个是文化层面的中华优秀传统文化，一个是理论层面的马克思主义科学理论。中国共产党人创造的一切革命精神的共性本质特征，都是这两者双重作用下的产物。红岩精神就是马克思主义的人生观、世界观、价值观与中华民族传统美德的结合。[2]

（4）红岩精神与周恩来精神。红岩精神的灵魂是周恩来，红岩精神就是这一时期、这一环境下周恩来精神的体现。[3]

（5）红岩精神的影响和时代价值。红岩精神影响所及已经超越时空的范围。当前弘扬红岩精神是时代的需要，人民的呼唤。弘扬红岩精神的关键在于领导干部。[4]

另一方面，在红岩精神的内涵和特点上，研究者们的表述往往各不相同，也都各有道理，其中以李畅培撰写的《历史上的红岩精神》、周勇撰写的《红岩精神研究的几个基本问题》[5]等比较具有代表性，在此不一一赘述。

三、进一步加强史料征集编纂与研究的几点思考

总的来看，关于南方局历史的史料征集编纂与研究正在向深度和广度拓展，已经取得了比较丰硕的研究成果。但是还有一些领域和问题，可以继续统筹与深入挖掘。

（一）资料挖掘尚有潜力

一是各地党组织贯彻南方局指示开展工作的内容还可深入挖掘。二是共产国际与南方局的研究还可拓展。有学者指出：“从新的共产国际档案中发现：苏联方面要求中国共产党，有什么事情，可以通过周恩来领导的南方局和苏联驻重庆机构联系和解决。”[6]可见南方局除了尽可能沟通同世界各国的关系外，还在中苏两党关系方面发挥了重要作

---

① 赵权璧：《关于红岩精神的几个特点》，中共重庆市委党史研究室：《红岩・丰碑——中共中央南方局成立65周年纪念集》，重庆出版社2006年版，第233页。

② 周勇主编：《红岩精神研究・前言》，中共党史出版社2009年版，第2页。

③ 胡康民：《关于红岩精神的几点讨论》，载《胡康民党史研究文集》，重庆出版社2009年版，第140—141页。

④ 胡康民：《关于红岩精神的几点讨论》，载《胡康民党史研究文集》，重庆出版社2009年版，第141、143页。

⑤ 《党的文献》2009年第2期。

⑥ 李蓉在纪念中共中央南方局成立70周年座谈会上的发言。

用。新的档案资料的发掘和收集仍有必要，可以为继续深化研究创造和提供条件。

（二）整体研究还可扩展

要从中国抗日战争史、中国革命史的视角，对国统区政治、经济和社会情况等方面深入研究，全方位、多层次、立体地反映南方局在周恩来领导下，团结带领国统区人民进行的艰苦卓绝、可歌可泣的革命斗争和艰辛历程，探讨南方局在中共党史、中国近现代史、抗日战争史上的地位和作用，特别是对形成新中国政治格局所起到的历史作用。

（三）专题研究还可深化

深化南方局外事工作、隐蔽战线工作、青年工作、妇女工作研究，做好党在港澳地区斗争历史经验的总结。

（四）深入推进红岩精神研究

“红岩精神”产生于重庆，但又不仅仅属于重庆，它更属于中国，属于中国共产党，属于中华民族。总结这些年来的研究工作，一条重要的启示就是，研究红岩精神不能就事论事，更不能仅仅局限于重庆这一地域，而应当以科学的理论、科学的方法、宽广的胸襟、开阔的视野去研究红岩精神，应当从中国共产党的优良传统与作风，从中华民族精神财富的丰富渊源上来进行研究，从而使研究既有区域特色，更有全党与全民族的高度。要深刻认识、准确把握红岩精神的理论内涵和外延、红岩精神产生的社会历史条件；理清红岩精神与党的优良传统及作风的关系、与中华民族优秀精神文化财富的关系；研究红岩精神与红船精神、井冈山精神、长征精神、延安精神、西柏坡精神的相互关系以及红岩精神的时代意义和如何弘扬红岩精神、运用红岩品牌来推进文化事业、发展文化产业等一系列理论与实践问题。

（作者单位：中共重庆市委党史研究室）

近廿载南方局统战工作研究综述

王世超

摘　要：南方局是党中央派驻在重庆的工作机构，负责南方地区党员的领导和在大后方建立并巩固抗日民族统一战线的工作。在周恩来等老一辈革命家的直接领导下，南方局利用公开发行的机关报刊《新华日报》和《群众》周刊等大力宣传党的抗战方针和政策，依据党中央的统战政策，周恩来、董必武、叶剑英等南方局领导发挥高超的统战智慧，灵活开展对包括中间党派、民族资产阶级、地方实力派的统战工作，为巩固、扩大抗日民族统一战线出力甚巨，有力地配合了敌后战场作战，为抗战取得最终胜利做出巨大贡献。

关键词：南方局；统战工作；研究概述

抗日战争中，中国共产党始终坚持积极对日作战，制定"发展进步势力、争取中间势力、孤立顽固势力"的统战政策，建立、巩固并扩大抗日民族统一战线，领导、团结、带领全国各族人民为争取民族独立和解放做出巨大贡献，起到了中流砥柱的作用。在以毛泽东为首的党中央正确领导下，身处大后方的中共中央南方局（以下简称"南方局"）紧密配合党领导的敌后战场，积极、灵活地利用党的统战政策，团结了一大批为争取抗战胜利的进步人士，有力地回击了国民党顽固势力消极抵抗、积极反共的错误方针，最大限度地巩固扩大抗日民族统一战线，推动抗战取得了最终胜利。近二十年来，关于南方局的研究成果不断丰富，尤其是新史料的发现和新理论的运用及多学科交叉研究，更是极大深化了相关领域的研究程度。鉴于自身学识不足及篇幅所限，笔者不揣冒昧，拟将近廿载关于南方局的统战工作研究做系统梳理，希冀为推动相关研究进一步深入略尽绵薄之力。

据笔者目力所及，当前关于南方局统战工作的相关研究多聚焦于南方局领导人的统战思想及实践、南方局统战宣传和统战实践等研究，现将相关研究归纳整理，以飨读者；若有遗缺，敬请批评指正。

一、关于南方局主要领导人统战工作思想及实践的研究

南方局是中共中央派驻重庆的工作机构，由周恩来、叶剑英、董必武等人负责具体

领导工作。南方局身处大后方的中心，肩负着巩固和扩大抗日民族统一战线的重任，管窥而知全豹，对其领导人统战思想及实践的研究，有助于读者了解南方局统战工作思路的制定及实践形成，有利于整体把握南方局的统战工作特点及实施过程。

（一）周恩来领导南方局期间的统战工作思想和实践研究

周恩来作为党的主要领导人之一，一直以来因其非凡的人格魅力、丰富的工作经验及灵活的处事方式而备受国内外人士的高度认可，学界关于他的系列研究亦是汗牛充栋，尤其关于他个人在党的统战政策下充分发挥高超的外交天赋和待人接物技巧方面的研究成果更是不胜枚举。本节着力于梳理周恩来组建和领导南方局期间的统战工作思想及实践，希冀全面化、体系化呈现彼时周恩来的统战工作成效。

周恩来曾受中共中央委派，赴国统区秘密组建南方局，负责领导南方各省党组织，开展对国内外进步人士的统战工作，以巩固和扩大抗日民族统一战线，且将我党积极抗战、开明进步的形象向全世界传递，争取国外友好势力和爱国侨胞的支持。

学界关于周恩来在南方局期间的统战工作研究着墨甚多，至为详细：

薛潞燕指出，周恩来统一战线思想的形成和发展有一个过程，至抗战时期得以成熟。周恩来这一时期的统战思想集中表现在：第一，强调共产党在统一战线的领导权；第二，明确提出抗日民族统一战线性质、策略、方法和原则。鉴于日本侵略日益加深，周恩来在这一时期根据党中央关于建立抗日民族统一战线的指示，明确提出对于包括知识分子、民族资产阶级、中间党派、宗教信徒、少数民族上层、英美等反法西斯国家等统战对象应施行不同的政策，努力巩固和扩大抗日民族统一战线，总结出周恩来的统一战线思想有原则性和灵活性相统一、战略性和策略性相统一、民族性和国际性相统一等鲜明特点。①

余利苹的研究除指出周恩来在抗战期间的统战思想突出强调中共在统一战线中的领导地位和坚持贯彻党中央的“发展进步势力、争取中间势力、孤立顽固势力”政策外，还具体描述了周恩来为巩固抗日民族统一战线实施的具体方式方法，包括通过文艺演出激发官民抗战热情及揭露国民党反共阴谋、通过报刊宣传中共抗日主张以揭露顽固势力伪和面目以及同中间人士谈话并进行说服教育等。②

郑宏秋亦在研究中指出周恩来的统战思想将党的领导一直作为核心要义，同时分析了周恩来统战思想中关于中共争取领导权需要实现同盟者的政治利益和领导群众为他们自己的生活去斗争等重要条件，以及需要注意明确竞争对手和争取对象、使用同国民党不同的统战方法，做到依靠群众、面向群众、向群众学习，还要注重加强国际宣传与联系，建立国际统一战线。③

（二）南方局其他主要领导人的统战思想和实践研究

除周恩来外，南方局其他领导如叶剑英、董必武等人在处理统战工作问题上也颇有

---

① 薛潞燕：《试论周恩来统一战线思想》，西南大学2007年硕士学位论文。

② 余利苹：《抗战时期周恩来的统一战线思想研究》，《湖北省社会主义学院学报》2017年第4期。

③ 郑宏秋：《抗日战争时期周恩来统一战线思想研究》，辽宁大学2014年硕士学位论文。

建树，有研究将周恩来、董必武和叶剑英三人美誉为驰骋于国共合作和统战工作的中共外交“三骑士”。因此，对叶、董等人的统战思想和工作实践系统地整理研究，有利于丰富南方局在处理统战工作方面的历史面向，凸显南方局各个领导人高超的统战智慧和工作经验，从而推动相关研究更加深入。

丁英顺的研究指出，曾作为中共代表团代表、南方局常委和八路军参谋长的叶剑英，受党中央委派，暂驻重庆协助周恩来领导南方局工作。在此期间，叶剑英始终高举抗战、民主两大旗帜，广泛开展抗日宣传，为维护国共合作局面，巩固和发展抗日民族统一战线，推动军事统战工作的开展，提高共产党在全国的威望及世界影响做出贡献。①

陈雷刚的研究亦着眼于叶剑英在统战工作方面的突出成绩，包括积极宣传党的抗日救国主张，同国民党进行多方面的接触和多种形式的合作与斗争，接受海外华人华侨的捐资捐物，团结南方佛教弟子、知识分子等社会各界，为巩固和扩大抗日民族统一战线立下功勋。②

此外，学界关于南方局副书记董必武的统战思想及实践研究亦有成果。董必武在出任国民参政会参政员时，“始终代表着党，站在抗日民族统一战线的前卫地位”，长期在国统区从事抗日民族统一战线工作，为抗日民族统一战线的建立、巩固、扩大和发展亦贡献甚大。

田牧的研究指出，董必武自抗战开始后，坚持民族团结，广泛接触国民党人士，与之建立良好的统战关系；尤其是抗战进入相持阶段，董必武利用出任国民参政会参政员的身份，积极宣传团结抗日，发展了全国抗日民族统一战线。田牧还认为，董必武的抗日民族统一战线理论和实践具有鲜明的特点，包括：理论与实践高度统一、理论与政策高度统一、原则性与灵活性高度统一等。③

二、关于南方局统战宣传的研究

中国共产党是抗战胜利的中流砥柱，党从各方面都领导了对日寇的战争，取得最后的胜利可谓艰巨，原因更是复杂，而党领导的新闻宣传起到的政治动员和巩固、扩大抗日民族统一战线作用无疑是重要的原因之一。南方局作为党在国统区的重要组织，肩负着宣传我党抗战政策和在国统区建立、巩固并扩大抗日民族统一战线的重任。南方局通过公开创办发行《新华日报》和《群众》周刊两份机关刊物，不仅广泛地宣传了中共的抗日主张，揭露了日本侵略者的残暴，同时也让国内外的爱国人士和国际友人更加清楚

---

① 丁英顺:《叶剑英与中共中央南方局的统战工作》,《广东省社会主义学院学报》2017 年第 3 期。

② 陈雷刚:《抗战时期叶剑英在南方的统战工作述论》,《广州社会主义学院学报》2017 年第 2 期。

③ 田牧:《董必武抗日民族统一战线理论与实践》,华中师范大学 2008 年硕士学位论文。

地认识到中国共产党及其领导的抗日队伍才是抗战胜利的中流砥柱。[①]

（一）关于《群众》周刊统战宣传的研究

张红春比较系统地研究了《群众》周刊的政治动员和扩大统一战线方面的作用。他指出，《群众》周刊是为激励抗日前线战士、动员人民群众积极抗日的重要政治动员刊物。作为中共在国统区唯一公开出版发行的政治理论刊物，南方局领导周恩来等人召集党内最优秀的理论家和编辑出版家，为办好《群众》周刊倾注了智慧和心血。他认为，《群众》周刊的统战宣传非常注重策略，如：通过揭露侵华日军的政治、军事、经济、文化等侵略方式，调动全国各族人民的抗战热情，促进全民族抗战局面的形成；通过承认蒋介石的抗战领袖地位，宣传国民党中抗战派的抗战主张，宣传国民党军队在正面战场的抗战事迹和抗战英雄，坚定国民党和蒋介石的抗战立场，促进国共合作；通过宣传中共全面抗战路线及抗战战略方针，宣传以中共领导的人民抗战力量为主的敌后战场取得的抗战业绩和人民抗战英雄，彰显中共及其领导下的中国人民在抗战中的中流砥柱作用。正是在以上宣传策略下，《群众》周刊有效地宣传了中共建立抗日民族统一战线的主张，为巩固和扩大抗日民族统一战线做出了贡献。

（二）关于《新华日报》统战宣传的研究

邓静的研究聚焦于《新华日报》在抗战期间发挥的文艺统战功效。邓静认为，《新华日报》作为党在大后方唯一发行的机关报纸，一方面作为南方局的机关报，面向大后方广大群众宣传党的方针政策，指导大后方地下党员开展各方面组织工作，另一方面，是在它公开合法出版的身份下，为南方局工作人员开展文艺界统战工作提供着不同角色的掩护。它的角色定位是多重的，跨越了党的统战工作的不同领域。进一步研究《新华日报》对文艺运动和文艺创作的深度参与，可以看出中共在充分认识和利用报刊舆论在统战工作、文艺工作引导和团结广大新闻舆论界的影响和力量上的独到见解，而南方局更是将这种见解上升为一种工作思路，为巩固和扩大抗日民族统一战线拓宽渠道。[②]

叶俊等研究了《新华日报》同《新民报》加强合作交流，为推动巩固和扩大统一战线贡献甚多。《新民报》由陈铭德、邓季惺夫妇于南京创办，南京沦陷后于重庆复刊，因其定位导向正确，先后吸引了一大批文化界进步人士加盟。南方局领导人周恩来为扩大抗日民族统一战线，指派《新华日报》同《新民报》加强联系，两者之间从人员到业务都有密切来往，这些交往成为中共争取中间势力，争取主张第三条道路的民主派人士的重要渠道，也推动了《新民报》由中间路线向“偏左”路线转移。[③]

---

① 严丹：《抗战时期中国共产党新闻宣传工作的理论与实践》，贵州师范大学 2009 年硕士学位论文。

② 邓静：《〈新华日报〉在文艺统战中的多重身份》，《中共成都市委党校学报》2008 年第 1 期。

③ 叶俊、何村：《抗战时期统一战线策略下〈新华日报〉与重庆〈新民报〉的交往与合作》，《新闻大学》2015 年第 6 期。

三、关于南方局统战实践的研究

南方局根据抗战形势的发展，依据党中央的统战政策及工作部署，积极制定灵活具体的统战方针，对包括中间党派、民族资产阶级、知识分子、地方实力派、宗教团体及国际反法西斯友人等实行统战，极大地巩固并扩大了抗日民族统一战线，保证了抗战取得最终的胜利。

（一）对中间党派的统战工作研究

抗战进入相持阶段后，国民党逐渐开始改变作战策略，由先前的积极抗日变为消极抗日、积极反共，并掀起数次反共高潮，取得抗战最终胜利随时有被断送的危险，民主势力和民主进程亦有被扼杀之虞。在此背景下，联合中间党派与国民党顽固势力相颉颃已是必然。然而彼时我党长期对中间党派的统战工作很不充分，中间党派对中共的国家政治理论及未来建国构想尚未清楚了解，导致受英美资产阶级民主政治思想影响的中间党派多数偏向国民党，对中共有所责难，要中共将“马克思主义暂搁一边”。在此背景下，周恩来及其领导的南方局贯彻党中央指示，专门制定对中间党派的统战策略，着力团结他们一起为取得抗战胜利和同国民党专制政权斗争而奋斗。

胡大牛考察了中共中央和南方局对中间党派统战工作新思路的提出和实现过程，并通过南方局领导人周恩来开展的包括广泛宣传中共的新代议制政治思想、积极推进民主宪政运动、对中间党派善意批评促进其进步和帮助中间力量建立组织等统战工作方式，总结出周恩来依据其抗战的实际情况，从实践到理论再到实践的统战工作特点，促进了中间党派政治倾向的转化，推动了中国民主党派的产生、中共的“民主联合政府”战略目标的提出及为日后新中国的政治格局奠定了基础。①

吴映梅从马克思主义政党领导人关于对统一战线重要性的论述及中共历史上对中间党派关系的角度切入，考察了南方局对中间党派统战工作的多维度方式，包括在政治上争取和支持中间党派的正义斗争、在组织上关心和扶持中间党派的建立和联合、在思想上善意批评和建议，促使中间党派的进步和与中共的团结合作和在利益上采取优惠政策，尊重、关心和保护中间党派，分析了南方局对中间党派的系列统战工作特点。②

（二）对民族资产阶级、地方实力派、宗教团体和妇女的统战工作研究

关于对民族资产阶级统战研究方面，杨旭着眼于南方局在抗战时期对处于国共两党之间并在社会上有相当影响力的包括民族资产阶级、上层小资产阶级、开明绅士、民主党派和地方实力派在内的广大中间势力开展的统战工作，通过梳理南方局对中间势力统战工作的理论指导和工作实践（包括统战工作方法和团结中间势力开展的争取民主政治

① 胡大牛：《抗战期间周恩来对中间党派的统战工作理论和实践》，《重庆大学学报》（社会科学版）2002 年第 5 期。

② 吴映梅：《中共中央南方局对中间党派的统战工作研究》，重庆师范大学 2011 年硕士学位论文。

的活动等），总结出对中间势力的统战工作应以共同目标争取团结、坚持党的领导和实施分层分类教育等实践启示。①

王忠事呈现了以周恩来为书记的南方局在国统区恶劣的政治环境中，为巩固和扩大抗日民族统一战线，坚定地贯彻党中央在抗战环境下及时调整对民族资产阶级的政策，通过鼓励民族工商业者积极生产、对其晓以民族大义激发其爱国热情等方式来支持抗战，引导和支持民族工商业为求生存积极抵制官僚资本的掠夺和压迫，发动工商界为争取民主政治、建立联合政府而斗争。②

关于对地方实力派和少数民族上层人士的统战研究方面，周艺将目光聚焦于川滇黔桂康等抗战时期大后方的民族地区，梳理了南方局对于少数民族同胞及其所处西南地区在抗战中的重要地位和作用的认识，并根据抗战形势和出于全民族抗战需要，转变先前对少数民族上层革命的态度，及时调整和制定民族政策，通过公开和秘密渠道联系少数民族上层，使其走上联共、抗日、反蒋道路；加强南方局地方党委对民族地区的统战工作。依据少数民族内部的具体情况和广大人民的迫切需要，实行各种必要与可能的民主改革与民生改善，激发少数民族的抗战热忱和生产热忱，引导具有爱国主义的少数民族投身抗战的洪流中，为抗战胜利做出贡献。③

甘小花④、王勇⑤和余红⑥均着眼于民国时期中共对龙云为首云南实力派的统战工作研究，系统地分析了中共在抗战前后各时期对龙云的统战政策、措施、结果及龙云等人的应对表现，再现了中共统战工作的灵活性、有效性和多样性，促使云南地方实力派坚定地站到抗日民族统一战线行列，为抗日民族统一战线在云南的建立、巩固和发展，云南全民抗战良好局面的形成，以及云南全民抗战的胜利做出巨大贡献。

南方局为发挥宗教团体抗日的作用，对其亦实行统战政策，为扩大抗日民族统一战线做出贡献。周艺研究了抗战时期以国统区和沦陷区为统战工作主阵地的南方局认识到川康滇黔桂等少数民族聚居省份的多数民众都有宗教信仰，即使在日军侵占的沦陷区亦有不少宗教信徒。为进一步团结宗教界和广大信教群众，动员国统区各少数民族宗教信徒和沦陷区的宗教信徒参加全民族抗战，使其成为不可忽视的抗战力量，南方局及时调整了对宗教界和广大信教群众的政策：通过《新华日报》公开积极宣传党的宗教信仰自由主张，鼓励支持宗教界成立救国团体，并在该报上以“答读者来信”形式和开辟宗教界专栏方式对宗教界从事抗日救亡宣传工作；尊重宗教信仰自由，强调充分发挥宗教界的特殊地位和作用，密切联系宗教界上层人士，消除其顾虑；发挥下属地下党统战功能，贯彻“公开化、合法化”的群众工作方针，同宗教人士一起开展慈善事业、福利救助、文化联谊等活动，强化交流团结，增进彼此了解认识，结交可靠朋友并努力吸纳其

① 杨旭：《中共中央南方局对中间势力的统战工作研究》，《重庆社会主义学院学报》2015年第4期。
② 王忠事：《论中共南方局对民族资产阶级的统战工作》，《四川师范大学学报》（社会科学版）1996年第3期。
③ 周艺：《中共南方局对少数民族的统战工作述论》，《学术论坛》2008年第5期。
④ 甘小花：《抗战前后中国共产党对龙云统战工作研究》，云南师范大学2008年硕士学位论文。
⑤ 王勇：《中国共产党对龙云的统战工作研究（1927—1949）》，云南大学2015年硕士学位论文。
⑥ 余红：《抗战时期周恩来及南方局对云南地方实力派的统战工作》，《红岩春秋》2016年第7期。

加入中共党组织。借助以上方式，南方局加强了与宗教界的联系，建立了包括广大爱国宗教界和信教群众在内的抗日民族统一战线。①

南方局还非常注重对广大妇女的统战工作，刘旭雯针对学界关于抗战时期南方局妇委领导的妇女救亡运动研究相对不足的现状，着力分析了南方局领导人邓颖超在抗战期间积极联合妇女界投身抗日队伍中，巩固并扩大了抗日民族统一战线，对促进妇女自身解放和增强抗日力量意义深远。②

（三）对进步知识分子的统战工作研究

我党历来重视知识分子在革命和建设事业中的重要作用，毛泽东曾明确指出："没有知识分子的参加，革命的胜利是不可能的。"③因之开展对进步知识分子的统战工作，吸收他们积极加入党组织或同他们建立良好的共同工作关系是十分重要和必要的。抗战时期，国统区尤其是陪都重庆聚集了大批中国知识分子，他们是坚持团结抗战、民主进步的主力军，以周恩来为书记的南方局始终贯彻执行党关于"争取一切进步的知识分子于我党的影响之下"④的统战原则，努力开展对知识分子的统战工作。

吴映梅研究了南方局对知识分子的统战措施，包括：在政治上指引，道义上声援，学术上鼓励，在他们危难时积极予以解救，最大限度地团结了广大进步知识分子，奠定了抗战和新民主主义革命胜利的基础。⑤

王锋利用抗战时期国统区众多知识分子留下的关于同南方局及周恩来等交往的若干记述和其他丰富的有关资料，还原了抗战时期周恩来领导南方局以巩固和发展统一战线为使命，在国统区运用包括资助知识分子生活、保护知识分子生命安全、同他们交友和给他们崇高礼遇等多种方式，团结和聚集了大批革命知识分子。⑥

扶小兰着眼于抗战时期南方局认识到知识分子扮演着重要的宣传者、组织者和带头人的角色，及时制定对进步知识分子的统战策略，最大限度地发挥了知识分子先锋和桥梁的作用，为组织和团结民众、争取抗战胜利和新民主主义革命最终的胜利创造条件，并为我党在新形势下更好地团结知识分子、引导他们投身到社会主义现代化建设和中华民族伟大复兴的事业提供借鉴。⑦

黄兴忠梳理了抗战时期南方局对知识分子统战工作的主要措施和突出成效，总结归纳出南方局对知识分子统战工作的直接与间接相统一、原则性与灵活性相结合、公开与秘密相结合等特点及尊重礼待知识分子是南方局做好知识分子统战工作的前提、掌握领导先进文化团体是开展统战工作的有效途径、领导集体的正确决策是做好知识分子统战工作的重要保证等成功经验，提出要加强中共对知识分子的领导、充分发挥知识分子的

---

① 周艺：《论中共南方局对爱国宗教界的统战工作》，《法制与经济》（下旬刊）2008年第8期。

② 刘旭雯：《抗战时期中共南方局妇委领导的妇女救亡运动研究》，广西师范大学2017年硕士学位论文。

③ 《毛泽东选集》（第2卷），人民出版社1991年版，第618页。

④ 《毛泽东选集》（第2卷），人民出版社1991年版，第751页。

⑤ 吴映梅：《论中共中央南方局对知识分子的统战工作》，《重庆社会主义学院学报》2010年第2期。

⑥ 王锋：《抗战时期中共对国统区知识分子的统战工作》，《重庆社会主义学院学报》2009年第6期。

⑦ 扶小兰：《论抗战时期中共南方局的知识分子统战工作》，《贵州社会科学》2010年第4期。

作用等对现实知识分子统战工作的启示。[①]

（四）对外国友好势力和海外爱国同胞的统战工作研究

范立新、钱锋分析了抗战期间南方局统战工作中的国际传播策略，南方局及主要领导人周恩来积极向国外驻华媒体及通讯机构、国外驻华外交机构及盟军驻渝军事人员展现我党坚持抗战、反对专制的目标和进步、开明的光辉形象，又通过他们传递给全世界，对改变美英政府一贯敌视共产党的态度取得了实质性的政治成效。[②]

王忠事研究了抗战时期南方局在党中央为扩大抗日民族统一战线的指示下积极开展对海外华侨和港澳同胞的统战工作，南方局通过设立海外统战基地、发挥著名文人作用、对华侨社团实现政治领导和重视做好陈嘉庚、李铁民等华侨领袖的工作等方式，将海外华侨打造为一支中华民族抗日的主力军，成为支持、促进、维护和扩大抗日民族统一战线的重要政治力量，有利于丰富党在统战方面的理论和实践经验。[③]

杜俊华放眼于抗战时期南方局及其领导人周恩来身处当时国家的政治、经济、文化中心的首都重庆，面对国际上许多热爱和平、反对法西斯的国际民主人士纷至沓来的现实情况，为更有效地团结一切可团结的国际力量，积极开展对英美等来华友好人士的国际统战工作，并取得显著成绩[④]；又采取"求同存异"的国际统战方法，通过做英国驻华大使馆人员和英国记者、作家的工作，通过指导廖承志领导的八路军驻香港办事处和港九游击队与港英当局的合作，推动英国改善了与中共的关系[⑤]，再现了老一辈革命家非凡的外交魅力和谋略，揭橥了我党一直以来行之有效的统一战线策略的核心要义，丰富了中共国际统一战线理论。

牛瑞芳考察了抗战时期南方局外事组组长王炳南的活动轨迹，呈现了这位南方局外事组当家人在周恩来的指示下，广泛加强与同盟国驻华使馆、国际组织的联系，为丰富我党积极开展国际统一战线工作的理论和实践提供经验借鉴，开拓了我党外事工作的新局面。[⑥]

结　论

南方局在党中央的正确指导下，在周恩来、叶剑英、董必武等老一辈无产阶级革命家的直接领导下，为民族独立和中国人民的解放事业建立的功勋是多方面的，做出的巨

---

① 黄兴忠：《抗战时期中共中央南方局的知识分子统战工作探究》，广西师范大学2015年硕士学位论文。

② 范立新、钱锋：《抗战时期南方局统战工作中的国际传播策略》，《中国统一战线》2012年第8期。

③ 王忠事：《抗战时期中共南方局海外统战工作的重大贡献》，《重庆师院学报》（哲学社会科学版）1996年第2期。

④ 杜俊华：《抗战时期周恩来对英国驻华大使的统战工作》，《中国统一战线》2005年第1期。

⑤ 杜俊华：《论抗战时期周恩来"求同存异"国际统战策略与实践——以周恩来对英统战为例》，《中共四川省委党校学报》2002年第4期。

⑥ 牛瑞芳：《我党外事工作在重庆开启新局面——王炳南与中共中央南方局外事组》，《红岩春秋》2012年第C1期。

大贡献是根本无法言尽的。限于学识及篇幅要求，本文仅着眼于南方局在大后方为巩固和扩大抗日民族统一战线所做的系列努力，而统战工作也正是南方局在国统区的工作主线。南方局领导人发挥高超的统战智慧，制定灵活的统战方针，对中间党派、民族资产阶级、进步知识分子、地方实力派、宗教团体及国际反法西斯阵营开展统战工作，不仅宣传了我党的抗战政策、巩固并扩大了抗日民族统一战线、为取得抗战的最终胜利做出贡献，而且在此期间同国民党顽固势力做坚决的对抗，让国人清醒地认识到国民党的腐朽与反动，同时将我党的光辉形象广为传播，扭转了一大批先前对我党有成见的社会人士和西方国家，为之后解放战争的胜利、推翻国民党反动统治也奠定了政治基础。正如胡乔木所言："没有南方局的大量工作，就没有抗战时期那么一种局面，团结了大后方那么多的人，把抗战坚持了下去，还保存了我们党的一大批精干力量；没有南方局的大量工作，就没有后来解放战争时期那样大规模的群众运动，形成那样强大的第二条战线……没有南方局在大后方进行的广泛的统一战线工作，就很难把当时在国民党区域的各民主党派和各方面人士团结在我们共产党的周围，后来我们建立新中国的情况就会不一样，就没有今天这样的格局。因此，可以说，南方局的统战工作从一个方面的意义上讲，为新中国的建立奠定了重要的政治基础。"①

（作者单位：重庆第二师范学院）

① 胡乔木：《党史是党和人民群众共同奋斗的历史——胡乔木同志在重庆的谈话》，载《南方局党史研究论文集》，重庆出版社1993年版，第1—2页。